WISC-V Clinical Use and Interpretation 2nd ed.

WISC-V

임상적 활용과 해석 지침서

Lawrence G. Weiss · Donald H. Saklofske · James A. Holdnack · Aurelio Prifitera 공저

이명경 · 안성희 · 엄정호 · 이채연 · 성현모 · 이민주 · 양혁 · 이상민 공역

학지사

The chapters included in the original English edition: chapter 6: "Testing Hispanics with WISC–V and WISC–V Spanish" and chapter 12: "Digital Assessment with Q-interactive" have been omitted from this Korean edition of WISC–V 2e.
『WISC–V 임상적 활용과 해석 지침서』 한국어판에서는 영문판 원서의 chapter 6 'Testing Hispanics with WISC–V and WISC–V Spanish'와 chapter 12 'Digital Assessment with Q-interactive'를 생략하였습니다.

역자 서문

2019년 2학기 박사 과목이 고급심리검사로 정해진 후 어떤 내용을 학습하면 좋을지 고민에 빠졌다. 그러던 중 2019년 1학기에 WISC-V가 새롭게 우리나라에 타당화되었다는 소식을 들었고, 학지사 김진환 사장님의 도움으로 자연스럽게 『WISC-V: Clinical Use and Interpretation』을 소개받게 되었다. 아동·청소년 지능검사 실무의 최고 전문가인 한국집중력센터의 이명경 소장님과 지능검사 및 성격검사 슈퍼비전의 대가인 홍익대학교 안성희 교수님, 그리고 고려대학교 영재교육원에서 신경심리 연구를 담당하는 이민주 박사님과 연락을 하면서 함께 번역 작업을 해 보자고 이야기를 나누었다. 이에 강의 계획서에 이 책을 강의의 주 교재로 쓴다고 기재하고, 박사과정의 학생이 많이 참여하기를 기다렸다. 다행히 박사과정 중에 있는 양혁, 이채연, 엄정호, 성현모 선생이 뜻을 같이하여 이 책의 번역 작업이 본격적으로 이루어지게 되었다.

이명경 소장님의 실무 경험과 안성희 교수님의 슈퍼비전 경험을 바탕으로 WISC-V의 이론과 실제에 대한 지식을 함께 공유하였으며, 초등학생과 중학생들에게 직접 WISC-V를 예비 실시하여 검사의 실시와 해석에 대한 지식과 기술을 쌓아 나갔다. 수업 시간에서도 번역해 온 장들을 한 줄 한 줄 읽으면서 번역된 문장을 단순히 사실로 받아들이기보다는 역자들의 유동 지능을 최대한 활용하여 비판적인 논의를 이어 나갔다. 수업 시간의 치열한 토론과 논의를 통해 역자들은 지능과 관련해서 다음의 사항에 대한 의견을 함께하였다.

첫째, 지능은 변한다는 점이다. 물론 지능에 유전자의 영향이 있다는 것은 동의하지만, 아동·청소년이 처해 있는 환경(예: 부모와의 관계)에 따라서 얼마든지 바뀔 수 있다는 것이다. 역자들은 토론을 통해 지능을 발달시킬 수 있는 어린 시절의 환경적 조건에 대해서 의논하였으며, 이는 단순히 깔때기를 사용해 물통에 물을 넣는 것과 같이 일방적인 지식 전달이 아닌, 부모-자녀 간의 안정적 애착관계에서 아동의 개인차를 고려한 적합한 자극이 있어야 한다는 점에 동의하였다. 이러한 사실은 교육열이 뜨거운 우리나라에 많은 시사점을 준다. 부모와 교사 모두 학생의 지능을 고정된 것으로 생각하기보다는 지능이 발달할 수 있음을 인지하고 그에 적합한 교수방법을 모색할 필요가 있다는 것이다. 역설적이지만, 어린 시절부터 지능검사를 기계적으로 실시하고 점수를 알려 주는 것이 오히려 아동의 지능 발달을 역행시킬 수도 있을 것이다.

둘째, 지능의 구성개념 역시 사회와 과학의 진보에 따라 변화한다는 점이다. 예전에는 전체 IQ(FSIQ)인 일반지능(g)만을 지능지수(IQ)라고 하였고, 역자가 처음 지능검사를 접했던 1990년대에는 언어성 지능(verbal IQ)과 동작성 지능(performance IQ)으로 나뉘었다. 이전 판인 WISC-IV에서는 이를 4개의 하위 지표로 나누어서 언어이해, 시공간 지각, 작업기억, 처리속도로 나누어서 측정하고 해석하였다. 이번 WISC-V에서는 이 4개의 지표 이외에 유동추론이 추가되었다. 이렇듯 지능의 구성개념은 시대에 따라 과학이 진일보하면서 변화하고 있다. 원서의 저자들은 주로 신경과학의 발전에 의해 구성개념이 이렇게 변화했다고 하였다. 현재는 유동추론이 전체 IQ인 일반지능을 가장 잘 설명하는 지표라고 하였으나, 이번 판에 그랬듯이 이후에 유동추론의 어떤 소검사가 또 다른 지표의 소검사와 결합하여 새로운 하위 지표를 구성하고, 그 지표가 일반지능을 보다 잘 설명하는 요인이라고 주장할 수도 있다. 그러므로 연구자와 실무자 모두 지능의 구성개념이 너무 고정되어 있다고 판단하지 않았으면 한다.

셋째, 지능검사 결과만을 가지고 장애 진단을 내리거나 교수 및 개입 방법의 변화를 가져오는 것은 무리가 있다는 점이다. 지능검사를 통해 작업기억과 집행기능의 이슈가 주의력결핍 과잉행동장애(Attention Deficit Hyperactivity Disorder: ADHD)와 관련이 있을 수 있다는 점을 파악할 수는 있으나, 그렇다고 아동이 ADHD라고 장애 진단을 내리거나 ADHD라고 분류하여 이에 따른 교수 및 개입 방법과 전략을 세우는 것은 너무 앞서가는 것이라고 할 수 있다. 지능검사는 이러한 장애를 진단하는 첫걸음이며, 진단은 지능검사 외의 다양한 행동검사, 부모와 교사 등 제3자가 관찰한 행동특성, 임상에서의 개입을 통한 변화 등을 고려하여 정밀하게 이루어져야 한다.

넷째, 한국판 지능검사에 한계점이 있다는 점이다. 한국판 WISC-V 지능검사는 보충척도, WISC-V 통합본 등을 포함시키지 않았다. 그러므로 특수교육 대상 아동에게 맞는 지능검사의 도구가 상대적으로 빈약하다. 난독증, 외상성 뇌손상, 자폐 등의 증상을 지닌 아동의 개입전략을 수립하기 위해서는 보충척도와 WISC-V 통합본이 요구되나 아직까지는 우리나라에서 수요가 그렇게까지 많지 않아서 이번 타당화 작업에서는 제외된 것으로 보인다. 그러나 향후에는 이러한 수요에 발맞추어 보충척도와 WISC 통합본 역시 함께 타당화되기를 희망한다.

다섯째, 실무자가 이 책을 활용하여 WISC-V를 실시 및 해석할 때 기계적으로 하면 안 된다는 점을 당부하고 싶다. 지능검사 해석에 있어서 검사자가 유동추론 없이 그냥 기계적으로 점수에만 매달려서 결과지에 있는 대로만 해석한다면 지능검사를 제대로 활용하지 못하는 오류에 빠질 수 있다. 역자들은 검사자와 피검사자의 상호작용, 그리고 검사자의 편향과 지각에 대한 중요성을 거듭 강조하고 싶다. 그러기에 WISC-V의 초보 사용자의 경우, 반드시 검사 관련 전문가의 슈퍼비전을 받으면서 실시와 해석을 하기를 당부하고자 한다.

사실 이 역서는 대표 역자가 본격적으로 책임을 지고 번역한 첫 번째 번역서이다. 이 번역서를 읽으면서 '아, 그냥 원서를 읽는 게 더 낫겠다.'라고 생각할 수도 있을 것이다. 이러한 점을 방지하기 위해 치열한 토론과 논의를 통해 단어와 문장을 최대한 윤문했음에도 여전히 부족해 보이는 것이 역자들의 솔직한 심정이다. 역자들 역시 이번 번역 작업을 통해 많은 것을 배웠으며, 지능검사에 대한 새로운 앎의 장이었음을 고백한다. 이 책을 통해 독자 여러분의 지능검사에 대한 새로운 지식이 확장되기를 기대한다.

서문을 마무리하면서 이 책을 번역하는 과정에서 많은 도움을 주신 분들에게 감사의 말을 전하고 싶다. 특히 처음부터 끝까지 함께 번역 작업에 참여하여 긍정 에너지와 함께 적재적소에서 꼭 필요한 피드백을 해 준 심리학과 박사과정생인 임승우 선생에게 감사의 말을 전하고 싶다. 마지막으로, 이렇게 번역을 할 수 있는 장을 마련해 주신 학지사 김진환 사장님께도 감사를 드린다.

역자 대표
이상민

저자 서문

『웩슬러 아동용 지능검사 제5판(WISC-V) 측정 및 해석 제2판』은 학생이나 전문가들에게 좋은 평가를 받은 초판본의 많은 부분을 그대로 유지하면서, 최근까지 진행된 연구 및 개발 성과를 반영하여 중요한 새로운 내용을 추가한 것이다. 몇 개의 장에서는 사례연구나 짧은 사례를 추가하여 임상적 해석을 덧붙였다. 기본적인 검사 시행 및 채점 관련 정보는 매뉴얼이나 여타의 다른 자료를 통해서도 확보할 수 있으므로 삭제하였다.

제2판 역시 새로 지능검사를 배우는 학생들에게 적합하면서도 측정의 임상적 맥락에 대해 보다 깊이 다루고 있기 때문에 단순히 검사 방법을 설명해 주는 지침서 이상의 책이라 할 수 있다. 특히 우리는 Dan Miller와 Fons van de Vijver가 두 개의 새로운 장을 추가한 것을 기쁘게 생각한다. **제3장, WISC-V 통합본 해석에 대한 학교 신경심리학적 접근**에서 Dan Miller는 WISC-V 소검사에서 측정된 여러 요소를 펼쳐 놓고 탐색하면서, 특히 낮은 점수에 대한 임상적 해석을 추가하기 위해 활용 가능한 WISC-V 통합본에 대해 상세히 설명하였다. **제6장, WISC-V의 문화 간 비교분석**에서 Fons van de Vijver는 전 세계 WISC-V 데이터에 대한 새로운 문화적 특성을 제공하면서 우선적으로는 5요인 구조가 모든 국가에서 유지되는지 평가한 후 국가 간 점수 차이가 나는 경우 사회 수준 변수(societal-level variables) 기능으로 점수 차를 비교하였다. 이 장은『문화와 아동의 지능: WISC-III의 문화 간 비교(Culture and Children's Intelligence: Cross-Cultural Analysis of the WISC-III)』(Georgas, Weiss, van de Vijver, & Saklofske, 2003)를 토대로 확장한 것이다. **제4장, WISC-V 이론과 임상적 기초**에서는 지능 구조(model)에 관한 최근의 논쟁, 계층적 구조 및 2요인 구조의 상대적 장점을 추가하였다. **제7장, 플린 효과와 그 임상적 함의**에서 우리는 플린 효과 연구의 문제점에 대한 중요한 새로운 내용을 추가하였고, 방법론적 문제를 통제할 경우 그 영향의 크기가 Flynn에 의해 예측되었던 바와 같음을 경험적으로 제시하였다. **제8장, 학습장애 평가 영역에서의 지능검사의 역할과 발전 과정, 그리고 WISC-V**와 **제9장, 21세기 과학적 진보를 반영한 난독증의 진단과 개입**, 그리고 **제10장, 임상 및 특수집단의 인지기능에 대한 WISC-V 평가와 관련된 이슈** 등을 통해 다양한 학습장애, 난독증 및 기타 임상 및 특수 그룹에 대해 다루었다. 이 장들은 동료들이 이미 검토해서 발표했던 내용에 새로운 연구를 추가하여 업데이트한 것이다. 마지막으로, Holdnack 박사가 집필한 **제11장, WISC-V와 개별화된 평가 접근**에서는 자주 받는 질문을 기반으로 하여 평가를 개인화하는 방법을 제시하였고, 회기 초반에 세운 가설을 채택하거나 기각하기 위해 검사를 활용하는 방법도 제시하였다. 우리는 이 책의 제2판에서 과학적 관점과 실무적 관점이 균형 있게 다루어진 것을 매우 만족스럽게 여긴다.

1990년 WISC-III 개정을 시작으로, 우리는 과학자-실무자 모델 안에서 중요하게 제기된 임상 및 연구 주제를 포함하는 책을 개발하였다. 웩슬러 지능검사의 심리측정적 온전성(psychometric integrity) 및 임상적 효용은 출판된 수많은 논문을 통해 입증되고 있지만, 아카데믹 출판사(Academic Press)의 웩슬러 지능검사 시리즈는 임상 및 현장의 핵심 문제와 관련된 정보들을 한데 모으는 작업을 촉진해 왔다.

우리는 광범위한 표준화 연구 과정에서 확립한 경험적 근거와 임상 실제 및 유용성에 대한 후속 연구 사이에서 균형을 맞추려고 항상 노력해 왔다. 이 책의 저자 중 일부는 WISC-V 및 이전 판의 수정 작업에 직접적으로 참여하였지만, 일부는 검사 개발 과정에 참여하지 않았다. 우리는 임상, 전문적 교육, 연구 등에서의 관점과 검사 개발 과정에 대한 심층적 정보 간의 균형을 통해 웩슬러 검사를 이용한 평가 및 측정 과정에 대한 독창적인 인식 및 통찰을 불러일으켰다고 생각한다. 우리는 시리즈로 출판되고 있는 이 책들에 대한 독자들의 긍정적 반응을 기쁘게 생각하며 지원에 감사드린다. 또한 우리는 수년에 걸쳐 각 장을 완성한 저자들에게 감사를 드리며, 특히 이 책에도 감사를 표하고 싶다.

무엇보다도 David Wechsler의 천재성과 아동, 청소년, 성인 심리평가에 대한 헌신에 우리가 많은 빚을 지고 있다는 점을 강조하고 싶다. 웩슬러 검사에 대한 그의 첫 개념은 선지적이었으며, 1939년 Wechsler-Bellevue 초판의 출판 이후 지금까지 심리학 분야에서 가치 있고 선도적인 검사 도구로 계속적인 발전을 이루고 있다. 심리 및 심리교육 분야에서 이렇게 긴 시간 지속적으로 사용되는 검사는 매우 드물며, 이 시리즈의 편집자인 우리는 이런 훌륭한 인지평가 유산을 오랜 기간 지속시키는 데 조금이나마 기여한 것을 자랑스럽게 생각한다.

웩슬러 검사가 이렇게 이어질 수 있었던 것은 개정 때마다 개방적으로 변화를 만들어 냈고, 개정 과정에 막대한 자원과 투자를 한 덕분이다. 웩슬러 검사가 투자받는 금액은 검사에서 분야 최고 수준이다. 첫 개정 시에는 David Wechsler 자신이, 그가 사망한 1981년 이후에는 그의 가족이 이를 지원해 왔다. 또한 Joseph Matarazzo, Alan Kaufman와 같이 여러 해에 걸쳐 검사의 다양한 측면을 연구한 이들이 이후의 검사 개정에 기여하였다. 전통이 유지되면서 검사 개정의 책임을 넘겨받은 우리들에게도 안정적인 지원이 계속되었고, 지능 및 인지 능력 평가를 위한 최선의 방법을 자유롭게 고안할 수 있었던 것은 매우 큰 행운이었다.

지금까지의 성공과 변화에도 불구하고 웩슬러 검사는 앞으로도 심리검사, 지능 및 인지 과정 평가의 두 가지 측면 모두에서 여러 요인의 영향을 받을 것이다. 우리는 이미 미래 검사의 방향 및 활용 면에서의 큰 변화를 예상하고 있으며, 검사에서의 세대교체가 일어날 것이라고 본다. 가장 큰 변화 중 하나는 종이에서 디지털 방식으로의 전환이다. WISC-V는 종이와 디지털 방식 모두 이용 가능하지만, 사용 패턴은 빠르게 변화하고 있으며 많은 임상가가 디지털 방식을 채택하고 있다. 우리는 이제 막 Q-인터렉티브 응용 프로그램을 통한 디지털 방식의 장점을 경험하고 있으며 아직은 명확하지 않은 장점도 앞으로 계속 발견될 것으로 보인다. 휴대성, 사용편의성, 저렴한 검사 비용, 빠른 시행 및 채점, 높은 접근성 등의 명백한 장점 이외에도 디지털 방식 검사의 또 다른 장점이 가까운 시일 내에 더 많이 나타날 것이다. 가장 큰 장점 중 하나는 심리학자가 주요 임상 문제와의 관련성이 높은 소검사를 보다 유연하게 선택할 수 있다는 것이다. 또한 특정 아동의 평가 요구에 맞춰 Q-인터렉티브 시스템 내에 탑재된 다양한 검사 중 일련의 소검사만을 제공하는 것도 쉬워진다. 이를 통해 검사 배터리를 개인에게 더 잘 맞출 수 있으며, 보다 유연한 방식으로 검사에 접근할 수 있다. 디지털 방식을 채택함으로써 종이와 연필 방식으로는 측정할 수 없었던 변수의 측정 또한 가능해졌다.

디지털 방식의 도입은 종이 방식 과제와의 동등성 입증 등의 새로운 도전과 측정 관련 이슈를 낳고, 검사가 유효하고 최적화될 수 있도록 디자인 및 유용성을 이해하고 통합할 것을 요구한다. 디지털 포맷에서는 해석, 점수 패턴의 의미, 규준, 새로운 검사 등에 대한 추가적이고 새로운 정보가 추가되어 수월하게 접근이 가능해질 것이다. 그렇게 되면 임상가와 연구자들은 도구, 데이터, 분석 등에 훨씬 쉽게 접근할 것이다. (이제는 기술적으로 가능해진) 이러한 '유연한' 접근 개념 전반은 원래 Edith Kaplan이 제안했던 것이며, 그 모델을 발달시키고 있는 Dean Delis와 같은 그녀의 제자들에 의해 지지되고 있다. 이러한 데이터에 접근할 수 있으면 점수 패턴과 수준에 대한 경험적 근거를 보다 쉽게 이용할 수 있고, 검사 사용자에게도 보다 빠른 도달이 가능하다.

지난 수년 동안의 또 다른 큰 변화는 WISC가 세계 여러 나라로 퍼져 나간 것이다. 웩슬러 지능 모델의 가장 강력한 측면 중 하나는 다른 문화권에서도 구념 및 요인 구조가 매우 견고하고 일관되며 적합하다는 것이다. WISC-IV는 12개 이상의 국가에서 표준화되어 사용되었으며, WISC-V의 경우 지금 이 글을 쓰고 있는 시점을 기준으로 최소 6개 국가에서 표준화를 위한 데이터를 수집하고 있다. 기술 및 대중 커뮤니케이션 발전으로 인해 세계가 축소됨에 따라 이러한 검사를 일관되게 사용하고, 다양한 문화권의 결과를 비교함으로써 새로운 차원에서 지능 및 다양한 임상 상태를 이해할 수 있다. 지난 25년 동안 미국 외 지역에서의 웩슬러 검사 사용이 매우 크게 증가하여 이제는 미국보다 그 밖의 지역에서 더 많이 사용하고 있다.

앞서 언급한 디지털 기능의 영향으로 전 세계에서 수집되는 데이터에 빠르게 접근 가능하게 되면서 결국 WISC 해석 방법은 계속 진화할 것이다. 이러한 **빅 데이터** 기능은 연구에 기반한 임상적 이해 및 검사 결과 해석에 매우 큰 영향을 미치고 혜택을 가져다줄 것이다. 게다가 각 개정판마다 조금씩 변화해 오면서 단순히 요약된 지능지수(예: 언어성 지능, 동작성 지능, 전체 지능 등)에 의존하던 방식에서 벗어나 이제 WISC-V에서는 다섯 가지 주요 인지 영역(예: 언어이해, 시지각, 유동추론, 작업기억, 처리속도)과 영역 간의 조합에 따른 정교하면서도 미묘한 차이를 더 잘 해석할 수 있다. 신경심리학자 Muriel Lezak은 자신의 저서를 통해 이러한 접근을 강력히 옹호하고 있다. 이러한 새로운 방식의 해석법은 Edith Kaplan과 Dean Delis 등이 옹호하는 **과정** 접근법, 그리고 Hale과 Fiorello를 비롯한 여러 학자가 옹호하는 **강점 및 약점 프로세싱** 접근법의 영향을 크게 받은 것이다. 또한 난독증의 지능으로는 설명되지 않는 읽기에서의 어려움을 밝힌 Sally Shaywitz의 종단 연구, 특정 장애의 수행 패턴을 뇌 영상 및 개입 방법 등과 연결한 Virginia Berninger의 연구와 유사한 연구 등도 검사를 활용하고 해석하는 방식을 변화시키고 있다. 이러한 새로운 접근 방식은 특정 검사 배터리에 한정되는 것이 아니라 다른 검사들과의 맥락 내에서 모든 검사에 적용되어 가설 실험과 발견으로 이어지며, 인지 과정 및 임상 상태에 대한 공고한 이해의 토대가 될 수 있다. 우리는 이 책의 다음 판에서 이러한 해석 과정의 역동적 변화를 따라 이제 막 시작된 디지털 혁신의 혜택을 포함할 것을 기대한다.

마지막으로, 경험적이면서도 실제적인 정보로 깊이 있는 지식을 추가해 준 저자들에게 감사를 드리며, 항상 우리의 모든 웩슬러 검사 관련 서적의 출판을 전문적으로 이끄는 Nikki Levy와 Barbara Makinster에게도 감사를 드린다. 또한 이 책을 전문적으로 편집해 준 Melissa Read와 Bharatwaj Varatharajan에게도 감사를 표하고 싶다. 마지막으로, 독자들이 이 책을 통해 WISC-V 사용 및 아동 지능 측정과 관련된 중요하고도 유용한 자료를 발견하기를 소망한다.

Lawrence G. Weiss
Donald H. Saklofske
James A. Holdnack
Aurelio Prifitera

참고문헌

Georgas, J., Weiss, L. G., Van de Vijver, F., & Saklofske, D. (2003). *Culture and children's intelligence: Cross-cultural analysis of the WISC-III*. New York: Elsevier.

차례

「WISC-V 임상적 활용과 해석 지침서」 한국어판에서는 영문판 원서의 Chapter 6 'Testing Hispanics with WISC-V and WISC-V Spanish'와 Chapter 12 'Digital Assessment with Q-interactive'를 생략하였습니다.

제1장

WISC-V: 지능 측정에서의 진전

1. 서론

Wechsler의 지능검사는 가장 널리 사용되는 지능 측정도구로 세계 수십 개국에서 번역 · 적용 · 표준화되어 왔다. 웩슬러 모델은 웩슬러-벨뷰 지능검사(Wechsler-Bellevue Intelligence Scale: WBIS)에서 처음 소개된 이후로 상당히 진화해 왔지만, 여전히 Wechsler 박사의 지능에 대한 기본 정의에 기반하고 있다.

> ……목적적으로 행동하고, 합리적으로 생각하며, 효과적으로 환경에 대처하는 개인의 총체적 또는 통합적 능력(Wechsler, 1939, p. 3).

2. 역사적 개관

웩슬러 지능검사는 학령기 아동을 위한 WISC(Wechsler Intelligence Scale for

Children), 미취학 아동을 위한 WPPSI(Wechsler Preschool and Primary Scales of Intelligence), 성인을 위한 WAIS(Wechsler Adult Intelligence Scale)로 구성되며, 각각의 검사는 지난 수십 년 동안 여러 차례 개정되었다. 이 책은 WISC의 제5판에 관한 것이지만, WISC-V에서의 변화는 이론적으로나 개념적으로 WPPSI, WAIS와 연관되어 있기 때문에 최신의 웩슬러 지능 모델의 한 부분으로서 WPPSI 및 WAIS 개정판도 참조할 필요가 있다.

일부 독자는 최초 웩슬러 모델의 전체 지능(Full Scale Intelligence Quotient: FSIQ)이 언어성 지능(Verbal: VIQ)과 동작성 지능(Performance Intelligence Quotient: PIQ)으로 구성된 2요인 구조에 기초했음을 알고 있을 것이다. 1939년 최초의 웩슬러 모델이 정립된 이후 일련의 주요한 이론적 변화들이 있어 왔고, 그 변화는 웩슬러 지능검사의 각 버전에 포함되었다. WISC-V는 5요인 구조에 기초하며, 5개 요인에서 산출된 지표 점수(index score)가 임상 해석에서 가장 중요하다. 최신의 웩슬러 이론 모델이 측정하는 영역은 언어이해, 시공간, 유동추론, 작업기억, 처리속도 등 다섯 가지 영역이다.

이러한 이론적 모델은 1991년 WISC-III가 전통적인 언어성 지능/동작성 지능(VIQ/PIQ) 점수 해석 방식에서 벗어나 제일 먼저 언어이해, 지각조직, 주의집중, 처리속도 등 4요인에 기반한 해석을 시도하면서 시작되었다. WAIS-III는 1997년에 이 네 가지 지표 점수를 제공하는 방식을 따랐지만 여전히 언어성 지능(VIQ), 동작성 지능(PIQ) 및 전체 지능(FSIQ)을 함께 제공하는 이중모델을 채택했다. 당시 '주의집중(freedom from distractibility)' 지표는 요인에 대한 불안정한 이해에 근거한 것이며 현재는 작업기억으로 불린다.

2003년 PsychCorp/Pearson의 웩슬러 지능검사 개발자들은 인지심리학, 신경심리학, 임상심리학 등의 연구 성과를 받아들여 최초의 웩슬러-벨뷰 지능검사(WBIS)에서 David Wechsler가 제안한 언어성, 동작성 지능 모델을 탈피했다. WISC-IV에서 언어성, 동작성 지능은 완전히 사라졌으며, 요인에 대한 이해도를 높이기 위해 지표 명칭을 '주의집중'에서 '작업기억'으로 바꾸었다. 그리고 새로 만들어진 지각 관련 소검사 사이에서 증가하기 시작한 '유동추론'에 대한 관심을 반영하여 '지각조직'에서 '지각추론'으로 지표의 명칭을 변경했다. WISC-IV는 임상 해석에서 네 가지 지표 점수를 가장 중요하게 간주한다. WAIS-IV는 2008년에 이 모델을 따랐다.

2012년 WPPSI-IV(Wechsler, 2012)는 4~7세 유아용 검사에서 최초로 5요인 모델을 도입하였다. 5요인 모델을 정립하기 위해 지각추론과 작업기억에 속했던 일부 소검사와 새로 만들어진 소검사를 묶어서 유동추론 요인을 생성하였다.

3. 과거로부터 현재까지

웩슬러 지능검사는 75년(1939~2014년)의 역사 속에서 종합적인 정신 능력(언어성 지능과 동작성 지능이 구분되어 보완되기는 했지만) 측정에서 4요인(WISC-IV, WAIS-IV) 또는 5요인 구조(WPPSI-IV)로 큰 변화를 겪었다. 『Journal of Psychoeducational Assessment』(Tobin, 2013)의 특별호는 4요인 구조와 5요인 구조의 경험적 기반 및 임상적 효용에 대한 논쟁을 포함하는 일련의 영향력 있는 논문을 출판했다. WISC-IV와 WAIS-IV 모두에서 5요인 모델이 4요인 모델보다 약간 더 적합한 것으로 나타났다(Weiss, Keith, Zhu, & Chen, 2013a; Weiss, Keith, Zhu, & Chen, 2013b). 물론 다섯 번째 요인은 유동추론이었고, 지각추론과 작업기억 요인에 속했던 일부 소검사가 유동추론에 속하는 것으로 나타났다.

이 연구들을 통해 5요인 모델이 일반집단과 임상집단이 모두 포함된 대규모 표집 연구에서도 적합함이 WISC-IV와 WAIS-IV 모두에서 입증되었기 때문에 임상적으로 적용될 수 있었다. 『Journal of Psychoeducational Assessment』에 실렸던 2편의 논문에 대해 8명의 저명한 연구자가 비평을 하였는데 대체로 긍정적인 평가였다(논문 요약과 논의는 Kaufman, 2013 참조, 그리고 그 논문에 대한 재논의는 Weiss, Keith, Zhu, & Chen, 2013c 참조). 따라서 이 논문들은 WISC-V 5요인 모델의 촉매 역할을 하였다.

Wechsler의 5요인 모델은 사실상 Cattell-Horn-Carroll(CHC) 지능 이론과 많이 중복된다(Carroll, 1993). 그런 이유로 웩슬러 5요인에 관한 최근의 연구 문헌들은 때로는 웩슬러와 CHC 지능 모델이 경쟁하는 것처럼 다루기도 한다(Benson, Hulac, & Kranzler, 2010; Ward, Bergman, & Herbert, 2011). 그러나 웩슬러 검사 개발팀은 체계적인 연구를 통해 원래의 웩슬러 2요인 모델에 작업기억과 처리속도 요인을 1990년의 제3판에서 추가했고, 제4판에서는 이를 완전히 보완했다(Weiss, Saklofske, Coalson, & Raiford, 2010; Weiss, Saklofske, Prifitera, & Holdnack, 2006). 1997년 이후에는 유동추론 요인을 추가한 체계적 연구가 지속되었고, 행렬추리, 공통그림, 무게비교 등의 소검사 개발과 타당성 연구를 이끌었다.

제5장에서 기술하였지만, 웩슬러 지능검사의 4요인 모델이 제3판과 제4판에서 수십 년간 정교하게 정립되는 과정에서 5요인으로 크게 진보할 수 있었던 것은 신경심리학 및 정보 처리 과정 관련 임상연구 성과의 영향이 컸으며, CHC 관련 요인 분석연구의 영향은 그다지 크지 않았다. 서로 다른 연구 과정에서 놀라울 정도로 유사한 지능 모델을 도출해 낸 것은 매우 고무적이며, 과학자들은 궁극적으로는 더 큰 확신을 가지고 인지적 기능의 본질을 더 잘 이해할 수 있게 되었다.

Wechsler 박사의 원래 모델에서도 지금의 작업기억, 처리속도, 유동추론을 측정하는 소검사들이 포함되어 있었다. 이 소검사들은 자극과 반응의 과정이 언어적인지 혹은 시지각적인지에 따라 언어성 지능과 동작성 지능으로 분류되어 포함되었다. 지금과 마찬가지로 그 당시 Wechsler 박사 역시 숫자를 정신적으로 조작하는 능력이 지능에 많은 영향을 미친다는 것을 알고 있었고, 그래서 '산수'와 '숫자'를 언어성 지능에 포함시켰다. 또한 그는 눈으로 빠르게 스캐닝하는 능력이 인지에 중요한 역할을 한다는 것을 알고 있었기 때문에 동작성 검사에 '기호쓰기' 소검사를 포함했다. '산수'와 같은 소검사는 처음에는 언어성 검사에 포함되었지만, 새로운 연구들을 토대로 지능 모델이 변화하는 과정에서, 작업기억 요인의 핵심 소검사에 속했었고, 지금 제5판에서는 유동추론 영역의 보충 소검사로 자리를 옮겼다.

현대의 연구자들은 각 소검사 과제의 근본적인 신경인지 과정 및 지능과의 관련성에 대한 정교한 이론을 개발했다. 마치 아스피린이 처음 개발되었을 때보다 지금 더 많은 분야에서 치료에 쓰이는 것과 마찬가지로, '숫자'의 경우 숫자가 역방향으로 회상되거나 순서에 맞게 재배열될 때 작업기억을 더 잘 반영한다는 것을 알게 되었다. '기호쓰기'의 경우 단순한 복사(copying) 능력이나 시각-운동 협응 능력보다는 인지처리속도를 측정하는 것으로 간주된다. 이러한 요인들에 대한 연구가 누적되면서 이 요인들은 웩슬러 지능검사에서 언어성 지능이나 동작성 지능과는 구분되는 독립적인 요인으로 간주되었다. 또한 '순차연결' '선택'과 같은 새로운 소검사를 도입하여 작업기억과 처리속도를 더 정교하게 측정할 수 있게 되었다. 또한 WAIS-IV와 WISC-V에서 '숫자' 소검사는 작업기억에 관한 최근의 이해를 반영하여, 작업기억을 더 잘 측정할 수 있는 방법인 순서대로 말하기 항목을 추가하는 방식으로 의미 있게 개정되었다.

마찬가지로, 유동추론이라는 용어가 Wechsler 박사의 시대에는 사용되지는 않았지만, 최초의 웩슬러 지능검사에서도 문제 해결 능력을 측정하는 소검사는 있었다(예: 공통성, 토막짜기 같은 소검사). Horn과 Cattell(1966)이 유동 지능(fluid intelligence: Gf)과 결정 지능(crystallized intelligence: Gc)을 구분한 것 또한 웩슬러가 언어성 지능과 동작성 지능을 구분하는 데 큰 영향을 미쳤다. 초기 비네 검사 때로 거슬러 올라가면 대부분의 지능검사가 결정 지능 측면을 더 많이 포함하고 있지만, 유동추론 능력에 대한 계속된 연구를 통해 보다 직접적으로 이 능력을 측정하는 웩슬러 소검사를 추가로 개발하게 되었다. 구체적으로, 행렬추리(WISC-III에서 처음 등장하여 WAIS-III와 WISC-IV에 추가되었고, WAIS-IV와 WISC-V에서 유지됨), 공통그림(WISC-IV에서 처음 등장하여 WPPSI-III에 추가됨), 무게비교(WAIS-IV에서 처음 등장했다가 WISC-V에 추가됨)가 그것이다.

75년간의 역사적 배경의 핵심은 지난 수십 년 동안 웩슬러 지능검사가 지능에 대한 엄청난 연구에 보조를 맞추며 크게 변화했다는 것이다. 하지만 Wechsler 박사의 놀라운 임상적 통찰력이 아니었다면 지능 측정 분야가 오늘날처럼 발달하지는 못했을 것이다. WISC-V는 Wechsler 박사가 처음 제시했던 지능검사와 많은 차이가 있으며, 현재도 진행 중인 임상 및 신경심리 연구에 의해 밝혀진 다양한 현대 인지 신경과학 이론을 반영하고 있다.

4. WISC-V의 구조와 내용

전체 IQ(FSIQ)로 산출되는 전반적인 정신 능력은 인간의 총체적인 인지 능력 이해를 위한 강력한 척도이지만, 임상적 유용성은 인지적 기능 중 가장 핵심적이고 중요한 역할을 하는 것으로 기술되는 '기본(basic)' 지표 점수(index score) 분석이 가장 우수하다. 우리가 워크숍에서 자주 언급했듯이, 전체 IQ가 100점인 100명의 아동은 전체 IQ 점수가 같다고 해도 각기 다른 기본 인지 능력 때문에 강점과 약점이 다르고, 각자의 인지 특성 차이로 인해 학업성취도에서도 매우 큰 편차를 보인다. WISC-V는 언어이해(Verbal Comprehension Index: VCI), 시지각(Visual Spatial Index:

VSI), 유동추론(Fluid Reasoning Index: FRI), 작업기억(Working Memory Index: WMI), 처리속도(Processing Speed Index: PSI)의 다섯 가지 기본 지표로 구성된다. 이 5개의 지표 점수는 각각 2개의 기본(primary) 소검사에 의해 정의 및 측정된다. 5개 지표 대부분은 1~2개의 보충(secondary) 소검사를 선택적으로 시행할 수 있고, 시행할 경우 해당 지표의 수행과 관련된 추가 정보를 얻을 수 있다. 다음 장에서 진단 평가 및 프로그램 개입 계획과의 관련성을 중심으로 지표 점수에 대해 자세히 기술할 것이지만, 이 장에서는 전체 IQ를 구성하는 부분으로서의 지표 점수를 설명하고 해당 소검사에 대해서도 대략적인 기술을 할 것이다. 웩슬러 검사에 익숙한 사람들은 WISC-V에 포함된 대부분의 소검사가 WISC 및 WAIS 검사의 이전 판에 있었던 소검사를 심리측정 및 임상적 측면에서 개선시킨 것이며, 새로 도입된 5요인 모델로 인해 새로 몇 개의 소검사가 개발되었음을 알 수 있을 것이다. [그림 1-1]은 전체 IQ, 5개의 기본 지표 척도, 5개의 추가 지표 척도, 3개의 보충 지표[1) 척도의 기본 구성과 WISC-V의 구조를 보여 준다.

1) 언어이해 지표

언어이해 지표(VCI)는 기본 소검사인 공통성과 어휘, 보충 소검사인 상식과 이해로 구성된다. 이 4개 소검사는 모두 WISC 이전 판에서부터 중요하게 간주되어 왔다.

(1) 공통성(Similarities)

아동은 공통적인 사물이나 개념을 나타내는 두 단어를 듣고, 두 단어가 어떻게 유사한지 말한다. 이 소검사는 언어적 개념 형성 능력과 추상적 추론 능력을 측정하기 위해 고안되었으며, 결정 지능, 단어 지식, 인지적 유연성, 청각적 이해, 장기기억, 연관 및 범주적 사고, 핵심 변별, 언어표현 등과도 관련된다(Flanagan & Kaufman, 2009; Groth-Marnat, 2009; Sattler, 2008; Wechsler, 2014).

1) 역자 주: 한국어판에는 포함되지 않음

전체 IQ

언어이해	시공간	유동추론	작업기억	처리속도
공통성 **어휘** 상식 이해	**토막짜기** 퍼즐	**행렬추리** **무게비교** 공통그림찾기 산수	**숫자** 그림기억 순차연결	**기호쓰기** 동형찾기 선택

기본 지표 척도

언어이해	시공간	유동추론	작업기억	처리속도
공통성 **어휘**	**토막짜기** **퍼즐**	**행렬추리** **무게비교**	**숫자** **그림기억**	**기호쓰기** **동형찾기**

추가 지표 척도

양적추론	청각작업기억	비언어	일반능력	인지효율
무게비교 **산수**	**숫자** **순차연결**	**토막짜기** **퍼즐** **행렬추리** **무게비교** **그림기억** **기호쓰기**	**공통성** **어휘** **토막짜기** **행렬추리** **무게비교**	**숫자** **그림기억** **기호쓰기** **동형찾기**

보충 지표 척도

명명속도	기호변환	저장 및 인출
언어적 명명속도 **수량적 명명속도**	**즉각적 기호변환** **지연적 기호변환** **기호변환**	**명명속도 지표** **기호변환 지표**

그림 1-1 WISC-V 기본 지표와 소검사

출처: WISC-V 매뉴얼로부터 소검사에 대한 설명과 재사용을 허락받음(Wechsler, 2014)

(2) 어휘(Vocabulary)

어휘 소검사는 그림 문항과 언어 문항으로 구성되어 있다. 그림 문항에서 아동은 간단한 사물의 이름을 말한다. 언어 문항에서 아동은 검사자가 읽어 주는 보다 어려운 단어의 뜻을 말한다. 어휘는 단어 지식과 언어적 개념 형성 능력을 측정하기 위해 고안되었으며, 결정 지능, 축적된 지식, 학습 능력, 언어표현, 장기기억, 습득된 어휘양 등도 측정한다. 이 소검사를 수행하는 과정에서는 청지각 및 청각 이해력, 추상적 사고 능력도 요구된다(Flanagan & Kaufman, 2009; Groth-Marnat, 2009; Sattler, 2008; Wechsler, 2014).

(3) 상식(Information)

아동은 광범위한 일반 지식에 관한 질문에 대답한다. 상식 소검사는 일반적이고 사실적 지식의 습득, 유지, 인출하는 능력을 측정하도록 설계되었으며, 결정 지능, 장기기억, 환경 및 학교에서 배운 지식을 유지하고 인출하는 능력 등을 측정한다. 그리고 언어 인식, 이해, 표현 등의 기술도 요구된다(Flanagan & Kaufman, 2009; Groth-Marnat, 2009; Sattler, 2008; Wechsler, 2014).

(4) 이해(Comprehension)

아동은 일반적인 원칙과 사회적 상황에 대한 이해에 근거하여 질문에 대답한다. 이해는 언어적 추론, 개념화, 언어이해 및 표현, 과거 경험을 평가하고 활용하는 능력, 실용적인 지식과 판단을 설명하는 능력 등을 측정하도록 설계되었다. 또한 결정 지능, 행동의 관습적 기준에 대한 지식, 사회적 판단, 장기기억, 상식 등도 포함한다(Flanagan & Kaufman, 2009; Groth-Marnat, 2009; Sattler, 2008; Wechsler, 2014).

2) 시공간 지표

시공간 지표(Visual Spatial Index)는 2개의 기본 소검사로 구성된다. 웩슬러 검사에서 오랫동안 사용되었던 토막짜기와 새로 만들어진 퍼즐이 그것이다. 별도의 추가 소검사는 없다.

(1) 토막짜기(Block Design)

아동은 제한 시간 동안 두 가지 색깔의 토막을 사용하여 제시된 모델이나 그림과 똑같은 모양을 만든다. 토막짜기는 추상적인 시각 자극을 분석하고 종합하는 능력을 측정하기 위해 설계되었다. 또한 비언어적 개념 형성 및 추론, 광범위한 시각 지능, 시각적 인식 및 조직, 동시 처리, 시각-운동 협응, 학습, 시각 자극에서 배경과 사물을 분리하는 능력 등도 포함한다(Carroll, 1993; Flanagan & Kaufman, 2009; Groth-Marnat, 2009; Sattler, 2008; Wechsler, 2014).

(2) 퍼즐(Visual Puzzle)

퍼즐은 WAIS-IV에 포함된 소검사를 아동용으로 바꾼 것이다. 아동은 완성된 퍼즐을 보고 퍼즐을 재구성할 수 있는 3개의 조각을 제한된 시간 내에 선택한다. 퍼즐은 시공간 추론, 정신적 회전(rotation), 시각작업기억, 부분과 전체 간의 관계 이해, 추상적 시각 자극을 분석하고 종합하는 능력 등을 정신적으로, 운동성 없이(non-motor) 구성하는 능력을 측정하도록 설계되었다. WPPSI-IV의 모양맞추기(Object Assembly)나 미네소타 필기형 검사-개정판(Revised Minnesota Paper Form Board Test)(Likert & Quasha, 1995)과 마찬가지로 시각적 인식, 광범위한 시각 지능, 유동 지능, 동시 처리, 공간 시각화 및 조작, 부분들 간의 관계 예측 능력 등도 포함한다(Carroll, 1993; Groth-Marnat, 2009; Kaufman & Lichtenberger, 2006; Likert & Quasha, 1995, Sattler, 2008). 시각 처리 및 정확도, 공간 추론, 부분과 전체 간의 관계 종합 및 재구성, 비언어적 추론, 시행 착오를 통한 학습 능력 등도 측정된다(Flanagan & Kaufman, 2009; Flanagan, Alfonso, & Ortiz, 2012; Sattler, 2008; Wechsler, 2014).

3) 유동추론 지표

유동추론 지표(Fluid Reasoning Index)는 WISC-V에서 추가된 중요한 지표이다. 유동추론 지표는 행렬추리와 무게비교 소검사로 구성된다. 행렬추리는 WISC-IV와 WAIS-IV 모두에 있었던 소검사이며, 무게비교는 WAIS-IV에서 처음 등장했다. 기존 웩슬러 검사에 이미 있었던 공통그림찾기와 산수 소검사는 유동추론의 보충 소검사가 되었다.

(1) 행렬추리(Matrix Reasoning)

아동은 불완전한 행렬이나 직렬을 보고 완전한 행렬이나 직렬이 될 수 있는 답을 선택한다. 과제 수행을 위해 아동은 제시된 시공간 정보에 내재한 개념적 규칙을 인식하고 적용하여야 한다. 행렬추리 소검사는 유동추론, 광범위한 시각 정보, 분류 및 공간화 능력(spatial ability), 부분과 전체의 관계에 대한 지식, 동시 처리 등을 측정하도록 설계되었다(Flanagan & Kaufman, 2009; Groth-Marnat, 2009; Sattler, 2008; Wechsler, 2014). 추가적으로 세부적인 시각 정보에 주의를 기울이는 능력과 작업기억 능력도 요구된다.

(2) 무게비교(Figure Weights)

무게비교는 WISC-V에는 새로 등장한 소검사로 WAIS-IV의 소검사를 아동용으로 만든 것이다. 아동은 제한 시간 내에 하나 혹은 두 개의 저울을 보고 저울의 균형을 맞추기 위해 빠진 부분에 어떤 사물이 들어가야 하는지를 보기에서 찾는다. 과제 수행을 위해 아동은 사물 간의 관계를 이해하기 위해 양적 균등 개념(quantitative concept of equality)을 적용해야 하며, 짝찾기(matching), 더하기, 곱하기 등의 개념을 보기에 적용시켜야 한다. 이 소검사는 양적인 유동추론 능력과 귀납적 사고 능력을 측정한다(Flanagan et al., 2012; Flanagan & Kaufman, 2009; Sattler, 2008; Wechsler, 2014). 양적추론 과제는 수학적인 추론 과정을 포함하며, 귀납적 또는 연역적 논리를 강조한다(Carroll, 1993). 이 소검사에서도 어느 정도의 작업기억 능력이 요구되지만, 무게비교는 시각적인 자극에 기반하기 때문에 산수 소검사와 같은 전형적인 양적 과제(typical quantitative tasks)에 비해서는 기억을 쉽게 되살릴 수 있다.

(3) 공통그림찾기(Picture Concepts)

아동은 두 줄 혹은 세 줄로 이루어진 그림들을 보고 공통된 특성으로 묶을 수 있는 그림을 각 줄에서 하나씩 선택한다. 이 소검사 내에서는 같은 그림이 두 번 나오지 않는다. 아동은 정답을 찾기 위해 이름 붙일 수 있는 사물 그림을 활용하여 사물들 사이에 내재된 개념적 관계를 인식하고 적용할 수 있어야 한다. 이 소검사는 유동추론, 귀납추론, 시지각적 인식 및 처리, 개념적 사고 등을 측정하도록 설계되었다(Flanagan & Kaufman, 2009; Sattler, 2008; Wechsler, 2014). 그리고 결정 지능과도 관련되며(Sattler, 2008), 시각적 스캐닝, 작업기억, 추상적 추론 능력 등도 필요로 한다.

(4) 산수(Arithmetic)

아동은 제한된 시간 내에 검사자가 불러 주는 서술형 산수 문제를 암산으로 푼다. 산수 소검사는 정신적 조작, 집중력, 단기 초점적 주의력(brief focused attention), 단기 및 장기기억, 수리적 추론 능력, 응용 계산 능력, 정신적 각성(mental alertness) 등이 관련된다. 또한 유동추론, 양적추론, 논리적 추론, 양적 지식 등과 관련된 순차적 처리가 필요하다(Groth-Marnat, 2009; Kaufman & Lichtenberger, 2006; Sattler, 2008; Wechsler, 2014). 추가적으로 변별(discrimination)과 이해를 위한 청각적/언어적 과정에 문제가 없어야 하며, 표현 능력에도 문제가 없어야 한다.

4) 작업기억 지표

작업기억 지표(Working Memory Index)는 기본 소검사에 해당하는 숫자, 그림기억 소검사와 보충 소검사인 순차연결로 구성된다.

(1) 숫자(Digit Span)

숫자 소검사는 세 부분, 일련의 숫자를 듣고 같은 순서로 대답하는 부분(바로 따라하기), 역순으로 대답하는 부분(거꾸로 따라하기), 오름차순으로 대답하는 부분(순서대로 따라하기)으로 구성된다. 오름차순으로 대답하는 부분은 작업기억의 비중을 높이기 위해 WAIS-IV에서 차용된 것이다.

숫자 과제 하나를 마치고 다음 숫자 과제로 넘어가는 과정에서는 인지적 유연성과 정신적 각성이 요구된다. 어떤 방식의 숫자 과제든 정보 등록, 단기 초점적 주의력, 청각적 변별, 청각적 시연(rehearsal) 등이 요구된다. 바로 따라하기는 작업기억 중에서 청각적 시연과 단기기억 용량을 평가한다. 거꾸로 따라하기는 작업기억, 정보의 변형, 정신적 조작 등을 평가하며, 시공간 이미지도 영향을 미칠 수 있다(Groth-Marnat, 2009; Flanagan & Kaufman, 2009; Reynolds, 1997; Sattler, 2008; Wechsler, 2014).

WISC-V에 새로 도입된 숫자 순서대로 따라하기는 작업기억과 정신적 조작 능력을 측정하기 위해 고안된 다른 검사들과 유사하다(MacDonald, Almor, Henderson, Kempler, & Andersen, 2001; Werheidet al., 2002). 숫자 순서대로 따라하기는 인지적 복잡성을 높이기 위해 도입되었다. 숫자 거꾸로 따라하기와 숫자 순서대로 따라하기 모두 숫자의 순서를 바꾸어야 하는데, 두 과제의 차이는 숫자의 순서를 결정하는 방식에 있다. 숫자 거꾸로 따라하기의 경우 들은 숫자의 위치를 작업기억에 저장하여야 순서를 바꾸어 재배열할 수 있다. 숫자 순서대로 따라하기의 경우 숫자를 끝까지 다 들은 후에야 숫자의 순서를 지정할 수 있기 때문에 숫자를 작업기억하면서 동시에 숫자의 양적 크기를 계속 비교해야 한다.

숫자 소검사 전체 원점수는 숫자 바로 따라하기, 숫자 거꾸로 따라하기, 숫자 순서대로 따라하기 원점수를 모두 합한 것이다. 그리고 전체 원점수는 작업기억 지표와 전체 IQ 산출에 쓰인다. 숫자 바로 따라하기를 하지 않는 경우 일부 아동의 경우 (아마도 지시를 제대로 이해하지 못해서) 숫자 거꾸로 따라하기에서 낮은 수행을 하기 때문에 숫자 바로 따라하기도 반드시 시행해야 한다. 숫자 바로 따라하기는 지적 장애(intellectual disability)나 인지 능력이 낮은 아동의 최소 능력을 판단하는 데도 도움이 되기 때문에 유지되고 있다.

숫자 바로 따라하기, 숫자 거꾸로 따라하기, 숫자 순서대로 따라하기 각각은 숫자 처리 점수(process scores)를 통해 따로 분석될 수 있다. 처리 점수는 세 가지 숫자 과제에서의 상대적인 편차(relative variability)에 대한 정보를 제공한다.

(2) 그림기억(Picture Span)

새로 도입된 소검사인 그림기억에서 아동은 제한 시간 내에 1개 이상의 이름 붙일 수 있는 사물을 본 후, 반응 페이지에 있는 보기 그림 중에서 해당 그림을 (가능한 한 순서대로) 선택한다. 그림기억은 시각적 작업기억 및 작업기억의 용량을 측정한다. 주의, 시각적 처리, 시각적 즉각(immediate) 기억, 반응 억제(Flanagan et al., 2012; Flanagan, Alfonso, Ortiz, & Dynda, 2010; Miller, 2010, 2013) 등과도 관련이 있다. 이 소검사는 기존의 시각적 작업기억 과제(Hartshorne, 2008; Makovski & Jiang, 2008; Wechsler, 2009)와 유사하지만, 의미를 구성할 수 있는 자극(semantically meaningful stimuli)을 사용했기 때문에 다소 새로운 방식이라 할 수 있다. 이러한 자극은 언어적 작업기억을 활성화할 수 있다. 그림기억은 순서대로 기억하는 것을 요구할 뿐만 아니라 순차 간섭을 극복해야 하기 때문에 작업기억을 필요로 한다. 같은 그림이 여러 문항에서 반복되어 제시되기 때문에 사전 간섭을 제거하지 못하면 그 그림이 목표 자극인지 아닌지를 변별하기 어렵다.

(3) 순차연결(Letter-Number Sequencing)

아동은 일련의 숫자와 문자를 듣고, 숫자는 오름차순으로, 문자는 알파벳(한글판의 경우 한글 자모) 순서로 재인(recall)한다. 숫자 소검사와 마찬가지로 순차연결 역시 청각적 변별, 단기 초점적 주의력, 집중력, 정보 입력(registration), 청각적 시연 등의 기본적 인지 과정이 요구된다. 추가적으로 순차적 처리, 숫자의 크기 또는 알파벳(한글 자모) 순서를 기준으로 자극을 비교하는 능력, 작업기억 용량, 정신적 조작 능력 등도 요구된다. 그리고 정보 처리, 인지적 유연성, 유동 지능 등도 요구될 수 있다. 유동 지능은 실행기능을 조절(control)하고 작업기억 과정에서 자원을 분할(resource allocation)하는 기능을 의미한다. 아동이 이 소검사를 수행할 능력이 있는지 파악하기 위해 검사 시작 전에 숫자세기와 알파벳(한글 자모) 순서대로 말하기 검정 문항을 먼저 실시한다.

5) 처리속도 지표

처리속도 지표(Processing Speed Index)는 잘 정립된 두 기본 소검사인 기호쓰기와 동형찾기, 그리고 보충 소검사인 선택으로 구성되어 있다.

(1) 기호쓰기(Coding)

아동은 제한 시간 내에 기호표를 이용하여 간단한 기하학적 모양이나 숫자에 상응하는 기호를 따라 그린다. 이 소검사는 처리속도 외에도, 단기 시각 기억, 절차적 학습 및 우연적 학습 능력(procedural and incidental learning ability), 정신 운동 속도, 시지각, 시각-운동 협응 능력, 시각적 스캐닝 능력, 인지적 유연성, 주의력, 집중력, 동기 등을 측정한다. 그리고 시각 자극의 순차적 처리 및 유동 지능도 포함될 수 있다(Flanagan & Kaufman, 2009; Groth-Marnat, 2009; Sattler, 2008; Wechsler, 2014).

(2) 동형찾기(Symbol Searching)

아동은 제한 시간 내에 반응 부분을 훑어보고 표적 모양의 유무를 나타낸다. 이 소검사는 시지각(예: 면 시각적 변별 및 매칭)과 의사결정 속도 외에도, 단기 시각 기억, 시각-운동 협응, 억제 조절, 시각 변별, 정신 운동 속도, 지속적 주의, 집중 등의 능력을 측정한다. 또한 지각 조직화, 유동 지능, 계획 및 학습 능력 등을 측정할 수 있다(Flanagan & Kaufman, 2009; Groth-Marnat, 2009; Sattler, 2008; Wechsler, 2014).

(3) 선택(Concellation)

아동은 제한 시간 내에 무선으로 배열된 그림과 일렬로 배열된 그림을 훑어보고 표적 그림을 표시한다. 이 소검사는 검사 속도, 시지각 처리 및 의사결정 속도, 시각적 스캐닝 능력, 시지각 인식 및 변별 능력 등을 측정한다(Flanagan & Kaufman, 2009; Sattler, 2008; Wechsler, 2014). 또한 주의력, 집중력, 시각적 회상 등을 포함할 수 있다(Sattler, 2008). 선택과 같은 과제는 시각적 무시, 반응 억제, 운동 보속(perseveration) 등을 측정하기 위한 신경심리학적 환경(neuropsychological settings)에서 광범위하게 활용되어 왔다(Lezak, Howieson, & Loring, 2004).

5. WISC-V 전체 IQ

전체 IQ는 Spearman, Wechsler, Vernon에서 Carroll, Horn, Cattell에 이르기까지 수많은 전문가가 수십 년에 걸친 연구를 통해 보고한 일반적인 정신 능력을 반영하는 척도로, 심리학 분야에서 가장 잘 정립된 척도 중 하나이다. 일반지능은 인생의 많은 중요한 성과와 관련됨이 지속적으로 입증되고 있으며, 아동의 잠재 능력을 예측하는 주요 척도이기 때문에 학업성취도, 상급 학교 진학, 승진, 직업적 성공 등을 잘 예언할 수 있다(Deary et al., 2004; Gottfredson & Saklofske, 2009; Squalli & Wilson, 2014; Lubinski, 2004; Sternberg & Grigorenko, 2002). 현장에서 활동하는 심리학자들은 웩슬러 척도에 의해 평가된 지능은 개인이 주변 세계와 성공적으로 상호작용하는 데 필요한 전반적인 인지 능력을 이해하기 위한 핵심적인 정보를 깊이 있고 폭넓게 제시한다고 말하고 있다.

전체 IQ는 앞에서 기술된 10개의 기본 소검사 중 7개로 구성된다. 7개 소검사에는 2개의 언어이해 소검사, 1개의 시공간 소검사, 2개의 유동추론 소검사, 1개의 작업기억 소검사, 1개의 처리속도 소검사가 포함된다. 광범위한 경험적 분석에 따르면, 이 5개 기본 요인에 부여된 가중치는 신뢰도 및 여타의 심리측정 기준을 우수하게 만족시키면서 학업성취도 및 주요 임상 기준을 가장 잘 예측한다. [그림 1-1]에서 보여 주듯이, 전체 IQ는 공통성, 어휘, 토막짜기, 행렬추리, 무게비교, 숫자, 기호쓰기의 7개 소검사로 구성된다. 전체 IQ와 함께 언어이해, 시공간, 유동추론, 작업기억, 처리속도의 5개 기본 지표 점수를 산출하기 위해서는 10개 기본 소검사를 모두 실시하는 것이 가장 좋다.

6. WISC-V 추가 지표 및 소검사

이 절에서는 일반능력, 인지효율, 비언어, 양적추론, 청각작업기억의 5개 추가 지표에 대해 설명한다. 추가 지표를 사용하는 것은 선택 사항이다. 추가 지표 분석을 통해 임상가는 WISC-V 점수와 관련된 가설을 아동의 실제 교실에서의 수행, 일상에서의 상호작용, 일상적인 요구 등의 맥락에서 보다 구체적으로 세우고 탐색할 수 있다. 일부 추가 지표의 경우 10개의 기본 소검사 이외의 보충 소검사를 추가적으로 시행해야 한다. 5개 추가 지표 산출에 필요한 소검사는 [그림 1-1]에 제시되어 있다.

1) 일반능력 지표

일반능력 지표(General Ability Index)는 전체 IQ에 포함되었던 소검사 중 숫자와 기호쓰기를 제외한 점수를 단일 지표로 산출한 것이다. 그러니까 일반능력 지표는 전체 IQ에서 작업기억과 처리속도의 영향을 배제한 점수이다. 만일 5개 기본 지표 간의 점수 편차가 심한 경우라면 아동의 전반적인 능력을 시사하는 일반능력 지표와 전체 IQ 간의 차이가 클 수 있다. 일반능력 지표에는 공통성, 어휘, 토막짜기, 행렬추리, 무게비교 등의 5개 소검사가 포함되고, 추가로 실시되어야 하는 소검사는 없다.

일반능력 지표는 학습장애나 ADHD 학생에게서 나타나는 작업기억 및 처리속도 결손으로 인한 능력-성취 간 불일치를 분석하기 위해 WISC-III에서 처음 개발되었다(Prifitera, Weiss, & Saklofske, 1998). 학습장애 아동은 작업기억 및 처리속도 소검사에서의 낮은 수행으로 인해 전체 IQ가 낮아질 수 있는데, 이 경우 능력-성취 간 불일치의 정도가 크지 않게 산출되어 학습장애 아동에게 필요한 특수교육 서비스가 거부될 수 있다. 일반능력 지표는 특수교육 대상자로 선정될 수 있는 학생을 선별하는 데 필요한 능력-성취 간 불일치 분석에서 활용될 수 있다. 일반능력 지표는 학습장애나 ADHD 아동의 전반적인 기억기능이 일반지능에 상응하는 정도를 분석하는 데도 유용함이 나중에 확인되었다. 또한 신체장애나 감각장애로 인해 작업기억이나 처리속도 관련 과제를 수행할 수 없는 상황일 경우 일반능력 지표를 통해 전반적인 능력을 적절히 평가할 수 있다.

이러한 이유로 몇몇의 실무자는 아동의 전반적인 능력을 일반능력 지표로 요약하는 것을 선호하였다(Saklofske, Prifitera, Weiss, Rolfhus, & Zhu, 2005). 그리고 이러한 방식은 작업기억 및 처리속도 소검사에서 현저히 낮은 수행을 보이는 아동의 경우 일반능력 지표 점수가 전체 IQ보다 전반적인 능력을 더 잘 예측한다는 심리평가 보고를 증가시키는 결과를 낳았다. 하지만 이것은 우리가 의도한 바가 아니며, 매우 심각한 문제가 될 수도 있는 방식이다(Weiss, Beal, Saklofske, Alloway, & Prifitera, 2008). 우리는 작업기억과 처리속도가 지능의 필수 요소라 생각하며, 그 지표 영역 점수가 낮다는 이유로 그 점수를 전반적인 지능평가에서 배제할 경우 실용성이 떨어진다고 생각한다. 이러한 접근은 아동의 지능을 비현실적으로 높게 산출하고 부족한 능력을 보완할 기회를 잃게 한다. 일반능력 지표를 성취나 기억과 같은 다른 점수와 비교하는 것은 적합하지만, 아동이 숫자나 기호쓰기에서 낮은 점수를 받았기 때문에 전체 IQ보다 일반능력 지표가 전반적인 인지 능력을 더 잘 예측한다고 설명하는 것은 바람직하지 않다.

2) 인지효율 지표

인지효율 지표(Cognitive Proficient Index)는 WISC-V의 작업기억과 처리속도에 속하는 기본 소검사에서의 수행을 단일 점수로 요약한 것이다. 인지효율 지표는 10개의 기본 소검사 중 4개로 구성되며, 다른 소검사를 추가로 실시할 필요는 없다. 작업기억과 처리속도 점수를 묶어서 새로운 지표를 만드는 것은 Dumont와 Willis(2001)에 의해 WISC-III에서 처음 제안되었고, 이후에 Weiss 등(2006)이 WISC-IV에서, Weiss, Saklofske, Coalson 및 Raiford(2010)가 WAIS-IV에서 이어 나갔다. 그리고 WISC-V에서는 인지효율 지표로 검사 매뉴얼에 포함되었다(Wechsler, 2014).

인지효율 지표는 효율성이 핵심 요소인 특정 유형의 정보를 처리하는 과정에서의 기능을 나타낸다. 제5장에서 더 자세히 설명하겠지만, 인지효율 지표는 유동추론 과정에서 핵심적인 역할을 한다. 빠른 시각적 처리와 능숙한 정신 조작과 같은 효율적인 과정은 새로운 과제나 고차원적인 과제를 수행하는 데 필요한 인지적 부담을 줄여 주기 때문에 유동추론과 새로운 학습을 촉진한다. 인지적 효율성이 높을수록 보다 복잡하고 고차원적인 기술을 사용하는 데 인지적 자원을 더 많이 쓸 수 있기 때문에 학습과 문제 해결이 용이해진다.

WISC-V의 인지효율 지표는 언어이해, 시공간 조직, 유동추론 등을 배제한 것이다. 따라서 관련 지표 간 점수 편차가 심한 경우 인지효율 지표와 일반능력 지표를 통해 아동의 인지 능력에 대한 다양한 견해를 제공할 수 있다. 여러 능력을 전체 IQ라는 하나의 지표로 묶는 과정에서 왜곡될 수 있는 개인의 강점과 약점을 완벽하게 파악하기 위해서는 두 지표를 모두 살펴볼 필요가 있다. 하위 소검사 간 점수 편차가 큰 경우 일반능력 지표가 전반적인 능력을 가장 잘 측정한 것이라고 보고하기보다는, 일반능력 지표와 인지효율 지표를 모두 기술하며 효율적이지 못한 인지 과정이 아동의 전반적 능력 표출을 어떻게 방해하는지에 대해 논의하는 것이 보다 실용적일 수 있다.

3) 비언어 지표

비언어 지표(Nonverbal Index)는 토막짜기, 퍼즐, 행렬추론, 무게비교, 그림기억, 기호쓰기의 6개 소검사로 구성된다. 이 소검사들은 모두 기본 소검사에 속하며, 퍼즐만 전체 IQ에 속하지 않다. 그러므로 비언어 지표 산출을 위해 추가적으로 실시해야 하는 소검사는 없다.

이 지표는 언어이해 능력을 상당 부분 줄이기는 했지만 완전히 제거했다고 할 수는 없다. 비언어 지표에 속하는 소검사들 역시 지시를 이해하고 언어적으로 대답해야 하기 때문이다. 이 소검사들 역시 입 밖으로 소리를 내거나 속으로 조용히 말하는 과정의 영향을 받는다.

영어를 배우는 사람들의 경우, WISC-V 전체 IQ에서는 통제집단보다 8.3점 낮았지만 비언어 지표에서는 1.8점만 낮았다(Wechsler, 2014). 따라서 비언어 지표는 영어 사용 기술이 덜 발달되었거나 손상된 다양한 상황에서 유용하게 활용될 수 있다.

4) 양적추론 지표

양적추론 지표(Quantitative Reasoning Index)는 산수와 무게비교 소검사로 구성되기 때문에 양적추론 지표를 산출하기 위해서는 10개 기본 소검사에 속하지 않는 산수 소검사를 추가적으로 실시해야 한다. 산수 소검사는 서술형 산수 문제를 암산으로 풀어야 한다. 무게비교 소검사는 추상적 기호 간의 양적 관계를 파악하고 적용하여 상대적인 크기를 추론할 수 있어야 한다.

양적추론은 유동추론의 일종이다. 양적추론은 양적 개념을 이용하여 유동추론을 하는 것이다. 양적추론과 고차원적인 수학 성취 간의 관련성에 대한 후속 연구가 좀 더 필요하다.

5) 청각작업기억 지표

작업기억 지표는 숫자와 그림기억으로 구성되며, 각각은 청각 기억과 시각 기억 능력을 반영한다. 작업기억 지표는 시각, 청각 감각 기관의 작업기억을 모두 포괄한다. 청각작업기억 지표는 그림기억을 순차연결로 대체하여 시각작업기억이 미친 영향을 제거한다. 청각작업기억 지표(Auditory Working Memory Index)는 청각작업기억을 요구하는 숫자와 순차연결로 구성된다. 청각작업기억 지표를 산출하기 위해서는 순차연결을 추가적으로 실시해야 한다. 시각적 양상(modality)이 손상된 임상 상황에서는 청각작업기억 지표가 작업기억 지표에 비해 작업기억 능력을 더 잘 평가할 수 있다.

7. WISC-V 보충 지표 척도 및 소검사

보충 지표 척도(complementary indexes)와 소검사는 WISC-V에 새로 등장한 것이다. 이것은 WISC-V로 측정되는 광범위한 인지 능력의 한 부분이 아니기 때문에 기본 척도나 추가 척도와는 차이가 있다. 이 척도는 읽기장애나 수학장애와 같은 특정학습장애로 의뢰된 아동을 교육심리적으로 평가하는 데 적합한 세부적인 정보를 제공하도록 설계되었다.

1) 명명속도 지표

명명속도 지표(Naming Speed Index)는 언어적(literacy) 명명속도, 수량적(quantity) 명명속도의 선택 소검사로 구성된다.

(1) 언어적 명명속도

언어적 명명속도 소검사에서 아동은 다양한 자극의 이름을 가능한 한 빨리 말한다. 과제는 전통적으로 빠른 이름 대기 패러다임 내에 있는 자극 및 요소(예: 색상, 사물, 글자, 숫자 등)를 활용하며, 읽기 및 쓰기 표현 기술, 읽기 및 쓰기 학습장애에 대한 민감도가 높다. 이와 유사한 과제는 읽기 및 철자 기술 발달, 읽기 학업성취도, 읽기 및 철자 관련 여러 변수와 밀접한 관련이 있으며, 읽기 학습장애에 민감하다(Crews & D'Amato, 2009; Korkman, BarronLinnankoski, & Lahti-Nuuttila, 1999; Korkman, Kirk, & Kemp, 2007; Powell, Stainthorp, Stuart, Garwood, & Quinlan, 2007; Willburger, Fussenegger, Moll, Wood, & Landerl, 2008). 일부 연구에서는 수학 기술, 수학 학습장애, 기타 여러 임상 조건 등과의 관련성도 시사되었다(McGrew & Wendling, 2010; Pauly et al., 2011; Willburger et al., 2008; Wise et al., 2008). 아주 어린 아동 역시 민감하게 변별하기 위해서는 동시에 여러 차원의 이름을 말하게 하고 자극을 대체하면서 시행해야 한다. 이러한 작업은 주의력결핍 과잉행동장애(Attention Deficit Hyperactivity Disorder: ADHD)(Korkman et al., 2007), 단일언어 및 이중언어 아동의 언어장애(Korkman et al., 2012), 자폐스펙트럼장애(Korkman et al., 2007) 등 다양한 신경발달 상태에 민감하다. 신경발달 문제의 위험이 있는 아동의 경우, 저장 및 인출 유창성, 이름대기 기능 등을 측정하는 유사한 검사(Flanagan et al., 2012)에서 낮은 점수가 보고된 바 있다(Lind et al., 2011). 이러한 소검사들은 학령기 아동에게 꼭 발달되어야 하는 시각-언어 연합 자동성을 특히 잘 측정한다.

(2) 수량적 명명속도

수량적 명명속도 소검사에서 아동은 일련의 상자 안에 있는 정사각형의 수량을 가능한 한 빨리 말한다. 이 소검사는 읽기 및 쓰기 관련 변수와 관련성이 더 높은 전통적인 빠른 자동 이름대기 과제보다 수학 기술, 수학 학습장애에 더 높은 민감도를 보고하는 실험적 문헌에서 수행한 작업과 유사하다(Pauly et al., 2011; van der Sluis, de Jong, & van der Leij, 2004; Willburger et al., 2008). 자극의 이름을 빠르게 말해야 하는 이런 과제는 이름대기 기능, 저장 및 인출 유창성 등을 측정하는 것으로 설명된다(Flanagan et al., 2012).

2) 기호변환 지표

기호변환 지표(Symbol Translation Index)는 친숙하지 않은 기호와 기호의 의미를 연합하여 학습하는 것, 새로운 방식으로 적용하는 것을 측정한다. 이 지표에는 즉각적, 지연적, 재인이라는 세 가지 조건의 소검사가 포함된다.

(1) 즉각적 기호변환

즉각적 기호변환 소검사에서 아동은 시각-언어 쌍(visual-verbal pair)을 학습한 후 일련의 기호들을 어절이나 문장으로 변환한다. 즉각적 기호변환과 유사한 과제는 언어-시각 연합 기억이나 연합 학습, 기억 및 인출의 유창성과 정확성, 즉각적 회상 등도 측정하는 것으로 설명된다(Flanagan et al., 2012). 단서 기억 패러다임(cued memory paradigm), 즉 특정 시각 단서와 관련된 정보를 회상하는 것이다.

기호변환 소검사와 같은 시각-언어 연합 기억 과제는 읽기 해독(decoding) 기술, 단어 읽기에서의 정확도 및 유창성, 글 읽기, 독해력 등과 밀접한 관련이 있다(Elliott, Hale, Fiorello, Dorvil, & Moldovan, 2010; Evans, Floyd, McGrew, & Leforgee,

2001; Floyd, Keith, Taub, & McGrew, 2007; Hulme, Goetz, Gooch, Adams, & Snowling, 2007; Lervåg, Bråten, & Hulme, 2009; Litt, de Jong, van Bergen, & Nation, 2013). 또한 이러한 과제를 구어로 인출하도록 요구할 경우 난독증에 대한 민감도가 높다(Gang & Siegel, 2002; Li, Shu, McBride-Chang, Liu, & Xue, 2009; Litt & Nation, 2014). 시각-언어 연합 기억 과제는 수학계산 기술, 수학추론 등과도 관련되어 있다(Floyd, Evans, & McGrew, 2003; McGrew & Wendling, 2010).

(2) 지연적 기호변환

지연적 기호변환 상황에서 아동은 앞서 즉각적 기호변환 조건에서 학습한 시각-언어 쌍을 이용해서 일렬의 기호를 문장으로 변환한다. 지연적 기호변환과 같은 과제는 언어-시각 연합 기억이나 연합 학습, 기억 및 인출의 유창성과 정확성, 지연된 회상 등을 측정하는 것으로 설명된다(Flanagan et al., 2012). 이 역시 단서기억 패러다임이다.

(3) 기호변환 재인

기호변환 재인 소검사에서 아동은 즉각적 기호변환 조건에서 학습한 시각-언어 쌍을 회상하여, 검사자가 소리 내어 읽어 주는 반응 중 제시된 기호를 올바르게 변환한 것을 선택한다. 기호변환 재인과 같은 과제는 언어-시각 연합 기억이나 연합 학습, 기억 및 인출의 유창성과 정확성, 지연된 재인 등을 측정하는 것으로 설명된다(Flanagan et al., 2012). 이 과제는 과제 중에 제시되었던 단어로 보기를 제한하기 때문에 잘못된 단어가 회상될 가능성을 배제한다. 이 과제를 통해 검사자는 내용 학습(예: 올바른 단어)이 아니라 연합 학습에서의 강점을 판별할 수 있다. 검사자는 지연된 조건에서의 과제 수행 결과와의 비교를 통해 제한된 재인이 기억 수행에 어떤 영향을 미치는지를 평가할 수 있다.

3) 저장 및 인출 지표

저장 및 인출 지표는 명명속도 지표와 기호변환 지표 점수를 합한 것이다. 이 지표는 아동이 학습한 정보를 빠르고 효율적으로 저장하고 인출하는 능력 전반을 측정한다.

8. 요약

이 장에서는 지난 수십 년 동안 세심한 연구를 토대로 유아용(WPPSI), 아동용(WISC), 성인용(WAIS) 검사를 여러 번 개정하면서 어떻게 2요인 모델이 5요인 모델로 진화하고 확대되었는지에 대해 설명하였다. 특정학습장애를 심리교육적으로 평가(psychoeducational evaluation)하는 데 필요한 WISC-V의 5개 기본 지표와 5개 추가 지표에 속하는 소검사들을 개관하였다. 다른 검사들과 마찬가지로 WISC-V 역시 임상 실제와 연구를 통해 밝혀진 이론 및 경험적 결과에 기초하며, 임상가들에게 아동 및 청소년의 진단, 계획, 처방 등 평가 과정에 도움을 줄 수 있는 표준화된 측정 방법을 제시한다. 문제의 범위와 해결 방법이 명확하지 않을 때 WISC-V는 임상적·심리교육적 측정의 매우 정교한 과정을 거쳐 임상적 가설을 도출하거나, 정보를 제공하고 채택하는 데 기여해야 한다. WISC-V는 아동 및 청소년 심리평가에서 매우 정교하면서도 중요한 역할을 하지만 의사결정을 내리지는 못한다. 의사결정은 심리학자의 몫이다.

참고문헌

Benson, N., Hulac, D. M., & Kranzler, J. H. (2010). Independent examination of Wechsler Adult Intelligence Scale-Fourth Edition (WAIS-IV): What does the WAIS-IV measure? *Psychological Assessment, 22*(1), 121-130.

Carroll, J. B. (1993). *Human cognitive abilities: A survey of factor-analytic studies.* New York, NY: Cambridge University Press.

Crews, K. J., & D'Amato, R. C. (2009). Subtyping children's reading disabilities using a comprehensive neuropsychological measure. *International Journal of Neuroscience, 119*, 1615-1639. Available from https://doi.org/10.1080/00207450802319960.

Crowe, S. F. (2000). Does the letter number sequencing task measure anything more than digit span? *Assessment, 7*(2), 113-117.

Deary, I. J., Whiteman, M. C., Starr, J. M., Whalley, L. J., & Fox, H. C. (2004). The impact of childhood intelligence on later life: Following up the Scottish mental surveys of 1932 and 1947. *Journal of Personality and Social Psychology, 86*(1), 130-147. Available from https://

doi.org/10.1037/0022-3514.86.1.130.

Dumont, R., & Willis, J. (2001). Use of the Tellegen & Briggs formula to determine the Dumont-Willis Indexes (DWI-1 & DWI-2) for the WISC-III. http://alpha.fdu.edu/psychology/

Elliott, C. D., Hale, J. B., Fiorello, C. A., Dorvil, C., & Moldovan, J. (2010). Differential Ability Scales-II prediction of reading performance: Global scores are not enough. *Psychology in the Schools, 47*(7), 698-720. Available from https://doi.org/10.1002/pits.20499.

Evans, J. J., Floyd, R. G., McGrew, K. S., & Leforgee, M. H. (2001). The relations between measures of Cattell-Horn-Carroll (CHC) cognitive abilities and reading achievement during childhood and adolescence. *School Psychology Review, 31*(2), 246-262.

Flanagan, D. P., Alfonso, V. C., & Ortiz, S. O. (2012). The cross-battery assessment approach: An overview, historical perspective, and current directions. In D. P. Flanagan, & P. L. Harrison (Eds.), *Contemporary intellectual assessment: Theories, tests, and issues* (3rd ed., pp. 459-483). New York, NY: The Guilford Press.

Flanagan, D. P., Alfonso, V. C., Ortiz, S. O., & Dynda, A. M. (2010). Integrating cognitive assessment in school neuropsychological evaluations. In D. C. Miller (Ed.), *Best practices in school neuropsychology: Guidelines for effective practice, assessment, and evidence-based intervention* (pp. 101-140). Hoboken, NJ: John Wiley & Sons.

Flanagan, D. P., & Kaufman, A. S. (2009). *Essentials of WISC-IV assessment* (2nd ed.). Hoboken, NJ: John Wiley & Sons.

Floyd, R. G., Evans, J. J., & McGrew, K. S. (2003). Relations between measures of Cattell-Horn-Carroll (CHC) cognitive abilities and mathematics achievement across the school-age years. *Psychology in the Schools, 40*(2), 155-171. Available from https://doi.org/10.1002/pits.10083.

Floyd, R. G., Keith, T. Z., Taub, G. E., & McGrew, K. S. (2007). Cattell-Horn-Carroll cognitive abilities and their effects on reading decoding skills: g has indirect effects, more specific abilities have direct effects. *School Psychology Quarterly, 22*(2), 200-233. Available from https://doi.org/10.1037/1045-3830.22.2.200.

Gang, M., & Siegel, L. S. (2002). Sound-symbol learning in children with dyslexia. *Journal of Learning Disabilities, 35*(2), 137-157.

Gottfredson, L. S., & Saklofske, D. H. (2009). Intelligence: Foundations and issues in assessment. *Canadian Psychology/Psychologie Canadienne, 50*(3), 183-195. Available from https://doi.org/10.1037/a0016641.

Groth-Marnat, G. (2009). *Handbook of psychological assessment* (5th ed.). New York, NY: John Wiley & Sons.

Hartshorne, J. K. (2008). Visual working memory capacity and proactive interference. *PLoS*

One, 3(7), e2716. Available from https://doi.org/10.1371/journal.pone.0002716.

Horn, J. L., & Cattell, R. B. (1966). Refinement and test of the theory of fluid and crystallized general intelligences. *Journal of Educational Psychology, 57,* 253-270.

Hulme, C., Goetz, K., Gooch, D., Adams, J., & Snowling, M. J. (2007). Paired-associate learning, phoneme awareness, and learning to read. *Journal of Experimental Child Psychology, 96*, 150-166. Available from https://doi.org/10.1016/j.jecp.2006.09.002.

Kaufman, A. S. (2013). Intelligent testing with Wechsler's fourth editions: Perspectives on the Weiss et al. studies and the eight commentaries. *Journal of Psychoeducational Assessment, 31*(2), 224-234.

Kaufman, A. S., & Lichtenberger, E. O. (2006). *Assessing adolescent and adult intelligence* (3rd ed.). Hoboken, NJ: John Wiley & Sons.

Korkman, M., Barron-Linnankoski, S., & Lahti-Nuuttila, P. (1999). Effects of age and duration of reading instruction on the development of phonological awareness, rapid naming, and verbal memory span. *Developmental Neuropsychology, 16*(3), 415-431.

Korkman, M., Kirk, U., & Kemp, S. (2007). *NEPSY-II*. Bloomington, MN: Pearson.

Korkman, M., Stenroos, M., Mickos, A., Westman, M., Ekholm, P., & Byring, R. (2012). Does simultaneous bilingualism aggravate children's specific language problems? *Acta Pædiatrica, 101*, 946-952.

Lervåg, A., Bråten, I., & Hulme, C. (2009). The cognitive and linguistic foundations of early reading development: A Norwegian latent variable longitudinal study. *Developmental Psychology, 45*(3), 764-781. Available from https://doi.org/10.1037/a0014132.

Lezak, M. D., Howieson, D. B., & Loring, D. W. (2004). In H. J. Hannay, & J. S. Fischer (Eds.), *Neuropsychological assessment* (4th ed.). New York, NY: Oxford University Press.

Li, H., Shu, H., McBride-Chang, C., Liu, H. Y., & Xue, J. (2009). Paired associate learning in Chinese children with dyslexia. *Journal of Experimental Child Psychology, 103*, 135-151. Available from https://doi.org/10.1016/j.jecp.2009.02.001.

Likert, R., & Quasha, W. H. (1995). *Revised Minnesota paper form board test manual* (2nd ed.). San Antonio, TX: The Psychological Corporation.

Lind, A., Korkman, M., Lehtonen, L., Lapinleimu, H., Parkkola, R., Matomäki, J., . . . The Pripari Study Group. (2011). Cognitive and neuropsychological outcomes at 5 years of age in preterm children born in the 2000s. *Developmental Medicine & Child Neurology, 53*(3), 256-262. Available from https://doi.org/10.1111/j.1469-8749.2010.03828.x.

Litt, R. A., de Jong, P. F., van Bergen, E., & Nation, K. (2013). Dissociating crossmodal and verbal demands in paired associate learning (PAL): What drives the PAL-reading relationship? *Journal of Experimental Child Psychology, 115*, 137-149. Available from https://doi.org/10.1016/j.jecp.2012.11.012.

Litt, R. A., & Nation, K. (2014). The nature and specificity of paired associate learning deficits in children with dyslexia. *Journal of Memory and Language, 71*, 71-88. Available from https://doi.org/10.1016/j.jml.2013.10.005.

Cognitive abilities: 100 years after Spearman's (1904) "General Intelligence. Objectively Determined and Measured" (Special section). In D. Lubinski *Journal of Personality and Social Psychology* (86, pp. 96-199).

MacDonald, M. C., Almor, A., Henderson, V. W., Kempler, D., & Andersen, E. S. (2001). Assessing working memory and language comprehension in Alzheimer's disease. *Brain and Language, 78*, 17-42.

Makovski, T., & Jiang, Y. V. (2008). Proactive interference from items previously stored in visual working memory. *Memory & Cognition, 36*(1), 43-52.

McGrew, K. S., & Wendling, B. J. (2010). Cattell-Horn-Carroll cognitive-achievement relations: What we have learned from the past 20 years of research. *Psychology in the Schools, 47*(7), 651-675. Available from https://doi.org/10.1002/pits.20497.

Miller, D. C. (2010). *Best practices in school neuropsychology: Guidelines for effective practice, assessment, and evidence-based intervention*. Hoboken, NJ: John Wiley & Sons.

Miller, D. C. (2013). *Essentials of school neuropsychological assessment* (2nd ed.). Hoboken, NJ: John Wiley & Sons.

Pauly, H., Linkersdörfer, J., Lindberg, S., Woerner, W., Hasselhorn, M., & Lonnemann, J. (2011). Domain-specific rapid automatized naming deficits in children at risk for learning disabilities. *Journal of Neurolinguistics, 24*, 602-610. Available from https://doi.org/10.1016/j.jneuroling.2011.02.002.

Powell, D., Stainthorp, R., Stuart, M., Garwood, H., & Quinlan, P. (2007). An experimental comparison between rival theories of rapid automatized naming performance and its relationship to reading. *Journal of Experimental Child Psychology, 98*(1), 46-68.

Prifitera, A., Weiss, L. G., & Saklofske, D. H. (1998). The WISC-III in context. In A. Prifitera, & D. H. Saklofske (Eds.), *WISC-III clinical use and interpretation: Scientist-practitioner perspectives* (pp. 1-38). San Diego, CA: Academic Press.

Reynolds, C. R. (1997). Forward and backward memory span should not be combined for clinical analysis. *Archives of Clinical Neuropsychology, 12*, 29-40.

Saklofske, D. H., Prifitera, A., Weiss, L. G., Rolfhus, E., & Zhu, J. (2005). Clinical interpretation of the WISC-IV FSIQ and GAI. In A. Prifitera, D. H. Saklofske, & L. G. Weiss (Eds.), *WISC-IV clinical use and interpretation: Scientist-practitioner perspectives*. San Diego, CA: Academic Press.

Sattler, J. M. (2008b). *Resource guide to accompany assessment of children: Cognitive foundations* (5th ed.). San Diego, CA: Author.

Squalli, J., & Wilson, K. (2014). Intelligence, creativity, and innovation. *Intelligence, 46,* 250-257.

Sternberg, R. J., & Grigorenko, E. L. (Eds.), (2002). *The general intelligence factor: How general is it?* Mahwah, NJ: Erlbaum.

Tobin, R. M. (2013). The Wechsler intelligence tests: Revisiting theory and practice. *Journal of Psychoeducational Assessment, 31*(2), 91-94.

van der Sluis, S., de Jong, P. F., & van der Leij, A. (2004). Inhibition and shifting in children with learning deficits in arithmetic and reading. *Journal of Experimental Child Psychology, 87*(3), 239-266. Available from https://doi.org/10.1016/j.jecp.2003.12.002.

Ward, L. C., Bergman, M. A., & Herbert, K. R. (2011). WAIS-IV subtest covariance structure: Conceptual and statistical considerations. *Psychological Assessment, Advance online publication*. Available from https://doi.org/10.1037/a0025614.

Wechsler, D. (1939). *The measurement of adult intelligence*. Baltimore, MD: Williams & Wilkins.

Wechsler, D. (2009). *Wechsler memory scale* (4th ed.). Bloomington, MN: Pearson.

Wechsler, D. (2012). *Manual for the Wechsler preschool and primary scales of intelligence-Fourth Edition*. San Antonio, TX: Pearson.

Wechsler, D. (2014). *Technical manual for the Wechsler intelligence scale for children-Fifth Edition*. San Antonio, TX: Pearson.

Weiss, L. G., Beal, A. L., Saklofske, D. H., Alloway, T. P., & Prifitera, A. (2008). Interpretation and intervention with WISC-IV in the clinical assessment context. In A. Pifitera, D. H. Saklofske, & L. G. Weiss (Eds.), *WISC-IV clinical assessment and intervention*. San Diego, CA: Academic Press.

Weiss, L. G., Keith, T. Z., Zhu, J., & Chen, H. (2013a). WAIS-IV Clinical validation of the four-and five-factor interpretive approaches. *Journal of Psychoeducational Assessment, 31*(2), 114-131.

Weiss, L. G., Keith, T. Z., Zhu, J., & Chen, H. (2013b). WISC-IV Clinical validation of the four-and five-factor interpretive approaches. *Journal of Psychoeducational Assessment, 31*(2), 94-113.

Weiss, L. G., Keith, T. Z., Zhu, J., & Chen, H. (2013c). Technical and practical issues in the structure and clinical invariance of the Wechsler scales: A rejoinder to commentaries. *Journal of Psychoeducational Assessment, 31*(2), 235-243.

Weiss, L. G., Saklofske, D. H., Coalson, D., & Raiford, S. E. (2010). *WAIS-IV clinical use and interpretation*. San Diego, CA: Academic Press.

Weiss, L. G., Saklofske, D. H., Prifitera, A., & Holdnack, J. A. (2006). *WISC-IV: advanced clinical interpretation*. San Diego, CA: Academic Press.

Werheid, K., Hoppe, C., Thöne, A., Müller, U., Müngersdorf, M., & von Cramon, D. Y. (2002). The adaptive digit ordering test: Clinical application, reliability, and validity of a verbal working memory test. *Archives of Clinical Neuropsychology, 17*, 547-565.

Willburger, E., Fussenegger, B., Moll, K., Wood, G., & Landerl, K. (2008). Naming speed in dyslexia and dyscalculia. *Learning and Individual Differences, 18*, 224-236.

Wise, J. C., Pae, H. K., Wolfe, C. B., Sevcik, R. A., Morris, R. D., Lovett, M., & Wolf, M. (2008). Phonological awareness and rapid naming skills of children with reading disabilities and children with reading disabilities who are at risk for mathematics difficulties. *Learning Disabilities Research & Practice, 23*(3), 125-136.

제2장

WISC-V 해석 및 개입을 위한 실질적인 고려 사항

1. 서론

WISC-V 점수 해석은 일반적으로 아동 및 청소년을 위한 교육적 개입을 제언하는 맥락에서 이루어진다. 이 장에서는 WISC-V를 g, 즉 일반지능 척도로서 해석하는 데 필요한 지침과 함께 특정 능력들의 조합으로 해석하기 위해 필요한 지침을 제공하고자 한다. 또한 WISC-V가 측정한 특정 인지 능력을 개입방법과 연결하여 제시함으로써 실무자가 개입 전략을 개발할 수 있도록 돕고자 한다.

이 장에서는 우선 점수 편차가 큰 학생의 WISC-V 점수를 해석할 때 공통적으로 발생하는 문제점에 대해 설명하고, 비유를 통해 각 지표별로 측정된 능력을 보다 직관적으로 이해하도록 할 것이다. 마지막으로, 기본 인지 능력 중 하나가 취약한 학생의 교사 및 부모에게 유용하면서도 중요한 제안을 할 것이다. 이 장에서 제공하는 제안, 지침, 교수법 등은 임상적 평가 과정의 중요한 한 부분인 WISC-V에 대한 보다 많은 통찰을 제공하기 위해 연구 및 임상 실제에서 도출된 것들이다. 하지만 인지 능력에 대한 진단적 가설이나 임상적 해석을 위한 임상 '지침서(cookbook)'처럼 우리의 제안을 제시하지는 않았다.

2. 해석의 수준: 전체 능력 점수가 전체를 설명하지 못할 때

트레이시(Tracey)의 WISC-V 점수는 능력이 고르게 발달하지 못했음을 보여 주었다. 3개의 지표 점수에서 유의미한 차이가 나타났기 때문에 전체 IQ를 의미 있게 해석할 수 없었다. 하지만 이 학생에게 특수교육 장학금을 추가로 지원하기 위해서는 지능검사 점수가 필요했다.

3년 전 학교에 입학한 이후 윌리(Wally)의 교사들은 계속 윌리(Wally)의 과목별 수행 편차가 심하다는 말을 해 왔다. 초기에 실시했던 검사에서는 IQ를 요약해서 제시하며 정규 교육과정을 이수하는 데 전반적인 어려움이 있을 것이라고 하였다. 최근의 평가에서는 평균보다 높은 수준의 언어이해, 평균보다 낮은 수준의 작업기억 및 처리속도, 경계선 수준의 시지각 및 유동추론 등 흔히 나타나지 않는 유의미한 편차를 보고하면서 이와 관련된 학교 학습 및 성취에서의 어려움에 초점을 맞추었다.

지표 점수 편차는 일반능력의 맥락에서 임상적 해석을 하는 것이 좋다(Flanagan & Kaufman, 2004; Kaufman, 2013; Sattler, 2008). 지표 점수의 차이는 인지적 강점과 약점으로 해석되어야 한다. 주요 인지 능력 중 하나가 강점이거나 약점인 경우 그것은 교실 행동에서도 드러난다. 예를 들어, 작업기억 지표가 약점인 학생은 과제를 잘 잊어버리는 경향이 있고, 처리속도 지표가 약점인 학생은 또래보다 과제를 완수하는 데까지 걸리는 시간이 길다. 이러한 정보는 교육 계획을 수립하는 데 도움이 된다.

그러나 WISC-V 지표 점수 프로파일 분석만으로 특정 심리교육적 또는 임상적 장애를 진단하는 것은 아니다. 지표 점수는 주요 인지 능력을 나타내는 것이다. 따라서 이 영역 중 하나에서 인지적 결핍이 있다면 그것과 관련된 장애 중 하나와 연관될 수 있다. 예를 들어, 작업기억 능력이 유의미하게 낮은 것은 주의력결핍 과잉행동장애(Attention Deficit Hyperactivity Disorder: ADHD)에서 흔히 보고되지만, 학습장애(Learning Disabilities: LD)나 외상성 뇌손상(Traumatic Brain Injury: TBI)에서도 보고될 수 있다. 때문에 지표 점수 패턴을 진단에 활용하더라도 확증적으로 사용해서는 안 되며, 다른 진단적 가설을 기각하기 위해서는 여러 다른 정보와 함께 다루어야 한다. 장애와 관련된 인지적 결손은 이 책의 마지막 두 장에서 보다 자세히 다룰 것이다.

작업기억 지표에서 낮은 점수를 받은 사례 2개를 통해 살펴보자. ADHD 가능성을 언급한 학생의 경우, 낮은 작업기억 능력과 함께 학부모용 ADHD 행동평정척도에서 높은 점수, 지속적 주의력을 측정하는 연속수행과제(continuous performance task)에서의 낮은 점수, 부주의, 과잉행동, 충동성 등과 관련된 발달사 및 교육사 등이 결합되었을 때 실무자는 ADHD 진단에 확신을 가진다. 작업기억 지표에서의 낮은 수행과 함께 진단을 뒷받침하는 정보가 충분할 때 이러한 결론에 이르는 것이다. 반면, 뇌진탕을 경험한 체육 전공 학생이 독해(reading comprehension) 문제로 의뢰되었는데 작업기억 지표에서 낮은 점수를 받았다면 외상성 뇌손상의 가능성을 고려하여 추가 검사를 실시하여야 한다.

웩슬러 점수는 모든 수준에서 생태학적 맥락(환경과의 관계)에서 분석되어야 한다(Prifitera, Saklofske, & Weiss, 2005, 2008; Weiss, Saklofske, Prifitera, & Holdnack, 2006). 점수 패턴 해석은 사회문화적 배경(Georgas, Weiss, van de Vijver, & Saklofske, 2003; Harris & Llorente, 2005), 가족의 가치, 학업적 강점 및 약점, 동기, 정신과 및 신체적 병력에 따라 다양하다. 검사 중 관찰된 행동 역시 해석에 영향을 미친다(Oakland, Glutting, & Watkins, 2005; Sattler & Dumont, 2004). 이러한 중재 변인의 영향을 무시하면서 지표 점수 패턴을 해석해서는 안 된다(Kamphaus, 1998 참조). 예를 들어, 전체 IQ가 112인 두 명의 아동이 있다고 해 보자. 이 점수는 평균 상의 능력을 나타낸다. 한 아동이 언어이해 지표가 우수에 속하고 작업기억 지표는 평균 하에 속한 경우라면 모든 지표에서 고른 수행을 보여 112점을 받은 아동과는 다른 모습을 나타낼 것이다. 전체 IQ 점수는 똑같지만, 첫 번째 아동은 두 번째 아동보다 훨씬 더 똑똑하면서도 부주의할 수 있다. 아동은 검사에서 기대되는 행동과는 다르게 행동할 수 있음을 유념해야 한다. 이런 이유들로 WISC-V 검사 점수의 해석은 아동 개인의 배경과 역사에 따라 달라질 수 있다. 게다가 특정 패턴을 찾아낼 가능성에 대한 검사자의 기대 역시 검사 의뢰사유나 가설의 영향을 받을 수 있다.

1) 전반적 인지 능력 척도인 일반지능은 얼마나 중요한가

흥미롭게도 심리측정 분야의 연구자 중에는 임상적 중요성을 갖기에는 1차 요인(지표 점수)으로 인한 변산(variance)이 너무 작기 때문에 진단적으로 활용되어서는 안 되며 전체 IQ만 해석해야 한다고 주장하는 사람들이 있다(Canivez & Kush, 2013; Canivez & Watkins, 2010). 그러나 이들의 연구를 주의 깊게 검토한 결과, 연구자들이 일반지능요인인 g를 지표 점수에서 통계적으로 제거하고 남은 부분으로 유효성 분석을 했다는 것을 알게 되었다. 이러한 방법은 특정 방향으로 개인의 g 자원(resources)을 투자하게 되면 시간이 지남에 따라 그 능력이 일부 능력에 비해 더 발달되기 때문에 문제가 된다(Reynolds & Keith, 2013). 따라서 지표 점수에서 g의 영향을 제거하면 지표 점수의 힘을 크게 손상시키고 오히려 인위적인 상황을 초래한다. 우리는 제4장에서 이와 관련된 연구들을 보다 면밀히 살펴볼 것이다('지능의 위계모델 vs. 이원모델'절 참조).

한편, 반대로 몇몇 신경심리학자와 임상가들은 전체 IQ가 다양한 이질적인 능력들을 무의미하게 합해 놓은 것이기 때문에 해석되어서는 안 된다고 주장한다(Hale, Fiorello, Kavanagh, Holdnack, & Aloe, 2007; Kaplan, 1988; Lezak, 1988; Lezak, Howieson, & Loring, 2004). 이러한 연유로 현장에는 다양한 의견이 산재한다. 어떤 학자는 지표 점수 해석이 무효하니 전체 IQ만 해석하라고 권장하고, 또 다른 학자는 전체 IQ의 해석이 유효하지 않으니 지표 점수만 해석하라고 권장한다. 우리는 이 두 집단 중 어느 쪽에도 동의하지 않는다. 두 견해 모두 일리는 있지만, 모두 너무 일방적이다. 우리는 g와 특정 능력 모두가 중요하며 각각 실용성이 있다고 믿는다.

실무자는 어떻게 해야 하는가? 이것은 의뢰된 문제에 따라 달라진다. 검사의 목적이 광범위한 인지기반 행동을 효율적으로 예측하는 것이라면 g, 즉 전체 IQ가 가장 적합하다. 우리는 여러 능력을 통합적으로 발휘해야 하는 이질적인 과제에서의 성공적인 수행은 인지의 영향을 받는 광범위한 현실 세계에서의 행동을 보다 잘 예측할 수 있기 때문에 생태학적 타당성을 향상시킨다고 생각한다. 반면, 특정 인지장애, 신경 상태, 학습 및 주의력 장애를 평가해야 하는 상황에서는 특정 영역의 넓으면서도 좁은 능력(particular broad and narrow abilities)을 평가해야 한다. 하나의 접근 방식만을 따라야 하는 것은 아니다. 아동의 전체 능력 수준에 따라서 강점이나 시각 처리 능력이 낮은 학생을 위해 고려할 수 있는 환경적 편의는 다음과 같다.

- 과제에 불필요한 시각적 자극을 모두 제거하여 작업 공간 내의 방해 요소를 제거한다.
- 과제 시작 전에 학생이 책상을 깨끗이 정리하도록 한다. 작업 공간 내의 모든 시각적 방해 자극을 제거한 후 과제에 필요한 재료를 꺼내 놓도록 한다.
- 프레젠테이션 자료에 색상이 포함되어 있다면, 어떤 조명 여건에서든 확연한 색깔 식별이 가능한지 점검한다.
- 시각적인 프레젠테이션을 할 때는 색깔 인식에 어려움이 있는 학생이 색상 코딩(color coding)에 의존하지 않도록 색상을 잘 조정한다.

시각 처리 능력이 낮은 아동에게 제공 가능한 교실 내 평가 전략은 다음과 같다.

- 수학 시험 문제를 낼 때 한 페이지당 문제 수를 가능한 한 적게 해서 시험지 여백에 계산을 할 수 있도록 한다.
- 공간적 관계 개념에 대한 시험의 경우 조작 가능한 교구를 제공한다.
- 가능한 한 도표, 다이어그램, 지도 등을 덜 강조하고 구두 및 서면 답변을 강조한다.
- 공간적인 정보를 시험관의 각도로 회전시킬 필요 없이 학생 자신의 각도에서 설명할 수 있도록 허용한다.
- 꼭 가르치고 평가해야 되는 기술이 아니라면 표와 지도에 대한 강조를 줄인다.
- 미술 과제의 경우 성과물의 기준을 유연하게 하고, 수용 가능한 기준의 근사치 정도라도 받아 준다.
- 해당 페이지에 정확히 정보를 배치하지 못한 것에 대한 감점을 하지 않는다.

시공간적 사고와 관련된 보다 많은 개입 전략은 Dehn(2013)에서 얻을 수 있다.

7. 유동추론 관련 중재 방안

유동추론 지표는 유동추론을 측정한다. 유동추론은 수학 성취도와 강한 상관을 보이며, 읽기 기술에는 중간 정도의 기여를 한다. 초등학생 수준에서는 기본적인 작문 기술에 중간 정도의 기여를 하며, 모든 연령대에서 쓰기 표현과 관련된다(Flanagan & Mascolo, 2005). 유동추론 능력이 낮은 학생은 추리, 개념 인식 및 형성, 추론 등이 요구되는 비교적 새로운 과제에 직면할 때 어려움을 겪는다(Elementary Teachers' Federation of Ontario, 2015).

유동추론의 어려움이 있는 학생이 교실에서 일상적으로 나타내는 모습은 다음과 같다.

- 개념 인식, 형성, 이해를 어려워한다.
- 패턴 간 관계 인식을 어려워한다.
- 제시된 정보를 근거로 추론하는 것을 어려워한다.
- 문제나 행동의 이해를 어려워한다.
- 복잡한 문제 해결 및 개념 형성을 어려워한다.
- '그리고' 접속사를 사용한 논리(and logic)를 이해하고 사용하는 것을 어려워한다.
- '또는' 접속사를 사용한 논리(or logic)를 이해하고 사용하는 것을 어려워한다.
- 추론 혹은 논리적 패턴에 따라 결론이 달라지는 것을 어려워한다.
- 수학 이해 및 계산에 필요한 정량적 추론을 어려워한다.
- 개념 이해, 접해 본 적 없거나 자동적으로 해결되지 않는 문제의 해결을 위해 언어에 크게 의존한다.
- Piaget의 보존 및 분류 개념을 이해하기 어려워한다.
- 정보를 새로운 상황에 적용하거나 일반화하는 것을 어려워한다.

유동추론 능력이 낮은 아동에게 고려될 수 있는 교수 전략은 다음과 같다.

- (언어적 기술이 적절히 발달되어 있다면) 모든 과제를 언어적으로 지시한다.

어 가면서 계산하도록 독려되었다. 마리아나는 대답을 잘했고, 부족한 작업기억 능력을 보조하기 위한 시각적 전략을 매우 잘 활용하였다. 예를 들어, 그녀는 곱셈 값을 기억하기 위해 포스터를 규칙적으로 쳐다보면서, 손가락을 사용해서 덧셈을 하고, 다이어그램을 활용해서 나눗셈을 하였다.

여기서 우리는 마리아나의 작업기억을 보조할 수 있는 핵심 질문을 교사가 규칙적으로 반복했기 때문에 마리아나가 수학개념을 제대로 이해할 수 있었다고 본다. 또한 이 사례는 마리아나가 자기 스스로 활동을 완수할 수 있게 학습에 필요한 전략을 개발하고 활용하도록 격려한 좋은 예이기도 하다.

참고문헌

Alloway, T. P. (2011). *Supporting improving working memory: Supporting students; learning*. London: Sage Publications Ltd.

Berninger, V., & Abbott, S. (2003). *PAL research supported reading and writing lessons*. San Antonio: Pearson.

Berninger, V., & Wagner, R. (2008). Best practices for school psychology assessment and intervention in reading and writing. *Best Practices in School Psychology V* (Vol. 4, pp. 1205-1219). Bethesda, WA: National Association of School Psychologists, Chapter 74.

Brooks, B. L., Holdnack, J. A., & Iverson, G. L. (2011). Advanced clinical interpretation of the WAIS-IV and WMS-IV: Prevalence of low scores varies by intelligence and years of education. *Assessment, 18*(2), 156-167.

Burgaleta, M., Johnson, W., Waber, D., Colom, R., & Karama, S. (2014). Cognitive ability changes and dynamics of cortical thickness development in healthy children and adolescents. *Neuroimage, 84*, 810-819.

Canivez, G. L., & Kush, J. C. (2013). WISC-IV and WAIS-IV structural validity: Alternate methods, alternate results. Commentary on Weiss et al. (2013a) and Weiss et al. (2013b). *Journal of Psychoeducational Assessment, 31*(2), 157-169.

Canivez, G. L., & Watkins, M. W. (2010). Investigation of the factor structure of the Wechsler Adult Intelligence Scale-Fourth Edition (WISC-IV): Adolescent subsample. *School Psychology Quarterly, 25*, 223-235.

Carroll, J. B. (1993). *Human cognitive abilities: A survey of factor-analytic studies*. New York, NY: Cambridge University Press.

Cattell, R. B. (1987). *Intelligence: Its structure, growth, and action*. New York, NY: North-Holland.

Claeys, J. (2013). Theory and research: The nexus of clinical inference. *Journal of Psychoeducational Assessment, 31*(2), 170-174.

Dahlin, K. I. E., Holmes, J., Gathercole, S., & Dunning, D. (2009). Adaptive training leads to sustained enhancement of poor working memory in children. Developmental Science. *Reading and Writing*. Available from https://doi.org/10.1007/s11145-010-9238-y.

Daniel, M. H. (2007). "Scatter" and the construct validity of FSIQ: Comment on Fiorello et. al. (2007). *Applied Neuopsychology, 14*(4), 291-295.

Dawson, P., & Guare, R. (2004). *Executive skills in children and adolescents: A practical guide to assessment and intervention*. New York, NY: The Guilford Press.

Deary, I. J., Strand, S., Smith, P., & Fernandes, C. (2007). Intelligence and educational achievement. *Intelligence, 35*, 13-21.

Dehn, M. J. (2008). *Working memory and academic learning: Assessment and intervention strategies*. New York, NY: John Wiley and Sons, Inc.

Dehn, M. J. (2013). *Essentials of processing assessment* (2nd ed.). New York, NY: John Wiley and Sons, Inc.

Dehn, M. J. (2015). *Essentials of working memory assessment and intervention*. New York, NY: John Wiley and Sons, Inc.

Elementary Teachers' Federation of Ontario. (2015). *Special education handbook: A practical guide for all teachers, Updated*. Toronto, ON: Elementary Teachers' Federation of Ontario (ETFO).

Flanagan, D. P., & Kaufman, A. S. (2004). *Essentials of WISC-IV assessment*. New York, NY: Wiley.

Flanagan, D. P., & Mascolo, J. T. (2005). Psychoeducational assessment and learning disability diagnosis. In D. P. Flanagan, & P. Harrison (Eds.), *Contemporary intellectual assessment: Theories, tests, and issues, second edition* (pp. 521-544). New York, NY: The Guilford Press.

Flanagan, D. P., Alfonso, V. C., Mascolo, J. T., & Sotelo-Dynega, M. (2012). Use of ability tests in the identification of specific learning disability within the context of an operational definition. In D. P. Flanagan, & P. L. Harrison (Eds.), *Contemporary intellectual assessment* (3nd ed.). New York, NY: The Guilford Press. Gathercole, S. E., & Alloway, T. P. (2008). Working memory & learning: A practical guide. London: Sage Press.

Gathercole, S. E., Alloway, T. P., Willis, C., & Adams, A. M. (2006). Working memory in children with reading disabilities. *Journal of Experimental Child Psychology, 93*, 265-281.

Gathercole, S. E., Lamont, E., & Alloway, T. P. (2006). Working memory in the classroom. In S. Pickering (Ed.), *Working memory and education* (pp. 219-240). Elsevier Press.

Georgas, J., Weiss, L. G., van de Vijver, F. J. R., & Saklofske, D. H. (2003). *Culture and children's intelligence: Cross-cultural analyses of the WISC-III*. San Diego, CA: Academic Press.

Gottfredson, L. S. (1997).Why g matters: The complexity of everyday life. *Intelligence, 24*, 79-132.

Gottfredson, L. S. (1998). The general intelligence factor. *Scientific American Presents, 9*, 24-29.

Hale, J. B., Fiorello, C. A., Kavanagh, J. A., Holdnack, J. A., & Aloe, A. M. (2007). Is the demise of IQ interpretation justified? A response to special issue authors. *Applied Neuropsychology, 14*(1), 37-51.

Hale, J. B., & Fiorello, C. A. (2004). *School neuropsychology: A practitioners' handbook*. New York, NY: The Guilford Press.

Harris, J. G., & Llorente, A. M. (2005). Cultural considerations in the use of the WISC-IV. In A. Prifitera, D. H. Saklofske, & L. G. Weiss (Eds.), *WISC-IV clinical use and interpretation: Scientist-practitioner perspectives* (pp. 381-413).

Holmes, J., Gathercole, S., Place, M., et al. (2009). Working memory deficits can be overcome: Impacts of training and medication on working memory in children with ADHD. *Applied Cognitive Psychology*. Available from https://doi.org/10.1002/acp.1589. (www.interscience.wiley.com).

Holmes, J., Gathercole, S. E., & Dunning, D. L. (2009). Adaptive training leads to sustained enhancement of poor working memory in children. *Developmental Science, 12*(4), F9-F15.

Kamphaus, R. W. (1998). Intelligence test interpretation: Acting in the absence of evidence. In A. Prifitera, & D. H. Saklofske (Eds.), *WISC-III clinical use and interpretation: Scientistpractitioner perspectives* (pp. 39-57). San Diego, CA: Academic Press.

Kamphaus, R. W. (2001). *Clinical assessment of child and adolescent intelligence* (2nd ed). Needham Heights, MA: Allyn & Bacon.

Kaplan, E. (1988). A process approach to neuropsychological assessment. In T. Boll, & B. K. Bryant (Eds.), *Clinical neuropsychology and brain function: Research, measurement, and practice* (pp. 129-231). Washington, DC: American Psychological Association.

Kaufman, A. S. (2013). Intelligent testing with Wechsler's fourth editions: Perspectives on the Weiss et al. studies and the eight commentaries. *Journal of Psychoeducational Assessment, 31*(2), 224-234.

Klingberg, T., Fernell, E., Olesen, P. J., Johnson, M., Gustafsson, P., et al. (2005). Computerized training of working memory in children with ADHD—A randomized, controlled trial. *Journal of the American Academy of Child and Adolescent Psychiatry, 44*, 177-186.

Klingberg, T., Forsberg, H., & Westerberg, H. (2002). Training working memory in children with ADHD. *Journal of Clinical and Experimental Neuropsychology, 24*, 781-791.

Kuncel, N. R., Hezlett, S. A., & Ones, D. S. (2004). Academic performance, career potential, creativity, and job performance: Can one construct predict them all? *Journal of Personality and Social Psychology, 86*, 148-161.

Kvist, A. V., & Gustafsson, J. E. (2008). The relation between fluid intelligence and the general factor as a function of cultural background: A test of Cattell's investment theory. *Intelligence, 36*, 422-436.

Lezak, M. D. (1988). IQ: RIP. *Journal of Clinical and Experimental Neuropsychology, 10*, 351-361.

Lezak, M. D., Howieson, D. B., & Loring, D. W. (2004). In H. J. Hannay, & J. S. Fischer (Eds.), *Neuropsychological assessment* (4th ed.). New York, NY: Oxford University Press.

Mastoras, S. M., Climie, E. A., McCrimmon, A. W., & Schwean, V. L. (2011). A C.L.E.A.R. approach to report writing: A framework for improving the efficacy of psychoeducational reports. *Canadian Journal of School Psychology, 26*, 127-147.

Mather, N., & Jaffe, L. E. (2002). *Woodcock-Johnson III reports, recommendations and strategies*. New York, NY: John Wiley & Sons.

Mather, N., & Wendling, B. J. (2012). *Linking cognitive abilities to academic interventions. In contemporary intellectual assessment* (3rd ed.). New York, NY: The Guilford Press.

Melby-Lervåg, M., & Hulme, C. (2012). Is working memory training effective? A meta-analytic review. *Developmental Psychology, 49*(2), 270-291.

Naglieri, J. A., & Pickering, E. B. (2003). *Helping children learn: Intervention handouts for use in school and at home*. Baltimore, MD: Paul H. Brookes Publishing Co.

Oakland, T., Glutting, J., & Watkins, M. W. (2005). Assessment of test behaviors with the WISC-IV. In A. Prifitera, D. H. Saklofske, & L. G. Weiss (Eds.), *WISC-IV clinical use and interpretation: Scientist-practitioner perspectives* (pp. 435-463). San Diego, CA: Academic Press.

Pearson. (2012). *Aimsweb technical manual*. Available at, http://www.aimsweb.com/resources/research-articles-and-information.

Prifitera, A., Saklofske, D. H., & Weiss, L. G. (2005). *WISC-IV clinical use and interpretation: Scientist-practitioner perspectives*. San Diego, CA: Academic Press.

Prifitera, A., Saklofske, D. H., & Weiss, L. G. (2008). *WISC-IV clinical assessment and intervention 2e*. San Diego, CA: Academic Press.

Reynolds, M. R., & Keith, T. Z. (2013). Measurement and statistical issues in child assessment research. In C. R. Reynolds (Ed.), *Oxford handbook of child and adolescent assessment*. New York, NY: Oxford University Press.

Sattler, J. M., & Dumont, R. (2004). *Assessment of children: WISC-IV and WPPSI-III supplement*. San Diego, CA: Author.

Sattler, J. M. (2008). *Assessment of children: Cognitive foundations* (5th ed.). San Diego, CA: Author.

Schinaver, C. S., Entwistle, P. C., & Soderqvist, S. (2014). CogMed WM training: Reviewing the reviewers. *Applied Neuropsychology: Child, 3*(3), 163-172.

Schwean, V. L., Oakland, T., Weiss, L. G., Saklofske, D. H., Holdnack, J., & Prifitera, A. (2006). Report writing: A child-centered approach. In L. G. Weiss, D. H. Saklofske, A. Prifitera, & J. Holdnack (Eds.), *WISC-IV advanced clinical interpretation*. San Diego, CA: Elsevier.

Squalli, J., & Wilson, K. (2014). Intelligence, creativity, and innovation. *Intelligence, 46*, 250-257.

Watkins, M. W., Glutting, J. J., & Lei, P. W. (2007). Validity of the full-scale IQ when there is significant variability among WISC-III and WISC-IV factor scores. *Applied Neuropsychology, 14*, 13-20.

Wechsler, D. (2014). *Manual for the Wechsler intelligence scale for children - Fifth edition*. San Antonio, TX: Pearson.

Weiss, L. G., Saklofske, D. H., Prifitera, A., & Holdnack, J. A. (2006). *WISC-IV: Advanced clinical interpretation*. San Diego, CA: Academic Press.

Wendling, B. J., & Mather, N. (2008). *Essentials of evidence based interventions*. New York, NY: Wiley.

제3장

WISC-V 통합본 해석에 대한 학교 신경심리학적 접근[1)]

1. WISC-V 통합본의 임상해석

이 장에서는 웩슬러 아동 지능검사 제5판(WISC-V 통합본: Wechsler & Kaplan, 2015)의 점수를 다루기 위한 신경심리학적(neuropsychological), 그리고 과정중심의 해석적 접근에 대해 살펴보고자 한다. 이 장의 마지막 부분에 실린 사례는 WISC-V와 WISC-V 통합본이 실제 임상에서 어떻게 사용될 수 있는지에 대한 실례를 보여주고 있다. WISC-V(Wechsler, 2014)는 인지적 · 지적 기능의 다양한 측면을 평가하기 위해 고안된 종합검사이다. 때때로 WISC-V는 광범위한 종합검사를 위한 평가기준으로서의 역할을 수행한다(Miller & Jones, 2016, p. 459).

초기 WISC-V의 검사 결과를 통해 강점과 약점에 대한 가설을 세울 수 있으며,

1) 역자 주: 이 장에서 소개하는 처리 소검사들은 미국판 WISC-V 통합본에 포함된 것으로, K-WISC-V에는 포함되어 있지는 않으나 아동의 검사 점수 해석 시 한계검증 및 가설검증의 중요한 정보를 제공하는 내용이므로 K-WISC-V 결과 해석 시 참고하기를 권한다.

이후 추가적인 검사를 통해 세워진 가설을 지지하거나 기각할 수 있다. 만약 임상가가 종합 신경심리검사의 하나로 WISC-V를 사용하고 싶다면, WISC-V 통합본에도 익숙해지는 것이 바람직하다.

WISC-V 통합본은 WISC-V의 다양한 검사가 갖는 한계를 체계적으로 평가하기 위해서 고안되었고, 임상가들에게 아동의 수행에 대해 임상적인 관련성이 있는 질적 정보를 제공하도록 만들어졌다(Miller & Jones, 2016, p. 459). WISC-V 통합본(Wechsler & Kaplan, 2015)에는 WISC-IV 통합본(Wechsler, 2004)의 검토 사항과 최신화된 과정중심 평가 접근의 과제 및 WISC-III에서 과정평가도구(Processing Instrument: WISC-PI)(Kaplan, Fein, Kramer, Delis, & Morris, 1999)에서 활용되었던 절차가 반영되었다. Werner(1937)는 검사에서 아동이 선택한 문제 해결 전략에 대한 이해가 도출된 정량적 시험 점수보다 더 의미 있다고 밝혔다.

보스턴 재향군인 병원 센터(Boston Veterans Administration Medical Center)의 Edith

표 3-1 WISC-V 통합본의 체계

<table>
<tr><th>영역</th><th>WISC-V 소검사</th><th>WISC-V 통합본 소검사</th><th>산출된 표점수</th></tr>
<tr><td rowspan="5">언어이해</td><td>공통성</td><td>공통성 객관식</td><td rowspan="3">객관식 언어이해</td></tr>
<tr><td rowspan="2">어휘</td><td>어휘 객관식</td></tr>
<tr><td>그림어휘 객관식</td></tr>
<tr><td>상식</td><td>상식 객관식</td><td rowspan="2"></td></tr>
<tr><td>이해</td><td>이해 객관식</td></tr>
<tr><td>시공간</td><td>토막짜기</td><td>토막짜기 객관식</td><td></td></tr>
<tr><td rowspan="3">유동추론</td><td>무게비교 산수</td><td>무게비교 처리접근</td><td rowspan="3"></td></tr>
<tr><td rowspan="2"></td><td>산수 처리접근</td></tr>
<tr><td>수식풀이 산수</td></tr>
<tr><td rowspan="2">작업기억</td><td rowspan="2">공간 따라하기</td><td>공간 따라하기</td><td>시각작업기억 지표</td></tr>
<tr><td>문장회상</td><td></td></tr>
<tr><td rowspan="3">처리속도</td><td>기호쓰기</td><td>기호쓰기 회상</td><td rowspan="3"></td></tr>
<tr><td rowspan="2">선택</td><td>기호모사</td></tr>
<tr><td>추상선택</td></tr>
</table>

출처: Railford(2017)에서 수정하여 게재함. 자료 및 표의 저작권은 Pearson(2014)에 있음. 저작권 허락하에 재사용 가능. 무단 복제금지

Kaplan과 동료 연구자들은 Werner의 업적을 확장시키고 개선하였다. 그들의 접근법은 보스턴 과정중심 접근법(Boston Process Approach)(Milberg & Hebben, 2013)이라고 명명되었고, 현재 일반적으로 과정중심 접근법으로 언급되고 있다. 과정중심 접근법의 목표는 근원적인 인지 과정을 평가하고, 과제요구(task demand)를 체계적으로 바꾸어서 저조한 시험 수행을 설명하는 데 도움이 되는 시험 수행 행동을 평가하는 것이다. 이 과정중심 접근법은 증거기반 개입을 발달시키고 강점과 약점을 식별하기 위해서 임상적인 신경심리학 분야에서 사용되고 있다.

2. WISC-V 통합본

WISC-V 통합본은 만 6세 0개월부터 만 16세 11개월 연령의 아이들에게 실시하기에 적합하다. 이 검사는 WISC-V의 확장본으로 단독으로 사용하도록 설계되지 않았다. 일반적으로 다른 소검사 점수들과 비교했을 때 WISC-V의 소검사 점수 중 하나가 평균 이하일 때 이에 연관된 WISC-V 통합본의 소검사가 있다면, 추가적으로 WISC-V 통합본 검사를 실시하여야 한다.

WISC-V 통합본은 14개의 소검사로 구성되어 있다. 8개의 소검사는 WISC-V에서 변형된 형태의 소검사이다. 변형된 소검사들은 WISC-V에서 사용된 것과 같은 항목을 포함하지만 제시방식이나 응답방식에 있어 차이가 있고 때로는 변형된 항목이 채택된 것도 있다. WISC-V 통합본에 포함된 8개의 변형된 소검사들은 공통성 객관식, 어휘 객관식, 그림어휘 객관식, 무게비교 처리접근, 산수 처리접근과 수식풀이 산수 소검사이다. WISC-V 통합본의 토막짜기 객관식 소검사와 추상선택(Cancellation Abstract) 소검사는 WISC-V의 기존 검사의 변형형이다.

이러한 변형된 소검사들은 WISC-V 통합본을 WISC-V 검사와 유사하게 만들어 주지만 항목의 내용과 제시방식, 혹은 반응방식, 검사과정들이 변형되어 있다. 기호쓰기 회상과 기호모사 소검사는 WISC-V 통합본에만 있는 검사로 WISC-V의 기호검사 수행의 한계를 측정하기 위해 만들어졌다. 공간 따라하기와 문장회상도 WISC-V 통합본에만 있는 검사로 WISC-V와 함께 사용되었을 때 작업기억구조에 대한 파악을 심층적으로 하기 위해 만들어졌다(Raiford, 2017). WISC-V와 WISC-V 통합본에 대한 개관은 〈표 3-1〉에 제시되어 있다.

표 3-2 통합 SNP/CHC 모델 관련 WISC-V/WISC-V 통합본 언어이해 소검사의 1차, 2차 인지구성요인과 집행기능

통합 SNP/CHC 모델	인지구성요인/관련 실행기능	언어이해 소검사								
		공통성	공통성 객관식	어휘	어휘 객관식	그림 어휘	상식	상식 객관식	이해	이해 객관식
감각운동 기능	1차 인지구성요인									
	청각적 민감성	C	C	C	C	C	C	C	C	C
	청각 자극의 초기 등록	C	C	C	C	C	C	C	C	C
	시각적 민감성		S		C	C		S		S
	시각 자극의 초기등록							C		C
시공간 처리 과정	1차 인지구성요인									
	시각적 지각/표상		S		S	S		S		S
	시각적 변별력(표상)				C	S				
청각/음운 처리 과정	1차 인지구성요인									
	청각적 변별력	S	S	S	S	C			S	S
	청각 이해	C	C	C	C	C	S	S	S	S
	관련된 실행 처리 과정									
	청각적 지각, 변별과 이해의 조절	S	S	S	S	S	S	S	S	S
학습과 기억 처리 과정	1차 인지구성요인									
	언어적 지식의 검색	S	S	P	P	P	P	P	C	C
	관련된 실행 처리 과정									
	검색 조절	C	C	S	S	S	C	C	C	C
	최근/오랜 장기기억 저장고에서 정보의 검색을 조절						P	P		
집행기능	1차 인지구성요인									
	언어적 개념에 대한 추론	P	P						P	P
	관련된 실행 처리 과정									
	과제 수행에 요구되는 적절한 정신적인 노력과 인지 용량에 대한 고려	S	S	S	S	S	S	S	S	S
	추론 능력의 조절	S	S						P	P
	추론 사고방식의 유연한 전환을 조절	P	P						S	S

〈계속〉

	다양한 능력들을 동시에 사용하는 것을 조절	S	S	S	S	S	S	S	S	S
	충동적인 반응의 억제를 지시하고 조절	C	C	C	C	C	C	C	C	C
촉진요인/방해요인: 주의할당 및 유지	1차 인지구성요인									
	청각 주의력	C	C	C	C	C	C	C	C	C
	시각 자극에 대한 주의력		C		C	S		C		
	관련된 실행 처리 과정									
	청각적인 세부사항에 주의를 집중하고 유지하는 것을 지시	C	C	C	C		C	C	C	C
	시각적 세부사항과 과제요구에 주의를 기울이고 집중하는 능력					S				
	제시된 자극의 세부사항에 주의를 기울이는 것을 지시					S				
촉진요인/방해요인: 작업기억	1차 인지구성요인									
	작업기억	C	↓				C	↓	C	↓
	관련된 실행 처리 과정									
	작업기억 조절	C	↓				C	↓	C	↓
획득된 지식: 언어	1차 인지구성요인									
	언어표현 능력/생성	S		P	S	S	C		S	S
	관련된 실행 처리 과정									
	추가적인 정보를 인지하고 즉각적으로 반응하는 능력	C		C			C		C	C
	언어표현의 조절	S		S			C		S	S

P: 1차 인지구성요인 측정용 소검사, S: 과제 수행에 큰 영향을 미치는 2차 인지구성요인 측정용 소검사, C: 과제 수행에 영향을 미칠 가능성이 있는 2차 인지구성요인 측정용 소검사, SIM: 공통성, SIM-MC: 공통성 객관식, VOC: 어휘, VOC-MC: 어휘 객관식, VOC-PV: 그림어휘, INF: 지식, INF-MC: 지식 객관식, COM: 이해, COM-MC: 이해 객관식

왼쪽 열은 Miller(2003)의 통합 학교 신경심리학 SNP/CHC 모델의 인지구성요인과 집행기능의 촉진요인/방해요인.

출처: Flanagan & Alfonso(2017). 자료 및 표의 저작권은 Pearson(2014)에 있음. 저작권 허락하에 재사용 가능. 무단 복제금지

표 3-3 통합 SNP/CHC 모델 관련 WISC-V/WISC-V 통합본 시공간, 유동추론 소검사의 1차, 2차 인지구성요인와 집행기능

통합 SNP/CHC 모델	인지구성요인/관련 실행기능	시공간 소검사		유동추론 소검사				
		토막짜기	토막짜기 객관식	무게비교	무게비교 처리접근	산수	산수 처리 접근	수식풀이 산수
감각 운동기능	1차 인지구성요인							
	시각적 민감성	S	S	S	S	S	S	S
	필기운동기능							S
	운동 재주	S						
	관련된 실행 처리 과정							
	자극의 등록과 직접적 지각					S	S	S
	규칙적인 운동의 실행 및 지시	S						C
시공간 처리 과정	1차 인지구성요인							
	시지각/시각적 표상	P	P↑	S	S		S	S
	시각적 판별(표상)	S	S	S	S			
	시각화	C	S↑	C	C			
	관련된 실행 처리 과정							
	시각 자극의 효율적 인식을 위한 지시와 조절	P	P	S	S		S	S
	전체적인 패턴과 세부사항의 처리를 위한 균형을 지시하고 조절	S	S	C	C			
청각/음운 처리 과정	1차 인지구성요인							
	청각적 판별력					C	C	C
	청각 이해					S	C	S
	시각적 자극의 언어적 묘사			C	C			
학습과 기억 처리 과정	관련된 실행 처리 과정							
	최근/오랜 장기기억 저장고에서 정보의 검색을 조절					S	S	S

〈계속〉

	1차 인지구성요인						
	비언어적인 시각자료의 추론	P	P	P	P			
	양적추론			P	P			
	순서배열 능력					S	S	S
	관련된 실행 처리 과정							
	과제 수행에 요구되는 적절한 정신적인 노력과 인지 용량에 대한 고려를 지시	S	S	S	S	S	S	S
	다양한 능력들을 동시에 사용하는 것을 지시하고 조절	S	S	S	S	S	S	S
	충동적인 반응의 억제를 지시	S	S	S	S			
	노력의 조절을 지시					S	S	S
실행기능	추론 능력(참신한 해결책을 만들어 내거나 기존의 지식들을 연결하여 문제의 해결을 이끌어 내는)의 사용을 지시하고 조절	C	C	P	P	S	S	S
	전체적인 패턴보다 세부사항에 집중하는 편향된 처리 과정으로 전환하는 것을 지시					S	S	S
	과제의 구체적인 요구에 대해 고려하고 응답하기 위한 인지적 사고방식을 유연하게 이동하는 것을 지시하고 조절	C	C	S	S			
	작업의 감독과 오류수정을 지시하고 조절	S	S	S	S			
	정보의 조직화를 지시					S	S	S
	규칙적 순서배열의 실행을 지시					C	C	C

〈계속〉

촉진요인/방해요인: 주의를 할당하고 유지하기	1차 인지구성요인							
	시각 자극에 대한 주의력	S	S	S	S			
	관련된 실행 처리 과정							
	청각적 세부사항에 주의를 집중하고 유지하는 것을 지시					S		
	시각적 세부사항과 과제 요구사항에 주의를 집중하는 것을 지시하고 조절	S	S	S	S		S	
	제시된 자극의 세부사항에 주의를 조절					S	S	S
	과제에 주의를 유지하는 것을 지시하고 조절	S	S	S	S	S	S	S
촉진요인/방해요인: 작업기억	1차 인지구성요인							
	작업기억					P	P	P
	청각 자극의 정신적 조작 능력					S		S
	시각 자극의 정신적 조작 능력						S	S
	시각적으로 제시된 자료의 처리를 위한 작업기억의 활용	C	C	S	S			
	관련된 실행 처리 과정							
	정신적 조작 능력 조절					C	C	C
	작업기억자원의 사용을 지시, 조절	C	C	S	S	P	P	P
촉진요인/방해요인: 속도, 유창성, 인지 처리 과정의 효율성	1차 인지구성요인							
	정신 처리속도	S	C	S	S	C	C	C
	청각 처리속도					S	S	S
	시각 처리속도	S	S	S	S↓			
	운동 처리속도	S						
	운동 및 또는 필기운동 처리속도						S	S
	시각-운동 처리속도	S						

〈계속〉

촉진요인/방해요인: 속도, 유창성, 인지 처리 과정의 효율성	관련된 실행 처리 과정							
	처리속도 조절					S	S	S
	정신, 시각, 운동, 그리고 시각-운동 처리속도의 지시 및 조절	S	S	S	S			
획득된 지식: 언어	1차 인지구성요인							
	언어표현 능력/생성					C		

P: 1차 인지구성요인 측정용 소검사, S: 과제 수행에 큰 영향을 미치는 2차 인지구성요인 측정용 소검사, C: 과제 수행에 영향을 미칠 가능성이 있는 2차 인지구성요인 측정용 소검사, BD: 토막짜기, BD-MC: 토막짜기 객관식, FW: 무게비교, FW-PA: 무게비교 과정중심 접근, AR: 수학, AR-PA: 수학 과정중심 접근, AR-WA: 수식풀이 산수

왼쪽 열은 Miller(2003)의 통합 학교 신경심리학 SNP/CHC 모델의 인지구성요인과 집행기능의 촉진요인/방해요인.

출처: Flanagan & Alfonso(2017). 자료 및 표의 저작권은 Pearson(2014)에 있음. 저작권 허락하에 재사용 가능. 무단 복제금지

표 3-4 통합 SNP/CHC 모델 관련 WISC-V/WISC-V 통합본 언어이해 소검사의 1차, 2차 인지구성요인과 집행기능

통합 SNP/CHC 모델	인지구성요인/관련 실행 기능	작업기억 소검사			처리속도 소검사				
		PS	SS-B	SR	CD	CD-R	CD-C	CA	CA-A
감각운동 기능	1차 인지구성요인								
	청각 자극의 초기 등록			S					
	시각적 민감성	S	S						
	시각 자극의 초기 등록	S	S						
	필기운동기능				S	C↓	S	C	C
	운동재주		S			C	C		
	관련된 실행 처리 과정								
	자극의 직접적 인식과 등록	S							
	일상운동의 실행을 지시하고 조절	C	S		S	C↓	S	C	C
시공간 처리 과정	1차 인지구성요인								
	시각적 지각/표상	S			S	S	C	S	S
	시각적 변별력(표상)	S			S	S	C	S	C
	시각화		S						
	관련된 실행 처리 과정								
	시각 자극의 효율적인 지각을 지시하고 조절	S	S		C	C	C	C	C

〈계속〉

청각/음운 처리 과정	1차 인지구성요인								
	청각 판별			S					
	청각 이해			S					
	관련된 실행 처리 과정								
	청각적 지각 판별과 이해조절			S					
학습과 기억	1차 인지구성요인								
	최근의 장기기억으로부터 시각적으로 연합된 정보 검색					P			
	관련된 실행 처리 과정								
	검색 조절 능력					P			
집행기능	1차 인지구성요인								
	순서배열 능력	S	S	C					
	다중작업				P			C	C
	조직화 기술				C				
	관련된 실행 처리 과정								
	과제 수행에 요구되는 적절한 정신적인 노력과 인지 용량에 대한 고려를 지시	S	S	S	S	S	S	S	S
	다양한 능력을 동시에 사용하는 것을 지시하고 조절	S	S	S					
	충동적인 반응의 억제를 지시하고 조절	S	S	S					
	노력의 조절을 지시	S	S	S					
	수행을 개선하기 위해 참신한 해결책을 고안하거나 지식들의 연관성을 검색하는 것을 지시하고 조절				C			S	S
	전체적인 패턴보다 세부사항에 집중하는 편향된 처리 과정으로 전환하는 것을 지시	S	S	S					
	다양한 능력을 동시에 사용하는 것을 조절				S			S	S
	충동적인 반응의 억제를 지시하고 조절							S	S

〈계속〉

집행기능	작업의 감독과 오류수정을 지시하고 조절	C	C	C	S	S	S	S	S
	정보의 조직화를 지시			C					
	작업전략의 조직화를 지시하고 조절				C				
	규칙적 순서배열의 실행을 지시	S	S	S					
촉진요인/방해요인: 주의를 할당하고 유지하는 능력	1차 인지구성요인								
	청각적 주의력			S					
	시각 자극에 대한 주의력	S	S		S	S	S	S	S
	관련된 실행 처리 과정								
	청각적 세부사항에 주의를 기울이고 집중하고 유지하는 능력			S					
	시각적 세부사항과 과제요구에 주의를 기울이고 조절하고 집중하는 능력	S	S	S	S	S	S		S
	제시된 자극의 세부사항에 주의력을 조절하는 능력	S	S	S					
	과제에 주의를 기울이고 지속시키는 것을 조절하는 능력	S	S	S	S	S	S		S
촉진요인/방해요인: 작업기억	관련된 실행 처리 과정								
	작업기억				C	C			
	청각 자극의 정신조작 능력			P					
	시각적으로 제시된 자료의 처리에 작업기억을 활용하는 능력	P	P						
	관련된 실행 처리 과정								
	정신조작 지시 능력	C							
	작업기억 자원의 활용을 조절하는 능력	P	P	P	C	C			

〈계속〉

	1차 인지구성요인								
촉진요인/방해요인: 속도, 유창성, 인지 처리 과정의 효율성	정신 처리속도	S							
	시각 처리속도	S			P			P	P
	운동 처리속도								
	운동 및 또는 필기운동 처리속도				P	C	C	S	S
	시각-운동 처리속도	C					P		
	관련된 실행 처리 과정								
	속도와 정확성 사이의 균형을 이룰 수 있는 일의 처리속도를 조절하고 감독하는 능력				P	C	P	S	S
	정신, 시각, 운동, 시각-운동 처리속도를 조절하고 감독하는 능력	S			S	S	S	P	P

P: 1차 인지구성요인 측정용 소검사, S: 과제 수행에 큰 영향을 미치는 2차 인지구성요인 측정용 소검사, C: 과제 수행에 영향을 미칠 가능성이 있는 2차 인지구성요인 측정용 소검사, PS: 그림기억, SS-B: 공간 거꾸로 따라하기, SC: 문장회상, CD: 기호쓰기, CD-R: 기호쓰기 회상, CD-C: 기호모사, CA: 선택, CA-A: 추상선택

왼쪽 열은 Miller(2003)의 통합 학교 신경심리학 SNP/CHC 모델의 인지구성요인과 집행기능의 촉진요인/방해요인.

출처: Flanagan & Alfonso(2017)의 McCloskey, Slonim, Whitaker, Kaufman과 Nagoshi의 장에서 수정하여 게재함.

1) 통합적인 학교 신경심리학/Cattell-Horn-Carroll 해석 모델

통합적인 학교 신경심리학(The Integrated School Neuropsychology: SNP)/Cattell-Horn-Carroll(CHC) 체계는 개념적으로 교차종합검사 데이터를 특정한 인지 능력들로 분류하고 이러한 구조들과 기능에 따른 뇌 영역을 연결하기 위한 방법으로 Miller(2013)에 의해서 소개되었다. 통합 SNP/CHC 모델의 목적은, 첫째, 검사 데이터에 대한 조직화된 틀을 제공함으로서 임상적인 해석을 용이하게 하는 것, 둘째, 검사와 증거기반 개입 사이의 근거를 강화하는 것, 셋째, 신경인지 처리에 있어서 신경발달적 장애가 미치는 영향을 평가하기 위한 공통된 참고 자료의 틀을 제공하는 것이다(Miller, 2013). 통합 SNP/CHC 모델은 네 가지 주요한 범주를 포함하고 있다. 이 범주는 ① 기본 감각운동기능, ② 인지 처리와 획득된 지적 기술 사용을 방

해하는 요소와 촉진하는 요소, ③ 기본 인지 처리 과정, ④ 획득된 지식이다(Miller, 2013). 이 네 가지 주요한 범주와 더불어, 검사 결과는 개인의 사회적 · 정서적 · 환경적 · 문화적 배경 안에서 해석되어야 한다. 이와 같은 각각의 주요한 범주 안에서 신경심리학적 구조는 일반적(broad) 영역으로 분류되고 이후 적절하게 2, 3차 범주로 세분화된다. 예를 들면, 검사들은 감각운동기능의 일반적인 범주 안에서 좌우 우위성 선호도, 감각기능, 미세운동기능, 시각동작 통합 기술, 시각적 탐색, 대근육 운동기능, 질적인 행동의 2차 범주로 더욱 세분화하여 분류 가능하다. 그런 다음 청각 및 시각 정확도, 촉각 감각과 지각, 근육운동 감각과 지각, 후각 감각과 지각으로 세분화할 수 있다. 이 장에서는 인지 처리 과정과 관련하여 전반적인 분류[감각운동기능, 시공간 처리, 청각/음운 처리 과정, 학습과 기억, 집행기능, 주의력 유지와 할당의 방해요인과 촉진요인, 작업기억 및 속도, 유창성, 인지 처리 과정의 효율성, 획득된 지식(언어)]를 다룬다. 이러한 전반적인 신경심리학적 구조와 WISC-V 및 WISC-V 통합본의 소검사들 간의 관계는 〈표 3-2〉와 〈표 3-4〉에 제시되어 있다. WISC-V와 WISC-V 통합본의 과제를 수행하는 중에 종종 관찰되는 추가적인 질적 행동에 관해서도 〈표 3-2〉와 〈표 3-4〉에 제시되어 있다. WISC-V, WISC-V 통합본, WIAT-III(Wechsler Individual Achievement Test Third edition)(Wechsler, 2009)의 검사 점수 결과들이 통합 SNP/CHC 모델에 따라 어떻게 분류되는지 대해서는 Miller(2015)의 연구를 참고할 수 있다.

2) 특정 과제중심의 인지구성요인의 해석

다양한 범위의 인지적 기능을 측정하기 위해 개발된 검사는 매우 낮은 범위에서부터 매우 높은 범위까지의 인지적인 능력을 포괄할 수 있는 복합적인 소검사들로 구성된다. 검사에서 어떤 인지 구성 요소에서 상위의 능력을 측정하기 위해서는 동시에 다양한 인지 처리 과정을 이용하도록 만드는 것이 필요하다. 이를 위해 검사들은 가능한 한 인지기능의 특정 요소를 평가하도록 고안되었지만, 정상 집단에서 비정규 분포나 제한된 범위에 있는 기본 인지기능을 평가하기 위한 것은 아니다. 따라서 채택된 측정 모델(예: 요인의 개수)이 무엇이든 간에, 인지적인 손상에서부터 영재성의 판별까지를 포괄하는 측정법은 모두 일정 부분에서 인지적으로 복합적인 요소를 가질 것이다. 또한 일부 인지 처리 과정들(예: 작업기억)은 인지적 통합과 문제 해결 과정에서 도움을 주거나 촉진하는 역할을 수행하기 때문에 그 과정들만 분리해서 평가할 수 없다.

WISC-V와 WISC-V 통합본은 임상가가 다소 복잡한 평가에서 낮은 점수의 원인이 될 수 있는 세부 처리 과정을 찾아내는 데 도움이 될 것이다. 한 아동이 특정 검사를 수행할 때, 해당 과제를 해결하는 과정이 다양한 측면의 여러 기술에 의해 영향을 받을 수 있다면, 그 과제 자체가 복합적인 처리 과정을 필요로 하는지(예: 광범위한 인지기능의 정확한 추정치인지) 아니면 검사가 복합성을 띄고 있는 것인지 관찰하여야 한다. 예를 들어, 발달과 어휘의 사용은 언어, 기억, 정보를 걸러 내고 찾는 주도적인 과정, 그리고 동작성 표현법(예: 어떤 것을 가리키는 것, 말하는 것)의 통합이 요구된다. 관심 있는 인지 구조가 복잡하다는 것을 감안하면 WISC-V와 통합된 검사 모두에서 복합적인 인지기능을 사용하는 것이 필요하다고 예상되며, 이러한 인지 기술들은 수많은 연구자에 의해 끊임없이 언급되고 있다.

모든 상위 인지기능을 측정하는 검사들은 기본적인 감각운동, 주의조절, 과제참여, 노력에 의해서 영향을 받는다. 검사 결과는 이 영역들의 중요한 결손에 의해 달라지며, 인지기능을 타당하게 평가하는 데 실패하기 쉽다. 특정 영역의 경도 및 중도의 장애는 인지 능력의 측정에서 일관되지 않은 결과를 나타내기 쉽다. 임상가는 WISC-V나 WISC-V 통합본에서의 결과를 해석하거나 채택할 때, 시각, 청각 혹은 동작에서의 장애를 반드시 인지해야 할 필요가 있다. 이러한 검사들은 아동의 효율적인 협응과 노력을 전제하고 있다. 지속적 주의력과 짧은 초점 주의력의 장애는 검사 수행에 영향을 줄 수 있으며, 이런 상황은 검사를 실시하는 어느 상황에서도 발생 가능하고 검사 간의 일관되지 않은 수행의 원인이 될 수 있다. WISC-V와 WISC-V 통합본의 수행에 영향을 주는 기본 처리 과정은 이 장에서 더 깊게 논의되지는 않지만 〈표 3-3〉에 자세히 제시되어 있다.

3) 언어이해 소검사

언어 영역에서 저조한 수행 결과는 다양한 이유로 나타날 수 있다. 낮은 언어지수 점수가 나오면 지연된 언어 발달, 언어장애, 읽기장애, 지식 인출의 어려움(능력 부족 vs. 지식 접근), 청각 주의력 장애, 정확성 또는 구분 능력, 청각작업기억장애, 혹은 손상된 집행기능을 포함하여 가능한 한 핵심 가설이 탐색되어야 한다. 소검사 수준에서 요구되는 특정한 언어 기술은 다양하다. 소검사의 내용과 과제요구는 수행에 영향을 미치는 언어 기술에 영향을 준다. 소검사의 타당성을 해석할 때는 지식의 부족으로 인한 것과 수행에 영향을 주는 효율적인 인지적 처리 과정(언어 작업기억과 집행기능)을 비교하여 고려해야 한다.

WISC-V 통합본의 언어 소검사들은 표준적인 자유회상 양식 검사에서 요구되는 인지적 요구를 줄였다. 그러나 몇몇 비언어적 인지 처리 과정은 아동의 객관식 응답 과제 수행에 영향을 준다. 객관식 문항에서 선택지의 제시는 아동이 최선의 정답을 찾기 위해 항목들을 비교 평가하도록 요구한다. 이 선택지들의 평가는 자유회상 조건에서는 나타나지 않는다. 아동에게는 이전에는 깊이 생각해 본 적 없는 매우 눈에 띄는 대안적인 응답들이 제시된다. 정답 방해용 선택지들의 일부(예: 낮은 점수를 받는 응답 선택지)는 의도적으로 발음이 정답 단어와 비슷하거나 자극에 자동으로 반응하는 응답을 이끌어 내기 위해 만들어졌다. 이런 종류의 방해 요소들은 자극의 의미적 혹은 추상적 특징에서 시각적 형태나 언어적 요소를 분리하는 데 어려움이 있는 아동이 변별하기 어려운 전형적인 형태이다. 충동적인 아동은 선택 가능한 모든 항목을 살펴보는 데 실패하고 발음, 철자법, 형체적으로 유사한 항목을 선택할 수 있다. 어떤 아동에게는 자극의 모양을 보고 마치 가장 정확한 것처럼 '보이는' 그 항목에 대답하도록 '끌어당기는 힘'이 있을 수 있다. 이 경우에 한 자극에 자동으로 반응하는 행동의 양식이 다른 맥락에서도 똑같이 나타날 수 있다. 표준본과 통합본 모두의 언어 소검사에서 가장 적절한 집행기능 행동은 장기기억에서 의미적인 검색, 언어반응의 시작, 언어생성, 응답 정확성에 대한 자기 검열, 인지유연성, 그리고 매우 그럴듯하게 보이는 대체 가능한 답에 대답하려는 충동성을 억제하는 능력이다.

4) WISC-V 공통성 소검사와 WISC-V 통합본의 객관식 공통성 소검사

통합된 SNP/CHC 모델(Miller, 2013) 내에서 공통성 소검사는 집행기능을 측정하는 것으로 분류된다. 특히 추상성과 개념 형성 혹은 물체를 분류하고 범주화하는 다양한 방식을 만들어 내는 능력을 측정하는 검사로 간주된다. 이러한 검사들에서는 겉보기에 이질적으로 보이는 두 단어 사이의 추상적인 관계를 정확히 식별하기 위해, 단어들이 가진 다양한 의미를 고려할 수 있는 사고의 유연성이 필요하다. WISC-V 공통성 소검사는 주로 언어적 내용을 가지고 추론을 측정한다(〈표 3-2〉의 'P' 표기 참조). 2차적 인지구성요인은 언어적 지식의 검색과 언어표현 능력 및 언어표현 생성을 포함한 과제 수행도(〈표 3-2〉의 'S' 표기 참조)에 큰 영향을 준다. 뇌 행동 측면에서 보면 공통성 소검사는 언어개념의 장기인출(좌반구의 결정성 기억 처리 과정)과 언어추론 기술(좌측 전두엽 집행기능)을 일치시키고(두 단어의 유사성을 인지하는 것) 수렴하는(두 자극단어 모두를 가장 잘 표현하는 단어를 찾는 것) 사고가 필요하다(Miller & Hale, 2008).

과제에서 요구하는 표현성과 수용성의 정도는 최소한이다. 아동은 단지 제시된 단어를 인지하고 단순한 유형으로 응답하면 되기 때문이다. 예를 들어, 아동은 구체적인 유사성(예: "둘 다 모두 녹색이에요.")을 응답하면 1점의 점수를 얻고, 조금 더 추상적인 유사성(예: "둘 다 야채예요.")을 응답할 경우 2점의 점수를 얻는 것이 바람직하다. 이렇게 구체적이고 추상적인 응답은 지적으로 덜 발달된 아동에 대해 설명할 수 있는 지표가 된다. 그러나 때로 문제에 따라 구체적이며 추상적인 응답 양상이 일관되지 않는다면 이는 효율적인 장기기억 인출의 어려움을 반영하는 것이므로 심화된 검사가설이 필요하다(Miller & Hale, 2008). WISC-V 통합본의 공통성 소검사는 WISC-V에 비해 언어표현, 작업기억 그리고 기억탐색과 검색에 대한 요구가 상대적으로 적다.

5) WISC-V의 어휘 소검사와 WISC-V 통합본의 어휘 및 그림어휘 객관식 소검사

통합된 SNP/CHC 모델(Miller, 2013) 내에서 어휘 소검사는 획득된 지식, 언어기술, 어휘적 지식과 구어적 표현력에 대해 특화된 측정법으로 간주된다. WISC-V의 어휘 소검사는 주로 언어표현 및 생성 능력(획득된 지식, 언어 기술)과 언어적 지식의 인출(학습과 기억)(〈표 3-2〉의 'P' 표기 참조)을 측정한다. WISC-V 통합본의 객관식 검사는 언어지식과 언어개념 형성, 의미기억을 측정하도록 만들어졌다(Raiford,

베서니는 후두개와(posterior cranial fossa) 손상과 함께 저등급 별아교세포종(juvenile pilocytic astrocytoma)으로 진단되었다. 순차적으로 신경외과적인 후두개 부위의 머리뼈절개술이 시행되었으며, 합병증 없이 수술을 잘 견뎌 냈다. 베서니는 양쪽 눈의 리쉬결절(Lisch nodules)에 전체적으로 카페오레 반점이 퍼져 있어 주변시력에 문제가 있다. 현재 잔여 종양에 대한 소견은 없고, 검사 결과는 정상이다. 2차 수술 이후에 증상은 없었다. 베서니는 안경을 쓰고 있고, 안경을 쓰지 않을 경우에 두통을 호소한다고 교사가 보고하였다. 현재 베서니는 시력에 대해 정기적으로 안과 의사에게 검진을 받고 있으며, 신경과에서 4개월마다 MRI 검사를 통해 병변 부위를 검진하고 있다.

(2) 교육력

베서니는 유치원 때부터 한 학교에 재학 중이다. 3학년까지 영어/스페인어 2개국어 프로그램에 등록되어 있었다. 현재 5학년이고, 영어로 진행되는 교육을 받는다. 베서니를 몇 년 동안 지켜본 교사는 베서니가 2차 수술 이후부터 자주 잊어버리고, 더 쉽게 방해를 받으며, 과제를 끝내는 데 시간이 오래 걸렸다고 보고하였다. 베서니가 받는 특수교육 서비스에는 일반교육 환경이 아닌 특수교육 환경에서 한 달에 1,920분의 특별학습 지도가 포함된다. 교육은 주로 읽기이해와 수학 유창성에 중점을 두고 있다.

4) 현재 평가도구 및 절차

종합검사는 신경심리학적 평가의 한 부분으로 실시되었다. 표준화된 검사와 더불어 부모, 교사, 학생의 임상 면담이 녹음되었고 그에 대한 검토가 이루어졌다. 수업 시간과 자율활동 시간에 대한 관찰이 이루어졌다. 이 장의 목적에 맞도록 여기에서는 WISC-V와 WISC-V 통합본의 결과만 검토되었다.

표 3-5 WISC-V/WISC-V 통합본 검사 결과 예시 사례

영역	WISC-V-소검사	WISC-V 통합본	산출된 지표지수
언어이해	공통성 (3)	공통성 객관식 (8) ----->	객관식 언어이해 지표
	어휘 (4)	어휘 객관식 (7) ----->	
		그림어휘 객관식 (7)	
	상식 (4)	상식 객관식 (2)	
	이해 (5)	이해 객관식 (8)	
시공간	토막짜기 (6)	토막짜기 객관식 (7)	
유동추론	무게비교 (5)	무게비교 처리접근 (4)	
	산수 (8)	산수 처리접근-A (10)	
		산수 처리접근-B (10)	
		수식풀이 산수 (9)	
즉각 기억[a]	숫자 따라하기 (5)	공간 따라하기(7)	
작업기억	공간 따라하기 (7) ------>	공간 거꾸로 따라하기 (5) ----------->	시각작업기억 지표 (21%)
	숫자 따라하기		
	거꾸로 따라하기 (6)	문장 회상(6)	
처리속도	기호쓰기 (8)	기호쓰기 회상 (11)	
	선택 (3)	기호모사 (15)	
		추상선택 (4)	
		추상선택 무선배열 (4)	
		추상선택 일렬배열 (4)	

a: WISC-V 영역 구조의 일부가 아님
출처: 자료 및 표의 저작권은 Pearson(2014)에 있음. 저작권 허락하에 재사용 가능. 무단 복제금지

(1) 언어이해 영역

집행기능상의 어려움은 베서니의 어머니와 교사가 우려하는 주요사항이었다. 베서니는 바람직한 활동과 학업수행에서 벗어나려고 몸부림쳤다. 교사는 베서니가 그림 그리기를 좋아하고 틈날 때마다 그림을 그리려고 수업 시간에 자리를 뜬다고 설명한다. 또한 베서니는 시간배분에서 우선순위를 정하는 데 어려움을 겪는다. 5학년인 베서니는 계획표를 사용하고 독립적으로 공부/과제 완수 계획을 짜야 하지만, 주어진 기간 안에서 무엇이 중요한지 우선순위를 정하지 못한다. 어머니는 집에서 베서니

가 수학과 읽기 숙제가 어렵다고 생각하여 이 과제들을 하는 것을 피하고 운다고 말한다. 베서니는 여러 번 복습한 문제에서 비슷한 계산 실수를 자주 반복한다. 학교에서 교사는 베서니가 과제를 잘 하는 것에 대해 신경쓰지 않고 최대한 빨리 과제를 끝내기만을 바란다고 말한다. 어머니는 상식 부족과 사회적인 상황에서 미숙한 판단력에 대해 호소하며 베서니가 마치 5살짜리 쌍둥이 동생들처럼 행동한다고 말했다.

베서니의 수행은 의미적 범주의 지식과 추상적인 사고, 의미를 생성해 내는 기술을 사용하여 두 항목이 어떻게 비슷한지 말로 묘사해 보라는 검사(WISC-V 공통성 소검사)에서 눈에 띄게 저조한 것으로 나타났다. 천장규칙(상한규칙)이 과제의 처음에 제시되는 몇몇 항목과 만난다. 베서니의 반응은 어떠한 의문도 제기하지 않고 개념에 대한 인지, 연관 사고, 의미 범주의 지식(예: "형제와 자매는 어떻게 비슷한가요?"라는 질문에 베서니는 "머리카락이 있고 걸어다녀요."라고 응답했다.)이 결여되어 있다. 베서니에게 WISC-V 통합본에 있는 같은 과제(WISC-V 통합본 공통성 객관식 소검사)를 객관식 형태로 실시했을 때 베서니의 수행은 평균 수준의 기능으로 향상된 것으로 나온다. 이 결과를 보면 베서니는 적절한 의미지식을 가지고 있지만 단어 검색과 넓은 범위에서 관련된 언어를 시작하는 것에 어려움을 겪고 있는 것으로 보인다. 베서니의 수행은 자유회상과 비교했을 때 회상에서 향상되었다. 또한 공통성 검사에 포함된 베서니의 이해력을 넘어서고 가장 잘하는 정보 재인 방식과는 다른 방식의 과도한 언어적 부담을 받자 베서니의 수행은 저하되었다.

베서니는 어휘지식과 단어의 의미를 찾는 능력을 측정하는 과제에서의 수행이 매우 저조했다. 이는 교사의 지적과도 일맥상통 한다. 베서니는 일상적인 물체(옷걸이, 손잡이)의 그림을 보고 정확한 명칭과 표지에 대해 답하거나 단어(비누, 소파)의 의미를 정의하는 데 어려움을 겪었다. 그림명칭검사(Woodcock Johnson Fourth Edition Tests of Oral Language: Picture Vocabulary and Vocabulario sobre dibujos)는 주 사용 언어 효과가 베서니의 수행에 영향을 주는지 여부를 알아보기 위해 영어와 스페인어 모두로 실시되었다. 검사 결과는 베서니가 일상적인 물체를 인식하고 이름을 붙이는 능력이 두 언어 모두에서 손상되었다는 것을 보여 준다. 단어의 의미를 정의하는 것이 필요한 어휘검사는 언어와 자유회상의 효과를 최소화하기 위해서 언어 객관식 검사나 그림 객관식 검사처럼 다른 양식으로 실시되었다. 베서니의 수행은 객관식 형태로 문제가 제시되었을 때 약간 나아졌다.

베서니는 넓은 범위의 일반 상식 주제(WISC-V 상식 소검사: "왜 사람들은 달력을 사용하나요?")에 대해 응답하는 것을 어려워했다. 베서니가 대부분의 검사 항목에 "모르겠어요."라고 응답하여 검사가 조기 종결되었다. 언어적인 부담을 줄이고 언어수용(receptive language)과 장기기억의 영향을 가능한 한 최소화하기 위해서 '지식'은 객관식 형태(WISC-V 통합본, 지식 소검사)로 검사를 실시하였다. 베서니의 수행 결과는 회상형 과제에서와 일치하는 모습이었다. 때문에 언어표현과 재인 회상 결핍/손상(recognition recall deficit)에 대한 가능성은 제외되었다. 일반적으로 베서니의 기억에서 검색되는 기본상식에 대한 지식은 영어와 스페인어 모두에서 떨어졌다. 베서니의 정보검색은 자유회상이 아니라 재인에 의해서 촉진된다. 이 결과를 통한 유추할 수 있는 것은 베서니는 주관식이나 빈칸 채우기 유형의 문제보다 객관식 시험에서 더 나은 수행을 보일 것이라는 점이다.

베서니는 일반적인 원칙과 사회적 상황에 대한 이해를 바탕으로 한 질문(WISC-V 이해 소검사)에 답할 때 저조한 수행을 보이는 것으로 나타났다. 이 검사들은 언어적 추론 기술과 복잡하고 복합적인 추상적인 사고력(예: "왜 사람들은 이를 닦나요?" "왜 선생님은 학생들에게 수업 시간에 휴대전화를 끄라고 요청하나요?")을 측정한다. 언어적인 요구의 영향을 줄이기 위해서 이 과제는 객관식 유형(WISC-V 통합본, 이해 객관식 소검사)을 도입했고, 그 결과 베서니의 점수는 또래의 평균 수준으로 향상되었다. 앞에서 언급하였듯이, 이러한 검사 결과는 베서니가 객관식 형태의 검사에서 더 좋은 수행을 보인다는 것을 알 수 있다.

(2) 시공간 영역

베서니는 시각적 모양을 일치시키기 위한 미세운동조작과 추상적인 시각정보를 분석하고 합성하는 토막짜기 검사(WISC-V 토막짜기 소검사)에서 예상보다 살짝 낮은 점수를 받았다. 특정 시간 안에 구조화된 디자인을 토막 조각을 사용하여 재현하라고 요청받았을 때 베서니는 다소 저조한 수행을 보였다. 이 과제는 조직화, 시각적 지각, 시각-운동 협응, 문제 해결, 온전한 운동 능력을 필요로 한다. 이 과제를 수행하는 동안 베서니는 더 복잡한 디자인을 접하면 쉽게 포기하려는 시도(예: "나는 어떻게 하는지 몰라요.")를 했고 작은 차이점에 주목하지 않았으며 회전 실수를 하였다. 베서니는 동일한 검사를 객관식 유형(WISC-V 통합본 토막짜기 객관식)으로 수행했

(2) 학습과 기억 장애

평가 결과에 따르면, 베서니의 학업수행은 약한 기억력 기술에 현저하게 영향을 받는 것으로 보인다. 다양한 기억기능에 대한 직접적인 평가결과에서 베서니는 학습과 기억에서의 장애와 손상이 나타나고 있다. 베서니의 기억장애는 또래에 비해 저조한 학습력, 새로운 정보의 습득의 어려움, 단기기억에서 최근에 새로 배운 정보를 떠올리는 것, 장기기억에서 정보회상, 회상지연, 복잡성과 길이가 증가하는 정보를 회상하는 것에서 어려움을 겪는 형태로 특징지어진다. 이는 늘어나는 학업적 요구를 따라가도록 하는 베서니의 역량에 중요한 영향을 미치는 것으로 나타났다. 베서니는 학습과 새로운 정보의 저장 및 회상에서 지속적인 어려움을 겪는 것으로 보인다.

(3) 집행기능장애

베서니가 집행기능에 대한 다양한 검사에서 어려움을 겪고 있는 것으로 나타났지만, 베서니의 전반적인 기능은 언어와 기억, 그리고 시각탐색 기술의 장애에서 비롯된 것으로 보인다. 집행기능 기술은 언어의 연역적/귀납적 추론, 개념을 설명하는 언어적 기술 사용에서의 어려움, 언어/시각 동시 과제 수행, 언어와 기억력이 요구될 때 언어적인 인지 유연성을 포함한 내재된 장애에 영향을 미치는 것으로 보인다. 그러나 베서니가 보이는 집행기능 측정검사(다른 과제 간의 이동의 어려움)에서의 일관되지 않은 수행은 실제 집행기능장애에 대한 가설에 가능성을 열어 준다. 종합해 보면, 교실에서 베서니는 집행기능 기술에 대해서 도움을 받아야 한다는 점을 알 수 있다. 베서니를 위한 개별화교육계획(Individualized Education Plan: IEP)에 집행기능과 관련된 행동을 지원하고 도와주는 적절한 조절이 포함되어야 할 것으로 보인다.

(4) 주의력 처리 과정 장애

표준화 검사와 행동관찰에 따르면, 베서니는 부주의한 수행 양상을 보여 주고 있다. 베서니는 시각적 · 청각적으로 선택적 · 지속적 주의력을 유지하는 데 어려움을 보이며, 주의력 용량에도 문제가 있는 것으로 보인다. 질적인 관찰결과에 따르면, 베서니는 장시간 동안 과제를 수행하는 것이 불가능하며 부주의한 오류를 범하고,

과제 완수를 위해 추가로 시간을 요청하며, 과도한 세부사항에 압도되는 면이 나타났다. 주의력결핍 인지 여부를 결정할 때 기억력을 고려하는 것은 중요하다. 주의력과 기억력 장애는 동반되어 나타날 가능성이 있다. 베서니는 주의력 장애가 있고, 또한 기억력과 시각 추적 기술에서 명백하게 어려움을 보이는데, 이 모든 사항은 함께 고려되어야 된다. 이유는 주의력과 집중력을 평가를 위해 사용된 모든 검사 항목은 온전한 기억 기술과 탄탄한 시각 검색 및 추적 능력을 요구하고 있기 때문이다. 그러나 베서니는 기억기능을 향상시키기 위한 전략과 시각 추적의 어려움에 적응하기 위한 전략들이 적용된 이후에 주의력결핍장애의 실제 증상이 나타나는지 여부를 세심하게 관찰하여야 한다.

(5) 언어장애

『정신장애 진단 및 통계 편람 제5판(DSM-5)』에 따르면, 의사소통장애는 전체 언어의 양식(구어, 문어, 수화 및 기타)에 걸쳐 감소된 어휘, 제한된 문장 구조, 어휘 사용의 장애, 사건의 과정이나 주제를 묘사하고 설명하기 위해 문장을 연결하고 어휘를 사용하는 것의 불가능, 언어의 이해 및 생성에 따르는 장애로 인한 언어 사용과 획득의 어려움을 포함하고 있다. 베서니가 겪는 어려움은 의사소통장애의 범주와 일치한다. 베서니는 영어와 스페인어 모두 언어를 표현하고 수용하는 영역에서 구어표현장애를 보인다. 베서니는 제한된 어휘, 언어로 제시되는 다단계 지시를 따라가는 것, 청해력에서 어려움이 나타났고, 주제를 탐색하거나 생각을 설명하기 위해서 문장을 만들고 단어를 사용하는 데에도 어려움을 겪었다. 이는 개념을 설명하는 데 필요한 언어적 요구가 적은 객관식 검사에서 베서니가 더 나은 수행을 보이는 것을 통해서도 확인되었다. 베서니의 언어기능과 의사소통 기술에 대한 더 심화된 임상적 진단은 언어기능에 있어서 구체적인 장애를 진단하는 데 중요하다. 추가적인 평가를 위해서 언어병리학자에게 자문을 구할 필요가 있다.

(6) 수학 영역에서의 어려움

베서니는 수 감각과 계산 기술, 수학적 사실의 회상과 개념의 이해, 과정을 따라가는 것, 그리고 특수 관계 정렬에서 장애로 표현되는 확실한 수학에서의 취약성을 보이고 있다. 베서니의 장애는 언어와 처리 과정상에서의 장애 그리고 의미적 계산

장애와 일치한다. 이 장애는 수리적 사실 회상(곱셈장애), 순서와 수리적 정보를 셀 때(예: 좀 더 긴 수학 문제를 풀 때 순서를 기억해 내는 데 어려움), 비기호적 기술(숫자를 열로 정렬하는 것, 패턴인지) 영역에서 어려움을 보인다. 베서니는 수학적인 목표달성을 위해 개별화교육계획의 지속적인 도움이 필요하다.

(7) 쓰기 기술의 장애

제한된 표준 측정검사와 교실에서의 광범위한 수행에 대한 평가에 따르면, 쓰기 기술의 장애는 집행성 필기장애와 일치하는 것으로 관찰된다. 집행성 필기장애는 문법 규칙 숙달이 불가능하고, 언어적 회상 기술에서의 어려움을 겪으며, 응집력 있고 순차적인 글씨 필기를 계획하는 것이 불가능하다. 이러한 특징은 베서니가 쓰기에서 복잡한 문장구조, 문법, 조직화 계획, 순차적인 사건에서 겪는 어려움과 일치한다. 베서니는 쓰기 영역도 목표(현재 쓰기 영역에서 목표가 없음)를 위해서 개별화교육계획의 지속적인 도움이 필요한 것으로 보인다.

(8) 읽기에서의 어려움

심각한 독해력 장애는 교과과정에 기반한 지문에서 의미를 도출하는 데 어려움을 겪는 특징이 있다. 제한된 표준검사에서 얻은 결과들은 독해력 기술에서 경도의 어려움이 있을 수 있다고 나타난다. 베서니의 장애는 언어기능과 기억력의 어려움과 연관되어 있을 수 있다. 독해력 장애는 언어와 기억력 장애와 동시에 존재할 수 있고, 때때로 그러한 장애에 의해 영향을 받을 수 있다. 베서니의 수행은 언어장애와 기억력 장애를 위해 개입이 시행된 후에 독해력에서 실제 장애에 대해서 세세하게 검토되어야 한다. 베서니에게 독해력에 관해서는 이해를 목표로 하여 개별화교육계획을 통해서 지속적으로 지원되어야 된다.

6) 학교에서의 지도를 위한 추천

(1) 기억력 증진을 위한 전략

- 새로운 내용은 하나 이상의 형태(시각, 언어, 촉각)로 제시하라. 베서니는 각각의 형태에 대해 강점과 약점이 있다. 정보를 가르칠 때 다양한 형태를 활용하

는 것은 베서니가 기술을 활용하는 데 최선의 방안이 될 것이다.

- 언어적인 지시문과 일과에서 시각적인 묘사를 사용하라. 예를 들어, 베서니는 교실의 일과에서 교실이 바뀌는 순서를 기억하는 것을 어려워한다. 일과의 순서와 그에 대한 시각적인 표상을 짝지어서 도표로 만들라(예: 1교시=컴퓨터 그림/컴퓨터실에서의 수업을 나타냄).
- 정보를 입력했는지 확인하라. 초기 내용의 학습을 확인하기 위해서 각 부분의 끝에 베서니가 배운 내용을 간단하게 반복하도록 한 후, 다음으로 넘어가라. 만약 베서니가 배운 것을 표현할 수 없다면 필요한 만큼 여러 번에 걸쳐 그 정보를 복습하라.
- 새로운 정보는 어떤 면에서 연관이 있는 단서(맥락과 연관된 단서)와 짝을 지어라. 새로운 정보를 이미 베서니가 알고 있는 것과 연결시키라. 베서니는 이미 가지고 있는 지식을 새로운 정보를 회상하기 위한 암시로 사용할 수 있다. 예를 들어, 바다 동물에 대해서 가르칠 때, 베서니가 좋아하는 디즈니 영화(예: 〈니모를 찾아서〉)를 연결하거나 언급할 수 있다.
- 새로운 정보를 하루 단위로, 주 단위로 여러 번 복습하라. 베서니는 여러 번 노출된 후에 더 잘 배운다. 예행 연습과 실습의 기회는 하루에 여러 번, 한 주에 여러 번, 다른 시간대에 주어져야 하고, 이전에 배운 정보들은 복습이 필요하다.
- 간단한 언어정보를 제공하라. 베서니는 내용의 양이 증가하는 언어적인 정보를 처리하는 데 어려움이 있다. 지도에서 과도한 언어를 줄이는 것이 유용하다.
- 한 번에 하나씩 지시문을 주고 응답을 기다려라. 한 번에 하나씩 할 수 있도록 한다. 베서니는 지시문을 따르기 전에 무엇을 요청받았는지 생각하는 데 조금 더 시간이 필요하다. 한 번에 하나씩 언어로 지시문을 주고 다른 지시문을 주기 전에 처리할 시간을 주어라. 특히 동시에 다수의 과제를 실행하도록 요구하는 쓰기에서 더욱 그러하다. 예를 들어, "먼저 방법을 생각해 볼래? 그리고 그 방법에 대해서 말해 보고, 그다음에 써 보고, 마지막으로 다듬어 보자."라는 식이다.

(2) 의사소통 기술 향상을 위한 전략

- 물체, 그림 단어들을 분류하는 법을 가르쳐라. 분류하는 법은 어휘, 개념, 의미

적 발달에 도움이 될 것이다. 베서니에게 그림을 주고 분류하도록 하라. 그리고 그들이 왜 비슷한지 발견할 수 있도록 단어를 고를 수 있게 객관식 형태와 유사한 선택지를 주어라(예: '먹을 수 있는' '물건을 쌓는 데 쓸 수 있다' '가구').

- 단어 게임이나 이름붙이기 게임을 하라. 예를 들어, 방을 둘러보고 방에 있는 다른 물체에 이름을 붙여 보라. 이 게임은 어휘력을 쌓는 데 도움이 될 것이다.
- 학교에서 영어 학습자를 위한 프로그램을 지속적으로 지원하여 영어 지식을 발달시킬 수 있도록 도와라.

(3) 주의력 증진을 위한 전략

- 새로운 정보를 작은 의미 있는 조각들로 나누어라. 그리고 각 조각들을 이해했는지 확인하라. 이것은 베서니가 가진 불안을 낮춰 주고 과제에 압도당하는 느낌을 줄여 주며, 과제를 피하기 위해 취할 수 있는 전략으로 그림을 그리기 위해서 돌아가는 회피행동을 줄이는 데 도움이 될 것이다.
- 주어진 과제 사이에 짧게 쉬는 시간을 여러 번 제공하라. 베서니는 주로 하나의 지시에 다른 지시가 추가될 때 과제에서 철수한다. 짧은 휴식 시간을 갖고 과제를 더 작은 단계로 나누는 것은 베서니의 철수행동을 개선시키는 데 도움이 될 것이다.
- 산수 연산을 다른 색깔, 글씨체, 다른 크기로 사용하라, 이는 작은 세부사항에 대해서 좀 더 주의를 끌 수 있고 정확도를 증가시킬 수 있을 것이다.

(4) 집행 기술 향상을 위한 전략

- 우선순위를 가르치고 계획을 세우는 시범을 보여라. 이는 계획을 세우기 전에 사고를 순차적으로 설명하는 데 도움이 된다. 베서니는 생각을 순차적으로 하는 것이 어렵기 때문에 우선순위를 정하는 것은 베서니에게 자연스럽지 않을 수 있다. 베서니가 스스로 우선순위를 정하는 것보다 정해진 우선순위대로 따르는 것이 유용하다(예: "우리는 구구단 표를 연습해야 해. 왜냐하면 우리는 내일 아침에 곱하기 시험이 있기 때문이야."). 베서니에게 우선순위를 자세히 설명하고 나면, 성인의 도움을 받으면서, 베서니는 먼저 무엇을 공부해야 할지 안내하는 계획표를 따라 순차적으로 과정을 따라갈 수 있다.

- 숙제를 마무리할 때는 미리 만들어진 점검 사항 목록을 사용하라. 이 사항은 특별히 쓰기에서 중요하다. 베서니가 과제를 끝내기 위해서 요구되는 필요한 단계를 따를 수 있도록 도와라.
- 베서니가 스스로 목표를 잡도록 하라. 목표에 중요성을 부여하고 과제에 의미를 두어서 왜 제시된 정보를 배우고 가까운 미래에 그 정보들을 어떻게 사용하게 될지를 이해하는 것은 중요하다. 예를 들어, 금전적 가치에 대한 학습은 베서니가 정확하게 숫자를 세고 용돈을 사용하도록 해 준다.

(5) 수학 기술 향상을 위한 전략

- 단어 문제를 작은 부분을 나누고 각각의 부분에 대해서 풀이하도록 하라.
- 단순한 수학계산에 큰 글씨체를 사용하라. 수학 문제를 계산하는 동안 시각적으로 탐색하는 데 어려움이 나타날 것이다. 베서니가 잘 검색하고 접근할 수 있는 수준으로 내용의 배열, 글씨체, 색깔, 내용이 제시되는 방식이 잘 정렬되는 것은 중요하다.
- 정신적으로 하기보다는 조작 가능한 교구나 유인물을 사용하라. 베서니는 가치와 양에 대해서 배울 때 시각적인 물체가 있을 때 더 잘 배울 수 있다.
- 시각적인 구조를 위한 방정식을 세울 때 그래프 종이를 사용하라.
- 숫자표를 책상에 붙여 두어라. 이것은 즉시 시각적인 도움을 줄 수 있고 수 감각에 있어서 시공간 기억과 관련된 어려움을 줄일 수 있다.

(6) 쓰기 기술 향상을 위한 전략

- 쓰기를 위해서 도식표를 제공하라. 조직화하는 것은 상당히 어려운 과제이다. 베서니 자신의 생각과 단락과 수필을 조직하는 데 시각적인 안내 지침을 사용하는 것은 매우 중요하다.
- 쓰기를 할 때 단어 저장소를 사용하도록 하라. 이는 같은 단어를 반복해서 사용하지 않도록 하고 베서니의 제한적인 어휘를 확장시키는 데 도움이 될 것이다.
- 쓰기를 위한 틀을 제공하라. 쓰기 과제를 위해서는 빈 종이를 사용하기보다 글을 쓸 때 체계화, 방향, 계획을 위한 목적으로 각 부분이 나뉜 쓰기용 작업용지를 사용하게 하라. 예를 들어, 제일 윗부분에는 수필의 제목을 쓰기 위한 칸, 첫

문장을 위한 분리된 칸 등이다.

- 자기감찰과 편집을 위해서 기억을 돕는 연상기호 전략이나 지시문을 사용하게 하라. 자기감찰 전략은 좀 더 정확도를 높여서 쓰기과제를 완성하기 위해서 각 단계를 한 번에 하나씩 확인하는 데 도움이 된다[예: COPS=대문자(Capitalize), 조직화(Organize), 구두점(Punctuation), 철자(Spelling)].

(7) 읽기 기술 향상을 위한 전략

- 읽기에 앞서 중요 사항을 앞부분에 배치하라. 새로운 책이나 지문을 읽을 때, 간단하게 이 책이 무엇에 관한 것인지 이야기하라. 그다음 알고 있는 지식이나 이 주제에 대해서 질문이 있는지 물어보라. 만약 베서니가 주제에 대해서 이미 알고 있는 지식이 없다면(예: 시각장애인을 돕기 위한 안내견 서비스), 지문과 관련성을 가질 수 있는 몇 가지 사실에 대해서 이야기를 나누고 몇 가지의 그림을 보여 주어라. 만약 과제가 의미가 있고 흥미로워 보인다면, 베서니는 좀 더 관심을 보일 것이고 좀 더 효율적으로 따라갈 수 있다. 이러한 과정은 이해력 질문에 관련 없는 응답을 하는 것을 줄여 준다.
- 읽기 전에 먼저 이해력 질문을 던져라. 이는 앞의 전략과 유사한데, 질문이 무엇인지 알아차리게 돕는 추가적인 기회를 제공하고, 책을 읽는 동안 어떤 부분에 주의력을 기울여야 되는지 알려 준다.
- 다른 색깔 형광펜으로 중요한 정보를 표시하라. 이 전략은 베서니가 지문 안에서 어떤 정보에 주의를 기울여야 하는지 식별하도록 돕고, 가장 중요한 정보에 대해서 추가적인 집중을 하도록 돕는다(예: 분홍색으로 표시된 정보가 가장 중요하고 노란색으로 표시된 것은 별로 중요하지 않다).

7) 가정에서 도움을 위한 제안

- 매일 같은 시간에 같은 장소에서 숙제를 한다.
- 숙제를 작은 범위로 나누고 중간중간 짧은 휴식시간을 가진다.
- 잠자리에 들기 전에 수학을 연습하고 아침에 학교에 가기 전에 짧게 수학을 연습한다.

- 일상적으로 해야 할 일과 아침에 해야 할 일에 대해서 시각적으로 목록을 만들어 준다.
- 어휘를 확장시키기 위해서 새로운 단어를 규칙적으로 소개하는 앱(Words of the Week, Words with Friends 등)을 활용하라.
- 일반 상식을 늘리기 위해서 다큐멘터리 영상, 영화 전기, 아동을 위한 내셔널지오그래픽/역사 채널 등을 시청하라.
- 흥미로운 게임을 통해서 수학 기술을 연습할 수 있는 수학 앱(Math Crunch, Cool Math, Math is Fun, Illuminations 등)을 활용하라.
- 학교와 의료시설 내에서 언어병리학자와 언어 기술의 우려 사항에 대해서 논의하라.
- 안과의사 혹은 검안사와 시각적인 탐색과 추적 능력을 증진시키기 위해서 가능한 시력 치료에 대해서 논의하라.

4. 요약

WISC-V 통합본과 WISC-V를 결합해서 사용하면 과제 수행을 위해 아동이 사용하는 내재된 인지 처리 과정과 집행기능에 대한 가설을 세우는 데 유용하다. 이 검사들은 아동의 인지 수행의 양상/형태와 수준에 대한 이해를 돕는다. 때문에 생태학적으로나 치료적인 타당성을 가진 의미 있는 학업적·행동적 개입을 하는 데 도움이 된다(Miller & Hale, 2008). WISC-V 표준본과 통합본 검사는 학교 신경심리학적 평가를 위한 기본검사로 사용될 수 있다. 그러나 만약 개별적으로 분리하여 사용한다면 이 검사들은 전형적으로 다른 종합학교심리검사에서 보고되는 영역을 놓칠 수 있다. WISC-V 통합본은 WISC-V 소검사에서 낮은 점수를 받았을 때 그 원인이 되는 요소를 명료화하는 수단으로서 WISC-V 표준본의 유용한 보충판이 된다. WISC-V에서 얻어진 전반적인 검사 결과와 비교하여 낮은 점수를 받은 영역은 WISC-V 통합본의 대체 가능한 소검사를 실시할 필요가 있다. 종합 학교 심리검사 평가에서 WISC-V 표준본과 통합본은 아동이 의뢰된 사유와 기저 검사에서의 수행 양상을 기반으로 하여 다른 신경심리학적 검사와 함께 상보적으로 사용되어야 한다. 감각운동기능, 주의력 처리 과정, 기억, 학습 과정 측정을 위해서 보충 검사는 보장되어야 한다. 이 장에서 제시한 사례연구는 WISC-V 통합본이 WISC-V 소검사와 함께 학교 신경심리학 개념적 모델 내에서 얼마나 적합한지를 보여 주고 있다 (Miller, 2013). 이 사례연구는 WISC-V 표준본과 통합본이 각각 시행되었다면 베서니가 가진 학업적 어려움을 야기하는 내재된 원인을 전체적으로 발견하지 못했을 것이라는 점을 보여 준다.

중요한 점은 내재된 신경인지학적 과제요구를 기반으로 한 WISC-V 통합본과 WISC-V의 소검사들에 대한 분류는 단지 잠정적인 해석 지침으로만 활용되도록 고안된 것이다. 특정 검사에서 아동의 수행은 아동이 가진 신경인지적 강점과 약점을 드러내는 현상에 의한 것이거나, 검사 자체의 신뢰도 및 타당도에 관련된 요소이거나, 혹은 비인지신경학적 요인들(예: 동기적 · 문화적 · 사회적 · 환경적 요인들)과 관련된 다양한 요소에 의한 결과일지 모른다. 심리학의 '예술', 그리고 학교심리학과 학교 신경심리학의 특화된 점은 행동 표본의 인과관계에 대해서 가설을 세우고 검증하며, 다양한 데이터(예: 관찰, 행동의 직접적인 표본, 행동평가척도)를 사용하여 이 가설에 대해서 증명한다는 점, 또한 궁극적으로는 취약한 영역을 찾아내어 교정하도록 돕는 경험에 기반한 개입방법과 연결한다는 점에 있다.

참고문헌

Begyn, E. L., & Castillo, C. L. (2010). Assessing and intervening with children with brain tumors. In D. C. Miller (Ed.), *Best practices in school neuropsychology: Guidelines for effective practice, assessment, and evidence-based intervention* (pp. 737-765). Hoboken, NJ: John Wiley & Sons.

Flanagan, D. P., & Alfonso, V. C. (2017). *Essentials of WISC-V assessment*. Hoboken, NJ: John Wiley & Sons.

Kaplan, E., Fein, D., Kramer, J., Delis, D., & Morris, R. (1999). *WISC-III PI manual*. San Antonio, TX: The Psychological Corporation.

McCloskey, G., Slonim, J., Whitaker, R., Kaufman, S., & Nagoshi, N. (2017). A neuropsychological approach to interpretation of the WISC-V. In D. P. Flanagan, & V. C. Alfonso (Eds.), *Essentials of WISC-V assessment* (pp. 287-333). Hoboken, NJ: Wiley.

Milberg, W., & Hebben, N. (2013). Historical foundations of the Boston process approach.

In L. Ashendorf, D. J. Libon, & R. Swenson (Eds.), *The Boston process approach to neuropsychological assessment.* New York: Oxford.

Miller, D. C., & Jones, A. M. (2016). Interpreting the WISC-V from Dan Miller's integrated school neuropsychological/Cattell-Horn-Carroll model. In A. S. Kaufman, S. E. Raiford, & D. L. Coalson (Eds.), *Intelligence testing with the WISC-V* (pp. 459-470). Hoboken, NJ: John Wiley & Sons.

Miller, D. C. (2013). *Essentials of school neuropsychological assessment* (2nd ed.). Hoboken, NJ: John Wiley & Sons.

Miller, D. C. (2015). Integration of the WJ IV, WISC-V, WISC-V integrated, and WIAT-III into a school neuropsychological assessment model. *School Psychology Forum: Research in Practice, 9*(3), 251-268.

Miller, D. C., & Hale, J. B. (2008). The neuropsychological applications of the Wechsler Intelligence Scale for Children-Fourth edition. In A. Prifitera, D. H. Saklofske, & L. G. Weiss (Eds.), *WISC-IV advanced clinical interpretation* (2nd ed., pp. 445-495). San Diego, CA: Academic Press.

Raiford, S. E. (2017). *Essentials of WISC-V integrated assessment.* Hoboken, NJ: John Wiley & Sons.

Wechsler, D. (2004). *Wechsler intelligences scale for children integrated* (4th ed.). San Antonio, TX: Harcourt Assessment, Inc.

Wechsler, D. (2009). *Wechsler individual achievement test* (3rd ed.). Bloomington, MN: PsychCorp.

Wechsler, D. (2014). *Wechsler intelligence scale for children* (5th ed.). Bloomington, MN: PsychCorp.

Wechsler, D., & Kaplan, E. (2015). *Wechsler intelligence scale for children integrated* (5th ed.). Bloomington, MN: Pearson.

Werner, H. (1937). Process and achievement: A basic problem or education and developmental psychology. *Harvard Educational Review, 7*, 353-368.

제4장

WISC-V 이론과 임상적 기초

1. 서론

이 장에서는 다섯 가지 기본 지표 점수의 해석과 관련된 좀 더 어려운 주제를 다루고자 한다. 각각의 지표에 의해 평가된 인지 구인의 상세한 분석, 인지정보 처리 및 신경과학의 모델을 통해 각각의 지표가 지능과 어떻게 연관되어 있는지, 그리고 다양한 인지 능력의 상호작용과 실생활에서의 문제 해결에 있어 집행기능에 대한 상세한 분석을 실시하고자 한다.

우리는 심리학자들에게 다음과 같은 내용을 알리고 싶다. 이 지능검사를 사용하는 데 있어 각각의 지표와 소척도의 점수가 개개인의 인지 능력에 대한 이해의 기본이 되지만, 이러한 점수는 또한 각각의 아동과 그들을 둘러싸고 있는 '세계'라는 더 큰 맥락에 놓고 살펴볼 필요가 있다는 점이다. 즉, 유전과 같은 개인 내적인 요인, 그리고 지능의 발달과 표현뿐만 아니라 지능검사의 수행에도 영향을 미치는 문화와 교육 같은 많은 외부 요인을 함께 고려해야 한다. 이 주제는 이 책의 제5장에 상세히 기술되어 있다.

2. WISC-V의 지표 점수

1) 확인적 요인분석

원래의 웩슬러 지능 모델에서는 단지 언어성 지능(Verbal IQ)와 동작성 지능(Performance IQ)이라는 두 가지 하위 요인과 함께 두 하위 요인을 합친 전체 지능(Full Scale IQ: FSIQ)을 보여 주었다. 현대판 웩슬러 모델은 언어이해 지표(Verbal

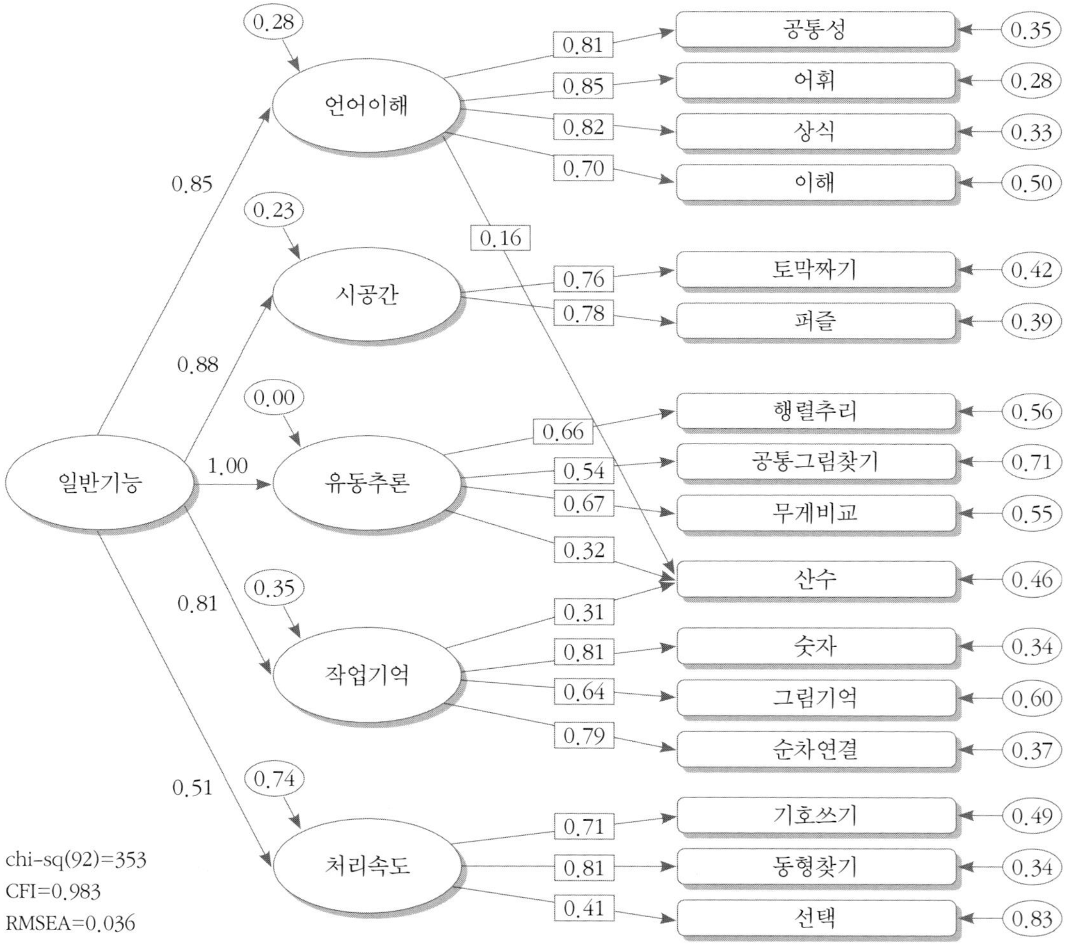

그림 4-1 WISC-V의 하위 검사에 대한 5요인 구조의 위계모델(6~16세)

출처: 자료 및 표의 저작권은 Pearson(2014)에 있음. 저작권 허락하에 재사용 가능. 무단 복제금지

Comprehension Index: VCI), 시공간 지표(Visual-Spatial Index: VSI), 유동추론 지표(Fluid Reasoning Index: FRI), 작업기억 지표(Working Memory Index: WMI), 처리속도 지표(Processing Speed Index: PSI)를 포함한 5요인 지능 이론 모델을 기반으로 하고 있으며, 다섯 가지 하위 요인 점수를 합친 전체 IQ(FSIQ)가 있다. 현대의 5요인 지능 구조를 갖춘 웩슬러 모델은 웩슬러 유아용 지능검사 제4판(WPPS-IV), 웩슬러 성인용 지능검사 제4판(WAIS-IV), 웩슬러 아동용 지능검사 제4판(WISC-IV) 그리고 웩슬러 아동용 지능검사 제5판(WISC-V)의 데이터에서 매우 적합한 모델로 보고되고 있다. [그림 4-1]은 이 5요인 구조 모델이 WISC-V의 표준화 자료(n=2,200)에 적합하다는 것을 보여 주고 있다. 현대의 웩슬러 5요인 모델이 어떻게 형성되었는지에 대한 자세한 내용은 이 책의 제1장을 참조하기 바란다.

2) 지능의 위계모델 vs. 이원모델

경험적 자료에 의해 끊임없이 증명되어 왔지만, WISC-V의 요인 구조에 대한 비판은 계속되고 있다. 지능에 대한 대안적 이론 모델과 그것을 바탕으로 한 연구들에 대한 논쟁은 지난 100년 동안 격렬하게 이어져 왔다. 현재 주요 쟁점은 WISC-V와 다른 모든 주요 지능검사에 반영된 지능의 위계적 모델, 즉 하위 요인과 상위 요인이 있는 위계모델이 맞는가, 아니면 그러한 하위-상위 계층이 없는 지능의 이원모델이 맞는가이다. 대안 모델인 이원모델에서는 하위 계층인 5요인(예: 1차 요인)을 통해서가 아닌 각각의 소검사가 전체 IQ, 즉 일반적 정신 능력(일반지능)인 g에 직접적으로 연결/연관되어 있는 형태를 취한다. 이원모델의 요인분석을 적용하면, 때로 이러한 1차 요인들이 일반지능(g)이 설명하는 분산 외에 추가적으로 설명하는 고유한 분산이 거의 없는 것으로 나타난다. 나아가 이원모델에서 5개의 하위 지능 지표들은 일반지능과 소척도 사이의 불필요한 중간 계층으로 간주된다. 이원모델을 지지하는 연구자들은 이 중간 요인을 제거하면 보다 간략하고 능률적인 지능 모델이 구축된다고 주장한다. 그러기에 이 모델을 따르는 연구자들은 임상 해석이 전체 IQ와 소검사 점수로만 보고되어야 한다고 주장한다. 게다가 이원모델을 주장하는 학자들은 5요인이 일반지능과 다른 능력을 측정하지 않으므로 5요인을 가지고 임상적인 해석을 하는 것이 잘못된 것이라고 주장한다(Canivez, Watkins, & Dombrowski,

2016; Canivez, Watkins, & Dombrowski, 2017; Dombrowski, Canivez, Watkins, & Beaujean, 2015).

이러한 추론에는 통계적·이론적·임상적으로 세 가지 큰 문제가 있다. 첫째, 간단한 통계적 이유를 살펴보면, 경쟁하는 위계모델과 이원모델을 비교할 때, 연구자들은 어떤 모델이 자료에 더 정확하게 적합한지 확인하기 위해 통계적 검증이나 모델의 적합도 지수[예: 모델 차이의 카이-제곱 검정(chi-square test), 베이시안(Bayesian) 정보의 준거]를 비교한다. 이원모델을 지지하는 연구자들은 통계적 검증/적합성 통계치가 위계모델에 비해 이원모델이 약간 더 좋기 때문에 이원모델을 지지해야 한다고 주장하지만, 최근의 시뮬레이션 연구에서는 이러한 통계적 검증/적합성 통계가 일반적으로 위계모델보다는 이원모델에 더 유리하기 때문에 나오는 것이라고 보고하고 있다. 이러한 통계적 편향은 교차요인 부하량과 적재와 같은 모델링되지 않은 복잡성의 수가 증가함에 따라 발생하는 경향이 있다(Gignac, 2016; Gignac & Watkins, 2013; Morgan, Hodge, Wells, & Watkins, 2015; Murray & Johnson, 2013; Yang, Spirtes, Scheines, Reise, & Mansoff, 2017). 따라서 이원모델의 지지자들은 그들이 선호하는 모델인 이원모델에 대해 본질적으로 편향된 통계적 검증 방법을 채택했을 가능성이 있다.

Reynolds와 Keith(2017) 역시 위계모델과 이원모델을 비교했지만 다른 결론을 내렸다. 그들은 WISC-V 하위 검사 사이의 공분산을 설명하기 위해서는 일반지능과 5개의 상위의 요인(좀 더 확대된 능력) 모두 필요하다고 하였다. 이 결과는 이원모델을 사용했건 위계모델을 사용했건 동일하게 나타났다. 그들은 자신들의 발견이 Canivez와 동료들(2016, 2017)과 Dombrowski와 동료들(2015)의 연구결과와 일치하지 않는다고 하였다.

우리가 이 논쟁적이면서 지금도 여전히 진화하고 있는 연구들의 결과를 현재 상태에서 다소 균형 있게 요약하면 다음과 같다. "이원모델과 위계모델은 모두 자료에 적합하게 나타나지만 이원모델이 조금이나마 적합도가 유의미하게 더 좋은 것으로 나타난다. 그러나 이러한 적합도의 차이는 부분적으로는 통계적 편향에 의해 발생할 수 있으며 그 편향의 영향으로 이원모델이 위계모델보다 더 좋다고 보고했을 수 있다."

다음으로 이원모델과 관련된 이론적 문제를 살펴보자. 실무자들이 이해해야 할 핵심 개념은 이원모델의 경우 통계적으로 하위 지표 점수에서 모든 일반지능과 연계된 분산을 제거하고, 일반지능이 하위 지표에서 제거된 후 남은 잔차 변량만을 고려한다는 점이다. 이것은 지능의 모든 전통적인 이론적 모델과는 매우 다른 접근법이다. 전통적인 접근법은 소척도[예: 어휘(Vocabulary: VC)와 공통성(Similarities: SI)]로 대표되는 상호 유사한 특정한(narrow) 영역의 능력이 보다 광범위한(broad) 능력[예: 언어이해(Verbal Comprehension)]인 하위 지표에 포함되고, 이 하위 지표들이 다시 일반지능(g-FSIQ)에 포함되는 3단계로 구성된 위계모델이다. 이원모델의 연구자들은 하위 척도가 일반능력으로 가는 길에 1차 혹은 집단 하위 요인(지표)을 통과해야 하기 때문에 위계모델을 간접모델이라고 부른다. 그리고 이 연구자들은 이 간접(위계)모델을 소척도가 일반지능에 직접 포함되는 직접모델과 비교하여 검증한다.

소검사(1차 요인)에서 일반지능으로 직접 가는 모델을 주창하는 이원모델을 지지하는 연구자들은 일반적으로 소검사(1차 요인)에서 일반지능으로 가는 설명량을 빼면 좀 더 넓은 영역인 지표 점수(2차 요인)에 남는 변량은 거의 없음을 발견하고(약간 궤변적으로), 지표 점수(2차 요인)는 가치가 없다고 주장한다. 이 결과는 WISC-V에 특정되지 않고, Woodcock-Johnson의 지능검사에서도 꾸준히 보고되었다(Dombrowski, McGill, & Canivz, 2017a; Dombrowski, McGill, & Canivz, 2017b; McFarland, 2016). 이는 WISC-V 요인 구조에 대한 특정적인 비판이라기보다는 CHC(Catell-Horn-Carroll) 지능 모델을 포함하여 지난 100년간 지능에 대한 이론을 지배해 왔던 위계모델에 대한 도전이다. 이러한 이원모델의 지지자들은 지능검사의 실무자들이 위계모델을 사용하여 지표 점수를 해석하는 것이 바람직하지 않다고 주장한다.

결국 이원모델을 지지하는 학자들은 웩슬러 척도(그리고 우드콕-존슨 척도)를 Spearman(1904)의 관점인 2요인 이론으로 재해석하려고 한다. Spearman은 일반지능(g)과 각각의 소검사로 지능을 해석하였다. 그러나 이것은 새로운 웩슬러 척도를 뒷받침하는 이론이 아니다. 오히려 웩슬러 척도는 CHC와 신경과학 연구에서 도출된 다섯 가지 집단 수준의 요인에 기반을 두고 있다. 확인적 요인분석 기법은 지능검사의 기초가 되는 이론적 구조에 대한 자료의 적합성을 검증하는 것이다. 기초모델의 지침 역할을 하는 적절한 이론은 검사의 저자와 개발자가 검증을 위해 선택한 이론이다. 이원모델의 지지자들이 이야기하는 Spearman의 2요인 이론이 웩슬러 검사의 이론적 모델이 될 수는 없다(Alan Kaufman, 2017년 11월 30일 개인적 대화). 경쟁이 되는 이론을 비교하는 것은 중요하지만, WISC-V를 측정하기 위해 구축된 이론이 평가될 때, 그 이론에 의한 모델이 자료에 매우 잘 들어맞는다는 점에 주목해야 한다(Reynolds & Keith, 2017). 일반지능(g)에 대한 강한 신봉자인 Spearman조차도 현재 지표 점수로 대표되는 집단 수준의 요인의 존재를 인정하였다(Spearman, 1923, 1927).

최신 웩슬러 척도는 Spearman의 이론보다 Carroll의 3계층(특정한, 넓은, 일반적인 인지 능력)과 CHC(Carroll, 1993)의 이론에 기반을 두고 있다. 즉, 일반지능과 소검사 사이에 집단요인이 있다는 위계 구조를 제안한 Burt와 Vernon(Vernon, 1950 참조)의 이론에 역사적 뿌리를 두고 있다. Burt와 Vernon이 처음 제안했던 집단요인(언어-교육적, 실용적-공간적-기계적)은 끊임없이 진화하였고, 계속적인 임상연구에 의해 검증되어 왔다. 3계층 모델은 근본적으로 현재의 웩슬러와 우드콕-존슨 척도와 같은 위계적 구조 모델이다. 마지막으로, 전체 IQ 내의 다양한 유동성, 결정성 소검사는 R. B. Cattell의 지능의 유동성, 결정 지능 모델(Cattell, 1963, 1987)에 기반하고 있으며, 이는 결국 특정한, 넓은, 일반적인 인지 능력을 측정하는 3계층 모델로 대표된다. 이 장의 후반부에서는 5개 집단 요소가 어떻게 상호작용하여 결정성 지식의 축적을 지원하고, 특히 유동추론의 집행기능을 어떻게 지원하는지에 대해 보다 자세히 다룰 것이다.

그러므로 간명성에 대한 요구 외에는 지표 점수에서 일반지능의 변량을 제거해야 할 확고한 이론적 근거는 없다. 오히려 그렇게 지표 점수를 제거할 필요가 없다는 이유가 많다. 현재 모든 연구 자료는 심리측정학적으로 볼 때 유동추론 요인이 WISC-V의 일반지능과 사실상 동일 구조라고 보고하고 있다. 이러한 연유로 모델에서 간명성을 고려할 때 유동추론과 일반지능 중에 하나는 제거되어야 한다는 다소 어리석은 논쟁이 진행되었다. 그러나 Cattell(1987)은 유동추론을 기질적 특성으로 보고, 유동추론이 일반지능에 의미 있는 영향을 미치는 실질적 원인요인이라고 보았다. Cattell은 투자이론에서 유동추론이 다른 인지 능력의 발달에 영향을 미치는 역할을 담당하고 있다고 하였다. 학습을 위해서는 관계를 지각해야 하는데, 유동지능은 이를 가능하게 하는 능력인 것이다. Cattell의 투자이론에 따르면, 사람들이 모든 종류의 분야에서 특정한 기술, 전략, 지식을 얻기 위해 유동 지능을 '투자'한다고 기술하고 있다(Cattell, 1963, 1987, pp. 138-147). 더 나아가면 사람들은 반드시 지식과 능력의 다양한 영역에 걸쳐 자신의 일반지능의 능력을 균등하게 투자하는 것이 아니라, 오히려 각 개인의 관심 있는 특정 분야 혹은 환경적 요구나 기회에 따른 특정 영역의 계발에 이 능력을 집중해서 투자한다. 뇌가 성숙하고, 개인이 환경에서 경험을 쌓을 때, 특정한 좁은 영역의 기술과 그와 관련된 넓은 영역의 능력이 발달할지의 여부는 일반지능의 능력의 초점이 어디에 맞춰지느냐에 달려 있다. 그렇기 때문에 넓은 능력에서 일반지능을 빼고 나서 중요한 것을 측정하지 않는다고 주장하는 것은 이론적으로 타당하지 않다. Schneider(2013)가 제시한 스포츠 관련 비유는 다음과 같다.

> 우리는 전반적인 운동신경과는 상관없는 별도로 존재하는 단거리 속도가 아니라, 그냥 빨리 달릴 수 있는 단거리 선수의 능력만을 신경 쓴다. 즉, 넓은 능력은 일반지능(g)의 혼합물의 일부로 함께 있는 것이다. 따라서 이러한 능력은 결국 '넓은 능력'과 함께 있다. 즉, 일반지능(g)은 그러한 혼합물의 일부분이다(p. 6).

우리는 지능의 위계모델과 이원모델에 대한 논쟁에 있어 가장 먼저 고려해야 할 것으로 보이는 통계적 · 이론적 이슈 중 몇 가지를 논의하였다. 이제부터는 실제로 검사 점수의 임상적 효용성과 관련된 문제를 논의하고자 한다. 여기서 우리가 말하고자 하는 것은 이론적으로 구인의 타당성에 대한 증거가 그 구인을 측정하기 위해 고안된 검사의 요인분석의 결과로만 제한되어서는 안 된다는 것이다. 요인분석이 중요한 심리측정학적 근거가 되긴 하지만, 결국 요인분석은 다양한 소검사 점수와 이들의 가설화된 잠재요인 사이의 내적인 구조적 관계에 대한 검증에 불과하다. 요인분석은 검사와 관련된 외부의 준거에 대해 검사 점수가 어떤 관련성이 있는지에 대한 정보를 제공해 주지 못한다. 통계학자에게 있어서 요인분석은 다양한 소검사의 내부 구조를 보여 주는 멋진 도구가 될 수 있다. 그러나 임상 실무자에게는 아무런 의미가 없을 수도 있다. 실제로 임상 실무자에게 중요한 것은 검사의 점수가 의미 있는 임상적 준거와 어떻게 관련되는지, 그리고 현실에서 검사가 어떻게 수행되어야 하는지에 관한 것이다. 과연 이 모델은 유년기부터 노년기까지의 사람들의 인지 능력의 발달을 잘 보여 주고 있는가? 이 모델은 읽기, 수학 또는 주의력 조절에 있어 아동의 어려움을 잘 설명하고 있는가? 외상성 뇌손상(TBI) 또는 난독증 또는 주의력결핍 과잉행동장애(Attention Deficit Hyperactivity Disorder: ADHD)로 진단된 환자들은 이 지능검사에서 어떤 양상을 보이는가? 이 책에서는 임상 실제에서 WISC-V 5요인 모델의 임상적 효용성을 이야기하고자 한다.

신경심리학자들은 전체 IQ 점수가 너무 다차원적이어서 신경심리학적 정보를 얻을 수 없기 때문에, 지표 점수를 포함하여 좀 더 특정 영역의 구인 점수(Lezak, Howieson, Bigler, & Tranel, 2012)의 해석만이 가능하다고 오랫동안 주장해 왔다. 지능의 모델들은 우리가 신경심리학적 기능에 대해 알고 있는 것과 어떻게 관련되는가? 광범위한 인지 능력이 기억 또는 집행기능의 측정과 어떻게 관련되는가? 연구자들은 fMRI와 CT 영상 기술을 사용하여 웩슬러 척도로 측정된 광범위한 인지 능력의 개인 내적 차이와 신경 체계 사이의 중요한 관계를 계속해서 보여 주고 있다(예: Margolis et al., 2013; Barbey, Colom, & Grafman, 2013; Colom, Molina, Si, & Santaccreu, 2011; Langeslag et al., 2012; Martinez et al., 2011; Tang et al., 2010). 우리는 이 장 뒷부분에서 이 주제에 대해 보다 자세히 다루고자 한다. 여기에서는 우리는 통계적 기법이 어떤 문제가 있고, 사람들이 특정한 인지적 과제를 수행했을 때 뇌에서 나타나는 의학적인 과정과 통계적인 방법이 일치하지 않는다는 것을 보여 주고자 한다. 모든 형태의 요인분석은 하위 척도 간의 상관행렬을 가지고 관측할 수 없는 잠재적 요인들을 가장 작은 수로 만들어 가장 간명한 내적 구조를 생성하는 수학적 기법일 뿐이다. 그러나 뇌가 반드시 이러한 통계의 규칙에 맞춰서 조직된 것이 아니며 신경인지기능이 이러한 단순한 통계적 간명성의 법칙에 따르지 않는다는 증거는 차고 넘친다.

이원모델을 옹호하는 사람들은 IQ 점수의 힘과 가치에 대해 매우 강한 믿음을 가지고 있다. 우리도 역시 같은 의견이다. 지표 점수의 가치에 대해서는 의견이 다르지만, 우리 모두는 IQ가 심리학 분야에서 가장 강력하고 생태학적으로 중요한 변인이라는 점에 동의한다. 역사상의 여러 시기에 IQ 검사는 사람들의 잠재력을 제한하거나 문화적 공정성이 결여되었다는 이유로 주요 문헌에서 부당한 공격을 받아 왔다. 이러한 문제가 주요 언론에서 불거질 때마다, 일반지능(g) 이론가들은 IQ를 강하게 지지하며 연구의 결과와 임상 경험을 근거로 강력하게 방어했다.

우리는 이제 WISC-V 5요인의 이론적 · 임상적 · 신경심리학적 토대를 5요인들을 개별적으로 또 요인들을 조합하여서 보다 심도 있게 논하고자 한다.

3) 언어이해

> 팀(Tim)은 상당한 어휘력을 지니고 있고 학습된 사실을 암송할 수 있지만, 단어와 언어를 사용하여 효과적으로 추론을 하는 것 같아 보이지는 않았다. 언어이해는 일상생활에서 업무를 처리하기 위해 분명히 필요한 능력이다. 예를 들어, 이는 수업에서 읽은 이야기의 의미를 이해하거나 논리적 사고를 하는 것에 필요하다. 이러한 언어이해는 공통성(6)과 이해(8)와 대조되는 어휘(12)와 상식(11)이라는 WISC-V 소검사 점수로 대표된다.

언어이해 지표(VCI)는 언어적 자극을 이해하고 의미 있는 자료를 추론하고 단어를 가지고 사고하며 아이디어를 의사소통하는 능력을 반영한다. 이러한 능력은 현대 사회에서의 지적 기능을 위해 필수적이다.

언어이해 지표는 특정 단어와 정보에 대한 사전적 지식이 필요한 과제를 포함하지만, 이 지표를 학교에서 가르치는 단어와 내용의 척도로만 간주하는 것은 잘못된 것이다. 분명히 언어추론을 측정하기 위해서는 어느 정도의 단어에 대한 기초 지식이 있어야 하며, 단어를 사용하지 않고는 언어추론 능력을 측정할 수 없다. 언어적 환경에 특별한 제약이 없다면, 이러한 과제에 대한 수행은 사람들이 주변의 세계에서 일어나는 일들을 언어적으로 잘 표현하는 능력을 보여 주며, 의미적 구조를 가진 구인을 파악하고 단어를 가지고 추론을 하는 개인의 능력을 반영한다. 결정적 지식은 이러한 능력이 평가되는 배경이다. 결정적 지식이라 함은 개인이 문화를 통해 습득한 지식의 폭과 깊이 그리고 이 지식의 효과적인 적용으로 정의할 수 있다. 주로 언어 또는 언어기반 지식의 저장소인 이 능력은 교육 및 일상생활 경험 중 주로 다른 능력의 투자를 통해 계발된다(McGrew & Flanagan, 1998, p. 20).

어휘 소검사와 상식 소검사에서는 어떠한 사실이나 한 단어의 의미가 학습되고 기억되며 일관성 있게 표현되는지 검사한다. 어휘 소검사의 경우 추론 능력은 크게 필요하지 않은데, 기본적으로 아동이 이미 해당 단어를 '알고 있는' 경우이거나, 상식 소검사라면 아동이 해당 '사실'을 이미 접해 보았으며 알고 있고 회상할 수 있는 경우에 그렇다. 그럼에도 어휘 소검사는 일반지능(g)요인 부하량이 가장 높은 소검사 중 하나이고 전반적인 지능을 가장 잘 측정할 수 있는 검사이다. 여기에는 두 가지 이유가 있다. 첫째, 고등사고를 위해서는 점차 복잡해지는 언어적 구인을 분석하는 능력이 필요하다. 둘째, 어떤 정보에 관한 광범위한 조각들을 하나의 일관된 전체로 집단지어 생각하면 빠르게 처리할 수 있다. 어휘량이 풍부한 아동은 보다 복잡하고 다양한 세계관을 표현할 수 있다. 뿐만 아니라 광범위한 여러 개념을 종합해 한 단어로 표현함으로써 보다 효율적인 사고를 할 수 있다. 좋은 학습 환경의 혜택을 누렸을 수도 있지만 습득한 지식을 적절하게 적용하는 능력이 필수적이다. 고급 어휘 지식에는 상황별 미묘한 차이를 정확하게 이해하는 능력이 수반되어야 하는데 여기에는 높은 지능이 요구된다. 예를 들어, 에이즈 백신이 '발견'되었다고 해야 할까 '개발'되었다고 해야 할까? 그 차이는 무엇일까? 다른 예로, 동사 '제거하다'를 적합하게 사용하려면 특정 행위로 인해 다른 어떤 행위가 불필요해진다는 점을 먼저 이해해야 한다. 누군가를 '달래다'와 '어르다'의 차이를 설명할 수 있으려면 얼마나 지능이 높아야 할지 또한 생각해 볼 수 있다. 따라서 결정성 지식은 학습한 사실이나 단어의 정의를 기억해 내는 간단한 문제가 아니다. 높은 수준의 결정성 지식을 습득할 수 있는 능력에는 그러한 지식을 이해하는 데 필수적인 지능이 반영된다. 나아가 저장된 정보를 적절하게 적용하려면 상황에 대한 수준 높은 이해가 필요하다. 또한 독해에는 적합한 어휘가 필수적이며 교육적 자료 독해를 통해 결정성 지식 향상 및 고등학습 촉진을 도모할 수 있다. 바로 이와 같은 방식으로 어휘 발달이 지능 및 고등 추론과 관련된다.

공통성 소검사와 이해 소검사에도 기본 상식이 필요한데, 이번에는 결정성 어휘와 사실에 대해 생소할 수 있는 방식으로 사고하는 과정이 포함되기 때문에 추론 능력이 어느 정도 필요하다. 예를 들어, 이해 소검사의 항목에서는 '자동차에는 자동차 번호판이 있어야 한다.'와 같이 특정한 사실이 알려져 있다고 가정되곤 하는데, 일반적으로 그러한 사실의 이유는 교육과정에서 직접 가르치지 않는다. 아동은 제시된 질문에 관한 저장된 정보를 회상하는 과정과 더불어 "자동차에 자동차 번호판이 있어야 하는 이유는 무엇인가?"라는 질문에 답하기 위한 추론을 모두 수행해야 한다.

공통성 소검사는 사물이나 개념을 나타내는 2개의 단어가 어떻게 비슷한지 질문한다. 두 단어를 아동이 이미 알고 있다고 가정하지만, 단어 사이의 관계는 교육과정에서 직접 가르치지 않는 것이 보통이며 추론되어야 한다. 예를 들어, 검사자가

'전쟁'과 '평화'가 어떻게 비슷한지 질문했을 때 아동의 응답 과정을 생각해 보자. 정답을 말하기 위해서는 두 단어의 개념이 학습되어 장기기억에 저장되어 있어야 하고 아동이 질문을 받고 의미기억에 저장된 해당 지식에 접근할 수 있어야 한다. 이 단어들이 기억나면 아동은 두 단어가 어떻게 비슷한지를 결정하기 위한 추론을 시작할 수 있다. 이러한 추론 과정은 임시 작업기억 공간 내에서 발생하는 것으로 보인다. 이러한 방식으로 추론하는 능력은 기억의 자취가 사라지거나 간섭에 의해 더 이상 유효하지 않게 되기 전에 아이디어가 순간적 기억 공간에서 작업되는 효율성 및 특정 종류의 작업기억 용량과 관련이 있을 수 있다. 이에 관한 내용은 이 장의 '작업기억' 절에서 좀 더 자세히 다룰 것이다. 이해 소검사에서도 비슷한 과정을 거친다. 따라서 공통성 소검사와 이해 소검사 모두 높은 점수를 받기 위해서는 어휘 소검사나 상식 소검사보다 더 고차원 추론 능력이 필요하다. 결정성 지식 부족 혹은 장기기억에서 사전에 습득한 정보를 인출하는 능력이 부족한 아동은 적절한 언어 추론 능력이 있다면 어휘 소검사나 상식 소검사에 비해 공통성 소검사와 이해 소검사에서 더 높은 점수를 받을 수 있다. 반대로, 나이에 적합한 지식 기반을 갖추었고 그 지식을 언제든 사용할 수 있지만 추상적인 어휘개념을 범주화하는 고차원적 능력이 부족한 아동이라면 정반대의 점수 결과를 보일 수 있다. 이와 같은 경우들에서는 공통성 소검사의 결과와 공통그림찾기 소검사의 결과를 비교해 보는 것이 유익할 수 있다. 두 소검사 모두에서 추상적 언어개념을 범주화하는 능력이 필요하지만, 후자의 경우 아동이 자신의 생각을 말로 표현할 필요가 없다. 따라서 추상적 사고 능력이 우수하지만 언어적 표현력이 부족한 아동은 공통성 소검사보다 공통그림찾기 소검사를 더 잘 수행할 수 있다.

WISC-V를 비롯한 지능검사에서 낮은 점수를 받는다는 것은 부족한 능력, 특정 능력을 발달시킬 기회의 부족, 특정 능력의 습득이나 발현을 저해하는 일종의 '간섭'(학습장애, 청각 처리 능력 부족, 운동 중 반복된 뇌진탕으로 인한 외상성 뇌손상 등)이 반영되며, 이러한 간섭에는 언어장애 및 운동 협응 부족에서 시험불안에 이르는 수행 및 작업 요구 사항 등이 포함될 수 있음을 상기할 필요가 있다. 부족한 언어 능력을 해석하기에 앞서 심리학자들은 다음과 같은 질문을 던져야 한다. 지식이 습득(encoded)되긴 했으나 다양한 이유로 인해 지금은 기억하지 못하는 것인가, 아니면 애초에 습득되지 않은 지식인가? 이러한 문제를 다루기에 유용한 방법론은 '재인 패러다임(recognition paradigm)'이다. WISC-V의 모든 어휘 소검사에는 자유회상이 포함되는데 이는 단서회상이나 재인에 비해 훨씬 어려운 인지 과제이다. 장기기억에서 정보를 인출하지 못해 오답을 말한 아동의 경우 단서가 주어지면 필요한 정보를 더 쉽게 회상하거나 다양한 선택지 중에서 올바른 정보를 알아볼 수 있다. 일상에서도 이러한 경우를 볼 수 있는데, 누군가 동료의 이름을 기억하고자 그 동료가 나온 대학이나 이름의 첫 단어 소리 등 단서를 활용하다가도 어떤 이름이 주어지면 그 이름이 맞는지 아닌지는 즉각적으로 재인된다. 제3장에 이에 관한 보다 자세한 정보가 기술되어 있다.

4) 시공간 조직화

트레이시(Tracey)의 학업성취도는 변동이 심한 패턴을 보이고 소근육운동장애의 기록이 있다. 최근 시행된 WISC-V 결과, Tracey의 언어이해 지표, 유동추론 지표, 작업기억 지표, 처리속도 지표의 점수 모두 평균의 범위에 속했으나, 시공간 지표에서는 훨씬 낮은 82점이 나왔다.

WISC-V의 시공간 지표는 시공간 조직화 능력의 척도이다. 이 지표는 토막짜기 소검사와 퍼즐 소검사로 구성된다. 웩슬러 소검사 중 가장 칭송받는 소검사 중 하나로, 토막짜기 소검사는 추상적 시각 자극을 분석하고 종합하는 능력을 측정하기 위해 고안되었다. 비언어적 개념 형성, 시지각 및 조직화, 동시 처리, 시각-운동 협응, 학습, 시각적 자극에서 도형과 배경을 구분하는 능력 또한 포함된다. 어린아이의 경우, 시각적 관찰 및 짝 맞추기 능력과 더불어 시각 및 운동 과정의 통합 능력도 포함될 수 있다.

아동은 토막짜기 소검사의 항목을 빠르게 완수할 시 추가 점수를 받게 된다. 추가 시간 없이도 채점할 수는 있지만, 추가 시간이 없는 토막짜기의 점수는 시공간 지표나 전체 IQ를 합산하는 데에 사용되지 않는다. 이 보충 점수는 운동 협응 능력으로 인해 토막 조작 능력이 방해받는 아동의 경우 유용할 수 있다. 이러한 방식으로 검사자는 아동의 시공간 조직화 능력을 수행 속도와 어느 정도 독립적으로 평가할 수 있다. 토막짜기 소검사에서는 낮은 점수를 받았으나 추가 시간이 없는 토막짜기 소검사에서는 그렇지 않은 아동의 경우 추가적인 처리 시간이 필요하지만 적절한 시공간 능력을 갖추었을 수도 있다. 더욱 심각한 협응력 문제와 관련하여, WISC-V 통합본 해석에 이러한 문제를 더 자세하게 분석하기 위한 선택적 절차가 포함되어 있다(제3장 참조).

퍼즐 소검사(VP) 역시 추상적 시각 자료를 분석하고 종합하는 능력을 측정하기 위해 고안되었다. 퍼즐 소검사를 잘 수행하기 위해서는 주어진 시각 이미지를 머릿속에서 회전하거나 뒤집어 보고 변형시키면서 최종 지각 표상을 목표 이미지에 대응시키는 동안 해당 이미지를 머릿속에서 일시적으로 유지하는 능력이 필요하다. 다른 웩슬러 검사의 과제와 같이 퍼즐 소검사에서도 시지각, 동시 처리, 작업기억, 공간 시각화, 공간 조작 등 연관된 다양한 인지 과정의 통합 능력이 요구된다.

시공간 자극은 여러 유동추론 소검사에서도 사용되지만 유동성 과제는 대부분 순수 시공간 과제보다는 더 높은 수준의 추론을 요구한다. 그 결과, 시공간 능력이 약한 아동은 시공간 자극이 적용되는 유동추론 문제를 해결하는 데 어려움을 겪을 수 있다. 다른 인지 영역을 건드리지 않고 오롯이 추론만 평가하는 것이 바람직하겠지만 이는 결코 불가능하다. 추론은 어떠한 주제를 통해 이루어져야 한다. 언어적 자극을 동원하여 결정성 지식의 기반을 활용하지 않고서는 언어추론 능력을 측정할 수 없듯이, 유동추론 또한 백지상태에서 수행될 수 없다. 한 종류의 자극이 제시되면 다른 요소들이 작용하게 된다. 행렬 유추 과제가 순전히 유동추론의 측정법이라고 보는 의견도 있겠으나, 이 절에서 앞서 설명한 바와 같이 알려진 의미도 없고 언어적으로 표현될 수도 없는 추상적인 시각 이미지가 제시되는 것만으로도 다수의 인지 영역이 자극된다. 요인분석연구에 따르면 각 과제는 주로 한 요인에서 요인 부하량이 집중되지만 대개 다른 요인에도 적은 양의 요인 부하량이 적재된다. 실제로 생소한 문제를 해결하기 위해서 다양한 인지 과정이 성공적으로 통합되는 것이야말로 유동추론의 핵심일 것이다.

5) 유동추론

마리아(Maria)의 어머니와 담임교사는 마리아가 영리하며 대화할 때에는 문제를 해결하기 위한 좋은 해결책을 제시하지만, 보다 간단한 학교 과제를 완수하는 것은 어려워한다고 보고한다. WISC-V 검사 결과, 마리아는 유동추론 지표와 언어이해 지표에서 우수한 점수를 보이지만, 시공간 지표와 처리속도 지표에서는 상대적으로 약점을 보인다.

일반적으로 유동추론은 해결책을 이끌어 낼 만한 사전 경험이나 문화적 기대, 결정성 지식 등이 거의 부재하는 생소한 문제를 해결하는 능력으로 여겨진다. 바로 이 점 때문에 보통은 시공간 자극이 사용되는데, 시공간 자극은 상대적으로 문화적 혹은 언어적 기대와 결정성 지식에서 자유롭기 때문이다. 그러나 유동추론이 시공간 문제에 한정된다고 생각할 수 없으며 언어적 · 숫자적 형태도 띨 수 있다.

중요한 것은 유동추론 요인이 WISC-IV(Weiss et al., 2013b), WISC-V(Wechsler, 2014), WAIS-IV(Weiss et al., 2013a)의 5요인 모델에서 1.0에 가까운 일반지능요인 부하량을 보이는 등, 사실상 정신측정학적 일반지능과 동일하다는 것이다.

유동추론 지표는 행렬추리 소검사와 무게비교 소검사로 구성된다. 산수 소검사는 유동추론 지표의 보충 소검사이다. 대부분의 지능검사에서 표준적 과제로 사용되는 행렬추리는 행렬 내에서의 시각적 유추 문제로 구성된다. 이는 시각 정보의 처리와 추상적 추론 능력에 대한 신뢰할 수 있는 측정을 위해 고안되었다. 행렬추리 소검사는 연속적인 별개의 패턴 완성하기, 분류하기, 유추적 추론, 순차적 추론을 요하는 항목으로 구성되어 있다.

무게비교 소검사는 양적추론 및 귀납적 추론 능력을 측정하기 위해 고안되었다. 양적추론 과제에는 수학적으로 표현될 수 있는 유동추론 과정이 포함되며, 귀납적 또는 연역적 논리에 중점을 둔다. 따라서 양적추론은 유동추론의 하위 유형으로 간주된다. 국소적 뇌졸중을 경험했거나 뇌피질 절제술을 받은 성인에 대한 임상연구를 보면 무게비교 소검사가 숫자의 크기 추정과 연관된 우측 측두-두정접합과 긴요한 관계가 있음이 드러난다(McCrea, Simon, & Robinson, 2011). 각 무게비교 항목별 해답이 대수 방정식으로 풀이될 수 있지만 이는 필수 사항은 아니므로 고차원적 수학 방정식에 대해 습득한 지식이 요구되지는 않는다.

무게비교에 작업기억이 사용되긴 하지만 암산과 같은 전형적인 양적 과제보다 작업기억이 비교적 덜 사용되는데, 이는 자극 모음 책에서 시각적 항목을 제시함으로써 아동이 문제를 푸는 동안 작업기억에 담고 있는 자극을 재생할 수 있기 때문이다.

산수 소검사는 웩슬러 검사 배터리에서 일반지능요인 부하량이 가장 높은 소검사 중 하나로, 어휘 소검사와 함께 양대 산맥을 이루며 분석에 따라 1, 2순위를 차지한다. 머릿속으로 해결해야 하는 어휘 문제와 같이 산수 소검사 역시 언어적 개념화 및 작업기억, 산수 능력 등 다양한 능력을 작동시키는 복잡한 과제로 알려져 왔다. 산수 소검사는 단순하지만 여러 가지의 연속적 암산 과제를 수행하면서 어휘 문제를 계속 기억하고 있다가 문제의 다음 단계에서 그 어휘 문제로 돌아갈 수 있어야 한다.

이처럼 산수 소검사를 수행하려면 아동이 복잡한 여러 능력을 통합할 수 있어야 하며, 바로 이러한 점 때문에 일반지능요인 부하량이 높은 것일 수 있다. WISC-IV로 시행한 과거 연구에서도 이러한 점이 일관되게 나타났다(Chen, Keith, Chen, & Chang, 2009; Keith, Fine, Taub, Reynolds, & Kranzler, 2006). 지능의 이론적 구조에 대한 많은 연구에서도 동일한 연구결과가 일관되게 보이는데, 연구 자료 상당수에서 작업기억과 유동추론 사이의 분산(variance)이 공유된 것으로 보고하고 있다(Conway, Cowan, Bunting, Therriault, & Minkoff, 2002; de Jone & Das-Smaal, 1995; Engle, Tuholski, Laughlin, & Conway, 1999; Fry & Hale, 1996, 2000; Kane, Hambrick, & Conway, 2005). 구체적으로는 작업기억에 관련된 인지제어 기제(cognitive control mechanisms)가 작업기억과 유동 지능의 연결고리로 확인되었다(Engel de Abreu, Conway, & Gathercole, 2010). 산수 소검사가 4요인 모델에서는 작업기억 지표 및 지각추론 지표에 교차 적재되었다가 WISC-IV(Weiss et al., 2013b)와 WAIS-IV(Weiss et al., 2013a)의 5요인 모델에서는 작업기억 지표에서 유동추론 지표의 요인으로 이동한 것을 이로써 설명할 수 있다.

[그림 4-1]에서와 같이, 산수 소검사는 유동추론 지표와 작업기억 지표에서 보통의 요인 부하량을 갖고 언어이해 지표에서는 어휘 문제의 활용으로 적은 부하량을 갖는다. 이것이 산수 소검사가 작업기억, 지각추론, 유동추론, 언어이해의 척도에 공통으로 적재되는 '문제점'이다(Flanagan, Alfonso, & Reynolds, 2013). 그러나 우리가 보기에 산수 소검사의 '지저분한' 다차원성은 아무런 문제가 없다. 사실, 산수 소검사가 일반지능요인 부하량이 높다는 것은 뇌의 교차 기능적 통합성을 평가할 수 있다는 뜻이다. Kaufman(2013)은 Binet가 다차원적 과제야말로 지능의 핵심이라고 생각했으며, Wechsler 역시 산수 소검사가 하나 이상의 능력을 자극한다는 것

을 아주 잘 알고 있었다는 점을 상기시키며 산수 소검사를 웩슬러 검사에 유지하기를 열렬히 지지했다. Wechsler는 다소 폭넓은 능력을 요구하는 소검사들을 포함시키는 것이 가치 있다는 것을 알고 있었는데, 이는 단순히 지능을 측정할 때 그러한 소검사가 일종의 '생태학적' 타당성이나 최소한 유용성을 갖기 때문만이 아니라 심리학자들 본인이 관심 있는 임상적 문제와 '연관성'이 있을 가능성이 크기 때문이기도 하다. 이러한 이유로 Binet에 이어 Wechsler 또한 Galton 시대의 국한적 '금관악기(brass instrument)' 측정법의 특성에서 벗어난 것이다. 우리는 이에 전적으로 동의하며, 산수 소검사의 정기적(routine) 실시를 추천한다. 흥미롭게도 Schneider(2013)는 산수 소검사가 어떤 1차 요인을 통해서가 아니라 직접적으로 전체 IQ에 기여해야 한다고 주장한다. 산수 소검사가 어떤 요인에 속하는가에 대한 논쟁을 지속하는 것보다, 산수 소검사와 같이 복잡다원적 과제의 통합적 요구에서 매우 높은 일반지능의 요인 부하량이 나타나는 이유와 해당 과제 수행 시 활성화되는 뇌의 경로를 파악하는 것이 중요하다.

이렇듯 산수 소검사의 수리적 내용과 수학적 성취도와의 높은 연관성(Wechsler, 2014)을 무시하기는 어렵다. 논리적으로, 산수 소검사 과제의 수리적 자극은 일정 부분 수리적 능력에 기반한 해석을 동원한다. 그러나 산수 소검사에서 필수적인 숫자 계산은 상대적으로 간단하고 추론적 요구사항이 그만큼 강하다. 산수 소검사를 양적추론의 척도라고 해석하면 가장 적합한데, 양적추론은 CHC 지능 모델에서 유동추론의 좁은 하위 능력이라고 간주된다(Carroll, 1993; Keith & Reynolds, 2012, pp. 793-795. 양적추론-유동 지능 가설 검사 참조). 추론이 일정 자극의 맥락에서 발생해야만 하듯이 양적추론은 본질적으로 수리 자극을 활용한 유동추론이며 따라서 기본 수리 능력이 필요하다. 마찬가지로, 행렬추리 소검사와 퍼즐 소검사도 본질적으로 추상적 시각 자극을 활용한 유동추론이며 기본적인 시공간 조직화 능력이 필요하다.

6) 작업기억

마리(Mary)의 교사는 마리가 수업 시간에 배우는 내용을 기억하기 힘들어 보인다고 보고한다. 마리는 집중도 잘하고 그동안 단체 지능검사에서도 평균 점수를 받아왔다. 그런데도 정보를 활용할 수 있을 때까지 기억하는 능력이 부족해 보인다.

배리(Barry)의 교사는 배리가 복잡한 사고 문제를 풀 때 힘들어 보인다고 보고한다. 예를 들어, 종이와 펜을 사용해 활자로 인쇄된 문제 혹은 컴퓨터 화면에 제시된 문제는 풀 수 있다. 그런데 같은 질문을 구두로 던지면 질문의 부분 부분을 잊어버리고 본인이 무엇을 해야 하는지 질문하거나 대개 멍해지곤 한다. 흥미로운 점은 배리의 작업기억 지표 점수가 다섯 가지 WISC-V 지표 점수 평균에 비해 현저히 낮다는 것이다. 심리학자들은 특히 배리의 단기 및 장기기억에 점점 큰 인지적 부담이 되었거나 추론이 필요했던 언어이해 지표 소검사에서 배리가 질문을 재차 물어봤거나 설명을 요구했다고 밝혔다(공통성 소검사 및 이해 소검사).

작업기억 지표에서는 주의력, 집중력, 작업기억이 측정된다. 작업기억이란 어떠한 정보를 가지고 특정 작업 혹은 정보의 조작을 수행하거나 간섭적 과제를 수행하는 동안 해당 정보를 일시적으로 저장해 두었다가 그 정보 혹은 최종적 결과를 정확하게 재생산하는 능력이다. 작업기억은 암기 과제보다는 꽤 고차원적 과제가 포함된 정신적 제어 또는 주의력의 집중(집행 과정)으로 생각될 수 있으며 주의와 집중을 전제한다. Jonides, Lacey와 Nee(2005)는 다음과 같이 기술하였다.

작업기억은 소량의 정보를 짧은 시간동안 저장하는 체계로, 정보를 지속적으로 갱신하면서 저장된 정보에 빠르게 접근해 그 정보를 규칙과 전략에 의해 변형시키도록 한다(p. 2).

그렇다면 작업기억과 유동추론의 핵심적 차이는 무엇일까? 작업기억에는 의사결정 과정이 수반되지 않고 머릿속에 담아 두었다가 제시되는 자극을 조작하는 과정만 포함된다는 것이다. 유동추론은 한발 더 나아가 아동이 무관한 정보 사이에서 관련된 정보를 분류하고 변인들을 어떠한 순서(첫 번째, 두 번째 등)로 조작할지 결정해서 새로운 문제를 풀고 정답을 도출할 것을 요구한다. 유동추론에는 언제나 작업기억이 필요하지만 작업기억이 항상 유동추론으로 이어지는 것은 아니다. 작업기억 체계의 인지제어 기제는 작업기억과 유동추론의 활발한 연결성을 구성하는 것으로 보인다.

Baddeley(2003)가 고안한 중대한 작업기억 체계 모델에서는 언어적 자극이 저장되고 재생되는 음운고리(phonological loop)와 시각적 자극이 저장되고 재생되는 시공간 메모장(visual-spatial sketchpad), 그리고 이러한 자극 요소에 대한 주의를 제어하는 중앙 관리자(central executive)가 제시된다. 임시 완충기(episodic buffer)로 알려진 네 번째 요소는 추후에 이 모델에 포함되었다. 임시 완충기는 중앙 관리자에 의해 주의가 제어되고 의식적 자각에 접근할 수 있다고 상정된다. Baddeley는 임시 완충기가 작업기억 용량의 중요한 특성으로서 의식적 자각이 접근할 수 있는 포괄적 작업 공간으로 기능한다고 본다. 작업기억이 장기기억에서 정보를 인출해야 할 때, 해당 정보가 바로 장기기억에서 활성화되는 것이 아니라 임시 완충기의 영역으로 '다운로드'되는 것이다(Baddeley, 2003).

작업기억 용량은 순간적으로 기억될 수 있는 정보의 양과 관련된다. 짧은 시간 동안이라도 기억을 갱신하고 재생해야만 이를 순간적 기억에서 유지할 수 있다. 작업기억 체계에는 단기기억에 정보를 유지하는 기제가 수반된다. 이러한 기제는 시연이나 정보 청킹 후 단기기억 완충기의 내용을 지속적으로 재생하는 것과 같이 간단할 수도 있다. 작업기억 체계에는 이러한 유지 작업을 조절하고 조직하는 인지제어 과정이 포함된다. 단기기억과 작업기억의 차이가 항상 명확한 것은 아니다. 예를 들어, 자동차 번호판의 숫자에 주목하고 저장해서 반복하는 것이 단기기억만 수반하는 것처럼 보일 수 있지만, 운전자를 묘사해 보라는 질문을 하고 뒤이어 번호판 숫자를 기억해 보라고 하는 등 기타 정보의 간섭이 있는 경우에는 작업기억이 동원될 수 있다. 따라서 단기기억과 작업기억의 구분은 의식적 주의력를 빼앗는 방해 요소가 있을 때 주의집중을 유지하기 위해 인지제어 기제를 활발히 사용하는 것과 관련이 있다고 여겨진다.

WISC-V의 작업기억 지표는 숫자 소검사와 그림기억 소검사, 순차연결 소검사로 이루어진다. 작업기억에 대한 이해가 발전됨에 따라 이를 반영하여 숫자 소검사는 WISC-IV와 비교해 크게 변경되었다. WISC-V에서는 기존의 숫자 바로 따라하기와 숫자 거꾸로 따라하기에 숫자 순서대로 따라하기(Digit Span Sequencing)가 추가되었다. 숫자 바로 따라하기와 숫자 거꾸로 따라하기에는 다른 인지적 요구가 필요하다는 것을 시사하는 연구결과(Reynolds, 1997)에 따라 숫자 바로 따라하기가 작업기억이 아닌 단기기억의 척도라는 우려를 반영한 결과이다. 숫자 바로 따라하기에서는 머릿속 조작을 위해 필요한 언어적 자극을 입력하는 1차 과정이 필요하다.

숫자 바로 따라하기가 숫자 소검사에 유지된 것은 작업기억의 우선적 선행 기술로서 입력의 역할을 단기기억에 반영하고 수행력이 낮은 아동을 위해 보다 쉬운 평가 항목을 남겨 두기 위해서이다. 숫자 바로 따라하기에서 어떤 경우에는 항목 제시가 마무리될 때까지 기억의 자취를 유지하기 위해 청각적 시연이 요구되기도 한다. 숫자가 길면 시연이나 청킹 등 자취를 유지하는 방법을 적용해야 할 정도로 머릿속에서 어느 정도의 자극 조작 또한 수반된다. 숫자 바로 따라하기에서는 연령과 능력 수준 및 아동이 사용하는 응답 과정에 따라 이러한 조작이 필요한 지점이 달라진다. 숫자 바로 따라하기에서 아동은 제시된 일련의 숫자를 단기기억에 유지하며 숫자들을 올바른 오름차순으로 재배열, 재생산해야 한다. 숫자 거꾸로 따라하기에서도 일련의 숫자를 단기기억에 유지해야 하지만, 이번에는 순서를 바꿔 내림차순으로 올바르게 재생산해야 한다. 숫자 거꾸로 따라하기와 숫자 바로 따라하기 과제의 요구 사항은 작업기억의 전형적 특징인 정신적 조작의 확실한 예이다.

발달 수준 및 일반 정신 능력이나 처리속도 등의 기타 인지적 요소(다음 절 참조)에 따라서도 숫자 거꾸로 따라하기 수행에서 작업기억의 역할이 달라질 수 있다. 예를 들어, 아동의 연령이 높거나 총명할수록 짧은 숫자 거꾸로 따라하기를 통해 작업기억에 가해지는 부담이 미미하다. 앞서 언급했듯이 아동이 숫자 거꾸로 따라하기에서 실행제어를 실질적으로 작동시키는 지점은 연령과 능력에 따라 다르다. 숫자 순서대로 따라하기에서 아동은 무작위로 제시된 일련의 숫자를 듣고 오름차순으로 숫자를 재배열해서 말해야 한다. 이 과제는 생각보다 어려운데, 제시되는 숫자들이 연속적이지 않기 때문에 재배열된 숫자열에 공백이 생기게 되고 일부 숫자들은 반복되기 때문이다. 따라서 숫자 거꾸로 따라하기와 숫자 바로 따라하기 과제에서의 작업기억에 대한 요구는 비슷하다.

순차연결 소검사의 과제에는 일련의 무작위 글자와 숫자를 듣고 글자는 알파벳(한글판의 경우 한글 자모) 순서대로, 숫자는 오름차순으로 다시 말하는 것이 포함된다. 이 과제 역시 생각보다 쉽지 않은데, 글자를 순서대로 배열하는 동안 숫자는 단기기억 저장 완충기에서 유지되어야 하고, 숫자를 순서대로 배열하기 전에 완충기에 담긴 내용을 의식적 자각 속에 갱신해야 하기 때문이다. 가끔 한 문제 내에서 같은 숫자나 글자가 반복해서 제시되거나 이전 문제에서 제시되었던 글자 및 숫자에 의한 순행간섭 등 간섭적 요소도 과제에 포함된다. 전반적으로, 순차연결 소검사의 과제요구는 숫자 거꾸로 따라하기나 숫자 순서대로 따라하기 과제와 아주 비슷하다.

이전 웩슬러 지능검사에서는 찾아볼 수 없었던 그림기억 소검사는 새로운 차원의 작업기억 측정법을 제시한다. 지금까지의 작업기억 소검사가 전부 청각적 작업기억을 측정하기 위한 언어적 자극 제시에 의존했다면, 그림기억 소검사는 시각적 작업기억을 측정한다. 자극이 음운고리가 아닌 시공간 메모장에 일시적으로 저장되는 한편, 과제에 대한 주의집중을 유지하고 방해 요소를 극복하기 위해 동원되는 집행제어 기제는 동일하다. 이 과제에도 바로 이전 항목에서 제시한 그림을 방해 요소로 다시 제시하는 순행간섭도 설계되었다. 이로써 주의제어에 대한 과제요구가 크게 증가하는데, 제시된 그림이 현재 항목 내에서 이전에 본 그림인지는 물론 이제는 무관한 이전 항목에서 제시된 그림인지 판단해야 하고, 이전 항목의 목표 그림이었던 그림을 현재 항목에서 방해 요소로 오인하지 말아야 하기 때문이다.

작업기억이 심각하게 부진할 경우 학교와 일상생활에서 기능상 어려움이 발생할 수 있으며, 청년기에 학교나 직업 훈련 프로그램 등에서 수행에도 지대한 영향을 끼칠 수 있다. 작업기억의 역할과 학습 및 주의력 장애의 연관성이 시사된 바 있다. 학습장애 또는 ADHD를 진단받은 학생은 현저히 낮은 작업기억 지표 점수에서 보여주듯이 작업기억에 관한 문제를 겪을 가능성이 크다. Schwean과 Saklofske(2005)는 ADHD가 있는 아동 및 청소년을 연구한 여러 결과를 요약하면서 그들이 웩슬러 검사 중 작업기억 지표에서 가장 낮은 점수를 받는 경향이 있다고 주장했다.

항상 그렇듯, 개인에 대한 진단적 추론을 내릴 때 집단 데이터를 활용할 경우 주의를 기울여야 한다. WISC-V는 절대 ADHD나 학습장애를 진단하기 위해 고안된 검사가 아니며, 이러한 장애의 복잡성을 고려하면 그것이 가능하지도 않다. 그러한 검사의 보편적 규준과 법칙에 따른 법칙 정립적(nomothetic) 기술 내용은 진단보다는 인지와 연관된 어떤 문제에 대한 궁극적 진단을 뒷받침할 수도, 아닐 수도 있는 하나의 '지표(indicator)'로 사용되어야 한다. 그렇기 때문에 우리는 진단이란 개별적이어야 하고, WISC-V나 여타 측정 배터리의 점수 결과가 특정 장애가 있는 모든 아동에게 적용되는 것이 아니라 개인별 설명일 뿐이며 진단적 '표식(marker)'으로 사용되지 말아야 한다는 주장을 분명하게 지지한다(Kaufman, 1994 참조).

7) 작업기억과 유동추론은 어떤 점에서 비슷한가? 이 둘이 어떻게 동일한가?

개인의 작업기억 용량은 일반적 유동 지능 분산의 50~75%를 차지한다고 밝혀졌다(Kane et al., 2005; Oberauer, Sub, Wilhelm, & Sanders, 2007). 그 결과, 작업기억과 유동추론의 연결성에 대한 연구가 몇몇 연구 단체에서 활발히 진행되고 있다. 이러한 연구 프로그램에서는 단기기억에 저장된 정보를 빠르게 잊어버리는 원인을 알아내는 것을 목표로 작업기억 용량을 연구하고 있다. 잘 설계된 연구를 적용하고 있는 일부 인지실험심리학자는 빠른 자극 망각의 원인이 단순히 기억의 흔적이 단시간에 사라지기 때문이 아니라(Oberauer & Lewandowsky, 2013) 인지제어 기제를 간섭하는 방해 요소 때문이라는 것을 밝혀내고 있다(Unsworth & Engle, 2005). 순전히 시간적 관점에서 작업기억을 보는 것은 더 이상 유동추론 과제 수행 중의 망각을 설명하기에 적절하지 않을 수 있다.

Engel de Abreu와 동료들(2010)은 5~9세 아동의 작업기억 용량에 인지제어 기제가 미치는 영향을 통해 인지제어 기제가 유동 지능과 작업기억 간 연관성의 근원이라고 증명했다. 따라서 주의집중과 같은 인지제어 기제가 강하면 아동은 방해 자극의 간섭을 극복하고 성공적으로 추론 과정의 단계를 완수하며 성과를 점검하고 잘못된 방향에서 철회하며 수행이 진행되면서 해결 전략을 수정한다. 제한적 지적 능력을 가진 아동까지 포함하지는 않지만(Soderqvist, Nutley, Ottersen, Grill, & Klingberg, 2012), 체계적 작업기억 훈련 프로그램을 통해 일반적 발달 과정을 겪고 있는 4세 아동의 유동추론 과제 수행을 향상시킬 수 있다고 주장하는 초기 연구결과가 있으며(Nutley et al., 2011), 이 분야에서 더 많은 연구가 수행되어야 한다.

이전에는 목표 자극이었던 동일한 자극이 이번에는 목표 자극이 아닌 방해 요소로 제시되는 것처럼 간단한 것도 어린 아동에게는 간섭이 될 수 있다. 관련 없는 세부사항, 혹은 기억 목표와 비슷한 방해 요소 또한 간섭이 될 수 있다. 현실에서는 산만한 환경에서 숙제에 집중하려고 할 때에나 디지털 SNS 앱과 숙제 사이를 오가며 멀티태스킹할 때 자주 나타나는 중단에서 간섭이 발생할 수 있다. ADHD가 있는 아동이 주변의 강력하지만 무관한 자극 사이에서 주의를 지속적으로 옮겨 다닐 때 간섭으로 인한 망각으로 겪는 어려움을 생각해 보자. 게다가 항상 외부 환경의 사건만 방해 요소인 것은 아니다. 일부 아동은 특히 불안하거나 스트레스를 받고 있을 때 자신만의 무관한 생각으로 방해받을 수 있다.

유동 지능과 작업기억의 강한 연관성으로 인해 우리를 포함한 일각에서 유동 지능과 작업기억이 동일한 것일 수 있다는 주장을 펼치게 되었다(Kyllonen & Christal, 1990; Weiss, Saklofske, & Prifitera, 2005). 그러나 Chuderski(2013)의 연구결과, 그러한 강한 연관성이 과제의 시간적 요구에 따라 달라진다는 것이 밝혀졌다. Chuderski에 따르면, 매우 신속하게 진행되는 유동추론 과제의 상황에서는 작업기억과 유동 지능을 구분할 수 없지만 천천히 진행되는 과제에서는 연관도가 중간 정도밖에 되지 않는다. 따라서 작업기억 용량이 낮은 아동은 지속적인 노력을 통해 자신의 제한적 용량을 점점 보충할 수 있을 것이다. 작업기억 용량이 낮을 경우, 간섭에 의한 망각이 발생하면 더 잦은 빈도로 자신의 추론 논리 과정을 재생하고 재추적해야 하는데 이러한 과정에 오랜 시간이 소요되기 때문이다. Chuderski가 지적하듯이, 매우 빠르게 진행되는 과제로 유동 지능을 측정하면 "역동적 환경에서 복잡성을 다루는 능력을 측정할 수 있고, 그렇기 때문에 사회에서 기술과 정보에 대한 부담이 빠르게 증가하고 있는 만큼 높은 현실세계 타당성을 확보할 수 있지만, 제한된 작업기억 용량과 상관없이 덜 역동적인 환경에서는 좋은 해결 능력을 발휘할 수 있는 사람을 과소평가할 수 있다"(p. 260). 우리는 시간을 더 주는 것만으로는 충분하지 않을 수 있고 과제를 완수하고자 하는 강한 동기로 개인이 문제를 해결하는 데 필요한 만큼 노력을 지속할 수 있도록 하는 것이 필요하다고 제안한다. 우리는 과제를 완수하는 데 단지 시간을 더 주는 것만으로는 충분하지 않을 수 있으며, 강한 동기를 가지고 개인이 문제 해결에 필요한 노력을 지속할 수 있도록 하는 것이 필요하다고 생각한다. David Wechsler가 주목했듯, 임상전문가는 이러한 비인지적 혹은 능동적 요소가 지능검사에서 측정되는 인지적 요소와 상호작용할 수 있다는 점에도 주목해야 한다.

또 다른 실험신경인지학자 일각에서는 뇌 영상 기술을 활용해 인지적 유연성의 신경 구조와 유동 지능을 연구하고 있다. 뇌 영상 연구에서 최근 폭발적인 연구 동향은 유동 지능과 연관된 뇌 영역 간 신경 연결성의 정도를 탐구하는 것이다. 뇌의 가장 넓은 네트워크 중 하나인 전두-두정엽 제어 네트워크가 인지제어 및 유동추론에 핵심적이라는 증거가 밝혀졌다(Cole & Schneider, 2007; Jung & Haier, 2007). 이 분야의 일부 연구자들은 유동 지능이 주의력 제어를 요구하지 않고 단순히 부호화, 유지, 인출이라는 단기기억의 과정으로 환원될 수 있다는 연구결과를 내놓고 있지만(Martinez et al., 2011), 이러한 연구결과는 실제 사용된 특정 실험 과제에만 해당될 수 있다(Engel de Abreu et al., 2010).

최근에는 이러한 연구의 대부분이 백질과 연관된 신경회로(tracts)의 중요성을 강조한다. 이 경로를 따라 이동하는 정보의 처리속도를 높이는 관이다. 최근 연구의 대부분은 정보 처리 과정의 속도를 높이는 백질의 연합회로의 중요성을 강조하고 있다. 두정-전두(Parieto-Frontal) 통합이론은 뇌의 말단 영역의 광범위한 네트워크가 일반지능과 연관되어 있기 때문에 잘 기능하는 백질 경로가 있어야 뇌 영역 간에 신속하고 조직적인 정보 이동이 가능하다고 주장한다.

Roberto Colom과 동료들은 인지적 유연성이 작업기억 및 처리속도와 신경 기질을 공유한다는 것을 밝혀냈다(Barbey et al., 2013). 그들은 개인적 유동 지능의 차이가 뇌 영역 간 상호작용의 통합성(속도 및 순서)과 관련 있다고 상정한다. 우리는 이러한 연구결과를 바탕으로 작업기억 체계의 중앙 관리자 요소와 처리속도 능력이 유동 지능에 관한 설명에 일정 역할을 한다고 본다. 집행 또는 인지제어 기제는 정보에 집중하고 차례로 배열하는 동안 주어지는 간섭을 다루는 데에 매우 중요하다. 처리속도 능력은 시간적 사라짐이나 간섭에 의해 망각이 발생하기 전에 관련 정보를 뇌 영역 간에 빠르게 이동시키는 데 핵심적이다.

이러한 연구 대부분은 성인을 대상으로 시행되었으며, 최근까지도 아동의 신경발달 과정 중 어느 단계에서 뇌 영역 간 기능적 연결성이 성숙되기 시작하는지 불분명했다. 그러나 6~8세 아동에서 뇌 영역 간 연결성이 설명되기 시작했다(Langeslag et al., 2012). 이 분야의 연구와 이론은 중요한데, 인지적 유연성과 유동추론 능력이 개념적 지식과 실행 과정의 조합을 이용한다고 알려져 있고, 따라서 이러한 역량과 연관된 영역 간 커뮤니케이션의 순서와 속도가 매우 중요하기 때문이다.

이러한 기제가 인지적인 통찰을 통해 결정성 지식의 통합과 종합을 가능하게 하여, 이전에는 이해되지 않았던 연결성을 사람들에게 보여 준다. 기억이 가설 생성과 의사결정에 제약을 가한다고 주장하는 최근 연구가 있다(Thomas, Dougherty, & Buttaccio, 2014). 우리가 보기에 작업기억과 처리속도 모두 유동추론에서 속도를 제한하는 요소로 작용할 수 있다. 즉, 작업기억과 처리속도가 약하거나 제 기능을 하지 못할 경우 의사결정 과정에서 생성되고 평가될 가설의 개수에 제한을 둠으로써 개인의 유동추론 속도를 제한한다. 반면, 작업기억과 처리속도 능력이 잘 발달되어서 동시에 잘 작동할 경우에는 다수의 가설의 생성, 유지, 효율적 평가를 가능하게 함으로써 개인의 유동추론 효율성 향상에 기여하기도 한다. 이러한 연유로 작업기억과 처리속도 지표의 합계를 인지효율 지표(CPI: 다음 절 참조)라고 칭한 것이다(Saklofske, Zhu, Coalson, Raiford, & Weiss, 2010; Weiss, Saklofske, Prifitera, & Holdnack, 2006; Weiss, Saklofske, Coalson, & Raiford, 2010).

우리가 보기에 작업기억은 주로 인지제어와 관련되고 유동추론은 인지적 유연성과 관련된다. 따라서 유동추론에는 항상 작업기억이 필요하지만 작업기억이 항상 유동추론으로 이어지는 것은 아니다. 작업기억 과제에는 의사결정이 없거나 적고 제시된 자극을 머릿속에서 유지하고 조작하는 과정만 있기 때문이다. 유동추론 과제는 아동이 관련 없는 정보 사이에서 관련 정보를 분류하고 변인을 어떤 순서로 조작할 것인지 결정할 것을 요구하며, 이러한 과정을 통해 생소한 문제를 풀어서 정답을 맞히도록 더 많은 것을 요구한다. 나아가 유동추론에서의 개인차는 부분적으로 뇌 영역 간 정보 이동의 속도와 순서에 있어 개인의 차이로 인한 결과일 수 있다.

8) 처리속도

관련된 뇌 영역을 연결하는 신경 연결 통로를 따라 중요한 정보를 신속하게 전달하는 것은 효과적 유동추론 과정에 중요한데, 이는 이 장의 앞 절에서 논의하였다. 처리속도 지표는 시각 자극과 쓰기운동 기술을 활용하여 정신적 처리 과정의 속도를 측정하고, 다른 인지 능력의 효율적 활용과 중요한 연관성을 갖는다. 간단한 시각 탐색과 시각 추적에 약한 아동에게는 새로운 자료를 이해하는 복잡한 과제를 위한 시간과 정신적 에너지가 부족할 수 있다. WISC-V와 WAIS-IV에서 처리속도 지표와 작업기억 지표가 인지효율 지표로 함께 언급된 이유이다(Saklofske et al., 2010; Weiss et al., 2006; Weiss et al., 2010).

처리속도 지표는 기호쓰기 소검사, 동형찾기 소검사, 선택 소검사로 구성된다. 이 소검사들의 과제에는 명백히 간단한 시각 탐색 및 추적의 형식이 적용된다. 속도와 정확성을 직접적으로 검사하는 기호쓰기 소검사에서는 아동이 간단한 시각 정보를 재빠르고 정확하게 스캔해서 순서대로 배열하는 능력을 측정한다. 단기 시각 기억, 주의력, 시각-운동 협응 능력에 따라 이 소검사에서의 결과가 달라질 수 있다. 따라서 기호쓰기 소검사의 점수가 낮을 경우 처리속도만이 아니라 쓰기운동 문제도 포함될 수 있으므로, 낮은 점수의 다양한 원인에 대한 전문가의 주의가 필요하다. 소근육에 지장이 있는 아동은 기호쓰기 과제에서 완수하는 항목이 적을 수 있는데, 그렇다고 꼭 처리속도에 문제가 있다는 뜻은 아니다. 강박장애를 가진 아동 또한 기호쓰기 소검사 점수가 낮을 수 있는데, 처리속도의 부족보다는 성격상 기질 때문일 수 있다.

동형찾기 소검사에서 아동은 다양한 기호 세트를 관찰하고 특별한 목표 기호가 각 세트에 등장했는지 표현한다. 이 소검사 역시 속도와 정확성을 직접적으로 검사하며 간단한 시각 정보에 대한 탐색 속도 및 순차적 탐색을 측정한다. 시각변별 및 시각-운동 협응 능력에 따라 소검사 결과가 달라질 수 있다. 이 검사에서도 심리학자들이 관찰력을 동원하여 WISC-V의 결과가 다른 '임상적으로 의미 있는' 결과들을 입증하거나 그 결과들을 설명하는 근거가 되는 것을 주의하라고 당부하고 싶다. 예를 들어, ADHD가 있는 아동이 동형찾기 소검사의 과제를 서둘러 진행하면 오류를 많이 범하여 소검사 점수가 낮아질 것이다. 그러나 마찬가지로 그 낮은 점수의 원인이 꼭 처리속도의 부족이라기보다는 충동성과 같은 행동과의 상관요인 문제로 과제 수행이 방해받은 결과일 수 있다.

선택 소검사는 처리속도의 보충 소검사로서, 일반적으로 나머지 두 처리속도 소검사가 시행될 수 없거나 무효하다고 판단될 경우에 시행된다. 정해진 시간 내에 아동은 구조화된 모양 배열을 훑어보고 목표 모양을 표시한다. 처리속도, 선택적 시각 주의, 조심성, 지각 속도, 시각-운동 협응 능력을 측정하기 위해 이전에 개발된 선택 과제들과 비슷하다(Bate, Mathias, & Crawford, 2001; Geldmacher, Fritsch, & Riedel, 2000; Wojciulik, Husain, Clarke, & Driver, 2001). 선택 소검사 과제는 신경심리학 분야에서 시각적 무시, 반응 억제, 운동 보속의 척도로 널리 활용되어 왔다(Adair, Na, Schwartz, & Heilman, 1998; Geldmacher et al., 2000; Lezak et al., 2012; Na et al., 1999).

신경발달적 관점에서 보면 처리속도에 있어 연령에 의한 변화는 크고 명백한데, 이 변화는 연령에 따른 중추신경계와의 일시적 연결의 수 변화 및 수초(myelination) 형성의 증가를 수반한다. 처리속도는 청소년의 일반지능 발달을 조정한다고 알려

졌으며(Coyle, Pillow, Snyder, & Kochunov, 2011), 일부 과거 조사를 통해 유아의 처리속도 측정 결과로 성장 후 IQ 점수를 예측할 수 있다는 것이 밝혀졌다(예: Dougherty & Haith, 1997).

이처럼 정신적 처리속도는 단지 특정 과제를 빠르게 혹은 느리게 수행하는가의 문제가 아니라 그 자체로 핵심 인지적·개별적 차이 변인이다. 단순 반응시간과 선택 반응시간 모두 지능검사 점수와 약 0.20 혹은 그를 조금 웃도는 상관성을 갖고, 관찰 시간(일부 가설에 따르면 정보 처리속도의 척도)은 지능검사 점수와 약 0.40의 상관성을 갖는다는 증거가 꾸준히 제시되고 있다(Deary, 2001; Deary & Stough, 1996 참조).

WISC-V 등의 검사에 포함된 처리속도 지표 소검사는 대부분의 아동에게 상대적으로 간단한 시각 탐색 과제로 구성된다. 그러나 처리속도 지표가 지적 기능과 무관한 단순 사무적 기능을 측정하는 지표라고 오해해서는 안 된다. WISC-V를 활용한 대응 통제 임상 집단 연구에서 처리속도 지표는 자폐 범주성 장애와 언어장애가 있는 아동 집단에서 1.0 이상의 효과값을 갖는다고 관찰되었다(Wechsler, 2014). 그러나 이러한 처리속도의 특성과 개요(profile)를 진단적 표식으로 단정 짓지 않을 것을 다시 한번 당부한다. 예를 들어, 처리속도 지표 결과는 학교에서의 어려움 등에 관하여 한 아동의 인지 능력에 대한 가설을 설정하는 데 도움을 줄 수 있지만, 여기에서 그치지 않고 검사 결과 및 관찰, 기록, 배경적 요인을 함께 고려한 완전한 임상적 평가 진행으로 이어져야 한다.

WISC-V에서 조작적으로 정의되었듯이, 처리속도 지표는 아동이 간단한 혹은 일상적 정보를 누락 혹은 수행 오류 없이 처리하는 속도를 나타낸다. 새로운 학습은 대개의 경우 많은 아동에게 학년별 독해와 같이 일상적인 정보와 읽은 내용을 기반으로 한 그림 추론 및 예측과 같은 복잡한 정보의 처리를 수반한다. 정보 처리속도가 평균 범위에 속하거나 상대적으로 우수한 아동은 새로운 정보 습득 및 추론이 용이할 수 있다. 일상적 정보를 처리하는 속도가 느릴 경우 새로운 정보를 추론하고 통합하는 과제에 더 많은 시간이 소요되어 더 어렵게 느낄 수 있다. 처리속도에 어려움이 있는 아동은 처리속도에 어려움이 없는 아동에 비해 동일한 시간 내에 더 적은 자료를 학습하거나 같은 양의 자료를 학습하는 데 더 오랜 시간이 걸린다고 가정해 볼 수 있다. 이러한 아동은 책상에 앉아 일상적 과제를 수행하는 데 부가적 인지 노력이 필요하므로 학교에서 더 쉽게 정신적 피로를 느끼며 이로 인해 숙제에 더 잦은 오류를 내거나 학업 스트레스를 받을 수 있다. 시간이 흐를수록 이러한 아동은 새로운 학습과 관련된 정신적 부담이 큰 과제를 수행하는 데 시간을 덜 투자하고, 그 결과 또래에 비해 결정성 지식의 축적이 적어 보다 어려운 고등교육에 대한 흥미가 감소할 수 있다. 낮은 처리속도로 인해 인지 네트워크 전체에 부담이 가중되고 검사장 밖에서 관찰되는 다른 인지 과정에도 폭넓은 영향이 미치며 아동의 삶에 중대한 결과를 초래한다.

처리속도가 심각하게 떨어지는 아동의 경우 가끔 대화 이해 및 반응 표현에 지체를 보이기도 하는데, 특히 청소년들의 단체 교류에서 흔히 나타나는 빠른 속도로 진행되는 대화에서 대화의 방향이 신속하게 변화할 때 이러한 경향이 두드러진다. 그로 인해, 처리속도의 정도에 따라 아동의 인지기능뿐만 아니라 사회적 · 감정적 생활도 중요한 영향을 받을 수 있다. 정리하면 처리속도는 다른 고차원 인지기능과 중요한 방식으로 상호작용하며 추론 및 새로운 학습, 전반적 학업성취도, 일상생활에 영향을 미칠 수 있다.

3. 집행기능이 지능에 미치는 영향

이제 다른 인지기능이 WISC-V 점수에 미치는 영향에 대해 논하기 적절한 시점이다. 조직화, 계획 및 기타 집행기능은 다양한 WISC-V 소검사 성과에 영향을 미칠 수 있다. 그러나 검사 결과에 초점을 맞추는 것에서 벗어나 지능을 보다 광범위한 사회의 생태계에서 이해한다면, 최소한 집행기능(executive function)은 반드시 직장이나 삶에서 지능적 행동을 보이는 것과 연관된다고 말할 수 있다. 영리하고 교육을 잘 받았지만 체계적이지 못하고 계획성이 부족한 점 때문에 그러한 결함이 없다면 성취할 법한 직업적 목표를 달성하는 데 어려움을 겪는 사례를 주변에서 한 번쯤은 볼 수 있다. 그와는 반대로, 특별히 더 똑똑해 보이지 않는데도 직업적 활동에 주의를 집중하려 노력한 결과 상당한 성공을 이룬 주변인 역시 쉽게 떠올릴 수 있다. 그렇다면 집행기능이 정말 지능과 무관한 것이며 개인이 검사장 바깥 넓은 세상에서 얼마나 지능을 잘 활용하는가에 있어 중재자적 역할만 하는 것일까? 지능에 관한 통합적 · 생태계적 관점에서 집행기능은 과연 얼마나 필수적인가? 발달 과정에서 다른 지적 능력 발달에까지 집행기능이 얼마나 영향을 미칠 수 있을까? 다시 말해, 지능과 집행기능의 이론적 · 임상적 · 경험적 관계는 무엇일까?

집행기능이라는 용어가 만들어지기 이전에도 Wechsler 박사는 그러한 능력이 지능과 긴밀한 연관이 있음을 알고 있었는데, 그의 초기 검사에 오늘날 집행기능이라고 칭하는 과제가 포함된 것을 보면 알 수 있다. WISC-R과 WISC-III에는 계획성과 조직화 능력 측정도구로 널리 알려진 미로 소검사가 있었다. 그러나 선택적 소검사였고 검사 시행 시간이 길어 사용하는 전문가가 거의 없었다. 이러저러한 이유로 미로 소검사는 WISC-III에서 삭제되었다. 조직화 및 계획 능력에 대한 평가가 웩슬러 모델 중 다른 소검사로 대체되지는 않았다.

현재 개념화된 집행기능에는 계획과 조직화보다 더 많은 것이 포함된다. 공식적으로 합의된 정의는 없지만 잠정적으로 집행기능이란 목표 지향적 행동에 관한 다양한 인지 과정의 효과적 통합이라고 정의할 수 있다(Salthouse, 2009). 이 포괄적 용어가 포함하는 인지 과정의 구체적 목록이 Cheung, Mitsis와 Halperin(2004)에 의해 제시되었는데, 여기에는 계획, 의사결정, 판단, 작업기억, 주의 전환, 미래지향적인 태도로 목표를 향해 자기규제를 가능하게 하는 인지적 유연성이 포함된다. Chan, Shum, Toulopoulou와 Chen(2008)은 이와 비슷하게 언어적 추론, 문제 해결, 계획, 순차연결, 주의 유지력, 간섭 저항, 피드백 활용, 멀티태스킹(multitasking), 인지적 유연성, 새로운 것을 다루는 능력 등 다양한 인지 과정 및 행동 역량을 제시했다.

집행기능에 관한 방대한 연구 자료를 살펴보면, 우선 Diamond(2013)는 핵심 집행기능을 억제, 간섭조절, 작업기억, 인지적 유연성의 네 가지 범주로 분류하였다. 이 분류법에서 억제는 보다 행동적이거나 감정적이며 반응 억제, 자기제어, 유혹저항, 충동적 행동저항을 포함한다. 간섭조절은 보다 인지적이며 선택적 주의 및 인지억제를 포함한다. 인지적 유연성에는 다양한 관점을 취하는 능력과 상황 변화에 따른 재빠르고 유연한 적응력이 포함된다.

Salthouse(2009)는 집행기능과 IQ의 관계에 관해 이론적으로 중요한 질문을 직접 다루었는데, 유동추론 과제와 집행기능의 세 가지 핵심 척도인 억제제어, 전환, 갱신이라는 세 요인 간 수렴 타당도 및 변별 타당도의 패턴을 비임상적 표본에서 연구했다. 억제제어는 관련 정보와 과정에 주의를 집중하고 무관한 정보는 억제하는 능력을 포함한다. 전환은 과제별 집중의 전환이 필요한 복잡한 과제에서 수행 과정을 편성하는 것이라고 설명된다. 갱신은 작업기억의 내용을 점검해 연속적 과제에서 다음 단계를 판단하고 기억의 내용을 갱신하는 것을 포함한다. Salthouse는 이러한 척도의 수렴 타당도가 모든 인지 능력 간 일반적 상관관계에 비해 눈에 띄게 높지 않다고 보고했는데, 이는 집행기능 구인의 동질성 결여를 반영한다. 중요한 것은 억제제어와 유동추론 척도에 대한 변별 타당도의 증거를 밝혀냈다는 것이다. Salthouse는 집행기능 구인이 유동추론과 구분되는 유용한 구인인지 판단하기 위해서는 집행기능 구인에 대한 자세한 설명이 필요하다고 결론 내렸다.

임상적으로 장애가 있는 특정 표본에서 집행기능과 유동추론의 변별 타당도를 뒷받침하는 증거가 나타날 것인지, 혹은 집행기능과 결정 지능 척도 사이에 변별 타당도가 존재하는지에 대해서는 알려진 바 없다. 또한 Salthouse 연구에서 집행기능의 감정 규제 측면은 다뤄지지 않았다. 그러나 이 논란이 되는 연구는 "집행기능이 정말 유동 지능과 구별되는 다른 것인가?"라는, 유동 지능과 집행기능 간 구인 공통분모에 관해 이론상 핵심적인 질문을 던지기 때문에 중요하다.

Diamond(2013)는 여기에서 더 나아가, 집행기능으로 인해 머릿속에서 아이디어를 가지고 노는 것과 행동에 앞서 생각하는 것, 새로운 예상 밖의 도전과제를 해결하는 것, 유혹을 이겨내는 것, 집중을 지속하는 것이 가능하다고 주장한다. 집행기능이 지능에 영향을 주는 방식을 질문하기보다 Diamond는 관점을 뒤집어 흔히 유동 지능이라 명칭되는 것이 집행기능의 추론 및 문제 해결 부분이라고 주장한다.

이 분야에 대해 아직 더 많은 연구가 필요하다. WISC-V의 최신 웩슬러 지능 모델의 다섯 가지 주요 영역과 집행기능을 모두 포괄하는 일반적 인지 능력의 구조적 모델은 어떤 모습일까? 더 구체적으로 집행기능의 어떤 측면이 지능의 어떤 영역과 많은 부분이 겹치는 구인을 가지며, 집행기능의 어떤 기능이 그러한 지능 영역 사이에서 혹은 그들의 역동적인 상호작용에서 중재 역할을 하는가? 작업기억과 유동추론 촉진에 있어 집행기능의 역할을 중심으로 다음 절에서는 집행기능의 구체적 측면에 대해 더욱 자세히 논의하겠다.

4. 일반지능의 통합적 이론

이 절에서는 성공적인 문제 해결을 위해 다섯 가지 주요 인지 능력이 어떻게 필수적으로 상호 의존적인지 논의해 본다. 정신측정학의 일반지능, 'g'의 역할을 고려하지 않고서는 이 논의를 시작할 수 없는데, 웩슬러 지능검사의 모든 소검사가 일반적 능력이라는 하나의 내재된 근본 영역을 측정할 정도이다. 그러나 정신측정학적 'g'는 일반지능을 수학적으로 정의한 것으로, 검사에 어떤 소검사가 포함되든 그 소검사 점수의 통계로 얻어진다. 우리는 이론적으로 보다 설득력 있는 일반지능의 정의를 다음과 같이 제시한다.

> 일반지능이란 새로운 문제를 해결하기 위해 다양한 인지 능력을 통합하고 결정성 지식을 축적하게 하여 그로 인해 더욱 고차원적인 추론을 가능하게 하는 유동적 능력이다.

이러한 정의가 시사하듯, 우리는 유동 및 결정 지능이 지능의 통합 모델 가장 중심에 있으며 나머지 광범위한 능력을 비롯한 집행기능은 유동 및 결정 지능을 위해 작동한다고 본다. Gregorie(2013)가 상기시켜 주듯이, 유동 지능과 결정 지능은 기존 CHC 모델에서 특별한 지위를 가지며, 동일한 중요성을 갖는 광범위한 능력의 다섯 가지 혹은 일곱 가지 집합 중 하나로 간주되어서는 안 된다. 신경심리학자들이 수십 년 동안 시사해 왔듯이, 여러 좁은 범위의 능력별 점수의 단순한 합산은 실시간으로 그러한 능력을 통합해야 하는 과제의 수행과 결코 동일하지 않다. 유동추론을 통합적 능력이라고 개념화한다면, 유동추론이 과학자들이 한 세기 넘게 발견하지 못한 '생태학적 g'일지 모른다. WISC-V의 모든 요인분석연구에서 밝힌 일관된 연구결과, 즉 유동추론 요인의 일반지능(g)요인 부하량이 사실상 1.0이라는 결과가 이러한 견해를 뒷받침한다.

유동추론과 작업기억은 개념적으로 또한 신경학적으로 필수적 연관성을 갖는다. 작업기억과 유동추론의 관계에 중앙 관리자의 역할이 중요하다. 중앙 관리자는 간섭적 · 방해적 자극이 주어질 때 목표 과제를 향한 주의를 제어한다(Engle et al., 1999; Kane, Bleckley, Conway, & Engle, 2001). 작업기억 용량에 관계없이 더 효율적으로 주의가 집중되면 작업기억도 더 효과적으로 활용된다. 마찬가지로 무관한 정보를 억제하는 능력이나 작업기억에 '잡동사니가 없는' 정도는 작업기억 공간의 크기와 상관없이 효율적인 인지 수행에 영향을 줄 수 있다(Lustig, May, & Hasher, 2001). 따라서 작업기억 과제 성과의 개별차는 개인의 작업기억 공간 크기가 아니라 주로 다양한 집행기능의 차이(주의집중 유지 및 경쟁적 반응 억제 등)에 의한 것일 수 있는데, 특히 실험실을 벗어나 간섭과 방해가 흔히 발생하는 실제 상황에서 그렇다. 최신 연구에 따르면, 중앙 관리자의 인지제어 기제가 주의제어 기제를 통해 작업기억과 유동추론 과제의 긴밀한 관계를 초래할 수 있다(Chuderski, 2013; Engel de Abreu et al., 2010; Oberauer & Lewandowsky, 2013).

새로운 문제의 해결은 대개 관계형 학습을 필요로 한다. 보다 효과적인 관계형 학습 전략을 위해서는 문제 해결 개요의 도입 및 추구, 도식을 기반으로 한 처리, 목표 수립 및 관리, 잘못된 경로에서 되돌아오고 무관한 정보를 제거하며 경쟁적 혹은 방해적 자극을 차단하기 위한 처리 활동의 전략적 제어가 필요하다. 주의제어 기제의 실패는 단기기억에서 도식과 관련 사실의 망각으로 이어진다. 그렇게 되면 이러한 자취(traces)를 재생해서 다시 시작해야 하며, 환경적 방해 요소가 줄어들거나 실제로 급하게 문제 해결을 요구하지 않는 한 궁극적으로는 문제 해결에 성공할 수 있다.

중앙 관리자와 함께 임시 완충기 역시 작업기억에서 정보의 효율적 처리를 담당한다. 주의제어의 근원으로서 주의력 조절을 관장하는 중앙 관리자는 정보 검색을 통해 장기기억의 기록를 활성화하고 이를 시공간 메모장과 음운고리에서 사용할 수 있도록 완충 저장 체계에 유지한다. 모든 사람에게 있어, 사전 지식 및 해결 중인 과제와의 친숙도에 따라 완충기에서 활성화될 수 있는 장기기억의 기록에는 명백한 차이가 존재한다. 문제 해결에 결정성 지식을 더 많이 동원할수록 정답을 찾아내는 데 유동추론이 적게 요구된다.

어휘 소검사 및 언어이해 지표의 기타 소검사는 학교에서 가르치는 사실에만 기반하지 않고 개인이 대부분의 환경에서 언제든 사용 가능한 형태로 정보를 이해하는 능력을 반영한다. 따라서 장기기억에 저장된 결정성 정보가 접근 가능해지고 이들 결정성 정보가 고차원적 추론 과정에 시작 정보(input)로 활용될 수 있다. 유동추론과 결정 지식의 이러한 상호 호혜적 관계는 이 두 요인이 CHC 모델에서 특별한 자리를 차지한 이유 중 하나이다(Cattell, 1963, p. 16). 아동기에 걸쳐 유동성 능력은 학업 및 문화적 능력의 발달을 돕는다. 축적 과정 이후에는 이러한 능력이 새로운 능력을 습득할 수 있게 해 주고, 이는 점점 보다 광범위하고 정돈된 무리로 통합된다. 그러한 과정을 통해 결정 지능이 점차 유동 지능에 독립적이게 된다. 그러나 성인기에도 유동 지능과 결정 지능은 계속해서 연관성을 갖는다(Horn & Cattell, 1966).

현대 웩슬러 연구를 통해 유동 지능과 결정 지능이 우리의 통합 모델의 중앙에 위치하는 것을 설명할 수 있다. 최근 연구에 따르면, 유동성 요인이 아동과 성인의 정신측정학적 일반지능요인 부하량 각각 1.0과 .99로 서로 동일 구조(isomorphic)로 보고하고 있다(Weiss et al., 2013a; Weiss et al., 2013b; Wechsler, 2014). 그러나 유동 지능과 일반지능이 서로 동일하다는 연구결과에 대한 이해는 이 분야에서 아직 시작되지도 못했다. 게다가 결정성 지식의 대표 변인(marker variable)으로서 어휘 소검사가 WISC-V 소검사를 통틀어 일반지능의 요인 부하량이 가장 높다.

양적 기반 유동추론 과제인 산수 소검사도 아동과 성인 모두에게 가장 일반지능 요인 부하량이 높은 소검사 중 하나로 꼽힌다(Weiss et al., 2013a; Weiss et al., 2013b; Wechsler, 2014). 이 사실은 지능이 문제를 올바르게 해결하기 위한 다양한 인지 능력의 성공적 통합과 관련 있다는 우리의 가설과 일치한다고 볼 수 있다. 산수 소검사에서는 문제에서 제시된 단어에 대한 언어적 이해, 단계를 순차적으로 진행하는 동안 주의력 제어, 일부 수학적 사실에 관한 결정성 지식이 필요하다. 또한 문제 해결이 빠를수록 간섭 차단에 있어 인지제어 기제에 가해지는 부담이 적다. 산수 소검사에서는 함께 작동하는 몇 가지 광범위한 실행 능력을 통합해야 하며, 따라서 일반지능에 적재되는 요인 부하량이 높다.

처리속도는 또 하나의 중요한 인지 능력으로 작업기억기능의 효율성에 영향을 준다. Fry와 Hale(1996)은 아동이 나이를 먹고 성숙해짐에 따라 처리속도의 변화로 작업기억에도 변화가 생기며 "그 결과 유동 지능검사의 결과에도 변화가 생긴다." (p. 237)라고 주장했다. 작업기억과 지각 처리속도는 상관성이 크지 않으며 유동추론과 서로 다르게 관련이 있다. 최신 신경영상 연구에서는 처리속도가 백질의 연합회로(tracts)와 관련 있으며, 이 회로가 신경 경로를 따라 '정보'가 전달되는 데 관여한다는 것이 시사되었다(Barbey et al., 2013; Colom et al., 2011; Martinez et al., 2011; Tang et al., 2010). 따라서 처리속도는 주어진 문제를 해결하기 위해 필요한 뇌 영역

간 신경 전달 속도를 높임으로써 유동추론에 간접적으로 영향력을 행사한다. 주의력 제어는 작업기억 작동이 유동 지능으로 이어지기 위해 필요한 유효 성분으로 보인다. 빠른 신경 처리속도는 문제를 해결하는 동안 중앙 관리자가 주의를 제어하고 방해 요소를 차단할(예: 집중) 필요성을 낮춰 줌으로써 작업기억과 유동추론의 관계를 중재한다. 이러한 방식으로 고차원적 추론 과제를 수행할 때 작업기억 용량이 보다 효율적으로 활용된다. 즉, 처리속도와 작업기억, 집행기능이 유동추론을 돕기 위해 통합되는 것이다. 지각 자극이 포함된 문제에서는 문제 해결을 돕기 위해 시공간 능력도 동원될 수 있다.

요컨대, 작업기억 공간에서 유동추론이 발생할 수 있으나 이 경우 중앙 관리자가 정보의 흐름과 복잡한 백질을 제어해 관련 뇌 영역 간 정보 전달 속도를 높여 주어야 한다. 인지제어 기제가 관련 정보를 분류하고 순서대로 배열하는 동안 신경 처리속도는 인지제어 기제가 오작동하고 추론 과정에서 간섭이 들어와 망각이나 그로 인한 혼란이 발생하기 전에 그 정보를 빠르게 이동시킨다.

결정성 지식 또한 유동추론 능력을 효과적으로 향상시킬 수 있다. 사전에 학습된 지식 구조와 새로운 사실과 아이디어들이 통합되면서 더욱 큰 정보의 덩어리가 작업기억에 유지될 수 있고 조작 가능해지며 다른 정보의 덩어리들과 새로운 방식으로 통합될 수 있다. 넓은 범위의 여러 사실을 대표하기 위해 하나의 고급 어휘가 임시 완충기를 통해 장기기억에서 인출되어 음운고리에 유지될 수 있다면, 기억의 흔적이 방해를 받아 더 이상 접근 불가능해지기 전에 다른 자료가 사고 과정에 통합될 시간과 여력이 남는다. 현재로서는 이러한 인지 능력 간 상호관계가 잘 알려진 추측에 기반하며 더 많은 연구가 필요하다. 그러나 모든 신경학적 · 생태학적으로 유효한 지능 이론의 중심에는 중앙 관리자를 통해 발생하는 이를 포함한 다른 특정 인지 기능의 효과적 통합이 있을 것이다.

좁은 범위의 인지 능력 하나로 단독적으로 수행을 성공할 수 있는 의미 있는 활동은 거의 없으며, 이는 골턴-타입 검사(Galton-type tests)가 학업 성취와 같은 복잡한 요인과 상관관계가 전혀 없거나 미미하다는 연구결과를 통해서도 명백하게 알 수 있다. 이 분야의 연구는 계속해서 진행 중이다. 그러나 실무자는 요인기반 지표의 점수가 결코 독립적인 것이 아니라는 점을 유념해야 한다. 기저의 신경학적 경로 간 다양한 상호작용이 있을 수 있기 때문이다. 아동기와 청소년기의 지능 발달과 수업 시간 실제 문제에서의 지능 적용, 대학 및 직장 준비 등을 포함한 모든 생태학적으로 유의미한 지능 이론에서 집행기능을 포함하여 이와 같이 호혜적으로 상호작용하는 광범위한 인지 능력의 임상 및 행동적 연관성을 이해하는 것은 중요하다.

신경학적 · 생태학적으로 유효한 인지적 정보 처리의 통합 모델은 신속한 정보의 처리를 방해하는 발달장애 혹은 후천적 장애로 인해 작업기억의 인지제어 기제에 부담이 가해지고 아동의 추론 및 이해, 새로운 학습 역량을 저해할 수 있음을 보여준다. 예를 들어, 고등학생 운동선수가 운동 중 반복된 뇌진탕 등으로 인해 외상성 뇌손상을 앓고 있다면 처리속도가 느려질 수 있고, 이로 인해 효과적인 작업기억의 능력이 감소되며, 문제 해결과 새로운 지식의 습득에 더욱 많은 노력이 요구되고 어려워진다. 작업기억 및 처리속도 능력이 부진한 학습장애와 ADHD가 있는 아동에게도 부가적인 인지 노력이 필요하기 때문에 상대적으로 정신적 피로를 쉽게 느끼는 듯하다. 그중 일부는 공부하는 시간을 줄이기 시작하고 결국에는 학습 환경을 회피한다. 이때 과제 완수 의지, 끈기, 동기 등의 성격요인이 인지 능력과 상호작용하여 어떤 학생의 경우 인지적 어려움에도 불구하고 더 오랫동안 열심히 노력할 수 있다. 물론 이에 대한 주제를 다루려면 책 한 권을 더 써야 할 것이다.

5. 요약

이 장에서는 이론적 · 경험적 · 임상적 토대에 중점을 두고 WISC-V에서 측정되는 다섯 가지 주요 요인별 해석을 다뤘다. 다양한 인지 능력이 어떻게 서로 다른지, 나아가 검사 상황이 아닌 실생활에서 발현되는 지능적 행동에 있어 인지 능력이 서로 어떻게 연관되고 상호작용하는지에 관한 더욱 중요한 문제도 논의했다. 더 나아가 인지 능력과 집행기능의 관계에 대해서도 알아보았다.

참고문헌

Adair, J. C., Na, D. L., Schwartz, R. L., & Heilman, K. M. (1998). Analysis of primary and secondary influences on spatial neglect. *Brain and Cognition, 37,* 351-367.

Baddeley, A. (2003). Working memory: Looking back and looking forward. *Nature Reviews/ Neuroscience, 4,* 829-839.

Barbey, A. K., Colom, R., & Grafman, J. (2013). Architecture of cognitive flexibility revealed by lesion mapping. *Neuroimage, 82,* 547-554.

Bate, A. J., Mathias, J. L., & Crawford, J. R. (2001). Performance on the test of everyday attention and standard tests of attention following sever traumatic brain injury. *The Clinical Neuropsychologist, 15,* 405-422.

Canivez, G. L., Watkins, M. W., & Dombrowski, S. C. (2016). Factor structure of the Wechsler Intelligence Scale for Children-Fifth Edition: exploratory factor analyses with the 16 primary and secondary subtests. *Psychological Assessment, 28*(8), 975-986.

Canivez, G. L., Watkins, M. W., & Dombrowski, S. C. (2017). Structural validity of the Wechsler Intelligence Scale for Children-Fifth Edition: Confirmatory Factor Analyses With the 16 primary and secondary subtests. *Psychological Assessment, 29*(4), 458-472.

Cattell, R. B. (1963). Theory of fluid and crystallized intelligence: A critical experiment. *Journal of Educational Psychology, 54,* 1-22.

Cattell, R. B. (1987). *Intelligence: It's structure. Growth, and action.* New York: Elsevier.

Carroll, J. B. (1993). *Human cognitive abilities: A survey of factor-analytic studies.* New York: Cambridge University Press.

Chan, R. C. K., Shum, D., Toulopoulou, T., & Chen, E. Y. H. (2008). Assessment of executive functions: Review of instruments and identification of critical issues. *Archives of Clinical Neuropsychology, 23,* 201-216.

Chen, H., Keith, T., Chen, Y., & Chang, B. (2009). What does the WISC-IV measure?: Validation of the scoring and CHC-based interpretative approaches. *Journal of Research in Education Sciences, 54*(3), 85-108.

Cheung, A. M., Mitsis, E. M., & Halperin, J. M. (2004). The relationship of behavioral inhibition to executive functions in young adults. *Journal of Clinical and Experimental Neuropsychology, 26,* 393-403.

Chuderski, A. (2013). When are fluid intelligence and working memory isomorphic and when are they not? *Intelligence, 41,* 244-262.

Cole, M. W., & Schneider, W. (2007). The cognitive control network: Integrating cortical regions with dissociable functions. *Neuroimage, 37*(1), 343-360.

Colom, R., Martinez-Molina, A., Shih, P. C., & Santacreu, J. (2011). Intelligence, working memory, and multitasking performance. *Intelligence, 38*(6), 543-551.

Conway, A. R. A., Cowan, N., Bunting, M. F., Therriault, D. J., & Minkoff, S. R. B. (2002). A latent variable analysis of working memory capacity, short-term memory capacity, processing speed, and general fluid intelligence. *Intelligence, 30,* 163-183.

Coyle, T. R., Pillow, D. R., Snyder, A. C., & Kochunov, P. (2011). Processing speed mediates the development of general intelligence in adolescents. *Psychological Science, 22*(10), 1265-1269.

de Jone, P. F., & Das-Smaal, E. A. (1995). Attention and intelligence: The validity of the star counting test. *Journal of Educational Psychology, 87*(1), 80-92.

Deary, I. J. (2001). *Intelligence: A very short introduction.* Oxford: Oxford University Press.

Deary, I. J., & Stough, C. (1996). Intelligence and inspection time: Achievements, prospects, and problems. *American Psychologist, 51,* 599-608.

Diamond, A. (2013). Executive functions. *Annual Review of Psychology, 64*, 134-168.

Dombrowski, S. C., Canivez, G. L., Watkins, M. W., & Beaujean, A. A. (2015). Exploratory bifactor analysis of the Wechsler Intelligence Scale for Children-Fifth Edition with the 16 primary and secondary subtests. *Intelligence, 53,* 194-201.

Dombrowski, S. C., McGill, R. J., & Canivez, G. L. (2017a). Exploratory and hierarchical factor analysis of the WJ-IV cognitive at school age. *Psychological Assessment, 29*(4), 394-407.

Dombrowski, S. C., McGill, R. J., & Canivez, G. L. (2017b). Hierarchical exploratory factor analyses of the Woodcock-Johnson-IV full test battery: Implications for CHC applications in school psychology. *School Psychology Quarterly.* Available from https://doi.org/10.1037/spq0000221.

Dougherty, T. M., & Haith, M. M. (1997). Infant expectations and reaction times as predictors of childhood speed of processing and IQ. *Developmental Psychology, 33*(1), 146-155.

Engel de Abreu, P. M. J., Conway, A. R. A., & Gathercole, S. E. (2010). Working memory and fluid intelligence in young children. *Intelligence, 38,* 552-561.

Engle, R. W., Tuholski, S. W., Laughlin, J. E., & Conway, A. R. A. (1999). Working memory, short term memory, and general fluid intelligence: A latent variable approach. *Journal of Experimental Psychology: General, 128*(3), 309-331.

Flanagan, D. P., Alfonso, V. C., & Reynolds, M. R. (2013). Broad and narrow CHC abilities measured and not measured by the Wechsler Scales: Moving beyond with-in battery factor analysis. *Journal of Psychoeducational Assessment, 31*(2), 202-223.

Fry, A. F., & Hale, S. (1996). Processing speed, working memory, and fluid intelligence: Evidence for a developmental cascade. *Psychological Science, 7*(4), 237-241.

Fry, A. F., & Hale, S. (2000). Relationships among processing speed, working memory, and fluid intelligence in children. *Biological Psychology, 54,* 134.

Geldmacher, D. S., Fritsch, T., & Riedel, T. M. (2000). Effects of stimulus properties and age on random-array letter cancellation tasks. *Aging, Neuropsychology, and Cognition, 7*(3),194-204.

Gignac, G. E. (2016). The higher-order model imposes a proportionality constraint: That is why the bi-factor model tends to fit better. *Intelligence, 44,* 57-68.

Gignac, G. E., & Watkins, M. W. (2013). Bi-factor modelling and the estimation of model-based reliability in that WAIS-IV. *Multivariate Behavioral Research, 48,* 639-662.

Gregoire, J. (2013). Measuring components of intelligence: Mission impossible? *Journal of Psychoeducational Assessment, 31*(2), 138-147.

Horn, J. L., & Cattell, R. B. (1966). Refinement and test of the theory of fluid and crystallized intelligences. *Journal of Educational Psychology, 57,* 253-270.

Jonides, J., Lacey, S. C., & Nee, D. E. (2005). Process of working memory in mind and brain. *Current Directions in Psychological Science, 14,* 2-5.

Jung, R. E., & Haier, R. J. (2007). The Parieto-Fronto Integration Theory (p_FIT) of intelligence: Converging neuro-imaging evidence. *Behavioral & Brain Sciences, 30*(2), 135-154.

Kane, M. J., Hambrick, D. Z., & Conway, A. R. A. (2005). Working memory capacity and fluidintelligence are strongly related constructs: Comment on AcKerman, Beier, and Boyle (2005). *Psychological Bulletin, 131*(1), 66-71.

Kane, M. J., Bleckley, M. K., Conway, A. R. A., & Engle, R. W. (2001). A controlled attention view of working memory capacity. *Journal of Experimental Psychology: General, 130,* 169-183.

Kaufman, A. S. (1994). *Intelligent testing with the WISC-III.* New York: Wiley.

Kaufman, A. S. (2013). Intelligent testing with Wechsler's fourth editions: Perspectives on the Weiss et al. studies and the eight commentaries. *Journal of Psychoeducational Assessment, 31*(2), 224-234.

Keith, T. Z., & Reynolds, M. R. (2012). Using confirmatory factor analysis to aid in understanding the constructs measured by intelligence tests. In D. P. Flanagan, & P. L. Harrison (Eds.), *Contemporary intellectual assessment: Theories, tests, and issues* (3rd ed., pp. 758-799). New York: Guilford.

Keith, T. Z., Fine, J. G., Taub, G., Reynolds, M. R., & Kranzler, J. H. (2006). Higher order, multi-sample, confirmatory factor analysis of the Wechsler Intelligence Scale for Children-Fourth Edition: What does it measure? *School Psychology Review, 35*(1), 108-127.

Kyllonen, P. C., & Christal, R. E. (1990). Reasoning ability is (little more than) working memory capacity. *Intelligence, 14,* 389-433.

Langeslag, S. J. E., Schmidt, M., Ghassabian, A., Jaddoe, V. W., Hofman, A., Van der Lugt, A. . . White, T. J. H. (December, 2012). Functional connectivity between parietal and frontal brain regions and intelligence in young children: The generation R study. In *Symposium presented at the thirteenth annual conference of the International Society for Intelligence Research* (ISIR). San Antonio, TX.

Lezak, M. D., Howieson, D. B., Bigler, E. D., & Tranel, D. (2012). *Neruopsychological assessment* (5th ed.). New York: Oxford University Press.

Lustig, C., May, C. P., & Hasher, L. (2001). Working memory span and the role of proactive interference. *Journal of Experimental Psychology: General., 130,* 199-207.

Mansolf, M., & Reise, S. P. (2017). *When and why the second-order and bifactor mdoesl are distinguishable. Intelligence.* Available from https://doi.org/10.1016/j.intell.2017.01.012.

Margolis, A., Bansal, R., Hao, X., Algermissen, M., Erickson, C., Klahr, K. W., . . . Peterson, B. S. (2013). Using IQ discrepancy 7 Scores to examine the neural correlates of specific cognitive abilities. *The Journal of Neuroscience, 33*(35), 14135-14145.

Martinez, K., Burgaleta, M., Roman, F. J., Escorial, S., Shih, P. C., Quiroga, M. A., & Colom, R. (2011). Can fluid intelligence be reduced to 'simple' short term memory? *Intelligence, 39*(6), 473-480.

McCrea., Simon., & Robinson, T. P. (2011). Visual Puzzles, Figure Weights, and Cancellation: Some preliminary hypotheses on the functional an dneural substrates of these three new WAIS-IV subtests. *Neurology,* 1-19.

McFarland, D. J. (2016). Modeling general and specific abilities. *Assessment, 23*(6), 9.

McGrew, K., & Flanagan, D. P. (1998). *The intelligence test desk reference (ITDR) Gf-Gc cross-battery assessment.* Boston, MA: Allyn and Bacon.

Morgan, G. B., Hodge, K. J., Wells, K. E., & Watkins, M. W. (2015). Are fit indices biased in favour of bi-factor models in cognitive ability research: A comparison of fit in correlated factors, higher-order, and bi-factor models via Monte Carlo simulations. *Journal of Intelligence, 3,* 2-20.

Murray, A. L., & Johnson, W. (2013). The limitations of model fit in comparing the bi-factor versus higher-order models of human cognitive ability structure. *Intelligence, 41,* 407-422.

Na, D. L., Adair, J. C., Kang, Y., Chung, C. S., Lee, K. H., & Heilmand, K. M. (1999). Motor perseverative behavior on a line cancellation task. *Neurology, 52*(8), 1569-1576.

Niileksela, C. R., Reynolds, M. R., & Kaufman, A. S. (2013). An alternative Cattell-Horn-Carroll (CHC) factor structure of the WAIS-IV: Age invariance of an alternative model for ages 70-

90. *Psychological Assessment, 25,* 391-404.

Nutley, S. B., Soderqvist, S., Bryde, S., Thorell, L. B., Humphreys, K., & Klingberg, T. (2011). Gains in fluid intelligence after training non-verbal reasoning in 4-year-old children: a controlled, randomized study. *Developmental Science, 14*(3), 591-601.

Oberauer, K., & Lewandowsky, S. (2013). Evidence against decay in verbal working memory. *Journal of Experimental Psychology: General, 142*(2), 380-411.

Oberauer, K., Sub, H. M., Wilhelm, O. L., & Sanders, N. (2007). Individual differences in working memory capacity and reasoning ability. In A. R. A. Conway, C. Jarrold, M. J. Kane, A. Miyake, & J. N. Towse (Eds.), *Variation in working memory* (pp. 49-75). Oxford: Oxford University Press.

Reynolds, C. R. (1997). Forward and backward memory span should not be combined for clinical analysis. *Archives of Clinical Neuropsychology, 12,* 29-40.

Reynolds, M. R., & Keith, T. Z. (2017). Multi-group and hierarchical confirmatory factor analysis of Wechsler Intelligence Scale for Children-Fifth Edition: What does it measure? *Intelligence, 62,* 31-47.

Saklofske, D. H., Zhu, J. J., Coalson, D. L., Raiford, S. E., & Weiss, L. G. (2010). Cognitive proficiency index for the Canadian edition of the Wechsler Intelligence Scale for Children fourth edition. *Canadian Journal of School Psychology, 25*(3), 277-286.

Salthouse, T. A. (2009). *Operationalization and validity of the construct of executive functioning. In Continuing education workshop presented at the annual meeting of the International Neuropsychological Society.* Athens, GA.

Schneider, W. J. (2013). What if we took our models seriously? Estimating latent scores in individuals. *Journal of Psychoeducational Assessment, 31*(2), 186-201.

Schwean, V. L., & Saklofske, D. H. (2005). Assessment of attention deficit hyperactivity disorder with the WISC-IV. In A. Prifitera, D. H. Saklofske, & L. G. Weiss (Eds.), *WISC-IV clinical use and interpretation: Scientist-practitioner perspectives* (pp. 235-280). San Diego, CA: Elsevier.

Soderqvist, S., Nutley, S. B., Ottersen, J., Grill, K. M., & Klingberg, T. (2012). Computerized training of non-verbal reasoning and working memory in children with intellectual disability. *Frontiers in Human Neuroscience, 6,* 18, Article 271.

Spearman, C. E. (1904). General intelligence, objectively determined and measured. *The American Journal of Psychology, 15*(2), 201-292.

Spearman, C. E. (1923). *The nature of "intelligence" and the principles of cognition.* London: Macmillan.

Spearman, C. E. (1927). *The abilities of man: Their nature and measurement.* London:

MacMillan.

Tang, C. Y., Eaves, E. L., Ng, J. C., Carpenter, D. M., Mai, X., Schroeder, D. H., . . . Haier, R. J. (2010). *Intelligence, 38*(3), 293-303.

Thomas, R., Dougherty, M. R., & Buttaccio, D. R. (2014). Memory constraints on hypothesis generation and decision making. *Current Directions in Psychological Science, 264-270.* Available from https://doi.org/10.1177/0963721414534853.

Unsworth, N., & Engle, R. W. (2005). Working memory capacity and fluid abilities: Examining the correlation between operation span and Raven. *Intelligence, 33,* 67-81.

Vernon, P. E. (1950). *The structure of human abilities.* London: Methuen.

Wechsler, D. (2014). *Technical manual for the Wechsler Intelligence Scales for children-fifth edition (WISC-V).* San Antonio, TX: Pearson.

Wechsler, D. (2012). *Technical manual for the Wechsler preschool and primary scales of intelligence-fourth edition (WISC-IV).* San Antonio, TX: Pearson.

Weiss, L. G., Keith, T. Z., Zhu, J., & Chen, H. (2013a). WAIS-IV Clinical validation of the four- and five-factor interpretive approaches. *Journal of Psychoeducational Assessment, 31*(2), 114-131.

Weiss, L. G., Keith, T. Z., Zhu, J., & Chen, H. (2013b). WISC-IV Clinical validation of the four- and five-factor interpretive approaches. *Journal of Psychoeducational Assessment, 31*(2), 94-113.

Weiss, L. G., Saklofske, D. H., Coalson, D., & Raiford, S. E. (2010). *WAIS-IV clinical use and interpretation.* San Diego, CA: Academic Press.

Weiss, L. G., Saklofske, D. H., & Prifitera, A. (2005). Interpreting the WISC-IV index scores. In A. Prifitera, D. H. Saklofske, & L. G. Weiss (Eds.), *WISC-IV clinical use and interpretation: Scientist-practitioner perspectives* (pp. 71-100). San Diego, CA: Academic Press.

Weiss, L. G., Saklofske, D. H., Prifitera, A., & Holdnack, J. A. (2006). *WISC-IV: Advanced clinical interpretation.* San Diego, CA: Academic Press.

Wojciulik, E., Husain, M., Clarke, K., & Driver, J. (2001). Spatial working memory deficit in unilateral neglect. *Neuropsycholgia, 39,* 390-396.

Yang, R., Spirtes, P., Scheines, R., Reise, S. P., & Mansoff, M. (2017). Finding pure sub-models for improved differentiation of bifactor and second-order models. *Structural Equation Modeling: A Multidisciplinary Journal.* Available from https://doi.org/10.1080/10705511.2016.1261351.

제5장

WISC-V: 사회적 맥락에서의 사용

1. 서론

지능은 매우 다양하고 중요한 삶의 결과물을 반복적으로 예측해 왔다. 이처럼 지능은 개인의 삶 속에서 상당한 실용적 중요성을 지니며, 이는 개인을 더 높은 교육적 성취, 승진 그리고 직업적 성공으로 이끈다(Deary et al., 2004; Gottfredson, 1998; Gottfredson & Saklofske, 2009; Squalli & Wilson, 2014; Lubinski, 2004; Sternberg & Grigorenko, 2002). 사회적 수준에서는 지능 지수(IQ)가 높은 시민이 있는 지역이 기업의 혁신적 아이디어(Squalli & Wilson, 2014)와 국가의 기술적 · 경제적 진보에 더욱 기여하는 것으로 나타났다(Burhan, Mohamad, Kurniawan, & Sidek, 2014). 따라서 지능의 측정은 개인과 사회 수준 모두에서 상당히 중요하다.

개인의 지능은 통상적으로 전국의 동일 연령군을 대표하는 표본과 비교하여 측정된다. 이것은 심리학자들이 특정 개인을 그와 함께 살아가고 경쟁하는 전국의 다른 사람들과 어떻게 비교하는지에 대해 답하도록 돕는다. 그러나 우리가 미국이나 캐나다나 프랑스에 살지도 모르지만, 그 나라 '전체'에 사는 사람은 없다. 오히려 사람들은 크기(size)와 같은 단순한 차원에 따라, 혹은 새로운 방식으로 인지 능력의 발달과 유지에 영향을 미칠 수 있는 어떤 독특한 특성을 반영하는 복잡한 차원에 따라 달라지는 공동체(샌안토니오, 브롱크스, 온타리오 등)에 살고 있다. 지능을 측정하는 사람들은 또한 아동이 지역사회나 문화의 다른 사람들과 어떻게 비교되는지를 알고 싶어 한다. 이것이 상황을 고려한 지능 해석의 본질이다. 이는 중요한 인구통계 및 환경요인을 고려한 인구기반(population-based) 인지 능력 점수에 상황을 고려한 해석이다.

지능검사 해석에 관한 대부분의 장은 "검사자는 다른 검사 점수뿐만 아니라 아동의 교육, 의료, 문화, 가족력 등의 다른 요소도 고려해야 한다."와 같은 진술로 마무리된다. 이 조언은 너무나 자주 반복되어 당연하게 받아들여지는 경우가 많으며, 대부분의 심리학자는 그 진실성을 인정하지만 그럼에도 모두가 실천하는 것은 아니다. 그러나 많은 심리학자는 경험을 통해 검사 점수의 각 프로파일이 그 사람의 역사와 평가 상황에 따라 다양한 의미를 갖는다는 것을 이해한다. 실제로 전문 임상심리학자의 특성을 정의하는 것 중 하나는 환경, 의료 및 기타 관련된 상황적 이슈를 기반으로 검사 프로파일의 기준과 지침서 해석을 구체화하는 능력이다.

우리는 『WISC-IV Advanced Clinical Interpretation book』(Weiss, Saklofske, Prifitera, & Holdnack, 2006)에서 아동 및 청소년의 인지 발달을 풍부하게 하거나 제한하는 데 영향을 주는 환경을 탐구하는 것에 첫 장을 할애했으며, 그 근거의 일부를 이 장에서 다시 다루었다. 『WAIS-IV Clinical Use and Interpretation』(Weiss, Saklofske, Coalson, & Raiford, 2010)에서는 다양한 성인 세대의 변화하는 환경적 이슈를 탐색하였다. 성인 중 대부분이 자녀의 인지적·신체적·사회적·정서적 발전 형성에 중요한 역할을 하는 부모이기 때문에 그 자료의 일부를 재조명하였다. 성인을 둘러싼 환경적 상황도 자녀의 인지 발달에 영향을 미칠 수 있다. 예를 들어, 부모의 고용 상태의 변화는 자녀의 학업 성적에 영향을 미칠 수 있다(Schmitt, Sacco, Ramey, Ramey, & Chan, 1999). 더 나아가, 전쟁으로 피폐해진 나라에 살고 있거나, 기근으로 영양실조에 시달리거나, 환경오염 물질(예: 수은, 납)의 영향을 받는 개인에 대한 신체적·심리적 스트레스 요인의 범위는 잠재적으로는 다른 방식일지라도 모든 연령대의 사람들에게 영향을 미친다. 실생활과 훨씬 가까운 긍정적인 면으로는 Kaufman과 동료들이 최근 지난 수십 년 동안 더욱 엄격한 정부 기준으로 인해 미국에서 발생한 환경적 납의 현저한 감소가 평균 IQ 점수의 4, 5점 증가와 연관될 수 있음을 보여 주었다. 이는 도시에서의 지위와 교육을 통제했을 때의 결과이다(Kaufman et al., 2014).

이 장에서는 주요 문화 및 가정환경 고려 사항을 아동의 임상 평가 실무에 통합하는 데 도움이 되는 정보를 제공한다. 그렇게 함으로써 우리는 개인의 지적 성장과 발전은 우리가 지닌 환경적 기회 및 경험의 성격과 질에 단지 약간의 영향을 받을 뿐이며, 대부분은 이미 고정된 특성에 의해 일어난다는 믿음에 계속해서 도전할 수 있다. 그리고 더욱 중요한 것은 자신의 지능을 계발하고 발현할 수 있는 기회이다. 수년에 걸친 심리 연구(예: Hunt & Mcvicker, 1961)에 따르면, 아동이 아무리 뛰어난 지적 잠재력을 가졌다고 해도 부모와 양육자가 제공하는 초기 환경 자극과 돌봄, 양질의 교육에 대한 접근성, 지적이고 창의적인 활동 참여에 대한 독려 등이 없다면 아동의 인지 성장은 제한된다. 여기에 더해, 가난, 영양실조, 제한된 건강보험, 불안정한 환경에서 사는 것의 영향력은 '유전된' 지능의 발달과 발현에 더 큰 영향을 미칠 것이다.

2. 지능평가의 편향 이슈

인지 능력검사 점수의 상황에 맞는 해석에 대해 논의하기 전에, 우리는 먼저 IQ 검사 점수의 문화적 · 인구학적 차이가 검사 내부에 심어진 편향(bias) 때문이라고 보는 관점에 대해 여러 쪽에 걸쳐 다루고자 한다. 이 장의 목적은 이러한 우려를 배제하여 인지 수행, 기술의 획득 및 유지 관리와 관련된 상황매개 요인을 탐색하는 것이며, 이는 문화적으로 공정한 검사를 만들기 위한 초기 노력 이후 상당한 발전이 이루어졌다(Cattell, 1949; Mercer & Lewis, 1978). 우리는 검사 문항 및 검사 방법 편향 연구의 진보에 대해 토론하였는데, 특정 범주나 집단에서 개인에 대한 편중된 표현은 인지 및 성취 검사 점수에 국한되지 않고 삶의 많은 영역에서 나타났다. 우리는 이러한 분야에서 일어난 논란의 결과를 인정하며, 우리가 앞으로 나아갈 수 있도록 그것을 다루고자 한다.

문항 편향은 광범위하게 연구되었고, 모든 유명 검사 개발자는 이를 피하기 위해 특별한 주의를 기울인다. 검사 개발의 모범 사례에서는 먼저 문화 전문가 패널에 의해 모든 문항이 잠재적으로 편향성을 띠고 있는지가 체계적으로 검토된다. 그리고 이러한 과정이 자세히 문서화되고 실행된다(Georgas, Weiss, Van de Vijver, & Saklofske, 2003 참조). 일반적으로 검사 개발자는 아동 사례를 구할 때 인구 조사 비율을 기준으로 소수민족 아동의 표본을 결정한다. 그러나 고급 통계 기술을 사용하여 소수민족 집단에서 다르게 수행될 수 있는 문항을 찾아내고 대체하기 위해 의도적으로 소수민족의 비율을 초과 설정한다. 개념적으로, 이러한 기법은 측정되는 특정 요인에 대해 전반적으로 동일한 능력을 가진 아동이 인구통계학적으로 다른 배경을 가졌기 때문에 다르게 채점되는 문항을 밝혀내고자 한다.

문항들이 아동 집단에서 다르게 작용하는 것으로 확인되는 경우, 이러한 분석만으로는 식별된 차이의 원인을 확인할 수 없다. 전문가 패널들은 일반적으로 일부 집단이 다른 집단에 비해 해당 문항의 주제에 대한 직접적인 경험이 적기 때문에 특정 문항이 편향될 것으로 예상하지만, 편향을 탐지하기 위해 설계된 다양한 통계적 절차가 패널과 동일한 문항을 식별하지 못하는 것을 발견한다. 아마도 이것은 일반적으로 문화 전문가 패널의 관점에서 문항 내용과 문화가 어떻게 상호작용하는지를 설명하기 위해 증거기반 이론을 제공하도록 요구되지 않기 때문일 것이다. 동시에 통계 기법은 전문가 패널이 맥락적 이유를 찾을 수 없을 때 특정 문항을 문제점으로 지적하는 경우가 있다. 이는 수행된 통계적 비교의 수가 매우 많기 때문일 수 있다(예: 모든 검사 문항은 여러 인종/민족 집단 비교와 성별, 국가 지역 및 교육 수준별로 평가됨). 따라서 $P < .01$ 기준임에도 천 개 이상의 비교가 이루어질 때 차별기능에 대해 무작위로 문제 반응을 보이는 문항이 있을 수 있다.

이러한 이유와 다른 이유로 인해, 이 연구들은 더 이상 문항 편향 연구(item bias research)라고 하지 않지만, 문항들이 집단마다 다르게 수행되는 근본적인 이유를 항상 알 수 있는 것은 아니므로 이것은 차별문항기능(Differential Item Function: DIF) 분석이라고 한다. 대부분의 현대 지능검사가 문항 발달에 대해 주의를 기울인 결과, 문항 편향이 IQ 점수의 인구통계학적 분산차를 크게 설명하지는 않을 것 같다. 그러나 차별문항기능 통계는 단일 문항과 달리 전체 검사에 영향을 주는 요인을 탐지하는 데 적합하지 않다(van de Vijver & Bleichrodt, 2001). 이는 대부분의 차별문항기능 연구가 능력 또는 지능의 지표로 총점을 사용하여 서로 다른 인종/민족 집단의 응답자를 매칭하였기 때문이다. 지배적 문화의 어떤 측면이 단지 동떨어진(isolated) 문항들이 아닌 검사로 평가되는 구성요인(construct)에 내재되어 있다고 가정한다면, 연구자들은 검사 점수들을 매치시킴으로써 대표(majority) 문화의 알려지지 않은 일부 측면을 고수하면서 매칭할 수 있다. 더 큰 문제는 측정되는 구성요인, 방법 편향, 혹은 구성요인을 측정하기 위해 사용된 방법이 전체 집단에 다르게 기능한다고 여겨질 수 있다(framed)는 것이다.

이러한 유형의 편향은 문항 편향보다 일반적이며, 경험적으로 연구하기가 더 어렵다. 이 견해에 따르면, 대부분의 주요 지능검사 형식과 체제는 읽고 쓸 수 있는 능력에 의존하며 중산층 지향적이다. 또한 검사 패러다임 자체는 서유럽 문화에 특화된 사회적 의사소통 방식으로 간주되는 자극-반응 세트이다(Kayser, 1989). 검사 패러다임은 아동이 자신의 능력을 최대한 발휘하고, 관련된 답을 제공하려고 하며, 과제가 그들에게 이해가 되지 않을 때에도 응답하고, 낯선 사람의 질문에 대답하는 것을 편안하게 느낀다고 가정한다. 어떤 문화권에서는 개인이 낯선 사건을 침묵으로 맞이하거나 낯선 사람 앞에서 침묵할 것으로 예상한다. 다른 문화권에서는 추측이 권장되지 않으며 설명보다 실습을 통한 학습이 이루어진다. 안타깝게도, 이러한 각 요인에 의해 설명되는 부분의 정도를 결정하는 데 방법론상의 어려움이 있다. 서구 패러다임이 널리 퍼져 있는 미국 교육 체계 내에서 아동의 경험에 의해 이런 영향이 개선될 수 있는 정도를 분석하려는 연구는 아직까지 없었다. 동시에 미국 교육 경험의 정도가 히스패닉계 아동 및 청소년의 IQ 점수(Wechsler, 2005)와 이민자 성인의 상당한 차이를 설명한다는 증거가 있다(Harris, Tulsky, & Schultheis, 2003).

따라서 중요한 문제는 검사가 집단 간에 동일한 요인을 측정하는지의 여부이다. 이 질문을 조사하는 한 가지 일반적인 방법은 요인분석이며, 보다 복잡한 접근법에는 측정동일성(measurement invariance) 기법이 포함된다. 기본적으로 검사의 다양한 측면(즉, 소검사)이 전체 집단에서 유사한 방식으로 서로 연관되어 있다는 것이 나타나면, 이러한 결과는 검사가 전체 문화에서 같은 요인을 측정하고 있다는 가설을 지지하는 증거로 여겨진다. 일련의 연구에 따르면, WAIS-III의 4요인 모델이 미국, 호주, 캐나다의 대규모 대표 검사 참여자에서 동일하게 측정되는 것으로 나타났다. 교육 수준과 연령대에 걸쳐서도 동일한 결과가 나타났다(Bowden, Lloyd, Weiss, & Holdnack, 2006; Bowden, Lange, Weiss, & Saklofske, 2008; Bowden, Lissner,

McCarthy, Weiss, & Holdnack, 2003). 그러나 이러한 연구가 중요하지만 서구화 · 산업화되어 있으며 공통된 역사적 뿌리를 공유하는 영어권 국가 간의 비교에만 국한된다는 점에 유의해야 한다.

북아메리카, 유럽 및 아시아 16개국에 대한 대규모 국제 연구에서 Georgas와 동료들(2003)은 WISC-III 요인 구조의 합리적인 일관성을 발견했으며, 각 국가가 서너 가지 요인을 보고하는 것으로 나타났다. 3요인과 4요인 구조의 차이는 모든 경우에서 단일 하위 검사(산수)가 두 가지 요인(즉, 언어와 작업기억)에 중복으로 교차하기 때문이었다. 중요하게도, 이 분석에는 11개의 서로 다른 언어를 사용하는 3대륙과 16개국뿐만 아니라, 모두 선진국이지만 서구화된 사회와 비서구화된 사회들(즉, 한국, 일본, 대만)이 포함되었다. 이 연구의 또 다른 중요한 발견은 국가의 평균 전체 IQ 점수가 국민총생산(GNP), 교육비에 쓰인 국민총생산 비율, 농어촌 노동력 비율과 같은 주요 경제 지표에서 드러나는 국가의 풍요 수준과 교육 수준에 따라 체계적으로 변화한다는 사실을 발견한 것이다. 이 연구에서와 같이, 산업화 이전의 국가가 포함되지 않았음을 다시 한번 주목한다. 제7장에서 이것과 관련된 연구를 계속하고 여러 국가에서 WISC-V 점수를 비교하는 새로운 데이터를 제시하므로 제7장을 참고하기 바란다.

비록 결함이 있기는 하지만 집단 간 평균 점수의 차이를 검토하고 검사 내부의 문화적 편견을 평가하는 것은 비교적 간단한 절차이다(Gottfredson & Saklofske, 2009 참조). 보다 정교한 방식은 지능검사 점수와 중요한 준거 변수(criterion variable)의 관계가 집단마다 어떻게 다른지 살펴보는 것이다. 그러나 이것은 지능검사의 검증에 적합한 준거 변수가 무엇인지에 대한 의문을 제기한다. 비록 전부는 아니지만, 지능의 중요한 행동적 결과물을 교육적 성공이라고 간주하는 문화권에서는 IQ로 학업 성취를 예측하는 연구가 광범위하게 이루어져 왔다. WISC-R의 인종/민족 집단에서는 전체 IQ 점수에 따른 표준화된 성취도 시험 점수가 차이가 없다는 것이 연구를 통해 나타났다(Potat, Wuensch, & Greg, 1988; Reschly & Reschly, 1979; Reschly & Saber, 1979; Reynolds & Gutkin, 1980; Reynolds & Gutkin, 1979). 이러한 결과는 WISC-III와 읽기, 쓰기, 수학의 국가 표준 성취도 검사 점수에서도 동일하게 나타났다(Weiss, Prifitera, & Roid, 1993; Weiss & Prifitera, 1995). 전형적으로 이러한 회귀분석기반(regression-based) 연구는 절편에서는 차이가 있지만 기울기에는 차이가 없으며, 기울기에서 차이가 두드러지지 않는 것은 IQ 점수와 성취 간 차별적 예측이 부족하다는 증거로 여겨진다. 즉, IQ 점수는 연구된 모든 인구 통계학적 집단에서 표준화된 성취도 시험에서 똑같이 점수를 잘 예측한다. 그러나 이러한 발견은 예측변수(즉, 표준화된 지능검사)와 준거(즉, 표준화된 성취 시험) 모두에 동일하게 존재하는 편향 때문일 수 있다. 이 문제는 표준화된 성취도 시험 점수보다는 교사가 부여한 학급 성적을 기준으로 삼은 Weiss 등(1993)의 연구에 의해 부분적으로 다루어졌으며, 다시 한번 차별적인 예측이 관찰되지 않았다. WISC-IV에서도 학업 성취에 대한 차별적 예측이 일반적으로 부족하다는 점이 최근에 입증되었다(Konold & Canivez, 2010).

우리가 현재 개념화한 지능 구성 요소는 많은 문화에 걸쳐 반복 가능한 구조로 신뢰성 있게 측정되지만 각 문화, 특히 비산업화된 문화에서 지능으로 정의할 행동과 결과를 예측하는지는 알 수 없다. 지능과 학업 성취 간의 관계를 보여 주는 연구는 많은 연구자에 의해 중요하게 여겨진다. 왜냐하면 그들이 속한 사회에서 교육을 지능의 중요한 결과물로 여기는 경향이 있기 때문이다. 산업화 이전 국가의 문화 혹은 산업화된 국가의 일부 하위 문화에서는 학교에서의 성공이 반드시 성공의 중심이 되는 것은 아니므로 그러한 연구는 그다지 관련이 없을 수도 있다. 지능의 결과물 중 가치 있는 다른 부분은 문화에 따라 상당히 다를 수 있으며, 이는 동료들과 갈등을 해결하는 능력, 연장자에게 영향을 미치는 것, 지시 없이 유용한 기계를 만드는 것, 위험한 동네에서 살아남는 것, 척박한 땅에서 영양가 있는 작물을 재배하는 것 등을 포함할 수 있다. 중요한 것은 지능검사가 여러 집단 전체에 걸쳐 안정적인 요인 구조를 가지고 있고 학문적 성과를 매우 잘 예측하지만, 모든 문화의 실제 생활에서 지능적 행동으로 가치가 있다고 생각하는 것들을 예측하지는 않는다는 것이다. 문화 전반에 걸친 요인 구조의 안정성을 입증하는 것은 문화 간 타당성을 입증하는 데 중요하지만 불충분한 단계이다. 또한 만약 우리가 문화 특정적 지능의 결과물을 예측하기 위해 새로운 검사를 고안한다면, 먼저 그 모집단에 의해 정의된 지능적 행동이 무엇으로 구성되는지 이해하고, 그 후 그러한 행동적 결과물을 잘 예측하는 과제들을 고안해 낼 것이다. 만약 지능의 중요한 결과물(즉, 준거)이 문화에 따라 다르다면, 대부분의 현대 지능검사를 구성하는 요인은 동일하지 않을 수 있다. 그러나 우리는 그것을 알지 못한다.

3. 특수교육에서의 검사 결과 및 검사 사용의 공정성

일부 학자들은 검사 결과에 기초한 특수교육 프로그램의 구성에 대한 결정과 분명히 관련된 검사의 사용에 대한 평가 없이는 검사 편향에 대한 어떠한 논의도 불완전하다고 주장해 왔다(Valencia & Suki, 2001, p. 145). 이 견해는 교육 및 심리검사 표준(Standards for Educational and Psychological Test; American Education Research Association, American Psychological Association, & National Council on Measurement in Education, 2014)에 기재되어 있다. 이 주장은 악의적인 의도가 전혀 없지만 몇 가지 위험을 내재하고 있다. 검사 사용의 결과를 연구하는 것은 분명히 중요한 연구 분야이다. 그러나 우리는 검사 편향이라는 주제하에 검사 사용의 결과를 고려할 때 서로 다른 집단별 서비스에 대한 요구(need)와 검사 편향의 개념이 혼동되는 위험이 수반될 수 있다고 생각한다. 이는 일반적으로 낮은 사회경제적 지위를 가지며, 문화적 · 언어적 다양성을 갖는(Culturally and Linguistically Diverse: CLD) 청소년이 학습 지연의 위험에 처해 있을 확률이 높다는 연구결과가 나왔기 때문이다(Hall & Barnett, 1991; Reid & Patterson, 1991; Schaefer, 2004; Walker, Greenwood, Hart, & Carta, 1994). 두 집단이 특정한 문제에 있어 실제로 처한 위험에 차등이 있는 경우, 위험에 처한 집단에게서 더 높은 비율의 피검 대상을 도출하는 검사는 편파적이라기보다는 유효하다고 간주해야 한다. 이것은 매우 중요하지만 자주 무시되는 문제이다. 일부 주 교육 당국은 위험 상태에 대한 고려 없이 주 인구 조사 대상에 허용 가능한 한도를 설정함으로써 비율적 대표 기준을 세운다. 이에 대한 공정한 사용 방식은 차별화된 서비스가 필요한 개인과, 잘못 조사되었고 보충 서비스의 도움을 받지 못하는 개인을 구별하는 것이다. 따라서 공정한 사용은 집단 차원의 개념이 아니라 개인 차원의 개념으로 보아야 한다. 이번 장의 내용은 대부분 개별 평가의 공정성을 개선하기 위해 심리검사 점수의 해석에서 상황별 변수를 고려하는 것에 관한 것이다. 그럼에도 불구하고, 우리는 특수교육 프로그램에서 소수 집단(minorities)에 대한 불균형적 대표성에 대한 논의를 계속한다. 왜냐하면 이러한 프로그램에 진입(entry)시키는 것에 대한 결정이 검사의 불공정성에 대한 주장을 부르기 때문이다. 또한 「장애인교육법(Individuals with Disabilities Education Act: IDEA)」에는 특수교육 프로그램에서의 소수 집단이 갖는 지나친 대표성을 줄이기 위해 고안된 중요한 조항이 포함되어 있기 때문이기도 하다(IDEA, 2004).

문항의 편중과 차등적 성취의 예측에 대한 일반적인 증거가 없음에도 불구하고, 인구통계 집단 간의 IQ 검사 점수의 평균적 차이는 유지되는데, 심지어 사회경계적 지위의 차이를 감안해도 그러하다. 이러한 차이점들은 일부 특별한 교육 프로그램의 불균형적인 대표성에 기여한다. 먼저, 학습장애(Learning Disabilities: LD) 프로그램을 살펴보자. 국가적으로 학습장애 프로그램에 등록된 각 인종/민족 집단의 학생 비율은 공립 학교에 등록한 각 인종/민족 집단의 비율과 비슷하다.

국립교육통계센터(National Center for Education Statistics, 2012a)에 따르면, 2011~2012학년도의 아프리카계 미국인(African Americans: AA)은 전체 학교 등록 비율의 15.4%와 비교했을 때 학습장애 프로그램의 20.2%를 차지한다. 아프리카계 미국인들과 관련된 데이터를 해석할 때, 연구자들이 일반적으로 아이티와 같은 비아프리카 국가에서 이주한 사람들을 포함한 미국에 살고 있는 모든 흑인을 아프리카계 미국인으로 식별한다는 것을 알아야 한다. 우리 역시 이 장에서 아프리카계 미국인이라는 용어를 사용하는데 이는 아프리카계 미국인이라는 단어가 이 책이 쓰인 시점에서 흔히 이용되기 때문이고, 다른 지역 출신의 흑인은 이용 가능한 대다수의 자료에서 별도로 기록되지 않았기 때문이다. 그러나 독자는 여기에 기술된 아프리카계 미국인 표본이 자료가 암시하는 것보다 더 이질적일 가능성이 있음을 명심해야 한다.

학교에 재학중인 히스패닉의 비율이 23.9% 것에 비해 그중 25.7%가 학습장애 프로그램에 참여하고 있다. 학교에 재학 중인 백인 학생은 51.4%인 것에 비해 학습장애 프로그램에 참여하는 백인의 비율은 48.6%이다. 그러므로 2011~2012년도의 국가 자료는 소수 인종이 학습장애 프로그램에서 지나치게 많이 표시된다는 가설을 뒷받침하지 않는다. 히스패닉과 아프리카계 미국인은 각각 1.8퍼센트와 4.8퍼센트가량 학습장애 프로그램에서 과대평가되었다.

그러나 지적 장애 프로그램과 영재/재능(Gifted/Talented: GT) 프로그램의 국가적 비율은 인종/민족 집단별 인구 비율에 비례하지 않는다. 국가 수준에서 아프리카계 미국인은 지적 장애 프로그램에서 상당히 큰 대표성을 띠는 반면, 히스패닉과 백인(46.8%)는 다소 적은 대표성을 띈다. 이는 주마다 약간의 차이가 있다. 예를 들어,

아프리카계 미국인은 플로리다의 학교 인구의 약 4분의 1이지만(NCES, 2012b) 해당 주에서 진행하는 지적 장애 등록자 수의 40%를 차지한다. 일리노이 주의 경우, 히스패닉은 학생 인구의 22%이지만, 지적 장애 등록자 수의 18.4%를 차지한다(NCES, 2012c). 그러나 뉴욕의 경우, 히스패닉은 학교 인구의 22.1%이지만 지적 장애 등록자 수의 27.6%(NCES, 2012d)를 차지한다. 역사적으로 스페인어로 인지 능력과 적응행동을 거의 측정하지 않았기 때문에 이 인구에서의 지적 장애 여부 식별은 제약을 받는다. 이제 이러한 방식을 이용할 수 있기에 해당 특수교육 범주에서 히스패닉의 대표성이 과거의 수치에 비해 증가했을 수 있다.

학습장애와 지적 장애의 등록자 비율은 경미한(mild) 지적 장애가 심각한 학습장애나 동반 이환된(comorbid) 학습장애와 구별하기 어려울 수 있기 때문에 서로 연관하여 고려되어야 한다. 역사적으로 학습장애나 경미한(혹은 교육 가능한) 지적 장애라고 확인된 학생들의 비율 사이에는 반비례가 있어 왔다. 아마도 연구비의 출처가 강조하고자 했던 부분을 바꾸었거나, 학습장애로 분류하는 것에 대한 사회적 수용 정도가 시간이 지남에 따라 변화했을 것이다. 지적 장애 진단 시 적응행동 측정도구의 사용 부족에 대한 논란도 제기되었으며, 경미한 지적 장애에 해당되는 학생 중 약 3분의 1은 이러한 적응행동 측정에 대한 기록이 없는 것으로 진단될 수 있다고 관찰되었다(Reschly & Ward, 1991). 적응행동 측정도구의 부족은 가벼운 지적 장애로 진단받은 많은 사람에 대한 타당성에 의문을 제기하게 한다. 학습장애와 경미한 지적 장애의 비율이 보이는 관계와 시간의 흐름에 따른 이들의 변화 또는 각각의 주가 보이는 변화에 학자들의 관심이 필요하다.

학습장애와 지적 장애의 비율 간의 관계를 이해하고자 할 때, 특수교육 서비스의 적격성을 확정하기 위한 명확한 규칙과 더불어 인구통계학적으로 집단의 평균 점수를 고려하는 것이 유익할 수 있다. 일부 지방 교육 기관에서 능력-성취 간 불일치(Ability-Achievement Discrepancy: AAD) 기준은 지난 10년 동안 여전히 학습장애 서비스에 대한 자격을 결정하는 구성 요소였다. 그러나 다른 교육 기관에서는 개별화교육계획(Individual Education Plan: IEP) 위원회가 자격을 결정하는 데 있어 상당한 재량권을 허용하고 있어, 특수교육 서비스를 받는 학생을 결정하는 표준화된 기준이 결여될 수 있다. 일반적으로 학생을 학습장애 프로그램에 배치하기 위해선 그들이 지능과 성취도 사이에 큰 불일치(대개 15점 이상)를 가지고 있어야 하며, 성취도는 더 낮아야 한다. 능력-성취 간 불일치 기준을 엄격히 적용하면 능력 검사 점수가 기준점을 초과하지 않거나 능력과 성취도 검사 점수가 모두 낮기에 서로 불일치하는 모습을 보이는 일부 사회경제적 지위가 낮은 아프리카계 미국인 학생이 학습장애 서비스를 이용하지 못할 수 있다. 비록 이 주제에 대한 자료는 없지만, 우리는 개별화교육계획 위원회가 몇몇 어려운 학생에게 필요한 도움을 많이 주기 위해 사용할 수 있는 최선의 선택으로 경미한 지적 장애에 속하는 학생들을 위한 프로그램에 배치하는 것을 고려하였다고 추측한다. 학교들이 더 이상 학습장애 서비스의 적격성을 결정하는 데 능력-성취 간 불일치를 이용할 것을 요구하지 않는 현행 IDEA를 시행함에 따라, 학습장애 서비스의 적격성 여부를 결정하는 규칙은 지난 10년 동안 변화해 왔다. IDEA는 지역 교육 기관들이 개입에 대한 중재반응모델(Response To Intervention: RTI) 또는 학생들이 경험적으로 뒷받침된 가르침을 따르는 데 실패한 상황처럼 자격을 결정짓는 다른 방법을 고려할 것을 권장한다. 좀 더 현대적인 개입에 대한 중재반응모델이나 강점 및 약점을 처리하는 방법(processing strength and weakness)을 이용하더라도 학생은 종종 다른 기준 외에 최소 80 정도는 넘는 IQ 점수를 갖고 있어야 한다. 그러나 기대에도 불구하고, 개입에 대한 중재반응모델의 적용은 불균형적 대표성을 줄이는 데 아무런 영향을 미치지 않은 것으로 보인다. Bouman(2010)은 캘리포니아주의 중재반응모델 학군이 비중재반응모델 학군보다 문화적 · 언어적 다양성을 갖는 학생들을 할당하는 비율이 크게 낮지 않다는 것을 발견했다. Orosco와 Klinger(2010)에 따르면, 중재반응모델이 특수교육을 결정할 때 편향 제거에 대해 잘못된 근거를 제시하는 것으로 나타났다. Hernandez-Finch(2012)는 양질의 최신 연구에도 불구하고 현재로서는 문화적 · 언어적 다양성을 갖는 학생들에 대해 중재반응모델을 완전히 구현할 수 있는 연구가 불충분하다고 결론지었다. 그에 따라 문화적으로 반응하는 중재반응모델이 제안되었다(Rhodes, 2010; Rodes, Ochoa, & Ortiz, 2005).

학습장애의 차등 비율을 이해하고자 할 때, 큰 틀에서의 특수교육 자격 결정 과정을 검토하는 것은 중요하다. 이 과정에서 검사 점수가 중요하긴 하지만 오직 하나의 역할만을 담당한다. 특수교육 자격 결정 과정은 학교마다 다르지만, 먼저 학생이 교실에서 학업을 따라가고자 할 때 도움을 구하고자 하는 사람은 거의 언제나 교사이다. 대부분의 학교에서 교사는 하나 이상의 교육 방식에 대한 변경이 시도되었고 효과적이지 않았다는 것을 증명해야 한다. 그 시점에서 방과 후 학습, 지역 봉사자들과 함께하는 멘토링 프로그램, 학년유급, 검사 의뢰(referral for testing) 등을 포함한 다른 선택 사항이 고려된다. 연구자와 관련 정책의 지지자들은 이제 학습장애와 지적 장애 프로그램을 배정하는 과정에서 각각의 다양한 단계가 미치는 불균형적인 영향을 조사하기 시작하고 있다. 예를 들어, 교사들의 개인 교습 의뢰 비율과 인종/민족 집단별 검사 의뢰 비율의 차등화를 들 수 있다.

또한 관찰자가 보는 관점에 따라 특수교육 프로그램에 배정하는 것이 호의적으로(favorable) 혹은 비호의적(unfavorably)으로 인식될 수 있다는 점을 짚고 넘어가는 것도 중요하다. 학생이 특수교육 프로그램에 배정되었을 때, 필요한 도움을 받고 있다고 보거나 또는 부당하게 꼬리표가 붙어 차별을 당했다고 주장할 수 있다. 동일한 특수교육 프로그램에 적합하지 않은 것으로 밝혀진 학생 중에서도 스스로 오명을 씌우는 꼬리표를 성공적으로 피했다고 생각하거나, 또는 그들이 필요로 하는 서비스에 대한 접근이 부당하게 거부당했다고 주장할 수 있다.

불균형적 대표성의 문제는 크고 복잡하다. 현재 일부 분야가 갖는 지나친 대표성의 범위는 너무 커서 인종/민족 집단 간의 인지 및 학습 문제에 대한 위험 차이를 통해서는 충분히 설명되지 않을 수 있다. 차등 위험으로 인한 지나친 대표성의 정도를 더 잘 이해할 필요가 있다. 문화적·언어적 다양성을 갖고 있으며 사회경제적 지위가 낮은 환경에 살고 있는 소수민족 학생이 인지 및 학습 문제의 위험에 처해 있다는 점을 감안할 때, 우리는 엄격한 비례 제도의 시행이 결국 부당한 교육 서비스 거부라는 법적 문제로 이어지는 것을 우려한다. 이는 문화적·언어적 다양성을 갖는 학생들이 소수민족 할당을 넘어섰다는 이유로 특수교육에 대한 접근이 거부되었을 때 발생할 수 있다. 우리는 지역 교육 기관들이 특수교육에서 소수민족의 허용 가능한 비율을 정할 때, 주의 지침이 인종/민족 집단별 위험의 차등 비율을 고려하도록 허용하기를 바란다. 두 가지 관점의 균형을 맞추고 부적절하거나 부당하게 서비스가 거부되는 학생이 없도록 하기 위해서는 이러한 문제에 세심한 주의가 필요하다.

영재/재능 프로그램의 경우, 국가적인 차원에서 인종/민족 집단에 의한 명백한 불균형적 대표성을 보인다. 국립교육통계센터(2012년)에 따르면, 데이터를 이용할 수 있는 마지막 해인 2006년에 아프리카계 미국인은 영재/재능 프로그램의 학생 중 9.2%를 차지했는데, 이는 2006년 가을 전체 학교 등록 비율인 17.1%와 비교된다. 2006년 가을에 20.5%가 학교에 등록한 것에 비해, 히스패닉계 학생의 비율은 12.9%라는 차이를 보였다. 영재/재능 프로그램에서 백인의 비율은 68.4%인 반면, 학교에 등록한 전체 학생 중 백인의 비율은 56.5%에 불과했다. 아시아/태평양 섬의 학생들은 백인 집단 외에도, 영재/재능 프로그램에서도 지나치게 많이 대표되고 있다. 영재/재능 프로그램에 등록한 학생의 약 9.4%가 아시아/태평양 섬 주민이었고, 이들은 전체 학생의 4%를 차지했다(Sable & Noel, 2008). 여기에서도 각 주별로 큰 차이를 보인다. 뉴욕의 히스패닉계 등록률은 20.6%(Sable & Noel, 2008)였지만, 뉴욕시의 영재/재능 학생 중 히스패닉계 학생 비율은 13.8%에 불과했다(NCES, 2012). 마찬가지로, 노스캐롤라이나주의 경우, 아프리카계 미국인 등록률은 29.2%(Sable & Noel, 2008)였으나 영재학생 중 아프리카계 미국인은 12.1%(NCES, 2012)였으며, 히스패닉은 전체 학생 인구의 9.6%(Sable & Noel, 2008)였으나 영재학생의 비율은 2.7%에 그쳤다(NCES, 2012).

어떤 집단이 국가 평균보다 낮은 평균 검사 점수를 가질 때마다 그 집단은 자격을 위해 낮은 검사 점수를 요구하는 프로그램에서 지나친 대표성을 갖고, 입학을 위해 높은 검사 점수를 요구하는 프로그램에서는 대표성을 덜 가질 것이다. 그러나 지적 장애나 영재 중 어느 것도 IQ 검사의 점수만으로 결정되어서는 안 된다. 앞서 언급하였듯이, 지적 장애라는 진단을 내리기 위해서는 지능과 적응기능 검사 점수가 모두 평균보다 상당히 낮아야만 한다(2 표준편차 이상으로). 그러나 지적 장애에 대한 배정 중 상당수가 적응행동에 대한 측정(measure) 없이 이루어졌음을 시사하는 증거가 있다. 마찬가지로, IQ가 영재 프로그램에 배정되는 유일한 요건이 되어서는 안 된다. Terman(1925)을 시작으로 수십 년 동안 높은 IQ로만 영재의 여부를 평가하는 경향이 지속되어 왔고, 일반적인 관념에도 계속 영향을 미치고 있다. 학자들은 세 가지 일반적인 영재의 특성을 제안한다(Renzulli, 1986; Winner, 1996). 첫째, 수학, 기타, 발레 등과 같은 일부 특정 영역 또는 전반적으로 조숙한 능력을 갖고 있다는 증거가 있어야 한다. 둘째, 그 활동에 대해 강력하고 확실한 과제 완수 의지(task commitment) 행동이 있어야 하며, 또는 그 기술을 '완전히 숙달(master)하려는' 모습이 있어야 한다. 셋째, 창의성과 독창성이 뚜렷해야 하며, 혹은 타고난(gifted) 기술(skill)에 관해서 '자신의 생각대로 나아가려는' 경향이 있어야 한다. 진정한 영재성은 이 세 가지 특성의 교차점에 깃들어 있다. IQ 검사는 영재 여부를 결정하는 데 중요한 역할을 하지만, 이는 독점적인 역할이 아니며 영재라는 개념에 대한 이해가 확장됨에 따라 영재의 평가 기준은 보다 다양해져야 한다.

분석적 · 종합적(synthetic) · 실용적(practical)인 재능과 관련될 수 있는 다른 유형의 지능이 있다고 널리 알려져 있으며(Sternberg & Davidson, 1986; Sternberg, 1997), 또한 재능은 개인의 안정된 특성이 아니라 문화적으로 정의된 행동 기회와 재능 있는 사람이 인식하고 행동하는 개인적인 재능 사이의 상호작용이라는 점 역시 고려할 수 있다(Csikszentmihalyi & Robinson, 1986). 이러한 영재성의 범위에 대한 확대는 보다 포괄적이며, 영재 프로그램의 엘리트주의적인 성격에 가해지는 지속적인 비판에 대한 해답을 제공한다(Margolin, 1994).

학습장애 및 지적 장애 프로그램과 마찬가지로, 영재/재능 프로그램의 불균형적 대표성을 이해하려면 더 큰 과정을 검토해야 한다. 대부분의 경우, 교사들은 영재 평가에 학생을 추천하지만, 학생에 대한 이러한 지명은 부모의 압력과 지역사회의 기대치에 의해 크게 영향을 받을 수 있다. 교사는 주로 학업성취도에 의존하지만, 이는 다른 특유한(idiosyncratic) 준거(criteria)를 포함할 수도 있다. 관찰 가능한 교실 행동의 체계화된 교사 지명 평정척도(nomination rating scale)는 여러 영재 영역에 대한 새로운 이론에 기반하고 있다. 이는 지명 과정에 내재된 비신뢰성(unreliability)을 줄이고 영재 및 재능 있는 학생 식별 타당도를 높인다(The Gift Rating Scales, Pfeiffer, & Jarosewich, 2003).

검사 편향에 관한 문헌은 지능검사 점수에 대한 사회경제적 지위의 역할을 인정하지만, 특수교육 프로그램의 불균형한 대표성에 관한 문헌은 가난이 학습과 인지 발달에 미치는 이미 알려진 영향에 대해 충분히 관심을 기울이지 않았다. 이것은 심각한 실수인데, 왜냐하면 가난이 신체적 건강과 심리적인 행복에 미치는 영향력은 학습과 인지 발달에 영향을 미치는 것으로 알려져 있으며, 이러한 수치가 인종/민족 집단 전체에 걸쳐 불균형적인 대표성을 드러내고 있고, 나아가 특수교육에서 불균형적인 대표성에 대한 더욱 많은 설명이 가능하기 때문이다. 이것은 이 장의 뒷부분에서 더욱 자세히 논의될 것이다.

다음으로 우리는 빈곤(poverty)에서 번영(prosperity)에 이르기까지 소득의 불균형이 어떻게 이러한 범위에 걸쳐 작용하는지 보여 줄 것이다. 빈곤은 중요한 문제인데, 가난한 가정에서 사는 스트레스는 인지, 특히 작업기억과 언어 능력에 부정적인 영향을 미칠 수 있기 때문이다. 가난한 아동은 그렇지 않은 아동보다 더 불안정하고 더 자주 움직이며 더 많은 스트레스를 경험하는데, 이는 아동의 인지 발달에 영향을 미칠 수 있다(Guo & Harris, 2000). 코르티솔(cortisol)과 같은 스트레스 관련 호르몬이 학습과 기억력에 영향을 미치는 것으로 밝혀졌다(van Ast et al., 2013). 인종/민족마다 빈곤층에 속하는 아동 비율의 차이는 현저하다. 아프리카계 미국인 아동의 37%, 기타 인종/지역 아동의 23%, 히스패닉 아동의 33%가 빈곤선 이하의 생활 수준을 누리는 반면, 백인 아동의 13%와 아시아인 아동의 15%만이 비슷한 상황에 처해 있다. 빈곤 상태는 소득과 가구 인원에 기초한다.

소득이 빈곤선보다 50% 이상 낮은 극빈층은 더욱 가혹한 환경에 놓여 있으며, 6~16세 자녀를 둔 아프리카계 미국인 가구의 13.3%가 극빈층에 속해 있다는 격차에는 더욱 초점을 맞추게 된다. 다음으로, 기타 인종/민족 가구의 11.25%가 극빈층이며, 히스패닉 9.7%, 백인계 4.6%, 아시아인 5.0% 순이다. 똑같이 놀라운 것은 부유한 가정이 보이는 차이인데, 아시아인의 33.1%와 백인 아동의 27.2%는 빈곤선의 아동이 누리는 것의 500% 이상을 누리며 살고 있기 때문이다. 이와는 대조적으로, 기타 인종/민족의 16.4%, 아프리카계 미국인 10.7%, 히스패닉의 8.3%가 이러한 부유한 가정에서 살고 있다.

우리는 이러한 직업, 소득, 빈곤의 차이를 지적하였는데, 그것들이 아동의 가정생활에 영향을 미치며, 궁극적으로는 가족과 아동의 인지 발달 기회와도 관련이 있기 때문이다. 또한 이러한 차이는 불균형(disparities)이 우리의 경제 체계 전반에 얼마나 널리 퍼져 있는지를 생생히 보여 주며, 그렇기에 이러한 불균형이 특수교육 서비스에서도 나타나는 것이 놀라운 일은 아니다.

3) 인종/민족 집단 간 신체 건강의 격차

우리는 이제 임신 전 치료, 소아과 방문 등 여러 가지 방법을 통해 수술하는 아동의 신체적 건강과 신경인지 상태(neurocognitive status) 사이에 간접적인 관계가 존재한다는 가정하에, 아동과 성인 양쪽 모두의 신체적 건강 상태에 대한 집단별 격차를 살펴보려 한다. 신체적 건강은 고용과 직업 안정에도 영향을 미칠 수 있으며, 따라서 자녀가 건강 또는 학교와 관련된 어려움을 겪는 경우 부모의 자원 접근 능력을 제한할 수 있다. 또한 우리는 집단별 격차가 특수교육 프로그램에 제한 요소가 되지 않는다는 것을 간단히 언급하고자 한다.

미국에서 아프리카계 미국인은 다른 인종/민족 집단보다 더 많은 건강 문제를 가지고 있으며, 이러한 격차는 역사가 오래되었다. 많은 아프리카계 미국인은 학대, 착취, 차별 때문에 보건 체계에 대한 불신을 가지고 있다(LaVeist, 2005). 아프리카계 미국인이 갖는 신체적 건강 격차는 태어날 때부터 시작된다. 저출산율과 유아 사망률은 종종 집단 전체의 생활 조건을 비교하는 기준점 역할을 한다(LaVeist, 2005). 아프리카계 미국인은 저체중 신생아를 더욱 많이 출산하였고, 어머니의 교육 상태를 감안하더라도 유아 사망률이 더욱 높다. 알기 쉽게 말하자면, 아프리카계 미국인의 신생아는 백인, 아시아인 또는 히스패닉의 신생아의 두 배의 비율로 죽는다. 신생아는 연약하고 태어난 지 얼마 되지 않아 다양한 원인으로 죽을 수 있지만, 주변 환경은 신생아의 전반적인 건강과 생존에 큰 영향을 미친다. 신생아 및 영유아 사망률이 높다는 사실은 어머니의 건강이 나쁘거나, 건강관리, 환경 스트레스, 빈곤 또는 다른 좋지 못한 생활환경에 영향을 받았음을 암시한다(Centers for Disease Control & Prevention, 2013).

이러한 신체 건강의 격차는 성인이 될 때까지 지속된다. 다음으로 제시할 정보는 2013년 미국 질병통제예방센터 건강 격차 및 불균형 보고서(Centers for Disease Control and Prevention Health Dosparities and Iuequalities Report-United States, 2013)에서 다루었던 것이다. 아프리카계 미국인은 백인에 비해 심장병(47.1%), 고혈압(49.1%, 백인보다 혈압약을 복용할 가능성이 높음에도 불구하고), 대장암(23.1%), 당뇨병(66.2%) 등의 발병률이 높다. HIV/AIDS의 경우, 놀랍게도 발병률은 823.1%씩이나 높다. 최근 공공 보건의 걱정거리인 비만 또한 아프리카계 미국인이 가장 높은 비율을 차지하고 있는데, 남성의 37%, 여성의 53%가 비만이다. 기대 수명 역시 아프리카계 미국인이 가장 짧다. 질병통제센터(CDC)에서 이용할 수 있는 현재 생명표(current life table)는 오늘날 태어나는 아프리카계 미국인의 자녀가 백인에 비해 여성일 때 3.5년, 남성일 때 5.0년 더 짧게 살 것으로 예상됨을 보여 준다.

이와는 대조적으로, 히스패닉은 종종 그들의 사회경제적 지위에도 불구하고 백인이나 아프리카계 미국인보다 더 좋은 건강 상태를 보인다. 이것은 건강 및 사망률 문헌에서 히스패닉의 역설로 알려져 있다. 이러한 역설에 대한 설명으로는 일반적으로 건강한 사람들만이 이민할 수 있다는 가정을 포함하고 있으며, 따라서 미국으로 이민을 온 히스패닉에게 건강상의 이점을 준다. 다른 설명으로는 강한 가족관계와 사회적 유대, 심리적 · 육체적 회복력 그리고 개인의 행동 양식(Ruiz, Steffen, & Smith, 2013)을 통해 히스패닉이 더 오래 산다고 주장한다. 현재 생명표는 오늘 태어난 히스패닉계 아기가 백인 아기보다 2.3년 더 오래 살 가능성이 있음을 보여 주며, 이것은 남성과 여성 모두 마찬가지이다. 그러나 이들은 전반적으로 건강은 좋아졌을지 몰라도 성인기 당뇨병(69.2%)에 걸릴 위험은 더 높다. 그들의 비만율은 여성 44%, 남성 35%로 아프리카계 미국인에 이어 두 번째이다(이 수치는 멕시코계 미국인에 한한 것으로, 히스패닉에 대한 데이터는 제공되지 않았다). 특히 중요한 것은 히스패닉이 41%의 높은 건강보험 가입률을 가지고 있다는 것이다. 「2010년 건강보험 개혁법(Affordable Care Act of 2010)」이 시행된 후, 이들의 건강보험 가입 비율이 어떻게 변할지 현재로서는 알 수 없다.

질병통제센터 보고서에서 백인은 종종 참조 집단의 역할을 수행했고, 그들은 건강관리에서 행동적인 면(behavioral side)을 보이기 때문에, 그들의 건강 문제 중 일부가 어디에 있는지 주목할 가치가 있다. 백인의 발병 원인 중 21.1%이 폭음이라고 응답하는데, 이는 다른 어떤 집단보다도 높은 수치이다. 이들은 월 4.1회 더 자주 폭음을 하며 6.8의 강도(폭음을 할 때 마시는 술의 양)로 폭음을 한다. 이것은 북미 원주민/알래스카 원주민을 제외한 다른 모든 집단보다 높은 수치이다. 북미 원주민/알래스카 원주민은 보다 낮은 음주 유병률을 보였지만, 그들은 평균 8.4잔을 마셔 더 많은 양의 음주를 하는 것으로 드러났다. 백인(10.2%)과 아메리칸 인디안/알래스카 원주민(13.6%)도 흡연을 한다고 보고할 가능성이 높지만, 전체 집단의 성인 인구 흡연 평균치가 이러한 비율보다 훨씬 더 높다. 아시아인은 백인에 비해 2,388%나 높은 유병률을 보이는 결핵을 제외하면 다른 집단보다 건강 문제가 적은 것으로 나타났다.

건강상의 격차는 아동의 가정환경에서 드러난다. 육체적이든 정신적으로든 건강하지 못한 부모는 종종 자녀를 돌보고 지원하는 데 더 많은 어려움을 겪을 것이기 때문이다. 우리는 다른 경우에 비해 소수민족 아동이 장애를 가진 사람과 함께 살 위험이 높은지 알고 싶었고, 미국 지역사회 조사(ACS)는 사람들에게 신체적 · 인지적 장애가 있는지, 혹은 자신을 돌보는 데 어려움이 있는지 조사하였다. 이 분석을 위해 6~16세 자녀를 둔 가구를 선정하고, 일련의 로지스틱 회귀분석을 실시하여 인종적/민족적 차이를 계산하였다. 이에 대한 표본은 18~68세의 성인으로 제한되었고, 선택지의 종류로는 청각, 신체적 한계, 기동성(mobility), 기억력 손상을 포함한 인지적 손상, 자신을 돌보는 데 어려움, 시각장애가 있었다. 교육과 성별 요건을 통제한 후, 청각을 제외한 모든 유형의 장애에서 아프리카계 미국인과 북미 원주민/알래스카 원주민은 백인보다 장애의 위험이 더 높았다. 아프리카계 미국인은 신체장애의 위험이 29% 더 높고, 이동성 문제가 있을 위험이 24% 더 높았으며, 인지장애의 위험이 13% 더 높았고, 자신을 돌보는 데 한계가 있을 위험이 38% 더 높으며, 시력 문제가 있을 위험이 64% 더 높았다. 북미 원주민/알래스카 원주민은 육체적 장애의 위험이 45% 정도 높았고, 기동성 문제를 가질 확률이 34% 더 높았으며, 인지 능력에 문제가 있을 확률이 40%, 자기 관리에 한계를 느낄 확률이 54% 높았고, 시력 및 청력에 문제가 있을 확률은 각각 88%, 104% 높았다. 이와는 대조적으로 히스패닉은 이러한 모든 범주에서 백인에 비해 15~60% 낮은 위험을 가지고 있었는데, 이는 히스패닉의 역설과도 일치하는 사항이다.

우리는 신체적 건강 상태가 특수교육 외에 다른 분야에도 불균형이 존재한다는 것을 보여 줄 뿐만 아니라, 건강에 문제가 있는 부모는 자녀가 성장하고 발전함에 따라 그들을 돌보고 관심을 기울이며 재정적 지원을 제공하는 데 종종 어려움을 겪음을 지적하기 위해 이에 대해 관심을 기울인다. 신체적인 건강은 또한 고용될 기회와 가족의 수입, 그리고 아동의 요구를 해결할 수 있는 가용 자원에도 영향을 미친다.

4) 인종/민족 집단 간 정신 건강의 격차

정신 건강 상태와 아동을 위한 정신 건강 서비스에서의 집단별 격차는 이러한 격차가 특수교육 서비스에만 국한되지 않는다는 것을 다시금 입증하고, 중요한 정신 건강 문제를 가진 부모가 자녀의 인지 및 학업 발달에 적절히 대처하기 위한 개인 자원이 더 적어질 수 있다는 점을 지적하기 위해 포함되었다.

아프리카계 미국인과 히스패닉은 정신 건강 서비스를 받기 시작할 가능성이 적으며, 서비스를 받더라도 그들은 더 적은 수의 치료를 받는다(Cook et al., 2014). 아프리카계 미국인, 백인, 히스패닉 사이의 심리장애 비율은 사회경제적 지위를 통제하였을 때 비슷한 것으로 드러났다. 이에 관해선 2011~2012년 미국 전국아동보건조사(National Survey of Children's Health: NSCH)의 자료를 분석했다. 이 조사는 질병통제센터(CDC)에 의해 실시되었고, 부모들에게 자녀의 안녕과 신체적 · 정신적 건강 상태를 인터뷰했다. 그들은 부모에게 자녀가 현재 자폐증, 주의력결핍 과잉행동장애(Attention Deficit Hyperactivity Disorder: ADHD), 불안, 우울증, 발달지연, 행동장애를 가지고 있는지 물었다. 이러한 데이터는 부모에 의해 자기보고식으로 수집되어 약간의 한계가 있으므로 이 비율을 정확한 유병률로 간주해서는 안 된다. 백인(2.1%)과 아시아인(1.6%)은 자폐증 유병률이 가장 높았고, 백인의 경우 ADHD(9.4%)의 유병률 또한 가장 높았다. 아프리카계 미국인은 발달지체(3.7%), 행동장애(4.4%)가 상대적으로 높다는 결과가 나왔지만, 이 위험은 사회경제적 지위를 통제한 상태에서 백인의 결과와 크게 다르지 않았다. 빈곤선 구간의 소득보다 400% 이상을 버는 가정에 사는 아동에 비해 빈곤에 허덕이는 아동은 ADHD(91%), 불안(81%), 우울증(342%), 발달지체(114%), 행동장애(453%)의 위험이 커서 빈곤에 허덕이는 생활이 이들이 겪는 장애에 큰 영향을 미친다는 것을 확인할 수 있었다. 이러한 결과는 사회경제적 지위와 정신 건강에 대한 이전의 연구(Hudson, 2012)와 일치한다.

정신 질환을 가진 개인의 비율은 노숙자, 수감자(incarcerated) 또는 위탁 가정에 있는 사람들 사이에서 훨씬 더 높으며, 아프리카계 미국인은 이러한 환경과 연관되어 평균 이상의 대표성을 띄고 있다. 노숙자에 정확한 자료는 노숙자 인구의 일시적인(transient) 특성을 감안할 때 얻기 어렵다. 그러나 아프리카계 미국인인 노숙자 비율은 37%로 추정되며, 9.7%는 히스패닉(SAMHSA, 2011)인 것으로 추정된다. 노숙자 쉼터의 가정은 39%가 아프리카계 미국인, 22%는 히스패닉 가정이다(Child Trends, 2013). 이러한 수치에는 확인하기 어려운 무주택자 가구는 포함되지 않았다. 집이 없는 아동은 학대를 받거나 무시당할 가능성이 더 높다.

또한 학대와 방치는 아동을 위탁 가정에 보낼 수 있으며, 이로 인해 아동이 겪는 불이익이 악화될 수 있다. 특히 나이가 많은 아동은 나이로 인해 더는 위탁 가정에 있지 못할 때까지 여러 위탁 가정을 거칠 수도 있다(The Annie E. Casey Foundation, 2008). 미국 보건복지부(US Department of Health and Human Services, 2013)에 따르면, 2002년 17.4명에서 2012년 9.6명으로 낮아졌음에도 불구하고 위탁 가정에 있는 아동은 대부분 아프리카계 미국인이다. 아프리카계 미국인의 아동은 전체 아동 인구의 13.9%이지만, 그들은 위탁 가정에 있는 아동의 25.5%를 차지한다.

북미 원주민/알래스카 원주민은 인구의 1%에도 못 미치지만, 위탁 가정에 있는 모든 아동의 2%를 대표하기 때문에 이들 역시 평균 이상의 대표성을 띈다. 또 다른 정신 건강상의 위험은 자살이다. 질병통제센터(CDC)에 따르면, 자살은 백인, 특히 남성 사이에서 훨씬 더 흔하며, 그 다음으로 자살이 흔한 인종은 북미 원주민/알래스카 원주민이다. 다른 집단은 백인에 비해 자살률이 상당히 낮다. 10~24세의 경우, 북미 원주민/알래스카 원주민의 자살률은 남성과 여성 모두 훨씬 더 높으며, 10만 명당 남성 자살률은 31.27명이다(Centers for Disease Control and Prevention, 2012).

미연방정부 의무총감(Surgeon General)은 정신 건강 상태의 차이를 상세히 기술한 보고서를 배포했으며, 다음 절의 세부사항은 따로 언급된 경우를 제외하면 해당 보고서에서 제공되었다(US Department of Health and Human Services, 2001). 정신 건강 서비스의 가용성은 어디에 살고 있는지와 건강보험의 유무에 달려 있다. 아프리카계 미국인의 상당수는 신체적 · 정신적 건강 관리 서비스에 대한 접근성이 낮은 지역에 살고 있으며, 아프리카계 미국인의 약 25%는 건강보험이 없는데, 이는 백인의 10%에 비해 큰 수치이다. 가난하고 보험에 들지 않은 사람에게 보조금을 주는 저소득층 의료 보장 제도의 약 21%는 아프리카계 미국인이다.

히스패닉과 관련한 대부분의 연구는 백인과 비교했을 때 정신 질환 비율의 차이가 없다는 것을 뒷받침한다. 그러나 표본 크기의 문제는 이 발견의 일반성을 멕시코계 미국인 집단 이외에 적용하는 것을 제한했다. 일반적으로 히스패닉은 정신 건강 관리 체계를 충분히 활용하지 못하는데, 이는 아마도 그들 중 상당수가 이민자이기 때문이다(Garcisa, 2012). 정신 질환에 대한 평생 동안의 유병률은 멕시코 이민자의 경우 25%이지만, 미국 태생인 멕시코계 미국인의 경우 48%이다. 미국 거주 기간이 13년 미만인 멕시코 이민자는 미국 태생인 이민자나 전체 미국 거주자보다 정신 건강이 더 좋다. 일반적으로 히스패닉은 정신 건강 관리 서비스의 활용률이 저조하고,

백인에 비해 충분치 못한 수준의 정신 건강 관리 서비스를 받는다. 약 11%의 멕시코계 미국인이 정신 건강 서비스를 받을 수 있는 반면, 백인의 경우 22%가 정신 건강 서비스를 받는다. 이러한 경향은 새로운 멕시코 이민자의 정신 건강이 비교적 양호한 것으로 나타나 이주민이 대체로 건강하다는 이론과 일치한다. 하지만 그들의 문제는 미국에 오래 머물수록 더 널리 퍼진다. 그들의 이민자 지위는 새로운 이민자를 받는 데에 익숙하지 않고, 특히 스페인어를 구사하거나 문화를 이해하는 임상의가 부족한 지역에서 정신 의료 서비스에 대한 접근을 어렵게 만든다. 역사적으로 더 많은 멕시코 이민자가 있는 지역에서는 더 우호적이고 더 나은 의료 서비스를 제공할 수 있다(Garcia, 2012). 멕시코 이민자의 한 가지 강점은 그들의 사회적 응집력과 가족 간의 유대감일 것이다. 미국 애리조나주에서 실시된 연구는 신뢰하는 친구가 있는 동네에 사는 히스패닉이 그들의 정신적 · 육체적 건강 모두에 긍정적인 영향을 받는 것을 발견했다. 가난하며 다양한 지역에 사는 사람은 정신 건강이 좋지 못했지만, 가난한 지역이 히스패닉 지역이라면 그 주민은 정신적 · 육체적 건강에 있어 보다 나은 모습을 보였으며, 이는 그들의 사회적 유대감이 갖는 강점을 드러낸다(Rios, Aiken, & Zautra, 2012).

히스패닉계의 또 다른 강점은 정신 건강 장애에 대한 태도를 포함한다. 정신 건강 장애가 있다고 해서 그 사람이 비난받아서는 안 된다고 여기는 문화적 규범이 있는 듯하며, 이는 사람들이 서로를 돌보기 쉽도록 만들 수 있다. 적어도 멕시코인들 사이에서는 신체적 또는 정신적 건강 상태에 관계없이 가족 내에서 자신의 병을 돌보는 문화적 규범이 있는 것으로 보이며, 이는 일부 정신 건강 서비스가 충분히 활용되지 않은 것에 반영되었을 수 있다.

5) 다양한 삶의 영역에 나타나는 인구통계학적 차이점들의 영향

분명 일부 논평가는 삶의 다양한 영역에서 인종/민족 집단 격차에 대한 우리의 개요를 정의하기에는 너무 제한적이라고 비판할 것이고, 다른 독자들은 왜 우리가 이 주제에 그렇게 많은 시간을 소비했는지 그리고 구체적으로 어떻게 이 문제들이 지능검사, 특히 WISC-V를 이용한 지능평가와 관련이 있는지 궁금해할 것이다. 대부분의 경우에 앞에서 설명한 격차의 크기는 충격적이며, 이 격차는 미국에 심각한

정치적 · 법적 · 경제적 영향을 미친다. 우리는 이 토론을 조심스럽게 이 장에 포함시켰다. 첫째, 우리는 인종/민족 집단 간의 불균형이 삶의 많은 중요한 영역에서 관찰되어 왔으며, IQ 검사 점수나 특수교육 비율에 국한되지 않는다는 기본적인 점을 지적하고자 한다. 우리는 특정한 방향으로 원인과 결과를 암시하는 것이 아니라, 인종/민족 집단 간의 격차가 IQ 검사 점수나 특수교육 비율에만 국한되지 않는다는 것을 간단히 언급할 뿐이다.

둘째, 그리고 이 장의 목적에서 훨씬 더 중요한 점은 앞서 제시된 차이점은 대부분 다른 인종적 배경을 가진 사람들이 인지 성장과 발달을 위한 서로 다른 기회를 가지고 있음을 암시한다는 것이다. 이러한 차이가 인지 능력의 발달에 미치는 영향은 유년기에 매우 중요하지만, 교육 수준, 소득, 정신 및 신체 건강, 그리고 그들이 살고 있는 지역사회에서 이용할 수 있는 자원에 따라 성인기 중반까지 지속된다.

미국인은 모든 아동이 동등한 기회를 가지고 태어나고, 어떤 아동이라도 미국의 대통령이 될 수 있다고 말하길 좋아한다. Barack Obama가 첫 아프리카계 미국인으로써 미국 대통령에 선출된 것은 이민자 자녀에게는 틀릴지언정 이 말이 사실임을 보여 준다. 그럼에도 비록 법에 따른 기회가 같을 수 있지만, 법의 시행은 때때로 수감률의 격차에 의해 제시된 인종/민족 집단에 대한 사법 관할권에 따라 달라질 수 있다. 그러나 이러한 법적 사항은 우리가 이 장에서 말하고 있는 기회가 아니다. 우리는 한 아동의 인지 능력의 발달, 즉 사춘기를 거쳐 초기 성인기까지 아동의 정신(mind)이 최대한 성장하여 확장될 기회라는 관점에서 이야기하고 있다.

유전이 지능을 결정하는 매우 큰 요소임에도 불구하고(Neisser, 1998 참조), 우리의 중점적인 주장은 IQ는 불변의 특성이 아니라는 것이다. 오히려 그것은 (태아부터가 아니더라도) 유아기에 시작하여 청소년기를 거쳐 성인기 초기나 중기까지 이어지는 긴 인지 발달 과정 동안 어느 정도 영향을 받는 기본적인 능력이다. 인지 발달은 여러 가지 상호작용적이며 상호적인 방법으로 환경에 의해 영향을 받을 수 있다. 아동의 지적 발달에 관해서는 해당 사회의 문화와 학교가 복합적 환경의 필수 부분으로 간주된다(Nisbett, 2009). 우리는 부모가 얻는 교육의 수준이 부모의 직업적 지위 및 가계 수입과 높은 상관관계가 있다는 것을 알고 있다. 이것은 차례로 부모가 감당할 수 있는, 그 지역에서 이용할 수 있는 학교와 도서관의 질, 그 지역들에 현재 존재하는 성공과 발전을 위한 모델, 문화적으로 정의된 교육적 성취에 대한 기대, 아동의 직업적 미래에 대한 기대와 관련이 있으며, 나아가 청소년이 어느 정도까지 경제적 생존에 대한 우려나 교육 발전(progress)과 경력 개발을 방해할 수 있는 개인의 안전에 대한 두려움에서 벗어나 학문적 또는 여타 인지적으로 풍요로운 활동을 추구할 수 있는지와도 연관되어 있다.

많은 면에서 교육은 개인이 이용할 수 있는 인지적으로 풍요로운 활동의 양과 질과 관련된 많은 변수의 대용물에 불과하며, 부모나 보육 인력이 아동을 위해 제공할 수 있다. 그러므로 교육은 수많은 예외로 가득 찬 총량적 지표일 뿐이다. 확실히 정규 교육을 거의 받지 않고도 사업적 · 사회적으로 성공한 많은 사람이 있고, 그들의 성공은 그들의 자녀로 하여금 부모 덕분에 받는 교육을 통해 기대를 품도록 하는 중요한 기회를 제공한다. 마찬가지로, 이 장의 독자는 고급 학력 증명서조차도 항상 인생의 성공과 동일하지는 않다는 것을 알고 있을 것이다. 놀라운 것은 그 모든 불완전함 속에서도 하나의 변수, 즉 교육이 인지 능력과 많은 관련이 있다는 것이다.

5. 인지 능력의 발달, 가정환경, 문화

1) 이론적 고찰

가족 체계는 아동의 초기 학습 과정에 가장 크고 우선적인 영향력을 준다(Bronfenbrenner, 1992). 발달심리학에서 제시된 가정환경에 대한 연구결과는 오랜 역사를 가지고 있으며, 1920년대 Piaget의 연구만큼 거슬러 올라간다. 시카고 가정환경연구학교의 설립자 중 한 명이었던 Bloom(1964)은 취학 전 연령이 아동의 지적 자극에 가장 중요한 시기이며, 가족 관계의 부차적인 환경을 파악하여 이 환경이 인지 발달의 다양한 측면에 미치는 고유한 영향을 연구해야 한다고 결론지었다. 이러한 견해는 부모가 성취 동기, 언어 발달 및 일반적인 학습의 세 가지 영역에서 자녀를 '자극'하는 가정환경의 정도와 아동의 측정된 지능 사이에 0.69의 다중 상관관계를 보고한 Wolf(1964)와 같은 그의 몇몇 제자에 의해 상세하게 설명되었다. 1970년대 시카고 대학교의 접근방식에 기초한 일련의 국제적 연구는 민족성이 가정환경 변수와 아동의 지능, 성취 사이의 상관관계를 조사할 때 설명되어야 할 중요한 변수라고 주장했고, 한 집단에 대해 설정된 인과관계는 다른 집단의 경우에는 동일하지 않을 수 있다고 보았다(Marjorbanks, 1979; Walberg & Marjorbanks, 1976). 1980년대에 Caldwell과 공동 연구자들은 가정환경검사(Home Observation for Measurement of Environment: HOME)(Caldwell & Bradley, 1984)를 개발하였는데, 이는 오늘날의 연구에서도 여전히 가장 널리 사용되는 가정환경 측정법이다. Bradley와 Caldwell(1978)이 요약하였듯이, 생후 1년 동안 획득한 가정환경검사 점수는 6개월과 12개월 모두 스탠포드-비네 IQ 점수와 낮지만 상당한 규모의 연관성을 보였으며, 36개월과 54개월에는 보다 높은 연관성을 보였고, 24개월과 36개월에도 마찬가지로 상당한 연관성을 발견할 수 있었다.

ADHD, 자폐스펙트럼장애, 지적 장애, 특정학습장애 등 심리 또는 교육심리적 장애가 있는 아동은 부모에게 추가적인 스트레스를 준다. 이들이 다른 아동보다 더 많은 구조화를 필요로 하는 것이 일반적이지만, 연구자들은 현재 가정환경의 측면에서 이것이 무엇을 의미하는지 체계적으로 연구하고 있다. 일상을 유지할 수 있는 가족의 능력은 발달적으로 지연된 아동이 보이는 결과에 중요한 요소인 것으로 나타났다(Weisner, Mateson, Coots, & Bernheimer, 2005). 의미 있는 일상을 유지하는 것은 위기와 스트레스에 대처한다기보다는 장기적인 목표를 달성하면서 진행 중인(ongoing) 일들에 대응하는 것을 포함한다. 매일의 일과를 유지하기 어려워하는 현상은 한부모 가족, 대가족, 빈곤 가족, 그리고 문제가 많은 가족에게서 확인될 가능성이 더 많았다. 가정 문제가 심각하고 예측할 수 없을 때, 일상의 지속은 더욱 어려워진다. 가족 자원의 증가가 일상의 지속 가능성을 높이는 것과 관련이 있지만, 소득이 낮은 가정도 한정된 자원으로 고생하더라도 합리적인 일상을 만들어 유지하는 경우가 많다. 하루 일과를 지속하는 이 저소득층 가정은 발달 지연을 보이는 자녀를 돌보는 것 이외의 추가적인 문제들로 인해 어려움을 겪고 있는 것으로 밝혀졌다. 그러나 이러한 연구자들은 또한 일상의 일상을 유지할 수 있는 가족의 능력은 아동이 느끼는 자극 수준, 즉 가족의 따뜻함이나 연결성과는 무관하다고 지적한다. 상호작용의 질은 가족의 구조만큼이나 중요하다.

이처럼 가정환경이 강력한 인지 발달의 예측 변수라면, 한 가족에서 온 두 아동이 인지 능력을 표현하는 측면에서 서로 어째서 다른지 알아보아야만 한다. 행동 유전학을 포함한 또 다른 연구 분야에서 Plomin과 Petrill(1997)은 가족 구성원 간의 차이점을 설명하는 데 도움이 되는 공유(shared) 환경 대 비공유(nonshared) 환경 개념을 제공했다. 그들은 아동기 동안에 이루어지는 인지 발달은 형제자매가 공유하는 가정환경의 측면에 의해 주로 영향을 받는 반면, IQ는 공유되지 않은 환경의 측면에 의해 사춘기가 끝날 때까지 큰 영향을 받는다고 주장했다. 그러나 이 연구와 관련하여 방법론 및 기타 문제가 제기되어 왔으며(Stoolmiller, 1999), 이 질문에 완전히 답하기 위해서는 추가적인 연구가 진행되어야 한다.

확실히 청소년은 아동보다 또래에게 더 많은 영향을 받는다. 따라서 같은 부모를 둔 아동이라고 해도 몇 년 간격으로 청소년기에 접어들면서 서로 다른 환경을 경험할 수 있으며, 각기 다른 범위의 친구들에게 영향을 받는다. 그러나 이 기간 이전에도 같은 가정의 자녀는 직업으로 인한 스트레스, 고용 상태 또는 결혼 만족도의 변화처럼 다양하고 일반적인 이유로 다른 형제보다 몇 년 늦게 유치원이나 사춘기 전 단계로 접어들어 서로 다른 환경을 경험할 수도 있다.

가족에 의해 환경적으로 유도된 변화가 없더라도, 부모는 각각의 자녀가 성격적으로 다르다는 이유만으로 종종 다른 상호작용을 한다. 순수하게 부모의 입장으로 말한다면, 우리는 각각의 자녀가 우리의 서로 다른 면을 경험하고, 따라서 같은 발달환경을 완전히 공유하지 않았음을 상당히 확신하고 있다. 우리는 자녀를 대하는 우리 행동에 변화가 생기는 이유가 (우리 자신의 성격으로 인한 어떤 병적 변화보다는) 자녀의 독특한 기질에 대한 반응이었다고 믿고 싶어 한다. 이 문헌에서 논의되는 많은 부분이 부모의 행동이 아동의 발달에 어떻게 영향을 미치는지에 관한 방향의 하나이지만, 문제가 있는 가정의 아동을 평가하는 실무자는 아동의 주변 세계에 대한 접근방식에 부모의 반응이 매우 다양한 영향을 미친다는 것을 명심해야 한다. 간단히 말해서, 어떤 아동은 다른 아동보다 더 쉽게 양육할 수 있다. 이것은 대부분의 사람이 할머니나 할아버지가 될 때에야 깨닫는다.

전문 임상가는 각 아동의 고유한 특성이 가정환경에서 가족 체계와 상호작용하는 방법과 이러한 역학 관계가 아동의 고유한 발달 욕구를 어떻게 촉진하거나 방해하는지 고려하면서 시간을 보낸다. 많은 예시는 심리교육장애(psychoeducational disorders)나 또는 가정환경에 문제가 있는 아동이 잘 적응했다고 판명된 사례들이다. 우리는 이러한 긍정적인 결과들을 부분적으로 회복탄력성(resiliency)의 특징과 연관시킨다. 회복탄력성에는 아동이 인식된 환경 위협에 민감하게 반응하는 정도와 이상이 발생했을 때 회복하는 속도가 포함된다. 이러한 특성은 아동의 낙천성, 자기효능감(self-efficacy), 적응성에 있어 중요하다. 자신의 감정, 주의력, 행동을 조절하는 능력은 기본적인 성격과 관련이 있을 수 있지만, 가정과 학교에서 아동에게 회복탄력성을 가르치는 효과적인 전략도 존재한다(Goldstein & Brooks, 2005). 또한 기본적인 신뢰, 지원의 접근성, 사회적 안락함, 그리고 차이에 대한 관용에 뿌리를 두고 있는 다른 사람과의 관계의 증가를 통해 회복탄력성이 향상되고, 이러한 요소들은 가족의 영역에 확고히 자리 잡고 있다. 아동과 청소년의 회복탄력성 측정 자료는 임상용으로 이용할 수 있다(Prince-Embury, 2006; Prince-Embury & Saklofske, 2014).

우리는 앞서 인종에 의한 소득 불평등에 대해 토론했다. 분명히 빈곤은 가족의 기능에 중요한 영향을 미치고, 따라서 가정환경에 영향을 미칠 수 있다. Shah, Mullainathan과 Shafir(2012)는 가난한 개인이 빈곤한 상황을 악화시키는 과도한 대출과 같은 행동을 자주 시도한다고 주장한다. 과거에는 이러한 행동에 대한 설명으로 가난한 사람의 성격적 특성에 초점을 맞추거나, 주택이나 재정적인 관점에서의 접근과 같은 환경적 요인을 강조해 왔다. 하지만 Shah와 동료들은 전혀 다른 관점을 제공하면서 결핍이 가난한 사람의 주의를 할당하는 방식을 필연적으로 바뀌게 한다는 실험을 보여 준다. 그러한 주의 할당은 가난한 사람으로 하여금 동떨어진(distal) 목표를 무시하고 당면한(proximal) 문제에 더욱 깊이 관여하게 한다. Mani, Mullainathan, Shafir과 Zhao(2013)는 이 주장에서 한 단계 더 나아가서, 가난이 인지기능을 직접적으로 방해한다는 것을 일련의 실험을 통해 보여 준다. 이들은 빈곤과 관련된 우려가 정신적 자원을 소비하여 다른 작업에 대한 인지 능력을 감소시켰기 때문임을 주장한다.

비연구적인 관점에서 덧붙이자면, 현재 임상연구 분야의 저자들은 스스로 제한된 교육을 받고 종종 경제적으로 빈곤한 환경에서 사는 부모가 '부모로서 하는 일'이 아동에게 미치는 영향을 단기적·장기적으로 깨닫지 못한다는 것을 발견했다. 어떤 부모는 자신의 어린 아기에게 말을 걸어 주었느냐, 혹은 유치원에 다니지 않은 아이에게 책을 읽어 주었느냐는 질문에 단순히 "내가 그렇게 해야 하는지 몰랐다."라고 말했다. 이러한 임상적 관찰은 어머니가 자주 말을 걸수록 어린아이의 어휘 발달이 다양하다는 연구와 일치하며(Hoff, 2003), 유아기에 질 높은 청각 자극에 능동적으로 노출됨으로써 언어 발달이 향상될 수 있다는 연구와 일치한다(Benasich, Ch Realhury, Realpe-Bonilla, & Roesler, 2014). 가난한 부모는 어린 자녀와 말하고 글을 읽는 데 시간을 덜 쓰는데, 이것은 유아기에 음성학적 지도(acoustic mapping)를 제작하는 언어 이전 시기에 부정적인 영향을 미치고, 추후에도 언어 발달을 위한 중요한 시기에 자녀를 새 단어에 상대적으로 적게 노출시킨다.

이러한 발견은 Ruby Payne의 유명한 저서(2013)에 제시된 '빈곤의 문화'와 일치한다. 그녀는 이 점이 어떻게 사람들로 하여금 다른 생각을 하게 하는지, 때로는 당면한 필요에 근거한 선택을 내리게 하는지 묘사하고 있는데, 이것은 장기적으로는 최고의 관심사가 아닐 수도 있다. 많은 교사가 빈곤 문화의 영향을 받으며 자라지 않았기 때문에, 그들은 때때로 학생의 부모가 보이는 행동을 이해하는 데 어려움을 겪는다. Payne의 저서는 가난한 사람이 갖고 있다고 추정되는 성격적 결함에 기초하지 않는 빈곤층 부모를 이해하기 위한 틀을 제공한다. 이와 같이 이 책은 교사를 위한 워크숍에서 큰 인기를 끌고 있다. 그러나 Valencia(2010)는 빈곤 문화라는 관념이 불완전한 사고방식으로 이어진다고 주장하는데, 이는 결함 있는 교육 체계가 실제 원인일 때 교육 체계로 인한 피해자를 비난하는 또 다른 방식에 불과하다.

우리는 이 장에서 아무도 탓하지 않으려고 한다. 우리의 목적은 아동의 인지 능력이 저절로 발달하는 것이 아니라는 이해를 널리 알리고자 할 뿐이다. 오히려 인지 능력은 부분적으로 다양한 정도로 발달을 지지하는 신체적 · 사회적 환경에 대한 반응으로 발달한다. 사회와 가족 문제는 너무 포괄적이어서 한 명의 실험자가 홀로 모든 것을 연구할 수 없다. 또한 이 무수한 영향 사이의 상호작용은 복잡하고 상호적인 것이기에 인과관계를 배치하는 것은 임의적(arbitrary)이며, 대부분은 문제의 어느 부분을 어느 시점에 검토할지에 달려 있다. 어떤 상호작용 체계에서도 인과관계의 기원은 정확히 정의할 수 없다. 좀 더 간단히 말하면, 우리는 여기서 '닭이 먼저인가 달걀이 먼저인가?'에 대해 논하지 않는다는 것이다.

2) 가정환경과 아프리카계 미국인 아동

연구자들은 특정 인구 집단에서 가정환경의 역할을 연구했다. 이렇게 하면 동일한 인지 발달을 위한 과정이 다른 문화권의 개인에 의해 서로 다른 방식으로 사용된다는 가설을 탐구할 수 있다. 몇몇 연구는 아동의 지능 또는 학업성취도의 측정 결과가 가정환경 및 사회경제적 지위(SES)와 갖는 연관성을 보여 주었다(BrooksGunn, Klebanov, & Duncan, 1996; Bradley & Caldwell, 1981; Bradley & Caldwell, 1982; Bradley, Caldwell, & Elardo, 1977; Bradley et al., 1989; Johnson et al., 1993; Ramey, Farran, & Campbell, 1979; Trotman, 1977).

비록 사회경제적 지위(SES)가 연구마다 다르게 정의되었지만, 이 일련의 논문은 아프리카계 미국인 아동의 경우, 사회경제적 지위와 IQ 검사 점수의 관계가 가정환경과 IQ 검사 점수의 관계만큼 강하지 않았고, 또한 일반적으로 백인 아동의 사회경제적 지위와 IQ 검사 점수 관계만큼 강하지 않다는 것을 보여 주었다. 이는 아프리카계 미국인 집단 내 사회경제적 지위의 범위가 측정 방법에 관계없이 왜곡되거나 누락되었기 때문일 수 있다(예: 부모 교육, 소득, 직업). 이는 일부 학자로 하여금 역사적으로 교육 및 고용 기회가 제한되고, 낮은 사회경제적 지위를 갖는 백인 집단보다는 낮은 사회경제적 지위를 갖는 아프리카계 미국인 집단 내에서 부모 행동의 다양성을 초래한다는 추측을 하게 만들었다. 앞서 인용한 연구에서 가정환경에 대한 평가는 아프리카계 미국인 아동에 대해 사회경제적 지위를 통해 IQ를 예측하는 데에 있어 대체로 유의한 설명량을 추가하였고, 이러한 가정환경의 설명량 증가 정도는 백인 아동보다 아프리카계 미국인 아동에게 더 컸다.

이것이 의미하는 바는 사회경제적 지위를 어떤 방식으로 측정하더라도 백인 아동에 비해 아프리카계 미국인 아동에게는 사회경제적 지위가 IQ를 예측하는 강력한 요인이 아닐 수 있다는 점이다. 그것은 또한 가정환경에 의한 요인들이 백인 아동보다 아프리카계 미국인 아동의 IQ 검사 점수 예측에 더 강력한 역할을 할 수 있다는 것을 의미한다.

3) 가정환경과 멕시코계 미국인 아동

여러 연구에서 멕시코계 미국인 아동이 갖는 가정환경과 인지 능력 간의 관계를 조사했다(Bradley et al., 1989; Henderson, 1972; Henderson, Bergan, & Hurt, 1972; Henderson & Merritt, 1968; Johnson, Breckenridge, & McGowan, 1984; Valencia, Henderson, & Rankin, 1985). 일반적으로 이러한 연구결과는 부모의 가정 내 행동이

인지 발달과 학업 수행에 중요하다는 견해를 뒷받침한다. 교육 잠재력이 낮은 멕시코계 미국인 아동은 높은 교육 잠재력을 가진 멕시코계 미국인 아동보다 제한된 범위의 발달 경험에 노출되어 있는 것으로 나타났다(Henderson & Merritt, 1968). 언어에 높은 가치를 두고(예: 아동에게 글 읽어 주기), 학교 관련 행동을 가치 있게 여기고(예: 잘한 일 강화), 학교 공부를 지지하는 환경을 제공하는(예: 미취학 시기 동안 글자나 숫자를 알아볼 수 있도록 도와주는 것) 멕시코계 미국인 부모의 아동은 기본 개념 검사와 초기 성취에서 더 높은 점수를 받는 경향이 있다. 또한 사회경제적 지위와 가족 규모는 인지 능력 점수를 예측하는 데 있어 모두 가정환경보다 유의미하고 고유한 기여를 하지 않았다(Valencia et al., 1985).

우리는 이러한 발견을 일반화하는 것에 대해 조심스럽게 접근해야 한다. 첫째, 이러한 연구는 부모가 사용하는 언어의 종류가 아동의 검사 성적에 미칠 수 있는 영향을 다루지 않는다. 아마도 영어를 사용하는 부모의 자녀가 미국 학교와 미국 기반의 IQ 검사에서 더욱 좋은 성적을 내고 보다 높은 적응력을 보일 것이다. 또한 이 연구에서는 멕시코계 미국인 가족만 연구되었으므로 푸에르토리코, 쿠바 또는 다른 스페인어를 사용하는 사람에 대한 일반화는 타당할 수도 그렇지 않을 수도 있다. 앞서 논의하였듯이, 사회경제적 지위는 다양한 스페인어를 사용하는 국가의 이민에 영향을 미치는 역사적 패턴 때문에 그들의 출신지에 따라 체계적인 차이를 보인다. 부모 교육, 가정환경 및 인지 발달 사이의 상호작용은 부모나 출신 국가의 언어 상태와 연관되어 완전히 연구된 것이 아니다. 하지만 가정환경이 문화 전반에 걸쳐 인지 발달의 중요한 예측 변수라는 증거가 계속해서 등장하고 있다.

4) 가정환경과 학업성취도

가정환경과 학업성취도와의 연관성도 연구되었다. 가정에서 자녀의 교육적 경험에 부모가 보다 많이 참여하는 것은 성적표에 좋은 성적을 기록하는 것뿐만 아니라, 아동이 읽고 쓰는 데 보이는 성취도와도 관련이 있다(Epstein, 1991; Griffith, 1996; Keith et al., 1998; Sui-Chu & Williams, 1996). 또한 부모의 믿음과 자녀의 학습에 대한 기대는 자녀의 성취뿐만 아니라 자녀의 능력에 대한 믿음과도 강하게 연관되어 있다는 연구결과가 나왔다(Galper, Wigfield, & Seefelt, 1997). 가정 학습 환경을 개선하면 아동의 동기부여와 자기효능감이 증가하는 것으로 나타났다(Dickinson & DeTemple, 1998; Mantzicopoulos, 1997; Parker, Boak, Griffin, & Ripple, 1999).

Fantuzzo, McWayne, Perry와 Childs(2004)는 도시 지역의 헤드스타트 프로그램(head start program: 빈곤층을 위한 취학 전 아동 프로그램)에서 매우 낮은 사회경제적 지위의 아프리카계 미국인 아동이 보이는 장기적 변화에 대한 연구에서 앞서 제시된 발견을 확장하여, 특정 가정 내 행동을 통해 학기말 아동의 이해 어휘 능력과 동기, 주의력/지속성과 낮은 수준의 교실 내 행동장애를 현저한 정확도로 예측했음을 보여 주었다. 자녀 교육에 부모의 참여도가 높은 가정은 적극적으로 가정에서 학습 환경을 조성하는 특정 행동을 보였다. 예를 들어, 학습 활동을 할 수 있는 공간을 만들고 공동체에서 아동을 위한 학습 기회를 제공하며 수업 과제와 프로젝트에 대한 감독(supervision)과 모니터링(monitoring), 학교에 관한 일상적 대화, 그리고 아동을 위한 읽을거리를 제공한다.

가정환경은 교실에서 아동이 보이는 학습 태도에 영향을 미치며, 동기, 주의력, 끈기와 같은 학습 태도는 아동이 학문적으로 성공을 거두는 데 있어 중요한 예측 변수들이다. 특정 학습 행위의 가능성은 성별, 연령, 민족성, 도시 거주지, 부모 교육 수준 및 특수교육 분류 상태에 따라 달라지는 것으로 나타났다(Schiefer, 2004). 연구자들은 인종/민족 집단 간의 주목받지 못하는 차이가 아프리카계 미국인과 백인 학생 사이의 성취도 검사 점수가 보이는 차이의 50%를 설명할 수 있다는 것을 암시하는 데이터를 제공했다(Rabiner, Murray, Schmid, & Malone, 2004). 저학년에서의 학습이나 반응 억제와 관련된 주의력 있는 행동을 선별하는 것은 학교에서의 심리학 실습에 유용한 추가 사항이 될 수 있다.

6. 지적 발달에 영향을 주는 인지 자극의 역할

우리는 논의가 이 시점에 이르렀을 때, 우리의 핵심적인 논지에 대해 다음과 같이 상세히 기술하고자 한다. 풍요롭고 인지적으로 자극적인 환경은 지적 발전을 촉진하는 반면, 빈곤한 환경은 그러한 성장을 억제한다. 또한 인지적 발달을 억제하는 요인은 상호작용하기에, 하나의 요인이 존재하면 다른 억제요인의 발생 가능성이 더 높아진다. 그렇기에 전체 결과는 그 부분의 합보다 훨씬 더 나쁜데, 이는 부정적 요소가 산술적이기보다는 기하학적으로 증가하기 때문이다. 마지막으로, 인지적으로 빈곤한 환경이 미치는 부정적인 영향은 아동의 발달 기간 동안 누적될 수 있으며, 그 영향은 나이가 들수록 더 악화될 수 있다. 여기서 사용되는 풍요(enriching)와 빈곤(impoverishing)이라는 용어는 부자와 가난한 사람의 재정 상태와 동일하지 않다. 이 용어는 인지적으로 풍요로운 상태의 환경, 특히 성장, 탐험, 학습, 창의력, 자부심 등을 장려하는 환경을 나타낸다.

Potter, Mashburn과 Grissmer(2013)는 아동의 초기 학업 기술의 사회계층에 따른 차이에 대한 최근 설명은 더 혜택을 받은 아동이 가정에서 습득하는 비인지적인(noncognitive) 기술에 초점을 맞추려는 경향이 있다고 언급했다. 이러한 설명에 따르면, 사회적 계급은 혜택을 받는 가정에서 더 풍부한 문화 자원이 아동을 위한 레퍼토리(repertories)나 도구(tool kits)를 갖도록 하여, 궁극적으로는 그들이 학교와 같은 사회 기관에 대해 더욱 쉽게 적응하도록 하기 때문에 중요하다. 이러한 설명에서 양육 방식은 아동의 학업성취도를 위해 중요한 부분이지만, 짐짓 근거가 없어 보인다. 대신에 Potter와 동료 연구자들은 현재의 신경 과학 연구 분야에서 나온 결과가 가정 맥락(family context)이 학습과 학업 기술 발달을 돕는 신경 네트워크를 만들어 내기 때문에 아동에게 중요하다는 것을 보여 준다. 즉, 아동이 특정한 양육 방식과 자극을 제공하는 가정 환경에 노출되는 것은 이후 학업 성취에 영향을 미치는 신경인지 기술의 성장에 기여한다는 것이다. 우리는 이에 동의한다.

Stephen Ceci와 Urie Bronfenbrenner는 지적 발달의 생물생태학적 모델(bioecological model)을 제안하였다(Bronfenbrenner, 2004; Bronfenbrenner & Ceci, 1996; Ceci & Bronfenbrenner, 2004; Ceci & Williams, 1999). 이들은 본성 대 양육(nature-nurture)에 관한 문제를 직접적으로 다루면서, 어떤 특성(trait)이 매우 변화 가능하거나 유전적이라고 말하는 것에 일관성이 없다고 주장한다. 이것은 집단의 평균치에 초점을 맞춘 연구를 개인 간의 차이나 분산에 초점을 맞춘 연구와 비교할 때 특히 두드러진다. 그들은 키 같이 유전적으로 물려받는 정도가 극도로 큰 특성의 경우에도 여전히 환경이 강력한 영향력을 행사할 수 있다는 점을 지적한다.

생물생태학 모델은 ① 서로 다른 속도로 발전하는 다중 인지 능력의 존재, ② 발달에 있어 유전과 환경의 상호작용 및 시너지 효과, ③ 특정 유형의 환경 자원[예:

중추적(proximal) 행동 과정 및 이차적(distal) 가족 자원]의 역할을 포함한다. 유전자형(genotype)의 많은 부분이 어떤 종류의 환경에서 현실화되며, ④ 자신의 잠재력의 실현에 있어서 환경 자원이 얼마나 도움이 되는지 결정하는 동기의 역할을 포함한다. 이 모델에 따르면, 발달 과정의 일정 시기는 환경과의 상호작용에 대응하여 특정 인지 능력을 결정짓는 독특한 기질이 존재하는 민감한 시기(sensitive periods)로 생각할 수 있다. 그러나 모든 인지 능력이 성숙 제어(maturational control)하에 있는 것은 아니다. 왜냐하면 다른 발달 시기에 있는 사람들 사이에서 매우 다양한 학습에 대응하여 새로운 시냅스 구조가 형성될 수 있기 때문이다. 그러나 대다수 능력의 학습과 연관된 이 민감한 시기는 신경학적으로 결정되는 것이며, 결정적(critical) 발달 기간 동안 적절한 유형의 환경 자극이 존재해야 하고, 동일한 자극을 다른 기간에 제공하면 더 적은 영향을 미칠 수 있다. 이 모델에서 지능 결과물(intellectual outcome)에 대한 환경 및 유전적 재능(endowment)의 상대적 기여는 아동의 발달 단계에 따라 변화한다. 예를 들어, 일반적으로 7세의 지능은 1, 2세 때의 가정환경의 주요 측면과 관련이 있지만 3, 4세 때의 가정환경과는 관련된 것이 아니다(Rice, Fullker, Defries, & Plomin, 1988). 이것은 초기의 발달 상황을 벗어나면 여전히 긍정적인 환경에서 오는 영향을 기대할 수 있지만, 아동이 추후에 경험할 환경의 질을 향상시킴으로써 빈곤한 초기 환경을 완전히 보상하기 어려울 수 있음을 암시한다. 우리가 더욱 많은 연구를 진행해야 하는 부분은 발달의 핵심 경로와 결정적 발달 시기에 대한 설명이다.

홍미롭게도, 이 모델은 학업 성취와 지능을 분리하지 않는다. 왜냐하면 학교 교육이 두 가지 모두에 기초하는 특정한 인지적 잠재력을 이끌어 내는 것으로 가정되기 때문이다(Ceci, 1991 참조). 또한 대부분의 지능검사에서 사용되는 문제 해결 방식은 일부 과거의 지식과 새로운 통찰력의 조합에 의존한다. 50년도 넘는 옛날에 수행된 연구는 동물이 인지적으로 풍부한 환경에 노출된 후 갖는 구조적 · 생화학적인 변화를 보여 주었다(Diamond et al., 1966; Mollgaard, Diamond, Bennett, Rosenzweig, & Lindner, 1971; Rosenzweig, 1996). 우리는 학문적 학습이 새로운 시냅스의 연결과 신경망의 형성을 향상시키고, 이것이 축적된 지식이 미치는 간접적인 영향과 더불어 직접적으로 지적 능력을 증가시킨다고 덧붙일 것이다. 그러므로 학교 교육과 교육의 질은 지적 발달에 강력한 역할을 한다. 이것은 성취와 결정화된 지식(crystalized knowledge)이 지능검사의 심리학적 연구에서 추론 능력과 상당히 중첩되는 모습을 보이는 이유 중 하나이다. 이론적으로는 구별되지만, 이러한 구조들은 실제 생활에서 상호작용하는 것이다.

이차적 자원은 제공 또는 거절된 기회를 통해 인지 발달에 간접적으로 영향을 미치는 사회경제적 지위와 같은 배경요인이다. 아동과 부모의 인지적 상호작용은 인지 발달에 중추적인(proximal) 영향을 미치는 행동이다. 이는 이차적 자원(distal resources)의 맥락 안에서 발생하는 것이며, 인지 잠재력이 실현될 정도의 영향을 미치기 위해 상호작용한다. 아동이 최대한의 혜택을 누리기 위해, 그 과정은 지속적이어야 하고 점진적으로 더 복잡한 형태의 행동으로 나아가야만 한다. 자녀에 대한 부모의 모니터링은 중요한 인지적 상호작용 과정의 한 예이다. 이러한 부모는 자녀를 계속 추적하고, 숙제를 하고 있는지, 방과 후에 누구와 사귀는지, 친구와 외출할 때 어디에 있는지 등을 아는 사람을 말한다. 이러한 형태의 모니터링에 참여하는 부모의 아동은 학교에서 더 높은 점수를 받는 경향이 있다(Bronfenbrenner & Ceci, 1994). 생물생태학 모델에서 인지적 상호작용은 지적 능력 수준 증가와 관련된 보다 높은 수준의 인지적 상호작용과 함께 지능 발달을 추진하는 엔진의 역할을 한다.

이차적 자원에는 중추적 부모-자녀 간의 행동이 발생하는 더 큰 맥락 또한 포함된다. 아마도 가장 중요한 이차적 인지 자원은 사회경제적 지위일 것이다. 왜냐하면 그것은 부모가 중추적 과정을 통해 자식에게 전달하는 교육, 지식, 경험뿐만 아니라 안전한 이웃, 학교의 질, 도서관에 대한 접근성과 같은 많은 다른 간접적 자원과도 관련이 있기 때문이다. 예를 들어, 효과적인 중추적인 과정인 숙제로 아동의 발달을 돕기 위해서는 가정 내의 누군가가 아동이 공부할 때 도움을 줄 수 있는 간접적 환경 자원인 학습의 내용에 대한 충분한 배경 지식을 보유하고 있어야 한다.

이차적 자원은 중추적 과정의 효율성을 제한할 수 있다. 왜냐하면 간접 환경이 최대한 유리하게 작용하기 위해 중추적 과정으로 가져가야 하는 자원을 포함하고 있고, 적절한 간접 환경이 발달 중인 아동이 최대한의 혜택을 받는 데 필요한 안정성을 제공하기 때문이다. 교육을 받은 부모는 귀중한 이차적 자원을 활용하여 대수학 숙제 같은 것에 대해 자녀를 도와줄 수 있지만, 교육을 거의 받지 않은 부모도 여전히 숙제에 대해 중추적 인지 자원인 조용한 공간과 일정한 공부 시간을 제공하고, 자녀 스스로 숙제를 끝마치도록 지원할 수 있다. 이러한 모니터링과 지원은 매우 유익하다.

동시에 모든 문화 또는 연령대의 아동발달을 용이하게 하는 보편적인 환경은 존재하지 않는 것 같다. 환경 상호작용에 의한 사람의 가능성은 성취에 대한 다른 발달 경로가 있음을 시사한다. 학교와 가정환경은 다양한 차원에 대해 이로울 수도(benevolent), 해로울 수도(malevolent) 또는 효과가 없을 수도 있다. 아동과 함께 임상 평가를 수행하는 실무자는 가족 및 지역사회 내의 간접 환경 자원에 대한 평가를 포함할 수 있으며, 이러한 요인으로 인해 자녀에 대한 부모의 기대와 자기 자신에 대한 아동의 기대를 어떻게 촉진하거나 억제하는지를 고려할 수 있다.

7. 학문과 지적 발달에 있어서 아동의 역할

우리는 부모와 교육자가 아동의 인지적 성취에서 수행하는 중요한 역할을 손상시키지 않는 동시에, 아동이 학습 환경에 접근하는 과정에서 인지하지 못한 그들의 차이점을 조사해야 한다고 믿는다. 적절한 인지 자극이 적절한 시기에 존재한다고 가정하면, 발달 중인 아동이 보이는 비인지적인 특성은 인지 잠재력의 실현(actualization)을 매개한다. 분명히 인지는 인간의 모든 기능 측면에서 그 역할을 수행하기에 결코 인간적인 요소에서 완전히 분리될 수 없다. 그러나 가능한 비인지적 요인은 상당히 많으며, 이는 기본적인 기질을 포함한다. 어떤 아동은 주변 세계에 적극적으로 관여하면서 다른 사람들로부터 영감과 에너지를 끌어들이고, 자신들의 환경에서 능동적으로 긍정적인 발달을 추구한다. 이러한 자세는 인지 능력의 발달과 더불어 사회적·정서적인 성장을 촉진한다. 또 어떤 아동은 에너지와 통찰력을 위해 그들의 내면으로 향하여, 그들 주위의 세계에 수동적으로 적응하고, 단지 환경에서 오는 부정적인 자극을 피하려고 한다. 이들은 현재의 상태를 보존하고자 하며, 극단적인 경우 그들 자신이 받는 인지 자극을 제한함으로써 사회적·정서적 성장과 인지적 발전을 저해할 수 있다. 이러한 '강화 대 보존(enhancing vs. perserving)' 특성은 Millon의 일반 성격학 이론(theory of normal personology)의 세 가지 기본 영역 중 하나이다(Weiss, 2002; Weiss, 1997). 자극을 차단하기 위한 방법을 찾는 아동은 같은 환경에서도 다른 경험을 하게 되고, 인지적·사회정서적 성장을 위한 발달 기회도 마찬가지로 다를 것이다. 어떤 아동은 새로운 정보에 대해 수용적이라, 그들 주변의 세계와 열린 정보 교환에 기초해 지속적으로 자신이 가진 개념을 수정하고 다듬는다. 이 호기심 많고 개방적이며 수용하고자 하는 자세는 인지 능력의 성장을 촉진할 수 있다. 또 어떤 아동은 새로운 정보를 가능한 한 빨리 알려진 항목들로 체계화하고, 자신이 납득하도록 분류되는 즉시 추가적인 정보를 차단하는 것을 선호한다. 강력한 조직 체계가 인지 발달에 긍정적인 영향을 미칠 수 있지만, 지나치게 폐쇄적이며 판단적인 자세는 극단적일 경우에는 지적 성장을 억제할 수 있다.

또한 인지 발달, 학습과 지적 행동에 의한 모습들은 집중, 동기, 의지(volition) 같은 일반적 의욕에 의한(즉, 비인지적인) 특성에서 드러난다. 집중은 목표로 향하는 방향성을 포함한다. 의지는 목표를 향하려는 정도, 또는 그러한 의지력(will)을 포함한다. 동기는 장기적 동기(proximal)와 단기적 동기(distal)로 나눌 수 있다. 단기적 동기는 특정한 근시일(near-term)의 목표 같은 것이다. 장기적 동기는 스스로가 희망하는 상태(예: 동료로부터 존중받는 것) 또는 핵심적인 특성(예: 성취의 필요성)에 대한 것일 수 있다. 이와 관련된 여러 긍정적인 특성이 존재하지만, 그중 자기효능감(self-efficacy)과 자아개념(self-concept)은 더욱 중요하다. 자기효능감은 학습한 기술과 결합된 긍정적인 자아개념에 의해 움직인다. 자기효능감은 개인이 맡게 되는 직무에 따라 다르며, 자아개념은 이보다 일반적인 것이다. 지적 업무와 관련하여 높은 자기효능감을 가진 아동은 초기에 유사한 지적 활동으로 성공을 경험했을 수 있다. 그들은 또한 지능이 비슷한 다른 아동보다 새로운 지적 활동으로부터 더 많은 것을 배울 가능성이 있다. 왜냐하면 그들은 그 일에 지적으로 관여하고 그것을 숙달하려는 내부적 추진력을 가지고 있기 때문이다. 지적 참여와 숙달 동기(mastery motivation)는 목표를 위해 자신의 행동을 스스로 규제하는 능력과 함께 인지 능력 성장의 중요한 요소들이다. 이러한 개인적 특성은 다양한 삶의 노력에서 인지 발달과 개인적 성취의 가능성을 향상시킬 수 있다. 그러나 다른 요인들 또한 지적 노력의 성공과 실패 양쪽 모두와 관련이 있을 수 있다. 지적 수준이 통제되었을 때, 단순히 긍정적인 요인이 없었기 때문이 아니라, 지적으로 발달의 실패와 관련된 개인의 특정한 부정적 요인 때문일 수 있다. 부정적인 예측요인에는 심각한 미루기(procrastination), 극단적인 완벽주의, 지나친 반추(rumination), 목표에 대한 산만함, 지나친 범주적 사고, 사회정서장애로 인한 인지 방해(interference), 또는 사이코패스 진단 등이 포함될 수 있다.

과거에는 이러한 구조에 대한 연구가 단편화된 것이라는 비판을 받아 왔다. 보다 최근의 연구 프로그램에서는 이러한 구조 중 많은 것이 성취 동기(achievement motivation)라는 중요한 명제 아래 한데 모이고 있으며, 세계의 다양한 분야의 다양한 연구자가 성취 동기 부여의 구조를 명확히 하고 서로 다른 문화권에서 이를 평가하기 위해 설문지를 검증하는 중이다. 현재 이러한 결과물 중 일부는 Martin의 동기 및 참여 척도(Martin, 2008) 또는 Pintrich의 동기화된 학습 설문지 전략(Pintrich, Smith, Garcia, & McKeachie, 1993)을 문화적으로 적응시킨 것에 바탕을 두고 있다. Martin 모델은 이러한 단편화된 기술들을 적응적 인지(즉, 자기효능감, 숙달 동기, 학습을 가치있게 여기는 것), 부적응적 인지(즉, 불안, 실패 회피), 적응적 행동(즉, 계획, 과제 관리, 지속 또는 노력), 부적응적 행동(즉, 철수, 자기 구실 만들기)의 네 가지 영역으로 분류한다. Pintrich 모델은 이러한 구조를 동기부여(즉, 내적 · 외적 가치)와 학습 방식(즉, 자기조절과 전략 이용)이라는 두 가지 영역으로 정리한다.

Martin과 Hau(2010)는 호주와 홍콩 학생 간의 성취 동기가 종류보다는 그 정도에서 차이를 보이고 있다는 것을 발견했다. 이것은 성취 동기 구조가 현재 구조화되고 있는 것처럼 어느 정도는 서로 다른 문화끼리도 유효하다는 의미이며, 원래 생각했던 것보다도 보편적일 수 있음을 암시한다. 게다가 이 연구자들은 학교에서의 즐거움, 수업에 대한 참여, 긍정적인 학업적 의도 그리고 학업 부력(buoyancy) 또한 학교에서 성취하려는 동기와 중요한 관련이 있다는 것을 발견했다. 흥미롭게도, 학업 부력은 앞서 논의한 회복탄력성의 개념과 매우 유사하다. 이 사항이 성취검사 점수의 유의미한 예측 변수이기는 하지만 동기가 차지하는 변동 비율은 작다(Sachs, Law, Chan, & Rao, 2001). 우리는 이것이 아마도 능력, 교육 방식, 가정환경 그리고 학생 동기(student motivation)의 복잡한 상호작용 때문이라고 생각한다.

Lee, Yin과 Zhang(2010년)은 홍콩의 12~17세 학생 표본에서 또래 학습(peer learning)이 학습 전략 구성을 통한 성취 동기와 중요한 관련이 있다고 보고, Pintrich 모델에 이 구조를 추가해야 한다고 주장했다. 또래 학습은 다른 반 친구들과 협력하여 과제를 연구하고, 그들에게 자료에 대해 설명하거나 질문을 하는 행동을 포함한다. 그러한 협력하는 능력은 21세기 능력의 한 축을 구성하고 있기에 미국 교육에서 점점 더 중요하게 여겨지고 있다.

Angela Duckworth와 그녀의 동료들의 '끈기(grit)'에 대한 연구는 학생들의 동기와 관련하여 상당한 관심을 받았다. 대체로 자기 조절(self-control)이나 자기 규제(self-regulation)라고 알려진 끈기는 오랜 시간, 보통 몇 달 또는 몇 년 동안 지속적으로 행동하는 목표에 대한 인내와 열정이다. 그것은 실패에서 되돌아오는 것을 포함하는 회복탄력성의 개념과 관련이 있다. 실패나 장애에 직면하여, 목표의 추구에 회복탄력성이 적용되었을 때 회복탄력성과 끈기가 겹쳐진다. 끈기는 또한 일반적인 성격이 갖는 성실한 면모와도 관계가 있다. 그러나 끈기를 갖기 위해선 당면한 방해에 대해 감정, 행동 및 흥미에 대한 충동을 자발적으로 규제하기 위한 신경학적으로 성숙한 집행기능 체계를 필요로 한다.

8학년 학생들을 대상으로 한 종단 연구에서, Duckworth와 Seligman(2005)은 가을 학기에 측정된 자제력이 IQ와 성취검사 점수를 통제한 후에도 최종 성적을 예측할 수 있다는 것을 보여 주었다. 그들은 학생이 자신의 지적 잠재력에 미치지 못한 주된 이유가 자제력을 발휘하지 못했기 때문이라고 결론지었다. 또 다른 종단 분석에서 Duckworth와 동료들은 자제력이 IQ보다 성적 등급을 더 잘 예측한다는 것을 발견했지만, 표준화된 성취검사 점수는 자제력보다 IQ가 더 잘 예측하는 모습을 보였다(Duckworth, Quin, & Tukayama, 2012). 이들은 자제력이 학생이 공부를 하고, 숙제를 하며, 교실에서 긍정적으로 행동하도록 돕는 반면, IQ는 아동이 공식적인 가르침과 무관한 것을 배우고 문제를 해결하는 데 도움을 준다고 여겼다.

Carol Dweck의 중대한 연구는 지능에 대해 '고정적 능력에 대한 사고방식(fixed ability mindset)'보다는 '성장에 대한 사고방식(growth mindset)'을 갖는 것이 중요하다는 것을 보여 준다. 고정된 능력에 대한 사고방식을 가진 사람은 자신의 지성이 불변하다고 믿는다. 성장에 대한 사고방식을 가진 사람은 자신의 지능이 노력을 통해 증가할 수 있다고 믿는다. 그녀는 이러한 사고방식이 문화에 따라 다르다는 것을 보여 주는데, 일반적으로 아시아 문화는 성장적 사고방식을 가진 반면, 서구 문화는 고정된 능력에 대한 사고방식을 가지고 있다. 고정된 능력에 대한 사고방식은 지적·학문적 실패에 무력하게 반응하지만, 성장적 사고방식은 숙달 지향성(mastery orientation)을 가지고 지속성이나 끈기를 촉진하는 결과를 부른다. 응용 심리학자들에게 중요한 것은 그녀의 연구가 성장에 대한 사고방식이 아동에게 학습될 수 있고, 시간이 지남에 따라 IQ 검사 점수를 증가시킬 수 있다는 것을 보여 준다는 점이다.

이러한 노력의 결과로 그녀는 미국심리학회로부터 뛰어난 과학적 공헌에 대한 상을 받았다(Dweck, 2012). 성장적 사고방식에 관한 Dweck의 연구는 환경기능으로서의 인지 성장 유연성(malleability)에 대해 논하며, 이것은 우리가 다루는 핵심적인 내용인 인지적으로 풍요로운 환경이 지적 발달을 돕는다는 것과도 연관이 있다.

8. WISC-V: 문화적 · 언어적으로 다양한 집단에 걸친 IQ 점수

삶의 다양한 영역에 관련된 검사 편향, 공정성 및 인구학적 격차에 대한 앞에서의 논의를 배경으로, 이제 〈표 5-3〉에 인종/민족 집단별 평균 WISC-V 전체 IQ 점수와 지표 점수(Index scores)를 제시한다. 비록 우리가 이러한 데이터를 해석할 때 반드시 고려해야 할 가정환경과 다른 문제들을 세세히 설명하기 위해 주의를 기울였지만, 그럼에도 불구하고 일부 사람이 문맥에서 벗어나 이 정보를 인종 사이에서 유전적으로 결정된 지능적 격차의 증거 또는 검사 편향의 증거로 해석하지 않을까 우려하고 있다. 우리는 이번 장의 내용에 근거하여 그러한 해석이 과학적으로 불건전하며 사회에 분열을 일으키고 아동에게도 해롭다고 확신한다.

〈표 5-1〉과 〈표 5-2〉에서 보여 주듯이, 부모의 교육 수준은 인종/민족 집단에 따라 체계적인 차이를 보이며, 이는 어린이들의 평균 전체 IQ 점수의 상당한 차이와 관련이 있다. 이 사실은 지능, 성취 및 기타 인지 검사를 개발할 때 표준화된 표본의 수집에 있어 중요한 함의를 갖는다. 적절한 표준화 표본을 정의하는 첫 번째 단계는 관심 구인 요소(construct of interest)에서 상당한 차이를 설명하는 변수(variables)를 식별하고 그러한 변수에 대한 모집단을 나타내기 위해 표본을 계층화하는 것이다. 지능검사의 경우 이러한 변수는 전통적으로 사회경제적 지위, 인종/민족, 연령, 성별 및 지역이었다. 이러한 변수는 단독으로 작용하거나, 인종/민족이 다른 기본 변수를 덮어 버리는(masking) 복잡한 상호작용을 보일 수 있다. 대부분의 검사 제작자는 아동을 대상으로 하는 검사를 개발할 때 부모 교육 수준을 사회경제적 지위라는 단일 지표로 선정하는데, 이는 가구소득, 부모의 직업 등이 사회경제적 지위라는 직접적인 지표와의 상관관계가 높고 소득보다도 신뢰성 있게 보고되기 때문이다. 그러나 앞서 언급했던 중퇴율의 격차 및 기타 요인에 의한 비백인 및

히스패닉 집단의 교육 범위가 왜곡된 것을 감안하면, 부모 교육은 다른 집단의 자녀보다 백인의 검사 점수에 대한 간접적인 사회경제적 지위의 영향을 더 잘 보여주는 지표로 작용할 수 있다. 이 가설은 이 장의 뒷부분에 제시된 분석에서 다룰 것이다.

검사 제작에 대한 최근의 관행은 모든 계층 변수를 서로 완전하게 교차시키는 것이며, 대부분의 주요 지능검사 제작자는 이 관행을 따른다. 예를 들면, 표준화된 표본에서 대학 교육을 받은 부모의 자녀가 히스패닉 또는 아프리카계 미국인인 비율은 같은 경우의 백인 비율보다 훨씬 적을 것이다. 이 표본 추출 방법은 각 모집단을 사회에 존재하는 대로 정확하게 반영하지만, 다양한 인종/민족 표본의 사회경제적 지위가 동일하지 않기 때문에 집단별 평균 IQ 점수의 격차를 과장한다. 검사 제작자가 모든 인종/민족 집단에 대해 동일한 국가별 사회경제적 지위 비율을 사용한다면, 집단 간 IQ 점수 격차는 보다 줄어들 것이다. 단, 이 장의 뒷부분에서 설명하겠

표 5-3 WISC-V 인종/민족 집단별 평균 종합점수

	백인		아프리카계 미국인			히스패닉		아시아인		기타	
N	1,228		312			458		89		113	
	평균	표준편차	평균	표준편차		평균	표준편차	평균	표준편차	평균	표준편차
언어이해 지표	103.7	14.4	92.1	13.7	−11.6	94.2	13.5	105.9	15.0	100.3	14.6
시공간 지표	103.0	14.8	90.3	13.2	−12.7	96.8	13.3	109.8	14.9	99.7	13.2
유동추론 지표	102.8	14.8	93.7	14.4	−9.1	95.6	13.4	107.0	13.3	99.8	16.2
작업기억 지표	102.7	14.8	96.1	13.9	−6.5	94.9	14.5	103.9	13.1	99.5	15.7
처리속도 지표	100.9	15.1	96.4	15.5	−4.5	98.3	14.0	106.5	15.5	101.9	14.3
전체 IQ	103.5	14.6	91.9	13.3	−11.6	94.4	12.9	108.6	14.4	100.4	14.7

출처: 자료 및 표의 저작권에 대한 모든 판권은 Pearson(2014)에 있음

지만 격차가 모든 집단에 대해 제거되는 것은 아니다. 그러나 동시에 이러한 대안적 표본 추출 절차는 인종/민족 집단이 아동 발달 과정에서 보이는 사회적인 차이의 정도를 모호하게 할 것이다.

〈표 5-3〉과 같이 아시아인(108.6)이 가장 높은 평균 전체 IQ 점수를 얻었으며, 백인(103.5), 히스패닉(94.4), 아프리카계 미국인(91.9) 표본이 그 뒤를 이었다. 아시아인 집단과 아프리카계 미국인 집단 사이에 1 표준편차(16.7점)가 넘는 가장 큰 차이가 관찰된다. 백인/아프리카계 미국인 간의 차이는 11.6점이고, 히스패닉/백인 간의 차이는 9.1점이다. 이러한 데이터는 미국 학부모 교육 인구와 인종/민족 집단의 출신지인 해당 국가와 일치하는 표본을 기반으로 한다. 따라서 이러한 인종/민족 표본은 앞서 설명하였듯이 모집단의 사이에 존재하는 모든 교육적·사회적 불평등을 반영한다. 또한 주목할 만한 점은 북미 원주민, 알래스카 원주민, 태평양 섬 원주민으로 구성된 기타 집단이 평균 WISC-V 점수에 몹시 근접한 100.4점을 획득했다는 것이다.

집단 간 평균 지표 점수의 차이와 관련하여 몇 가지 두드러지게 첨언할 점이 있다. 전통적으로 그리고 언어학적으로 가장 다양한 집단이라고 여겨지는 히스패닉은 평균 시공간 지표(VSI)보다 2.6점이 낮은 점수를 얻은 반면 아프리카계 미국인과 백인 집단은 그들의 시공간 지표 점수보다 약간 높은 언어이해 지표 점수를 보인다. 이것은 문화적으로 민감한 방식으로 지표 점수를 해석한다는 면에서 중요하다.

특히 아프리카계 미국인 표본이 시공간 지표 점수보다 약간 더 높은 언어이해 지표 점수를 보이는 것은 흥미롭다. 임상계에서는 전통적으로 아프리카계 미국인의 문화와 주류 문화 간의 차이, 그리고 그들의 언어 습관으로 인해 언어이해 관련 소검사들이 아프리카계 미국인 아동에게 가장 편향되었을 것이라고 믿어 왔기 때문이다. 그러나 연구결과로 나온 데이터는 이 관점을 뒷받침하지 않는다. 아프리카계 미국인 아동은 시공간 지표에서 그들의 가장 낮은 평균 지표 점수를 얻었고, 처리속도 지표(PSI)에서 가장 높은 점수를 받았다. 그러나 현재까지 다양한 국가와 문화권의 흑인 이민자를 포함해서 아프리카계 미국인이라고 분류된 집단 내의 언어적 다양성을 조사한 연구는 없다. 아프리카계 미국인 집단은 전통적으로 단일언어를 쓴다고 여겨지지만, 이 가정은 경우에 따라 타당하지 않을 수 있다. 연구자들은 아프리카계 미국인의 언어 다양성에 대한 논의를 방언으로 제한하는 경향이 있다. 그러나 아프리카계 미국인으로 분류된 집단 안에는 아프리카계 미국인 고유의 언어[걸러어(Gullah)]와 프랑스어, 스페인어, 포르투갈어, 다양한 아프리카 대륙의 언어[예: 암하라어(Amharic)], 카리브해 언어[예: 아이티 프랑스어(Haitian Creole)]가 있다. 연구자들은 전통적으로 아프리카계 미국인 집단이 단일한 언어를 쓴다고 가정해 왔기 때문에, 이러한 언어들이 문화변용(acculturation)과 인지 혹은 성취도 검사의 결과 미치는 영향은 충분히 조사되지 않았다.

백인 집단은 4개의 지표 점수에 걸쳐 상당히 일관된 평균 점수를 보여 주지만, 아시아인 집단은 작업기억 지표(WMI)와 언어이해 지표(VCI)에서 낮은 점수를 받았으며 시공간 지표에서 가장 높은 점수를 받은 것으로 나타났다. 이는 언어이해 지표 검사에 영어가 요구되며, 작업기억 지표 검사를 구성하는 숫자 및 그림기억 검사에도 부차적으로 영어가 필요하기 때문일 수 있다. 일부 언어적 다양성을 갖춘 아동이 영어로 이루어지는 검사에서 나온 문자와 숫자를 그들의 모국어로 번역한다면, 이러한 작업은 모국어가 영어이거나 충분히 영어에 능숙해졌기 때문에 번역을 하지 않아도 되는 아동보다 더욱 많은 기능을 사용하도록 하기에, 그들의 작업기억력에 부담을 줄 것이다.

히스패닉 집단의 경우, 처리속도 지표에서 가장 높은 평균 점수를 갖는 것이 관찰된다. 아프리카계 미국인 집단의 경우, 언어이해 지표와 시공간 지표보다 작업기억 지표와 처리속도 지표의 점수가 더 높은 명확한 패턴이 있다. 이 발견은 여러 가지 이유로 흥미롭다. 첫째, 임상계에서는 전통적으로 일부 소수 문화들이 처리속도의 가치를 보다 낮게 평가하며, 시간 제한이나 시간에 따른 추가 점수를 가진 과제에 의해 불이익을 받을 수 있다고 가정한다. 그럼에도 불구하고, 처리속도 지표의 점수는 히스패닉과 아프리카계 미국인 집단에서 네 가지 지표에 대한 점수 중 가장 높다. 이러한 자료는 아프리카계 미국인과 히스패닉 아동의 속도 및 시간 제한 내 성과에 대한 문화적 영향에 대한 일반적인 가정(assumptions)이 이용 가능한 통계 자료에 의해 뒷받침되지 않을 수 있음을 시사한다. 우리는 이전에 WISC-IV 데이터에서도 동일한 경향(trend)을 관찰했다(Weiss et al., 2006).

또한 전체 IQ 검사 점수에서 아프리카계 미국인과 백인 간 격차가 WISC-V나 WISC-IV는 거의 동일하지만 WISC-III에서 훨씬 줄어들었다는 점도 지적할 만하다. 아프리카계 미국인 집단의 평균 전체 IQ 점수는 WISC-III에서 88.6점이었지만,

WISC-IV와 WISC-V에서는 모두 반올림해서 92점이었다. 동시에 백인 평균은 약 103점으로 비교적 일정하게 유지되었다. 따라서 아프리카계 미국인과 백인 간 격차는 WISC-III 당시의 거의 1 표준편차(14.9점)에서 WISC-IV에선 11.5점으로 감소하였고, WISC-V에서는 11.6점으로 사실상 일정하게 유지되었다. 히스패닉계의 평균 전체 IQ 검사 점수는 WISC-III와 WISC-IV를 거치며 94.1점에서 93.1점으로 1점 낮아졌으나 WISC-V에서는 94.4점으로 높아졌다. 히스패닉과 백인 간의 격차는 WISC-III와 WISC-IV를 거치며 0.7점이 늘어난 약 10.1점이었다. WISC-V에서는 히스패닉과 백인의 격차가 9.1점으로 줄었다.

지난 세기 초, Spearman(1927: Vroon, 1980에서 재인용)은 IQ 검사 점수의 집단별 격차는 인종 간 'g요인'의 선천적인 차이에서 설명될 수 있다고 가정했고, 이 추잡한 입장은 70년 후에도 계속해서 이어져 내려오고 있다(Jensen, 1998; Murray, 2005). 몇몇 사람은 이러한 낡은 추론을 따르고, 아프리카계 미국인의 전체 IQ 검사 점수에서 선천적 차이에 의한 부하(예: 기호쓰기와 동형찾기)로 인해 인지적으로 덜 복잡한 다른 검사에 힘을 쏟음으로써 WISC-IV와 WISC-V에서 증가하는 결과가 나왔으며, 이는 'g요인' 관련 심리측정학적 관점에서는 정확할 수 있다고 주장한다. 그러나 우리는 이러한 주장에 대해 'g요인'을 측정하는 보다 강력한 척도라고 여겨지는 다양한 다른 소검사 또한 어휘와 같이 환경적 기회에 더 쉽게 영향을 받는다는 점을 지적할 것이다. 또한 유동추론 지표에서 발견되는 보다 추상적인 과제들은 시간의 경과에 따른 환경 변화의 영향에 민감한 것으로 나타났다(Flynn, 1984; Flynn, 1987; Neisser, 1998). 실제로 아프리카계 미국인의 가장 큰 변화는 대략 4점이 차이 나는 WISC-III의 지각조직(POI) 점수(87.5)와 WISC-IV의 지각추리 지표(PRI) 점수(91.4) 사이의 변화에서 관찰되었다. 두 검사 사이에 일어난 해당 지표에 대한 개념적 변화는 시각적 조직화(visual organization)의 감소와 유동추론 소검사의 증가를 포함했다. 유동추론이 WISC-V에서 자체적인 변인으로 분리됨에 따라, 아프리카계 미국인 집단의 표본은 시공간 지표(토막짜기 및 퍼즐로 구성됨)에서 가장 낮은 평균 지표 점수인 90.3을 받았고, 유동추론 지표(행렬추리 및 무게비교로 구성됨)에서 평균 점수가 93.7점으로 이보다 높았는데, 이것이야말로 'g요인'과 가장 밀접하게 연관된 지표 점수이다.

이 시점에서 IQ 검사 점수의 집단 간 격차를 보여 주는 연구에서는 그러한 차이점의 원인에 대해 아무런 언급도 하지 않았다는 명백한 사실을 짚고 넘어갈 만하다. Sternberg, Grigorenko와 Kidd(2005)의 결론처럼, IQ나 학문적 성취의 인종적 차이가 유전적인 요소에서 기원했다는 진술은 '상상의 비약'일 뿐이다. 우리는 인종/민족이 오직 부분적으로만 확인된 일련의 활성화된 기제(mechanisms)에 대한 대용 변수가 될 가능성을 갖는다는 것을 반복적으로 언급했다. 사실, 집단 간 차이가 존재하는 것으로 보이는 이유는 집단들을 대신하여 영향력을 행사하고 있는 요인(variables)이 완전히 파악되지 않았기 때문일 수 있다. 따라서 우리는 인종/민족 집단 간의 IQ 점수의 격차가 유전적 능력의 격차를 반영한다는 Spearman의 가설에 동의하지 않는다. 우리는 인지 능력의 계발을 위한 차등적 기회의 관점에서 질문을 재구성하려고 한다. 반대로, 인지적으로 풍요로운 환경은 문화동화(acculturative) 경험의 유의어가 될 수 있다. 따라서 인종/민족 집단 간의 IQ 점수 차이에 대한 Spearman의 가설은 인지 발달의 차등 기회 또는 문화동화에 대한 차등적 경험의 측면에서 재구성될 수 있다.

다음 절에서는 부모 교육과 소득의 격차가 인종과 민족 간의 WISC-V 전체 IQ 점수 차이의 원인이 되는 정도를 평가하기 위해 설계된 일련의 분석 결과를 제시한다. 그러나 우선은 WISC-IV 및 WAIS-IV 그리고 관련 연구결과를 검토할 것이다.

9. 다양한 문화적 · 언어적 집단에서 나타난 전체 IQ 점수의 차이에 대한 매개요인으로서의 사회경제적 지위

이 절에서는 사회경제적 지위가 IQ 점수에서 인종과 민족 간의 격차를 어떻게 매개하는지 살펴본다. 이 논의는 선천적인지, 후천적인지에 대한 것도 아니고, 인종과 IQ에 관한 것도 아니다. 이는 사람들이 상황적 요인에 따라 검사 점수가 달라질 수 있는 이유를 이해하도록 돕고 아동들을 돕기 위해 그 정보를 사용하기 위한 것이다.

1) WAIS-IV를 이용한 선행 연구결과와 WAIS-IV

우리는 검사 편향에 대해 비평했던 Helms, Jernigan과 Mascher(2005)가 제안한 회귀기반 방법론을 적용하여, 검사 점수의 격차가 인종/민족 집단에 얼마나 귀인될 수 있는지, 그리고 관련 매개 변수가 도입될 때 그 차이가 얼마나 감소하는지 검토했다. 이러한 분석은 WISC-IV의 데이터를 사용하여 처음 보고되었다(Weiss et al., 2006). 아프리카계 미국인과 백인의 비교를 진행하며, 우리는 WISC-IV의 전체 IQ 점수에서 인종이 4.7%의 분산(variance)을 유도했고, 부모 교육과 소득을 통제한 후 인종이 1.6%의 분산만을 설명하였으며, 수정된(adjusted) 후에도 집단 간에 6점의 차이를 보이는 것을 설명하지 못했다고 보고했다. 히스패닉과 백인을 비교한 경우, WISC-IV의 전체 IQ 점수에서 민족이 분산의 1.4%를 설명하며, 부모 교육 및 소득에 대한 통제가 이러한 차이를 충분히 설명한다고 보고했다. 우리는 사회경제적 지위를 통계적으로 통제한 것이 아동의 부모가 역사적으로 양질의 교육기회 불평등을 경험하고 승진에서의 불이익/차별을 겪은 것을 고려했을 때 아프리카계 미국인과 백인의 차이를 충분히 설명하지 못하고 있다고 보았다.

우리는 그 후에 해당 집단을 통합하고, 아동의 학업 성취에 대한 부모의 기대의 역할을 조사했다. 우리는 부모의 기대치가 아동의 WISC-IV의 전체 IQ 점수가 갖는 격차의 30.7%를 설명한다는 것을 알고 놀랐다. 이 비율은 부모의 교육과 수입을 합친 것인 21.3%보다 훨씬 크다. 부모의 교육과 소득을 통제한 후에도 부모의 기대는 여전히 아동의 WISC-IV의 전체 IQ 점수가 갖는 격차의 15.9%를 설명했는데, 이는 인종(4.7%), 민족성(1.4%)만으로 설명하는 것보다 훨씬 큰 수치이다. 우리는 인구통계학적 요인은 운명적인 것이 아니라고 결론지으면서, 이러한 발견이 가정환경이 중요하다는 견해와 일치한다고 해석했다.

이후 WAIS-IV(Weiss, Chen, Harris, Holdnack, & Saklofske, 2010)에 근거하여, 성인의 경우에도 동일한 분석 결과를 얻었다. 히스패닉과 백인을 비교한 경우 WAIS-IV의 전체 IQ 점수에서 20~90세 성인 기준 인종별 차이가 11.2%라고 보고했다. 성인의 교육, 직업, 소득, 성별, 거주지를 통제한 후 인종은 3.8%의 차이를 설명하였으며, 조정 후에도 집단 간에 6.5점의 차이를 남겼다. 아프리카계 미국인과 백인을 비교한 경우, WAIS-IV의 전체 IQ 점수에서 20~90세 성인의 인종별 차이가 14.9%

라고 보고했다. 다른 인구통계학적 요소들을 통제한 후에도 인종은 여전히 분산의 9.2%를 설명하였으며, 두 집단 간 11점의 차이를 설명하지는 못했다. 이것은 여전히 상당히 큰 차이인데, 우리는 앞서 이러한 사항이 양질의 교육과 진로 계발의 기회에 영향을 미치는 역사적 차별 때문이라고 언급했다.

이 두 연구를 통해, 우리는 사회경제적 지위에 관련된 변수가 성인보다 아동과 청소년에게 훨씬 더 잘 적용된다는 사실을 보여 주었고, 이는 아마도 세대별로 달라지는 역사적인 경향을 시사하는 것이라고 보았다. 그래서 우리는 1917년부터 1991년까지 5개의 출생 집단에 대해 인종/민족 집단별 WAIS-IV의 전체 IQ 점수를 조사했다. 결과적으로 이들은 젊은 세대와 함께 전체 IQ 점수를 증가시키는 놀라운 추세를 보여 주었다. WAIS-IV 전체 IQ 점수는 1917~1942년에 태어난 성인에 비해 1988~1991년에 태어난 성인의 표준편차가 절반 이상 증가했다. 같은 기간 아프리카계 미국인과 백인 간의 평균적 격차가 9.3포인트, 히스패닉과 백인 간의 평균적 격차는 8.6포인트 줄었다. 많은 역사적 · 법률적 · 문화적 요인이 세대별 IQ 격차에서 관찰되는 현저한 감소에 기여한 것 같다. 그러나 규모는 크게 줄었을지언정 젊은 세대에게 점수 격차가 아직 남아 있다는 사실은 오늘날에도 교육에 대한 접근 기회, 고용, 직업적 승진 기회에서의 역사적 차별이 인종/민족 형평성을 어느 정도 저해하고 있음을 시사한다.

2) WISC-V를 통한 발견들

이제 WISC-V에 주의를 돌려 보자. 〈표 5-4〉는 아프리카계 미국인과 백인의 비교 분석 결과를 보여 준다. 모델 1에서 우리는 전체 IQ에 대해 인종을 예측변수로 투입하였다. 표와 동일하게, 인종은 전체 IQ 점수에서 분산의 8.9%인 12.8점을 설명하였다.[2] 모델 2에서는 부모의 교육을 매개변수로 투입하고, 부모의 교육을 통제한 후 인종 집단의 분산 설명량의 감소를 검토하였다.[3] 〈표 5-4〉에서 보듯이, 부모

2) 이러한 분석의 결과는 부분 집단의 추가적인 표본의 사용에 근거하여 앞에서 보고한 평균적인 전체 IQ가 갖는 차이와 약간 다를 수 있으며, 이는 표준 표본보다 약간 더 크다. 부분 집단의 추가적인 표본은 표준 표본보다 더 많은 히스패닉 및 아프리카계 미국인 피험자를 포함하기 때문에 사용된 것이다.

표 5-4 아동의 FSIQ(n=1,804) 결과에서 백인과 아프리카계 미국인 간 격차의 매개물로서의 부모의 교육과 소득에 대한 회귀 분석

	R^2	R^2의 격차	백인과 아프리카계 미국인이 매개되었을 때의 백분율	매개 후의 백인과 아프리카계 미국인 간의 평균 차
모델 1				
인종	0.089			12.838
모델 2				
부모의 교육	0.176			
부모의 교육, 인종	0.210	0.034	61.8%	8.349
모델 3				
부모의 교육	0.176			
부모의 교육, 소득	0.208			
부모의 교육, 소득, 인종	0.227	0.019	78.7%	6.651

출처: 자료 및 표 저작권에 대한 모든 판권은 Pearson(2014)에게 있음

교육만 해도 아프리카계 미국인 표본과 백인 표본 사이의 전체 IQ 편차의 17.6%를 설명하였으며, 이는 인종 단독으로 보이는 설명량(8.9%)에 비해서 상당히 큰 비율이다. 학부모 교육 수준을 통제하면 인종에 기인하는 전체 IQ의 변동량이 8.9%에서 3.4%로 61.8%나 감소한다. 아프리카계 미국인의 표본과 백인 표본 사이의 평균 IQ의 차이 중 8.3점은 이 변수들로 설명되지 않았다.

앞서 설명하였듯이, 부모의 교육 수준은 그들이 누리는 사회경제적 지위의 대략적인 지표일 뿐이다. 따라서 모델 3에서는 가구 소득을 부모가 받은 교육과 함께 추가적인 매개요인으로 투입하였다. 부모의 교육 수준을 통제하였을 때, 부모 소득은 집단 간 전체 IQ의 차이를 3.2% 더 설명하였다. 사회경제적 지위의 이 두 지표는 함께 이용되면 전체 IQ 분산의 20.8%를 설명한다. 부모 교육과 소득 모두를 통제하면

3) 학부모 교육은 다음과 같이 네 가지 수준으로 나뉘어 통제되었다. 12학년을 채우지 못했거나, 고등학교를 졸업했거나, 일부 대학 졸업자이거나, 대학 졸업자 이상. 양친이 모두 가정에 있는 경우에는 두 사람은 평균적으로 고등학교 졸업까지 교육을 받았다.

인종에 기인하는 격차가 78.8% 감소한다. 이 경우, 인종에 따른 격차는 1.9%만 남는다. 이는 부모 교육과 소득을 고려할 때, 아프리카계 미국인과 백인 표본 간의 평균 전체 IQ가 6.6점만큼 차이난다는 것을 의미한다. 추후로 연구자들은 사회경제적 지위(예: 우편번호나 블록 또는 거주지)에 대한 보다 정교한 측정 방법을 사용하고, 취학한 학교의 질, 안전한 이웃의 여부, 낫형세포병(sickle cell disease: 흑인에게 주로 발생하는 유전 질환) 등과 같은 추가 변수를 통제하는 것에 대한 점진적 효과를 연구해야 한다.

〈표 5-5〉는 히스패닉과 백인 간의 표본에 앞서 이용한 것과 동일한 방법론을 적용한다. 모델 1은 집단 간 전체 IQ 점수 차이에서 인종적 요소가 3%를 차지하며, 이는 전체 IQ 중 6.7점에 해당한다. 모델 2는 부모의 교육 수준만으로 분산의 17.1%를 설명하며, 부모 교육 수준을 통제하면 인종 집단이 차지하는 전체 IQ의 분산을 96.7% 감소시키는 것으로 히스패닉 표본과 백인 표본 사이의 격차가 평균적으로 1포인트가 조금 넘는 것을 보여 준다. 모델 3에서는 부모의 소득이 전체 IQ 점수에 1.7%의 분산 설명량을 추가하여 인종 집단의 분산 설명량을 98.6% 감소시

표 5-5 아동용 FSIQ(n=1,882) 결과의 백인과 히스패닉 간 격차의 매개물로서의 부모의 교육(PED)과 소득에 대한 회귀 분석

	R^2	R^2의 격차	백인과 히스패닉이 매개되었을 때의 백분율	매개 후의 백인과 히스패닉 간의 평균 차
모델 1				
인종	0.030			6.702
모델 2				
부모의 교육	0.171			
부모의 교육, 인종	0.172	0.001	96.7%	1.285
모델 3				
부모의 교육	0.171			
부모의 교육, 소득	0.188			
부모의 교육, 소득, 인종	0.188	0.000	98.6%	0.883

출처: 자료 및 표 저작권에 대한 모든 관권은 Pearson(2014)에게 있음

표 5-6 한부모 가정과 일반 가정의 WISC-V 전체 IQ 점수 비교(인종/민족 집단별)

	한부모 가정	일반 가정	격차	*t*	*P*	효과크기
아프리카계 미국인	87.2	92.1	4.9	2.97	<.01	0.32
히스패닉	92.8	96.7	3.8	2.74	<.01	0.26
백인	96.9	103.5	6.6	6.20	<.01	0.44

켰다. 백인과 히스패닉 간 전체 IQ의 남은 격차는 부모의 교육과 가계의 소득을 통제한 후의 IQ 점수 차가 1점 미만이라는 것을 의미한다.

다음으로, 우리는 가구별 부모의 수(the number of parents)가 아동의 인지 능력 검사 점수에 미치는 영향을 탐구했다. 〈표 5-6〉은 인종/민족 집단별 한부모 가정과 일반 가정의 아동에 대한 WISC-V 전체 IQ 점수를 보여 준다. 예상했던 대로, 일반 가정의 아동은 같은 인종에 속하는 한부모 가정의 아동보다 전체 IQ 점수가 평균적으로 4~16점 더 높다. 이것은 미혼모가 단지 그들의 자녀와 언어적으로 그리고 인지적으로 자극적인 활동을 할 수 있는 시간이 더 적다는 것을 의미할 수도 있다. 앞서 언급하였듯이 한부모 가정은 일상생활을 유지하는 데에도 더 많은 어려움을 겪고 있으며, 이는 발달 지연을 겪는 아이들과도 관련이 있다. 대신 최근에 경험한 부모의 별거나 이혼은 검사를 볼 당시 정서적 고통을 겪고 있는 일부 아동의 인지기능을 일시적으로 떨어뜨렸을 수 있다. 또한 가계 소득의 감소는 양질의 학교 조건과 기타 환경적 영향을 보다 악화시킬 수 있다. 따라서 일반 가정과 한부모 가정을 비교하는 것은 인종/민족 집단 간의 검사 점수 차이에 기여하는 또 다른 요인이 될 수 있다.

WISC-IV를 사용한 이전의 연구에서, 우리는 일반 가정과 한부모 가정을 비교했을 때 히스패닉 집단에서 아무런 영향도 발견하지 못했다(Weiss et al., 2006). 이 연구에서는 한부모 가정이 히스패닉에도 영향을 주었지만, 이는 아프리카계 미국인이나 백인 가정이 받은 영향보다는 작았다. 집에 한 명의 부모가 있는지, 두 명의 부모가 있는지는 히스패닉 아이들에게는 아프리카계 미국인이나 백인 아동에 비해 적은 영향을 미쳤다. 이 발견은 더욱 많은 연구를 요구한다. 전체 집단에서 대가족이 대체적인 역할을 수행할 수 있다는 것은 이 조사 결과를 설명하는 적절한 초점이 될 수 있다.

WISC-IV에 대한 이전의 연구에서, 우리는 부모의 수 요소가 아프리카계 미국인과 백인의 전체 IQ 격차에서 2%를 차지하여 아프리카계 미국인과 백인 간 전체 IQ 격차를 30% 줄였다는 것을 발견했다(Weiss et al., 2006). 그러나 모델에 부모의 교육 수준과 소득이 먼저 들어갔을 때, 부모의 수가 전체 IQ 격차에 대해 갖는 추가적 설명력은 없었다.

이론적으로, 인지적으로 풍요로운 환경에 노출되는 정도의 차이가 집단 간의 IQ 차이를 완전히 설명한다면, 인지적 풍요로움을 통제했을 때 관찰된 차이가 모두 제거되어야 한다. 따라서 부모가 받은 교육과 가계 소득의 효과는 거의 완전히 히스패닉과 백인 표본 사이의 전체 IQ 차이를 설명하지만, 흥미롭게도 아프리카계 미국인과 백인의 전체 IQ 사이의 차이를 부분적으로만 설명할 수 있다. 이것은 부모가 받은 교육과 소득이 히스패닉과는 다소 다른 방식으로 아프리카계 미국인의 인지 능력 점수와 관련된 것일 수도 있고, 추가적인 간접 변수가 해명되지 않은 채로 남아 있을 수도 있음을 시사한다. 왜 일부의 연구에서는 부모가 받은 교육, 소득, 그리고 가정에 살고 있는 부모의 수와 같은 중요한 변수들을 적용시킨 후에도 여전히 아프리카계 미국인과 백인 집단 사이의 IQ 점수에서 차이를 보이는가? 그 해답의 일부는 이러한 변수들이 간접적으로 그 효과를 발휘한다는 것이며, 따라서 이들은 중추적이기보다는 간접적인 요소라고 불린다. 대안적으로, 사회가 부여하는 측정되지 않는 불평등이 아프리카계 미국인이 받는 교육과 소득의 긍정적인 영향을 약화시킨 것이라고 볼 수 있다.

앞에서 논의하였듯이, 이러한 효과들의 간접적인 성질은 그 관계가 완벽하지 않다는 것을 의미한다. 이것들은 '근접한 대체할 수 있는(proxy)' 변수들이다. 즉, 이 변수들은 직접 측정하기 어려운 다른 변수들을 위한 편리한 지표 역할을 한다. 아동의 부모가 성취하는 교육의 수준은 인지 능력 점수에 영향을 미치는 강력한 인구통계학적 변수이다. 비록 가족의 재무 상황과 완벽하게 연계되는 것은 아니지만, 이 변수는 전체 사회경제적 지위에 대한 합리적인 대용품 역할을 한다. 다시 말해서, 부모가 받은 교육은 부모의 고용 기회, 소득 수준, 주택, 이웃, 영유아 보육에 대한 접근성, 유아기와 조기 발달 시기의 영양의 적정성, 그리고 아동이 이용할 수 있는 교육 경험의 질을 포함한 다수의 중요한 변수와 관련이 있다. 이 중 상당 부분은 안전하고 보호받는 환경에서 배우고 성장하며, 풍부한 초기 자극을 얻도록 하는 기회와 관련이 있을 수 있다. 연구원들은 더 많은 교육을 받은 부모가 소아과 진료, 양질의 학교, 그리고 안전한 이웃을 더 잘 얻는다고 가정하지만 항상 그렇지는 않다. 현재까지 인지 발달의 차이를 설명하는 것으로 알려진 모든 의료, 사회, 법률, 환경, 재정 및 교육 요인에 대해 직접적으로 통제하는 데 성공한 연구는 이루어지지 않았다. 대용적 변수의 사용에 의해 이러한 방식이 제한되는 것 외에도, 현재 진행 가능한 연구는 일반적으로 종단적이라기보다는 횡단적이기 때문이다.

보다 일반적으로, 학술적 연구결과(이 장에서 검토한 것들과 같은)는 심리학자, 사회학자, 정치학자(political scientists), 그리고 여러 분야의 학자들에게 해당 집단의 특성에 대해 알려 주는 귀중한 정보를 제공한다. 그러나 개인의 차이점을 이해하려는 의지를 품은 것은 심리학이 유일하다. 비록 이 연구가 집단의 인지 발달을 향상시키거나 약화시키는 특성에 관한 유용한 통찰력을 제공할 수 있지만, 심리학자는 집단의 데이터가 평가하는 대상인 모든 개인을 특징짓는다고 가정해서는 안 된다. 우리가 집단 차원의 연구결과를 개인적 임상 실험에 무비판적으로 적용할 때, 우리는 자칫 도움을 요청했던 바로 그 아동들에게 고정관념을 심어 줄 수도 있다.

이러한 모든 이유로 인해, 우리는 인지 능력 검사 점수의 인종/민족 격차에 대한 연구를 뒤로하고, 가정에서 부모와 자식 사이에 일어나는 일과 같은 아동 인지 발달의 간접적 매개로 독자의 관심을 돌리기를 원한다. 우리의 연구 방향은 Helms 등(2005)의 심리학 연구에서 인종을 독립변수로 사용하기를 중단하자는 주장에서 영향을 받았다. 이러한 연구 방향은 또한 다양한 학문 분야의 학자들로 하여금 인종이 사회적으로 구성되었으며 생물학적으로는 무의미한 개념이라고 주장하는 근거가 된 최근의 인간 게놈 연구의 발전과도 일치하며(Cavalli-Sforza, 2001; Marks, 2002; Schwartz, 2001), 인종/민족 집단 사이의 구분선이 매우 유동적이고 그들 사이의 차이보다 훨씬 더 많은 다양성이 유전 집단 내에 존재한다는 주장(Foster & Sharp, 2002, p. 848)과도 맥을 같이한다. 또한 최근 유전학의 발전이 속도를 내고 있음에도 불구하고, 지능을 결정짓는 유전자를 확정하려는 시도는 현재까지는 약한 효과만을 발견하거나, 결론을 내리지 못하거나, 반복 검증에 실패했다(Chorney et al., 1998; Hill, Chorney, & Plumin, 2002; Hill et al., 1999; Plumin et al., 1995).

향후 어느 시점에서 우리는 연구자들이 인종적 경계의 유동성과 인종/민족 집단 내에서 문화와 언어의 광범위한 다양성 때문에 인종/민족 집단이라는 지위를 사용하는 것을 그만둘 것이라고 기대한다. 미래의 연구자들은 사회적으로 만들어진 문화개념이 산업화된 국가의 주요 지능검사로 평가된 특정 인지 능력의 발달을 어떻게 매개하는지에 대해 연구하고자 할 것이다.

이 시점에서 우리는 지능의 인종/민족 격차에 대한 연구를 마무리하려 하며, 다른 이들도 그러하기를 바란다. 우리는 이제 이 유명한 분야를 지나쳐, 문화 집단 전반에서 아동의 인지 발달을 향상시키는 가정환경 변수에 대한 예비 토론을 시작하려 한다. 이 장의 나머지 부분에서는 가정환경과 언어적 변수, 그리고 이러한 요소가 인지 발달 및 인지 능력 검사 점수에 미치는 영향에 관한 초기의 자료를 제시한다.

10. 아동의 지적 · 학문적 발달과 연관된 가정환경의 추가적 고찰

지능에 대한 연구에서 일반적으로 연구되는 사회경제적 지위와 관련된 다양한 변수는 두 가지 방법으로 아동의 발달에 작용하는 것으로 추정된다. 첫째, 학교의 질, 동네의 안전, 의료 등의 측면에서 환경이 이차적(distal)으로 주는 영향이다. 이 중 상당수는 학부모가 받은 교육과 소득 수준에 의해 간접적으로 제시되는 것으로 추정된다. 둘째, 부모가 언어적 · 지적 · 학문적인 자극과 격려를 해 주는 환경을 제공한다는 측면에서 아동과 어떻게 상호작용하는가에 대한 보다 중추적인(proximal) 영향이 있다. 부모-자녀 상호작용은 부모가 받은 교육 및 소득과 관련이 있을 수도 없을 수도 있다. 우리는 이러한 요인들을 별도로 다룬다. 왜냐하면 사회경제적 지위와는 달리, 부모의 행동과 태도는 부모 자신의 즉각적인 통제에 달려 있기 때문이다.

더욱 많은 교육을 받은 어머니는 그렇지 못한 어머니에 비해서 자녀와 교류하는 방식에 차이가 있다는 암묵적인 가정이 종종 제시되곤 한다. 더 많은 교육을 받은 어머니는 일반적으로 유아에게 언어 자극을 증가시키고, 취학 전 아동에게 더 많은 책을 읽히며, 초등학생과 더 많은 숙제를 하고, 아동기 및 청소년기에 걸쳐 더 지적으로 자극적인 활동을 제공한다고 가정된다. 이것은 좀 더 자세히 검토할 가치가 있는 광범위한 부분 가정이다. 사회경제적 지위가 동일한 집단 내에서도 양육 모습은 상당한 차이가 있을 수 있으며, 이러한 변동성이 아동의 인지 발달에 영향을 미칠 수 있다.

WPPSI-III를 이용한 연구는 세 가지 가정환경 변수가 어린 아동 사이에서 언어 능력의 발달에 중요한 역할을 한다고 주장한다. 이 변수들은 부모가 자녀에게 책을 읽어 주고, 아동이 컴퓨터로 시간을 보내고, 텔레비전을 보는 데 쓰는 주당 시간이다. 평균적인 WPPSI-III 언어 IQ(Verbal IQ) 점수는 읽기와 컴퓨터를 사용한 시간에 따라 증가했고 텔레비전 시청 시간에 따라 감소하였다. 또한 이러한 변수와 학부모의 교육 사이에는 분명한 관계도 존재한다. 부모의 교육에 따라 읽기와 컴퓨터 사용 시간이 체계적으로 증가했고, 텔레비전 시청 시간은 줄어들었다. 따라서 정규 교육을 거의 받지 않은 부모에 비해, 더 많은 교육을 받은 부모는 자녀에게 더 자주 책을 읽어 주고 텔레비전 시청을 줄이며 컴퓨터 사용을 장려한다. 또한 책을 보다 자주 읽고 컴퓨터를 더 자주 사용하며 텔레비전을 덜 본 2.5세에서 7세 사이의 아동의 경우 그렇지 않은 아동보다 평균적으로 언어 IQ 점수가 더 높았다(Sichi, 2003). 어쩌면 높은 사회경제적 지위는 가정에서 컴퓨터를 사용할 수 있으며, 바쁜 편부모 가정에 비해 일반 가정에서 인지적으로 자극적인 방법(즉, 그들에게 책을 읽어 주는 것 vs. 지나친 텔레비전 시청을 허용하는 것)으로 아동과 상호작용할 수 있는 기회를 제공한다. 그러나 동시에 비슷한 교육 수준 내에서 부모들의 이러한 행동의 빈도에도 상당한 변동이 있었다. 그러므로 비슷한 수준의 교육을 받은 부모의 아동 사이에서도 더 많은 시간을 읽고 컴퓨터를 사용하는 데 쓰고, 더 적은 시간 텔레비전을 보는 경우가 있었으며, 이 또한 언어 능력 검사 점수와 관련이 있었다.

다음으로, 우리는 부모의 태도가 학령기 아동에게 미치는 직접적인 영향에 대해 탐구하였다. WISC-V의 표준화된 표본(n=52,419)에서 자녀의 부모가 작성한 대량의 설문 항목 중에서 4개 항목을 선정했다. 즉, 부모는 네 가지 간단한 질문을 받았다. 당신의 자녀가 학교에서 좋은 성적을 얻고, 고등학교를 졸업하고, 대학을 졸업하고, 당신보다 더 나은 직업을 찾을 가능성이 얼마나 될까이다. 각각의 질문은 가능성이 거의 없다는 것부터 매우 높다는 항목까지 4개의 응답을 통해 답변되었다. 이 네 가지 질문은 아동의 학업적 · 직업적 성공에 대한 부모의 기대와 분명한 관련이 있다. 우리는 부모가 아이가 발달하는 동안 다양한 직간접적 방법으로 자녀에게 이러한 기대를 전달한다고 가정하였다.

부모의 기대가 인지 능력 검사 점수에 미치는 영향을 분석하기 위해, 우리는 앞서 제시한 매개 분석 방법으로 돌아가지만, 이전과는 다른 초점을 가지고 있다. 종속 변수는 더 이상 집단 간 전체 IQ 차이가 아니라 전체 IQ 자체로, 이는 모든 인종/민족 집단을 더한 전체 아동 집단을 의미한다. 따라서 우리는 더 이상 인종/민족 집단 간의 전체 IQ의 차이를 설명하는 것이 아니라, 아동 집단 전체에 부모가 갖는 기대의 정도가 미치는 영향을 이해하려고 한다.

〈표 5-7〉은 이러한 분석을 보여 준다. 모든 아동에게 있어서, 부모 교육과 소득의 조합은 전체 IQ를 구성하는 분산의 약 22%를 설명한다. 부모가 갖는 기대의 정도만으로 자녀에 대한 전체 IQ 편차의 약 26.5%를 설명할 수 있다. 따라서 자녀들은 부모의 기대라는 요소만으로도 부모의 교육과 소득을 합친 것보다 많은 전체 IQ의 차이를 보인다. 이것은 이전의 연구자가 부모가 받는 교육 수준이 인지 검사의 점수에 가장 강력한 영향을 미친다고 가정했기 때문에 흥미롭다. 세 가지 변수를 모두 조합하여 고려할 때(즉, 부모가 받은 교육, 소득 및 부모의 기대) 모델은 자녀의 전체 IQ 격차의 약 37%를 설명한다.

그러나 부모가 갖는 기대는 단순히 부모가 받은 교육과 소득 간의 함수인가? 더 많은 교육을 받고 더 부유한 부모가 단순히 자기 자녀에 대해 더 높은 기대를 가지고 있는가? 우리는 〈표 5-7〉의 모델 2와 3에서 이 가설을 검토하였다. 모델 2에서 우리는 부모의 기대치가 통제된 후 부모의 교육과 소득이 자녀의 전체 IQ 격차의 10.8%만 설명한다는 것을 발견하였다. 부모의 기대가 갖는 효과를 빼자 부모가 받은 교육과 소득의 설명 비율이 21.9%에서 10.8%로 51%나 줄어든 것이다.

다음으로, 우리는 모델 3과 반대되는 질문을 검토했다. 즉, 부모의 교육과 소득을 고려한 후에 부모가 갖는 기대가 얼마나 중요한가이다. 모델 3에서 보듯이, 부모의 기대는 여전히 부모의 교육과 소득을 통제한 후에 자녀의 전체 IQ의 약 15.4%를 차지한다. 부모의 교육과 소득에 대한 통제 이후 부모의 기대에 대한 설명률이 42% 감소하였지만, 여전히 부모가 갖는 기대 효과의 규모는 상당한 것이다.

그러나 우리는 이 자료들이 교사, 지역사회 지도자들, 그리고 심지어 10대 후반 청소년을 고용한 고용주들과 같은 다양한 환경 자료에서 자녀의 능력과 미래 잠재력에 대해 부모가 받은 누적된 피드백이 반영되었을 수 있다고 우려했다. 우리는 나이가 더 많은 아동의 부모가 더 많은 환경적 피드백을 받았을 것이고, 따라서 그들의 아동의 진정한 지적 능력에 기초하여 더 정확한 기대를 갖게 될 것이라는 가설을

표 5-7 부모가 받은 교육과 아동의 전체 IQ 점수의 매개로서 부모가 갖는 기대에 대한 회귀분석에 관한 연구

	R^2	R^2	매개 효과의 백분율
총합(n=2,419)			
모델 1			
부모의 교육, 소득	0.219		
모델 2			
부모의 기대	0.265		
부모의 기대, 교육 수준, 소득	0.373	0.108	50.7%
모델 3			
부모의 교육 수준, 소득	0.219		
부모의 교육 수준, 소득, 기대	0.373	0.154	41.9%
6~11세(n=1,328)			
모델 1			
부모의 교육 수준, 소득	0.234		
모델 2			
부모의 기대	0.285		
부모의 기대, 교육 수준, 소득	0.391	0.106	54.7%
모델 3			
부모의 교육, 소득	0.234		
부모의 교육 수준, 소득, 기대	0.391	0.157	44.9%
12~16세(n=1,091)			
모델 1			
부모의 교육 수준, 소득	0.212		
모델 2			
부모의 기대	0.271		
부모의 기대, 교육 수준, 소득	0.384	0.113	46.7%
모델 3			
부모의 교육 수준, 소득	0.212		
부모의 교육 수준, 소득, 기대	0.384	0.172	36.5%

출처: 자료 및 표 저작권에 대한 모든 판권은 Pearson(2014)에 있음

세웠다. 그래서 우리는 더 어린(6~11세) 아동과 더 나이 든(12~16세) 아동을 위해 별도의 분석을 진행했다. 부모의 기대감에 대한 설명 비율은 나이가 더 많은 자녀에 대해서는 소폭 상승했지만 증가폭이 상대적으로 적었다(15.7%에서 17.2%로). 더 중요한 것은 부모가 갖는 기대의 효과는 모든 연령의 아이에게 상당하다는 것이다.

WISC-IV에 대한 이전 연구(Weiss et al., 2006)에서, 우리는 부모 교육 수준 내에서 부모의 기대에 전체 IQ 점수를 회귀시켰다. 우리는 부모의 기대치가 부모가 어떤 수준의 교육을 받았던 간에 전체 IQ 점수와 상당한 관련이 있다는 것을 알게 되었지만, 이것은 고등학교 교육을 받은 부모들(R^2=0.28)과 최종 학력이 고등학교 미만인 부모들(R^2=0.19) 사이에서 더욱 그러했다. 우리는 이러한 발견들을 간접적(distal) 환경 자원이 중추적인 태도와 행동에 미치는 영향과 관련하여 해석했다. 진정한 사회적 · 경제적 요인들이 사회경제적 지위가 가장 낮은 가정의 부모가 갖는 기대를 제약하는 것일 수 있다. 그럼에도 불구하고, 부모의 기대는 모든 사회경제적 지위의 집단 사이에서 여전히 강력한 힘이며, 그것이 고등학교를 졸업하지 않은 부모의 경우에는 다소 약화될 뿐이다. 부모가 갖는 기대는 부모가 고등학교를 졸업했지만 대학을 다니지 않은 사회경제적으로 중간 정도의 위치인 가정에 가장 큰 영향을 미치는 것으로 보인다. 비록 이 발견을 설명하는 별도의 자료가 존재하지 않지만, 우리는 이러한 가정의 아동이 개인적인 노력에 따라 성인이 되었을 때 사회경제적 지위가 긍정적 또는 부정적으로 변동하는 위기에 가장 많이 노출되는지 알고 싶었고, 따라서 부모의 기대는 이 사안에 더욱 큰 영향을 미쳤다.

우리는 또한 부모 교육과 소득을 통제한 후 부모의 기대가 WISC-IV의 인종/민족 집단 간 전체 IQ의 격차에 미치는 영향을 조사함으로써 문화 전반에 걸쳐 다르게 작용한다는 추측을 검토하였다. 부모가 갖는 기대에 기인하는 격차는, 아프리카계 미국인과 백인 간 전체 IQ의 차이를 분석한 경우 약 15%, 히스패닉과 백인 간 전체 IQ의 차이를 분석의 경우 약 18%로, 문화적 · 언어적으로 다양한 집단에 걸쳐 부모가 갖는 기대의 영향이 상당히 크다는 것을 시사했다(Weiss et al., 2006).

요약하면, 부모 교육과 소득을 합하면 자녀의 전체 IQ에서 편차의 약 22%를 설명할 수 있는 반면, 부모의 기대만으로 약 26.5%를 설명할 수 있다. 이 세 가지 변수를 조합하면 모든 아동에 대한 인지 능력 측정에서의 분산 중 약 37%를 설명할 수 있다. 부모가 갖는 기대의 효과는 부모가 받은 교육과 소득에 의해 부분적으로만 설명되며, 부모가 갖는 기대로 인한 고유 설명량은 의미가 있다. 또한 부모의 기대는 아프리카계 미국인과 백인, 그리고 히스패닉과 백인을 대상으로 한 비교에서 자녀의 전체 IQ의 격차에 대한 비슷한 설명력을 보였다. 부모가 받은 교육 수준에 의해 부모가 갖는 기대치에 보다 체계적인 차이가 있을 수 있지만, 부모가 갖는 기대는 동일한 부모의 교육 수준 집단 내에서도 여전히 아동의 인지 능력 측정에서 상당한 차이를 설명하였다.

이처럼 단순해 보이는 부모의 기대라는 변수가 갖는 힘은 놀라우면서도 고무적이다. 부모의 기대, 태도, 행동이 모든 인구통계학적 배경을 가진 아동들의 인지 능력 발달에 긍정적인 영향을 미칠 가능성은 매우 흥미진진하지만, 이는 어쩌면 순진한 반응일지 모른다. 부모는 사회경제적 지위에 따른 집단마다 이러한 기대를 다르게 표현하는가? 표준화된 검사 점수의 격차를 반영하는 부모의 기대에는 문화별로 차이가 있는가? 이 사항들에 대해선 아직 반박이 불가능하며, 이들은 데이터기반의 해답이 없는 중요한 질문이다. 그러나 앞서 진행된 분석은 그 생각이 틀릴 수도 있음을 시사한다. 부모의 기대는 사회경제적 지위의 두 가지 지표(부모 교육 수준 및 소득)와 문화적으로 반영 가능한 지표(인종/민족 집단)를 통제한 후 전체 IQ에서 상당한 차이를 설명하였다. 하지만 인종/민족 집단은 문화와 동의어가 아니며, 아마도 문화적 또는 가족적인 믿음과 가치에 대한 보다 정교한 척도가 부모의 기대에서 체계적인 차이를 식별하게 해 줄 것이다. 그러나 현재로서는 이러한 자료들로는 단순한 인종/민족 집단이라는 지위에 의해 포착된 문화적 차이가 무엇이든 간에 자녀의 학업 성취에서 부모의 기대의 힘이 갖는 상당한 차이를 설명하지 못한다.

부모의 기대가 가정 내에서의 특정한 행동을 유도하는지, 그 행동이 무엇인지, 부모가 문화에 따라 행동을 달리 하는지, 그리고 이러한 사항이 인지 능력 검사의 점수를 어떻게 증가시키는가에 대한 심리사회적 기제는 맥락적 해석에 도움을 주는 유익한 연구 주제이다. Ceci(1996)가 시사하였듯이, 이러한 행동들은 인지 발달의 다른 결정적 단계(critical stage)마다 그 효과가 변할 수 있다. 분명 미취학 아동에게 책을 읽어 주는 것은 사춘기 이전 아동에게 읽어 주는 것보다 더 효과적일 것이다. 또한 초등학교 저학년 학생과 운율 맞추기 게임을 하는 것은 아동이 음운학적인 인식을 갖도록 도울 수 있는데, 이것은 초기 읽기 능력의 발달에 매우 중요하지만, 읽고 해석하는 데 어려움을 느끼는 나이 든 아동과 운율 맞추기 게임을 하는 것은 덜 효과적일 수 있다. 가정환경 행동의 시의적절성(timing) 및 활동적 요소(active ingredients)가 더 알려지고 이러한 요소들이 문화마다 어떻게 다를 수 있는지에 대해 알 수 있을 때, 실무자는 인지 발달 지연이나 학습장애의 위험에 처한 아동이 있는 가정에 한층 긍정적인 방식으로 개입할 수 있다.

Jirout와 Newcombe(2015년)은 부모가 가정에서 블록, 퍼즐, 보드게임, 그리기 재료를 사용하여 아동과 상호작용하는 놀이를 할 때 아동의 시각적 · 공간적 능력이 크게 향상된다는 것을 발견했다. 이는 앞서 조사된 것처럼, 아프리카계 미국인인 아동이 다른 WISC-V 점수보다 시공간 지표에서 낮은 점수를 받는 경향이 있다는 결과에 비추어 그들에게 특히 유용하다. 이들은 또한 단어 맞추기 게임이 아동에게 상당한 영향을 미친다는 것을 발견했고, 유치원 아동과 장난기 어린 인지적 상호작용을 하는 부모가 아동의 일반적인 지적 성장을 촉진하고 있다고 주장했다. 아마도 이들은 Carole Dweck이 인지 능력과 관련하여 '성장에 대한 사고방식'이라고 부르는 것을 가지고 있을 것이다(앞서 나온 내용 참조).

Gregoire가 관찰하였듯이(제8장 참고), 교육적 성과와 지능의 관계는 상호적인 것이기 때문에 해석하기 까다롭다. 학교에서 지능은 성공을 예측하는 요인 중 최고라고 널리 인정받고 있다. 동시에 학교 교육은 아동의 지적 발달에 긍정적인 영향을 끼친다. 이전의 여러 연구에 근거하여, Ceci(1996)는 교육이 지능에 대한 검사, 특히 지각 능력, 개념 형성 및 기억력에서 중요한 역할을 하는 여러 능력이 계발되도록 자극한다는 것을 보여 주었다. 사실, 이러한 관점은 발달 지연이 있거나 사회경제적으로 불리한 아동을 위한 공적인 개입과 취학 전 아동을 위한 헤드스타트 프로그램(Head Start programs)의 기초를 형성한다. 또한 교육 체계 및 교육에 대한 접근성의 개선은 종종 플린 효과라고 알려진, 나중에 태어난 세대일수록 이전 세대에 비해 평균 IQ 검사 점수가 높은 것의 주요 원인 중 하나로 간주된다. 2,000명의 일란성 쌍둥이를 대상으로 한 종단 연구에서, Ritchie(2015)는 7세에 평균 이상의 읽기 능력을 보이는 아동의 경우 청소년기 후반에 아동의 지적 능력에 긍정적인 영향을 미칠 수 있음을 발견했다. 우리는 학교에서 학문적인 학습의 엄격한 인지적 요구가 아동이 지능과 관련된 핵심 인지 능력을 계발하도록 자극한다고 믿는다.

이러한 사고방식을 바탕으로, 우리는 표준화된 표본으로 수집된 미발표 연구 자료인 WISC-V 가정환경 설문지의 데이터를 이용하여 웩슬러 개인성취도 검사의 점수와 부모가 자식의 학업을 모니터링하는 행동 간의 관계를 조사하였다. 우리는 숙제 습관과 학부모의 학업 모니터링 행동과 관련된 11개의 문항을 조사했고, 0.20과 0.30 사이인 중간 정도의 상관을 확인했다. 부모가 학교에 대해 얼마나 자주 자녀에게 이야기했는가는 모든 연령의 아동에게 성취도 검사 점수에 지속적으로 긍정적인 영향을 미쳤다. 어린 아동(6~11세)에게는 매일 같은 시간에 숙제를 시키고, 완성된 과제를 보게 해 달라고 요청하는 것이 중요했다. 놀랍게도 아동이 몇 살이건 간에 숙제를 할 수 있는 조용한 장소를 갖는 것과 숙제를 하는 동안 전자 기기를 꺼두는 것은 성취와는 아무 관련이 없었다.

그러나 연령대가 높은 아동에게 끝마친 과제를 보여 달라고 하는 것, 과제를 확인하고 도와주는 것, 메모와 과제를 위해 책가방을 확인하는 것 등은 모두 그들의 성취와 반비례하였다. 아마도 부모는 아동이 학교에서 성취도가 낮을 때에만 이처럼 보다 거슬리는 방법을 쓰려 할 것이다. 나이가 많은 아동에게 숙제가 있는지 묻고, 학교에 대해 이야기하는 것은 성취와 긍정적으로 연관되어 있었다. 아동의 나이와 상관 없이, 아동과 학교에 대해 이야기를 나누는 단순한 행동은 학교의 중요성과 학교에서 어떻게 생활하는지에 대해 그들의 부모가 관심을 가진다는 중요한 메시지를 보내는 것으로 여겨진다. 또한 우리는 나이가 많은 아동이 숙제를 하는 데 보내는 시간이 성과와 긍정적으로 연관되어 있다는 것을 발견했는데, 이는 앞서 논의하였듯이 학생의 동기나 성실성(conscientiousness) 같은 개인적인 요소들이 이 나이대의 아동에게 작용한다는 것을 암시한다.

그러나 부모가 자녀의 능력을 누구보다 잘 알고, 교사 등의 피드백에 따라 그들이 갖는 기대와 모니터링 행동을 적절히 조절할 가능성도 있다. 우리는 부모의 기대가 아동의 인지 능력에 미치는 영향은 아마도 단방향적인 것이 아니라 상호성을 띄는 상호작용에 가깝다는 것을 인정한다. 즉, 선천적으로 영리한 아동은 부모를 아동과 보다 양질의 상호작용을 하도록 자극하고, 이는 다시 아동이 지적으로 또는 학문적으로 풍요로운 일을 하게 하는 동기가 되어 아동의 인지 발달을 더욱 자극한다. 동시에, 지적 자질이 부족한 아동은 부모로 하여금 그들에게 더 낮은 기대를 가지도록 자극하고, 그들을 더 면밀히 모니터링하게끔 하며, 그 결과 아동이 지적·학문적 성장 활동에서 멀어지는 결과를 낳을 수 있다. 부모의 기대와 전체 IQ의 공변(covariation)을 설명할 수 있는 요인은 부모의 교육, 소득, 자녀의 능력에 대한 지식

이외에도 많다. 예를 들어, 부모의 계층 상승에 대한 욕구나 계층 하락에 대한 두려움은 미래의 연구자들이 조사해야 할 영역이다. 따라서 부모가 갖는 기대는 연구할 가치가 있지만, 개인 수준에서 그러한 기대를 품은 이유를 조사하는 것이 임상연구적으로 훨씬 가치가 있을 수 있다.

11. 가정환경 및 인지 발달에 관한 결론

부모의 기대가 부모의 행동으로 이어지고, 이러한 행동이 아동의 인지 발달에 작용하는 구조가 어떻게 해석될지는 보다 복잡한 모델과 종단 연구를 포함한 더욱 많은 연구를 필요로 한다. 그러나 일반적인 요인(부모의 모니터링 등)과 연령, 발달 수준, 가족 또는 문화적 맥락에 따라 달라지는 특정 요인(예: 모니터링의 형태)가 모두 있다고 가정하는 것이 타당하게 여겨진다.

Valencia와 Suzuki(2001)는 지능검사와 소수민족 학생에 대한 종합적인 검토에서 가정환경에 관한 문헌(pp. 108-110)을 통해 몇 가지 주된 결론과 주의 사항을 도출했다. 첫째, 가장 중요한 것은 지적으로 자극적이며 지적 활동을 뒷받침해 주는 가정환경에서 자란 아동이 똑똑한 경향이 있다는 것이다. 이러한 효과가 일방적으로 부모에서 자식으로 향한다고 가정하기 쉽지만, Valencia와 Suzuki는 똑똑한 아동이 역으로 자신에게 인지적으로 자극적인 방법을 이용하는 부모의 관심을 사로잡는 것도 가능하기 때문에, 이러한 교류가 아동의 인지 성장을 더욱 심화시킨다고 보았다. 둘째, 가정환경은 사회경제적 지위보다 아동의 지능을 정확하게 예측하는 변수이다. 사회경제적 지위는 넓은 범위를 예측하는 훌륭한 요인이지만, 우리는 각 사회경제적 계층 내의 가정에 따라 그들이 제공하는 자극의 양과 지적 풍토를 구조화하는 방식에 있어서 서로 상당한 차이를 보인다는 것을 상기해야 한다. 셋째, 소수자 가족에 대한 대부분의 연구는 가정환경과 아동의 지적 능력과 관련해서 상당히 긍정적인 상관관계를 보여 주었다. 인지적으로 풍요로운 환경을 구성하는 것에는 아마도 몇 가지 공통점이 있겠지만, 이러한 특성이 구체적으로 표현되는 것은 문화에 따라 차이가 있을 수 있다. 넷째, 이러한 연구들은 낮은 사회경제적 지위의 가정은 똑똑한 아동을 키울 수 없다는 견해를 반박하기 위해 이용될 수 있다. 분명 가정 내부에서 이루어지는 구체적인 행동은 부모의 수입, 직업, 교육 상태 이상으로 중요하다. 간결하게 말하면, **부모가 무엇을 하느냐(what they do)가 부모가 어떤 지위에 있는지(what they are)보다 더 중요하다.** 이 사실은 매우 중요한데, 왜냐하면 사회경제적 지위는 가족이 바꾸기 어려울 수도 있기 때문이다. 그러나 25년이 넘는 기간 동안 이루어진 일련의 현장 연구에서 보이듯이, 사회경제적 지위가 낮은 소수자 가족의 부모는 자녀에게 특정한 지적 기술을 가르치고 학업 활동으로 나아갈 수 있는 동기에 영향을 미치도록 효과적으로 훈련받을 수 있다(Henderson & Garcia, 1973; Henderson & Swanson, 1974; Swanson, 1976). 그러나 이러한 개입에 관한 프로그램은 인지적으로 자극적인 특정 표현과 행동을 가르치고 강화하는 방법에 있어서 문화적 차이에 민감해야만 한다. 동일한 가정환경 요인은 미국 이외의 학교 체계 혹은 다른 방법으로 측정할 때 서로 다른 방식으로 상호작용할 수 있다. 우리는 또한 간접적인 환경자원이 가정환경에서 이러한 중추적 과정의 효과를 제한할 수 있다는 Ceci(1996)의 주의를 인식해야 한다. 즉, 심각하게 빈곤한 환경은 부모의 기대가 주는 영향을 제한할 수 있지만 그것을 완전히 제거하지는 못한다.

이 장에서 보고된 WISC-V 연구결과들은 실천적으로도 중요한 의미를 갖는다. 사회경제적 지위(부모가 받은 교육 수준 및 소득으로 추정할 수 있다.)는 집단적인 수준에서 IQ 검사 점수가 상당한 격차를 보이는 이유를 설명하지만, 이러한 연구결과는 낮은 사회경제적 지위를 가진 가정에서 태어난 아동이 낮은 인지 능력을 갖는다고 미리 결정된 것이 아니며, 따라서 부모도 자녀의 인지 발달에 중요한 역할을 할 수 있음을 암시한다. 지적 성장을 억누르거나 억압하는 것과 달리 인지 발달을 풍부하게 하거나 자극할 수 있는 부모의 행동 유형을 이해하는 것은 학자와 실무자 모두에게 중요한 활동이다. 그러나 이러한 행동이 무엇인지 확인하는 것은 그저 첫 번째 단계에 지나지 않으며, 이러한 행동을 해야 하는 결정적 발달 시기를 깨달아야 한다. 또한 다양한 배경과 문화를 가진 부모에게 이러한 연구결과를 전달하고 부모가 가정에서 이러한 생각을 효과적으로 구현하도록 훈련시키기 위해 가족의 출신과 그들의 문화에 따라 민감히 대응하는 모델을 개발하는 것이 필수적이다.

이것들은 새로운 생각이 아니다. 대부분의 초등학교 교사는 부모가 집에서 학생을 위하는지, 또는 그렇지 않은지에 대해 쉽게 구별할 수 있다. 그리고 교사는 아동에 대한 학업 모니터링과 관련된 부모의 행동을 변화시키는 어려움에 쉽사리 공감

할 것이다.

그러나 이러한 발견은 지속적인 노력을 보상할 만큼 아동이 누릴 혜택이 충분히 클 수 있음을 시사한다. 우리는 심리학자와 교사가 가정 내부의 행동과 이를 통해 자녀에게 줄 수 있는 이로운 점들에 대해 아동이 최대한 어릴 때에 부모와 직접 대화하고, 정기적인 후속 조치를 취할 것을 강하게 권장한다. 여러 연구에서는 부모가 집에서 자녀가 하는 일에 대해 이야기하며 아동의 숙제와 수업 프로젝트를 모니터링하고, 함께 또는 홀로 책을 읽는 조용한 시간을 장려하며, 텔레비전 시청 시간을 제한하고, 컴퓨터 사용(필요하다면 지역 도서관에서라도)을 독려하며, 자녀의 학문적 성공에 관한 기대감을 함께 긍정적으로 소통하는 것이 좋은 영향을 준다고 주장한다.

전반적으로, 이는 심리학과 교육 분야에 있어 매우 긍정적인 사실이다. 처음에 우리는 부모의 교육 상태나 소득과 같은 변화하지 않는(static) 인구통계학적 특징에 근거하여 아동 집단 간의 IQ 차이를 보고하는 것이 아동에 대한 기대를 줄임으로써 이들 집단에서 개별 아동의 잠재력을 억제할 수 있다고 우려했다. 그러나 이러한 집단 내의 변동성은 부모의 가정 내 자녀와의 상호작용이 낮은 사회경제적 지위와 상대적으로 고정된 인구통계학적 특성의 영향을 개선시킬 수 있다는 발견과 결합되어, 우리로 하여금 희망에 찬 결론을 내리도록 한다. 만약 독자 여러분이 이 장의 한 문장만을 기억해야 한다면, 우리는 다음 문장을 기억하기를 원한다. **"인구통계학적 특성(Demographics)은 숙명(destiny)이 아니다."** 이것이 이전 장에서 시작되었고, WISC-IV와 WAIS-IV에 관한 우리의 저술에도 제시되었으며, 이번 장에서 우리가 중점적으로 언급하고자 했던 사항이다.

우리는 가정환경 변수로 인지 능력 점수가 가진 의미를 해석할 수 있는 좋은 사례를 만들려고 시도했지만, 이러한 믿음이 지나친 과대평가였을 수도 있다고 생각한다. Mercer와 Lewis(1978)는 소득, 도시와 농촌의 상반된 상황, 가족의 규모, 부모가 받은 교육 등을 포함한 무수한 요인에 기초하여 WISC-R에 대한 수정된 IQ 점수를 개발했다. 따라서 소득과 자녀 수가 다른 가정의 아동은 같은 수의 질문에 완전히 동일하게 대답했음에도 불구하고 다른 IQ 점수를 받을 것이다. 의도는 좋았을지 몰라도, 이러한 노력은 IQ 점수에 대한 해석에 혼동을 주는 데 일조했으며, 연구자들은 이후 WISC 판에는 이러한 유형의 수정을 추가하지 않았다. WISC-V를 이용한 우리의 접근방식은 IQ와 지표 점수에 대한, 인종에 기반한 참조 집단을 유지하는 동시에 IQ 점수에 대한 문화적으로 민감한 해석을 장려하는 보충 정보를 제공하는 것이다.

12. 요약

이 장에서는 맥락적 해석(contextual interpretation) 모델에 대한 기초적인 사항을 다루었다. 다른 연구자들(Saklofske, Van de Vijver, Oakland, Mpofu, & Suszuki, 2015)과 함께, 우리는 임상 평가의 일반적인 실천 모델을 다룰 때 사회문화적 · 사회경제적 맥락에 대한 평가가 마치 너트와 볼트 같은 기초적인 구성 요소가 되어야 한다고 주장한다. 실무자는 의뢰된 문제에 대한 인지적 가설들을 아동의 가족 및 지역사회와의 관계와 관련하여 검증하기 위해, 또한 효과적인 개입 전략을 구별하여 사용하기 위해 맥락적 환경에 주의를 기울여야 한다.

우리는 인지 능력 검사에서 인종/민족 차이가 존재하지만, 그것들은 검사 문항이나 검사 자체에 대한 편견에서 기인한 것이 아니며, 삶의 다른 많은 부분에 관해서도 특별한 영향을 미치지 않는다고 주장해 왔다. 또한 인종/민족 차이는 사회심리학자가 이제 막 식별하고 연구하기 시작하고 있는 다른 많은 변수를 위한 대용물(proxy)이 될 가능성이 높다. 그러나 이러한 차이는 특수교육 프로그램에서 지역 및 주 교육 당국이 전반적으로 사전 예방을 위한 방안과 자금 지원 방식에 대해 가변성을 주는 것과 함께 문화적 · 언어적 다양성을 갖는 학생의 불균형적인 대표성에 기여할 뿐만 아니라, 교육 지원이 필요한 개별 학생에게도 중요한 의미를 지니고 있다. 특수교육에서 나타나는 불균형적인 대표성은 낮은 사회경제적 지위 아래 살고 있는 인종적으로 다양한 아동이 경험하는 불균형적인 위험을 부분적으로 반영할 수 있다. 지능검사는 순수한 지능을 측정하는 것이 아니라, 환경과의 상호작용에 기초한 선천적인 능력과 학습의 조합이며, 환경은 다양한 차원에 따라 인지 발달을 차별적으로 강화시키거나 저해한다. 아마도 가장 중요한 것은 인지 발달을 위한 환경적 기회를 토대로 인지적 성장이 어느 정도 변할 수 있다는 것이다. 부모의 교육과 소득으로 추정된 사회경제적 지위가 인종/민족 집단 간의 아동 IQ 점수 차이에서 많은 부분을 차지하였다. 더 중요한 것은, 인지 검사 점수의 상당한 변동성이 부모의 교육과 소득을 통제한 후에도 자녀의 학업 성공에 대한 부모의 기대와 같은 가정환경 행동으로 설명될 수 있다는 것이다. 사회경제적 지위가 낮은 아동은 인지적 지연에 대한 위험과 다양한 건강 관련 요인에 노출되지만, 낮은 사회경제적 지위의 부정적 인지 효과는 자녀의 성공에 대한 부모의 기대와 부모가 집에서 어떻게 상호작용하는지, 즉 언어 및 인지 자극을 제공하고, 아동에게 책을 읽어 주며, 숙제를 챙기고, 학교에서 잘 배우는지 신경 쓰는 것 등에 따라 완화될 수 있다. 이러한 이유로 우리는 실무자가 인지 지연 및 학습장애의 위험에 처한 아동을 치료하는 데에 있어 가족을 참여시키고 희망을 주기를 독려한다. 이와 유사하게, 연구자들이 특정 유형의 인지 자극이 가장 효과적으로 적용되는 결정적 발달 시기와 문화적 · 언어적으로 다양한 가족과 함께 일할 때 그러한 개입이 어떻게 수정되어야 하는지를 체계적으로 연구할 것을 제안한다. 이런 연구를 하는 것은 상당히 의미 있는 일이다.

참고문헌

American Education Research Association, American Psychological Association, & National Council on Measurement in Education. (2014). *The standards for educational and psychological testing.* Washington, DC: American Psychological Association.

Benasich, A. A., Choudhury, N. A., Realpe-Bonilla, T., & Roesler, C. P. (2014). Plasticity in developing brains: Active exposure impacts prelinguistic acoustic mapping. *The Journal of Neuroscience, 34*(40), 13349-13363.

Bloom, B. S. (1964). *Stability and change in human characteristics.* New York: John Wiley.

Bouman, S. H. (2010). *Response to intervention in California public schools: Has it helped address disproportional placement rates for students with learning disabilities? (Unpublished doctoral dissertation).* Claremont, CA: Claremont College.

Bowden, S. C., Lange, R. T., Weiss, L. G., & Saklofske, D. (2008). Equivalence of the measurement model underlying the Wechsler Adult Intelligence Scale-III in the United States and Canada. *Educational and Psychological Measurement, 68*(6), 1024-1040.

Bowden, S. C., Lissner, D., McCarthy, K. A., Weiss, L. G., & Holdnack, J. A. (2003). Equivalence of WAIS-III standardization data collected in Australia when compared to data collected in the US. In *CNN satellite symposium of the Australian Psychological Society Conference,* Perth.

Bowden, S. C., Lloyd, D., Weiss, L. G., & Holdnack, J. A. (2006). Age related invariance of abilities measured with the Wechsler Adult Intelligence Scale-III. *Psychological Assessment, 18*(3).

Bradley, R. H., & Caldwell, B. M. (1978). Screening the environment. *American Journal of Orthopsychiatry, 48*, 114-130.

Bradley, R. H., & Caldwell, B. M. (1981). The HOME inventory: A validation of the preschool for Black children. *Child Development, 53*, 708-710.

Bradley, R. H., & Caldwell, B. M. (1982). The consistency of the home environment and its relation to child development. *International Journal of Behavioral Development, 5*, 445-465.

Bradley, R. H., Caldwell, B. M., & Elardo, R. (1977). Home environment, social status, and mental test performance. *Journal of Educational Psychology, 69*, 697-701.

Bradley, R. H., Caldwell, B. M., Rock, S., Barnard, K., Gray, C., Hammond, M., . . . Johnson, D. L. (1989). Home environment and cognitive development in the first three years of life: A collaborative study involving six sites and three ethnic groups in North America. *Developmental Psychology, 28*, 217-235.

Bronfenbrenner, U. (1992). Ecological systems theory. In R. Vasta (Ed.), *Six theories of child development: Revised formulations and current issues* (pp. 187-249). Ithaca, NY: Cornell University Department of Human Development and Family Studies.

Bronfenbrenner, U. (2004). *Making human beings human: Bioecological perspectives on human development.* Thousand Oaks, CA: Sage Publications.

Bronfenbrenner, U., & Ceci, S. J. (1994). Nature-nurture reconceptualized in developmental perspective: A bio-ecological model. *Psychological Review, 101*, 568-586.

Brooks-Gunn, J., Klebanov, P. K., & Duncan, G. J. (1996). Ethnic differences in children's intelligence test scores: Role of economic deprivation, home environment, and maternal characteristics. *Child Development, 67*, 396-408.

Burhan, N. A. S., Mohamad, M. R., Kurniawan, Y., & Sidek, A. H. (2014). The impact of low, average, and high IQ on economic growth and technological progress: Do all individuals contribute equally? *Intelligence, 46*, 1-8.

Caldwell, B. M., & Bradley, R. (1984). *Home observation for the measurement of the environment.* Little Rock, AR: Authors.

Cattell, R. (1949). *Culture free intelligence test, scale 1, handbook.* Champaign, IL: Institute of Personality and Ability.

Cavalli-Sforza, L. L. (2001). *Genes, peoples, and languages.* Berkeley: University of California Press.

Ceci, S. J. (1991). How much does schooling influence general intelligence and its cognitive components? A reassessment of the evidence. *Developmental Psychology, 27*(5), 703-722. Available from https://doi.org/10.1037/0012-1649.27.5.703.

Ceci, S. J. (1996). *On intelligence: A bioecological treatise on intellectual development.* Cambridge, MA: Harvard University Press. (expanded Ed.).

Ceci, S. J., & Bronfenbrenner, U. (2004). Heredity, environment, and the question of "how?". In U. Bronfenbrenner (Ed.), *Making human beings human: Bioecological perspectives on human development* (pp. 150-180). Thousand Oaks, CA: Sage Publications.

Ceci, S. J., & Williams, W. M. (1999). *The nature-nurture debate: The essential readings.* Oxford: Blackwell Publishers Ltd.

Centers for Disease Control and Prevention. (2012). *Suicide rates among persons ages 10-24 years, by race/ethnicity and sex, United States, 2005-2009.* Retrieved June 26, 2014, from http://www.cdc.gov/violenceprevention/suicide/statistics/rates03.html.

Centers for Disease Control and Prevention. (2013). CDC *Health Disparities and Inequalities Report-United States, MMWR 2013,* Vol. 62 (Suppl. 3).

Chapin, J. R. (2006). The achievement gap in social studies and science starts early: Evidence from the early childhood longitudinal study. *Social Studies, 97*(6), 231-238.

Chatterji, M. (2005). Achievement gaps and correlates of early mathematics achievement: Evidence from the ECLS K-first grade sample. *Education Policy Analysis Archives, 13*(46).

Child Trends. (2013). *Homeless children and youth.* Available at: http://www.childtrends.org/?indicators5homeless-children-and-youthcators=homeless-children-See more at: http://www.childtrends.org/?indicators=homeless-children-and-youth-sthash.bnFoMqNx.dpuf. Retrieved June 25, 2014.

Chorney, M. J., Chorney, K., Seese, N., Owen, M. J., Daniels, J., McGuffin, P., et al. (1998). A quantitative trait locus associated with cognitive ability in children. *Psychological Science, 9,* 159-166.

Cook, B. L., Zuvekas, S. H., Carson, N., Wayne, G. F., Vesper, A., & McGuire, T. G. (2014). Assessing racial/ethnic disparities in treatment across episodes of mental health care. *Health Services Research, 49*(1), 206-229. Available from https://doi.org/10.1111/1475-6773.12095.

Csikszentmihalyi, M., & Robinson, R.E. (1986). Culture, time, and the development of talent. *In The systems model of creativity*, pp. 27-46, Springer

Deary, I. J., Whiteman, M. C., Starr, J. M., Whalley., Lawrence, J., & Fox, H. C. (2004). The impact of childhood intelligence on later life: Following up the Scottish mental surveys of 1932 and 1947. *Journal of Personality and Social Psychology, 86*(1), 130-147. Available from https://doi.org/10.1037/0022-3514.86.1.130.

Diamond, M. C., Lay, F., Rhodes, H., Lindner, R., Rosenzweig, M. R., Krech, D., & Bennett, E. L. (1966). Increases in cortical depth and glia numbers in rats subjected to enriched environment. *Journal of Comparative Neurology, 128*(1), 117-125.

Dickinson, D. K., & DeTemple, J. (1998). Putting parents in the picture: Maternal reports of preschoolers' literacy as a predictor of early reading. *Early Childhood Research Quarterly, 13,* 241-261.

Duckworth, A. L., Quinn, P. D., & Tsukayama, E. (2012). What no child left behind leaves behind: The roles of IQ and self-control in predicting standardized achievement test scores and report card grades. *Journal of Educational Psychology, 104*(2), 439-457.

Duckworth, A. L., & Seligman, M. E. P. (2005). Self-discipline outdoes IQ in predicting academic performance of adolescents. *Psychological Science, 16*(12), 939-944.

Dweck, C. S. (2012). Mindsets & human nature: Promoting change. *American Psychologist, 67*(8), 614-622.

Epstein, J. L. (1991). Effects on student achievement of teachers' practices of parent involvement. In S. B. Silvern (Ed.), *Advances in reading/language research: Vol. 5. Literacy through family, community, and school interaction* (pp. 61-276). Greenwich, CT: JAI Press.

Fantuzzo, J., McWayne, C., Perry, M. A., & Childs, S. (2004). Multiple dimensions of family involvement and their relations to behavioral and learning competencies for urban, low-income children. *School Psychology Review, 33,* 467-480.

Flynn, J. R. (1984). The mean IQ of Americans: Massive gains 1932 to 1978. *Psychological Bulletin, 95*, 29-51.

Flynn, J. R. (1987). Massive IQ gains in 14 nations. *Psychological Bulletin, 101*, 171-191.

Foster, M. W., & Sharp, R. R. (2002). Race, ethnicity, and genomics: Social classifications as proxies of biological heterogeneity. *Genome Research, 12,* 844-850.

Foster, W. A., & Miller, M. (2007). Development of the literacy achievement gap: A longitudinal study of kindergarten through third grade. *Language, Speech & Hearing Services in Schools, 38*(3), 173-181.

Galper, A., Wigfield, A., & Seefeldt, C. (1997). Head start parents' beliefs about their children' s abilities, task values, and performances on different activities. *Child Development, 68,* 897-907.

García, J. I. R. (2012). Mental health care for Latino immigrants in the USA. and the quest for global health equities. *Servicios de Salud Mental para los Inmigrantes Latinos en los Estados Unidos y la Lucha por una Igualdad en Salud Global, 21*(3), 305-318.

Georgas, J., Weiss, L. G., Van de Vijver, F. J. R., & Saklofske, D. H. (Eds.), (2003). Culture and children's intelligence: Cross cultural analysis of the WISC-III. San Diego, CA: Academic Press.

Goldstein, S., & Brooks, R. B. (2005). *Handbook of resilience in children.* New York: Kluwer Academic/Plenum Publishers.

Gottfredson, L.S. (1998). *The general intelligence factor.* Scientific American, November 1-10. RetrievedFebruary 5, 2002 from http://www.scientificamerican.com/specialissues/1198intelligence/1198gottfred.html.

Gottfredson, L. S., & Saklofske, D. H. (2009). Intelligence: Foundations and issues in assessment. *Canadian Psychology/Psychologie canadienne, 50*(3), 183-195. Available from https://doi.org/10.1037/a0016641.

Griffith, J. (1996). Relation of parental involvement, empowerment, and school traits to student academic performance. *Journal of Educational Research, 90,* 33-41.

Guo, G., & Harris, K. (2000). The mechanisms mediating the effects of poverty on children's intellectual development. *Demography, 37*(4), 431-447. Available from https://doi.org/10.1353/dem.2000.0005.

Hall, J. D., & Barnett, D. W. (1991). Classification of risk status in preschool screening: A comparison of alternative measures. *Journal of Psychoeducational Assessment, 9,* 152-159.

Harris, D. N. (2007). High-flying schools, student disadvantage, and the logic of NCLB. *American Journal of Education, 113*(3), 367-394.

Harris, J. G., Tulsky, D. S., & Schultheis, M. T. (2003). Assessment of the non-native English speaker: Assimilating history and research findings to guide practice. In S. S. Tulsky, D. H. Saklofske, G. J. Chelune, R. K. Keaton, R. J. Ivnik, R. Ornstein, A. Prifitera, & M. Ledbetter (Eds.), *Clinical interpretation of the WAIS-III and WMS-III.* San Diego, CA: Elsevier, Inc.

Helms, J. E., Jernigan, M., & Mascher, J. (2005). The meaning of race in psychology and how to change it: A methodological perspective. *American Psychologist, 60,* 27-36.

Henderson, R. W. (1972). Environmental predictors of academic performance of disadvantaged Mexican-American-children. *Journal of Consulting and Clinical Psychology,* 38, 297.

Henderson, R. W., Bergan, J. R., & Hurt, M., Jr. (1972). Development and validation of the Henderson Environmental Learning Process Scale. *Journal of Social Psychology, 88,* 185-196.

Henderson, R. W., & Garcia, A. B. (1973). The effects of a parent training program on the question-asking behavior of Mexican-American children. *American Educational Research Journal, 10,* 193-201.

Henderson, R. W., & Merritt, C. B. (1968). Environmental background of Mexican-American children with different potentials for school success. *Journal of Social Psychology, 75,* 101-

106.

Henderson, R. W., & Swanson, R. A. (1974). Application of social learning principles in a field study. *Exceptional Children, 40*, 53-55.

Hernandez-Finch, M. E. (2012). Special considerations with response to intervention and instruction for students with diverse backgrounds. *Psychology in the Schools, 49*(3), 285-296.

Hill, L., Chorney, M. C., & Plomin, R. (2002). A quantitative trait locus (not) associated with cognitive ability? *Psychological Science, 13*, 561-562.

Hill, L., Craig, I. W., Asherson, P., Ball, D., Eley, T., Ninomiya, T., et al. (1999). DNA pooling and dense marker maps: *A systematic search for genes for cognitive ability. NeuroReport, 10,* 843-848.

Hoff, E. (2003). The specificity of environmental influence: Socioeconomic status affects early vocabulary development via maternal speech. *Child Development, 74,* 1368-1378.

Hudson, C. G. (2012). Disparities in the geography of mental health: Implications for social work. *Social Work, 57*(2), 107-119.

Hummer, R. A. (1996). Black-white differences in health and mortality: A review and conceptual model. *Sociological Quarterly, 37*(1), 105-125. Available from https://doi.org/10.1111/j.1533-8525.1996.tb02333.x.

Hunt, J., & Mcvicker, M. (1961). *Intelligence and experience.* Oxford: Ronald.

Jensen, A. R. (1998). *The g factor: The science of mental ability.* Westport, CT: Praeger.

Jirout, J., & Newcombe, N. (2015). Building blocks for the development of spatial skills: Evidence from a large representative US sample. *Psychological Science, 26*(3), 302-310.

Johnson, D. L., Breckenridge, J., & McGowan, R. (1984). Home environment and early cognitive development in Mexican-American children. In A. W. Gottfried (Ed.), *Home environment and early cognitive development: Longitudinal research* (pp. 151-195). Orlando, FL: Academic Press.

Johnson, D. L., Swank, P., Howie, V. M., Baldwin, C. D., Owen, M., & Luttman, D. (1993). Does HOME add to the prediction of child intelligence over and above SES? *Journal of Genetic Psychology, 154, 33*-40.

Johnson, K. M., & Lichter, D. T. (2010). Growing diversity among America's children and youth: Spatial and temporal dimensions. *Population and Development Review, 36*(1), 151-176.

Kaufman, A. S., Zhou, X., Reynolds, M. R., Kaufman, N. L., Green, G. P., & Weiss, L. G. (2014). The possible societal impact of the decrease in US blood levels on adult IQ. *Environmental Research, 132,* 413-420.

Kayser, H. (1989). Speech and language assessment of Spanish-English speaking children. *Language, Speech, & Hearing Services in Schools, 20,* 226-244.

Keith, T. Z., Keith, P. B., Quirk, K. J., Sperduto, J., Santillo, S., & Killings, S. (1998). Longitudinal effects of parent involvement on high school grades: Similarities and differences across gender and ethnic groups. *Journal of School Psychology, 36,* 335-363.

Konold, T. R., & Canivez, G. L. (2010). Differential relationships among WISC-IV and WIATII scales: An evaluation of potentially moderating child demographics. *Educational and Psychological Measurement, 70(4)*, 613-627.

LaVeist, T. A. (2005). *Minority populations and health: An introduction to health disparities in the United States.* San Francisco, CA: Jossey-Bass.

Lee, J. C., Yin, H., & Zhang, Z. (2010). Adaptations and analyses of motivated strategies for learning questionnaire in the Chinese setting. *International Journal of Testing, 10*(3), 149-165.

Lopez, M. H. (2013). *Hispanic or Latino? Many don't care, except in Texas.* Retrieved May 1, 2014, from http://www.pewresearch.org/fact-tank/2013/10/28/in-texas-its-hispanic-por-favor/Cognitive abilities: 100 years after Spearman's (1904) "General Intelligence. Objectively Determined and Measured" (Special section). In D. Lubinski, *Journal of Personality and Social Psychology* (86, pp. 96-199).

Mani, A., Mullainathan, S., Shafir, E., & Zhao, J. (2013). *Poverty impedes cognitive function. Science, 341*(6149), 967-980.

Mantzicopoulos, P. Y. (1997). The relationship of family variables to Head Start's children's preacademic competence. *Early Education & Development, 8,* 357-375.

Margolin, L. (1994). *Goodness Personified: The emergence of gifted children.* New York: Aldine de Gruyter.

Marjoribanks, K. (1979). *Families and their learning environments: An empirical analysis.* London: Routledge & Kegan Paul.

Marks, J. (2002). Folk heredity. In J. M. Fish (Ed.), *Race and intelligence: Separating science from myth* (pp. 95-112). Mahwah, NJ: Erlbaum.

Martin, A. J. (2008). *The motivation and engagement scale.* Sydney: Lifelong Achievement Group. (www.lifelongachievement.com).

Martin, A. J., & Hau, K. T. (2010). Achievement motivation among Chinese and Australian school students: Assessing differences of kind and differences of degree. *International Journal of Testing, 10*(3), 274-294.

Massey, D. S. (2007). *Categorically unequal: The American stratification system.* New York: Russell Sage Foundation.

Massey, D. S., & Fischer, M. J. (2000). How segregation concentrates poverty. *Ethnic & Racial Studies, 23*(4), 670-691. Available from https://doi.org/10.1080/01419870050033676.

Mercer, J. R., & Lewis, J. F. (1978). *System of multicultural pluralistic assessment: Technical Manual.* San Antonio, TX: The Psychological Corporation.

Mollgaard, K., Diamond, M. C., Bennett, E. L., Rosenzweig, M. R., & Lindner, B. (1971). Quantitative synaptic changes with differential experience in rat brain. *International Journal of Neuroscience, 2*(3), 113-127.

Murray, C. (2005). *The inequality taboo.* Commentary, September, pp. 13-22.

National Center for Education Statistics. (2012). *Digest of education statistics.* Retrieved June 30, 2014, from http://nces.ed.gov/programs/digest/d12/tables_2.asp.

National Center for Education Statistics. (2012a). *Identification of children with disabilities.* Retrieved June 30, 2014, from http://ww2.ed.gov/fund/data/report/idea/partbspap/2013/.

National Center for Education Statistics. (2012b). http://www2.ed.gov/fund/data/report/idea/partbspap/2013/fl-acc-stateprofile-11-12.pdf.

National Center for Education Statistics. (2012c). http://www2.ed.gov/fund/data/report/idea/partbspap/2013/il-acc-stateprofile-11-12.pdf.

National Center for Education Statistics. (2012d). http://www2.ed.gov/fund/data/report/idea/partbspap/2013/ny-acc-stateprofile-11-12.pdf.

Neisser, U. (1998). Introduction: Rising test scores and what they mean. In U. Neisser (Ed.), *The rising curve: Long term gains in IQ and related measures* (pp. 3-22). Washington, DC: American Psychological Association.

Nisbett, R. E. (2009). *Intelligence and how to get it: Why schools and cultures count.* New York: W.W. Norton & Co.

Ong, P. M., & Rickles, J. (2004). The continued nexus between school and residential segregation. *Berkeley La Raza Law Journal, 15*(1), 260-275.

Orosco, M. J., & Klinger, J. (2010). One school's implementation of RtI with English language learners: "Referring into RtI.". *Journal of Learning Disabilities, 43*(3), 269-288.

Padilla, Y. C., Boardman, J. D., & Hummer, R. A. (2002). Is the Mexican American "epidemiologic paradox" advantage at birth maintained through early childhood? *Social Forces (University of North Carolina Press), 80*(3), 1101-1123. Available from https://doi.org/10.1353/sof.2002.0014.

Parker, F. L., Boak, A. Y., Griffin, K. W., Ripple, C., & Peay, L. (1999). Parent-child relationship, home learning environment, and school readiness. *School Psychology Review, 28*, 413-425.

Payne, R. K. (2013). *A framework for understanding poverty: A cognitive approach* (5th ed.). Highlands, TX: Aha! Processes, Inc.

Pfeiffer, S., & Jarosewich, T. (2003). *Gifted rating scale.* San Antonio, TX: Harcourt Assessment, Inc.

Pintrich, P. R., Smith, D. A. F., Garcia, T., & McKeachie, W. J. (1993). Reliability and predictive validity of the Motivated Strategies for Learning Questionnaire (MSLQ). *Educational and Psychological Measurement, 53*, 801-813.

Plomin, R., Mclearn, G. E., Smith, D. L., Skuder, P., Vignetti, S., Chorney, M. J., et al. (1995). Allelic associations between 100 DNA markers and high versus low IQ. *Intelligence, 21*, 31-48.

Plomin, R., & Petrill, S. A. (1997). Genetics and intelligence: What's new? *Intelligence, 24*, 53-77.

Poteat, G. M., Wuensch, K. L., & Gregg, N. B. (1988). An investigation of differential prediction with the WISC-R. *Journal of School Psychology, 26*, 59-68.

Potter, D., Mashburn, A., & Grissmer, D. (2013). The family, neuroscience, and academic skills: An interdisciplinary account of social class gaps in children's test scores. *Social Science Research [serial online], 42*(2), 446-464. Available from: Academic Search Complete, Ipswich, MA. Accessed October 27, 2013.

Prince-Embury, S. (2006). *Resiliency scales for children & adolescents.* San Antonio, TX: Pearson.

Prince-Embury, S., & Saklofske, D. H. (Eds.), (2014). *Resilience interventions for youth in diverse populations.* New York: Springer.

Rabiner, D. L., Murray, D., Schmid, L., & Malone, P. (2004). An exploration of the relationship between ethnicity, attention problems and academic achievement. *School Psychology Review, 33*, 498-600.

Ramey, C., Farran, D. C., & Campbell, F. A. (1979). Predicting IQ from mother-child interactions. *Child Development, 50*, 804-814.

Reid, J. B., & Patterson, G. R. (1991). Early prevention and intervention with conduct problems: A social interactional model for the integration of research and practice. In G. Stoner, M. R. Shinn, & H. M. Walker (Eds.), *Interventions for achievement and behavior problems* (pp. 715-739). Bethesda, MD: National Association of School Psychologists.

Renzulli, J. S. (1986). The three-ring conception of giftedness: A developmental model for creative productivity. In R. J. Sternberg, & J. E. Davidson (Eds.), *Conceptions of giftedness* (pp. 53-92). New York: Cambridge University Press.

Reschly, D. J., & Reschly, J. E. (1979). Validity of WISC-R factor scores in predicting achievement and attention for four sociocultural groups. *Journal of School Psychology, 17,* 355-361.

Reschly, D. J., & Saber, D. L. (1979). Analysis of test bias in four groups with the regression definition. *Journal of Educational Measurement, 16,* 1-9.

Reschly, D. J., & Ward, S. M. (1991). Uses of adaptive behavior measures and overrepresentation of Black students in programs for students with mild mental retardation. *American Journal on Mental Retardation, 96,* 257-268.

Reynolds, C. R., & Gutkin, T. B. (1980). Stability of the WISC-R factor structure across sex at two age levels. *Journal of Clinical Psychology, 36,* 775-777.

Reynolds, C. R., & Hartlage, L. C. (1979). Comparison of WISC and WISC-R regression lines for academic prediction with black and white referred children. *Journal of Consulting and Clinical Psychology, 47,* 589-591.

Rhodes, R. L. (2010). Multicultural school neuropsychology. In D. Miller (Ed.), *Best practices in school neuropsychology: Guidelines for effective practice, assessment, and evidencebased intervention* (pp. 61-77). Hoboken, NJ: John Wiley & Sons.

Rhodes, R. L., Ochoa, S. H., & Ortiz, S. O. (2005). *Assessing culturally and linguistically diverse students: A practical guide.* New York: Guilford Press.

Rice, T., Fulker, D. W., Defries, J. C., & Plomin, R. (1988). Path analysis of IQ during infancy and early childhood and the index of the home environment in the Colorado adoption project. *Behavior Genetics, 16,* 107-125.

Rios, R., Aiken, L., & Zautra, A. (2012). Neighborhood contexts and the mediating role of neighborhood social cohesion on health and psychological distress among Hispanic and non- Hispanic residents. *Annals of Behavioral Medicine, 43*(1), 50-61. Available from https://doi.org/10.1007/s12160-011-9306-9.

Ritchie, S. (2015). Does learning to read improve intelligence? A longitudinal multivariate analysis in identical twins from age 7 to 16. *Child Development, 86*(1), 23-36.

Rosenzweig, M. R. (1996). Aspects of the search for neural mechanisms of memory. *Annual Review of Psychology, 47,* 1-32. Available from https://doi.org/10.1146/annurev.psych.47.1.1.

Ruggles, S. J., Alexander, T., Genadek, K., Goeken, R., Schroeder, M. B., & Sobek, M. (2010). *Integrated public use microdata series: Version 5.0 [Machine-readable database]* (p. 2010) Minneapolis, MN: University of Minnesota.

Ruiz, J. M., Steffen, P., & Smith, T. B. (2013). Hispanic mortality paradox: A systematic review and meta-analysis of the longitudinal literature. *American Journal of Public Health, 103*(3), e52-e60. Available from https://doi.org/10.2105/ajph.2012.301103.

Sable, J., & Noel, A. (2008). Public elementary and secondary school student enrollment and staff from the common core of data: School year 2006-07 (*NCES 2009-305*). Washington, DC: National Center for Education Statistics, Institute of Education Sciences, US Department of Education. Retrieved June 29, 2014, from http://nces.ed.gov/pubsearch/pubsinfo.asp?pubid=2009305.

Sachs, J., Law, Y. K., Chan, C. K. K., & Rao, N. (2001). A non-parametric item analysis of the motivated strategies for learning questionnaire and the learning process questionnaire. *Psychologia, 45*, 193-203.

Saklofske, D. H., van de Vijver, F. J. R., Oakland, T., Mpofu, E., & Suszuki, L. A. (2015). Intelligence and culture: History and assessment. In S. Goldstein, J. A. Naglieri, & D. Princiotta (Eds.), *Handbook of intelligence: Evolutionary theory, historical perspective, and current concepts*. New York: Springer.

SAMHSA. (2011). Current statistics on the prevalence and characteristics of people experiencing homelessness in the United States.

Schaefer, B. (2004). A demographic survey of learning behaviors among American students. *School Psychology Review, 33*, 481-497.

Schmitt, N., Sacco, J. M., Ramey, S., Ramey, C., & Chan, D. (1999). Parental employment, school climate, and children's academic and social development. *Journal of Applied Psychology, 84*(5), 737-753.

Schwartz, R. S. (2001). Racial profiling in medical research. *New England Journal of Medicine, 344*, 1392-1393.

Shah, A. K., Mullainathan, S., & Shafir, E. (2012). Some consequences of having too little. *Science, 338*(6107), 682-685.

Sichi, M. (2003). Influence of free-time activities on children's verbal IQ: A look at how the hours a child spends reading, using the computer, and watching TV may affect verbal skills. *Poster session presented at the Texas psychological association conference*, San Antonio, TX.

Spearman, C. (1927). *The abilities of man*. New York: Mcmillan.

Squalli, J., & Wilson, K. (2014). *Intelligence, creativity, and innovation. Intelligence, 46*, 250-257.

Sternberg, R. J. (1997). A triarchic view of giftedness: Theory and practice. In N. Colangelo, & G. A. Davis (Eds.), *Handbook of gifted education* (2nd ed., pp. 43-53). Boston, MA: Allyn & Bacon.

Sternberg, R. J., & Davidson, J. E. (Eds.) (1986). *Conceptions of giftedness*. New York: Cambridge University Press.

Sternberg, R. J., & Grigorenko, E. L. (Eds.) (2002). *The general intelligence factor: How general is it?* Mahwah, NJ: Erlbaum.

Sternberg, R. J., Grigorenko, E. L., & Kidd, K. (2005). Intelligence, race, and genetics. *American Psychologist, 60,* 46-57.

Stoolmiller, M. (1999). Implications of the restricted range of family environments for estimates of heritability and nonshared environment in behavioral genetic adoption studies. *Psychological Bulletin, 125,* 392-409.

Sui-Chu, E., & Williams, J. D. (1996). Effects of parental involvement on eighth-grade achievement. *Sociology of Education, 69,* 126-141.

Swanson, R. A., & Henderson, R. W. (1976). Achieving home-school continuities in the socialization of an academic motive. *Journal of Experimental Education, 44,* 38-44.

Terman, L. M. (1925). *Genetic studies of genius: Vol. 1. Mental and physical traits of a thousand gifted children.* Stanford, CA: Stanford University Press.

The Annie E. Casey Foundation. (2008). *Data on children in foster care from the census bureau.* Baltimore, MD: William P. O'Hare.

Trotman, F. K. (1977). Race, IQ, and the middle class. *Journal of Educational Psychology, 69,* 266-273.

US Census Bureau. (2012). 2012 national population projections, NP2012_D2: Projected births by sex, race, and Hispanic origin for the United States: 2012 to 2060 *2012 National Population Projections.*

US Census Bureau. (2013). Population division, Table 18. Projections of the population by net international migration series, race, and Hispanic origin for the United States: 2015 to 2060 (NP2012-T18). Release Date: May 2013.

US Census Bureau. (2014). History: Index of questions. Retrieved June 1, 2014, from https://www.census.gov/history/www/through_the_decades/index_of_questions.

US Department of Health and Human Services. (2001). *Head Start FACES: Longitudinal findings on program performance. Third progress report.* Washington, DC: Author.

US Department of Health & Human Services. Administration on Children, Youth & Families. (2013). Recent Demographic Trends in Foster Care. Retrieved from https://www.acf.hhs.gov/sites/default/files/cb/data_brief_foster_care_trends1.pdf.

US Department of Labor. (2014). Employment projects: Earnings and unemployment by educational attainment. Retrieved June 25, 2014, from http://www.bls.gov/emp/ep_chart_001.htm.

van Ast, V. A., Cornelisse, S., Marin, M. F., Ackermann, S., Garfinkel, S. N., & Abercrombie, H. C. (2013). Modulatory mechanisms of cortisol effects on emotional learning and memory:

Novel perspectives. *Psychoneuroendocrinology, 38*(9), 1874-1882.

Valencia, R. R. (2010). *Dismantling contemporary thinking: Educational thought and practice.* New York: Routledge.

Valencia, R. R., Henderson, R. W., & Rankin, R. J. (1985). Family status, family constellation, and home environmental variables as predictors of cognitive performance of Mexican-American children. *Journal of Educational Psychology, 77*, 323-331.

Valencia, R. R., & Suzuki, L. A. (2001). *Intelligence testing and minority students: Foundations, performance factors, and assessment issues.* Thousand Oaks, CA: Sage Publications, Inc.

van de Vijver, F. J. R., & Bleichrodt, N. (2001). Conclusies [Conclusions]. In N. Bleichrodt, & F. J. R. van de Vijver (Eds.), Diagnosteik bij allochtonen: Mogelijkheden en heperkingen van psychologische tests *[Diagnosing immigrants: Possibilities and limitations of psychological tests]* (pp. 237-243). Lisse, The Netherlands: Swets.

Vroon, P. A. (1980). Intelligence on myths and measurement. In G. E. Stelmach (Ed.), *Advances in psychology* (3, pp. 27-44). New York: North-Holland.

Walberg, H. J., & Marjoribanks, K. (1976). Family environment and cognitive models. *Review of Educational Research, 76*, 527-551.

Walker, D., Greenwood, C., Hart, B., & Carta, J. (1994). Prediction of school outcomes based on early language production and socioeconomic factors. *Child Development, 65*, 606-621.

Wechsler, D. (2005). *Wechsler intelligence scale for children* (4th ed.). San Antonio, TX: Harcourt Assessment, Inc., Spanish.

Weisner, T. S., Matheson, C., Coots, J., & Bernheimer, L. P. (2005). Sustanability of daily routines as a family outcome. In A. E. Maynard, & M. I. Martini (Eds.), *Learning in cultural context: Family, peers, and school.* New York: Kluwer Academic/Plenum Publishers.

Weiss, L. G. (1997). The MIPS: Gauging the dimensions of normality. In T. Millon (Ed.), *The millon inventories: Clinical and personality assessment.* New York: The Guilford Press.

Weiss, L. G., Harris, J. G., Prifitera, A., Courville, T., Rolfhus, E., Saklofske, D. H., & Holdnack, J. A. (2006). WISC-IV interpretation in societal context. In L. G. Weiss, D. H. Saklofske, A. Prifitera, & J. A. Holdncack (Eds.), *WISC-IV advanced clinical interpretation.* San Diego, CA: Elsevier Science.

Weiss, L. G., & Prifitera, A. (1995). An evaluation of differential prediction of WIAT achievement scores from WISC-III FSIQ across ethnic and gender groups. *Journal of School Psychology, 33*(4).

Weiss, L. G., Prifitera, A., & Roid, G. (1993). The WISC-III and the fairness of predicting achievement across ethnic and gender groups. *Journal of Psychoeducational Assessment,*

35-42. (monograph series, Advances in Psychological Assessment, Wechsler Intelligence Scale for Children-Third Edition).

Weiss, L. G. (2002). Essentials of MIPS assessment. In S. Strack (Ed.), *Essentials of millon inventories assessment* (2nd ed.). New York: John Wiley & Sons, Inc.

Weiss, L. G., Saklofske, D. H., Coalson, D. L., & Raiford, S. E. (2010). *WAIS-IV clinical use and interpretation*. San Diego, CA: Academic Press.

Weiss, L. G., Saklofske, D. H., Prifitera, A., & Holdnack, J. A. (2006). *WISC-IV advanced clinical assessment*. San Diego, CA: Elsevier, Inc.

Winner, E. (1996). *Gifted children: Myths and realities*. New York: Basic Books.

Wolf, R.M. (1964). The identification and measurement of environmental variables related intelligence (Unpublished doctoral dissertation). University of Chicago.

제6장

WISC-V의 문화 간 비교분석

1. 서론

WISC는 전 세계적으로 가장 널리 쓰이는 지능 척도이며, 이전 판본은 20개국 이상에서 활용되었다. 미국에서 WISC-V가 발표된 지 3년 만에 북아메리카를 비롯하여 유럽, 호주/뉴질랜드 등의 지역에서 이를 활용하기 위해 검사를 번안하였다. WISC-V의 번안이 세계적으로 더욱 늘어날 것이기에 WISC의 구성요인들을 바탕으로 조작적 정의된 지능의 구조가 일반화되기 위한 근거들을 살펴보는 것은 중요하다.

지능의 모델은 20세기를 거쳐 21세기에 이르기까지 발전하고 있으며, 여러 이론은 대체로 인지 능력의 위계모델에 대해 의견이 일치하고 있다. 지능의 구성요인의 수에 대한 논의의 진전과 논쟁이 여전히 계속되고 있지만, 여러 인지적 변수를 측정하고 분석할 때 흔히 'g'라고 불리는 일반지능요인이 나타난다는 것만큼은 동의를 얻고 있다(Prifitera, Weiss, Saklofske, & Rolfhus, 2005).

문화에 따라 지능에 기여하는 인지 능력의 발현은 다를 수 있으며, 이는 그 문화에서 중요한 맥락적 변수에 의해 주로 결정된다. 그러나 다양한 문화 사이에서 나타나는 복잡한 인지 과정에 대한 연구를 통해 연구자들은 보편적인 지능의 요인이 나타나는 것을 밝혀냈다. 심지어 보편적 지능요인의 차이는 국가 내 인종 간(within-national cross-ethnic) 비교보다 국가 간(cross-national) 비교에서 더 작았다(예: Irvine, 1979; Van de Vijver, 1997).

지능 구성요인의 보편성은 WISC 요인에 대한 구조적 동일성을 지역 간에 비교하는 방식으로 연구되어 왔다. Georgas, van de Vijver, Weiss와 Saklofske(2003)는 북아메리카, 유럽, 아시아를 포함한 전 세계 16개 버전의 WISC-III를 검토하였다. 요인 구조를 비교한 결과, 이들은 WISC-III의 4요인 구조가 여러 지역에 걸쳐 적절한 동일성을 보이는 것을 확인하였다. 평균 점수의 차이는 교육과 경제적 변수들의 국가적 지표와 높은 관련성을 보였다. Georgas 등(2003)의 연구에 포함된 국가들이 모두 산업화가 된 국가이지만, 서구문화권 국가와 비서구문화권 국가(한국, 일본, 타이완 등)가 포함되었으며 국가 간 사회경제적 상황 또한 다양했다.

WISC-IV의 4요인 구조는 호주/뉴질랜드, 유럽, 영국, 아시아 지역에서의 적용을 바탕으로 지지되었다. 각 지역 내에서 이루어진 확인적 요인분석연구는 4요인 구조를 지지하였다(예: Chen, Keith, Weiss, Zhu, & Li, 2010; Wechsler, 2004). WAIS-III를 활용한 미국, 아메리카 대륙, 캐나다의 연구에서는 요인 동일성(factor invariance)이 확인되었다(Bowden, Lange, Weiss, & Saklofske, 2008).

최근에는 북아메리카, 유럽, 호주/뉴질랜드 지역에 걸쳐 8건의 WISC-V 검사 번안(adaptation)이 이루어졌다. 각 지역 내에서 WISC-V의 요인 구조는 개별적인 확인적 요인분석을 통해 지지되고 반복 검증되었다(예: Wechsler, 2015, 2016, 2017). 추가적인 연구에서 이 요인 구조 모델이 성별, 나이, 임상 집단에서 동일함을 확인하였다(Pezzunti & Orsini, 2016).

이 장에서 우리는 이러한 연구에서 한발 더 나아가 여러 국가에서의 WISC-V 5요인 구조를 검토할 것이며, 교육과 경제 영역에서의 국가적 지표에 따라 국가 간 평균 지능 점수의 차이가 만일 관찰된다면, 그 차이가 어떤 역할을 하는지 살펴볼 것이다. 지금까지의 WISC-V 연구는 산업화된 서구 국가들만 포함하고 있으며 동양이나 비산업화 국가들은 포함하지 못하였다. 여러 지역 간 지능 구조의 일반화에 대한 연구를 살펴보기 전에, 우리는 문화적·언어적으로 다양한 국가에서 WISC-V를 번안하는 데 도움이 될 수 있는 검사 개발 과정과 모범 사례들을 간략히 살펴볼 것이다.

1) WISC-V의 문화 간 번안 프로젝트의 절차들과 모범 사례

문화 간 번안(cross-cultural adaptation)은 Alfred Binet가 처음으로 중요한 지능 측정도구를 발표한 이래 지속적으로 이루어져 왔다. 그러나 좋은 번안의 사례는 일관성이 부족했다(Hambleton & Patsula, 1999). 보다 최근에는 여러 주요 실무자와 문화 간 평가 분야의 학자가 협력하여 문화 간 측정도구를 개발하는 데 기여할 수 있는 최적의 방안을 연구하고 있다. 이 작업은 적절한 번역뿐만 아니라 문화적·이론적 맥락과 적절한 심리측정 평가의 적합한 변형까지 포함하고 있다. 이러한 노력의 결과는 국제적 연구의 가이드라인에 이르렀다.

문화 간 번안에 있어서 가장 영향력 있는 제언은『검사 번역 및 번안에 대한 국제 평가 위원회 가이드라인-II(The International Test Commission Guidelines for Translating and Adapting Tests: Second Edition)』(International Testing Commission, 2016; 이하 ITC 가이드라인)에서 제안되었다. 이 가이드라인 개정판은 2005년과 2015년 사이의 문화 간 비교연구 분야에서의 발전을 보여 준다. 이 분야에서의 중요한 업적은 Hambleton, Spielberger와 Gregoire 같은 대표적인 학자들에 의해 이루어졌다. 우리 사회가 점차 세계화되고, 여러 문화 간의 수행 능력을 타당한 방식으로 이해해야 하기 때문에 이러한 작업들이 필요해졌다. 심리측정 분야의 기술적 발전, 새로운 검사 번역과 번안 절차, 모범 사례(OECD/PISA, TIMSS 프로젝트) 등은 이 분야의 발전에 도움이 되었다(International Testing Commission, 2016).

ITC 가이드라인의 개정판은 현재 문화 간 비교연구를 위한 18개의 제언을 담고 있으며 크게 6개의 주제, 즉 전제조건(precondition), 검사 개발(test development), 검증(confirmation) 또는 실증적 분석(empirical analyses), 시행(administration), 채점과 해석(score scales and interpretation), 문서화(documentation) 로 분류할 수 있다. 전제조건은 출판사의 승인과 같이 전체 프로젝트가 시작되기 전에 결정되어야 하는 일들에 대해 다루고 있다. 가이드라인의 두 번째 주제는 번역과 번안 절차를 다루며 최적의 작업을 위한 접근법 등을 제안한다. 번역 과정에서 평가하고자 하는 개념이 미묘하게 변화되는 것을 방지하기 위해 내용 전문가를 활용하는 것을 적극 권장된다. 그 다음 주제는 적합한 번안을 지지하기 위해 요구되는 실증적 동일성(empirical equivalence)과 규준 표본(normative samples), 신뢰도, 타당도 등에 관한 것이다. 그 다음 두 주제는 검사의 시행과 채점, 해석에 대한 가이드라인을 다룬다. 이 주제들은 문화적으로 적절한 시행 방법과 실증적 연구결과에 기반한 점수 해석 등을 강조하고 있다. 가이드라인의 마지막 주제는 다른 실무자들이 적합한 정보를 가지고 변형된 검사를 사용할 수 있도록 방법론과 실증적 결과들을 효과적으로 문서화하는 데 필요한 제언 등을 다루고 있다(International Testing Commission, 2016).

WISC-V의 출판사들은 WISC-V의 문화 간 번안을 끝마쳤다. 미국 외 국가의 연구팀과 검사 개발자들은 해당 국가들의 모집단을 대상으로 진행한 번안판의 임상적(clinical)·심리측정적 기준에 책임을 진다. 물론 최선의 방법은 ITC 가이드라인과 같은 기준뿐만 아니라 문화 간 측정 전문가, 지역 전문가의 자문, 다양한 버전의 검사를 번안하면서 얻은 상당한 경험 등에서 얻은 정보를 바탕으로 검사를 번안한다.

미국판 WISC-V의 개발에 착수했을 때부터, 개발자들은 WISC-V가 국제적으로 적용되었을 때 문화적 편향의 효과를 최소화하기 위한 여러 단계를 적용하였다. 개발 단계의 모든 문항과 내용은 최대한 보편적으로 사용될 수 있도록 10개국의 연구자와 임상가에게 검토되었다. 예를 들어, 몇몇 비언어적 문항과 관련된 그림이나 패턴이 다른 문화권에서 흔히 알려진 다른 상징과 유사하다고 판단되는 경우, 초기 미국판의 제작 과정에서 대체되었다. 또한 각 지역 검토자로부터 특정 국가에서 더(혹은 덜) 익숙하다고 판단되어 문항의 난이도가 달라질 수 있다고 평가된 몇몇 어휘나 언어적 문항 역시 초기에 미국 개발팀이 대체하였다. 모든 검사 변형 기준은 언어적 문항의 역번역(back translation)의 중요성을 언급하고 있다. 이는 원본 언어(L1)로부터 목표 언어(L2)로 번역한 후, 다른 사람에 의해 목표 언어 번역본을 다시 원본 언어로 번역함으로써 문항이 두 언어에서 같은 것을 의미할 수 있도록 확인하는 과정이다. 이 절차가 중요하기는 하지만, 우리 연구팀은 이 절차가 성격 검사의 문항에 비해 인지 검사에서 적용하기 더욱 어렵다는 점을 깨달았다. 대신 인지적 문항에 있어서 문항의 난이도 수준이 더 중요한 기준이라는 점을 알게 되었다. 이는 검사 참여자가 특정 단어의 정의를 알고 있는지보다도 특정 수준의 어휘력과 일반적인 언어개념화(verbal conceptualization) 기술을 가지고 있는지가 더욱 중요하기 때문이다. 국제화 팀은 또한 각 지역의 소검사 시행 절차를 검토하였다. 이에 따라 유럽과 호주/뉴질랜드 지역에서는 기본 및 보충 소검사(primary and secondary subtests)만 포함하기로 결정되었다.

미국에서 최종 문항 세트가 결정되면, 각 국제화 팀은 번역과 번안 절차를 시작했다. 각 지역의 언어와 외부 지능 측정 전문가들이 모집되어 미국판 검사의 번역과 번안에 대한 자문을 제공해 주었다. 비슷한 문항 세트가 개발되고 나면 이는 관련 모집단 중 적은 숫자의 대상에게 예비 검토(pilot review)를 실시하여 검사 내용이 각 지역의 모집단에게 실시 가능한지 점검하였다.

다음으로 해당 지역의 대표성을 고려한 대규모 표본 집단을 대상으로 표준화 작업을 하기 이전에, 예비 검토 과정을 통해 개발된 내용들(시행 지침, 문항, 그림, 채점 규칙)은 각 지역의 개인들을 대상으로 '검사를 검사'하기 위한 실증적 평가 과정을 거쳤다. 이 단계에서는 문항이나 실시 지침을 적절하게 바꾸기 위한 결정이 이루어졌다.

검사도구의 표준화 버전은 이후 각 국가의 규준 집단 데이터 수집을 위해 개발되었다. 각 국가별로 인구통계학적 대표성을 갖는 표본 집단이 설정되었고, 심리측정 평가를 위해 요구되는 충분한 수준의 통계적 효과를 얻기 위한 표본의 크기가 결정되었다. 각 국가의 표준화된 표본은 문화와 관련성이 가장 높은 사회인구학적 변인과 지역 인구비율을 기반으로 층화(stratified) 추출되었다. 모든 표본 집단은 나이, 성별, 지역, 사회경제적 지위 지표에 의해 층화 추출되었다. 몇몇 변수는 완전성(completeness)을 위해 층화 과정에 포함되었지만, 몇몇 경우에 우리는 각 인구사회학적 변인이 IQ 점수의 분산을 설명하는 비율을 검토하여 표본 층화 단계에 포함시킬지를 결정하기도 했다. 예를 들어, 대부분의 국가에서 부모의 교육 수준이 사회경제적 지위의 지표로서 표본 층화 과정에 포함되었다. 그러나 독일의 교육 체계에서는 5학년 이후에는 아동을 능력에 기반하여 다른 종류의 학교로 진학하도록 한다. 우리 연구는 독일의 경우 5학년 이후부터 학교의 종류가 부모의 교육 수준보다 IQ 점수의 분산을 더욱 많이 설명한다는 결과를 보였다. 이에 따라 독일의 개발팀은 5학년 이전까지는 부모의 교육 수준을 표본 층화에 활용하였고, 5학년 이후부터는 학교의 종류를 표본 층화에 활용하였다. 미국에서와 마찬가지로, 신뢰도와 타당도 연구는 각 지역에서의 수렴 타당도(convergent validity)와 판별 타당도(divergent validity)를 평가하기 위해 수행되었다. 각 국가별로 WISC-V의 요인 구조에 대한 개별적인 확인적 요인분석이 수행되었으며, 앞서 언급한 바와 같이 5요인 모델을 지지하는 결과를 보였다.

데이터 수집과 분석에 이어서 최종 버전이 개발되었다. 각 지역별 WISC-V의 실시 매뉴얼에는 검사 개발 방법론과 해당 지역에서의 결과가 담겨 있다. 몇몇 국가에서는 해당 지역의 검사 관련 당국(local testing authorities)의 공식적 검토를 받기도 하였다(예: 네덜란드의 COTAN). 이런 지역의 경우에는 그 지역 당국에서 요구하는 근거들을 충족시키기 위해 추가적인 분석이 이루어졌다.

우리는 다음과 같은 표본 집단, 즉 호주/뉴질랜드, 영어권 캐나다, 프랑스어권 캐나다, 프랑스, 독일, 네덜란드어권 지역(네덜란드 및 플랑드르 지방), 스페인, 스칸디나비아(스웨덴, 노르웨이, 덴마크), 영국, 미국에서 얻은 데이터를 검토하였다. 편의상 우리는 모든 표본 집단을 국가명으로 지칭할 것이며, 이는 여기에서 국가라는 용어가 다소 넓은 의미로 사용된다는 점을 의미한다. 또한 몇몇 표본은 다양한 국가의 아동이 속해 있기도 하다(스칸디나비아의 경우 심지어 다른 언어를 사용하기도 함). 표본에 대한 기술통계치는 〈표 6-1〉에 제시되어 있다. 표에서 확인할 수 있듯이 표본

표 6-1 국가별 표본 기술통계치

			나이	
국가	*N*	여아 비율	평균	표준편차
호주/뉴질랜드	528	51.3	11.24	3.12
영어권 캐나다	1,081	50.5	11.49	3.15
프랑스어권 캐나다	768	49.8	11.35	3.12
프랑스	1,049	49.3	10.81	3.14
독일	1,065	49.8	11.39	3.11
네덜란드, 북부 벨기에(Flanders)	1,433	49.8	11.41	3.29
스페인	1,008	50.4	11.26	3.16
스웨덴, 노르웨이, 덴마크	660	49.5	11.50	3.15
영국	415	49.9	11.13	3.19
미국	2,201	50.0	11.50	3.18

출처: 자료 및 표의 저작권에 대한 모든 판권은 Pearson(2014)에 있음

들은 유사한 성별 구성과 나이 분포를 보이고 있다.

이 장에서는 우리는 웩슬러 5요인 측정 모델의 동일성을 현재까지 번안판이 적용된 국가들 사이에서 살펴볼 것이다. 동일성 분석은 표준화 소검사 점수(즉, 각 국가에서 표준화된 모든 문항의 점수)를 포함한다. 소검사 점수들의 요인 구조는 국가 간에 비교되었다. 마지막으로, 우리는 교육과 경제적 요인이 국가 간 관찰된 평균 IQ의 차이를 얼마나 설명하는지를 검토하였다.

2) 통계 분석

우리의 첫 번째 연구 문제(요인 구조의 동일성)와 두 번째 연구 문제(평균 점수의 국가 간 비교 및 국가 수준의 소검사 점수와 국가별 지표들 간의 관계)는 서로 다른 통계 분석이 필요하다. 두 분석 사이의 가장 큰 차이는 두 검사에서 사용되는 점수의 성격에 관한 것이다. 첫 번째 통계 분석은 각 소검사의 표준화 점수를 사용한다(여기서 표준화는 각 국가별로 소검사 점수의 평균과 표준편차가 같도록 변환한 것을 의미). 표준화 점수는 아동의 내적 기술에 대한 상대적 위치를 반영하고 있기 때문에, 국가별 WISC-V에 의해 측정된 지능의 구조를 비교할 수 있도록 한다. 그러나 모든 문항이 국가별로 동일한 것은 아니다. 결과적으로 국가 간에 점수 자체를 직접적으로 비교할 수는 없다. 그럼에도 이러한 특성(부분적으로 동일하지 않은 문항들과 국가별 표준화)은 다음에 자세히 논의하는 것과 같이 이들의 비교 가능성에 대한 함의를 가지고 있다. 지능요인 구조의 동일성은 이 표준화 점수를 가지고 이루어졌다.

(1) 동일성 분석

문헌에서는 일반적으로 이 연구에서 활용된 확인적 요인분석에서 동일성의 수준을 형태동일성, 측정동일성, 절편동일성으로 구별하고 있다. 형태동일성(configural invariance)은 국가별로 전체적인 요인적재 패턴이 동일한 것을 의미하며, 즉 동일 소검사들이 동일한 잠재 변인에 적재되는지를 말한다. 측정동일성(metric invariance)은 국가별로 요인적재치(factor loadings)가 동일한 것을 의미한다. 절편동일성(scalar invariance)은 관측 점수와 잠재요인을 연결하는 문항별 절편이 동일한 것을 의미한다. 절편동일성은 문항 편향(item bias)이나 차별문항기능(differential item functioning)이 없음을 의미한다.

우리는 Cattell-Horn-Carroll(CHC) 모델(Carroll, 1993)에 의거하여 WISC-V의 요인 구조를 5요인이 하위 수준에 존재하며 하나의 일반지능요인이 상위 수준에 존재하는 위계적 구조 모델로 상정하고 검증하였다. WISC-V의 요인 구조를 탐색하기 위하여 탐색적 요인분석, 확인적 요인분석을 포함한 여러 통계적 절차가 사용되었다(Canivez, Watkins, & Dombrowski, 2016; Canivez, Watkins, & Dombrowski, 2017; Wechsler, 2017). 통계 분석 결과는 예상했던 5요인 구조에 대해 일관된 결과를 보여 주지 않았다. 검사 매뉴얼은 5요인 확인적 요인분석(Confirmatory Factor Analysis: CFA)을 뒷받침한 반면에, Canivez와 동료들은 미국판의 표준화 표본 집단에 대해 다소 다른 추정 방법으로 확인적 요인분석을 실시하였을 때 5요인 구조를 완전히 재현해 내지 못하였다. Canivez 등(2016)은 이러한 혼재된 결과와 이전의 대규모 프로젝트에서 사용했던 요인분석에 기반하여 통계적 절차에 대한 선택을 내렸다. WISC-V의 견고한 이론적 구조를 고려할 때, 탐색적 요인분석을 선택하는 것은 필수적인 것은 아니다. 그러나 확인적 요인분석을 선택하는 것은 다른 이유들로 인해 문제가 될 수 있다. 대규모 측정에 있어서 확인적 모델의 적합도 통계치가 매우 제한적인 확인적 요인분석의 가정으로 인해 해석이 어렵다는 점, 그리고 경미하여 유의하지 않은 수준의 모델 식별 실패(model misspecification)와 주요한 모델 식별 실패를 구별하기 힘들다는 점이 반복적으로 발견되었다(Rutkowski & Svetina, 2014, 2017; Van de Vijver, 2011). 우리는 적합도 지수의 해석이 쉽지 않을 수 있다는 점을 유의한 채 지능요인 구조의 동일성 검증을 위해 확인적 요인분석을 사용하였다. 우리가 확인적 요인분석을 선택한 것은 이론적 이유 때문이다. WISC-V는 명확하게 정의된 이론적 구조를 가지고 있다. 10개의 소검사는 5개의 1차 요인과 연결되어야 하며, 5개의 1차 요인은 다시 하나의 포괄적인 전체 요인에 연결되어야 한다. 이러한 구조는 탐색적 요인분석에 비해 확인적 요인분석에서 보다 쉽게 적용될 수 있다.

예상되는 요인적재 패턴은 〈표 6-2〉에 상세히 제시되어 있다. 현재까지 위계적 요인 모델을 한 번의 분석으로 분석할 수 있는 소프트웨어는 존재하지 않는다. Mplus 소프트웨어를 사용하여 2단계에 걸쳐 모델을 분석하였으며, 각 수준의 동일성을 개별적으로 검증하였다(Rudnev, Lytkina, Davidov, Schmidt, & Zick, 2018). 첫 번째 단계로 〈표 6-2〉의 상단에 제시된 것과 같이 1차 요인의 동일성을 검증하였다.

표 6-2 1차 및 2차 요인 모델의 목표 요인적재치: (A) 1차 요인 요인적재, (B) 2차 요인 요인적재

(A) 1차 요인 요인적재					
소검사	유동추론	언어이해	지각추론	작업기억	처리속도
행렬추리	*				
무게비교	*				
공통성		*			
어휘		*			
토막짜기			*		
퍼즐			*		
숫자				*	
그림기억				*	
기호쓰기					*
동형찾기					*

(B) 2차 요인 요인적재	
1차 요인	일반지능
유동추론	*
언어이해	*
지각추론	*
작업기억	*
처리속도	*

주: 별표(*)는 확인적 구조방정식 모델에서 추정된 요인적재치를 의미한다. 빈칸의 요인적재치는 0이다.
출처: 자료 및 표 저작권에 대한 판권은 Pearson(2014)에 있음

5개의 요인(즉, 유동추론, 언어이해, 지각추론, 작업기억, 처리속도)은 각각 높은 적재치를 지닌 2개의 소검사와 연결되어야 하며, 이중적재(cross-loadings)는 허용되지 않는다. 두 번째 단계는 5개의 1차 요인과 2차 요인인 일반지능요인 사이의 관계의 동일성을 살펴보았다. 두 번째 단계에서는 모든 1차 요인이 일반지능요인에 상당한 요인적재치를 보여야 한다.

동일성 검증에서 각 국가별 소검사의 표준화 점수를 사용하는 것은 몇 가지 함의점이 있다. 점수의 표준화 과정에서 각 국가별 평균 차이가 사라지기 때문에 표준화 점수는 평균 차이에 대한 정보를 유의미하게 해석하기 어렵다는 단점을 가지고 있

다. 결과적으로 절편동일성(scalar invariance)은 첫 번째 단계의 분석(5개의 1차 요인과 10개의 소검사의 관계 동일성 검증)에서는 그다지 의미가 없다. 다른 하나의 이슈는 국가별로 상이한 문항을 가지고 있는 경우이다. 이 경우, 문제는 소검사의 점수들이 국가별로 같은 요인적재치를 보이는지이다(즉, 점수들의 측정동일성을 지지하는 결과). 비록 요인적재치가 실제로 동일할지는 실증적 문제이지만, 우리는 이러한 동일성을 기대할 만한 몇 가지 이유를 추측해 보았다. 먼저, 동일한 문항이 상이한 문항보다 훨씬 많았다. 또한 상이한 문항을 선택할 때에는 언제나 기저요인과 밀접하게 연관될 수 있도록 결정하였다. 문항들은 언제나 동일한 기저요인을 대표할 수 있도록 번안되었다. 그러므로 전체 소검사 점수는 모든 국가에서 충분히 기저요인을 반영하고 있을 것으로 기대할 수 있다.

1차 요인 구조의 동일성 검증(즉, 모든 국가에서 소검사의 점수들이 5개의 1차 요인에 같은 요인적재치를 보이는지)에서 2차 요인의 모수(parameter)는 가능한 한 자유롭게 남겨 두었다. 이는 2차 요인의 모든 모수가 자유롭게 추정되도록 하였음을 의미한다. 즉, 우리는 2차 요인의 형태동일성을 가정한 채 1차 요인의 동일성을 검증한 것이다. 그러므로 우리는 두 수준 모두에서 동일성이 확인될 것이라는 가정하에 형태동일성과 측정동일성을 검증하였다. 2차 요인의 동일성(즉, 2차 요인인 일반지능요인과 5개의 1차 요인 사이의 동일한 요인적재치와 절편)을 검증할 때에는 1차 요인의 측정동일성 모델이 사용되었다. 2차 요인의 동일성을 위해서는 1차 요인이 서로 비교 가능한 수준이어야 하며, 이를 위해서는 1차 요인 구조의 측정동일성이 요구된다. 즉, 2차 요인의 동일성 검증 단계에서는 1차 요인 구조의 측정동일성이 확보되었다는 가정이 필요하다. 2차 요인의 동일성 분석에서는 1차 요인의 요인적재치가 국가별로 모두 같게 설정되었다. 2차 요인의 동일성은 모든 수준의 동일성이 달성되어야 하기 때문에 보다 명확(straightforward)하다. 따라서 두 번째 단계의 분석에서는 모든 수준의 동일성이 검증될 수 있다. 실제로는 1차 요인 구조의 동일성 검증 단계에서 1차 요인의 측정동일성과 2차 요인의 형태동일성이 함께 다루어질 수 있다(우리가 1차 요인 구조의 동일성 검증에서 형태동일성을 가정하였기 때문에). 우리는 측정동일성이 확인될 것이라고 가정하였다. 절편동일성의 성립을 의심할 만한 이론적 이유는 없지만, 앞서 논의했듯이 여러 문화 간 동일성 검증을 했던 많은 사례에서 편향된 문항의 존재로 인해 절편동일성을 확인하는 데 실패하는 경우를 보여 주기도 하였다.

(2) 국가별 소검사 평균 점수 비교 및 국가 평균과 사회적 지표의 상관관계

소검사 점수들(혹은 1차 요인 및 2차 요인의 점수)을 직접 비교하는 것은 모든 소검사가 동일한 자극을 활용하는 것이 아니기 때문에 문제가 될 수 있다. 구체적으로 '토막짜기' '숫자' '행렬추리' '퍼즐' '그림기억' '무게비교' '산수' '공통그림찾기' 소검사는 모든 국가에서 동일하다. 그러나 '공통성' '상식' '이해' '어휘' 소검사는 하나 이상의 국가별 고유 문항을 포함하고 있거나 원본과 다른 제시 순서를 가진 경우(특정 국가에서 더욱 쉽거나 어려운 문항이기 때문에)가 있다. 제시 순서의 변화는 '어휘' 소검사를 제외하고는 그 정도가 그다지 크지 않았다. 그럼에도 이러한 검사의 변형으로 인해 소검사의 평균 점수를 직접적으로 비교하는 것은 불가능하다.

문항반응이론(item response theory)은 국가별 문항이 완전히 동일하지 않더라도 검사 점수를 비교할 수 있는 방법을 보여 준다(van der Linden & Hambleton, 2013). 하지만 이 분석 방법은 모든 국가에서 동일한 잠재요인이 측정될 것과 문항과 잠재요인의 관계가 동일할 것을 가정한다. 이분형(dichotomous) 문항들의 분석을 위해서는 변별도와 난이도를 활용한 2모수(two-parameter) 모델이 사용되었다. 2모수 모델은 응답과 잠재요인의 관계(각 소검사가 하나의 잠재요인에 연결되는)를 로지스틱 곡선의 형태로 가정하였다. 통계적 계산은 Mplus(Muthen & Muthen, 1998~2012)를 활용하였다. 추정된 잠재적 특성 점수(latent trait scores)는 국가별 평균 비교에 사용되었다.

'어휘' 소검사의 점수는 국가 간 유사한 패턴을 보이지 않았다. 많은 국가가 원본에 제시된 단어를 대체하거나, 순서를 바꾸는 등 상당한 수준으로 해당 소검사 문항들을 번안하였다. 예를 들어, 미국판 원본 버전의 23번 문항은 독일판의 13번 문항과 같다. 이것은 동일 자극을 제시하는 접근법이 국가 간 비교에서 타당하지 않음을 의미했다. 그러므로 이 접근법은 다른 방식으로 보완되었다. 우리는 모든 국가의 원점수를 비교하였다. 모든 국가는 동일한 문항 개수를 가진다. 이 비교는 '어휘' 소검사의 제시 자극이 동일하지 않더라도 국가 간 비교가 가능할 것이라는 확고한 가정하에 이루어졌다. '어휘' 소검사의 문항들은 언어 능력의 개인차 수준을 확인하기 위해 선정된 것이지 국가 간의 유사성이나 차이를 확인하기 위해 선정된 것이 아니었다. 그러므로 원점수를 비교하는 접근법 역시 타당하지 않을 수 있다. 결론적으로, 국가 간 '어휘' 소검사 점수를 비교하기 위한 우리의 접근법은 실용주의적인 것이며 확고한 이론적·통계적 근거에 기반한 것은 아니다.

평균 점수(2개의 대체 점수를 활용한 '어휘' 소검사를 제외한 모든 소검사의 잠재적 특성 점수)은 다변량 분산분석(multivariate analysis of variance)에서 국가, 성별을 독립변수로 분석되었다(소검사 점수들에 대한 성별차가 보고되었기 때문에 성별은 통제변수로 사용되었음).

2. 결과

1) 동일성 분석

동일성 분석의 적합도 검정 결과를 〈표 6-3〉에 제시하였다. 1차 요인 모델은 형태 및 측정동일성 모델에서 좋은 적합도를 보였다. χ^2 값은 매우 유의하여 좋지 않은 적합도를 보여 주었으나, CFI 0.972, TLI 0.958의 좋은 적합도로 나타났고 RMSEA는 0.082로 적절한 적합도를 보였다. χ^2 통계치가 표본의 크기에 민감하게 반응한다는 점을 고려할 때, 우리는 이 적합도 통계치들을 종합하여 형태동일성이 지지된다고 판단하였다. $\Delta\chi^2$은 형태동일성 모델에서 측정동일성 모델로의 변화가 매우 유의하다는 것을 보여 주었다. 그러나 CFI, TLI, RMSEA 값(이들의 변화량과 더불어)은 측정동일성 모델을 지지하였다. 또한 BIC 값이 측정동일성 모델에서 형태동일성 모델보다 작아지면서 측정동일성 모델을 지지하였다. 우리가 예상했던 것처럼, 유동추론, 언어이해, 지각추론, 작업기억, 처리속도의 5요인으로 구성된 1차 요인 구조가 확인되었으며 모든 국가에서 요인적재치 역시 동일하다고 결론지을 수 있다. 심리학적 관점에서 보면, 이는 모든 국가에서 10개의 소검사가 5개의 같은 요인에서 유래한다는 것을 의미하며, 또한 소검사들과 5개의 요인 간의 관계가 모든 국가에서 동일하다는 점을 의미한다. 〈표 6-4〉의 요인적재치들은 비표준화 값이다. 모든 국가에서 소검사들의 표준화 요인적재치는 모두 0.70 이상이었으며, 많은 적재치가 0.85 이상으로 매우 높은 수준을 보였다. 즉, 각 소검사들은 잠재요인의 강력한 지표(marker)가 된다고 결론내릴 수 있다.

동일성 검증의 두 번째 단계에서는 2차 요인 모델을 분석하였다. 앞서 언급하였

표 6-3 1차 및 2차 요인 모델 동일성 검증 적합도

모델	χ^2 (df)	$\Delta\chi^2$ (Δdf)	CFI	ΔCFI	TLI	RMSEA	AIC	BIC
1차 요인 모델(2차 요인 모델의 형태동일성 모델 포함)								
형태동일성	2349.196 (301)***		0.972		0.958	0.082	634,740.277	637,263.836
측정동일성	2649.971 (346)***	297.775 (45)***	0.969	0.003	0.959	0.081	634,955.339	637,153.511
2차 요인 모델(1차 요인 모델의 측정동일성 모델 포함)								
측정동일성	3296.335 (382)***	649.364 (36)***	0.960	0.009	0.953	0.086	635,525.463	637,463.326
절편동일성	4197.993 (453)***	901.658 (71)***	0.949	0.011	0.949	0.090	636,300.883	637,725.356

주: ***$P<.001$. 절편동일성은 표준화 점수가 국가 간 점수 차이를 제거하기 때문에 소검사 수준(1차 요인)에서 검증되지 않음. 1차 요인 동일성 검증 단계에서는 2차 요인의 모수들이 자유롭게 변화하는 것을 허용하였음[잠재요인의 길이(length)를 설정하기 위한 몇 상수를 제외하고]. 2차 요인 동일성 검증 단계에서는 1차 요인의 측정동일성 모델의 모수가 사용되었음. 모든 모델의 검증은 위계적으로 내포되어 있음

출처: 자료 및 표의 저작권에 대한 판권은 Pearson(2014)에 있음

표 6-4 1차 및 2차 요인 모델의 요인적재치: (A) 1차 요인 요인적재, (B) 2차 요인 요인적재

(A) 1차 요인 요인적재					
소검사	유동추론	언어이해	지각추론	작업기억	처리속도
행렬추리	1.00[a]				
무게비교	1.20***				
공통성		1.00[a]			
어휘		1.14***			
토막짜기			1.00[a]		
퍼즐			0.46***		
숫자				1.000[a]	
그림기억				1.12***	
기호쓰기					1.000[a]
동형찾기					0.39***

(B) 2차 요인 요인적재		
	일반지능	
1차 요인	요인적재치	절편
유동추론	0.55***	4.85***
언어이해	1.000[a]	0.00[b]
지각추론	1.23***	−0.23
작업기억	0.759***	5.98***
처리속도	1.90	1.21***

주: ***$P < .001$. 1차 요인 모델의 요인적재치는 측정동일성 모델의 값임. 2차 요인 모델의 모수 추정치는 절편동일성 모델의 값임

[a] 1.0으로 고정된 요인적재치

[b] 0.0으로 고정된 절편값

출처: 자료 및 표의 저작권에 대한 판권은 Pearson(2014)에 있음

듯이, 1차 요인의 측정동일성은 2차 요인의 형태동일성을 가정한 상태에서 검증되었다. 따라서 우리는 이미 2차 요인 수준에서의 형태동일성이 확보되었다는 것(1차 요인에서 설명한 것과 같이)을 알고 있으며, 이는 각 국가에서 일반지능이라는 2차 요인이 확인되었음을 의미한다. 두 번째 단계의 분석은 이 결과를 넘어서는데, 왜냐하면 우리는 2차 요인 수준에서 측정동일성과 절편동일성이 성립하는지에 관심이

있었기 때문이다. 〈표 6-3〉에서 볼 수 있듯이, 측정동일성은 확실하게 확인되었다. χ^2와 $\Delta\chi^2$ 통계치를 제외한 적합도 지수들은 측정동일성 모델을 지지하였다. 하지만 절편동일성 모델의 결과는 보다 애매모호하다. CFI 값은 겨우 0.01(더 많은 제약 모델을 기각하고 더 적은 제약 모델을 지지하는 임계치로 여겨지는 값) 정도 하락하였으며, TLI 값은 0.06 하락하였다. RMSEA 값은 0.005 증가하였지만, 정보지수(AIC와 BIC)들은 절편동일성 모델을 완전히 지지하지는 않았다. 전반적으로 절편동일성 모델은 크게 지지받지 않았다. 국가 간 세부 문항별 절편을 면밀히 살펴본 결과, 많은 절편에서의 차이가 통계적으로 유의하기는 했지만 국가 간 주된 차이를 보여 주지는 않았다. 절편 차이가 비교적 작았고, 어느 특정 국가에서 유리하게 더 높은 점수를 보여 주지 않았다는 점, 그리고 대단위 연구에서 적합도 지수의 평가가 문제가 있을 수 있다는 점에서 우리는 절편동일성이 거의 근접한 수준에서 성립했다고 결론지었다.

1차 및 2차 요인 수준 모두에서의 측정동일성에 대한 강한 지지와 2차 요인 수준에서 절편동일성에 대한 다소 약한 지지를 종합할 때, 우리의 연구결과는 여러 국가에 걸쳐 소검사들이 공통적인 심리학적 의미를 가지고 있다는 확실한 증거를 제공한다. 서구권 국가에서 이루어진 일련의 연구는 우리가 전제했던 WISC-V의 위계적 요인 구조의 보편적 적용 가능성에 대한 증거를 보여 준다.

2) 국가 간 평균 비교 및 사회적 지표들과의 상관관계

소척도 점수(scale), 지표(index) 점수, 지능(IQ) 점수의 국가별 비교는 국가를 독립변수로, 각 점수들을 종속변수로 하여 다변량 분산분석(MANOVA)으로 검증하였다. 효과크기의 측정치로는 국가에 의해 설명된 분산의 설명량[부분 에타 제곱(partial η^2)]을 사용하였다. 효과크기에 대한 기준값은 작은 효과(0.01), 중간 효과(0.06), 큰 효과(0.12)이다(Cohen, 1992). 모든 점수는 분석에 앞서 표준화하였으며, 이는 곧 모든 국가에 걸쳐 전체 평균이 0, 표준편차가 1로 변환되었다는 것을 말한다. 표준화 z 점수를 사용하는 목적은 모든 검사에 있어서 점수들을 비교 가능하게 만들고, 해석을 용이하게 하는 데 있다. 평균, 표준편차, 소척도별 표준화된 점수의 국가별 차이에 대한 효과크기는 〈표 6-5〉에 제시하였으며, 지표 점수와 전체 지능 점수에 관한 것은 〈표 6-6〉에 제시하였다. 〈표 6-5〉와 〈표 6-6〉의 하단을 살펴보면, 국가에 의해 설명된 점수의 분산 비율로서 측정된 효과크기가 모두 통계적으로 유의함을 알 수 있다. 이는 표본의 크기가 큰 경우 쉽게 예측할 수 있는 부분이지만, 더욱 중요한 결과는 효과크기의 정도가 매우 작다는 점이다. 몇몇 효과크기 값은 심지어 작은 효과의 기준치인 0.01에도 도달하지 못하였다. 중간 혹은 큰 효과크기는 발견되지 않았다. 가장 큰 효과크기는 '어휘' 소검사와 이에 상응하는 지표(언어이해)에서 나타났다. 그러나 앞서 언급하였듯이, 어휘 점수의 국가별 차이는 해당 점수들이 완전히 비교 가능하지 않으므로 해석에 주의를 기울여야 한다(부분적으로 일치하지 않는 문항을 전부 비교하든, 언어의 난이도 차이를 허용한 채 오직 동일한 문항만을 비교하든). 우리 분석의 주요한 공통적 결과는 서구권 국가들의 표본을 대상으로 실시한 인지 검사 점수의 국가별 차이가 아주 작아 실질적으로는 거의 무시할 만한 정도라는 점이다. 예를 들어, 국가 차이는 공통 IQ 점수의 분산 중 1%가 되지 않는 정도를 설명하였다. 국가 내의 개인별 차이가 국가 간 차이보다 훨씬 큰 수준이었다. 지능의 차이에 대한 공통적인 패턴은 IQ 지표를 통해 가장 잘 보인다(〈표 6-6〉의 가장 오른쪽 열). 다른 국가에 비해 약간 다소 낮은 점수를 보인 유일한 국가는 프랑스였다. 이 낮은 점수는 대부분의 소척도와 모든 지표 점수에서 약간 낮은 점수가 나타난 체계적인 패턴 때문으로 보인다. 이 차이가 어디에서 기인한 것인지는 불명확하다. 프랑스 버전과 유사한 버전이 실시된 프랑스어권 캐나다 집단이 전체 평균을 살짝 웃도는 점수를 보였기 때문에 이 차이가 번역의 문제로 인한 것은 아닌 듯 보인다. 상대적으로 프랑스어에 대한 지식이 부족하고 교육적 경험이 일관되지 못하거나 중단되었을 가능성이 있는 이민자 출신이 표본의 많은 수를 차지하는 등 표본 추출의 문제가 개입하였을 가능성이 있으며, 추가적 연구가 필요한 부분이다.

지능 분야의 많은 문헌은 인종/국가 간 지능 점수에서의 큰 차이를 보여 주고 있다(예: Jensen, 1980; Lynn & Mikk, 2007). 이 결과는 오랜 기간, 논쟁적으로 계속된 그 차이의 배경에 대한 논의와 맥을 같이한다. 이 논쟁은 국가별 지능 차이가 유전적 이유에 기인하는지, 환경적 이유에 기인하는지에 집중하고 있다. 또한 이 논쟁 안에는 제3의 입장도 존재한다. 이 입장은 국가 비교 연구에 활용된 대다수의 지능 검사도구가 점수의 비교가능성을 감소시키는 문항 편향(item bias)과 같은 방법론적 문제를 가지고 있다는 주장한다(Lubke, Dolan, & Kelderman, 2001). 우리의 연구

표 6-5 국가별 소검사 문항반응 능력 표준화 점수의 평균(표준편차)

	소검사										
국가	행렬추리	무게비교	공통성	어휘[a]	어휘[b]	토막짜기	퍼즐	숫자	그림기억	기호쓰기	동형찾기
호주/뉴질랜드	0.13 (0.96)	0.03 (1.04)	0.06 (1.12)	0.01 (1.00)	−0.01 (0.94)	0.07 (0.98)	0.14 (1.02)	0.22 (1.08)	0.18 (1.02)	−0.05 (1.01)	0.07 (.97)
영어권 캐나다	0.00 (1.04)	−0.03 (1.08)	0.13 (1.06)	0.09 (1.01)	0.02 (1.00)	0.04 (1.09)	0.05 (1.07)	0.06 (1.05)	0.03 (1.09)	0.02 (1.05)	−0.04 (1.03)
프랑스어권 캐나다	0.03 (0.93)	−0.01 (1.02)	0.13 (1.10)	−0.01 (1.19)	0.07 (1.20)	0.09 (0.95)	0.09 (0.96)	−0.12 (1.00)	−0.05 (0.96)	0.05 (1.00)	0.15 (1.00)
프랑스	−0.16 (1.09)	−0.14 (0.97)	−0.44 (0.88)	−0.30 (0.91)	0.04 (0.90)	−0.05 (1.01)	−0.13 (1.05)	−0.18 (1.04)	−0.10 (1.05)	−0.16 (0.90)	−0.19 (.96)
독일	−0.07 (1.02)	−0.05 (0.94)	0.19 (1.08)	0.28 (0.93)	0.48 (1.22)	0.13 (1.03)	0.07 (0.97)	−0.03 (0.96)	−0.14 (1.00)	−0.03 (0.92)	0.07 (1.01)
네덜란드 및 플랑드르 지방	0.12 (0.99)	0.24 (0.95)	−0.11 (0.93)	−0.17 (0.96)	−0.32 (0.93)	0.09 (0.95)	0.22 (0.92)	−0.03 (1.00)	0.06 (0.96)	0.04 (1.03)	0.17 (1.00)
스페인	0.11 (0.94)	0.27 (0.96)	−0.11 (1.00)	−0.10 (1.06)	0.24 (1.07)	0.03 (0.96)	0.22 (0.87)	0.14 (0.99)	0.30 (0.96)	0.08 (0.96)	0.20 (0.98)
스웨덴, 노르웨이, 덴마크	−0.01 (1.00)	−0.09 (0.91)	0.06 (0.83)	0.19 (0.90)	0.31 (0.65)	−0.10 (0.91)	−0.16 (0.93)	0.11 (0.96)	−0.01 (0.87)	0.11 (1.02)	−0.10 (0.98)
영국	0.08 (0.94)	0.12 (0.92)	−0.08 (1.00)	−0.13 (1.03)	−0.57 (0.56)	0.13 (0.92)	0.19 (0.88)	−0.08 (0.90)	0.00 (0.98)	−0.17 (0.94)	−0.04 (0.93)
미국	0.01 (0.92)	−0.02 (1.00)	0.00 (0.94)	0.05 (0.95)	0.03 (0.89)	−0.17 (1.00)	0.02 (0.93)	0.18 (0.94)	0.04 (0.92)	0.01 (0.98)	0.00 (0.97)
효과크기	0.007***	0.013***	0.031***	0.026***	0.069***	0.000*	0.022***	0.011***	0.009***	0.007***	0.012***

[a]국가별로 상이한 문항 중 정답을 맞춘 개수

[b]국가별로 동일한 문항 중 정답을 맞춘 개수. $*P<.05$, $***P<.001$

출처: 자료 및 표의 저작권에 대한 판권은 Pearson(2014)에 있음

표 6-6 국가별 지표 수준, 전체 IQ 문항반응 능력 표준화 점수의 평균(표준편차)

	소검사					
국가	유동추론	언어이해	지각추론	작업기억	처리속도	전체 지능
호주/뉴질랜드	0.09 (1.00)	0.03 (1.06)	0.11 (1.00)	0.22 (1.06)	0.02 (0.99)	0.11 (1.04)
영어권 캐나다	−0.02 (1.07)	0.08 (1.05)	0.05 (1.09)	0.05 (1.09)	0.00 (1.05)	0.06 (1.06)
프랑스어권 캐나다	0.01 (0.96)	0.11 (1.17)	0.10 (0.95)	−0.09 (0.98)	0.11 (1.00)	0.05 (1.02)
프랑스	−0.17 (1.03)	−0.22 (0.90)	−0.10 (1.03)	−0.16 (1.04)	−0.19 (0.93)	−0.20 (1.00)
독일	−0.07 (0.98)	0.36 (1.16)	0.10 (0.99)	−0.10 (0.97)	0.02 (0.97)	0.08 (1.01)
네덜란드 및 플랑드르 지방	0.00 (0.98)	−0.23 (0.94)	0.16 (0.94)	0.01 (0.99)	0.11 (1.02)	0.05 (1.00)
스페인	0.21 (0.96)	−0.18 (1.04)	0.13 (0.9)	0.25 (0.97)	0.14 (0.97)	0.09 (0.99)
스웨덴, 노르웨이, 덴마크	−0.06 (0.95)	0.20 (0.72)	−0.14 (0.92)	0.05 (0.91)	0.00 (0.98)	0.01 (0.88)
영국	0.11 (0.92)	−0.34 (0.74)	0.17 (0.88)	−0.05 (0.92)	−0.11 (0.94)	−0.06 (0.88)
미국	0.00 (0.94)	0.02 (0.93)	−0.08 (0.97)	0.12 (0.91)	0.00 (0.98)	0.00 (0.95)
효과크기	0.011***	0.038***	0.016***	0.010***	0.007***	0.007***

***$P < .001$

출처: 자료 및 표의 저작권에 대한 판권은 Pearson(2014)에 있음

또한 적합한 표본 추출의 중요성과 더불어 적합한 검사도구의 중요성에 대한 증거를 제공한다. 우리는 연구에 포함된 서구권 국가의 집단 사이의 지능 점수의 차이가 매우 작으며 실제적 관점에서는 중요하지 않다는 결과를 확인하였다. 여러 다른 연구결과와 우리의 연구결과의 차이에 대한 이유는 크게 세 가지로 보인다. 첫째, 모든 검사도구는 신중하게 문화적으로 번안되었으며, 원본인 미국판 검사도구 역시 향후 번역이 될 것을 염두에 두고 개발되어 도구의 편향 가능성을 감소시켰다(Hambleton, Merenda, & Spielberger, 2005; Harkness, 2003). 문화적 독특성은 개발 초기 단계부터 배제되었다. 이 전략은 대체로 서구의 평가도구들을 충분한 고려 없이 새로운 문화적 맥락에 사용했던 대다수의 연구와 차이가 있다. 이후, 우리는 차별문항기능 기법과 같은 심리측정학적 절차를 거치며 잠재적으로 문제가 될 수 있는 문항을 식별하였다. 그러나 문항이 향후 번역될 것이라는 관점에서 출발한 전략은 개념적으로 보다 발전된 것이며, 문항 적합도의 차이가 발생하는 문제를 마주할 가능성이 더 적다. 둘째, 우리의 표본 집단은 편의적 표본(convenience sample)이 아니라 확률적 표본(probability sample)이었다. 특히 주류문화 학생과 이민자 출신 학생을 비교하는 연구는 배경 특성이 다른 집단을 비교하게 될 수 있다. 예를 들어, 터키 이민자들의 학업성과를 서유럽 국가의 주류 학생들과 비교한 결과, 이민자 학생의 학업성과 차이 중 상당한 부분이 그들의 낮은 사회경제적 지위 때문인 것으로 나타났다(Arikan, Van de Vijver, & Yagmur, 2017). 편의적 표본을 대상으로 연구를 할 때는 문화와 사회경제적 차이가 대체로 혼재되어 있다. 셋째, 많은 지능검사의 문화 비교 연구는 문화적 차이가 큰 국가들을 비교하였다. 우리 연구에서의 문화적 차이는 어느 정도는 제한적이었다. 예를 들면, 소득이 낮거나 중간 수준인 국가는 우리 연구에 포함되지 않았다.

마지막 단계의 분석은 인지 검사 점수(소척도, 지표, 전체 지능)와 국가 수준의 사회적 지표 간의 상관을 검토하는 것이다. 우리는 인지 검사 수행 능력과 관련된 것으로 알려진 세 가지의 지표들(Brouwers, Van de Vijver, & Van Hemert, 2009; Van de Vijver, 1997)과 더불어 웰빙과 같은 여러 심리적 특성을 활용하였다(예: Diener, Oishi, & Tay, 2018; Georgas, Van de Vijver, & Berry, 2004; King, Reno, & Novo, 2014). 첫 번째 지표는 인간 개발 지수(Human Development Index)로 경제적 개발 수준, 기대수명, 교육년수의 조합으로 이루어져 있다(모두 국가 수준). 두 번째 지표는 1인당

GDP이다. 세 번째 지표는 국가 내에서 1인당 교육에 지출된 금액을 의미하는 1인당 교육비이다. 이 사회적 지표는 상호 배타적이며(물론 정적인 관계가 있을 것으로 기대될 수 있음), 모두 경제적 발전 수준과 관련이 있다.

〈표 6-7〉에서 보여 주듯이, 어떤 지표도 검사 점수와 강한 상관을 보이지는 않았다. 평균적으로, 인간 개발 지수는 예측한 것처럼 가장 강력한 정적 상관관계를 보였다(높은 인간 개발 지수는 양질의 학교교육과 같은 교육적 지표와 관련된 것으로 볼 수 있음). 나머지 두 지표에 대해서는 상관관계가 0에 가까웠다. 그러나 가장 핵심적인 결론은 체계적인 관계 양상이 나타나지 않았으며, 상관관계들이 매우 약한 정도라는 점이다. 총 51개의 상관관계 중 2개의 상관관계만이 유의하였다[인간 개발 지수와 토막짜기 소검사 및 지각추론 지표 간의 0.60의 정적상관($P < .05$)]. 전반적으로, 우리 연구의 표본 집단에서는 사회적 지표와 지능 점수가 관계없었다. 하지만 이 결과는 국가 수준의 데이터에 관련된 것이며, 지능과 관련된 것으로 알려진 사회경제적 지표와 같은 국가 내 지표와 관련된 것이 아니라는 점을 유의해야 한다. 우리의 연구와 관련하여 이미 언급했던 검사 번역, 표본 추출 방법, 제한된 문화적 다양성 등의 이슈가 어떠한 구조적 상관관계도 나타나지 않은 연구결과에 영향을 주었을 수 있다.

이전의 WISC-III 프로젝트(Georgas et al., 2003)에서도 이 연구와 같은 방법으로 데이터가 분석되었다. 이전 연구에서는 더 많은 국가, 즉 **호주**, **영어권 캐나다**, 네덜란드 및 플랑드르 지방(네덜란드어권 지역), **프랑스** 및 프랑스어권 벨기에, **독일**, 오스트리아, 스위스 등 독일어권 지역, 그리스, 일본, 한국, 리투아니아, 슬로베니아, 스웨덴, **대만**, **영국**, **미국**이 포함되었다(WISC-V 연구에도 포함된 국가는 **고딕 서체**). 이렇듯 WISC-III 연구에는 더 많은 국가가 포함되었고, WISC-V 연구보다 더욱 다양한 문화적 다양성이 반영되었다. 그럼에도 불구하고, WISC-III와 WISC-V 연구결과 사이의 유사성은 매우 놀랍다. 이는 다음과 같다.

첫째, 두 연구 모두에서 요인 구조의 유사성에 대한 견고한 증거가 밝혀졌다. WISC-III와 WISC-V는 각각 4요인과 5요인 구조를 기초로 개발되었다는 점에는 유의해야 한다. WISC-III의 데이터는 탐색적 요인분석을 활용하여 분석되었다. 몇몇 국가에서 네 번째 요인이 도출되지 않은 경우를 제외하고 1요인부터 4요인까지의 해법(solution)이 추출되었고, 요인 구조의 동일성은 강하게 지지되었다. 이 연구

표 6-7 소척도, 지표 수준, 전체 IQ 점수와 사회적 지표 간의 상관관계

	사회적 지표		
소검사	인간 개발 지수	1인당 GDP	1인당 교육비
	소척도		
행렬추리	0.38	0.38	0.02
무게비교	0.19	0.32	−0.03
공통성	0.39	0.14	0.24
어휘(국가 간 동일 문항)	−0.25	−0.55	−0.29
어휘(모든 문항)	0.05	−0.23	−0.06
토막짜기	0.60*	0.38	−0.24
퍼즐	0.38	0.34	−0.11
숫자	−0.04	−0.08	−0.05
그림기억	−0.02	0.18	−0.06
기호쓰기	0.53	0.36	0.01
동형찾기	0.33	0.22	0.01
	지표		
유동추론	0.35	0.45	0.03
언어이해	0.03	−0.32	−0.08
지각추론	0.60*	0.40	−0.15
작업기억	0.00	0.07	−0.03
처리속도	0.08	0.00	0.04
전체 지능			
IQ	0.34	0.08	−0.09

*$P < .05$.
출처: 자료 및 표의 저작권에 대한 관권은 Pearson(2014)에 있음

의 WISC−V 데이터는 구조방정식을 활용하여 위계적 요인분석 방법으로 분석되었다. 구조방정식 절차는 WISC−III의 연구에서 적용되었던 방법론보다 더욱 민감하다. 그러나 두 연구로부터 얻은 결론은 같다. WISC 검사로서 확인된 지능의 구조는 여러 표본 집단 사이에서 동일하다.

둘째, 검사 점수의 문화 간 차이의 크기가 두 연구에서 유사했다. 방대한 기존 문헌의 결과와 달리, 문화 간 차이의 크기가 크다는 증거는 두 프로젝트 모두에서 발견

되지 않았다. 앞서 설명하였듯이, 면밀한 검사 설계, 확률적 표본 추출, 국가들 간의 작은 문화적 차이 등이 아마도 작은 효과에 영향을 미친 주요 요인일 것이다.

두 프로젝트에서 인지 검사 점수와 사회적 지표 간의 관계에는 약간의 차이가 있었다. WISC-III 연구에서는 GDP를 포함한 다양한 경제 지표의 조합인 물질적 풍요(affluence)가 사회적 지표로 사용되었다. 물질적 풍요 지표는 다양한 소검사 점수와 정적 관계를 보였다. 이 유의한 상관관계는 경제적 지표가 인지 검사 점수와 정적 관계가 있는 교육의 질의 '대용지표(proxy)'임을 나타내는 결과로 해석되었다. 하지만 WISC-V를 활용한 이 연구에서는 인지 검사 점수와 사회적 지표들 간의 상관이 유의하지 않았다. 이러한 결과의 차이는 아마도 이 연구의 대상 국가, 즉 서구권의(Western), 교육받은(Educated), 산업화된(Industrialized), 부유한(Rich), 민주주의 체제의(Democratic) 국가(일명, WEIRD) 사이의 제한적인 문화적 차이로 인한 것일 수 있다(Henrich, Heine, & Norenzayan, 2010). 반면에 WISC-III 연구에서는 더욱 다양한 문화적 차이를 보이는 국가가 포함되었다. WISC-IV에 대해서는 이러한 분석이 이루어지지 않았다.

3. 결론 및 함의점

이 연구의 주요 결론은 세 가지이다. 첫째, 이 연구의 서구권 국가들 사이에는 지능 구조의 동일성이 강하게 지지되었다. 둘째, 평균 IQ 점수의 국가별 차이는 크지 않다. 셋째, 이러한 차이는 각 국가의 교육 및 경제적 수준과 관련된 사회적 지표들과 유의한 관계가 없다. 세 번째 결론을 제외하면, WISC-III의 문화 비교 연구와 유사한 결과를 이 연구에서 얻었다. 이 연구는 세심한 검사도구 설계와 적절한 표본 추출 방법이 문화 간 지능 차이에 대한 믿음(myths)이 잘못되었음을 밝히는 데 도움이 된다는 것을 시사한다. 물론, 우리의 연구가 지능의 집단 차에 있어서 유전적 요인과 문화적 요인의 상대적 기여도에 대한 논쟁적 이슈에 대한 답을 내려 주지는 못한다. 그러나 이 연구는 서구의 검사를 편의적으로 추출한 표본에 적용한 많은 연구가 혼동을 일으킬 수 있는 요소들로 인해 집단 차를 그릇되게 과대 추정하였을 가능성을 시사한다.

참고문헌

Arikan, S., Van de Vijver, F. J. R., & Yagmur, K. (2017). PISA mathematics and reading performance differences of mainstream European and Turkish immigrant students. *Educational Assessment, Evaluation and Accountability, 29*, 229-246. Available from https://doi.org/10.1007/s11092-017-9260-6.

Bowden, S. C., Lange, R. T., Weiss, L. G., & Saklofske, D. H. (2008). Invariance of the measurement model underlying the Wechsler Adult Intelligence Scale-III in the United States and Canada. *Educational and Psychological Measurement, 68*, 1024-1040. Available from https://doi.org/10.1177/0013164408318769.

Brouwers, S. A., Van de Vijver, F. J. R., & Van Hemert, D. A. (2009). Variation in Raven's Progressive Matrices scores across time and place. *Learning and Individual Differences, 19*, 330-338. Available from https://doi.org/10.1016/j.lindif.2008.10.006.

Canivez, G. L., Watkins, M. W., & Dombrowski, S. C. (2016). Factor structure of the Wechsler Intelligence Scale for Children-Fifth Edition: Exploratory factor analyses with the 16 primary and secondary subtests. *Psychological Assessment, 28*, 975-986. Available from https://doi.org/10.1037/pas0000238.

Canivez, G. L., Watkins, M. W., & Dombrowski, S. C. (2017). Structural validity of the Wechsler Intelligence Scale for Children-Fifth Edition: Confirmatory factor analyses with the 16 primary and secondary subtests. *Psychological Assessment, 29*, 458-472. Available from https://doi.org/10.1037/pas0000358.

Carroll, J. B. (1993). *Human cognitive abilities*. Cambridge: Cambridge University Press. Available from https://doi.org:10.1017/CBO97805115713.

Chen, H., Keith, T. Z., Weiss, L., Zhu, J., & Li, Y. (2010). Testing for multigroup invariance of second-order WISC-IV structure across China, Hong Kong, Macau, and Taiwan. *Personality and Individual Differences, 49*, 677-682. Available from https://doi.org/10.1016/j.paid.2010.06.004.

Cohen, J. (1992). A power primer. *Psychological Bulletin, 112*, 155-159. Available from https://doi.org/10.1037/0033-2909.112.1.155.

Diener, E., Oishi, S., & Tay, L. (2018). Advances in subjective well-being research. *Nature Human Behaviour, 2*, 253-260. Available from https://doi.org/10.1038/s41562-018-0307-6.

Georgas, J., Van de Vijver, F. J. R., & Berry, J. W. (2004). The ecocultural framework, ecosocial indices and psychological variables in cross-cultural research. *Journal of Cross-Cultural Psychology, 35*, 74-96. Available from https://doi.org/10.1177/0022022103260459.

Georgas, J., van de Vijver, F. J. R., Weiss, L. G., & Saklofske, D. H. (2003). A cross-cultural analysis of the WISC-III. In J. Georgas, L. G. Weiss, F. J. R. van de Vijver, & D. H. Saklofske (Eds.), *Culture and children's intelligence: Cross-cultural analysis of the WISC-III* (pp. 23-37). New York: Elsevier Science. Available from https://doi.org:10.1016/B978-012280055-9/50004-7.

Hambleton, R. K., Merenda, P. F., & Spielberger, C. D. (Eds.), (2005). *Adapting educational tests and psychological tests for cross-cultural assessment.* Mawhaw, NJ: Erlbaum.

Hambleton, R. K., & Patsula, L. (1999). Increasing the validity of adapted tests: Myths to be avoided and guidelines for improving test adaptation practices. *Journal of Applied Testing Technology, 1*, 1-16.

Harkness, J. A. (2003). Questionnaire translation. In J. A. Harkness, F. J. R. van de Vijver, & P. P. Mohler (Eds.), *Cross-cultural survey methods* (pp. 19-34). New York: Wiley.

Henrich, J., Heine, S. J., & Norenzayan, A. (2010). The weirdest people in the world? *Behavioral and Brain Sciences, 33*, 61-83. Available from https://doi.org/10.1017/S0140525X0999152X.

International Test Commission. (2016). *The ITC guidelines for translating and adapting tests* (2nd ed.). www.InTestCom.org.

Irvine, S. H. (1979). The place of factor analysis in cross-cultural methodology and its contribution to cognitive theory. In L. H. Eckensberger, W. J. Lonner, & Y. H. Poortinga (Eds.), *Cross-cultural contributions to psychology* (pp. 300-341). Lisse: Swets and Zeitlinger.

Jensen, A. R. (1980). *Bias in mental tests.* New York: Free Press.

King, M. F., Reno′, V. F., & Novo, E. M. (2014). The concept, dimensions and methods of assessment of human well-being within a socioecological context: A literature review. *Social Indicators Research, 116,* 681-698. Available from https://doi.org/10.1007/s11205-013-0320-0.

Lubke, G. H., Dolan, C. V., & Kelderman, H. (2001). Investigating group differences on cognitive tests using Spearman's hypothesis: An evaluation of Jensen's method. *Multivariate Behavioral Research, 36*, 299-324. Available from https://doi.org/10.1207/S15327906299-324.

Lynn, R., & Mikk, J. (2007). National differences in intelligence and educational attainment. *Intelligence, 35,* 115-121. Available from https://doi.org/10.1016/j.intell.2006.06.001.

Muthén, L. K., & Muthén, B. O. (1998). Mplus user's guide (7th ed.). Los Angeles, CA: Muthén & Muthén.

Pezzuti, L., & Orsini, A. (2016). Are there sex differences in the Wechsler Intelligence Scale for Children-Fourth Edition. *Learning and Individual Differences, 45*, 307-312. Available from https://doi.org/10.1016/j.lindif.2015.12.024.

Prifitera, A., Weiss, L. G., Saklofske, D. H., & Rolfhus, E. (2005). The WISC-IV in the clinical assessment context. In A. Prifitera, D. H. Saklofske, & L. G. Weiss (Eds.), *WISC-IV: Clinical use and interpretation, scientist-practitioner perspectives* (pp. 3-32). San Diego, CA: Elsevier. Available from https://doi.org:10.1016/B978-012564931-5/50002-5.

Rudnev, M., Lytkina, E., Davidov, E., Schmidt, P., & Zick, A. (2018). Testing measurement invariance for a second-order factor: A cross-national test of the Alienation Scale. *Methods, Data, Analyses: A Journal for Quantitative Methods and Survey Methodology (MDA), 12*, 47-76.

Rutkowski, L., & Svetina, D. (2014). Assessing the hypothesis of measurement invariance in the context of large-scale international surveys. *Educational and Psychological Measurement, 74*, 31-57. Available from https://doi.org/10.1177/0013164413498257.

Rutkowski, L., & Svetina, D. (2017). Measurement invariance in international surveys: Categorical indicators and fit measure performance. *Applied Measurement in Education, 30*, 39-51. Available from https://doi.org/10.1080/08957347.2016.1243540.

Van de Vijver, F. J. R. (1997). Meta-analysis of cross-cultural comparisons of cognitive test performance. *Journal of Cross-Cultural Psychology, 28*, 678-709. Available from https://doi.org/10.1177/0022022197286003.

Van de Vijver, F. J. R. (2011). Capturing bias in structural equation modeling. In E. Davidov, P. Schmidt, & J. Billiet (Eds.), *Cross-cultural analysis. Methods and applications* (pp. 3-34). New York: Routledge.

van der Linden, W. J., & Hambleton, R. K. (Eds.), (2013). *Handbook of modern item responsetheory*. New York: Springer Science & Business Media.

Wechsler, D. (2004). *Wechsler Intelligence Scale for Children: Fourth Edition (WISC-IV UK)*. London: Pearson.

Wechsler, D. (2015). *WISC-V, Escala de inteligencia de Wechsler para ninõs-V*. Madrid: Pearson.

Wechsler, D. (2016). *Wechsler Intelligence Scale for Children: Fifth Edition (WISC-V UK)*. London: Pearson.

Wechsler, D. (2017). *Wechsler Intelligence Scale for Children-Fifth Edition (WISC-V). Durchführungs-und Auswertungsmanual. German adaptation: F. Petermann*. Frankfurt: Pearson.

제7장

플린 효과와 그 임상적 함의

1. 우리는 플린 효과에 대해서 무엇을 아는가

1) 정의

플린 효과(the Flynn effect: FE)는 세대적 현상(generational phenomena)으로 선진국에서 평균 IQ 점수가 연간 약 0.33점, 10년간 약 3.3점의 비율로 놀라울 만큼 일정하게 상승하는 현상을 일컫는다(Flynn, 1984, 1987).

이 현상은 보다 최근의 세대 집단이 이전 세대 집단보다 더 많은 질문에 대해 정확히 답하기 때문에 발생한다. 검사의 표준화 과정에서 각 연령 집단의 정답 개수는 소검사 척도가 평균 10으로, 전체 IQ 점수(FSIQ)나 지표 점수(Index score)는 평균 100으로 조정된다. 만약 후대 세대에서 평균적으로 더 많은 문항을 맞출 경우, 그들은 기존 규준 대비 더 높은 전체 IQ 점수를 얻는다. 그러므로 검사 규준화로부터 시간이 흐름에 따라 평균 전체 IQ 점수는 상승하는 경향을 보인다.

결국, 검사는 개정되고 현대의 표준화 표본 집단을 통해 재규준화(renormed) 과정을 거치며, 이렇게 상승한 정답 개수는 다시 소검사 평균 점수 10, 전체 IQ 점수와 지표 평균 100으로 재조정된다. 그러므로 새롭게 규준화된 검사는 이전 판의 검사와 비교해서 검사 참여자가 같은 수의 정답을 응답하더라도 더 낮은 IQ와 지표 점수를 산출한다.

의심의 여지없이 플린 효과는 인간의 지능 분야에서 지난 30년간의 발견 중 가장 난해한 현상 중 하나이다. James Flynn은 1984년에 미국에서 이루어진 73개의 연구(전체 N=7,431)를 분석하여 몇 가지 지능검사의 점수(스탠포드-비네 검사와 웩슬러 검사)를 46년의 기간에 걸쳐 비교한 논문을 출판하였다. 분석에 포함된 모든 연구는 각 검사와 그 검사의 이전 버전에서 표본(sample)들에게서 얻은 IQ 점수를 비교하였다. 즉, 미국 인구 내에서 서로 다른 두 시점에서 얻은 규준 집단을 비교에 활용한 것이다. 이 연구들은 1932년부터 1978년 사이에 수집된 10개의 규준을 사용하였다. Flynn은 미국 인구에서 46년간 꾸준히 지능 수준이 향상되는 것을 발견하였다. 하나의 예외를 제외하고, 그는 개인이 이전의 규준을 기반으로 한 검사에서 더 높은 IQ 점수를 얻으며, 그 반대의 경우도 그러하다는 것을 발견하였다. 각 연구에 참여한 개인의 수행은 검사 별로 동일하였으며, IQ 점수의 차이는 수행을 비교한 모집단의 평균 IQ 점수 차이에서 비롯되었다. 즉, Flynn의 관찰은 시간에 걸쳐 모집단의 평균 지적 수준이 증가한다는 것을 의미했다. 46년의 기간 동안 미국 모집단의 평균 지능 수준은 IQ 점수 13.8점이 증가하였으며, 1932년부터 1978년 사이에 지능 수준이 거의 1 표준편차에 가까운 차이를 보인 것이다. Flynn은 미국 모집단에게 있어 연간 0.33점의 평균 IQ 점수가 증가한다고 결론 내렸다.

Flynn의 첫 번째 관찰은 미국 모집단에서만 이루어졌으며, 각 표준화 과정에서 종종 내용이 변화된 검사에서 얻은 데이터를 기반으로 하였다. 그가 밝혀낸 이 현상을 더욱 잘 평가하기 위하여 Flynn(1987)은 그의 기존 분석을 여러 시점에서 완전히 동일한 검사를 활용한 14개국의 데이터로 확장하였다. 가장 흥미로운 데이터는 군대 징병 대상자에게서 얻었다. 이 징병 검사는 거의 모든 18세의 남성에게 1938년에 개발된 이래로 변화가 없었던 레이븐 행렬검사(Raven Progressive Matrices Test)와 같은 검사를 일괄적으로 실시했다. 이 집단은 해당 연령대의 남성 인구와 거의 동일하였기에 잠재적인 표본 추출 편향의 문제가 제거되었다. 〈표 7-1〉은 네덜란드, 벨기에(네덜란드어권 지역), 프랑스, 노르웨이 4개국 군인 검사 참여자가 레이븐 행렬검사에서 보인 IQ 점수의 증가를 나타낸다. 이 중 3개 국가에서 검사 참여자들은 레이븐 행렬검사처럼 개발 이후 변화가 없었던 어휘검사 및 연산검사(arithmetic test) 또한 수행하였다. 비교를 용이하게 하기 위하여, 모든 결과는 평균 100, 표준편차 15의 척도로 변환되었다.

모든 국가에서 레이븐 행렬검사에 의해 측정된 평균 IQ 점수의 증가는 유의했으며, Flynn이 미국에서 스탠포드-비네 검사와 웩슬러 검사를 통해 관찰했던 연간 0.33점의 증가보다 더 컸다. 이 결과는 특히 흥미로운데, 왜냐하면 레이븐 행렬검사는 유동 지능(Gf)을 측정하는 데 적합하고 문화적으로 공평한(culturally reduced) 검사로 여겨지기 때문이다. 그러나 1950년대와 1960년대 사이에 레이븐 행렬검사의 평균 점수는 교육과 문화에 더 강한 영향을 받는 결정 지능(Gc)을 측정한 검사의 점수보다 더 빠르게 상승하였다. 비교적 짧은 20년의 기간 동안 유동 지능 점수의 증가를 유전적 변화의 결과라고 볼 수는 없다. 오직 환경적 요인만이 레이븐 행렬검사 점수의 빠른 증가를 설명할 수 있다.

또 다른 흥미로운 발견은 〈표 7-1〉에서 보이는 바와 같이 프랑스와 벨기에에서 나타난 성취도 검사(어휘, 연산)에서의 더 작은 증가 정도이다. 이 국가들에서는 학교 관련 지식이 유동 지능검사 점수의 증가에 비해 더 적은 증가를 보였다. 그러나 노르웨이에서는 성취도 검사 점수의 상승이 레이븐 행렬검사 점수의 상승과 더 큰 상관이 있었다. 노르웨이에서는 또 다른 특징이 나타났다. 레이븐 행렬검사 점수의 변화 곡선이 1954~1968년과 1968~1980년 사이에서 변화한 것이다. 1954~1968년

표 7-1 유럽 4개 국가에서 레이븐 행렬검사와 어휘, 연산 검사 평균 IQ 점수의 상승

		전체 및 연간 증가		
국가	기간	레이븐 검사	어휘	연산
네덜란드	1952~1972년	12.43 (0.62)	–	–
벨기에	1958~1967년	7.82 (0.87)	4.50 (0.50)	4.36 (0.48)
프랑스	1949~1974년	25.12 (1.01)	9.06 (0.36)	9.64 (0.39)
노르웨이	1954~1968년	8.80 (0.63)	8.40 (0.60)	7.90 (0.56)
노르웨이	1968~1980년	2.60 (0.22)	1.50 (0.13)	−3.10 (−0.26)

주: 연간 증가는 괄호 안

출처: Flynn(1987).

기간에는 점수의 증가 정도가 더 컸다(연평균 0.63점 상승). 하지만 1968~1980년 기간에는 증가 추세가 둔화되었다(연평균 0.22점 상승). 이는 평균 IQ 점수의 상승이 아마도 꾸준하지 않으며, 끝이 없는 과정이 아니라는 것을 암시하는 결과이기에 중요하다고 할 수 있다.

Herrnstein과 Murray(1994)는 이 현상에 대해 플린 효과라고 부르자고 제안하였다. 선진국에서 IQ 점수가 시간의 흐름에 따라 증가하는 현상을 Flynn이 처음 보고한 것은 아니지만(Flynn, 2013), 이 현상을 체계적으로 분석한 최초의 연구자는 Flynn이었다. Flynn은 그의 연구에서 IQ 증가와 관련된 몇 가지 모순점에 대해 논의하였다. 그는 특히 지적 장애 모순(the intellectual disability paradox)을 강조하였다. "어떻게 우리의 이전 세대는 우리에 비해 이렇게 영리하지 못했는가?"(Flynn, 2007, p. 9) 또한 그는 적어도 선진국들에서 21세기의 IQ 증가의 지속성에 대해서도 의문을 제기하였다. 이번 장에서는 Flynn이 제시했던 몇 가지 의문점에 대해 다루며, 이를 통해 논의의 초점을 플린 효과가 WISC-V와 같은 지능검사의 임상적 활용에 미치는 영향으로 확장할 것이다.

2) 지적 과제에 따른 변동성

이미 언급하였듯이, 플린 효과는 모든 인지 능력 영역에서 동일한 것은 아니다. 아동과 청소년을 대상으로 플린 효과에 대해 살펴본 많은 연구는 다중능력 검사도구의 종합점수(웩슬러 지능검사의 전체 IQ와 같은)에 집중하였으며, 하위 차원의 점수를 다룬 경우에는 주로 유동추론과 결정성 능력과 같은 차원을 다루었다. 작업기억, 공간 능력, 처리속도 등의 차원을 다룬 연구는 그 기반이 크지 않다. 따라서 유동 지능 및 결정 지능과 더불어 작업기억, 공간 능력, 처리속도와 같은 차원을 추가로 구별한 웩슬러 지능검사의 최근 개정판에서 얻은 결과는 플린 효과 연구에 중요한 기여를 할 것이다.

가장 최근의 개정(WISC-IV에서 WISC-V로)에서 얻은 결과를 연관시키기 위해서는 인지 영역에서 플린 효과의 패턴에 대해 지금까지 알려진 것들을 검토하는 것이 도움이 될 것이다. 1909년부터 2010년까지의 241개 연구에 대한 메타분석에서 Pietschnig과 Voracek(2013)은 영역별 표준화 점수의 연평균 증가가 전체 IQ와 같은 종합점수에서는 0.29점, 유동추론은 0.42점, 공간 능력은 0.30점, 결정 지능은 0.26점으로 추정하였다. 〈표 7-2〉는 WISC와 WPPSI의 가장 최근의 두 차례 개정(제2판에서 제3판, 제3판에서 제4판)에서 나타난 종합점수와 소검사별 연평균 점수 변화를 나타낸다. 개정 과정에서 몇몇 소검사와 소척도가 새로 도입되거나 제거되는 등 변화가 있었기에 모든 비교가 이루어지지는 못했다.

결정 지능에 비해 유동성/지각 영역에서 플린 효과가 더 큰 것은 흔히 알려진 일관된 결과이다(Kaufman & Lichtenberger, 2006). 특히 여러 국가에서 이루어진 연구 결과, 일반지능(g)과 연관이 크며 유동추론의 지각적 측정도구인 레이븐 행렬의 경우 시간에 따른 증가가 연간 0.50점 이상이었다(Flynn, 1987). 이 현상과 일관되게, 아동용 인지검사도구에 포함된 행렬 소검사들에서도 상당히 큰 플린 효과가 나타났다[WPPSI-III에서 WPPSI-IV 0.40점, DAS(Differential Ability Scales)에서 DAS-II 0.31점](Elliot, 2007). 하지만 〈표 7-2〉와 같이 모든 지각 능력 과제에서 이렇게 높은 정도의 플린 효과가 나타난 것은 아니다. 예를 들어, 유동추론과 공간 능력을 측정하는 웩슬러 검사도구의 토막짜기 소검사나 DAS와 카우프만 아동용 지능검사(Kaufman & Kaufman, 2004)의 블록 쌓기(Block Construction) 소검사에서는 낮은 플린 효과가 나타났다. WISC에서는 평균 0.34점(제2판에서 제3판, 제3판에서 제4판 개정), WPPSI에서는 평균 0.04점(제2판에서 제3판, 제3판에서 제4판 개정), DAS와 카우프만 지능검사에서는 각각 평균 0.19점과 0.14점(제1판에서 제2판 개정). 행렬이나 토막짜기를 제외한 비언어적 추론 과제[예를 들어, 공통그림찾기(Picture Concepts)나 차례 맞추기(Picture Arrangement)]는 인지검사도구에 널리 존재하지 않기 때문에 플린 효과에 대한 일반화를 하기에는 충분하지 않다.

앞서 언급하였듯이, 결정성 능력의 측정치는 유동성 추론 측정치에 비해 대체로 낮은 정도의 플린 효과를 보였다. 〈표 7-2〉와 같이 WISC 언어 종합점수[언어성 지능(VIQ)이나 언어이해 지표(VCI)]의 플린 효과는 최근의 두 개정판 사이에서 평균 0.20점이었으며, 수행/지각 종합점수[동작성 지능(PIQ)이나 지각추론 지표(PRI)]에서는 평균 0.34점이었다. WPPSI에서도 언어적, 수행/지각적 종합점수에서 각각 평균 0.14점, 0.26점의 플린 효과가 나타나 유사한 패턴을 보였다. 작업기억이나 단기 인출(short-term retrieval)의 측정치는 아동과 청소년 사이에서 낮은 정도부터 중간 정도 크기의 다양한 플린 효과를 보였다. WISC-III에서 WISC-IV의 개정에서는 작업기억 지표의 플린 효과가 0.13점이었으며, 카우프만 지능검사의 개정에서는 순서 처리 척도(Sequential Processing scale)에서 0.09점(취학 전 아동), 0.31점(취학 아동)의 플린 효과가 나타났다. WISC의 숫자 소검사는 최근의 두 차례 개정 사이에서 각각 0.03, 0.04점의 플린 효과가 나타났다. 반면, 처리속도 측정치에서는 높은 수준의 플린 효과가 발견되었다. WISC와 WPPSI의 가장 최근 개정 사이에서 처리속도 지표의 플린 효과는 각각 0.46점과 0.59점이었다. WISC의 경우 이 차이는 기호쓰기 소검사(플린 효과 0.29점, 이전 개정에서는 0.21점)보다는 동형찾기 소검사(플린 효과 0.50점)에서 기인하였다. WPPSI-VI의 처리속도 지표는 새롭게 추가된 동형찾기(Bug Search)와 동물짝짓기(Animal Coding) 소검사에 기초하고 있는 반면, WPPSI-III에서는 동일 지표를 큰 내용 차이가 있는 동형찾기(Symbol Search)와 기호쓰기(Coding) 소검사로 측정되었다는 점은 주의해야 한다. 가장 최근의 WPPSI 개정에서는 처리속도의 플린 효과(0.59점)가 기호쓰기/동물짝짓기 소검사(0.20점)보다 동형찾기(Symbol Search/Bug Search) 소검사(0.75점)으로부터 더 강한 영향을 받았으며, 이는 아마도 부분적으로는 세대의 전환뿐만 아니라 내용적 차이 때문일 것이다.

종합하자면, 웩슬러 검사도구에서 아동 및 청소년의 플린 효과는 다양한 연령과 검사도구에서 나타난 일반적 양상을 잘 보여 준다. 즉, 유동추론과 공간 능력을 측정하는 수행/지각 소척도들에서는 높은 수준의 플린 효과를 나타냈으며, 결정성 능력을 측정하는 언어적 소척도들에서는 낮은 수준의 플린 효과를 보였다. 처리속도에서는 급격한 변화가 일어난 반면, 단기 혹은 작업기억은 중간 수준의 플린 효과를 보였다.

표 7-2 WISC와 WPPSI의 최근 개정에서 합산 지표 및 소검사 점수의 평균 연간 변화

소검사/합산 지표	WISC		WPPSI	
개정	R에서 III	III에서 IV	R에서 III	III에서 IV
출판 연도	1991	2003	2002	2012
전체 IQ	0.31	0.21	0.09	0.33
언어	0.14	0.26	0.03	0.25
수행/지각	0.44	0.25	0.24	0.28
작업기억	–	0.13	–	–

처리속도	–	0.46	–	0.59
공통성	0.38	0.29	−0.08	0.55
이해	0.18	0.17	−0.04	0.25
어휘	0.12	0.04	0.08	0.30
상식	−0.09	0.13	−0.04	0.20
산수	0.09	−0.08	–	–
행렬추리	–	–	–	0.40
토막짜기	0.26	0.42	−0.23	0.15
공통그림찾기	–	–	–	0.20
빠진곳찾기	0.26	0.29	0.58	–
차례맞추기	0.56	–	–	–
모양맞추기	0.35	–	0.42	0.15
숫자	0.03	0.04	–	–
동형찾기	–	0.50	–	0.75
기호쓰기	0.21	0.29	–	0.20
N	206	244	176	246

주: WISC−R과 WISC−III의 비교를 위해, WISC−R의 언어성 지능(VIQ)과 동작성 지능(PIQ)은 WISC−III의 언어성 지능, 동작성 지능과 각각 비교함

WISC−III와 WISC−IV의 비교를 위해, WISC−III의 언어이해 지표(VCI)는 WISC−IV의 언어이해 지표(VCI)와 비교하였으며, WISC−III의 지각적 조직화 지표(POI)는 WISC−IV의 지각추론 지표(PRI)와 비교함. 작업기억의 비교를 위해 WISC−III의 주의집중 지표(FDI)는 WISC−IV의 작업기억 지표(WMI)와 비교함. 처리속도의 비교를 위해 WISC−III의 처리속도 지표(PSI)와 WISC−IV의 처리속도 지표를 사용함

WPPSI−R과 WPPSI−III의 비교를 위해, WPPSI−R의 언어성 지능(VIQ)과 동작성 지능(PIQ)은 WPPSI−III의 언어성 지능, 동작성 지능과 각각 비교함

WPPSI−III와 WPPSI−IV의 비교를 위해, WPPSI−III의 언어성 지능(VIQ)은 WPPSI−IV의 언어이해 지표(VCI)와 비교함. 수행/지각 영역의 비교를 위해, WPPSI−III의 동작성 지능(PIQ)/WPPSI−IV의 시공간 지표(VSI), WPPSI−III의 동작성 지능(PIQ)/WPPSI−IV의 유동추론 지표(FRI)가 사용됨. 처리속도의 비교를 위해서 WPPSI−III의 처리속도 지수(PSQ), WPPSI−IV의 처리속도 지표(PSI)가 사용됨. WPPSI−III의 처리속도 지수(PSQ)는 동형찾기(Symbol Search)와 기호쓰기(Coding) 소검사에 기반함. WPPSI−IV의 처리속도 지표(PSI)는 동형찾기(Bug Search)와 동물짝짓기(Animal Coding) 소검사에 기반함

모든 값은 표준화 점수임(SD=15)

출처: Test manuals of the WISC−IV (Wechsler, 2003), WPPSI−IV (Wechsler, 2012).

3) 성별과 IQ 수준에 따른 변동성

플린 효과는 성별이나 능력 수준에 따라 달라지는가? 성별에 따른 플린 효과의 차이는 여성 집단의 시간의 흐름에 따른 능력의 변화 정도가 남성 집단의 변화 정도와 차이가 있으며, 성별 간 능력의 차이 또한 시간의 흐름에 따라 달라진다는 점을 시사한다. 이것이 이론적 혹은 과학적 관심사가 될 수는 있지만, 지능검사들은 성별 규준이 아니라 혼성 규준을 사용하기 때문에 성별 차이가 점수 해석과 관련된 실무적 함의점을 가진 것은 아니다. 전체 플린 효과가 모집단의 특정 절반에서 더 큰 변화가 일어난 것에서 영향을 받았을 수는 있다. 그러나 그것이 우리가 특정 개인의 수행을 어떻게 해석할 것인지, 또는 플린 효과를 반영하여 개인의 점수를 어떻게 조정할 것인지(만약 그렇게 하기로 선택했다면)에 어떤 영향을 주지는 않는다. 검사 참여자가 남성이든 여성이든, 그들의 수행은 여전히 전체 모집단과 비교된다.

직관에 어긋나 보일지도 모르지만, 플린 효과 연구 표본의 인구통계학적 특성들(나이와 능력 수준을 제외한)은 플린 효과에 있어 차이가 있는 하위 집단이 존재하는지에 대해 조사하는 것에 그리 도움이 되지 않으며, 플린 효과크기의 추정에도 어떠한 영향을 미치지 않았다. 왜냐하면 표본 내 개인들의 역할은 오직 일반인(common persons)을 이용하여 비교되는 두 검사 결과를 평균화하는 데 사용되는 것이기 때문이다. 플린 효과 분석의 논리는 개인의 실제 능력이 두 차례의 검사 시행에서 동일하다는 가정과 [연습효과(practice effects)는 무시하고] 두 검사도구가 같은 요인을 동일하게 정확히 측정한다는 가정에 기초하고 있다. 만일 이 두 가정이 성립한다면, 이제 우리는 일정한 수준의 능력이 어떻게 서로 다른 시점에서 만들어진 규준에 근거한 점수로 변환되는지를 살펴볼 수 있다. 만일 일반적인 단일시점 연구에서 남성과 여성 참여자 간의 다른 크기의 플린 효과가 관찰된다면(즉, 만일 최근의 검사에서 동일한 점수를 얻은 남성과 여성이 이전의 검사에서 다른 점수를 얻는다면), 이는 성별과 두 검사 내용 차이의 상호작용에 대한 증거가 될 것이다. 하지만 여기에 남녀 집단 간 시간에 따른 잠재적 능력 분포의 상대적 변화량과 관련된 함의가 있는 것은 아니다.

플린 효과가 개인이 아닌 모집단의 변화와 관련이 있기 때문에, 플린 효과의 집단 간 차이에 대한 답을 하기 위해서는 다른 시점에서 모집단 데이터의 하위 집단에 대해 연구해 볼 필요가 있다. 하지만 IQ 검사도구는 일반적으로 하위 집단 규준을 제공하지 않기 때문에, 이러한 연구에는 어려움이 따른다. 대신 연구자들은 다른 시점에서 하위 집단을 대표하는 표본을 식별하거나 직접 수집하여 그들의 변화율을 비교하여야 한다. 플린 효과의 성별 차이를 살펴본 적은 수의 연구는 대체로 인구의 인지 능력 변화율에 있어 성별 차이가 없음을 보여 준다. 이스라엘 젊은이들을 대상으로 한 Flynn의 연구(1998a)는 이 사안을 다루고 있다. 이스라엘에서는 남성과 여성 모두 병역 의무를 수행해야 한다. 1976년과 1984년 사이의 모든 징병 대상자는 레이븐 행렬검사와 언어지능검사를 완료하였다. Flynn은 이 기간 동안 평균 레이븐 IQ 점수가 남성은 연간 0.61점, 여성은 0.64점 상승한 것을 관찰하였다. 같은 기간 동안 언어지능검사는 각각 남성 0.37점, 여성 0.35점 증가하였다. Wai와 Putallaz(2011)는 30년이 넘는 기간 동안 SAT, ACT, EXPLORE 등 시험을 치르는 고학력 학생들 사이에서 성별 간 플린 효과가 동일하다고 보고하였다. Ang, Rodegers와 Wanstrom(2010)은 규준 집단이 시간적으로 오래됐을수록 아동의 수학 문제 해결(mathmatical problem soloving) 검사 규준 점수가 상승하는 정도를 통해 플린 효과를 측정하였으며 역시 성별에 따른 차이를 발견하지 못하였다. 이러한 연구들은 플린 효과에 성별 차이가 없음을 보여 준다.

능력 수준은 성별이나 다른 하위 집단에 의한 플린 효과의 차이를 살펴보고자 한 연구들에 해당되었던 방법론적 한계가 적용되지 않는다. 여기서 다루어질 문제는 능력 분포가 시간의 흐름에 따라 변화함에 따라서 그 형태가 변화하는가에 대한 것이다. 능력별 집단을 분석하는 데 사용된 점수가 아닌 다른 변수를 사용함으로써 인위적 회귀효과(regression artifacts)를 방지한다면, 능력의 수준에 따른 플린 효과 차이를 분석하는 것은 보다 간단하다. 예를 들어, 이 주제는 능력 수준이 상이한 자연 발생 집단을 활용함으로써, 또는 독립적인 검사 점수를 활용하여 능력 하위 집단을 구성함으로써 해결될 수 있다.

다른 능력 수준에 있어서도 시간의 흐름에 따른 지능의 증가가 일정한지의 문제에 대해서는 상당한 관심이 주어져 왔다. 이러한 관심의 한 가지 이유는 플린 효과가 개인의 점수에 미치는 영향력이 그 개인의 능력 수준과 관련이 있다는 것을 의미하기 때문에, 능력 수준에 따른 플린 효과의 차이가 검사 해석에 있어서 실질적인 영향을 미칠 수 있다는 점이다. 다른 이유는 시간에 따른 지능 분포의 차등적

(nonuniform) 변화(즉, 몇몇 능력 수준에서 다른 능력들보다 더 큰 변화)가 플린 효과의 인과 가설에 유용한 정보를 줄 수 있다는 점이다. 예를 들어, 지능 점수 분포의 하부 집단에서 상부 집단보다 더 많은 상승을 보여 준다면, 낮은 지능을 야기하는 요인들을 개선하는 데 초점을 맞춘 해석들을 뒷받침할 수 있을 것이다.

이와 관련된 연구의 결과들은 혼재되어 있다. 몇몇 연구는 하위 지능 수준에서 더 큰 플린 효과를 발견하였다. Zhou, Zhu와 Weiss(2010)은 최근 웩슬러 검사에서 있었던 네 번의 개정(WPPSI, WISC, WAIS 등 포함) 과정에서 얻은 데이터를 활용하여 평균 이하의 언어 능력을 가진 검사 참여자들이 동작성 지능(Performance IQ)/지각추론 지표(Perceptual Reasoning Index) 영역에서 더 큰 플린 효과를 보였음을 확인하였다. Colom, Lluis-Font와 Andrés-Pueyo(2005), Tesdale과 Owen(1989) 등 다른 연구자들도 능력 분포의 하부 집단에서 더 큰 지능 증가가 나타남을 확인하였다. 반면에 많은 수의 다른 연구는 다른 패턴의 효과를 발견하였다(예: Sanborn, Truscott, Phelps, & McDougal, 2003; Spitz, 1989). 기존의 데이터를 메타분석을 통해 종합한 결과, Trahan, Stuebing, Fletcher와 Hiscock(2014)는 능력 수준과 플린 효과 사이의 관계가 없음을 발견하였다. 통계적으로 유의한 관계는 오직 최근의 검사들(1972년 이후 규준화된)만 분석에 포함되었을 때 나타났으며, 낮은 능력 수준에서 더 큰 플린 효과를 보였다. 그러나 이 결과는 역균형화(counterbalancing)가 충분하지 못했거나 두 검사도구에서 다른 최저 점수를 사용하는 등 표준화된 절차를 따르지 않은 연구들에서 얻은 비전형적 결과에 바탕하기 때문에 신뢰하기 어렵다.

플린 효과가 지능 분포의 하부 집단에서 나타나는 큰 향상에 상당한 정도로 영향을 받는다는 가설에 의하면 시간의 흐름에 따라 낮은 기능 집단(low functioning group)이 점차 분포의 중앙에 가깝게 이동함으로써 IQ 점수의 변동성이 점차 작아진다고 예측할 수 있다(Rowe & Rodgers, 2002). 이러한 접근법 또한 일관되지 못한 결과들을 보여 주고 있지만, 다수의 연구는 IQ 점수 변동성의 감소를 보고하고 있다(Pietschnig & Vorace, 2013).

종합적으로, 현재까지의 연구들은 능력 수준에 따라 플린 효과에 차이가 있다는 견고한 증거를 제공하지는 못하고 있다. 그러므로 현 시점에서는 플린 효과가 전체 지능 분포에서 동일한 증가 양상을 보인다는 가정을 기각하기에는 충분한 근거가 부족하다.

4) 시간에 따른 플린 효과의 변동성

플린 효과는 새로운 규준이 발표될 때 갑자기 나타나는 것이 아니라 점진적으로 발생한다. 규준이 고정된 상태에서 모집단의 성격이 변화하면 둘 사이의 격차는 각 표준화 절차 사이에서 계속해서 커진다. 기존의 규준은 새로운 규준이 세워질 때까지 계속해서 느슨해진다. 규준의 타당도에 있어서 이러한 변화는 임상 실무에서 문제가 될 수 있는데, 왜냐하면 임상적 분할 점수(cut scores)가 시간이 지남에 따라 부정확해지고 잘못 식별된 개인의 수가 늘어나게 되기 때문이다. 이 문제를 해결하기 위해, Flynn은 모집단의 연평균 IQ 변화 정도인 0.25점을 반영하여 기존 규범을 수정할 것을 제안하였다(Flynn, 1998b). 이 조정값은 시간에 따른 모집단의 평균 IQ 증가가 미래에도 선형적일 것이라고 가정한 상태에서 과거의 플린 효과를 관찰한 내용을 바탕으로 한 대략적 추정치이다.

그러나 최근의 몇몇 연구는 플린 효과의 형태가 더 이상 선형적이 아닐 수 있음을 보여 준다. 플린 효과는 향후 모집단의 평균 IQ 변화가 평평해질 것이라는 결과로 한계에 이를 수도 있다. 〈표 7-1〉에 제시한 노르웨이에서 수집된 데이터에서, 우리는 이미 1968년부터 1980년 사이의 플린 효과가 1954년부터 1968년 기간에 비해 작아지는 것을 볼 수 있다. Sundet, Barlaug과 Torjussen(2004)은 보다 최근의 노르웨이 징병 대상자 데이터에서는 레이븐과 유사한 검사에서 그들의 점수가 1990년대 중반 이후 증가를 멈추었고, 심지어 약간 감소했음을 발견하였다. 유사한 발견은 덴마크(Teasdale & Owen, 2007), 스웨덴(Rönnlund, Carlstedt, Blomstedt, Nilsson, & Weinhall, 2013), 핀란드(Dutton & Lynn, 2013)에서도 이루어졌다. 북유럽 국가에서 플린 효과가 둔화된 것에 대해 두 가지 설명이 제시되었다. 먼저, 1960년대 후반부터 북유럽 지역에 정착하기 시작한 교육 수준이 낮은 비유럽계 이민자들이 부분적인 이유가 될 수 있다(te Nijenhuis, de Jong, Evers, & van der Flier, 2004). 또 다른 이유로 열생학적 다산(dysgenic fertility)의 결과일 수 있다(Nyborg, 2012). 이는 다산과 IQ의 부적 관계를 의미하며, IQ가 낮은 가족이 높은 가족보다 아이를 더 많이 낳는 것을 말한다. 첫 번째 설명은 핀란드에는 적용되지 않았으며(Dutton & Lynn, 2013), 그러므로 일반화되기 어렵다. 두 번째 설명은 더욱 추측에 근거하고 있으며 이를 뒷받침할 실증적 데이터가 필요하다. 플린 효과 곡선을 설명하는 또 다른 접근법은 이를 몇 가지 상호 연동된(interlinked) 요인의 결과로 여기는 것이다('플린 효과의 원인들' 참조). 이 요인들은 개인의 지적 잠재력 계발을 자극하지만, 그 긍정적 영향력은 무한하지 않으며 점차적으로 끝에 다다를 것이다. 주식 시장과 관련된 오랜 속담인 "나무는 하늘까지 자라지 않는다(Trees don't grow to the sky)."와 같이 플린 효과의 형태도 곡선형일 가능성이 있다.

5) 플린 효과의 원인들

플린 효과의 원인에 대해서는 과학적 문헌을 통해 여러 차례 논의되어 왔다. 플린 효과의 단일 원인은 존재하지 않으며 여러 요인이 조합된 결과로 여겨져야 한다. 주요 잠재적 원인에 대한 간략한 고찰 후, 플린 효과를 환경과 유전적 요인의 상호작용으로 설명한 Dickens와 Flynn(2001)의 일반 모델을 제시함으로써 플린 효과의 원인들에 관한 논의를 결론짓고자 한다.

플린 효과의 원인으로 우선 지능검사와의 친숙도가 제시되어 왔다(Jensen, 1998). 플린 효과는 연습 시험(practice tests)의 산물이다. 검사 내용의 유사성은 실제로 검사 시행 편향(bias)의 원인이 될 수 있다. 이 위험성은 검사 내용의 기밀 유지와 일반 공개를 피해야 할 필요성을 정당화해 준다. 단지 학습 자료로서 검사를 완료하는 것과 단기기억의 효과는 충분히 문서화되어 있다. 예를 들어, 32일의 평균 간격을 두고 WISC-IV를 재검사하였을 때(N=247), 언어이해 지표(VCI)는 2.1점, 지각추론 지표(PRI) 5.9점, 작업기억 지표(WMI) 2.6점, 처리속도 지표(PSI) 7.1점, 전체 IQ 점수 5.6점의 상승효과가 나타났다(Wechsler, 2003). 이 현상은 특히 연관성(예: 기호쓰기)이나 전략(예: 토막짜기)을 학습해야 하는 과제에서 영향력이 컸다. 그러나 학습 효과는 시간이 지남에 따라 작아지고 1년 이후로는 사라지는 경향을 보인다(Canivez & Watkins, 1998). 그러므로 지능검사와의 친숙도가 플린 효과에 유의한 영향을 준다고 가정하기는 어려우며, 특히 지능검사가 체계화되지 않았거나 대다수의 개인이 지능검사를 완료해 보지 않은 국가에서는 더욱 그렇다.

교육은 플린 효과를 설명할 수 있는 좋은 요인이다. Ceci와 Williams(1997)는 대량의 데이터를 통해 학교교육이 지능에 미치는 영향을 보여 주었다. UNESCO의 통계는 20세기에 전 세계에서 일어난 중요한 교육적 변화를 강조하고 있다. 문맹률은 감소하였으며, 유치원부터 고등교육에 이르기까지 교육 참여율(attendance)이 급격히 증가하였다. 이 변화는 특히 플린 효과가 관찰된 산업화 국가들에서 두드러졌다. 1978~1979년에 수행된 스페인의 연구(Fernandez-Ballesteros & Juan-Espinosa, 2001에서 재인용)는 사회경제적 지위를 통제했을 때, 유치원에 다니는 아동이 지적 수행 능력에서 유의한 이점($P<0.001$)을 보인다는 점을 보여 준다. 이전의 연구에 기반하여, Ceci(1990)는 교육이 지각적 기술, 개념 형성, 기억과 같이 지능검사에서 중요한 역할을 하는 기술들의 개발을 자극한다는 점을 보여 주었다. Ronnlund와 Nillson(2008)은 1989년부터 2004년에 걸쳐 스웨덴에서 수집된 데이터를 분석하였다. 이들은 교육년수와 키(건강과 영양 상태의 지표로 사용됨), 형제자매의 숫자[1]가 플린 효과의 94%를 설명하며, 교육이 그중 가장 강력한 예측변인이었음에 주목하였다. 그들은 "교육은 아마도 인지 능력의 결정화된/의미적(crystallized/semantic) 측면뿐만 아니라 (광범위한) 유동적 측면[시공간 능력(visuospatial ability), 일화 기억(episodic memory)]의 시간과 관련된(time-related) 패턴에 영향을 끼친다."(p. 204)라고 결론 내렸다.

가족 특성의 변화 또한 플린 효과에 영향을 미친다. 20세기 동안 평균 가구 소득, 평균 교육 수준, 그리고 전문직 자격 등의 증가는 가정의 교육 환경(conditions)에 상당한 변화를 가져왔다. 부모는 자녀의 교육을 위해 시간과 자원을 더 많이 투자했다. 그들은 또한 일반적인 아동 발달과 이를 촉진하는 조건에 대해 더 잘 알게 되었다. 가족원의 수가 줄어듦에 따라 적은 수의 자녀에게 더 많은 자원이 지원되었다. 가정환경의 질은 자녀의 인지 발달에도 영향을 미쳤다. Espy, Molfese와 DiLalla(2001)는 3~6세의 아동 105명을 추적한 종단 연구를 수행하였다. 이 아동들은 매년 스탠포드-비네 IV 지능검사를 실시하였으며, 가정환경의 질 또한 두 가지 척도를 통해 평가되었다. 첫 번째 척도는 학습 도구, 의사소통 기술, 물리적 환경, 학문적 자극, 행동 모델, 경험의 다양성, 온정, 관용, 아동에 대한 수용 등의 가정환경을 부모가 평정하는 질문지였다. 두 번째 척도로는 가정환경의 질의 간접적 지표로서 사회경제적 지위(교육 수준, 부모의 직업, 가구 소득)가 측정되었다. 연구자들은 두 가정환경의 척도가 아동의 지적 수행 능력과 중간 정도의 유의한 관계가 있

1) 플린 효과는 적은 수의 형제자매와 관련이 있다.

음을 발견하였다. 첫 번째 척도로 측정된 특성들은 스탠포드-비네 검사로 측정된 모든 지적 활동과 동일하게 유의한 관계 양상을 보였다. 반면에 사회경제적 지위는 비언어적 지능 과제(nonverbal intelligence tasks)에만 유의한 영향을 미쳤다. 아동의 WISC-V 수행 능력에 영향을 미치는 사회경제적 지위, 가정환경 변수에 대한 더 자세한 분석에 관심이 있는 독자는 이 책의 제5장을 참조하기 바란다.

가족의 변화는 또한 일상 속의 기술 발달과도 관련이 있다. 20세기를 거쳐 오며 우리는 현실과 직접 상호작용하는 것에서 상징적 표현(symbolic representation)을 통해 상호작용하는 방향으로 변화해 왔다(Fernandez-Ballesteros & Juan-Espinosa, 2001). 예를 들어, 과거에는 빨래를 하는 것은 정신운동적(psychomotor) 기술을 활용하여 세탁물과 직접적으로 상호작용하는 일이었다. 하지만 오늘날에는 같은 일이 세탁기 사용법이라는 상징적 표현을 통해 이루어진다. 상징적 표현을 통한 매개효과는 정신운동적 기술의 역할을 감소시키고 인지 기술의 역할을 증대시킨다. 상징적 표현을 통한 상호작용의 증가는 레이븐 검사의 유동추론 과제에서 나타나는 플린 효과의 중요성을 설명하는 데 매우 도움이 될 것이다. 기술은 학습과 인지 발달을 촉진하며, 기술의 급격한 발달은 전 생애에 걸쳐 지속적인 학습을 요구한다.

생물환경적(bioenvironmental) 조건의 변화 또한 플린 효과에 유의한 영향을 미치는 것 같지만, 그 효과의 중요성에 대해서는 논란이 되고 있다. 생물환경적 조건이란 환경과 개인의 생물물리적(biophysical) 특징 간의 상호작용을 의미한다. 몇몇 연구자는 플린 효과와 더불어 20세기 동안 선진국에서 나타난 평균 수명의 증대, 영유아 사망률의 감소, 평균 신장의 증가에 주목한다. Schmidt, Jorgensen과 Michaelsen(1995)은 1960년부터 1990년 사이의 유럽 11개 국가 징병 대상자들의 신장을 비교하여 모든 국가에서 이들의 평균 신장이 꾸준히 증가한 것을 발견하였다. 예를 들어, 1960년의 네덜란드 징병 대상자들의 평균 신장은 1.76m였는데, 1990년에는 1.81m였다. 그러나 네덜란드를 비롯한 북유럽 국가에서는 신장이 수년 째 최고점에 도달한 상태이다. 노르웨이와 스웨덴 징병 대상자들의 평균 신장은 1975년 이래로 증가하지 않았지만, 스페인과 이탈리아와 같은 남유럽 국가에서는 이전의 신장 성장률이 지속되었다. Schmidt 등(1995)은 평균 신장의 증가와 신생아 사망률(생후 28일~1년 사이의 사망) 감소의 밀접한 관계를 보여 주었다. 신생아 사망률의 감소는 영양 개선 및 전염성 질병의 감소와 연관이 있다. 네덜란드를 비롯한 북유럽 국가에서는 1970년대에 신생아 사망률이 저점에 도달했지만, 스페인과 이탈리아에서는 1980년대에 이르러서 저점에 도달했다. 이 연구자들은 영유아기의 영양 개선과 전염성 질병 감소 등 신생아 사망률의 감소에 영향을 준 요인이 평균 신장 증가에 영향을 준 요인과 동일할 것이라고 결론을 내렸다. 많은 단서는 평균 신장 증가와 관련된 요인이 지적 발달에도 영향을 주었을 것임을 시사한다. 스웨덴의 18세 징병 대상자 32,887명을 조사한 연구(Tuvemo, Jonsson, & Persson, 1999)는 징병 대상자들의 신장과 지적 수행 능력 사이의 유의한 관계를 보여 주었다. 징병 대상자들의 지능 수준은 실제로 그들의 신장과 평행하게 증가하였다. 3,733명의 일본계 미국인을 대상으로 한 종단 연구(Abbott et al., 1998)도 같은 결론에 도달했다. 나아가 아동 영양실조에 대한 연구들은 영양실조가 신체적 · 인지적 발달에 미치는 부정적 영향을 확실히 보여 주고 있다(Pollitt, 2000). 그러므로 20세기에 걸친 아동의 영양 개선과 전염병 예방이 선진국에서의 신장과 지적 수행 능력 성장에 영향을 주었을 가능성이 높다.

많은 연구가 지적 수행 능력의 개인차를 결정하는 데 있어서 유전의 중요성을 보여 주는 가운데, 어떻게 앞에서 언급한 환경적 요인들이 비교적 짧은 시간에 나타난 큰 IQ 증가를 설명할 수 있을까? Dickens와 Flynn(2001)은 이 모순에 대한 설명을 제안하였는데, 이는 Bronfenbrenner와 Ceci(1994)의 생물생태학적 모델과 유사하다. Dickens와 Flynn은 유전과 환경이 상호 독립적인 것이 아니라 밀접한 상관이 있다고 가정하였다. 이 상관관계는 개인의 지적 능력과 환경 사이의 상호적(reciprocal) 인과관계에 기인한다. 선천적인 지적 능력은 환경을 잘 활용할 수 있도록 돕고, 이는 다시 지적 능력의 발달을 자극한다. 개인은 다시 능력 발달에 적합한 환경적 조건을 찾아 나서며 이 과정은 반복된다. 이 과정을 통해 작은 환경적 영향도 IQ에 큰 영향을 미칠 수 있다. Dickens와 Flynn(2001)은 이 과정을 '사회적 승수(social multiplier)'(p. 347)라고 이름 붙였다. 개인의 유전적 잠재성이 적합한 환경을 만나면, 그 환경에서 긍정적 순환 효과를 얻는 것이다. 선진국에서는 20세기에 더욱 알맞은 환경적 조건이 나타났으며 이는 인구의 지적 잠재력의 발달을 촉진하였다. 이에 따른 승수 효과(multiplier effect)는 상당했으며, 지적 능력에서의 유전적 차이를 부인하지 않고도 플린 효과를 쉽게 설명해 줄 수 있다.

환경의 질이 가진 촉진 효과에도 몇 가지 한계점이 존재한다. 성장을 위한 최적의 조건하에서도 인간의 지능에는 아마도 언젠가는 달성될 한도치가 있을 것이다. 그 시점에 이르면 플린 효과는 최대 한계에 다다를 것이다. 이 현상은 이미 신장의 관찰 결과에서도 나타난다(Schmidt et al., 1995). 우리는 앞서 노르웨이와 스웨덴 징병 대상자들의 신장이 1975년에 최고치에 도달했으나 다른 유럽 국가들에서는 성장이 지속되는 것을 보았다. 노르웨이와 스웨덴에서는 생물환경적 조건이 신체 성장의 유전적 잠재력이 최대로 발현될 수 있도록 도왔을 가능성이 있다. 그러므로 현재의 환경적 발전이 이전 세대에서 보였던 것과 같은 신장의 증가를 더 이상 이끌어 내지 못하는 것이다. 지능의 경우, 몇몇 선진국에서 더 이상 IQ 점수의 상승이 나타나지 않았긴 하지만('시간에 따른 플린 효과의 변동성' 참조), 이제 지능이 최고점에 도달하였으며 앞으로 더 이상의 증가는 없을 것이라고 말할 만한 충분한 데이터는 아직 없다. Bronfenbrenner와 Ceci(1994)가 강조했듯이, 유전적 잠재력의 총량은 아직까지 밝혀지지 않았으며, 어쩌면 앞으로도 알 수 없을지 모른다.

2. 실무자를 위한 플린 효과의 함의점

플린 효과는 치명적이고(high-stakes) 응용학술적이며 법률 관련 분야에 상당한 영향을 미친다(Hiscock, 2007). 특히 지능검사가 지적 장애와 학습장애(예: 발달성 난독증, 산술장애)의 진단과 밀접한 연관이 있기 때문에, 플린 효과는 이러한 장애를 가진 개인만 접근 가능한 법적(constitutional) · 교육적 권리와 자원의 접근성에 잠재적인 영향력을 줄 수 있다. 여기서는 그 잠재적 영향력을 분석할 것이며 이를 다루는 방안을 논의할 것이다.

1) 학습장애와 지적 장애의 식별을 위한 함의점

「장애인교육법(Individuals with Disabilities Education Improve-ment Act: IDEA)」의 시행과 함께, 2004년에는 학습장애의 새로운 정의가 미연방규정에 적용되었다. 현재 특수교육 프로그램에서 가장 흔한 학습장애 진단은 미연방규정[Code of Federal Regualtions: CFR; 34 CFR § 300.8(c)(10)]에 의거하고 있으며, 임상적 연구결과와 구체적 임상 기준에 기반하고 있다. 이에 따라 어떤 학교들은 더 이상 학업성취도와 지능 수준의 불일치 정도를 더 이상 학습장애의 기준으로 사용하지 않는다. 그러나 이 불일치 정도는 여전히 많은 학군과 사법 관할권에서 특수교육 서비스에 배치되기 위한 기준으로 권고되고 있다(Bradley, Danielson, & Hallahan, 200; Fletcher & Vaughn, 2009). 이 경우, 1 표준편차(즉, WISC-V에서 15점)는 큰 불일치 정도로 여겨지며 학습장애의 기준이 된다. 예를 들어, 불일치 정도에 따른 읽기장애의 정의에 따르면 아동의 WISC-V IQ 점수가 100점인 경우에 종합적 읽기 능력 검사, 즉 음독(decoding), 유창성(fluency), 이해(comprehension)에서 84점 이하를 받았을 때 학습장애를 가진 것으로 여겨진다. 이 예시는 전체 IQ 점수가 궁극적으로 특수교육 서비스의 제공과 관련되어 있는 특정학습장애(specific learning disorder)의 기준으로서 가지는 막대한 영향력을 보여 준다. 이러한 접근법에서는 IQ 점수가 '절대적 기준(absolute criterion)'으로 여겨진다(Kaufman & Kaufman, 2001). 그러나 플린 효과가 이 기준에 영향을 줄 수 있다. 참조 규준집단이 오래될수록, 전체 IQ 점수는 더 높아지며, 이에 따라 지능 수준과 현재의 학업성취도와의 차이가 더 커지기 때문이다. 그러나 불일치 기준을 기각하는 것은 플린 효과가 학습장애의 진단에 미치는 영향을 없애는 해결책이 되지 않는다. 플린 효과는 또한 과정상의 강점 및 약점(processing strengths and weakness) 접근법과 같이 특수교육 대상자 선정과 학습장애 진단에 대한 보다 최근의 자격 기준을 적용한 학군과 사법 관할권에도 영향을 준다. 왜냐하면 플린 효과는 지적 과제의 성격에 따라 다른 영향을 주기 때문이다('지적 과제에 따른 변동성' 참조). 예를 들어, 대체로 시공간 과제는 언어 과제보다 더 큰 플린 효과를 보인다. 따라서 시공간 능력의 강점과 언어 능력의 약점을 오래된 검사를 통해 비교하는 것은 플린 효과로 인해 더 큰 차이를 보일 수 있다. 이 차이는 더 최근의 재표준화된 검사를 사용할 경우 작아질 것이다.

Kanaya와 Ceci(2012)는 플린 효과가 특정학습장애의 진단에 미치는 잠재적 영향성을 분석하였다. 이 연구는 기존의 연구결과들(Gaskill & Brantley, 1996; Truscott & Frank, 2001)과 유사하게 로지스틱 회귀분석을 통해 새로운 검사도구의 발표 이후 시간의 흐름에 따른 학습장애 진단의 차이를 분석하였다. 연구결과, 플린 효과의 부분적 효과로 인해 특수교육 프로그램 참여 기준에 적합한 아동의 수 감소가 유의한 수준이었다. 처음에 IQ와 학업성취도의 불일치 정도를 바탕으로 학습장애로 진단받았던 아동은 WISC의 오래된 버전(WISC-R; Wechsler, 1974)으로 검사를 실시했었다. 그들이 보다 근래의 개정판(WISC-III; Wechsler, 1991)으로 다시 검사를 실시하자 그들의 지능 점수는 낮아지는 양상을 보였으며, 더 이상 학습장애의 기준에 맞지 않았다. 다시 말하면, 새로운 검사를 사용함으로써 학습장애로 인해 특수교육 서비스 대상자로 결정된 아동의 수가 줄어든 것이다. Kanaya와 Ceci(2012)는 또한 검사도구의 최근 개정판을 사용한 결과로 몇몇 아동이 학습장애가 아닌 '정신장애(mentally disabled)'로 식별되었다는 점을 발견하였다. 이들은 결과적으로 특정학습장애의 범주하에서는 특수교육 서비스에 참여할 수 없었지만, 이들 중 몇몇은 지적장애(intellectually disabled)로 인해 특수교육 서비스에 참여할 수도 있다. 이 연구결과를 고려하면, 오래된 지능검사를 활용하면 특수교육 서비스 대상으로 결정되는 것이 더욱 쉽다는 점을 주목해야 한다. 새롭게 규준화된 검사를 적용할 때, 학군에서는 학습장애로 인한 특수교육 대상자의 비율이 지난 몇 년간 이전 판의 검사를 활용했을 때에 비해 다소 낮아진다는 점을 발견할 수도 있다. 그러나 이 영향력은 검사가 재규준화될 때 관찰된 플린 효과의 크기에 의해 달라질 것이다. WISC-IV와 WISC-V 사이의 플린 효과는 이전 개정판 사이에서 보인 것에 비해 다소 작다. 그러므로 플린 효과가 특수교육 프로그램 대상자 선정 비율에 미치는 영향은 여전히 존재하긴 하지만 이에 상응하게 작아질 것이다. 학군에서 사용하는 특수교육 서비스 참여 기준은 오직 행정적 기준이며, 발달성 난독증을 진단하는 임상적 기준과 같지 않다는 점에 유의해야 한다. 이 내용에 대한 추가적 논의는 학습장애 평가에 대한 제8장을 참조하기 바란다.

이와 유사한 결과는 미국 지적 및 발달 장애 협회(American Association on Intellectual and Developmental Disabilities: AAIDD)나(Schalock et al., 2010) DSM-5(American Psychiatric Association, 2013)가 명시한 지적 장애 진단 기준에 의거한 진단에서도 나타난다. AAIDD와 DSM-5 기준에 따르면, 지적 기능의 결손은 평균에서 2 표준편차 이하의 점수, 즉 평균 점수 100점에 표준편차 15점인 검사에서 70점 이하의 점수로 정의된다. 플린 효과로 인해 우리는 IQ 점수 70점 이하의 기준에 의거하여 지적 장애로 진단받은 사람들의 수가 검사 규준이 오래되어 감에 따라 점진적으로 감소할 것으로 예상할 수 있다. 반면에, 새로운 검사 규준이 발표되면 그 수는 다시 증가할 것이다. Ceci(2000)는 미국 교육부의 데이터를 바탕으로 이 예상이 부분적으로만 사실이었다는 점을 보여 주었다. 그는 1977년부터 1995년 사이에 지적 장애로 진단받은 아동의 숫자를 기록하였다. 1990년까지 아동은 대체로 WISC-R을 사용하여 진단되었다. 예상대로 지적 장애로 진단받은 아동의 수는 1977~1990년 사이에 960,000명에서 570,000명으로 점차 줄어들었다. 1991년에 이루어진 WISC-III의 도입은 지적 장애 진단 아동의 숫자를 급격히 증가시켜야 했으나 이러한 현상은 나타나지 않았다. 지적 장애로 진단받은 아동의 수는 1993년이 될 때까지 감소하였으며 이후에서야 점차 증가하기 시작했다. 이 현상에 대해 몇 가지 설명을 제시할 수 있다. 가장 그럴듯한 설명은 실무자들이 새로운 개정판 검사를 도입하는 데 약간 시간이 걸린다는 것이다. 첫 번째 설명과 함께 성립하는 두 번째 설명은 새로운 검사가 기존에 사용하던 검사보다 어렵다는 점을 고려하여 실무자가 규준을 상향조정하는 경향이 있다는 것이다. 이것은 아마도 부분적으로는 적응적 기능과 지적 기능 모두가 평균보다 2 표준편차 이하인 경우에만 진단이 가능하기 때문일 것이다. 실무자는 진단을 내릴 때 새로운 검사의 절차나 채점 기준을 보다 유연하게 사용하는 것으로 보인다.

현재까지 연구결과들은 플린 효과 곡선의 형태가 측정된 지능요인, 검사도구, 국가에 따라 달라진다는 점과 Flynn이 주장했던 만큼 세대 간 차이가 안정되지 않았을 수도 있다는 점을 강하게 시사한다(Kaufman & Weiss, 2010). 그러므로 일상적인 학습장애와 지적 장애의 평가에서 플린 효과에 대한 점수 보정은 권장되지 않는다(Weiss, 2010). 가장 좋은 방법은 최신판 규준을 활용한 검사를 활용하는 것이며, 특수교육 참여에 대한 결정을 내릴 때에는 검사의 표준오차를 함께 고려하는 것이다. 웩슬러 지능검사가 거의 10년마다 개정되기 때문에, 이후의 개정 이전까지 플린 효과는 최대 3~4점이 될 것으로 기대할 수 있다. 이 플린 효과는 모든 임상가가 원점수에 대해 보고해야 하는 90% 신뢰구간보다 작은 정도이다. 결론적으로 언제나 가장 최신 개정판 웩슬러 검사를 사용하고, 원점수에 대한 신뢰구간을 보고하는 것은 일반적인 특수교육 평가에서 플린 효과의 악영향을 줄이기 위한 최선의 방법이 될 것이다.

2) 치명적인 법적 평가를 위한 함의점

플린 효과가 지적 장애의 진단에 미치는 또 다른 영향은 사형제도와 관련이 있다. 미국 사법 관할권의 대부분이 18세 미만의 청소년이나 법률상 미성년자 [Roper v. Simmons, 543 US 551 (2005)]에게 사형선고를 내리는 것이 '불균형적 처벌(disproportional punishment)'로 비춰지기에 금지하고 있지만, 과거에는 청소년도 사형선고를 받고 형이 집행되기도 하였으며, 현재도 몇몇 주에서는 사형수 명단에 올라 있다. 성인의 경우에도 사형선고를 앞둔 범죄자가 법원의 형사소송에서 아동기나 발달기의 IQ 검사 점수를 증거로 제출하는 일은 흔한 일이다. 이에 따라, WISC-V와 이전 판 검사들은 아동 및 성인 범죄 사건에서 지적 장애나 경계선 지능 손상의 존재를 증명하는 것과 관련이 있을 수 있다. 이러한 정보는 지적 손상이 무죄 혹은 죄의 경감에 영향을 미치는 요인이 될 수 있기에 매우 중요하다. 특히나 이는 Atkins의 청구(claim)가 진행되는 동안 미국에서 사형과 관련된 사건들에 대해 더욱 그렇다. Atkins의 청구소송은 피고가 지적 장애로 인해 발생되는 헌법상의 근거로 사형이 부과되지 않도록 법원에 청원한 사건이다. 이와 유사한 청구는 지적 장애인에게 사형을 집행하는 것이 헌법에 위배된다는 Atkins 대 버지니아 주 대법원 판결 이후로 등장하기 시작하였다(Atkins v. Virginia, 2002). 이 기념비적 사건 이후, 미 대법원은 지적 장애가 있는 사람을 사형시키는 것은 '현대의 사회질서 기준(modern standards of decency)'과 '잔인하고 비정상적인 처벌'에 대해 언급한 미국 「수정헌법 제8조」에 부합하지 않는다는 의견을 밝혔다. Atkins 청구소송에서는 사형 선고를 멈추기 위한 중대한 정보로서 타당하고 신뢰할 수 있는 지능평가가 필요했다. 그러나 실제로 많은 경우 지적 장애를 근거로 법원에 청원했던 많은 피고인은 이미 WISC의 이전 판과 같이 수년, 혹은 수십 년 전의 지능검사를 통해 지능을 측정하였다. 또한, 이 피고들은 원본이 출판된 지 오랜 시간이 지난 검사도구를 사용했을 수도 있다. 예를 들어, WISC-III(Wechsler, 1991)를 출판된 지 10년이 지난 시기였지만 아직 WISC-IV를 사용할 수는 없었던 2001년에 사용했을 수도 있다. 이러한 경우, 피고인의 IQ 점수는 단지 플린 효과에 의해 오래된 규준이 점수를 상승시켰기 때문이라는 이유로 지적 장애의 기준에 도달하지 못할 수 있다.

흥미롭게도, 오래된 규준에서 높은 점수가 나타나는 것은 사법 체계 내에서 유죄 선고자(convicted felon)가 지적 장애가 있는 것이 아니며 법적으로 사형되어야 한다고 주장(사형이 허용된 주의 경우)해야 하는 검사 측에 호의적인 결과이다. 반면, 현 시점의 규준에서는 상대적으로 낮은 IQ 점수가 나타나기 때문에 이는 유죄 선고자가 지적 장애가 있으며 Atkins 판결에 의거하여 사형되어서는 안 된다고 주장해야 하는 피고 측에 호의적인 결과이다. 나아가 검사의 표준오차를 고려하는 것은 역시 피고 측에 유리한 결과가 될 수 있는데, 70점대 초반의 점수가 신뢰구간 내에서 정신장애의 범위에 포함된다고 여겨질 수 있기 때문이다. 하지만 2014년 미국 대법원은 이러한 결정을 내릴 때에는 반드시 검사의 표준오차를 고려해야 한다고 판결하였다(Hall v. State of Florida 판결 참조). 그러므로 학교 심리학자가 아동의 기록에 IQ 점수를 기입하는 것은 이들이 향후 성인이 되어 사형이 허용된 주에서 살인을 저지른 아동의 미래에 지대한 영향을 끼칠 수 있는 것이다.

그러므로 오래된 규준에서 얻은 검사 점수를 조정할지 말지에 대한 질문이 대두된다. 어떤 저자들은 이 주제에 대해 중립적인 자세를 취하지만(Frumpkin, 2006), 다른 저자들은 이것이 생사와 관련된 문제일 수 있으므로 관측된 검사 점수에 체계적인 조정이 필요하다고 주장하기도 한다(예: Reynolds, Niland, Wright, & Rosenn, 2010). Young(2012)에 따르면, 플린 효과를 조정하지 않을 경우 Atkins 대 버지니아 대법원 판결이 미국의 법원에서 사형 사건에 대해 동일하게 적용될 수 없다. Fletcher, Stuebing과 Hughues(2010)는 Flynn의 관찰에 기초하여 10년마다 3점의 점수 조정을 지지하였다. 그러나 그러한 조정은 몇몇 지능검사에서 관찰된 과거의 경향에서 얻은 대략적인 추정치일 뿐이다. 플린 효과 곡선의 형태는 선형이 아니라 곡선형인 것으로 보인다(앞의 논의 참조). 게다가 플린 효과의 크기는 검사마다 다르다. 또한 플린 효과는 여러 양상의 지능을 측정하는 검사(예: 웩슬러 지능검사)보다 유동 지능을 측정하는 검사(예: 레이븐 행렬검사)에서 더 크다. 그러므로 연간 0.30점의 조정값을 사용하는 것은 오해의 여지가 있다. 어떤 경우에는 그것이 지나치게 크게 조정한 것일 수도 있으며, 어떤 경우에는 충분하지 않게 조정한 것일 수 있다. 사형과 같이 부담이 큰 상황에서 그러한 일반화된 추정치를 사용하는 것은 광범위하게 논의되어 왔다(Kaufman & Weiss, 2010). 우리는 새로운 개정판이 나오기 이전에 오래된 규준을 사용할 때에는 연간 0.30점의 플린 효과 일반화 추정치를 부담이 큰 법적 상황에 적용하는 것이 합리적이라고 생각한다. 하지만 개정된 규준이 이용 가능해진다면. 오래된 버전에서 얻은 이전의 점수는 두 검사의 개정판을 비교한 연구에서 실증적으로 얻은 플린 효과의 크기에 기반하여 조정될 필요가 있다. 이것이 시간에 따른, 그리고 서로 다른 문화와 지능의 구성요인을 반영하고 있는 플린 효과의 변화 곡선의 특성을 정확히 고려한 조정이라고 할 수 있다.

3. WISC-IV와 WISC-V에서의 플린 효과

Flynn과 Weiss(2007)는 WISC의 초판부터 WISC-IV까지의 플린 효과를 연구하였다. 초판의 표준화 날짜 기준은 1947년 5월이며 WISC-IV는 2001년 7월 5일이다. 그러므로 이 연구자들은 WISC의 개정판 간 IQ의 상승을 54.25년의 기간 동안 추적할 수 있었다. 이 기간 동안, 전체 IQ는 100.00에서 116.83점으로 상승하였는데, 이는 1 표준편차(SD=15)가 넘는 증가이다. 이 전체적인 상승은 대략적으로 연간 0.30점의 상승과 유사하다. 시간의 흐름에 따른 전체 IQ 점수 증가량의 변화는 작은 편이었다. WISC에서 WISC-R 0.311점, WISC-R에서 WISC-III 0.322점, WISC-III에서 WISC-IV 0.300점이다. 마지막 증가량의 계산에서는 WISC-IV의 핵심 소검사에서 제외된 모양맞추기와 차례맞추기 소검사는 증가량의 추정치[2]를 사용하였다. WISC부터 WISC-IV까지 주요 소검사로 유지된 소검사들 중 50년 동안 작은 증가(1/3 표준편차 미만)를 보인 소검사는 상식(0.43), 산수(0.46), 어휘(0.88) 소검사이다. 중간 정도 증가(2/3 표준편차 이상)는 이해(2.20), 빠진곳찾기(2.20), 토막짜기(2.34) 소검사에서 나타났다. 큰 증가(1 표준편차 이상)는 기호쓰기(3.60)와 공통성찾기(4.77) 소검사에서 나타났다. 소검사 수준에서의 시간에 따른 증가량은 전체 IQ 점수에서보다 불규칙적이었다.

WISC-V의 표준화 작업은 WISC의 이전 개정판 사이에서 관찰된 경향성이 같은 추세로 지속되는지를 확인해 볼 수 있는 기회였다. 그러나 과거에 비해 점수를 비교하는 것이 훨씬 복잡해졌는데, 왜냐하면 WISC-V에서는 소검사와 소척도 수준에서 많은 변화가 이루어졌기 때문이다. 몇몇 소검사는 제외되었으며(단어추리, 빠진곳찾

2) 추정치는 다른 소검사들에서 관찰된 증가량의 평균값

기), 동시에 몇 가지 소검사가 새로 추가되었다(무게비교, 퍼즐, 그림기억). 지각추론 지표는 시공간 지표와 유동추론 지표로 나뉘었다. 처리속도 지표를 제외한 모든 합산 지표의 핵심 소검사의 구성에도 변경이 있었다. 그러므로 WISC–IV와 WISC–V의 개인 점수를 비교하는 것은 두 검사의 지표 점수가 서로 다른 소검사를 기반으로 계산되었다는 점을 유의하며 아주 조심스럽게 이루어져야 한다. 우리는 "점수들을 비교할 때의 가장 중요한 가정은 그것들이 동일한 요인을, 집단 간 같은 방법으로 측정하고 있다라는 것"(Beaujean & Sheng, 2014, p. 64)을 잊어서는 안 된다.

우리가 이 책의 초판에서 보고했던 것과 같이, 2001년부터 2013년의 기간 동안 WISC–IV와 WISC–V의 연간 평균 점수 증가는 0.14점이었다. 이는 다른 WISC 개정판 사이에서 관찰된 차이에 비해 훨씬 낮은 수치였으며, 이론적으로 예상되었던 연간 0.33점의 변화를 크게 밑돌았다. 또한 우리는 처리속도 지표에서 나타난, 플린 효과를 뒤집는 놀라운 –0.11점의 변화를 보고하였으며, 이 원인이 두 개정판 사이의 과업 요구량이 감지하기 힘들지만 중대하게 변화한 데 있다고 생각했다(즉, 기호의 복잡성, 기호의 수, 한 줄당 기호의 개수, 페이지 내 줄 수 등에서의 증가). 이는 곧 점수 변화의 외부적 분산(extraneous sources of variance)의 증가를 야기했을 수도 있다(예: 그림그리기에 관련된 소근육 운동, 시각적 예민함, 줄 사이를 시각적으로 따라가기 등). 이것은 전체 IQ 점수가 예상보다 적은 증가를 보인 것에 기여했을 수 있지만, 전적으로 이 때문만은 아니다. 언어이해 지표와 작업기억 지표에서 보고된 플린 효과는 각각 0.13점, 0.11점이었다. 유동추론 지표와 시공간 지표는 WISC–IV에 존재하지 않았기 때문에 플린 효과가 계산되지 않았다. 이 데이터들은 WISC–V 기술 지침서(Weschler, 2014)에 보고한 WISC–IV/WISC–V 역균형화(counterbalancing) 연구의 분석 결과에 기반하고 있다.

우리는 플린 효과의 명백한 둔화가 두 개정판 사이의 요인구성의 변화 때문일 수 있다고 가설을 설정하였다. 매 개정 과정에서 어느 정도의 요인 변화가 있기는 했지만, WISC–IV와 WISC–V 사이의 변화는 이전의 어느 변화보다 많았다. 특히 WISC–V의 전체 IQ는 다양한 인지 능력을 WISC–IV와 다른 방식으로 조합하여 구성되었다. 이것은 여러 인지 능력 사이에서 플린 효과가 일정하지 않기 때문에 중요하다. 플린 효과에 대한 메타분석에서 언어이해 과제의 증가율은 연간 0.26 표준점수였고, 유동추론 과제에서는 0.42 표준점수였다(Pietschnig & Voracek, 2013). 그러므로 전체 IQ 점수에 포함된 다양한 인지 능력에 대한 상대적 가중치에 대해 개정판 간에 변화를 준 것이 점수 증가량을 변화시켰을 수 있다.

이어서 우리는 이 의문점을 검토하기 위한 최선의 방법은 같은 기간 동안 검사의 개정판을 일정하게 유지했을 때 관찰된 증가 비율을 계산하는 것이라고 판단했다. 만약 일정하게 유지한 개정판의 증가율이 작다면, 이 결과는 플린 효과가 둔화된다는 것을 뒷받침할 것이다. 만일 이론적으로 예상되는 바와 같이 증가량이 크다면, 이 결과는 WISC-IV/WISC-V 역균형화 연구에서 관찰된 작은 플린 효과가 많은 부분 개정판 사이의 내용 변화 때문이라는 가설을 지지할 것이다.

앞서 인용된 WISC-IV/WISC-V 역균형화 연구의 데이터를 바탕으로, 연습 효과를 최소화하기 위해 WISC-V가 발표되기 이전에 WISC-IV를 처음 실시했던 대상들을 식별하였고 이들의 데이터만을 분석에 사용하였다. 이후 이들의 WISC-IV 점수를 초기 WISC-IV 표준화 데이터에서 매칭된 통제집단과 비교함으로써 같은 기간(2001년부터 2003년) 요인이나 과제의 변화로 인해 교란되지 않은 플린 효과 추정치를 얻었다. 우리는 이 연구를 출판하였으며(Weiss, Gregoire, & Zhu, 2016), 바로 이 책에 그 결과를 요약하고자 한다.

126명의 대상자가 WISC-IV를 처음으로 실시한 것으로 식별되었고, WISC-IV 표준화 표본에서 나이, 성별, 인종/민족, 부모의 교육 수준, 국가의 지역 등을 바탕으로 면밀하게 매칭한 데이터와 비교되었다. 이후 WISC-IV 전체 IQ의 증가율을 계산하였으며, 이것은 중요하게도 이미 알려진 WISC-IV와 WISC-V 사이의 전체 IQ를 구성하는 요인의 변화로부터 교란되지 않은 점수이다. 이로써 얻은 WISC-IV 전체 IQ 점수의 연간 증가율은 0.31점이었다. 이는 플린 효과에 의해 예상된 값과 거의 정확히 일치했다. 처리속도 지표의 역(reverse)플린 효과는 이 연구에서 발견되지 않았다. WISC-IV로 측정된 네 가지 인지 능력에서의 점수 증가량은 언어이해 지표 0.13점, 지각추론 지표 0.39점, 작업기억 지표 0.16점, 처리속도 지표 0.27점이었다. 인지 능력별 증가량의 차이는 결정성 과제에서의 작은 증가율과 유동성 과제에서의 큰 증가율을 보고한 여러 선행 연구의 결과와 일치하였다. 행렬추리와 동형찾기 소검사는 가장 큰 증가율을 보였다. 흥미로운 점은 행렬추리 소검사가 WISC-IV의 5요인 해법에서는 유동추론의 지표였다는 점이며(Weiss, Keith, Zhu, & Chen, 2013), 또한 여러 플린 효과 연구가 사용했던 레이븐 검사와 매우 유사하다는 점이다.

이 결과는 이전에 보고되었던 WISC-IV와 WISC-V 사이에서 전체 IQ 점수의 0.14점 증가했다는 결과가 두 검사 사이의 내용 차이로 인한 제한적 추정치였다는 우리의 가설을 강하게 뒷받침한다. 또한 이 결과는 검사 내용을 동일하게 유지하여 철저하게 통제한 연구에서라면, 플린 효과가 둔화되는 것이 아니라 Flynn의 예측과 같이 일정한 추세를 유지한다는 가설 역시 뒷받침한다.

이는 또한 WISC-V의 플린 효과를 현 시점에서 알아내는 것이 불가능하다는 것을 의미하기도 한다. 십수 년이 지나야 우리는 당대 아동의 점수와 2013년에 수집된 WISC-V 표준화 표본의 점수를 비교할 수 있다. 그동안에는 WISC-V 점수를 플린 효과에 대해 조정할 필요가 있으며 그것이 적절한 상황에서 이론적으로 예측된 플린 효과를 사용하도록 정당화해 줄 것이다.

4. 제언

이 장을 마무리하고 지능의 세대 간 변동을 연구하는 연구자들을 위한 몇 가지 방법론적 제언과 함께, 플린 효과를 임상 실무에 고려하고자 하는 실무자를 위한 제언을 제공하고자 한다.

1) 연구자를 위한 제언

플린 효과 연구에서 서로 다른 버전의 검사를 비교하는 것은 검사의 내용적 변화로 인한 잠재적 교란효과를 만들어 낼 수 있으며, 이는 세대 간 능력의 차이로 인한 변화와 분리하는 것이 매우 까다롭다. 앞서 언급하였듯이, Beaujean과 Sheng(2014)은 플린 효과 연구의 큰 가정은 검사가 집단 간에 같은 요인을 같은 방법으로 측정해야 한다는 것이라고 하였으며, 우리는 여기에 '검사의 개정판마다'라는 표현을 추가하고자 한다. Zhu와 Tulsky(1999)는 검사 개정판 사이에서 검사 내용의 변화가 플린 효과 연구의 결과를 혼동시킬 수 있는 수많은 경우를 하나하나 보여 주었다. Kaufman(2010)은 공통성 소검사 점수가 50년간 크게 증가한 것에 대한 Flynn의 해석에 대한 결함이 있는지 밝혔다. 또한 그 증가가 소검사의 지시 사항, 시행 방법,

채점 규칙의 차이에 의해 발생했을 가능성에 대한 구체적인 예시를 제공하였다. 앞서 제시한 모든 이유로 인해, 우리는 세대 간 지능 증가를 연구할 미래 연구자에게 같은 버전의 검사를 두 시점에서 사용하거나, 다른 버전을 사용할 경우에는 검사 간 요인 동일성을 실증적으로 검증할 것을 제안한다(Weiss et al., 2016).

2) 임상 실무를 위한 제언

임상 실무자에게 있어 가장 중요한 제언은 지능검사의 가장 최근 개정판을 사용하라는 것이다. 새로운 개정판은 플린 효과를 상쇄하는 새로운 규준을 제공한다. 새로운 규준은 개인의 검사 점수가 비교되는 모집단의 지적 능력을 반영하는 최신 사진과 같다. 그러나 규준은 실제 사진처럼 현실의 특정 시간에 대한 정적인 묘사만을 제공한다. 규준은 발표되자마자 나이가 들어가기 시작한다. 규준이 발표된 시점에서 다음 표준화 작업 시기까지, 그 규준과 모집단의 실제 지능 수준의 차이는 확대된다. 웩슬러 검사의 경우 이 기간은 대개 약 10년 정도이다. 이전의 관찰에 기초한다면, 이 기간에 모집단의 실제 점수와 규준의 사이에서 전체 IQ 점수의 차이가 약 3점 정도 날 것으로 기대할 수 있다.

규준이 낡아 가는 기간 동안 대부분의 일반적인 평가에서 플린 효과에 대한 조정을 실시하는 것은 추천되지 않는다. 이는 부분적으로는 플린 효과 곡선의 정확한 형태가 알려져 있지 않기 때문이다. 몇몇 연구는 플린 효과가 여러 해에 걸쳐 선형적이 아니라는 점을 보여 준다. 그러므로 연간 0.33점의 조정값 기준을 사용하는 것은 오해를 불러일으킬 수 있다. 그것이 때로는 과소 조정일 수도 있고, 과대 조정일 수도 있다. 플린 효과로 인해 학습장애나 지적 장애를 가진 아동을 식별하는 데 실패하는 것은 그 아동과 가족에게는 매우 부정적인 일이다. 이를 방지하기 위한 최선의 방법은 언제나 가장 최근의 검사 개정판을 사용하는 것이며, 또한 관측치의 신뢰구간을 함께 보고하는 것이다. 90% 신뢰구간을 사용하면 대체로 플린 효과의 잠재적 영향력보다 큰 범위를 포함할 것이다.

그러나 사형과 같이 삶 자체를 바꾸는 잠재적 결과를 가진 치명적인 평가 상황에서는 플린 효과에 대한 수정이 적용될 수 있다. 이런 상황에서는 해당 검사에서의 플린 효과에 대한 실증적 데이터에 기반한 수정이 이루어져야만 한다. 현 시점의

WISC-V처럼 그러한 데이터를 구할 수 없는 상황이라면, 이론적으로 예측된 연간 0.33점의 수정 기준을 적용하는 것이 가능할 것이다. 중대한 결정 상황에서는 점수를 수정하는 것이 최신화된 검사를 다시 실시하는 것보다 더 나은 해법이 될 수 있다. 예를 들어, 한 십대 청소년이 16세였던 2008년에 WISC-IV 검사를 실시했다고 하자. 그 당시 그의 전체 IQ는 71점이었다. 19세가 된 2011년에 그는 살인을 저질렀다. 재판의 양형 단계에서 검사 측은 그가 이전의 검사에서 지적 결손 범위보다 높은 점수를 얻었다는 이유로 사형을 선고받아야 한다고 주장하였다. 대부분의 심리학자에게 신뢰구간을 고려하는 것이 최선의 방법으로 널리 여겨짐에도 불구하고, '명백한 기준(bright line)' 주(states)라고 불리는 미국의 몇몇 주에서는 신뢰구간을 고려하지 않는다는 점을 유의해야 한다. WISC-IV는 2003년에 출판되었고, 그는 2008년에 검사를 실시하였으므로 플린 효과로 인한 전체 IQ 점수를 조정하는 데 5년의 기간을 고려할 수 있다. 전문가 증인으로서 변호인 측 증언을 하게 된 한 심리학자는 Weiss 등(2016)이 보고했던 WISC-IV의 플린 효과의 실증적 조정값인 0.31점을 적용하였다. 조정 후, 전체 IQ 점수는 69.45(=71-(5×0.31))점이 되었다. 이는 지적 장애의 진단 기준보다 더 낮은 점수였으며, 따라서 사형을 피할 수 있는 가능성이 있었다. 또 다른 선택지는 2008년에 출판된 WAIS-IV와 같이 보다 최근의 지능검사를 재실시할 수 있다. 그러나 WAIS-IV의 경우라도 표준화 시점과 검사 실시 시점 사이의 3년의 기간에 대한 조정이 필요하다. 게다가 이렇게 치명적인 결정을 내려야 하는 상황에서 지능검사를 실시하는 것은 중립적이지 못하며 응답을 속일 가능성이 높고 이를 통제하기는 어렵다.

3) 요약

플린 효과는 세대 간 지능검사 점수에서 10년마다 지속적으로 약 3점이 상승하는 경향성을 의미한다. 이 현상은 현시대 아동의 검사 수행 능력을, 현재의 평균 수행 능력보다 낮은 이전 세대 집단에게서 얻은 규준과 비교할 때 발생한다. 이 효과는 실제하는 것으로 받아들여지고 있으며, 대체로 영양, 건강관리, 교육과 같이 두뇌와 신경 체계의 발달을 향상시키는 다양한 사회적 발전에 의한 것이라고 여겨진다. 이 효과는 검사가 개정될 때 규준이 현재 세대의 수행 능력을 반영하도록 재설정됨으로써 교정된다.

플린 효과의 크기는 다른 인지 능력 사이에서 다르게 나타나는데, 결정성 지식에서 가장 작으며 유동추론 과제에서 가장 크다. 이는 WISC-IV와 WISC-V처럼 서로 다른 개정판 사이에서 전체 IQ를 비교할 때 실제 플린 효과의 크기를 측정하는 것을 매우 어렵게 한다. 왜냐하면 전체 IQ는 개정판 간에 서로 다른 인지 능력의 조합으로 구성되어 있기 때문이다. WISC-IV와 WISC-V 점수를 비교할 때에는 플린 효과가 플린 효과 이론을 바탕으로 예측한 10년간 3점의 차이보다 훨씬 작다. 이는 이 두 검사 개정판 사이의 전체 IQ 구성 방법의 차이 때문이라고 여겨진다. 현 시점 표본집단의 WISC-IV 점수를 기존 표준화 표본의 통제집단과 매칭하는 방법으로 검사판본을 동일하게 유지했을 때, 플린 효과는 다시 10년당 약 3점인 것으로 나타났다. 이러한 이유들로 인해서 개정판 사이의 내용 변화에 의해 교란되지 않은 WISC-V의 플린 효과를 측정하는 것은 표준화 이후 충분한 시간이 흐를 때까지는 불가능하다.

잠재적으로 삶 자체에 영향을 미칠 수 있는 치명적인 법적 평가 상황에서라면 우리는 플린 효과에 대한 조정을 사용할 것을 권한다. 이러한 상황에서는 실시된 특정 검사에 대해 실증적으로 밝혀진 플린 효과의 크기가 적용되어야 한다. 만일 현 시점의 WISC-V처럼 플린 효과에 대한 실증적 데이터를 구할 수 없다면, 이를 구할 수 있을 때까지는 이론적 추정치인 10년당 3점의 플린 효과가 적용될 수 있다.

플린 효과에 대한 조정은 대부분의 일반적 임상 평가에서는 권장되지 않는다. 대신 실무자가 항상 가장 최신 개정판 검사를 사용하고 관측된 검사 결과의 신뢰구간을 함께 보고할 것을 권장한다. 검사 점수를 보고할 때 신뢰구간을 함께 보고하는 것은 모범 사례로 여겨진다. 대부분의 경우 90% 신뢰구간은 플린 효과의 크기보다 더 넓기 때문에 플린 효과 조정이 불필요하다.

참고문헌

Abbott, R. D., White, L. R., Ross, G. W., Masaki, K. H., Snowdon, D. A., & Curb, J. D. (1998). Height as a marker of childhood development and late-life cognitive function: The Honolulu-Asia aging study. *Pediatrics, 102,* 602-609.

American Psychiatric Association. (2013). *Diagnostic and statistical manual of mental disorders* (5th ed.). Arlington, VA: APA.

Ang, S., Rodgers, J. L., & Wanstrom, L. (2010). The Flynn effect within subgroups in the U.S.: Gender, race, income, education, and urbanization differences in the NLSY-children data. *Intelligence, 38*, 367-384.

Beaujean, A., & Sheng, Y. (2014). Assessing the Flynn effect in the Wechsler scales. *Journal of Individual Differences, 35*, 63-78.

Bradley, R., Danielson, L., & Hallahan, D. P. (Eds.) (2002). *Identification of learning disabilities: Research to practice*. Hillsdale, NJ: Lawrence Erlbaurn.

Bronfenbrenner, U., & Ceci, S. J. (1994). Nature-nurture reconceptualized in developmental perspective: A bioecological model. *Psychological Review, 101,* 568-586.

Canivez, G. L., & Watkins, M. W. (1998). Long-term stability of the Wechsler Intelligence Scale for children-Third edition. *Psychological Assessment, 10*, 285-291.

Ceci, S. J. (1990). *On intelligence...more or less*. Englewood Cliffs, NJ: Prentice Hall.

Ceci, S. J. (2000). So near and yet so far: lingering questions about the use of measures of general intelligence for college admission and employment screening. *Psychology, Public Policy and Law, 6*, 233-252.

Ceci, S. J., & Williams, W. M. (1997). Schooling, intelligence, and income. *American Psychologist, 52*, 1051-1058.

Colom, R., Lluis-Font, J. M., & Andrés-Pueyo, A. (2005). The generational intelligence gains are caused by decreasing variance in the lower half of the distribution: Supporting evidence for the nutrition hypothesis. *Intelligence, 33*, 83-91.

Dickens, W. T., & Flynn, J. R. (2001). Heritability estimates versus large environmental effects: The IQ paradox resolved. *Psychological Review, 108*, 346-369.

Dutton, E., & Lynn, R. (2013). A negative Flynn effect in Findland, 1997-2009. *Intelligence, 41*, 817-820.

Elliott, C. (2007). *Differential ability scales* (2nd ed.). Bloomington, MN: Pearson.

Espy, K. A., Molfese, V. J., & DiLalla, L. F. (2001). Effects of environmental measures on intelligence of young children: Growth curve modeling of longitudinal data. *Merrill-Palmer Quarterly, 47*, 42-73.

Fernandez-Ballesteros, R., & Juan-Espinosa, M. (2001). Sociohistorical changes and intelligence gains. In R. J. Sternberg, & E. L. Grigorenko (Eds.), *Environmental effects on cognitive abilities*. Mahwah, NJ: Lawrence Erlbaum.

Fletcher, J. M., & Vaughn, S. (2009). Response to intervention: Preventing and remediating academic difficulties. *Child Development Perspectives, 3,* 30-37.

Fletcher, J. M., Stuebing, K. K., & Hughues, L. C. (2010). IQ scores should be corrected for the Flynn effect in high-stakes decisions. *Journal of Psychoeducational Assessment, 28,* 469-473.

Flynn, J. R., & Weiss, L. G. (2007). American IQ gains from 1932 to 2002: The WISC subtests and educational progress. *International Journal of Testing, 7,* 209-224.

Flynn, J. R. (1984). The mean IQ of Americans: massive gains 1932 to 1978. *Psychological Bulletin, 95,* 29-51.

Flynn, J. R. (1987). Massive IQ gains in 14 nations: What IQ tests really measure. *Psychological Bulletin, 101,* 171-191.

Flynn, J. R. (1998a). Israeli military IQ tests: Gender differences small; IQ gains large. *Journal of Biosocial Science, 30,* 541-553.

Flynn, J. R. (1998b). WAIS-III and WISC-III gains in the United States from 1972 to 1995: How to compensate for obsolete norms. *Perceptual and Motor Skills, 86,* 1231-1239.

Flynn, J. R. (2007). *What is intelligence?* New York: Cambridge University Press.

Frumpkin, I. B. (2006). Challenging expert testimony on intelligence and mental retardation. *The Journal of Psychiatry and Law, 34,* 51-71.

Gaskill, F. W., III, & Brantley, J. C. (1996). Changes in ability and achievement scores over time: Implications for children classified as learning disabled. *Journal of Psychoeducational Assessment, 14,* 220-228.

Herrnstein, R. J., & Murray, C. (1994). *The bell curve. Intelligence and class structure in American life.* New York: Free Press.

Hiscock, M. (2007). The Flynn Effect and its relevance to neuropsychology. *Journal of Clinical and Experimental Neuropsychology, 29,* 514-529.

Jensen, A. R. (1998). *The g factor*. New York: Praeger.

Kanaya, T., & Ceci, S. (2012). The impact of the Flynn effect on LD diagnoses in special education. *Journal of Learning Disabilities, 45,* 319-326.

Kaufman, A. S., & Kaufman, N. L. (2001). Assessment of specific learning disabilities in the new millennium: Issues, conflicts, and controversies. In A. S. Kaufman, & N. L. Kaufman (Eds.), *Specific learning disabilities and difficulties in children and adolescents: Psychological assessment and evaluation* (pp. 433-455). New York: Cambridge University

Press.

Kaufman, A. S. (2010). "In what way are apples and oranges alike?" A critique of Flynn's interpretation of the Flynn effect. *Journal of Psychoeducational Assessment, 28*(5), 383-398.

Kaufman, A. S., & Kaufman, N. L. (2004). *Kaufman assessment battery for children* (2nd ed.). Bloomington, MN: Pearson.

Kaufman, A. S., & Lichtenberger, E. O. (2006). *Assessing adolescent and adult intelligence* (3rd ed.). Hoboken, NJ: Wiley.

Kaufman, A. S., & Weiss, L. G. (2010). Special issue on the Flynn effect. *Journal of Psychoeducational Assessment, 28*(5), 379-510.

Lynn, R. (2013). Who discovered the Flynn effect? A review of early studies of the secular increase of intelligence. *Intelligence, 41*, 765-769.

Nyborg, H. (2012). The decay of Western civilization: Double relaxed Darwinian selection. *Personality and Individual Differences, 53,* 118-125.

Pietschnig, J., & Voracek, M. (2013). One century of global IQ gains: A formal meta-analysis of the Flynn effect (1909-2010). Available at SSRN: http://ssrn.com/abstract=2404239 or https://doi.org/10.2139/ssrn.2404239.

Pollitt, E. (2000). Developmental sequel from early nutritional deficiencies: Conclusion and probability judgments. *Journal of Nutrition, 130,* 350-353.

Reynolds, C. R., Niland, J., Wright, J. E., & Rosenn, M. (2010). Failure to apply the Flynn correction in death penalty litigation: Standard practice of today maybe, but certainly malpractice of tomorrow. *Journal of Psychoeducational Assessment, 28,* 477-481.

Rönnlund, M., & Nilsson, L. -G. (2008). The magnitude, generality, and determinants of Flynn effects on forms of declarative memory and visuospatial ability: Time-sequential analyses of data from Swedish cohort study. *Intelligence, 36*, 192-209.

Rönnlund, M., Carlstedt, B., Blomstedt, Y., Nilsson, L. -G., & Weinehall, L. (2013). Secular trends in cognitive test performance: Swedish conscript data 1970-1993. *Intelligence, 41,* 19-24.

Rowe, D. C., & Rodgers, J. L. (2002). Expanding variance and the case of historical changes in IQ means: A critique of Dickens and Flynn (2001). *Psychological Review, 109,* 759-763.

Sanborn, K. J., Truscott, S. D., Phelps, L., & McDougal, J. L. (2003). Does the Flynn effect differs by IQ level in samples of students classified as learning disabled? *Journal of Psychoeducational Assessment, 21,* 145-159.

Schalock, R. L., et al. (2010). *Intellectual disability: Definition, classification, and systems of support* (11th ed.). Annapolis, MD: American Association on Intellectual and Developmental Disabilities.

Schmidt, I. M., Jorgensen, H. M., & Michaelsen, K. F. (1995). Height of conscripts in Europe: Is post-neonatal mortality a predictor? *Annals of Human Biology, 22*, 57-67.

Sundet, J. M., Barlaug, D. G., & Torjussen, T. M. (2004). The end of the Flynn effect? A study of secular trends in mean intelligence test scores of Norwegian conscripts during half a century. *Intelligence, 32*, 349-362.

Spitz, H. H. (1989). Variations in Wechsler interscale IQ disparities at different level of IQ. *Intelligence, 13*, 157-167.

te Nijenhuis, J., de Jong, M. -J., Evers, A., & van der Flier, H. (2004). Are cognitive differences between immigrants and majority groups diminishing? *European Journal of Personality, 18*, 405-434.

Teasdale, T. W., & Owen, D. R. (2007). Secular declines in cognitive test scores: A reversal of the Flynn effect. *Intelligence, 36*, 121-126.

Teasdale, T. W., & Owen, D. R. (1989). Continuing secular increases in intelligence and a stable prevalence of high intelligence levels. *Intelligence, 13*, 255-262.

Trahan, L. H., Stuebing, K. K., Fletcher, J. M., & Hiscock, M. (2014). The Flynn effect: A meta-analysis. *Psychological Bulletin*. Advance online publication. Available from https://doi.org/10.1037/a0037173.

Truscott, S. D., & Frank, A. J. (2001). Does the Flynn effect affect IQ scores of students classified as LD? *Journal of School Psychology, 39*, 319-334.

Tuvemo, T., Jonsson, B., & Persson, I. (1999). Intellectual and physical performance and morbidity in relation to height in a cohort of 18-year-old Swedish conscripts. *Hormone Research, 52*, 186-191.

Wai, J., & Putallaz, M. (2011). The Flynn effect puzzle: A 30-year examination from the right tail of the ability distribution provides some missing pieces. *Intelligence, 39*, 443-455.

Wechsler, D. (1974). *Wechsler intelligence scale for children-Revised*. San Antonio, TX: The Psychological Corporation.

Wechsler, D. (1991). *Wechsler intelligence scale for children* (3rd ed.). San Antonio, TX: The Psychological Corporation.

Wechsler, D. (2003). *WISC-IV technical and interpretive manual*. Bloomington, MN: Pearson.

Wechsler, D. (2012). *WPPSI-IV technical and interpretive manual*. Bloomington, MN: Pearson.

Wechsler, D. (2014). *Wechsler intelligence scale for children* (5th ed.). Bloomington, MN: Pearson.

Weiss, L. G., Keith, T. Z., Zhu, J., & Chen, H. (2013). WISC-IV and clinical validation of the four- and five-factor interpretative approaches. *Special Issue of Journal of Psychoeducational Assessment, 31*(2), 114-131.

Weiss, L. G. (2010). Considerations on the Flynn effect. In A.S. Kaufman & L.G. Weiss (Eds.) Special issue of JPA on the Flynn effect. *Journal of Psychoeducational Assessment, 28*(5), 482-493.

Weiss, L. G., Gregoire, J., & Zhu, J. (2016). Flaws in Flynn effect research with the Wechsler scales. *Journal of Psychoeducational Assessment, 34,* 411-420.

Young, G. W. (2012). A more intelligent and just Atkins: Adjusting for the Flynn Effect in capital determination of mental retardation or intellectual disability. *Vanderbilt Law Review, 65,* 616-675.

Zhou, X., Zhu, J., & Weiss, L. G. (2010). Peeking inside the "black box" of the Flynn effect: Evidence from three Wechsler instruments. *Journal of Psychoeducational Assessment, 28,* 399-411.

Zhu, J., & Tulsky, D. (1999). Can IQ gain be accurately quantified by a simple difference formula? *Perceptual and Motor Skill, 88,* 1255-1260.

제8장

학습장애 평가 영역에서의 지능검사의 역할과 발전 과정, 그리고 WISC-V

1. 서론

특수한 교육적 요구를 가지고 있는 아동 및 성인 중에서 가장 많이 연구된 집단은 학습장애의 범주에 해당되는 사람들이다. 지난 100년 동안, 그리고 가장 최근들어 난독증 또는 특정 읽기장애에 가장 큰 중점을 두어 학습장애의 정의를 내리고 진단하는 일에 엄청난 진보가 이루어졌다. 인지심리학, 신경심리학 그리고 뇌과학의 발전이 학습장애의 원인과 결과를 이해하는 데 큰 기여를 하였다. 이에 따라 학습장애를 가지고 있는 사람이 장애로 인해 제한을 받지 않고 충분히 기능할 수 있도록 전략을 개발하고 사용할 수 있는 교육 프로그램이 개발되었다. 오늘날 미국과 캐나다와 같은 나라에서는 연방정부, 주정부 및 지방정부의 차원에서 학교에서 교육을 받는 데 제한을 두지 않고 기회균등을 보장받도록 하는 법률을 가지고 있고, 이 법률에 학습장애의 발생과 그 중요성이 언급되어 있다.

학습장애에 대한 이해가 진보됨에 따라 학습장애를 어떻게 정의하고 진단할 것인지에 대해 너무나 다양한 견해가 발생하였다. 이 다양한 견해는 심리학의 분과 학문(즉, 신경심리학이나 학교심리학)에 따라 차이가 있을 뿐만 아니라 학교가 속한 지역 및 사법 관할권에 따라 큰 차이가 있다.

이 장에서는 WISC-V가 학습장애를 가지고 있는 아동을 평가 및 진단하고 개입에 대한 계획을 세우는 데 있어서 얼마나 적합한지에 대해 살펴보도록 하겠다. 학습장애에 대한 최근의 견해에 이르기까지 그 역사를 살펴보고, 연구자료나 법률에 반영된 학습장애의 정의를 통하여 학습장애를 어떻게 기술하고 있는지 최신의 경향을 살펴볼 것이다. 난독증 및 학습장애 기초 연구를 통해 우리는 학습장애의 인지적 특성과 하위 유형을 추론해 볼 수 있다. 학습장애의 하위 유형과 인지 능력 평가를 서로 연결하고, 이것을 이후의 성취와 논리적으로 연결해 볼 것이다. 우리는 IQ 검사가 학습장애 평가에서 맡는 역할에 대해 여러 상반된 의견이 있음을 인정하며, 인지 평가를 위한 적절한 역할에 초점을 맞추어 이러한 다양한 의견을 살펴보고자 한다.

이러한 맥락에서 학습장애와 학업적 성취의 기저에 존재하는 인지적 과정을 이해하는 데 웩슬러 아동용 지능검사가 기여한 점을 따라가 보려고 한다. 웩슬러 아동용 지능검사의 매뉴얼에 제시되어 있는 임상사례 데이터와 특정학습장애에 대한 기술문 중 이 검사가 가지고 있는 관련성을 묘사한 최신의 사례연구를 제시하였다.

2. 학습장애: 최근의 정의 및 하위 유형들

학습장애의 정의는 시간이 지남에 따라 연구결과에 근거하여 진화되었고 사법 관할권마다 다르게 운영되었다. 「장애인교육법(Individuals with Disabilities Education Act: IDEA)」(2004)은 미국 전역에 적용되는 정의를 제공한다. 이 법은 학업적 · 인지적 · 기타 기능적 손상이 있는 아동에게 특수교육 서비스를 제공하고 있다. IDEA는 장애를 가진 것으로 의심되는 모든 아동을 대상으로 종합적이고 통합적인 평가를 시행하여 특수교육 서비스 적격자를 주정부가 판별하도록 의무화하였다.

IDEA는 '특정학습장애'를 다음과 같이 정의한다.

> 언어의 이해 또는 사용, 말하기 또는 쓰기에 필요한 기본적 심리적 과정에 하나 또는 둘 이상에서 장애가 있음을 말하며, 이는 그 자체로서도 듣기, 생각하기, 말하기,

읽기, 쓰기, 철자, 또는 수학적 계산을 하는 데 불완전한 능력으로 나타날 수 있다. 지각의 장애, 뇌손상, 미세한 두뇌기능장애, 난독증, 발달적 실어증 등과 같은 상태도 포함된다.

미연방정부의 규정에서 판별과 분류에 있어서 일반적 가이드라인을 보급하고 있기는 하지만, 정의, 분류 준거, 평가 과정 및 기타 고려 사항에 대해 이를 어떻게 해석하고 정책과 실무 사항을 시행할지에 대해서는 주정부마다 상당한 융통성을 가지고 있다(Bergeron, Floyd, & Shands, 2008; Reschly & Hosp, 2004). 1990년 이후로 특수교육 프로그램 사무국(the Office of Special Education Programs: OSEP)에서 밝힌 바로는, 미연방 법령 및 규칙은 처리장애(processing disorder)를 학습장애 판별의 필수 요건으로 요구하지 않는다. 그럼에도 불구하고 주정부에서는 의회에서 내린 정의에 근거를 두고 이러한 용어들에 대해 그들이 이해한 점에 무게를 두도록 할 수도 있고, 적격성 판정을 하는 사람에게 추가적인 부담을 안겨 줌으로써 지침을 준수하라고 요구할 수도 있다. 각급 학교의 학교심리학자는 지역의 행정 부서나 교육부에서 사용하는 정의에 근거하여 실무를 하지만, 지역 행정 부서의 지침은 다른 주정부나 국가의 영향을 받아 만들어진다. 나아가, 공교육 체계에서 일하지 않는 임상심리학자와 신경심리학자는 다양한 모델에 의해 만들어진 학습장애 평가를 사용하는 데 훨씬 더 많은 융통성을 보인다. 따라서 다른 지역 및 다른 심리학 분과 학문에서 무엇이 좋은 관행을 구성하는지를 폭넓게 이해한다면 실무자와 행정가 모두에게 유용할 것이다.

캐나다 학습장애협회(Learning Disabilities Association of Canada: LDAC, 2002)에서는 학습장애를 '무엇을 사고하고 추론하는 데 필수적인 평균 능력의 손상으로 일반적인 지적 결손과는 구별되는 것'으로 정의를 내렸다. 이는 "지각, 생각, 기억 또는 학습과 관련된 하나 또는 그 이상의 처리 과정에서의 손상을 말한다. 언어 처리, 음운 처리, 시공간 처리, 처리속도, 기억과 주의력, 총체적 집행기능(예: 계획을 세운다거나 의사결정을 하는 것)을 포함한다".

캐나다 학습장애협회의 정의를 수립하면서 온타리오주 교육부에서는 문자와 숫자를 가르치는 전문가 패널의 의견을 수렴하여 특수한 교육적 요구를 가진 학생들을 규명하였다. 그들의 정의는 "인지적 처리 과정에 있어 학생이 가지고 있는 강점과 약점을 교사가 알면 교실 안에서 아동에게 적절한 가르침과 환경적 조정을 제공하는 데 도움이 된다"(Ontario Ministry of Education, 2005)는 점에 주목하고 있다. 온타리오주 교육부에서 했던 특수한 개입을 이 책의 제2장에서 제시하였다. 캐나다에서는 각 지방마다 지역 교육청에서 나름 발전시킨 합의에 근거한 정의를 사용한다(Kozey & Siegel, 2008). 그 한 예시로, 2014년에 온타리오주 교육부는 특수교육 프로그램에 적격한 학생들에 대해 학습장애의 정의를 재정의하였다. 이 정의에 따르면, 학습장애는 적어도 평균 이상의 지적 능력이 있지만 지속적이고 현저한 신경발달장애가 학습 능력, 학습 기술 및 여타 기술 사용 능력에 영향을 미쳐 자신의 인지능력에 준하는 성취를 이루지 못하는 것이다. 이러한 정의는 음운 처리와 같은 하나 이상의 인지 처리 곤란으로 인해 발생하는 학습부진과 전형적으로 관련되어 있음이 명백하다(Ontario Ministry of Education, 2014). 보다 최근에는 온타리오주의 심리학자들이 학습장애를 가지고 있는 아동 · 청소년 · 성인에 대한 진단과 평가에 대해 합의된 성명을 준비하였다(A. L. Beal, 개인적 교신, 2018. 4. 21.). 이 프로젝트는 학습장애의 진단 및 평가 과정에 관여하는 실무자 간의 일관성이 필요하다는 인식에서 시작되었다. 이들의 정의에 포함된 핵심 사항은 다음과 같다.

- 일반적으로 기대되는 것보다 낮은 학업기능의 이력이 있음
- 읽기, 쓰기, 셈하기 점수가 평균보다 최소 1 표준편차 이하로 떨어지며 이 문제로 인해 평균보다 학업 성취가 낮음
- 읽기, 쓰기, 셈하기에서의 곤란이 심리적 처리 과정에서의 결손과 논리적으로 연관되어 있음
- 사고와 추론에 필수적인 능력은 적어도 평균 수준임
- 읽기, 쓰기, 셈하기의 곤란이 다른 요인으로 명확히 설명되지 못함

난독증은 언어에 기반한 장애로서 인구의 20% 정도가 그에 해당된다. 2016년 캐시디 상원 결의문 576호(Cassidy Senate Resolution 576)의 일부 문안에 대해 미국 상원에서 만장일치로 표결된 난독증의 정의는 다음과 같다.

첫째, 더 잘 읽을 수 있는 지능의 소유자로서 읽기에 있어서 예기치 못한 어려움

이 있다.

둘째, 이러한 어려움은 음운 처리 과정(구어의 개별적인 소리 인식)에서의 어려움이 가장 일반적이며, 이는 말하고, 읽고, 철자를 쓰고, 외국어를 학습하는 능력에 영향을 준다.

이러한 정의는 난독증이 예측되지 않는 특징을 나타내며, 고르지 못한 인지적 양상, 즉 기초적 학업 기술의 결손이 '강점의 바다'로 둘러싸여 있는 프로파일을 볼 수 있다. 이들은 추론, 문제 해결, 어휘, 듣기이해와 같은 영역에서는 상위 수준을 보인다(Shaywitz, 2005).

1) 학습장애의 판별 및 진단

난독증을 신경생리학적 문제로 개념화하여 진단하는 임상적 접근은 연구결과를 통해 견고히 지지되고 있다(제9장 참조). 학교심리학의 장면에서 학습장애 평가의 목적은 특수교육 서비스에 대한 적격성 판정을 위해 장애 여부를 규명하려는 데 있다. 미국에서의 적격성 판정은 전형적으로 해당 학군에서 정하는 행정적 기준에 근거하며, 이는 주 교육위원회가 정한 보다 일반적인 법적 기준과 일치하고 연방의 규정과도 일반적으로 일치한다. 연구에 따르면, 지역의 학군에서 사용하고 있는 적격성에 대한 행정적 기준이 신경심리학자와 임상심리학자들이 더 선호하는 DSM-5(American Psychiatric Association, 2013)나 여타 연구에 기반한 진단적 기준에서 제시하고 있는 기준에서 벗어나는 경우가 있다. DSM-5의 진단적 기준과 누가 학습장애 서비스를 받을 수 있는지에 대한 판단에서 나타나는 이러한 차이점은 학생들을 위한 적절한 서비스를 결정하는 데 있어 심리학자들과 학교의 관계자들이 서로 합의를 보아야 할 영역이라고 볼 수 있다.

문제 해결적[교수적, problem-solving(instructorial)] 접근과 개인 내적[인지적, intra-individual(cognitive)] 접근은 최근 학습장애를 진단하고 특수교육 서비스를 제공하기 위해 학교 장면에서 취하는 가장 대표적인 두 접근법이다.

문제 해결적 접근은 성취도가 낮은 학생을 가려내서 그에 따라 개입을 하는 것이다. 이는 교과과정에 근거하여 측정을 하고, 얼마나 향상되었는지를 모니터링하며, 중재모델에 얼마나 반응하는지 등의 도구적 측면에 의거한 방법이다(Fletcher, Morris, & Lyon, 2003). 이 방법은 어려움을 겪고 있는 학습자를 가능한 한 많이 도와주기 위해 적절한 서비스로 조기에 개입하는 데 목적이 있다. 이러한 접근은 분류나 하위 유형과는 관계가 없다. 여기서 생기는 문제는 어떤 점수부터 낮은 성취도라고 정의할지를 결정하기 어렵고(Fletcher, 2012), 시간이 지남에 따라 집단 구성원 멤버십이 불안정해지며(Francis et al., 2005), 교수적 개입에 상응하는 예측변수와 실패의 원인이 무엇인지를 알기가 어렵다는 것이다. Reynolds와 Shaywitz(2009)의 연구에서 보다 심층적인 비평을 확인할 수 있었다. 만일 학생이 교수적 개입에 반응하지 못한다면 학생이 학습장애나 주의력결핍 과잉행동장애(Attention Deficit Hyperactivity Disorder: ADHD) 또는 지적 장애와 같은 장애의 상태에 있느냐 하는 가정을 해 보아야 한다. 그게 아니라면 교수적 프로그램이 여하간 부적합했다는 의미이다(Vaughn & Fuchs, 2003). 이 시점에서 장애의 상태가 가지는 본질을 파악하고 적절한 진단을 내리기 위해서 인지 및 신경심리학적인 사정을 포함하는 종합적 평가가 권장된다(Hale et al., 2010). 개인 내적 접근은 보다 밀접하게 진단과 관련되어 있다. 이는 학습의 어려움을 인지적으로 설명해 내는 것과(예: 음성의 처리, 자동적 명명의 신속성, 작업기억) 기대치 않았던 낮은 성취도의 지표가 되는 개인 내적 차이를 알아내는 데 주로 초점을 둔다(Fletcher et al., 2003). 이러한 접근방식은 중요한 신경학적 요인과 환경적 요인(Hagen, Kamberelis, & Segal, 1991)을 고려하지 않고 개입과는 직접적 관련이 없는 처리 기술에 초점을 맞추고 있다는 제한점이 있다(Torgesen, 2002). 개인 내적 접근의 핵심은 각각의 경우에 대한 특수한 인지적 설명을 이해해야 보다 표적중심적이고 효과적인 개입을 할 수 있다고 믿는 데 있으며, 이는 오늘날 학습장애의 평가를 둘러싼 논쟁의 원인이 되는 견해이기도 하다.

개인 내적 접근은 학습장애의 결정적인 특징인 예측되지 않는 낮은 성취도가 온전한 능력과 결손된 능력 사이의 대조 또는 불일치로 입증된다는 개념이다(Kaufman, 2008). 특수성 가설(Broca, 1865: Fletcher, Lyon, Fuchs, & Barnes, 2007에서 재인용)에 따르면, 학습장애로 진단받는 사람은 학습에 어려움을 겪는 일반적인 경우와는 달리 특수한 어려움을 보이며, 이는 정상적인 성취도를 보이는 학생이 고른 인지 능력의 발달을 보이는 것과는 매우 대조적인 것이다(Compton, Fuchs, Fuchs, Lambert, & Hamlett, 2011; Fuchs, Fuchs, Stuebing, Fletcher, & Hamlett, 2008; Fuchs,

Compton, Fuchs, Hollenbeck, & Craddock, 2008). Shaywitz(2005)는 난독증과 관련된 독특한 학습양상은 '강점의 바다' 안에 고립된 약점의 형태와 유사하다고 하였다.

학습장애를 이렇게 개념화하면 전반적으로 낮은 인지 능력과 낮은 성취도를 보이는 학생(느린 학습자 또는 지적 장애를 가지고 있는 학생)과 평균 또는 그 이상의 인지 능력을 가지고 있음에도 불구하고 학습에 어려움을 보이는 학생을 구별할 수 있게 된다. 이러한 이유로 전통적인 학습장애의 정의에서 평균 이하의 지적 기능을 가진 개인은 배제되었다. 지적 장애 외에도 IDEA의 규정과 기타 진단 및 적격성 준거에서는 감각 또는 운동 장애, 정서적 장애, 문화적 요인, 환경적/경제적 불이익, 제한된 영어 능력, 읽기에서 지시문이 부적절했을 경우 등을 배제하도록 하고 있다 [34 CFR 300.307].

그러나 이처럼 학습장애를 배제 기준에 근거해 정의하면 정보 처리 기술, 신경학적 요인, 또는 교육적 필요의 측면에서 학습에 어려움을 겪는 이들을 의미 있게 구별할 수가 없기 때문에 많은 연구자가 애를 먹을 수 있다(예: Elliott & Gibbs, 2008; Fletcher et al., 2002; Lyon & Weiser, 2013). 예를 들어, 신경학적 접근과 반대편에 있는 환경적 맥락에서 읽기장애를 구분하려는 시도가 비난을 받았었는데, 읽기 문제에 영향을 주는 요인이 서로 얽혀 복잡할 뿐 아니라 교육을 계획하는 데 있어서도 큰 도움이 안 되었기 때문이다(Elliott & Grigorenko, 2014). 게다가 학업성취도를 뒷받침하는 인지적 처리 과정에 있어서 평균 이하의 지능을 가진 읽기 능력이 부족한 아동과 평균 또는 그 이상의 지능을 가진 읽기 능력이 부족한 아동이 큰 차이를 보이지 않았기 때문에 그러한 접근은 논란이 되었다(Fletcher, 2005; Fletcher et al., 1994; González & Espinel, 2002; Maehler & Schuchardt, 2011; Siegel, 1988, 1992).

2) 학습장애의 하위 유형

학습장애 하위 유형 판별을 위한 다양한 접근법에 대한 상당한 양의 연구가 축적되고 있다. 학습장애 하위 유형에 관한 연구는 Johnson과 Myklebust(1967), 그리고 그들의 동료들(예: Boshes & Myklebust, 1964; Myklebust & Boshes, 1960)로부터 시작되었다. 그들은 비언어적 학습장애를 제안하였는데, 비언어적 학습장애는 언어, 읽기, 쓰기 영역에서는 심각한 문제가 없지만 사회적 지각, 시공간 처리, 공간 및 좌우 방향감각, 통시적 지각, 필기, 수학, 탈억제 및 보속[1]과 같은 실행기능 등의 결손이 특징적으로 나타난다. 이후의 신경심리학 문헌은 비언어적 학습장애는 우반구 결손을 반영한다고 특정하였지만(Pennington, 1991; Rourke, 1989), 나머지 부분은 여전히 이해되지 못한 채 남아 있다.

하위 유형을 만드는 것은 여러 방면에서 좋은 점이 있다. 학습장애의 범주 내에서의 이질성을 설명하고 학습장애를 가진 학생의 학습 프로파일을 보다 구체적으로 묘사하여 개인에게 맞춤형 접근을 할 수 있는 방법을 제공하기 때문이다. 그럼에도 불구하고, 신뢰할 수 있게 구별이 가능한 독특한 범주로서 학습장애의 하위 유형이 과연 존재하는가, 하위 유형을 가장 잘 구분할 수 있는 방법은 무엇인가, 하위 유형별로 교수 방법상의 시사점이 있는가 등에 대해서는 아직까지도 상당한 논쟁이 있다.

Fletcher와 동료들(2003)은 학습장애의 하위 유형에 세 가지 주요 접근, 즉 성취도 유형, 임상적 추정(합리적 추론) 유형, 경험 근거적 유형이 있다고 하였다.

첫 번째 접근방법인 성취도 유형은 성취도 검사 프로파일에 의한 것이다. 예를 들어, 읽기에 어려움이 있는 하위 유형은 단어인지와 유창성, 이해도를 측정하여 구별한다. 읽기장애, 산술장애, 전체 지능 80 이하의 개인 등의 하위 집단은 각기 다른 패턴의 인지적 속성을 지니고 있다(Fletcher et al., 2003; Grigorenko, 2001). Compton과 동료들(2011)은 여러 가지 학습장애의 하위 유형 집단에서 강점과 약점에 대한 독특한 패턴을 발견하였는데, 이는 정상적인 성취도를 보이는 집단에서 인지적 수행과 학업적 수행에서 나타나는 평탄한 패턴과는 매우 대조적인 것이었다. 예를 들어, 읽기이해 영역의 학습장애 학생의 경우 듣기이해, 표현어휘(oral vocabulary), 구문 등의 언어 영역에서 약점을 보이지만 수학에서는 강점을 보이는 반면, 단어 읽기 영역의 학습장애 학생은 수학적 문제 해결과 읽기이해에 강점을 보이고 작업기억과 구술언어 영역에서는 약점을 보인다.

두 번째 접근방법인 임상적 추정 유형은 비슷한 특징을 가진 사람들을 뽑아서 임상적으로 관찰한 바에 근거하여 합리적인 방법으로 정의하는 것이다. 음운 처리 과정에 핵심적인 결손이 있는 학생이 그 한 예인데, 이들은 세 가지 하위 유형 중 이

1) 역자 주: 어떤 새로운 동작을 하려고 노력하는데도 불구하고 반복적으로 같은 동작을 하는 것

중결손 모델을 구별할 수 있게 하는 유형으로서 음운 처리 과정 또는 자동적 명명의 신속성 둘 중의 하나에 결손이 있는 하위 유형으로 각각 분류하기도 하고 두 분야 모두에 이중결손이 있는 제3의 하위 유형으로 분류하기도 한다(Wolf & Bowers, 1999; Wolf, Bowers, & Biddle, 2000). 또 다른 하위 유형의 모델은 해독에 어려움이 있는 두 가지 유형, 즉 음운학적 또는 철자법/표면적 난독증과 혼합형 난독증이 있다. 혼합형 난독증이란 음운 처리 과정과 철자법 처리 과정 둘 다에 약점이 있는 경우로서, 이는 비단어와 불규칙 예외 단어 읽기의 수행에 근거한 것이다(Castles & Coltheart, 1993; Feifer & De Fina, 2000).

세 번째 접근방법은 다변량 경험편중 분류(multivariate empirical classification)에 기반한 경험적 접근이다. 이 접근법에서는 Q-요인분석이나 군집분석을 한 후에 외적 타당도를 측정하는 기술을 사용한다. 경험적 하위 유형 모델은 비논리적이고 신뢰할 수 없다는 비판을 받기도 하지만 합리적인 하위 유형화 방법과 이중결손 모델, 특정 읽기장애와 보통 종류의 읽기장애를 구별하는 데 추가적인 지원을 해왔다(Fletcher et al., 2003). 예를 들어, Pieters, Roeyers, Rosseel, Van Waelvelde와 Desoete(2013)의 연구에서는 데이터를 토대로 군집분석을 실시하여 수학 학습장애의 두 유형을 확인하였다. 한 유형은 숫자 정보 인출(number fact retrieval)이 취약한 집단이고 다른 한 집단은 단계적으로 계산(procedural calculation)하는 데의 어려움이 있는 집단이었다. 운동과 수학적 변인 둘 다 분석에 포함시켰을 때, 두 군집이 판별되었다. 하나는 운동 및 시각-운동 협응 기술뿐만 아니라 숫자 정보 인출, 단계적 계산에 취약한 유형이었고, 다른 한 유형은 단계적 계산과 시각-운동 협응 기술에서만 취약한 유형이었다.

학습장애의 판별과 분류는 차원적 방식 또는 범주적 방식으로 나뉠 수 있다. 범주적 방식으로는 하위 유형을 세분화하고자 하는 노력이 있는데, 이는 독특한 하위 유형이 가진 학습장애 내 이질성에 대한 증거에 기반한다. 예를 들어, 읽기장애를 가진 학생은 수학에 강점을 가지는 반면, 수학장애를 가진 학생은 읽기에 강점이 있기 때문에 읽기장애와 수학장애를 서로 구별할 수 있다(Compton et al., 2011). 그러나 어떤 연구자들은 읽기장애와 수학장애가 차원적 특징을 가진다고 주장하면서 분할 점수와 상관관계 평가에 기반한 뚜렷한 하위 유형으로 분류하기 위해 노력하고 있다(Branum, Martin, Fletcher, & Stuebing, 2013). 학습장애를 가지고 있는 사람들은 이처럼 모집단의 특성이 매우 이질적이므로 이들에게 맞춤형 개입을 제공하기 위해서는 하위 유형에 대한 이해와 그에 따른 교육적 시사점을 향상시켜 줄 지속적인 연구가 필요하다.

3. 지능: 학습장애 평가 및 진단에서의 핵심고리

학습장애의 역사는 성취도가 낮은 아동을 이해하려는 맥락에서 지능 또는 인지능력의 역할이 점차적으로 두드러지고 있다는 것을 보여 준다. 학업잠재력을 추정하고 개입에 대한 반응을 예측하기 위해 인지 능력 검사를 사용했었는데, 이는 후대에 상당한 논란을 일으킨 분야가 되었다. 오늘날 학습장애 진단에 대한 세 가지 연구기반적 접근들은 모두 일반능력 또는 지능이 세부적인 학업적 · 인지적 약점과 관련하여 평균 또는 그 이상이 되어야 한다는 조건을 가지고 있다(Flanagan, Fiorello, & Ortiz, 2010). Swanson(2011)이 세 편의 메타분석연구를 검토한 결과, IQ는 읽기 수행을 상당 부분(.47~.58)을 설명한다는 것이 드러났다. 이는 아동의 학습장애 판별을 위한 측정요인으로 IQ를 고려할 가치가 있음을 시사한다. 인지적 능력 평가 또는 인지적 처리 과정 평가는 학습장애를 가지고 있는 영재학생을 구별하기 위해서도 필요하다(Crepeau-Hobson & Bianco, 2011). 학습장애 평가의 일환으로서 언어추론의 측정이 왜 중요한지에 대해 연구결과가 많이 있는데, 읽기장애를 가지고 있는 사람의 언어추론 측정치는 평균 또는 그 이상이고(Berninger et al., 2006), 구술과 쓰기언어의 학습장애를 가지고 있는 사람은 비언어추론의 측정치에서 평균 또는 그 이상의 점수를 받는다(Berninger, O'Donnell, & Holdnack, 2008). 그러나 학습장애 진단에 인지 능력 검사를 활용하는 것은 많은 논란을 불러일으킨다. 어떤 연구자들은 IQ가 학업적 성취를 적당히 예측하기는 하지만 학습장애를 가진 학생들의 성취 결과를 예측하는 학업적 적성을 평가하지는 못하기 때문에 낮은 성취도를 확인하는 기준점으로 사용해서는 안 된다고 주장한다(Elliott & Grigorenko, 2014; Fletcher, Coulter, Reschly, & Vaughn, 2004; Sternberg & Grigorenko, 2002). 이와 비슷한 비판을 하는 사람들은 학습장애를 가진 학생에게 어느 정도의 지적인 도전을 주는 것이 적절한지에 대한 정보를 제공할 목적으로 인지적 능력 검사를 사용하고, 그에 따라 교사가 교실 안에서 교과과정과 교과활동을 조정할 것을 권고한다(Elliott & Grigorenko, 2014). 이 연구의 많은 부분이 Ferrer, Shaywitz, Holahan, Marchione과 Shaywitz(2010)가 수행했던 종단 연구에서 발견된 사실을 무시하였는데, 평균 지능의 사람과는 달리 난독증을 가지고 있는 사람은 나이가 들어감에 따라 읽기 능력과 IQ의 차이가 체계적으로 벌어지는 경향이 있었다(제9장 참조).

교육적 결과를 예측하는 것에도 IQ 점수 사용을 둘러싼 이와 비슷한 논란이 있었다. IQ가 교육에 대한 반응을 상당 부분 예측한다는 결과를 보여 준 연구도 있었고(예: Fuchs, Fuchs, Mathes, & Lipsey, 2000; Fuchs & Young, 2006), 그 반대의 결과를 주장하는 연구도 있었다(예: Donovan & Cross, 2002; Gresham & Vellutino, 2010; Stuebing, Barth, Molfese, Weiss, & Fletcher, 2009). 처치의 결과를 분석한 Swanson의 연구에서 IQ는 중재적 역할을 하는 것으로 나타났으며, 교육과 관련해서는 약 15%의 설명량을 보여 주었다(Swanson, 1999; Swanson, 2011; Swanson & Hoskyn, 1998).

학습장애에 대한 특수성 가설과 학습장애로 판명되는 사람이 가지고 있는 독특한 인지적 프로파일, 그리고 어떤 것이 학습장애의 하위 유형이 되는지를 탐구하는 연구자들은 이를 보다 과학적으로 이해하기 위해 인지 처리 과정을 측정한다. 인지 처리 과정은 WISC-V를 비롯한 가장 최신의 인지 능력 검사로 측정할 수 있는 광범위한 능력으로 구성된다. 다음에서는 학습장애를 평가할 때 지능검사의 종합적인 IQ 점수에 우선적으로 중점을 두었던 것에서 일반지능을 구성하는 각각의 인지적 처리 과정 또는 능력을 고려하는 방향으로 확대된 것에 대하여 논의하겠다. 최근에는 지능을 구성하는 전체적 처리 과정에 초점을 맞추기 때문에 전체 IQ 점수와 학습장애의 관련성에 대한 이전의 논쟁은 이제 사라져 버렸다.

1) 전체 IQ를 넘어서: 지능 및 지능과 학습장애 평가의 관련성에 있어서의 진보

지금까지의 논의를 통해 학습장애 정의 및 진단에서 지능의 핵심적 역할에 대한 근거를 지속적으로 제시하였다. 반대로, 학습장애의 정의를 포함한 인지 과학의 발전은 금세기 인지 능력 검사의 진보에 직접적인 영향을 미쳤다(이론에서 실무에 걸친 진화 과정은 Greenberg, Lichtenberger, & Kaufman, 2013; Beal, Willis, & Dumont, 2013 참조). IQ 점수와 같은 일반적 설명을 우선적으로 생각했던 것을 넘어 과학적 진보가 이루어졌다. 인지 능력 또는 지표와 관련이 있으면서도 매우 뚜렷하게 구별되는 IQ의 구조를 나누어 생각함으로써 연구자들은 읽기, 쓰기, 수학을 특수 인지 능력과 연결시킬 수 있다.

Cattell-Horn-Carroll(CHC) 이론(McGrew, 1997; Schneider & McGrew, 출판 중)은 다양한 지능검사로 측정된 공통 능력이 무엇인지를 규명하는 데 사용하는 인지 능력 분류법을 제공해 주었고, 이를 통하여 각 연구에서 밝혀진 결과를 서로 비교하고 확장시켜 볼 수 있었다. McGrew와 Wendling(2010)은 인지-성취 관계의 CHC 분류에 대해 지난 20년간 이루어진 연구들을 요약하여 다음과 같이 밝혔다. "인지 능력은 학업적 성취에 다양한 비율로 영향을 미치며 이러한 영향력은 발달 과정에 따라 변화한다."

학습장애의 평가가 신뢰도와 타당도의 측면에서 더욱 진일보하려면 학습장애의 연구에 이러한 분류법을 지속적으로 적용하여야 한다는 주장도 있다(Flanagan, Ortiz, Alfonso, & Mascolo, 2006). 학습장애의 조작적 정의에는 인지적 능력의 분석을 포함하는 이러한 발전 과정이 반영되어 있다(Flanagan & Mascolo, 2005). 다양한 교과목에서 나타나는 성취와 인지적 과정을 짝지음으로써, 특정 인지 과정에서의 결손이 특정 학업 능력과 어떻게 관계되어 있는지를 실무자가 확실히 이해하도록 도와주었다. 인지 능력 모델에 근거를 둔 검사 결과와 발달력 및 학업력은 아동의 강점과 결손된 점이 무엇인지 결론을 내리는 데 있어 중요한 정보가 되며, 교육과 진

표 8-1 정보 처리 영역과 Cattell-Horn-Carroll(CHC) 모델

Cattell-Horn-Carroll의 전반적 능력	정보 처리 영역
유동추론(Gf)	사고
결정 지능(Gc)	언어 처리
시공간 사고(Gv)	시공간 처리
장기기억 회수(Glr)	기억
청각적 처리(Ga)	음운적 처리
작업기억(Gwm)	기억
처리속도(Gs)	처리속도

주: 이전 모델에서 사용했던 단기기억(Gsm)은 작업기억(Gwm)으로 대치되었음

로, 일상생활의 활동에도 시사점을 준다. 인지 능력 모델을 따르는 특정 인지 능력 검사의 개발에 대한 개요는 Beal 등(2013)의 연구에서 볼 수 있다.

2) 학습장애와 관련이 있는 인지 능력 분류 체계

학습장애에 대한 캐나다 학습장애협회(2002)의 정의는 〈표 8-1〉에 제시된 것과 같이 CHC 모델의 최초 버전에서 규정한 전반적 능력과 맥락이 같다(McGrew & Flanagan, 1998). Horn과 Blankson(2012)이 주목하였듯이, 각각의 전반적 능력은 다년간에 걸쳐 이루어지는 학습에 의해 나타나며 이러한 학습에는 많은 요인이 영향을 미친다.

특정 인지 능력에서 결손이 있는 것과 특정 교과목 분야에서 발생하는 학습장애의 연결고리는 경험적으로 증명되었으며, 읽기, 수학, 쓰기와 가장 관련이 높은 CHC 능력이 〈표 8-2〉에 제시되어 있다.

표 8-2 읽기, 수학, 쓰기와 관련된 CHC 능력

	읽기와 가장 관련이 높은 CHC 능력
능력	읽기와의 관계
Gc	언어 발달, 어휘지식, 듣기 능력은 연령과 더불어 중요성이 증대됨
Gwm	특히 작업기억의 맥락 안에서의 기억 범위
Ga	초등학교 동안의 음성부호 또는 음성 인식 및 처리
Glr	초등학교 동안의 명명기능 또는 RAN
Gs	특히 초등학교 동안의 지각속도
	수학과 가장 관련이 높은 CHC 능력
능력	수학과의 관계
Gf	모든 연령대에서의 유추 및 일반적 순차추론
Gc	언어 발달, 어휘지식, 듣기 능력은 연령과 더불어 중요성이 증대됨
Gwm	작업기억의 맥락 내
Gv	상위 또는 고등 수학에 우선적임
Gs	초등학교 동안의 지각속도

〈계속〉

	쓰기와 가장 관련이 높은 CHC 능력
능력	쓰기와의 관계
Gc	언어 발달, 어휘지식, 상식은 7세 이후 연령과 더불어 중요성이 증대됨
Gwm	특히 철자 기술에 대한 기억 범위 작업기억은 고급 쓰기 기술과의 관련성을 보임(예: 작문)
Gs	지각속도는 모든 연령대에서 기초적인 쓰기 및 작문과 관련이 있음

4. WISC-V의 심리교육적 관련성

WISC-V(Wechsler, 2014a, 2014b)는 인지 능력 검사의 다섯 번째 버전이다. 지능을 추정하고자 하였던 Wechsler의 임상적 견해에 기반을 둔 첫 번째 버전이 출판된 이래로, 웩슬러 지능검사는 학습을 향상시키거나 저해하는 과정, 즉 인간의 인지기능을 측정하는 모델을 반영하면서 발전해 왔다.

온전한 인지기능과 대비되는 특정 처리 과정에서의 결손으로 정의되는 학습장애는 WISC-V로 잘 측정될 수 있다. WISC-V는 전체 IQ를 통해 인지 능력의 전체적인 측정치를 제공하며, 미국과 캐나다 규준에서 .96의 전체 신뢰도를 보여 주었다. 또한 WISC-V에는 보조 지표 점수도 있는데, 이는 다른 소검사에 의해 측정된 처리 과정 결손의 영향력을 제거한 것이다. 일반능력 지표(GAI)는 청각언어 및 시공간적 형식에서 이루어지는 사고와 추론을 측정하는 지표로서, 미국 규준집단에서는 .96, 캐나다 규준집단에서는 .95의 신뢰도를 보여 주고 있다. 다차원적 스케일링을 통해 일반능력 지표는 인지적으로 복잡한 과제 수행의 축약본임이 확인되었다(Myers & Reynolds, 1997). 일반능력 지표는 주의력과 운동 속도에 결손이 있는 아동에게 유용한 지표이다.

대안적으로 사용할 수 있는 것은 비언어적 지표(NVI)인데, 언어 능력과는 별개로 사고와 추론의 기능을 측정하며, 미국과 캐나다 규준집단에서 .95의 신뢰도를 보여 주었다. 이 지표는 제2외국어 학습자와 언어적 결손을 가지고 있는 아동에게 유익하다. WISC-V 통합본(Wechsler & Kaplan, 2015)을 사용할 수 있다면 시각적 작업기억 지표(VWMI)를 통해 언어적으로 표현하게 하지 않고도 작업기억 능력을 측정할 수 있다.

편의를 제공하기 위한 여러 다른 비표현 점수가 추가적으로 더 출판되었다. 첫 번째는 비표현적 전체 IQ 점수(Nonexpressive Full-Scale Score)이다(Raiford, 2017). 이것은 WISC-V와 통합본 WISC-V상의 하위 검사들로 구성되며, 이는 WISC-V의 전체 IQ의 모든 5개의 인지적 영역에서 동일한 비율로 추출한 하위 검사들로 구성되어 있다.

이것은 전체 IQ 산출에 포함되는 언어이해 소검사(공통성, 어휘)를 자유응답 방식이 아닌 다지선다 방식으로 시행하고, 전체 IQ 산출에 숫자 소검사 대신 그림기억 소검사 점수를 채택한다. WISC-V 통합본을 활용하게 되면 표현 반응을 요구하지 않는 방식으로 능력을 측정하여 점수를 조합하는 추가적 점수를 여러 개 산출할 수 있다[예: 비표현적 언어이해 지표, 비표현적 확장된 결정성 지표, 비표현적 Gf-Gc 전체 점수]. 이러한 비표현 점수들은 표현 능력을 반영하는 점수에 비해 심리측정적 면에서나 임상적 유용성 면에서 뒤처지지 않으며, 공정성 및 접근성을 신장시켰다(Raiford, 2017).

운동성을 배제한 점수 조합도 여럿 출판되었다. 비운동 전체 IQ 점수(Raiford, 2017)도 WISC-V 보충검사와 WISC-V 통합본에 나와 있으며, WISC-V의 전체 IQ와 동일한 비율로 5개의 인지적 영역에서 추출된 하위 검사들로 이루어져 있다. 대신 토막짜기, 기호쓰기 같은 운동기능을 필요로 하는 소검사를 동일 지표 영역 내 운동기능을 필요로 하지 않는 다른 소검사로 대체하여 전체 IQ를 산출한다. 비운동 전체 IQ 점수는 WISC-V의 5개 인지 영역을 똑같이 제시하기 때문에, 운동에 어려움이 있는 개인에게 제공하기 적합한 방식이라 할 수 있다. 다른 비운동 복합 점수들도 Raiford(2017)의 연구에서 확인해 볼 수 있다. 비운동 일반능력 지표는 운동기능에 어려움이 있거나 작업기억 및 처리속도에 손상이 있는 아동을 평가하는 데 매우 유용하다. 비운동 비언어적 지표(NVI)는 언어표현의 문제와 운동기능의 어려움을 동시에 가지고 있는 아동에게 적합하며, 비운동 시공간 지표(VSI)도 적용할 수 있다. 이러한 운동성을 배제한 점수 역시 비표현 점수들과 마찬가지로 운동성을 요구하는 점수에 비해 심리측정적 면에서나 임상적 유용성 면에서 뒤처지지 않으며, 운동에 어려움이 있는 아동을 위한 공정성 및 접근성을 신장시킨다(Raiford, 2017).

WISC-V의 비운동형 단축판(MF-SF)(Piovasana, Harrison, & Ducat, 2017)도 발표

되었다. 이 단축판은 운동기능을 요구하지 않는 6개의 소검사에 기반을 두고 있으며, 미국 규준집단에서 .97의 신뢰도를 보여 주었다. 비운동형 단축판은 뇌성마비나 기타 운동기능에 손상이 있는 아동에게 유용하다.

WISC-V는 IQ 검사에서 복합적인 인지 능력 검사로 확대되었고, 이는 다음과 같이 CHC의 광범위 능력 일곱 가지 중 여섯 가지와 쉽게 짝지을 수 있다.

- 언어이해 지표(Verbal Comprehension Index: VCI) (Gc)
- 시공간 지표(Visual-Spatial Index: VSI) (Gv)
- 유동추론 지표(Fluid Reasoning Index: FRI) (Gf)
- 작업기억 지표(Working Memory Index: WMI) (Gwm)
- 처리속도 지표(Processing Speed Index: PSI) (Gs)
- 상징해석 지표(Symbol Translation Index: STI) (Glr)
- 저장 및 인출 지표(Storage and Retrieval Index: SRI) (Glr)

다섯 가지 WISC-V 기본 지표는 Gc, Gv, Gf, Gwm, Gs와 함께 배열할 수 있고, Glr은 WISC-V의 3개의 지표, 즉 명명속도 지표(NSI), 상징해석 지표(STI), 저장 및 인출 지표(SRI)로 측정될 수 있는데, 각 지표에 대해서는 다음에서 자세히 논의할 것이다.

WIAT-III(Pearson, 2009)의 구어표현 소검사와 듣기이해 소검사 역시 언어이해 지표(Gc)를 측정한다.

WIAT-III의 가짜단어 해독(Pseudoword Decoding) 소검사와 기초 읽기 기술(Early Reading Skills) 소검사는 문자소-음소(grapheme-phoneme) 지식을 측정하는데, 이는 청각적 처리(Ga) 과제로서 읽기와 쓰기 과정에 필수적인 것이다. 따라서 WISC-V와 WIAT-III를 함께 사용한다면 CHC의 광범위 능력 일곱 가지를 모두 다룰 수 있다. 이러한 이유에서 많은 실무자가 학습장애를 측정하려고 할 때 매우 일상적으로 WIAT-III를 WISC-V와 연계하여 시행한다.

〈표 8-3〉은 CHC 분류법을 WIAT-III, KTEA-3, WISC-V의 소검사들을 광범위능력과 세부 능력에 따라 보다 자세히 구분한 것이다. 또한 이 표에서 알 수 있는 것은 새로운 WISC-V의 보충 소검사이다. 표에서처럼 WISC-V를 WIAT-III나 KTEA-3과 함께 쓴다면 Ga, Gc, Gf, Gs, Glr(Gl과 학습효능감 둘 다, 그리고 Gr과 회상

유창성 둘 다), Gwm, Gv, Grw-R, Grw-W, Gq를 한눈에 볼 수 있다.

WISC-V의 보충 지표와 소검사들은 읽기나 수학과 같은 특정학습장애로 진단받는 아동을 심리교육적으로 평가하기 위해 특별히 설계된 것이다. 다음에서는 각각의 WISC-V 지표 점수와 소검사 구성, 그리고 각각의 소검사에서 다루는 과제가 무엇인지 살펴보겠다.

표 8-3 WIAT-III, KTEA-3, WISC-V Subtests B에 대한 CHC 분류표

전반적 능력	미세 능력	WIAT-III 하위 검사	KTEA-3 하위 검사	WISC-V 하위 검사
Ga	음성적 기호(PC)	초기 읽기 기술	음성적 처리	
Gc	일반적 언어정보(K0)			이해
				상식
	듣기 능력(LS)	구술이해(LC subtest)	듣기이해	
	어휘지식(VL)	수용어휘(LC subtest)	읽기어휘	공통성
		표현어휘(OE subtest)		어휘
	언어 발달(LDs)		읽기어휘	
	의사소통 능력(CM)		구어표현	
	문법 예민성(MY)		쓰기표현(작문)	
			구어표현	
Gf	수량추론(RQ)	수학 문제풀이	수학개념 및 적용	
	유추(I)			행렬추리
				공통그림찾기
	일반적 순차추론(RG)			무게비교
Gs	검사 수행율(R9)		해독 유창성	기호쓰기
			단어인지 유창성	
	숫자기능(N)	수학 유창성-덧셈	수학 유창성	수량적 명명속도
		수학 유창성-뺄셈		
		수학 유창성-곱셈		
	지각속도(P)			선택
				동형찾기

〈계속〉

	의미기억(MM)			
	연합기억(MA)			지연적 기호변환
	관념적 유창성(FI)	구술단어 유창성 (OE subtest)	연합적 유창성	
				즉각적 기호변환
Glr				기호변환 재인
	명명기능(NA)		물체 명명기능	명명속도 문해
			문자 명명기능	명명속도 색깔-물체
				명명속도 색깔-물체
				명명속도 문자-숫자
	기억범위(MS)	문장반복(OE 소검사)		숫자 바로 따라하기
				그림기억
	작업기억(MW)			산수
Gwm				숫자
				숫자 거꾸로 따라하기
				숫자 순서대로 따라하기
				순차연결
Gv	시각화(Vz)			토막짜기
				퍼즐
	읽기이해(RC)	읽기이해	읽기이해	
			읽기어휘	
	읽기해독(RD)	초기읽기기술	문자 · 단어인식	
		단어읽기	단어인식 유창성	
Grw-R		가짜단어 해독	비단어 해독	
			해독 유창성	
			문자명명기능	
	읽기속도(RS)	구술읽기 유창성	속으로 읽기 유창성	
			단어인식 유창성	
	쓰기 능력(WA)	글짓기	쓰기표현	
	영어사용 지식(EU)	문장짓기	쓰기표현	
Grw-W	철자법 능력(SG)	철자법	철자법	
	쓰기속도(WS)	알파벳 쓰기 유창성	쓰기 유창성	
	수학성취도(A3)	수학 문제풀이	수학개념 및 응용	
		숫자조작	수학계산	
Gq		수학 유창성-덧셈	수학 유창성	
		수학 유창성-뺄셈		
		수학 유창성-곱셈		

1) 명명속도 지표[1)]

명명속도 지표(Naming Speed Index: NSI)는 2개의 보충 소검사, 즉 언어적 명명속도(Naming Speed Literacy: NSL)와 수량적 명명속도(Naming Speed Quantity: NSQ)로 구성되어 있다. 언어적 명명속도 소검사에서 아동들은 다양한 자극의 이름을 최대한 빨리 말하도록 한다. 이 과제에서는 색깔, 물체, 글자, 숫자 등을 빠르게 맞추는 전통적인 명명과제 패러다임에서 사용하는 자극과 요소를 활용하기 때문에 읽기 및 쓰기 표현 기술을 민감하게 감지하여 읽기장애 혹은 쓰기장애와 같은 특정학습장애를 잘 변별할 수 있다. 그와 비슷한 과제들이 읽기와 철자법 기술발달, 읽기 성취도, 읽기와 철자법과 관계된 많은 변인과 매우 밀접하게 연관되어 있으며 읽기 학습장애를 민감하게 변별할 수 있다(Crews & D'Amato, 2009; Korkman, Barron-Linnankoski, & Lahti-Nuuttila, 1999; Korkman, Kirk, & Kemp, 2007; Powell, Stainthorp, Stuart, Garwood, & Quinlan, 2007; Wechsler & Kaplan, 2015; Willburger, Fussenegger, Moll, Wood, & Landerl, 2008). 몇몇 연구는 이러한 과제들이 수학적 기술, 수학장애, 다른 임상적 상태 등과도 관련된다고 주장한다(McGrew & Wendling, 2010; Pauly et al., 2011; Willburger et al., 2008; Wise et al., 2008). 이 과제들은 ADHD(Korkman et al., 2007), 단일언어와 이중언어 모두에게서 나타나는 언어장애(Korkman et al., 2012), 그리고 자폐스펙트럼장애(Korkman et al., 2007) 등의 다양한 신경발달적 상태에도 민감하다. 신경발달적 문제의 위험성이 있는 아동은 저장 및 인출에서의 유창성, 명명기능 등을 측정하는 다른 유사한 검사에서도 낮은 점수가 보고되었다(Flanagan et al., 2012). 이 소검사들은 학령기 아동 발달에 매우 중요한 역할을 하는 시각적-언어적 연합의 자동성을 중점적으로 측정한다.

NSQ 소검사에서 아동은 일련의 상자 안에 있는 네모의 수량을 최대한 빨리 말하도록 요구받는다. 이 소검사는 전통적 명명과제보다 수학 기술과 수학에서의 특정학습장애를 더 민감하게 보여 주었던 연구에서 사용된 과제와 비슷하다. 전통적 명명과제는 재빨리 자동화된 이름을 대는 과제로서 읽기와 쓰기 관련 변인들과 보다 밀접하게 연관되어 있다(Pauly et al., 2011; van der Sluis, de Jong, & van der Leij, 2004;

1) 역자 주: 한국판 WISC-V에서는 타당화되지 않은 지표임

Willburger et al., 2008). 자극의 이름을 재빨리 대는 과제는 명명기능, 저장 및 인출 유창성 등을 측정하는 것이다(Flanagan et al., 2012).

2) 기호변환 지표[2)]

기호변환 지표(Symbol Translation Index: STI)는 익숙하지 않은 기호와 그것의 의미를 연합하여 학습하고, 새로운 방식으로 적용하는 능력을 측정한다.

이 소검사는 세 가지 조건, 즉 즉각적 조건, 지연적 조건, 재인지 조건으로 구성되어 있다. 즉각적 기호변환(IST) 소검사에서 아동은 시각적-언어적 쌍을 학습한 후 일련의 기호들을 구절이나 문장으로 변환한다. 즉각적 기호변환과 비슷한 과제들이 언어와 시각을 연합시키는 기억 또는 쌍을 지어 연합시키는 학습법, 저장 및 인출 유창성, 즉각적 기억 능력을 측정하는 것으로 보고되었다(Flanagan et al., 2012; Flanagan & Alfonso, 2017). 이것을 단서적 기억 패러다임이라고 하며, 아동이 특정한 시각적 단서와 관련된 정보를 기억해 내는 것을 말하는 것이다.

시각-언어 연합 기억 과제는 읽기 해독 기술, 단어 읽기 정확성 및 유창성, 텍스트 읽기, 읽기이해와 밀접하게 관련이 있고(Elliott, Hale, Fiorello, Dorvil, & Moldovan, 2010; Evans, Floyd, McGrew, & Leforgee, 2001; Floyd, Keith, Taub, & McGrew, 2007; Hulme, Goetz, Gooch, Adams, & Snowling, 2007; Lervåg, Bråten, & Hulme, 2009; Litt, de Jong, van Bergen, & Nation, 2013; Wechsler & Kaplan, 2015), 수학계산과 수학적 추론 기술과도 관련이 있다(Floyd, Evans, & McGrew, 2003; McGrew & Wendling, 2010). 나아가, 시각-언어 연합 기억 과제는 언어적 산출을 요구받는 상황에서의 난독증을 잘 변별한다(Gang & Siegel, 2002; Li, Shu, McBride-Chang, Liu, & Xue, 2009; Litt & Nation, 2014).

지연적 기호변환(DST) 조건에서 아동은 즉각적 기호변환 단계에서 학습하였던 시각-언어 쌍을 기억하여 일련의 기호를 문장으로 변환한다. 지연적 기호변환은 시각-언어 협응기억 또는 쌍을 지어 연합시키는 학습, 저장 및 인출 유창성과 정확성, 지연된 기억 능력을 측정하는 것이다(Flanagan & Alfonso, 2017). 이 과제를 단서적 기억 패러다임이라고 한다.

2) 역자 주: 한국판 WISC-V에는 타당화되지 않은 지표임

기호변환 재인(RST) 소검사에서 아동은 기호를 보고 즉각적 기호변환 단계에서 사용하였던 시각-언어 쌍을 기억해 내어 검사자가 소리 내어 읽어 주는 응답 선택지 중 올바른 것을 고른다. 기호변환 재인 소검사는 시각적-언어적 협응 기억 또는 쌍을 지어 연합시키는 학습, 저장 및 인출 유창성과 정확성, 지연된 인식 능력을 측정하는 것이다(Flanagan & Alfonso, 2017). 이 과제는 과제 내에서 제시된 단어에 반응하도록 제약을 두기 때문에 잘못된 단어가 떠오를 가능성이 없다. 이 과제는 내용학습(예: 정확한 단어)이 아닌 연합학습의 강점을 측정한다. 검사자는 기억 수행에 있어 제약을 두는 기억이 어떤 영향을 주는지 알기 위해 이 과제와 지연된 조건 단계의 과정을 비교해 볼 수도 있다.

3) 저장 및 인출 지표

저장 및 인출 지표(Storage and Retrieval Index: SRI)는 명명속도 지표와 기호변환 지표를 묶어서 만든 것이다. 이 지표에서는 아동들이 학습했던 정보들을 저장하고 정확하고 신속하게 인출하는 능력을 전체적으로 측정한다.

5. 특정학습장애 아동에 대한 WISC-V 연구

WISC-V 기법 및 해석 매뉴얼에서는 특정학습장애에 대한 세 가지 연구결과, 즉 읽기 학습장애(SLD-R), 읽기 및 쓰기 학습장애(SLD-RW), 수학 학습장애(SLD-M)를 보고하고 있다(Wechsler, 2014b). 이 연구는 읽기 학습장애로 진단받은 7~16세의 아동 30명, 읽기와 쓰기 학습장애로 진단받은 6~14세의 아동 22명, 수학 학습장애로 진단받은 9~16세의 아동 28명을 대상으로 수행되었다. 읽기와 쓰기 학습장애를 진단받은 연구 대상자들 중에는 남아의 수가 더 많았는데(남자 15명, 여자 7명), 이는 여아에 비해 남아의 쓰기 곤란이 더 현저하다는 결과와 일치하는 것이다(Reynolds, Scheiber, Hajovsky, Schwartz, & Kaufman, 제출 중). 읽기 학습장애와 수학 학습장애 집단은 성비가 대체로 균등했다. 아무런 임상적 진단을 받지 않은 통제집단 아동들은 규준집단 내에서 무선표집하였고, 나이, 성별, 인종, 부모의 학력 수준 등을 임상집단과 유사하게 구성하였다.

초기 단계에서는 DSM-5(2013) 진단 준거를 포함하여, 능력-성취 간 불일치를 입증하는 기록, 강점 및 약점 패턴 분석, 학습장애 서비스 적격 대상 등의 다양한 기준으로 특정학습장애로 진단되거나 판별된 아동을 모두 연구에 포함하였다. 그런 다음 DSM-5의 특정학습장애 진단 준거를 기준으로 모든 사례를 재검토하였다. DSM-5의 준거는 읽기, 읽기와 쓰기, 수학에서의 손상을 아우르며, 이러한 손상이 아동의 생활연령에서 기대되는 수준 이하로서 학교생활기능에 심각한 어려움을 초래한다는 것이 실질적 · 수량적으로 표현될 수 있는 것을 말한다. 학습장애 공병진단은 읽기 및 쓰기 학습장애 집단 외에는 허용되지 않는다.

읽기 학습장애 아동과 통제집단 아동 간 수행 비교 결과는 〈표 8-4〉와 같다. 읽기 학습장애 집단의 아동들은 모든 지표에서 유의미하게($p<.05$) 낮은 점수를 받았고 점수 차에 대한 효과크기는 중상 수준으로 나타났다. 모든 전체 지표[전체 IQ, 비언어적 지표(NVI)와 일반능력 지표(GAI), 인지효율 지표(CPI)]에서도 효과크기는 상 수준으로 나타났다. 읽기 학습장애 집단에서 나타난 낮은 지표 점수는 작업기억, 장기기억 및 인출, 언어추론, 언어 명명속도, 즉각적 쌍연합학습, 수량적 추론에서 상당한 어려움이 있음을 보여 준다. 소검사 수준에서는 그림기억, 숫자, 공통성, 산수에서 가장 큰 효과크기가 나타났다.

읽기 및 쓰기 학습장애 아동과 통제집단 아동 간 수행 비교 결과는 〈표 8-5〉와 같다. 읽기 및 쓰기 학습장애 집단의 아동들은 시공간 지표(VSI)와 처리속도 지표(PSI)를 제외한 모든 지표에서 유의미하게($p<.05$) 낮은 점수를 받았다. 읽기 학습장애 집단과 비슷하게 읽기 및 쓰기 학습장애 집단의 아동들도 장기기억 및 인출, 작업기억, 언어 명명속도, 수량적 추론, 즉각적 쌍연합학습, 언어적 추론(조금 덜한 수준으로)에서 상당한 어려움을 나타냈다. 소검사 수준에서는 언어 명명속도, 순차연결, 숫자, 공통성, 산수, 즉각적 기호변환에서 가장 큰 효과크기가 나타났다.

수학 학습장애 아동과 통제집단 아동 간 수행 비교 결과는 〈표 8-6〉과 같다. 수학 학습장애 집단의 아동들은 작업기억 지표(WMI)와 명명속도 지표를 제외한 모든 지표에서 유의미하게($p<.05$) 낮은 점수를 받았다. 전체 지표 중에서는 비언어적 지표, 전체 IQ, 일반능력 지표에서 가장 큰 효과크기가 나타났고, 인지효율 지표에서는 중간 수준의 효과크기가 나타났다. 수학장애의 본질과 일관되게 수학 학습장애 집단은 수

량화, 개념화, 공간 추론 능력에서 상당한 어려움을 나타냈다. 소검사 수준에서는 퍼즐, 산수, 토막짜기, 무게비교, 이해에서 가장 큰 효과크기가 나타났다. 수량적 명명속도 소검사에서 효과크기가 낮게 나타난 것은 기대했던 것과 달랐고, 이후의 연구에서 나온 결과(d=1.13)와도 일치하지 않았다(Raiford, Drozdick, & Zhang, 2016). 연구결과가 일치하지 않는 것은 표집의 차이 때문으로 보인다. 나이가 어린 수학 학습장애 아동의 수량적 명명속도 점수가 특히 더 낮을 가능성이 제기될 수 있다. 매뉴얼에 보고된 원래의 수학 학습장애 연구에는 읽기 학습장애나 읽기 및 쓰기 학습장애와는 달리 6~8세의 아동이 한 명도 들어가지 않았기 때문에 수학 기술의 발달과 가장 관련이 높은 수량적 명명속도에서 그러한 결과가 나온 것일 수도 있다. 이러한 견해가 WISC-V 기술 및 해석 매뉴얼(Wechsler, 2014b)의 온라인 보정판에 실려 있는 추가적인 자료를 통해 지지되었는데, WIAT-III의 여러 가지 수학 소검사와 수량적 명명속도와의 상관관계가 연령이 높은 아동보다는 낮은 아동에게서 더 높게 나타났다. 수학 학습장애를 가지고 있는 아동들의 수량적 명명속도 소검사에 있어서 연령 효과나 하위 유형적 효과가 있는지에 대해 후속 연구를 통해 계속 탐구해 볼 필요가 있다.

특정학습장애의 세 집단을 아우른 이 연구에서는 전체 IQ, 일반능력 지표, 양적 추론 지표(Quantitiative Reasoning Index: QRI)에서, 그리고 소검사들 중에서는 산수, 공통성, 즉각적 기호변환 소검사에서 낮은 점수가 나타났고 효과크기는 비교적 컸다. 이 연구에서 나온 결과는 각각의 특정학습장애 표집에서 나타난 수행 점수가 일반적으로 기대했던 경향임을 보여 줌으로써 특정학습장애를 가지고 있는 아동에게 WISC-V를 사용하는 것이 타당함을 지지하였다.

연구결과, 집단 차원에서는 새로운 수행 패턴이 나타난 반면, 개인별 점수 패턴은 다양했다. 읽기에서의 다양한 어려움만큼이나 다양하고 때로는 대조적이기도 한 강점과 약점 패턴이 발견되었으나 이것은 집단 데이터에서는 잘 드러나지 않는다. 이러한 임상적 연구의 가치는 학습장애를 가지고 있는 아동의 능력을 확인하는 추세에 있어 기존에 기대했던 것을 확인하거나 또 다른 중요한 의문을 제기하는 데 있다. 언제나처럼 진단은 자격을 갖춘 실무자의 전문적 판단에 의해 내려진다. 자격을 갖춘 실무자는 단일 검사 점수에 근거하는 것이 아니라, 의료 및 가족력, 인지적·학업적·신경심리학적 검사 점수뿐 아니라 경험적으로 근거가 있는 교육적 개입에서 학생이 어떤 학업적 진전을 보였는지에 대한 내용을 모두 고려하여 판단한다.

표 8-4 읽기 학습장애(SLD-R)를 가지고 있는 아동들의 WISC-V 평균수행

소검사	읽기 학습장애		통제집단		집단 평균 비교			
	평균	표준편차	평균	표준편차	표본 수	차이값	유의도	효과크기
공통성(SI)	8.2	2.2	10.3	2.4	30	2.07	<.01	.90
언어(VC)	7.7	2.6	10.0	3.0	30	2.23	<.01	.79
상식(IN)	8.5	1.9	10.1	2.4	30	1.60	<.01	.74
이해(CO)	8.6	3.2	10.2	2.9	30	1.60	.03	.52
토막짜기(BD)	9.1	2.6	10.3	3.0	30	1.13	.11	.40
퍼즐(VP)	8.5	3.1	10.3	2.2	30	1.87	<.01	.70
행렬추리(MR)	8.6	2.1	10.4	2.6	30	1.83	<.01	.77
무게비교(FW)	8.9	2.3	10.3	3.0	30	1.37	.08	.51
공통그림찾기(PC)	8.8	3.0	9.5	2.4	30	.70	.35	.26
산수(AR)	8.4	2.1	10.7	3.2	30	2.30	<.01	.85
숫자(DS)	8.2	1.6	10.5	2.3	30	2.33	<.01	1.18
그림기억(PS)	7.7	2.6	10.8	2.1	30	3.10	<.01	1.31
순차연결(LN)	8.2	2.3	9.9	2.1	30	1.73	<.01	.79
기호쓰기(CD)	8.7	3.1	10.1	3.0	30	1.40	.02	.46
동형찾기(SS)	8.8	2.7	10.0	2.9	30	1.23	.07	.44
추상선택(CA)	9.5	3.1	9.5	3.3	29	.03	.97	.01
언어적 명명속도 (NSL)	88.9	16.3	100.4	12.5	29	11.55	<.01	.80
수량적 명명속도 (NSQ)	89.7	14.6	102.6	14.1	29	12.83	<.01	.89
즉각적 기호변환 (IST)	91.9	12.6	102.5	12.1	30	10.53	<.01	.85
지연적 기호변환 (DST)	93.6	11.5	101.5	13.7	30	7.93	.02	.63
기호변환 재인 (RST)	93.6	9.9	101.5	11.6	30	7.87	.02	.73
종합점수								
언어이해(VCI)	89.1	11.2	100.7	12.6	30	11.63	<.01	.98
시공간(VSI)	93.3	14.1	101.6	12.4	30	8.27	<.01	.62
유동추론(FRI)	92.5	10.8	101.9	13.5	30	9.40	<.01	.77

〈계속〉

작업기억(WMI)	87.8	10.1	104.1	11.2	30	16.23	<.01	1.52
처리속도(PSI)	93.0	15.3	100.3	14.4	30	7.37	.02	.50
전체 IQ(FSIQ)	88.9	10.5	102.0	13.9	30	13.07	<.01	1.06
비언어적(NVI)	89.6	11.8	102.6	13.2	30	13.03	<.01	1.04
일반능력(GAI)	90.0	11.0	101.6	13.1	30	11.63	<.01	.96
인지효율 지표(CPI)	88.6	12.6	102.7	13.3	30	14.17	<.01	1.09
양적추론 지표(QRI)	92.2	9.5	102.7	16.1	30	10.57	<.01	.80
청각작업기억 지표(AWMI)	90.1	9.1	101.2	10.3	30	11.07	<.01	1.14
명명속도 지표(NSI)	88.4	14.0	101.6	13.7	29	13.14	<.01	.95
기호변환 지표(STI)	91.8	11.3	101.5	12.8	30	9.63	<.01	.80
저장 및 인출 지표(SRI)	87.4	11.4	101.9	12.2	29	14.55	<.01	1.23

출처: 자료 및 표의 저작권에 대한 판권은 Pearson(2014)에 있음

표 8-5 읽기 및 쓰기 학습장애(SLD-RW)를 가지고 있는 아동들의 WISC-V 평균수행

소검사	읽기 및 쓰기 학습장애		통제집단		집단 평균 비교			
	평균	표준편차	평균	표준편차	표본 수	차이값	유의도	효과크기
공통성(SI)	7.2	2.0	9.1	2.1	22	1.91	<.01	.93
언어(VC)	7.8	2.4	8.9	2.9	22	1.09	.23	.41
상식(IN)	8.0	1.8	9.3	1.9	22	1.23	.05	.66
이해(CO)	7.5	2.1	8.5	2.6	22	.91	.17	.39
토막짜기(BD)	9.1	2.8	10.1	2.5	22	1.00	.13	.38
퍼즐(VP)	9.6	2.6	9.2	2.8	22	−.45	.49	-.17
행렬추리(MR)	8.2	2.2	9.4	2.8	22	1.14	.21	.45
무게비교(FW)	7.8	3.2	9.9	2.8	22	2.14	.03	.71
공통그림찾기(PC)	9.5	3.0	10.6	2.4	22	1.14	.22	.42
산수(AR)	7.4	2.0	9.6	2.8	22	2.27	<.01	.93
숫자(DS)	7.2	2.6	10.2	3.1	22	3.05	<.01	1.07
그림기억(PS)	8.0	2.0	9.4	3.0	22	1.36	.01	.53

〈계속〉

순차연결(LN)	7.4	2.2	9.8	2.0	22	2.45	<.01	1.17
기호쓰기(CD)	7.8	3.3	9.0	2.8	22	1.14	.20	.37
동형찾기(SS)	9.6	2.9	9.7	2.5	22	.09	.91	.03
추상선택(CA)	9.8	3.3	9.7	3.1	22	−.09	.91	-.03
언어적 명명속도 (NSL)	85.6	16.2	101.9	8.4	21	16.33	<.01	1.27
수량적 명명속도 (NSQ)	88.8	14.0	99.7	13.4	21	10.95	.02	.80
즉각적 기호변환 (IST)	88.2	15.1	102.0	14.3	22	13.73	<.01	.93
지연적 기호변환 (DST)	90.1	16.7	101.1	15.7	22	11.00	.03	.68
기호변환 재인 (RST)	87.1	13.0	98.8	12.5	21	11.67	.01	.92
종합점수								
언어이해(VCI)	86.5	10.1	94.6	11.7	22	8.09	.02	.74
시공간(VSI)	96.2	13.3	98.0	12.5	22	1.73	.53	.13
유동추론(FRI)	88.4	12.2	97.8	13.3	22	9.45	.02	.74
작업기억(WMI)	85.8	9.7	98.7	13.9	22	12.95	<.01	1.08
처리속도(PSI)	93.0	15.8	96.3	11.3	22	3.36	.42	.24
전체 IQ(FSIQ)	84.8	11.1	96.2	10.5	22	11.41	<.01	1.06
비언어적(NVI)	88.6	12.7	95.9	11.5	22	7.27	.02	.60
일반능력(GAI)	87.0	10.9	96.4	12.2	22	9.45	.01	.82
인지효율 지표(CPI)	87.2	12.0	96.8	10.0	22	9.64	<.01	.87
양적추론 지표(QRI)	85.9	12.8	98.5	13.0	22	12.64	<.01	.98
청각작업기억 지표 (AWMI)	85.0	11.1	100.2	12.4	22	15.14	<.01	1.29
명명속도 지표(NSI)	86.2	12.6	100.1	9.0	21	13.86	<.01	1.27
기호변환 지표(STI)	87.1	14.2	100.4	14.3	21	13.29	<.01	.93
저장 및 인출 지표 (SRI)	83.9	14.1	100.1	10.2	20	16.15	<.01	1.31

출처: 자료 및 표의 저작권에 대한 판권은 Pearson(2014)에 있음

표 8-6 수학 학습장애(SLD-M)를 가지고 있는 아동들의 WISC-V 평균수행

소검사	수학 학습장애		통제집단		집단 평균 비교			
	평균	표준편차	평균	표준편차	표본 수	차이값	유의도	효과크기
공통성(SI)	8.1	2.3	10.3	3.3	27	2.11	<.01	.74
언어(VC)	8.1	3.1	9.4	3.1	28	1.32	.04	.43
상식(IN)	7.5	2.3	10.3	3.7	27	2.78	<.01	.90
이해(CO)	8.0	2.7	10.4	3.0	28	2.43	<.01	.85
토막짜기(BD)	7.1	2.3	9.8	3.3	28	2.64	<.01	.93
퍼즐(VP)	7.6	2.6	10.3	2.6	28	2.64	<.01	1.02
행렬추리(MR)	7.2	3.4	9.6	3.3	28	2.36	.01	.70
무게비교(FW)	6.5	3.2	9.4	2.9	28	2.82	<.01	.92
공통그림찾기(PC)	8.7	2.9	11.0	3.9	28	2.32	.02	.68
산수(AR)	6.4	2.4	9.3	3.2	28	2.86	<.01	1.01
숫자(DS)	7.9	2.7	9.9	3.5	28	1.93	.04	.62
그림기억(PS)	8.2	2.7	9.4	4.1	28	1.18	.21	.34
순차연결(LN)	7.9	2.1	9.7	3.7	27	1.81	.04	.60
기호쓰기(CD)	7.6	2.6	9.8	3.7	28	2.14	.01	.67
동형찾기(SS)	8.8	2.9	9.4	2.9	28	.57	.39	.20
추상선택(CA)	10.3	2.9	10.6	3.2	28	.32	.66	.10
언어적 명명속도 (NSL)	95.6	15.8	96.6	18.6	28	1.00	.84	.06
수량적 명명속도 (NSQ)	91.1	15.4	96.0	19.0	28	4.93	.19	.29
즉각적 기호변환 (IST)	88.6	17.0	101.3	16.8	28	12.75	<.01	.75
지연적 기호변환 (DST)	92.5	16.0	101.3	14.3	28	8.86	.04	.58
기호변환 재인 (RST)	90.4	17.0	98.2	15.0	28	7.79	.09	.49
종합점수								
언어이해(VCI)	90.3	13.7	99.5	16.4	27	9.19	<.01	.61
시공간(VSI)	85.4	12.6	100.0	15.3	28	14.61	<.01	1.04

〈계속〉

유동추론(FRI)	82.2	15.4	96.7	16.2	28	14.46	<.01	.91
작업기억(WMI)	88.7	13.5	97.7	20.4	28	9.00	.07	.52
처리속도(PSI)	90.2	14.2	97.7	15.6	28	7.46	.03	.50
전체 IQ(FSIQ)	83.6	11.9	98.4	16.4	27	14.85	<.01	1.04
비언어적(NVI)	81.5	13.7	97.6	15.9	28	16.11	<.01	1.09
일반능력(GAI)	84.2	12.0	98.6	16.5	27	14.44	<.01	1.00
인지효율 지표(CPI)	87.3	13.9	97.0	16.6	28	9.71	.02	.63
양적추론 지표(QRI)	79.9	13.7	96.2	16.2	28	16.29	<.01	1.09
청각작업기억 지표 (AWMI)	88.3	11.2	99.1	19.2	27	10.78	.02	.69
명명속도 지표(NSI)	92.6	14.2	96.4	18.8	28	3.79	.36	.23
기호변환 지표(STI)	90.1	16.1	100.2	16.0	28	10.07	.02	.63
저장 및 인출 지표 (SRI)	89.7	15.7	98.0	14.1	28	8.25	.03	.55

출처: 자료 및 표의 저작권에 대한 판권은 Pearson(2014), Wechsler(2016b)에 있음

6. WISC-V를 활용한 특정학습장애 확인의 재검토

미연방정부에서는 특정학습장애의 정의를 30년 넘게 동일하게 유지해 왔다. 그러나 2006년 연방의 규정에 따라 학군마다 다르게 시행되고 있는 특정학습장애를 판별하는 방법에 변화가 일어났다. 예를 들어, 이러한 규정에 따라 능력-성취 간 불일치(Ability-Achievement Discrepancy: AAD)를 보는 방식이 계속 허용되고 있지만, 이는 더 이상 유일한 기준이 아니다. 일부 학교에서는 그 사용을 배제한 반면, 다른 학교들은 평가 과정의 한 부분으로 계속해서 쓰고 있기도 하다. 또한 연방정부의 가이드라인에서는 개입에 대한 반응이 어떠한지를 보는 중재반응모델(RTI)을 권장하는데, 이는 현재 많은 주에서 사용되고 있다. 동시에 '제3의 방법'이라고 부르는 것도 허용하고 있는데, 이는 특정학습장애를 식별하는 데 있어 대안적인 근거기반적 접근(research-based approach)을 의미하며 현재 50개 중 20개 이상의 주정부에서 채택하고 있다(Sotelo-Dynega, Flanagan, & Alfonso, 2011).

2004년 「장애인교육법(IDEA)」[Sec.602(30)]에 따르면, 특정학습장애는 '하나 또는 그 이상의 기본적 심리과정'상의 장애를 의미한다. 이러한 과정은 법으로 정의되지 않으며 또한 법은 이 과정상의 약점에 대한 증거를 요구하지 않는다. 그러나 제3의 방법은 아동이 가진 강점과 약점의 패턴이 특정학습장애의 조작적 정의와 일치하는지 여부를 판단하기 위해서 인지 처리 과정에 대한 평가가 필요하다고 보는 접근법이다. 특정학습장애를 판별하기 위한 근거기반적 접근은 제3의 방법과 맥락을 같이 한다. Berninger의 개입에 대한 평가, Flanagan과 동료들의 특정학습장애에 대한 조작적 정의, Naglieri의 차이점/일치점 모델, Hale과 Fiorello의 일치/불일치 모델은 모두 이에 속한다(각각의 모델에 대한 개관은 Flanagan & Alfonso, 2011 참조). 이 접근법들은 비슷한 양상을 공유하고 있다. 각각의 모델에서는 성취도상의 약점과 해당 성취 분야와 관련이 있는 인지 처리 과정상의 약점[단어인지의 수행을 측정하는 데 있어 명명속도 지표(NSI) 또는 기호변환 지표(STI)] 간의 논리적 일관성이 있을 것이라고 생각한다. 또한 이 모델은 성취도상의 약점과 해당 성취 분야와 관련이 없는 인지 처리 과정상의 강점(단어인지의 수행을 측정하는 데 있어 시공간 지표) 간 통계적인 차이를 예측한다. 결과적으로, 이 모델은 인지 처리 과정상의 강점과 약점 사이의 통계적 차이를 예측하려는 것이다.

Berninger(2011)의 생각에 따르면, 인지적 평가는 다양한 진단에 필수적이다. 특히 전체적인 인지 능력, 언어추론, 비언어적 추론에 필수적이며 WISC-V를 사용하여 전체 IQ, 언어이해 지표(VCI), 비언어적 지표(NVI)를 측정할 수 있다. 일반적인 지적 기능을 측정하는 전체 IQ는 발달장애를 진단하는 데 중요하다. 또한 언어적 지능과 비언어적 지능을 측정하는 것은 난독증과 구술 및 쓰기언어(oral and written language)의 학습장애를 구별하는 데 중요하다. 난독증의 경우, 언어이해 지표에서 평균 또는 그 이상의 점수를 받는 것에 비해 기본적인 읽기와 철자를 쓰는 데 어려움이 있다. 언어이해 지표가 난독증을 가지고 있는 아동에게 있어 두드러진 강점이 아닐 수도 있지만, 그 점수가 준거상의 약점이 되어서는 안 된다. 구술 및 쓰기 언어 학습장애의 경우, 아동의 언어적 손상 때문에 언어이해 지표가 종종 준거상의 약점이 되지만, 비언어적 지표로 측정되는 비언어적 추론은 적어도 평균 정도의 수준을 보인다. WISC-V의 세 가지 특정학습장애 임상군에서 언어이해 지표는 통제집단의 아동보다 유의미하게 낮은 표준 평균 점수를 받았는데, 읽기 학습장애는 89, 읽기 및 쓰기 학습장애는 87, 그리고 수학 학습장애는 90점이었다. 표준편차 10~11점인 경우에는 읽기 학습장애와 읽기 및 쓰기 학습장애 임상군의 언어이해 지표 점수가 평균 범위보다 낮은 사례들도 있었다. 이러한 사례가 구술 및 쓰기 언어 학습장애에 해당되는지 확인하기 위해서는 보다 광범위한 평가가 필요하다. 따라서 전체 IQ, 언어이해 지표, 비언어적 지표 점수를 평가의 한 요소로 고려하여 아동이 발달장애, 언어적 손상 또는 난독증이 있는지의 여부를 판단해야 한다.

1) 강점과 약점의 패턴

이처럼 다양하게 특정학습장애를 식별하는 '제3의 방법'은 일반적으로 강점과 약점의 패턴(Pattern of Strengths and Weaknesses: PSW) 접근법이라고 불린다. Pearson의 디지털 평가 및 해석 체계, 즉 Q-인터렉티브와 Q-글로벌에서는 이 모델에 의거하여 WISC-V와 카우프만 학업성취도 검사 제3판(Kaufman Test of Educational Achievement, Third Edition: KTEA-3)(Kaufman & Kaufman, 2014) 또는 WIAT-III을 채점할 수 있다. 강점과 약점 패턴 접근법은 Hale과 Fiorello의 일치-불일치 모델(Concordance-Discordance Model: C/DM)과 가장 밀접하게 일치한다(Hale & Fiorello, 2004).

강점과 약점 패턴 접근법은 특정학습장애가 가지고 있는 가장 중요한 조작적 표식, 즉 학습에서의 예기치 않은 실패를 규명하는 데 통계적으로 바람직한 방법론이다. 예기치 않은 학습의 실패는 인지 처리 과정에서 나타나는 약점과 학업적 약점 사이의 일관성으로 정의되며, 인지 처리 과정상의 강점과 약점 간 상당한 불일치가 있다(Hale & Fiorello, 2004; Hale, Kaufman, Naglieri, & Kavale, 2006). 이 모델을 사용하려면 실무자는 학생의 성취도상의 약점, 인지적 처리 과정상의 강점과 약점을 대표하는 표준화된 측정 방법을 선택하여야 한다. 일반적으로 높은 신뢰도 계수를 보유한 지표, 즉 각 지표 내에서도 일관성 있는 점수를 보이는 소검사가 좋다. 강점과 약점을 측정하기 위한 선택의 가이드라인은 다음과 같다. 첫째, 성취도상의 약점 분야는 검사를 의뢰한 목적과 일관되어야 하고, 교사나 다른 측정에게서 보고된 낮은 수행과 교차 검증해야 한다. 둘째, 인지적 처리 과정상의 약점은 임상적으로 또는 경험적으로 성취도상의 약점과 관련성이 있어야 하며, 이로써 학생이 가지고 있는 학업상의 어려움이 최소한 부분적으로라도 인지 처리 과정상의 약점으로 합리적 설명이 되어야 한다. 셋째, 인지 처리 과정상의 강점은 임상적으로든 경험적으로든 성취도상의 약점과 관련성이 커서는 안 된다.

읽기에 어려움이 있어서 의뢰된 학생들을 평가할 때 강점과 약점 패턴 접근법 내에서 WISC-V와 WIAT-III을 사용하는 경우를 생각해 보자. 학생이 기본적 읽기 기술에서 약점을 보였고 이것이 WIAT-III의 기본적 읽기 부문(Basic Reading composite) 점수에서 평균 범위 이하로 나타났다. 이와 비슷하게, 단어 읽기(Word Reading)와 비단어 해독(Pseudoword Decoding)에서도 점수가 낮았다. WISC-V의 지표들로 측정하는 이론적 구인의 타당성을 지지하는 선행 연구에서는 WISC-V의 지표 점수들, 즉 작업기억, 처리속도, 청각작업기억 지표, 기호변환 지표, 저장 및 인출 지표, 명명속도 지표의 점수가 기본적 읽기 기술에서 나타나는 인지적 처리 과정상의 약점과 연관이 있음을 규명하였다(예: Fiorello, Hale, & Snyder, 2006; Hale, Fiorello, Kavanagh, Hoeppner, & Gaither, 2001). 음성학적 처리 과정상의 약점이 전형적으로 진단적 언어 및 성취도 검사에 들어 있다는 것도 관련성이 있다. WISC-V의 지표 중 언어이해 지표, 시공간, 유동추론의 지표 점수들은 기본적 읽기 기술과 관련이 없는 인지적 처리 과정상의 강점으로 간주될 수 있다.

표준점수를 통계적으로 비교하기 위해 차이값의 표준오차를 활용하게 되면, 강점과 약점 패턴 접근법의 불일치를 인지적 처리 과정상의 약점과 강점 간의 유의미한 차이와 성취도상의 약점과 인지적 처리 과정상의 강점 간의 유의미한 차이를 의미하는 것으로 설명할 수 있다. 인지적 처리 과정상의 약점과 성취도상의 약점의 일관성을 통계적으로 보여 주는 것이 강점과 약점 패턴 접근법의 핵심은 아니지만(Hale & Fiorello, 2004를 참조), 일치-불일치 모델의 적용법에서는 이 단계가 포함되어 있다(예: Hale et al., 2013). 만약 학생이 질 좋은 수업에도 반응이 없고 강점과 약점 패턴 모델의 준거에도 부합한다면, 마지막 단계는 이 학생이 특수교육 서비스를 받을 수 있는 IDEA 법령 및 시행령 요건에 해당되는지를 확인하는 것이다.

강점과 약점 패턴 접근법을 중재반응모델 체계의 3단계로 통합함으로써 교육자가 위기에 처한 학습자를 조기에 발견하여 개입할 수 있었고, 교육에 반응하지 않는 특정학습장애를 구별해 내는 데 경험적으로 지지된 접근을 할 수 있었다. 2004년 IDEA에서는 실무자로 하여금 특정학습장애를 결정하기 위해 중재반응모델 또는 인지 내적 과정의 접근법 둘 중의 하나는 반드시 써야 한다고 제안하거나 암시를 한 것은 아니다. 다만 중재반응모델와 인지적 평가 두 가지 모두 쓰는 것이 특정학습장애를 정확하게 구별하고 개인에게 맞춤형 개입을 제공하는 데 바람직하다고 하였다(Hale et al., 2006). 학습장애를 가지고 있는 아동에게는 인지적 강점과 학업적 강점 및 필요성에 잘 들어맞는 개입이 필요하다. 논란의 여지는 있지만 강점과 약점 패턴 접근법이 차별화된 개입을 계획하는 데 필요한 정보를 제공할 수 있다(Fiorello, Hale, & Wycoff, 2012).

강점과 약점 패턴 접근법은 또한 학습장애를 가지고 있는 영재아동 또는 '이중예외성(twice exceptional)'을 지닌 아동을 판별해 내는 데 적합하다. 이들은 지적 · 학업적 성취도가 월등하지만 한 가지 또는 그 이상의 영역에서 성취를 어렵게 만드는 특정 처리 과정상의 약점을 가지고 있다(Brody & Mills, 1997). 어떤 연구자들(예: Lovett & Sparks, 2011)은 학습장애를 가지고 있는 아동은 평균 이하의 성취도를 보인다고 하기도 하고, 또 다른 연구자들은 학업적 성취도가 평균 범위에 속하더라도 개인 내에서 높낮이를 보이며 이것이 학습장애의 본질이라고 하였다(NJCLDs, 2011; Reynolds & Shaywitz, 2009). Maddocks(2018)은 이러한 준거를 사용하여 2~86%에 있는 IQ 130 이상의 사람 중 IQ와 학업적 성취 간의 불일치를 보이는 사람들의 비율이 높다는 것을 발견하였다. 이렇게 능력과 성취 간에 불일치가 높은 것은 평균으로의 회귀에서 비롯된 것이라고 추측된다(Woodcock, 1984).

학습장애를 규명하기 위해 전통적인 능력-성취 간 불일치 모델을 사용한다면 이러한 학생들은 학업적 수행도가 절대적인 의미에서 충분히 하위 수준이 아니기 때문에 통상적으로 특수교육 서비스의 적격성에서 제외된다. 학습장애의 규명을 위해 낮은 등급의 성취도에만 초점을 두는 중재반응모델(또는 기타 접근법) 방식은 학습장애를 가지고 있는 영재학생을 가려내는 데에는 마찬가지로 문제가 있으므로 개인 내의 강점과 약점을 반드시 고려하여야 한다(Silverman, 2003을 참조). Crepeau-Hobson과 Bianco(2011, 2013)에 따르면, 두 번째 단계에서는 학업적 · 인지적 처리 과정, 사회정서적 영역을 측정하는 평가가 들어가야 하고, 세 번째 단계에서는 지적 · 학업적 강점과 약점을 측정하는 총체적인 심리교육적 평가가 들어가야 한다. 개인 내적으로 저성취가 나타나는 부분이 무엇인지 확인할 수 있는 교육적 세팅에서는 강점과 약점 패턴 방식이 이중예외성을 가지고 있는 학생을 판별해 내는 데 매우 적합하지만, 강점과 약점 패턴 모델을 사용하는 데 있어서 몇 가지 주의가 필요하다. Miciak, Fletcher, Vaughn, Stuebing과 Tolar(2013)는 학습장애 분류 비율에 있어서 강점과 약점 패턴 모델 간에 일치도가 낮고, 개입에 잘 반응하지 못하는 학생을 적절히 구별해 내지 못한다는 결과를 제시하였다. 독특한 하위 유형을 지닌 학생이 다양한 형태의 학업적 개입에 더 잘 반응한다는 증거 또한 없다고 하였다.

강점과 약점 패턴 분석 결과를 해석할 때, 통계적 결과의 유의미성만 가지고 학습장애를 진단해서는 안 된다. 특정학습장애의 판별은 통계적 결정이 아니며, 통계적 분석의 결과는 단지 종합적 임상평가의 한 가지 요소로 고려할 뿐이다. 강점과 약점 패턴 접근법은 중재반응모델(즉, 경험적으로 지지된 개입 및 진행 과정을 모니터링하는 조기 개입)이 가지고 있는 장점을 통합하는 균형 잡힌 실무 모델 내에서 사용되어야 하며, 특정학습장애를 식별하는 연구결과가 뒷받침되었는지를 확인하여야 한다(Hale, 2006). 조기개입에 속히 반응을 보이지 않는 아동들에게는 종합적 평가와 강점과 약점 패턴 접근을 통합하여 사용할 수 있으며, 어째서 학생이 어려움을 겪고 있는지, 이 학생의 학습 프로파일을 가장 잘 설명해 줄 수 있는 학습장애의 유형 또는 하위 유형이 무엇인지, 그리고 그에 따라 어떻게 개입을 해야 하는지를 이해하는 데 적합한 정보를 제공해 준다. 예를 들어, 음운학적 약점을 가지고 있어서 읽기에 어려움이 있는 학생은 유창성에 약점을 가지고 있는 학생과는 다르게 가르쳐야 한다. 오로지 강점과 약점의 패턴에 기반한 하위 유형에 세심한 주의를 기울여야만 효과적인 개입이 될 수 있다.

7. 사례연구: 심리학적 평가

사례연구: 앤(Ann)–산술 학습장애			
심리학적 평가 (기밀서류)			
성명	앤 블룸(Ann Bloom)	보고일자	2017년 8월 21일
생년월일	2005년 6월 8일	학년	6
성별	여성	학교	중학교
검사일시	2017년 8월 16일	검사 시 연령	12년 2개월

1) 현재의 증상

블룸(Bloom) 씨 부부는 딸 앤(Ann)이 중학교 입학시험의 수학 과목에서 해당 학년보다 낮은 점수를 받았다고 하면서 검사를 신청하였다. 앤의 초등학교 시기 동안 앤의 어머니가 거의 도맡아 홈스쿨을 하였으며 다음의 사항을 보고하였다. 앤은 수학을 거의 습득하지 못했는데 배우고자 노력은 하지만 조금 나아가는가 싶다가도 복습을 했을 때는 배운 것을 거의 기억해 내지 못했다. 앤은 수학에서 알아야 할 것들을 암기하는 데 어려움이 있었다. 초등학교 고학년에 올라가자 수학의 논리와 용어는 점점 어려워졌고 문제를 풀기 위해 모든 것을 그림으로 그려야 했다. 암산을 하는 것은 더욱 어려워했다. 한 문제를 풀고 나서 약간만 숫자를 바꾸어도 풀기를 어려워했다. 블룸 씨 부부는 앤이 수학에서 어려움을 가지고 있다는 특성을 문서화하여 중학교에 들어가기 전에 환경적 조정을 마련하고 개입계획을 요청할 수 있었으면 좋겠다고 하였다.

블룸 씨 부부는 앤이 유치원에 다닐 적에 담임교사에게서 앤에게 ADHD가 있는 것 같다고 보고받았다고 하였다. 과연 정말로 그러한지도 알아보고 싶고, 또한 만일 그렇다면 무엇을 어떻게 해야 하는지도 배우고 싶다고도 하였다.

부모가 작성한 초기 접수면접 증상 체크리스트에서 앤이 주의가 산만하다는 여러 징후가 다음과 같이 보고되었다. 앤은 학교과제든 가정학습이든 또는 허드렛일이든 간에 해야 하는 일을 자주 빼먹고 과제를 완수하는 데 어려움을 겪었으며, 과제를 하는 동안에도 정신이 다른 데 가 있는 듯 보였다. 소음이 있거나 뭔가 다른 일이 생기면 하고 있었던 것을 금방 그만두었고 뭘 하려고 했었는지도 기억하지 못하며 혼란스럽게 행동하였다. 노력이 들어가야 하는 일은 회피하였고, 거의 매번 집중하는 데 큰 어려움을 보였다. 지시사항은 들었다 안 들었다 하였고, 말로 하는 지시사항은 거의 귀 기울여 듣지 않는 듯했다. 매우 정리가 안 되어 있고, 계획을 세우는 기술 또한 부족하였다. 할 일을 세 가지 정도 말로 전달하였을 때 완수하는 것을 어려워했다. 앤은 자기가 주의지속 시간이 짧고 집중에 문제가 있다고 말했다. 더 집중을 하라고 사람들(특히 어머니)이 자주 얘기했지만 한 번도 그렇게 하지 못했고 주의집중이 너무 어려웠다고 하였다.

접수면접 체크리스트에서 앤의 부모는 과잉행동과 충동성으로 볼 수 있는 행동들을 앤에게서 많이 볼 수 있었다고 하며 다음과 같이 보고하였다. 앤은 지나치게 활동적이고 생각 없이 행동하거나 통제를 벗어난 행동을 하고 자주 방해를 하였다. 어린애처럼 행동한다든지, 자기통제나 무언가를 천천히 하는 것이 안 되는 것처럼 보일 때가 많았다. 손이나 발을 가만히 두지 못하고 쥐고 있는 것을 계속 만지작거렸으며 연필로 집적거리고 씹거나 장신구를 만지작거리면서 가만히 앉아 있지 못하고 거의 계속적으로 움직였다. 앤은 이러한 자신의 행동을 알고 있었고 가만히 앉아 있기가 어렵기 때문에 그게 문제라고 말했다.

앤은 체크리스트에서 자주 걱정을 한다는 증상도 있다고 하였다. 그것은 학교에서 실수를 할까 봐 종종 걱정을 한다는 것이었고, 늘 그렇지는 않다고 하였다. 왜 걱정을 하는지는 잘 모르지만 학교에서나 친구와 있을 때 또는 집에서도 일이 잘 되어가지 않거나 제대로 되지 않을 때는 항상 걱정을 한다고 하였다.

앤은 사회적인 어려움의 징후도 보였다. 앤의 어머니는 다른 아이들이 앤을 자주 놀렸다고 하면서 앤이 친구가 없다고 자주 불평을 하였고 사회적 단서를 이해하지 못하며 또래 아동과 상호작용을 잘 못하였다고 하였다. 예를 들어, 아이들이 못되게 구는 것이 아니라 놀리고 있다는 것을 매번 이해하지 못한다는 것이다. 앤의 어머니는 앤이 어떤 행동을 할 때 왜 친구들이 항상 싫어하는지를 자주 설명해 주어야 했다. 앤은 자신보다 어린아이나 성인과 상호작용을 더 잘했으므로 어머니는 왜 앤이 또래와 지낼 때 어려움을 겪는 것인지 모르겠다고 하였다.

2) 의뢰 시 확인할 질문

앤의 부모는 다음의 질문에 대해 답변을 듣고 배우고 싶어 했다.

첫째, 앤은 수학에서의 특정학습장애를 가지고 있는가?
둘째, 앤은 ADHD를 가지고 있는가?
셋째, 앤의 학업적 또는 사회적 기능을 침해하는 다른 관련된 이슈가 있는가?
넷째, 이러한 상태를 완화시킬 수 있는 개입과 치료가 있다면 무엇인가?
다섯째, 앤이 학교에서 학업적으로 잘 기능하도록 도와주는 환경적 조정이 있다면 무엇인가?

3) 의뢰 시 확인할 질문에 대한 답변

첫째, 앤은 수학에서의 특정학습장애를 가지고 있는가?

그렇다. 앤은 수학에서의 손상으로 인해 특정학습장애의 진단에 부합한다. 수감각, 산술적 사실관계에 대한 기억, 정확한 셈, 계산 유창성에서 손상이 있으며, 셈의 정확성에서는 중간 정도의 손상이 있고 계산 유창성에는 심한 손상이 있다.

둘째, 앤은 ADHD를 가지고 있는가?

그렇다. 앤에게 두 증상이 결합된 ADHD가 있다고 진단하였다. 이는 주의력결핍과 과잉행동/충동성이 둘 다 확연하게 존재한다는 의미이다. 부모와 본인 둘 다 이러한 증상을 보고하였고, 또한 객관적 검사 결과에서도 관찰되었다. ADHD는 집행기능(executive function)의 어려움과 크게 관련되어 있으며 (아마도 따로 분리되지 않아서) 본인도 그로 인해 힘든 것이다. 집행기능이란 자기가 한 행동의 단기적 · 장기적 결과를 생각하면서 결과를 계획하고, 행동을 재빨리 평가하여 그 행동이 효과적이지 않았다면 조정을 하는 능력을 말한다. 학교와 직장에서의 성취는 이러한 기능이 얼마나 강하느냐에 달려 있다.

셋째, 다른 이슈가 있는가?

그렇다. 범불안장애(generalized anxiety disorder)와 사회적(실용적) 의사소통장애[social (pragmatic) communication disorder]가 있다고 진단하였다. 운동협응장애(motor coordination disorder)가 있는지 결정하기 위해서는 후속 평가가 필요하다. 이를 위해 작업치료평가(occupational therapy evaluation)에 의뢰하였고, 신체적 · 평형감각적 · 신경학적 · 시각적 상태를 확진하기 위해 전문의에게 후속평가를 의뢰하였다. 이러한 점이 운동 협응과 균형감에 영향을 미칠 수 있기 때문이다. 여러 가지 신체형 불편감이 앤의 불안에 동반될 수 있다. 신체적 상태는 이러한 증상과 관련이 있기 때문에 전문의의 확진을 통해 확인하여야 한다.

넷째, 학교의 환경적 조정이 요구되는 이슈(학습장애 또는 그 외의 것)가 있는가?

공교육 장면에서 앤은 환경적 조정과 개별화교육계획(IEP)을 요청할 수 있는 자격이 있다. 앤은 주의집중, 말하기, 학업기능에 있어 장애가 있는 특수교육 대상자이며, 다음과 같이 IDEA에서 보장하는 무료 공교육을 받을 수 있다.

- 특정학습장애 카테고리: 수학에서의 특정학습장애
- 기타 건강상의 손상 카테고리: ADHD, 발달적 협응장애(developmental coordination disorder)
- 정서행동상의 어려움 카테고리: 범불안장애
- 말하기 또는 언어적 손상 카테고리: 사회적(실용적) 의사소통장애

앤의 부모는 앤을 사립학교에 입학시킬 계획을 가지고 있으므로 교내 환경 안에서 앤의 상태에 대한 적절한 환경적 조정이 있다면, 또는 학교와 계약이 되어 있는 제공업체가 있다면 도움이 될 것이다. 이 보고서의 결론의 제언 부분에서 환경적 조정에 대해 의뢰하였다.

다섯째, 앤의 교육적 요구에 맞는 계획을 세우는 데 어떤 개입이 필요한지 추천할 수 있는가?

앤이 학교에서 잘 기능하도록 도와주는 방법으로 약물치료, 부가적인 의료 및 작업치료 평가, 행동을 관장하는 기능에 대한 코칭, 활발한 운동, 무술, 텔레비전 시청 제한, 내용 이해를 위한 지원, 수학 과외 등을 추천한다. 이 중 많은 것은 집에서도 할 수 있다. 수학에서의 학습장애와 관련하여 이 보고서의 제언 부분에서 여러 다양한 개입방법을 추천하였다.

4) 평가 절차

- 접수면접 증상 체크리스트
- 아동용 임상적 면담
- 부모면담
- 행동관찰

심리학적 검사의 절차는 다음과 같다.

- 웩슬러 아동용 지능검사 제5판(WISC-V)
- 웩슬러 아동용 지능검사 통합본 제5판(WISC-V Integrated)
- 카우프만 학업성취도 검사 제3판(KTEA-3)
- 발달적 신경심리평가 제2판(A Developmental NEuroPSYchological Assessment: NEPSY-II)
- 언어기초임상평가 제5판(CELF-5) (선택된 하위 검사)
- 아동용 행동평가 체계 제3판(BASC-3)
  - 부모평정 척도(블룸 부부)
  - 자기보고식 척도(앤)
- 행동관장기능에 대한 델리스 척도
  - 부모(블룸 부부)

5) 현재 문제에 대한 배경

앤은 ADHD에 관해 공식적으로 평가를 받은 적은 없었으나 어머니가 앤을 집에서 가르쳐 보니 앤은 자주 공상을 하며 곁길로 새고, 과제에 그림을 그리는 등 해야 되는 과제에 집중을 하지 못했다고 보고하였다. 앤이 대화 내용을 학교보다는 다른 화제로 돌리려고 한다는 것도 관찰되었다.

앤의 어머니가 보고하기를, 앤이 유치원에 다닐 때 집중하는 데 어려움이 있어 ADHD를 가지고 있는 것이 아니냐는 이야기를 담임교사에게 들었다. 앤은 사회적인 어려움은 없다고 하였으나, 어머니는 앤이 또래 아동보다 비교적 미성숙하게 보이며 수학을 제외한 나머지 과목은 비교적 잘한다고 하였다.

앤은 다양한 활동을 하면서 알게 된 지인이 몇 명 있고 교회에서도 몇몇 친구가 있다. 앤의 어머니가 말하기를, 그 아이들이 앤을 끼워 주기는 하나 절친으로 대하는 것 같지는 않다고 하였다. 예를 들어, 파자마 파티에 초대받거나 밖에 함께 놀러 나가는 일은 드물었다.

6) 가족관계와 결혼 배경

앤의 부모는 결혼 17년 차로 결혼생활은 행복하다고 하였다. 앤에게는 한 살 반 많은 언니가 있는데 이름은 베일리(Bailey)이다. 앤은 부모와 가까운 관계에 있으며 이는 앤과 부모 둘 다의 입장에서 그러하다. 앤의 어머니가 보고하기를, 아버지가 어머니보다 앤에게 보다 인내심이 많고, 앤을 집에서 가르칠 때 좌절감이 무척 심하긴 했지만 앤과 함께하는 시간이 대단히 즐거웠고, 앤이 다른 아이들과 함께 학교에 가고 싶다고 물어보지 않는 한은 집에서 계속 가르쳤다고 하였다. 앤은 친구를 더 많이 사귈 수 있게 학교에 가고 싶다고 했다.

앤의 부모는 앤의 언니 베일리가 앤이 충동적인 행동을 할 때 짜증을 내긴 하지만 함께 시간을 보내고 서로 매우 가까운 사이라고 보고하였다. 베일리는 훌륭한 학생이며 공부도 잘하고 친구도 많고 집에서도 책임을 다한다고 한다. 베일리에 대해서는 현재 어떤 염려도 없다고 하였다.

7) 의학적 · 발달적 배경

앤의 어머니는 앤을 정상적으로 임신하였고, 3주 일찍 제왕절개로 앤을 출산하였다. 출산 시 앤은 숨을 쉬지 않아서 아프가(APGAR) 점수가 0점이었는데 기도를 확보한 후 측정한 두 번째 아프가 점수는 정상치였다. 이렇게 다소 충격적인 출생 후에 앤은 거의 이틀 동안 계속 소리를 질렀다고 한다. 앤은 자주 울고 언어적 피드백에 매우 예민하였기 때문에 부모에게는 손이 많이 가는 힘든 아이였다.

앤의 어머니는 앤의 언어발달이 지체되었다고 보고하였다. 2~3세 반 사이에 언어치료를 받았고, 진전을 보여서 다니던 기관을 그만두었다. 운동발달도 약간 지체되었는데 정상 범주 기대치의 말미 정도였다. 9개월 반이 될 때까지도 기지 않았고, 17개월이 되었을 때 걷기 시작했다. 다른 건강상의 문제는 없었다.

앤은 최근 시각과 청각 선별검사를 받았다. 2년간 안경을 착용해 왔고, 학교에 갈 때와 책을 읽을 때 안경을 잘 착용하였다.

8) 현재 약물복용 이력

없음

9) 학업적 배경 및 상태

앤의 유치원 담임교사에게 앤의 집중력과 주의력에 대해 염려된다는 말을 들은 직후부터 앤의 어머니는 앤을 집에서 가르치기 시작했다. 앤이 일대일 학습환경에서 더 잘할 것이라고 생각해서 그렇게 가르쳤다고 했으며, 교육학 학사학위를 가지고 있었으므로 필요한 것들을 가르칠 수 있었다고 했다. 철자, 읽기, 쓰기 표현력은 기대 수준 정도가 되었고 성적도 좋았다고 했다. 그러나 숫자계산 기술과 유창성은 낮았다. 전체 영역에서 입학시험 점수는 평균 또는 평균 이상의 수준이었으나 수학만 평균 이하의 수준이었다.

10) 부모의 강점, 대처기제, 사용 가능한 지원 체계

부모는 앤이 춤과 음악을 매우 좋아하는 활동적인 사람이라고 보고하였다. 앤은 체조, 치어리딩, 드라마 및 교회활동을 하고 있다. 앤의 부모는 앤이 따뜻하고 친절하며 잘 놀고 다정하다고 기술하였다. 앤은 사랑스럽고, 강한 가족 유대감을 가지고 있다. 여가 중에 앤은 마인크래프트와 레고를 가지고 노는 것을 좋아하며 비디오게임을 즐긴다.

11) 행동관찰

앤은 제시간에 도착하고 사람, 장소, 시간, 만남의 목적 등을 잘 알고 있었으며 어머니와 함께 왔다. 옷차림이 간결하고 머리도 잘 빗었으며 위생상태가 좋고 또래 아동처럼 보였다. 발성의 정도도 양호하였고 예절도 좋았다. 검사를 하는 동안 앤은 답을 아는 문제에 대해서는 자신감 있게 비교적 빠른 속도로 대답하였고 눈맞춤이 적절하였다. 대화를 나눌 때나 들을 때 앤은 또래의 전형적인 아동보다 더 자주 검사자에게서 시선을 돌리곤 하였다. 정서 상태는 '좋다'고 보고된 정서와 일치하였다. 검사 도중 여러 차례 등을 돌렸고 돌아앉으라고 할 때 즉시 사과하였다. 앤의 활동 수준은 또래의 전형적인 아이들보다 높았고, 눈맞춤도 정상 범주를 벗어나 보였다. 말하기에서 월등한 어휘 능력을 보이며 기분에 대해서 '괜찮다'고 보고하였고 정서와 기분 상태는 일치하였다.

앤은 이 검사가 앤이 어떤 방식으로 학습을 하는지 더 잘 이해하여 학교에서 자신을 도와주는 데 사용될 것이라는 점을 검사 중에 인식을 하고 있었다. 검사의 목적에 대해 명확히 이해하고 있는 듯 보였고 자기개방도 잘하였다. 수학, 주의력, 불안에 대한 문제도 쉽게 보고하였다. 라포가 빠른 시간 내에 잘 맺어졌고, 모든 과제에서 최선의 노력을 기울였으며 매우 어려운 과제에서도 계속하고자 하는 모습이 관찰되었다. 이러한 점을 보아 이 검사는 앤의 인지적 능력을 잘 측정하였다고 보인다. 매 시간 최선의 노력을 기울일 수 있도록 세 차례 쉬는 시간을 주었다.

12) 평가 결과

(1) 전체적 지적 능력

앤의 전체 IQ는 또래 아동과 비교할 때 평균 범위의 전체적 지적 능력을 보여 주고 있다. 일반능력 지표(GAI)에 작용하는 작업기억과 처리속도의 영향을 줄여 주는 일반지능을 또래와 비교했을 때 비교적 균일한 능력을 보여 주고 있다.

대규모의 연구에서 보면, 인지 능력 검사의 모든 점수 중 전반적인 지적 능력은 학교에서의 성취를 가장 잘 예견한다. 그러나 이것이 아동의 개인적인 인지적 강점과 요구에 대한 모든 것을 말해 주는 것은 아니다. 개인의 인지 능력에 대한 '이야기'는 능력 분야를 더욱 세심하게 고려하였을 때 더욱 깊게 이해할 수 있다.

(2) 언어

- 말하기: 앤은 표현을 해 달라는 요구가 있는 문항에 대해서 즉시 응답을 하였다. 또렷하고 분명하게 적절히 대답을 하였고, 보충적으로 더 표현하거나 정교화시키기도 하였다.
- 언어이해: 단어와 그 의미에 대해 알고 있는 지식에 접근하고 적용하고 표현할

수 있는 능력과 언어로 된 자료를 보고 추론하는 능력은 또래 아동과 비교할 때 중상 이상의 수준으로 나타났고, 이는 다른 인지적 능력에 비해 개인적 강점이라고 볼 수 있다. 그러나 습득된 지식과 사회적 · 실용적 지식을 고려해 볼 때 앤의 언어 영역 결정 지능(verbal crystallized abilities)은 평균 범위에 속하며, 이는 교실에서 집중하지 못하거나 사회적 기술이 부족하다는 보고를 반영하는 것이다. 사회적 · 실용적 지식 정보를 기억해 내거나 표현하는 대신 정답을 인식하기만 해도 되도록 단서를 제공해 주어도 점수가 크게 나아지지 않았고, 이렇게 실시한 18개의 문항 중 단지 두 문항에서만 정답에 가까운 답변을 하였다.

- 듣기이해: 학생이 학교에서 반드시 할 수 있어야 하는 듣기이해는 가벼운 대화보다는 비교적 공식적인 연설을 듣고 이해할 수 있는 능력을 말한다. 앤의 듣기이해 능력은 또래 아동과 비교할 때 평균 범위에 속하였다. 이는 앤이 또래의 수준 정도로 교실에서 이루어지는 이야기의 의미를 알아들을 수 있다는 것이다.

(3) 시공간 처리

시공간 처리란 기하학적인 모양을 모아서 모델(그림이기도 하고 실제이기도 한)과 상응하도록 맞추기 위해 시각적 세부사항을 평가하고, 공간 속에서 시각적인 각 부분의 관계를 이해하며, 그러한 정보를 활용하는 능력을 말한다. 이러한 능력은 실제 대상을 다루고 움직일 수 있는 능력으로 나타나기도 한다. 앤의 시공간 처리 능력은 또래 아동과 비교했을 때 평균 이하의 범위에 있었고, 이는 다른 능력과 비교했을 때 개인적 약점에 속한다.

이러한 약점은 수학 학습에 문제를 가지고 있는 아동에게서 흔히 나타난다. 수학을 배운다는 것은 대상과 선을 머릿속으로 상상을 통하여 그들이 서로 어떻게 구조를 이루고 관련되는지를 이해한다는 것이기 때문이다. 이 영역에서의 어려움은 시행착오적 문제풀이, 구조의 구성 요소에 대한 물리적(운동기능적) 조작, 머릿속으로 상상하는 것 등과 같은 과제에도 동일한 어려움을 가질 수 있다. 흥미로운 것은 레고와 마인크래프트가 앤이 가장 좋아하는 취미라는 점이다. 이는 앤이 도전을 피하는 것이 아닐 수 있음을 시사한다.

(4) 유동추론과 문제 해결

추론이란 대상 또는 아이디어가 집단으로 규정되는 기저 규칙이나 관계를 발견하고 적용하는 능력을 말한다. 앤의 시각적 추론 능력은 또래 아동과 비교하였을 때 평균 범주에 속하였다. 그러나 양적추론 능력은 최저에서 중하 수준의 범주에 속하였다. 이 소검사에서는 수학에 어려움이 있는 아동들이 전형적으로 낮은 점수를 받는다. 앤은 추상적인 모양 간의 수량적 관계나 말로 되어 있는 문제를 공식으로 바꾸었을 때(수학추론)보다 유사한 관계에 대한 문제풀이를 했을 때 더 정확한 추론을 하였고 문제를 풀 수 있었다. 시간을 더 주거나, 연필과 종이를 사용하도록 해 주거나, 공식에 들어 있는 수학적 사실을 알려 주어도 수행이 그다지 나아지지는 않았다. 이는 기본이 되는 수학적 사실을 자동적으로 떠올리는 데 한계가 있기 때문에 수학에 어려움을 겪는 것이지 수학추론이 부족해서가 아니라는 점을 시사한다.

(5) 학습과 기억

학습과 기억이 미래의 학업적 성취에 어떤 역할을 할 것인지, 그리고 시사점은 무엇인지를 측정하였다. 기억과 학습은 서로 긴밀하게 연결되어 있으며, 학교에서의 성취에 매우 중요한 것이다.

- **작업기억**: 작업기억은 의식 속에 정보를 받아들이고 유지하고 조작하여서 밖으로 표현될 수 있는 형태로 끄집어 내는 능력을 말한다. 앤의 작업기억은 또래 아동과 비교하였을 때 평균 범주에 속하였다.
- **연상기억**: 앤의 시각적 · 언어적 연상기억(associative memory) 또는 상징과 의미를 새롭게 연합시킬 수 있는 능력은 또래 아동과 비교하였을 때 평균 범주에 속하였다. 이 유형의 기억은 특히 읽기, 쓰기, 수학을 배우는 것과 연관이 있다. 이러한 기술이 모두 의미가 부과된 상징을 학습하는 체계이기 때문이다.

  몇 초 전 또는 몇 분 전 또는 30분이나 한 시간 뒤 학습한 것을 기억하여 연합하고자 할 때 균일한 기억 능력이 수행의 정도로 나타난다. 학습한 것을 그냥 기억하는 대신에 다양한 가능성 중에서 의미를 선택하도록 해 주면 자유기억 조건(free recall condition)일 때보다 훨씬 더 좋은 성과를 낼 수 있었다.

- **명명기능:** 명명기능[naming facility, 빠른 자동 이름대기(rapid automatic naming)라고도 함]은 문자, 숫자 또는 수량과 같이 이미 학습한 정보를 가능한 한 효율적으로 인식하고 기억해 내는 과제이다. 앤이 문자와 숫자를 인식하고 기억하고 암송하는 기술은 또래 아동과 비교하였을 때 평균 이하의 범주에 속하였다. 수량을 빠르게 인식하고 이름을 짓는 능력은 수학 기술과 관련된 것인데, 앤은 이 능력에서 효율성이 떨어졌고 또래 아동과 비교하였을 때 매우 낮은 범주에 속하였다. 앤의 수학적 약점은 수학에 관련된 이미 학습한 기본적인 요소들을 다루는 데 있어 효율성이 떨어졌던 것으로 부분적으로 설명될 수 있다.

(6) 인지적 속도

- **처리속도:** 처리속도는 시각적 정보에 대해 빠르고 정확한 판단을 내리고 그 판단에 따라 행동하는 능력이다. 정보가 빠르게 처리되지 못하면 손실되는 경향이 있기 때문에 처리속도가 느리면 학업적 수행도도 낮아질 수 있다. 앤의 처리속도는 또래 아동과 비교하였을 때 평균보다 낮은 범주에 있었다.
- **명명기능:** 명명기능은 인지적 속도의 일부로 간주되기도 하며, 학습과 기억 부분에서 논의하였다.

(7) 수학 기술

앤의 수학 기술은 또래 아동과 비교하였을 때 평균 이하의 범주에 있었다. 오답분석에서 나타난 것은 기본 사칙연산에서 다른 사람보다 더 많이 틀리는 경향이 있다는 것이다.

- **수학계산:** 수학계산은 수학의 가장 기본적인 요소(덧셈, 뺄셈과 같은 수학의 가장 기본적인 구성 요소)를 사용하여 분수, 십진법, 대수, 루트와 지수, 삼각함수 등과 같은 복잡한 기술을 수행하는 것이다. 앤은 이 분야에서 또래 아동과 비교하였을 때 평균 이하의 범주에 있었다.
- **수학 유창성:** 수학 유창성은 기본 사칙연산을 사용하여 간단한 수학 문제에 빠르게 답하는 것인데, 이러한 기술은 초등학교를 졸업하기 전에 숙달되어야만 한다. 앤의 수학 유창성은 또래 아동과 비교하였을 때 평균을 매우 밑도는 범

주에 있었다.

- **수학 문제풀기**: 수학추론은 의미 있는 문제를 해결하기 위한 추론과 수학적 개념을 적용하는 과제로 되어 있다. 앤의 추론기술은 또래 아동과 비교하였을 때 평균 범주 안에 있었다.

(8) 주의집중과 집행기능

주의집중과 집행기능은 앤과 부모가 주관적으로 보고한 내용과 더불어 객관적인 결과를 제공하기 위해 평가되었다. 앤은 임상적으로 유의미한 주의력결핍과 과잉행동 및 충동성 증상을 가지고 있었고 이는 주관적으로도 일관성 있게 보고되었으며 객관적 검사 결과로도 나타났다. 앤의 증상과 검사 결과는 ADHD 혼합형(주의력결핍과 과잉행동/충동성 증상) 진단과 일치하였다. 두드러지게 드러나는 주의집중의 어려움 외에도 앤은 집행기능, 즉 인지기능의 중심적 방향성의 측면에서 도전을 받고 있다. 집행기술에서의 손상은 ADHD를 가지고 있는 사람들 중 85~98%에서 나타난다. 인지적 유연성이 필요할 때 주의력이 분산되고 인지적 유연성과 자기-점검(self-monitoring)이 낮으며 반응이 느리고 오류가 많아진다는 것이 객관적 검사 결과로 나타났다. 인지적인 기대 및 상황의 변화에 적응하는 데 어려움이 있고, 인지적으로 필요한 것이 복잡해질 때 주의력이 손상되었다. 이러한 결과는 앤의 부모가 평소에 관찰하였던 것과 증상 체크리스트 및 구조화된 검사지에 대한 반응과도 일치하였다.

(9) 정서적 행동적 기능

앤은 추가적으로 범불안장애와 일치하는 많은 증상을 가지고 있다. 이러한 증상들이 앤을 더욱 집중하기 힘들게 하고 학교에서도 잘하지 못하도록 방해한다. 앤은 학교뿐 아니라 친구와 가족에 대해서도 자주 긴장하고 불안해한다.

- **사회적 기능**: 앤과 부모는 앤이 친구가 거의 없고 또래 아동보다 많이 미성숙하다고 이야기하였다. 앤은 대화를 하거나 또래와 사회적 접촉을 할 때 말의 미묘한 측면을 이해하기 어려워한다. 앤의 부모가 실용언어 프로파일 체크리스트에 답변하고 인터뷰를 하였다. 여기에서 나온 자료는 앤이 말을 해석할 때

지나치게 문자 그대로 알아듣는다는 것을 보여 주었다. 또한 앤은 상황에 맞게 말을 조절해서 하는 것 같지가 않았다. 예를 들어, 가정에서 말할 때와 친구와 이야기할 때, 학교에서 교사에게 이야기할 때 등 다양한 맥락에서 다르게 말해야 하는데, 앤은 이 모든 상황에서 비슷하게 말했다. 또한 타인을 오해하고 자신을 해치거나 다치게 할 의도가 없는 코멘트에도 화를 내는 것으로 보인다.

13) 임상적 견해

앤은 수학에서의 특정학습장애(SLD)에 해당되며, 숫자감각, 산술적 사실관계의 기억, 정확한 계산 및 계산 유창성에 손상이 있다. 수학추론은 다른 분야에 비해 다소 높은 편인데, 이는 앤이 현재 수준에서 성취할 수 있는 가장 최선의 노력과 지원이 적용된 결과이며, 특정학습장애를 가지고 있는 아동에게서 흔히 볼 수 있는 현상이다. 특정학습장애를 진단하는 방법에는 매우 여러 가지 접근이 존재하는데, 이 장애를 진단하는 데 있어 강점과 약점의 패턴을 고려하는 접근이 가장 널리 받아들여지고 있다. 보다 오래된 방법론인 능력-성취 간 불일치 모델은 아직도 일부 학군에서 사용되기도 한다. 어떤 모델을 쓰던 간에 앤은 학습장애를 가지고 있는 아동으로 분류될 수 있다.

앤은 또한 ADHD 혼합형(주의력결핍 및 과잉행동/충동성 유형) 진단에도 해당된다. 앤도 스스로 이 증상에 대해 말했고, 부모와 앤의 예전 학교 교사들도 동일하게 보고하였다. 진단을 위해 필요한 주의력결핍에 대한 다양한 증상이 다음과 같이 보고되었다. 과제를 할 때 주의집중력을 유지하기가 어렵고, 직접적으로 말할 때에도 듣고 있는 것 같아 보이지 않았다(주의를 분산시키는 것이 딱히 없는 상황에서도 마음이 다른 데 가 있는 것처럼 보임). 지시를 따르는 것에 어려움이 있어서 타인이 반복적으로 말해 주어야 했다. 학교에서 쉽게 주의가 분산되었고 계속적으로 정신적 노력이 요구되는 과제는 회피하거나 싫어하였다. 관계가 없는 자극에도 쉽게 주의가 분산되고 과잉행동 및 충동성에 관한 몇 가지 증상도 보여 주었다. 구체적으로는 통제감이 없이 행동하고 움직임에 대한 자제력이 약하며 불쑥 대답을 내뱉거나 다른 사람이 말할 때 끼어든다. 앤은 ADHD와 공존 또는 분리할 수 없는 많은 집행기능 기술에서 결손을 보이고 있다. 집행기능이란 다른 기능을 활성화하고 조직화하며 통합하고 관리하는 뇌기능을 말한다. 자신의 행동에 대한 단기적·장기적 결과를 생각해서 결과에 대한 계획을 할 수 있도록 해 주는 기능이다. 또한 행동에 대한 실시간 평가를 가능하게 하고, 행동이 바람직한 결과를 가져오지 않을 때는 필요한 만큼 조절을 할 수 있게끔 한다. 학업적 성취와 그에 따르는 직업적 성공은 집행기술이 얼마나 강력하느냐에 달려 있다. 집행기술의 결손을 경험하는 사람은 조직화가 안 되고, 일을 시작하고 끝마치거나 숙제를 기억하는 데 어려움이 있으며, 사실관계를 기억하기 어렵고, 에세이나 보고서 작성, 복잡한 수학 문제풀기, 읽었던 것을 기억하기, 장기 프로젝트를 끝내는 것, 시간 약속을 지키는 것, 정서 조절, 미래를 계획하는 것 등이 모두 어렵다.

앤은 또한 사회적(실용적) 의사소통장애에도 해당된다. 이는 일상적인 언어적·비언어적 의사소통을 사회적으로 활용함에 있어 어려움이 있는 경우이며, 이로써 사회적 기능에 손상이 생긴다. 이러한 문제를 가지고 있는 사람은 사회적 맥락에 적절한 방식으로 사회적 목적을 위해 의사소통을 활용하는 것에 어려움이 있다. 이들은 맥락에 맞게 또는 상대방의 요구에 맞게 의사소통 방식을 맞추는 것이 어렵다. 예를 들어, 교실에서 또래와 다른 방식으로 말한다든지 하는 것이다. 이들에게는 대화의 규칙을 따르는 것이 어려운데, 상호작용을 조절하기 위해 언어적·비언어적 신호를 어떻게 사용해야 하는지를 잘 모르고 오해를 받았을 때 다시 말하는 것을 잘 하지 못한다. 또한 명확하게 표현되지 않은 것(예: 명확하지 않으면 의미를 추론하기 어려운 것)을 이해하는 데 어려움이 있고, 비문이거나 모호한 의미를 가진 언어(예: 관용어, 유머, 은유)를 이해하기 어려워한다.

앤은 또한 범불안장애(GAD)의 진단에도 해당된다. 자주 지나치게 불안하고 걱정하는데, 왜 걱정을 하는지도 모르는 때가 많은데도 걱정을 통제하는 데 어려움이 있다고 하였다. 앤은 집중하는 데 어려움이 있고 안절부절못하고 짜증을 자주 부린다. 불안장애를 가지고 있는 아동에게 신체적 불편감은 흔한 증상이다. 불안한 아동은 특히 학교와 같은 스트레스 상황을 피하기 위해 자주 머리나 배가 아프다고 호소한다. 범불안장애는 종종 신체적 불편감으로 특징지어지기도 하지만, 신체화 증상 및 관련 장애와는 달리 범불안장애를 가지고 있는 사람은 신체적 기능 외의 분야에 대해서도 염려가 많다. 분리불안장애를 가지고 있는 아동도 자주 아프다고 하지만 이러한 불평은 학교에 가지 않으려는 시도로 일어나는 것(아침이나 학교를 가는 시간에만 발생)으로, 신체화 및 관련 장애를 가지고 있는 사람이 온종일 아프다고 하는 것과는 차이가 있다. 앤은 학교를 빠지는 것과 관련된 것 외에는 신체화 이슈를 보고한 적이 없었다.

앤은 발달적 협응장애의 진단에도 해당될 수 있었는데, 이는 협응운동 기술의 습득과 실행에 있어 해당 연령 및 기술 학습과 사용의 기회를 고려해 볼 때 기대되는 수준보다 상당히 낮은 상태를 말한다. 운동 기술 수행에 있어 서투름, 느림, 부정확성과 같은 어려움이 있다. 이 상태는 감별 진단하거나 필요한 경우 치료를 해야 한다. 앤의 운동발달을 보다 깊이 있게 이해하기 위해 의학적 · 신체적 · 신경학적 평가 및 시력에 대한 평가가 이루어져야 한다.

14) 진단적 소견, DSM-5

- 314.01 ADHD, 혼합형
- 315.1 수학에 손상이 있는 특정학습장애: 수감각, 산술적 사실관계에 대한 기억, 정확한 계산 보통 수준 및 계산 유창성
- 300.02 범불안장애 중증도
- 315.39 사회적(실용적) 의사소통장애

- R/O 발달적 협응장애

15) 제언

(1) 의학적 · 신체적 사항

- ADHD를 완화시키는 약물치료를 강력하게 권고합니다. 약물치료는 학교 성적에 큰 차이를 만들어 낼 수 있습니다. 앤의 주치의가 아동에게는 처방전을 쓰지 않는 의사라면 앤을 소아정신과 의사(정신약리학자가 더 낫겠음)에게 의뢰해 달라고 요청하면 됩니다. 모든 의사에게 앤이 심리학적 평가를 이미 받았음을 알리고 이 보고서를 제공하면 좋습니다. 그러지 않으면 처방전을 쓰기 전에 추가적 검사를 하자고 할 수도 있습니다. 궁금한 점이 있다면 제게 연락하도록 요청하셔

도 됩니다. ADHD를 치료하는 가장 효과적인 방법은 약물치료와 행동치료적 접근을 병행하는 것이기 때문에, 치료의 효과를 극대화시키기 위해서는 약물치료 이상의 방법들을 권고합니다.

- **신체적 운동**은 건강을 위해서 또 ADHD 증상을 줄이기 위해서 필수적인 것입니다. 가장 포괄적인 접근방법은 약물치료와 활발한 신체적 운동을 병행하는 것입니다. 하루에 한 시간씩 일주일에 적어도 다섯 번 정도를 권장합니다.
- **교실환경에 성공적으로 대처할 수 있는 방법**을 제공해 주어야 합니다. 예를 들어, 학교에서 쓸 수 있는 특수 방석(seating disk)을 구입해 주시면 좋겠습니다. 교실 안에서 사용할 수 있도록 만지작거리는 장난감을 구입해 주셔도 됩니다. 이 중 대부분은 온라인이나 동네 상점에서 구입할 수 있으며, 과잉행동을 가지고 있는 사람에게 도움이 됩니다. 좌절감이 크거나 휴식이 필요해 보이면 잠시 복도에 나가서 있을 수 있도록 해 주는 것도 좋습니다.
- 학교 공부에 필요한 경우가 아니면 **화면을 보는 시간**(스마트폰, 태블릿, 컴퓨터, 텔레비전)을 최소로 줄여 주십시오. 특히 스마트 기기는 ADHD를 가지고 있는 아동에게 매우 매력적이고 흥미로운 존재이므로 이와 대조적인 학교가 무척 지루해져서 참을성이 더욱 줄어들 수 있습니다.
- **신체적 불편감을 확인하셔야 합니다**. 주치의에게 이를 알려 주고 앤이 통증이 있거나 아프다고 느끼는 것에 대해 설명해 주어야 합니다. 모호한 신체화 증상으로 학교에 결석하거나 수업을 빼먹는 것을 허용해서는 안 됩니다. 결석을 할 만한 명확하고 입증된 이유(예: 열, 구토, 전염성 질환이라고 의사가 말한 경우)가 아니라면 학교에 보내야 합니다.
- **운동 협응과 균형감각의 이슈를 확인하셔야 합니다**. 이런 이슈들은 ADHD 증상을 악화시킬 수 있고 ADHD 증상처럼 보이기도 합니다. 혹시 움직임에 영향을 줄 만한 신경학적인 상태가 있는지 주치의에게 체크하여 컨설팅을 받도록 하십시오. **안과의**에게 데리고 가서 시각에 문제가 없는지도 확인하십시오. 이것들은 모두 운동 협응과 균형감각 이슈에 대한 사항입니다. **신경이과학 전문가**에게도 보여서 앤의 전정기관 및 균형감 이슈가 국가협회에서 권고하는 기준에 맞는지 확인하셔야 합니다. 작업치료사로부터도 **협응과 균형**의 이슈에 대해 평가(잠재적으로 치료도)를 받아 볼 수 있습니다.

(2) 치료/상담

집으로 가져가시는 폴더 안에 다음의 사항을 다룰 수 있는 제공 기관의 목록을 넣어 드렸습니다.

- 앤의 행동 문제, 불안, 신체적 불편감을 다루어 줄 수 있는 개인상담 또는 개인 심리치료를 받도록 해 주십시오. 치료사와 이 보고서를 공유하셔야 합니다. 기타 치료법도 효과적이지만 인지행동치료는 이러한 상태에 가장 효과적인 치료입니다.
- 사회기술 집단상담 훈련은 새로운 사회적 의사소통 행동을 발달시키는 데 유용합니다. 중학교에 올라가면 통제된 집단활동(예: 교회의 청소년부)에 참여시켜 주시고 사회적으로 계속 성장하게 하고 훈련에서 학습한 사회적 기술을 연습할 수 있도록 도와주시면 됩니다.
- 주의력, 조직력, 초점 맞추기, 집중력을 향상시킬 수 있는 집행기능 코칭을 통해 인지적 기술 훈련을 받도록 해 주십시오. 뉴로피드백 훈련(neurofeedback training)은 ADHD 증상을 완화시키는 데 도움을 줄 수 있습니다.

(3) 가정

- 격렬한 신체 운동을 매일 하는 것은 약물치료만큼이나 ADHD 증상을 줄이는 효과가 있습니다. 하루에 적어도 30분 이상 일주일에 5번 운동을 시키도록 권고해 드립니다.
- 무술학원에 등록하는 것을 고려해 보십시오. 주의를 기울이도록 가르치고 집중하게 하며 자제력을 연습시키기 때문에 매우 유익할 수 있습니다. 균형감각과 협응력에도 도움이 되며 앞서 권장하였던 신체활동을 하게 해 줍니다. 현실적으로 가능하다면 앤이 다니던 댄스교실에도 계속 다니면 좋겠습니다.
- 다음의 앱과 비디오를 다운로드받고 일상적으로 사용하시기 바랍니다.
  - Conversation Builder Teen 앱: 10대가 만날 수 있는 실제 대화 상황을 연습할 수 있도록 사회적 도전을 주는 내용으로 구성되어 있습니다. 선택을 하기 전에 각각의 선택 반응의 억양을 들어 볼 수 있는 스피커 버튼이 있습니다. 사용자가 선택을 하기 전에 각각의 대화 내용을 미리 볼 수 있고 회기 내에서

이루어지는 주제에 대해 충분히 말할 수 있습니다.

–Between the Lines 앱: 행간의 의미를 읽을 수 있도록 비유적인 말과 관용어구를 가르쳐 주세요.

–Model Me Friendship 프로그램: 10대들에게 학교에 있거나, 스포츠팀에서 게임을 하거나, 식당에서 밥을 먹거나, 또는 기타 상황에 있을 때 적절하게 행동하는 사회적 기술을 보여 줍니다. 각각의 장면은 챕터에 따라 30초에서 3분 정도 진행됩니다. 각 챕터의 마지막에는 배웠던 규칙을 요약한 스토리보드가 들어있습니다.

- 이완 기술을 가르치십시오(대안적으로 상담자 혹은 치료사가 가르칠 수도 있습니다).

–스트레스를 받았거나 좌절했거나 또는 화가 났을 때 이를 인지할 수 있도록 가르치고, 곧 진정할 수 있는지 스스로에게 묻도록 가르치십시오.

–진정을 위한 휴식이 이루어지도록 어디서, 언제, 어떻게 시작할 수 있는지를 정해 주십시오. 잠깐 쉬겠다고 어떻게 요청할 수 있는지를 가르쳐 주시고, 얼마나 오랫동안 쉴 수 있는지 하루 중 몇 번 또는 한 시간 중 몇 번을 쉴 수 있는지도 가르쳐 주십시오.

- 시공간력 발달: 시각적 배열, 그림, 다이어그램, 차트를 읽는 법을 가르쳐 주시고 자세히 설명해 주십시오. 레고와 마인크래프트를 계속하도록 격려해 주십시오.
- 기억

–기억 보조수단에 대해 가르쳐 주십시오. 언어적 중재 또는 리허설, 연상기호 전략(예: Never Eat Sour Watermelon for North East South West).

–학습을 도와주는 인덱스카드 · 교본 · 퀴즈를 어떻게 사용하는지 가르쳐 주십시오.

–목록이나 플래너의 사용법도 가르쳐 주십시오.

–앤이 학교에서 어떻게 지내는지, 필요한 준비물이 무엇인지, 숙제와 과제가 무엇인지에 대해 교사와 빈번하게 의사소통하십시오.

–발표나 강의 중에 필기를 하도록 가르쳐 주십시오. 교사에게 노트를 공유해 주실 수 있는지 요청해 보십시오.

(4) 학교

① 환경적 조정에 대한 권고

- 학교시험과 표준화시험을 볼 때 추가 시간(50%)을 허용해 줍니다. 이것이 도움이 될 수도 있지만, 추가 시간을 주어도 수학과 관련된 문제를 푸는 데는 별 도움이 되지 않을 것이기 때문에 수학의 영역에 대해서는 다른 개입이 필요합니다.
- 내용을 숙달시키는 학습지원 프로그램에 등록시키십시오. 추가적인 도움과 조직화된 지원을 제공해 줄 것입니다. 환경적 조정이 가능하다면 그것을 실행하는 많은 부분에서 도움을 줄 것입니다.
- 지시문을 준 후에 이해를 했는지 체크해 주십시오. 무엇을 하라고 했는지 말로 반복해 보도록 물어보십시오. 앤이 혼란스러워 보이면 과제를 어떻게 하라고 했는지 단계별로 적어 보라고 하고, 필요한 경우 그것을 점검하고 명확하게 지도해 주십시오.
- 일일행동 보고카드에 대해 의논하십시오. 보고카드를 읽도록 가르치고 목표에 도달하였다면 보상을 제공하십시오.
- 학습활동 중 주의를 분산시키는 것을 최소화하고 교사와 가까운 위치에 자리를 앉혀 주시고 청각적 방해와 움직임(예: 문이 열리고 닫힌다든지 에어컨과 가깝다든지)에서 먼 위치에 앉혀 주십시오.
- 수학시험 전에 공부에 집중할 수 있도록 학습 가이드를 미리 제공해 주십시오.
- 계산 능력이나 공식에 대한 지식이 평가되는 경우가 아니라면 계산기와 공식 자료를 허용하여 주십시오.
- 특히 추상적인 내용일 때 시각적 자료를 적절하게 사용하십시오. 의미 있는 시각자료(예: 체계적으로 해독될 수 있는 사진)는 추상적인 자료보다 좀 더 도움이 될 것입니다.

② 수학에 대한 학교 밖 도움

앤이 다니는 중학교에서는 수학적 중재를 할 수가 없기 때문에 방과 후와 여름방학 동안 학교 밖의 수학 전문가 수업에 등록시키십시오. 이 수업에서 다음에 제시된 최소한 세 가지 중재를 지원할 것입니다.

- **수학계산 및 수학 유창성**: 수학적 사실관계를 연습하기 위해 플래시카드를 만들도록 합니다. 뺄셈을 도와주기 위해 숫자의 줄을 맞추도록 합니다. 수학적 사실관계를 기억하고 유창하게 풀 수 있도록 자극을 주는 다양한 수학퀴즈 앱을 활용할 수도 있습니다. 다음과 같은 온라인 정보를 활용하십시오. https://ca.ixl.com/math/, www.khanacademy.org.
- **수학추론**: 앤의 수학적 추론 능력은 평균 범위의 맨 끝자락에 위치해 있었으나 수학 유창성과 수학계산 기술은 하 수준이었습니다. 이러한 기초 기술을 계속 연습하면서 앤은 수학 문제를 체계적이고 합리적으로 푸는 방법에 익숙해질 수 있습니다.

  –수학 문제를 분석하는 방법을 가르치고 문제를 풀 수 있는 적당한 전략을 기존에 알고 있던 전략들 중에서 선택하고 그것을 맞게 적용하는지 문제풀이 과정을 지켜보십시오.

  –다음에 제시된 단어 문제에 대한 접근법 3단계 코칭 과정(즉, 말하고, 묻고, 확인하기)으로 훈련을 시키십시오.

  첫째, 단계의 목표를 말한다.

  둘째, 그 단계에서 무엇을 해야 하는지를 물어본다.

  셋째, 그 단계가 정확하게 완수되었는지 확인한다.

  –각 단계에서 다음의 일곱 가지 요소를 활용하십시오.

  1단계: 문제를 주의 깊게 읽어 주고, 앤이 이해하지 못하는 단어나 수학 용어와 같이 모호한 것은 모두 지웁니다.

  2단계: 자기 자신의 말로 문제를 다시 말하게 합니다.

  3단계: 그림을 그리거나 시각적으로 문제를 표현하도록 합니다.

  4단계: 문제를 가장 잘 해결할 수 있는 방법을 결정하고 어떻게 할 것인지 계획을 세웁니다.

  5단계: 반올림과 같이 간단한 방법을 써서 정답을 추정합니다.

  6단계: 답을 계산하는 데 계획을 활용합니다.

  7단계: 각 단계에서 계산이 잘 되었는지 확인하고 6단계에서 얻은 추정값과 계산값을 비교하여 답이 합리적으로 정확한지를 확인합니다.

  –이러한 과정을 사용함에 있어서 앤이 문제에서 제시되는 단어를 알아들을 수

있는지, 계산을 할 수 있는지 확인해야 합니다. 문제풀이에 대해서 항상 피드백을 주십시오.

- 모니터링: 앤의 수학 기술이 목표 수준에 맞게 잘 발달해 가는지 시간을 두고 지켜보는 것은 매우 중요합니다. 외부의 수학 개입 전문가가 꾸준히 그러한 모니터링을 해야 합니다. 중학교에서도 주기적으로 공식적인 평가가 이루어지며 시간의 경과에 따른 진전을 관찰하는 데 도움을 주는 온라인 개입을 사용할 수 있도록 접근권을 제공해 줄 것입니다. 앤의 부모님과 선생님들은 효과적인 계획이 적시적소에 시행되고 있는지를 확인하기 위해 단기목표와 진행 과정에 대해 2개월마다 의논하시기 바랍니다.

이와 같이 삼가 제출합니다.
텍사스주 공인 심리학자 수잔 레이포드 박사

16) 앤의 검사점수

(1) WISC-V와 WISC-V 통합본

영역	소검사명	척도 점수
언어이해	**공통성**	15
	어휘	10
	(상식)	8
	(이해)	7
	이해 사지선다형*	6
시공간	**토막짜기**	7
	퍼즐	7
유동추론	**행렬추론**	11
	무게비교	7
	무게비교 처리접근*	5
	(산수)	6
	산수 처리 과정 접근 영역 A*	6
	산수 처리 과정 접근 영역 B*	7

유동추론	쓰기 산수*	6
작업기억	**숫자**	10
	그림기억	11
처리속도	**기호쓰기**	9
	동형찾기	6
	표준점수	
명명속도	명명속도문해	83
	명명속도계량	77
기호전환	즉각적 기호변환	91
	지연적 기호변환	91
	기호변환 재인	99

주: 전체 IQ에서 나온 소검사들은 진하게 표시하였음. 보충 소검사들은 괄호 안에 넣었음
*=WISC-V 통합본 소검사임
평균 척도 점수는 10. 약 68%가 7~13에 해당하며, 약 95%가 4~16에 해당함
평균 표준점수는 100. 약 68%가 85~115에 해당하며, 약 95%가 70~130에 해당함

총합	표준점수	백분위	95% 신뢰구간	질적 평가
언어이해	113	81	104~120	평균 상
언어(확장된 결정성) 지표	100	50	96~104	평균
시공간	84	14	78~93	평균 하
유동추론	94	34	87~102	평균
수량추론	80	9	75~87	평균
작업기억	103	58	95~110	평균
기호해석	92	30	86~99	평균
저장 및 인출	80	9	74~88	평균 하
처리속도	86	18	79~97	평균 하
명명속도	78	7	72~89	매우 저조
전체 지능	99	47	93~105	평균
일반능력	100	50	94~106	평균
인지적 효능성	92	30	85~100	평균

주: 평균 표준점수는 100. 약 68%가 85~115에 해당하며, 95%가 70~130에 해당됨

(2) 카우프만 학업성취도 검사 제3판

종합/소검사	표준점수	90% 신뢰구간	백분위	기술적 범주
수학 총합	84	80~88	14	평균 하
수학개념 및 응용	90	85~95	25	평균
수학계산	81	75~87	10	평균 하
수학 유창성	78	71~85	7	매우 저조
듣기이해	108	104~111	70	평균

주: 평균 표준점수는 100. 약 68%가 85~115에 해당하며, 95%가 70~130에 해당함

- 오류분석 요약

오류 범주	수학개념 및 응용				수학계산			
	시행된 마지막 문항: 70				시행된 마지막 문항: 47			
	시도한 문항	오류 문항 평균	학생의 오류 문항 개수	기술 상태	시도한 문항	오류 문항 평균	학생의 오류 문항 개수	기술 상태
숫자개념	22	0~1	1	A				
덧셈	3	0	0	A	14	0	1	W
뺄셈	3	0	0	A	12	0	4	W
곱셈	3	0	2	W	7	0~1	1	A
나눗셈	3	0~1	1	A	4	0~1	2	W
표와 그래프	3	0	0	A				
시간과 돈	9	0~1	2	W				
기하학	2	0~1	1	A				
측정	7	0~2	2	A				
분수	4	0	0	A	1	0	0	A
소수					–	–	–	–
소수와 비율	2	0~1	1	A				
자료 조사	2	0~1	1	A				
다차원 문제	4	0~2	4	W				
용어 문제	11	0~1	3	W				
지수와 루트					1	0~1	1	A
대수	7	0~1	1	A	–	–	–	–

틀린 연산					38	0~1	0	A
사실 또는 계산					38	0~2	0	A
재범주화: 덧셈					2	0	0	A
재범주화: 뺄셈					4	0	0	A
큰수에서 작은수 빼기					4	0	0	A
더하기 또는 빼기					1	0	0	A
분자와 분모								
등가					–	–	–	–
분수/공통분모								
곱셈/나눗셈					–	–	–	–
분수								
대분수					–	–	–	–
부정신호					–	–	–	–
코드화되지 않음					38	0	0	A

주: A=평균, W=약점

• 능력-성취 간 불일치

	예견된 KTEA-3 점수	실제 KTEA-3 점수	차이값	임계치 (0.05)	차이값의 유의미도 Y/N	기저율
KTEA-3 소검사						
수학개념 및 응용	109	90	19	8	Y	<=5%
수학계산	107	81	26	8	Y	<=2%
수학 유창성	–	78	–	–	–	–
KTEA-3 종합점수						
수학	108	84	24	8	Y	<=2%

(3) 강점 · 약점 패턴 분석

• 처리 과정 강점: WISC-V 언어이해 지표: 113

• 처리 과정 약점: WISC-V 명명속도 지표: 78

• 성취도 약점 분야: KTEA-3 수학: 84

비교	상대적 강점 점수	상대적 약점 점수	차이값	임계값 (0.05)	차이값 유의미도 Y/N	SLD 가설 지지 여부 Yes/No
처리 과정 강점/ 성취도 약점	113	84	29	10	Y	Yes
처리 과정 강점/ 처리 과정 약점	113	78	35	11	Y	Yes

(4) NEPSYA 발달적 신경심리학도구 제2판

점수명	척도 점수	기저율
청각적 주의 정답 수 전체	12	
응답 세트 정답 수 전체	4	
응답 세트 문제작위오류		26~50
응답 세트 생략오류		6~10
응답 세트 금지오류		26~50
제한 오류 수 전체	8	
제한 명명 완성 시간	6	
제한 제한 완성 시간	3	
제한 바꾸기 완성 시간	3	
제한 명명 결합형	6	
제한 제한 결합형	5	
제한 바꾸기 결합형	6	
제한 명명 오류 수 전체		11~25
제한 오류 수 전체		11~25
제한 바꾸기 오류 수 전체		26~50
명명 비정정 오류 수 전체		51~75
제한 비정정 오류 수 전체		26~50
바꾸기 비정정 오류 수 전체		26~50
명명 자기-정정 오류 수 전체		11~25
제한 자기-정정 오류 수 전체		2~5
바꾸기 자기-정정 오류 수 전체		26~50

주: 척도 점수의 평균은 10, 약 68%가 7~13에 해당되며, 약 95%가 4~16에 해당됨

(5) 언어기초임상평가 제5판

실용성 프로파일 척도 점수: 6. 평균 척도 점수: 10. 약 68%가 7~13에 해당됨. 약 95%가 4~16에 해당됨

(6) BASC-3

- 응답자: 블룸 씨(아버지)
- 임상적 조정 점수표: 일반 성별 규준 지표
- 종합점수 요약

	T 점수	백분위	90% 신뢰구간
외현화 문제	51	71	48~54
내현화 문제	58	84	54~62
행동적 증상 지표	61	89	58~64
적응적 기술	34	8	31~37

- 척도 점수 요약

	T 점수	백분위	90% 신뢰구간
과잉행동	58	83	52~64
공격성	45	37	40~50
품행 문제	49	70	45~53
불안	56	77	51~61
우울	61	89	56~66
신체화	55	78	49~61
이례성	57	86	53~61
철수	56	78	50~62
주의력 문제	79	99	73~85
융통성	39	15	33~45
사회적 기술	38	14	34~42
지도성	29	2	23~35
일상생활 활동	26	1	18~34
기능적 의사소통	48	37	42~54

• 내용척도 점수표: 일반 성별 준거집단

	T 점수	백분위	90% 신뢰구간
분노통제	49	60	44~54
따돌림	47	54	43~51
발달적 사회장애	56	78	51~61
정서적 자기통제	56	79	51~61
집행기능	74	99	69~79
부정정서	55	76	49~61
회복탄력성	33	6	28~38

• 집행기능 지표 요약

전체적 집행기능 지표	문제 해결 지표	주의력 통제 지표	행동적 통제 지표	정서적 통제 지표
매우 상승함	매우 상승함	매우 상승함	상승되지 않음	상승되지 않음
원점수: 55	원점수: 22	원점수: 22	원점수: 7	원점수: 4

• 응답자: 블룸부인(어머니)
• 임상적 조정 점수표: 일반 성별 규준 지표
• 종합점수 요약

	T 점수	백분위	90% 신뢰구간
외현화 문제	58	86	55~61
내현화 문제	74	97	70~78
행동적 증상 지표	68	94	65~71
적응 기술	30	4	27~33

• 척도 점수 요약

	T 점수	백분위	90% 신뢰구간
과잉행동	75	97	69~81
공격성	45	37	40~50
품행 문제	51	77	47~55
불안	74	97	69~79
우울	59	87	54~64
신체화	79	98	73~85
이례성	79	97	75~83
철수	53	72	47~59
주의력 문제	77	99	71~83
융통성	35	8	29~41
사회적 기술	43	23	39~47
지도성	29	2	23~35
일상생활 활동	26	1	18~34
기능적 의사소통	28	2	22~34

• 내용척도 점수표: 일반 성별 준거집단

	T 점수	백분위	90% 신뢰구간
분노통제	51	69	46~56
따돌림	44	13	40~48
발달적 사회장애	67	93	62~72
정서적 자기통제	63	90	58~68
집행기능	76	99	71~81
부정정서	52	69	46~58
회복탄력성	29	2	24~34

• 집행기능 지표 요약

전체적 집행기능 지표	문제 해결 지표	주의력 통제 지표	행동적 통제 지표	정서적 통제 지표
매우 상승함	매우 상승함	매우 상승함	상승함	상승함
원점수: 55	원점수: 22	원점수: 21	원점수: 10	원점수: 6

(7) 집행기능에 대한 평가(DREF)

① 어머니의 평가

• 핵심 지표 점수

지표	T 점수	백분위	95% 신뢰구간
행동적 기능	67	96	60~71
정서적 기능	53	62	46~59
집행기능	71	98	65~74
총합	64	92	60~67

• 임상적 지표 점수

지표	T 점수	백분위	95% 신뢰구간
집중력/작업기억	67	96	61~71
활동수준/충동통제	62	88	53~67
순응/분노조절	57	76	49~62
추상적 사고/문제 해결	69	97	59~72

• 가장 스트레스를 주는 것

문항	평정
소음이 있거나 다른 일이 생기면 하려고 했던 일이 뭐였는지 잊어버린다.	매일
심하게 엉망진창이다.	매일
숙제를 서둘러 끝내려고 해서 실수가 많다.	매일
숙제나 해야 되는 일을 끝내기가 어렵다.	매일
좋아하는 일에만 노력을 기울인다.	매일

② **아버지의 평가**

• 핵심 지표 점수

지표	T 점수	백분위	95% 신뢰구간
행동적 기능	58	79	52~63
정서적 기능	42	21	37~49
집행기능	56	73	51~60
총합	53	62	49~57

• 임상적 지표 점수

지표	T 점수	백분위	95% 신뢰구간
집중력/작업기억	61	86	55~65
활동수준/충동통제	53	62	46~59
순응/분노조절	49	46	43~56
추상적 사고/문제 해결	39	14	34~48

• 가장 스트레스를 주는 것

문항	평정
숙제나 해야 하는 일을 할 때 태만하다.	매일
심하게 엉망진창이다.	매주
만지거나 갖고 놀아서는 안 된다고 말해 준 것을 만지거나 가지고 논다.	매주
숙제나 해야 하는 일을 스스로 시작하지 않는다.	매일
물건을 쉽게 잃어버린다.	매일

③ **자기평정(앤)**

• 핵심 지표 점수

지표	T 점수	백분위	95% 신뢰구간
행동적 기능	60	84	52~65
정서적 기능	44	27	38~51

집행기능	70	98	61~74
총합	59	82	54~63

• 임상적 지표 점수

지표	T 점수	백분위	95% 신뢰구간
집중력/작업기억	70	98	55~70
활동수준/충동통제	63	90	53~67
순응/분노조절	47	38	40~55

• 가장 스트레스를 주는 것

문항	평정치
우리 선생님은 내가 숙제를 대충해 온다고 잔소리하신다.	매주
숙제하는 것과 같이 지루한 일을 계속 하는 것은 힘든 일이라는 것을 안다.	매주
사람들은 내가 너무 들떠 있다고 말한다.	매주
생각이 빠른 속도로 들락날락해서 무엇이 중요한지 초점을 맞출 수가 없다 .	매주
과제를 끝내는 데 다른 사람보다 시간이 더 많이 필요한 것 같다.	매일

8. 요약 및 결론

난독증 및 기타 학습장애를 설명하고 개념화하고 정의를 내리기 위한 노력은 계속 진화하고 있다. 로비 단체와 연구자, 입법자들은 조작적 정의와 진단적 준거, 적격성 준거를 통해 학습장애의 정의를 내리고자 하였고, 결과적으로 학습장애를 구별하고 진단하는 개념적 모델과 준거가 매우 다양해졌다. 이러한 상황과 더불어 인지심리학과 신경심리학이 학습장애를 이해하고 정의 내리는 데 있어 매우 중요한 역할을 하였다. 인지과학의 발전은 성취도에서의 결손과 인지적 처리 과정에 기저하는 결손 간의 과학적 연결고리를 보여 주었고, 학습장애를 가지고 있는 학생을 가르치는 데 있어 다양한 접근을 가능하게 하였다. 수많은 의문과 논란이 남아 있긴 하지만, 이러한 자료는 학습장애를 인지장애 또는 완전히 장애로 간주하는 것에 대해 반박하는 사람들에게 상당한 도전을 제기하였다(예: Penny, 2018).

인간의 인지적 처리 과정에서의 강점과 결손은 학업적 성취의 기저가 되며, 과학적 진보가 이를 규명할 수 있는 인지 능력 검사를 발전시키고 진보시키는 데 점점 더 큰 영향력을 미치고 있다. 웩슬러 아동용 지능검사의 가장 최신의 진화물인 WISC-V는 아동의 학업적 학습과 관련된 인지적인 능력을 측정하기 위해 설계되었다. WISC-V는 학업에 어려움을 가지고 있는 학생을 평가하기 위해 설계된 검사 배터리의 통합적 요소로서 잘 자리매김해 가고 있다. 이러한 진화와 더불어 학습장애의 평가 실무는 여러 세팅과 학문 분야에 걸쳐 상당히 다양해졌다. 한 가지 관점만으로 학습장애를 규명하려는 연구자와 실무자는 그것이 신경생리학적 관점이든 교육적 관점이든 또는 인지적 관점이든 간에 혼합식 접근법이 제공할 수 있는 보다 균형 잡힌 이점을 놓치고 있는 것이다. 학습장애를 가지고 있는 학생을 평가하는 방법에 대한 논쟁의 일부는 세팅에 따라 달라지는 다양한 준거에서 나온 것이다. 특히 학교 장면에서 난독증 특수교육 서비스의 적격성을 판정하는 것은 임상 장면에서 진단하는 발달적 난독증과 동일할 필요가 없다. 모두가 서로에게 배울 것이 많다. 따라서 진단과 평가의 요점은 아동이 가지고 있는 교육적 요구의 범위와 그에 따라 필요한 근거기반적 서비스의 종류를 결정하는 것이다. 학습장애의 하위유형과 그들에게 보다 잘 맞추어진 개입이 무엇인지 이해하기 위해 더 많은 연구가 이루어져야 할 것이다.

현재 학습장애의 평가는 처리 과정상의 강점과 약점 모델의 일부로서 가장 현대적인 인지 능력 검사에 의해 측정된 다중적 인지 능력을 고려하는 것까지 확대되었다. WISC-V는 학습장애 평가의 이러한 접근법에 최적화되어 있다. 신속한 자동적 명명과 연합기억을 측정하는 5요인 이론과 새롭게 보완된 보충 지표 척도들은 학습장애를 다양하게 진단하고 식별함에 있어서 임상적으로 관련이 있을 뿐 아니라 WIAT-III 또는 KTEA-3과 같은 성취도 검사와 함께 해석할 때는 심리교육적으로도 관련이 있다. 학습장애의 평가에서 처리 과정상의 강점과 약점을 고려하는 것은 학습장애에 대한 이해를 증진시키고, 처리 과정상에서 특정한 약점을 가진 아동의 학습 결과를 향상시키기 위한 개입을 체계적으로 탐색하는 데 상당한 가능성을 가지고 있다.

참고문헌

American Psychiatric Association. (2013). *Diagnostic and Statistical Manual of Mental Disorders*. Washington, DC: American Psychiatric Publishing.

Beal, A. L., Willis, J. O., & Dumont, R. (2013). Psychological testing by models of cognitive ability. In D. P. Saklofske, C. R. Reynolds, & V. L. Schwean (Eds.), *The oxford handbook of psychological assessment*. New York: Oxford University Press.

Bergeron, R., Floyd, R. G., & Shands, E. I. (2008). States' eligibility guidelines for mental retardation: An update and consideration of part scores and unreliability of IQs. *Education & Training in Developmental Disabilities, 43*(1), 123-131.

Berninger, V. (2011). Evidence-based differential diagnosis and treatment of reading disabilities with and without comorbidities in oral language, writing, and math: Prevention, problemsolving consultation, and specialized instruction. In D. P. Flanagan, & V. C. Alfonso (Eds.), *Essentials of specific learning disability identification*. Hoboken, NJ: Wiley.

Berninger, V., Abbott, R., Thomson, J., Wagner, R., Swanson, H. L., & Raskind, W. (2006). Modeling developmental phonological core deficits within a working-memory architecture in children and adults with developmental dyslexia. *Scientific Studies in Reading, 10*, 165-198.

Berninger, V. W., O'Donnell, L., & Holdnack, J. (2008). Research-supported differential diagnosis of specific learning disabilities and implications for instruction and response to instruction. In A. Prifitera, D. H. Saklofske, & L. G. Weiss (Eds.), *WISC-IV clinical assessment and intervention*. San Diego, CA: Elsevier.

Boshes, B., & Myklebust, H. (1964). Neurological behavior study of children with learning disorders. *Neurology, 14*, 7-22.

BranumMartin, L., Fletcher, J. M., & Stuebing, K. K. (2013). Classification and identification of reading and math disabilities the special case of comorbidity. *Journal of Learning Disabilities, 46*(6), 490-499.

Brody, L. E., & Mills, C. J. (1997). Gifted children with learning disabilities: A review of the issues. *Journal of Learning Disabilities, 30*, 282-296.

Castles, A., & Coltheart, M. (1993). Varieties of developmental dyslexia. *Cognition, 47*(2), 149-180.

Compton, D. L., Fuchs, L. S., Fuchs, D., Lambert, W., & Hamlett, C. (2011). The cognitive and academic profiles of reading and mathematics learning disabilities. *Journal of Learning Disabilities, 45*, 79-95.

Crepeau-Hobson, F., & Bianco, M. (2011). Identification of gifted students with learning disabilities in a response-to-Intervention era. *Psychology in the Schools, 48*, 102-109.

Crepeau-Hobson, F., & Bianco, M. (2013). Response to intervention promises and pitfalls for gifted students with learning disabilities. *Intervention in School and Clinic, 48*(3), 142-151.

Crews, K. J., & D'Amato, R. C. (2009). Subtyping children's reading disabilities using a comprehensive neuropsychological measure. *International Journal of Neuroscience, 119*, 1615-1639.

Donovan, M. S., & Cross, C. T. (Eds.) (2002). *Minority students in special and gifted education*. Washington, D.C: National Academies Press.

Elliott, C. D., Hale, J. B., Fiorello, C. A., Dorvil, C., & Moldovan, J. (2010). Differential Ability Scales-II prediction of reading performance: Global scores are not enough. *Psychology in the Schools, 47*(7), 698-720.

Elliott, J. G., & Gibbs, S. (2008). Does dyslexia exist? *Journal of Philosophy of Education, 42*(34), 475-491.

Elliott, J. G., & Grigorenko, E. L. (2014). *The dyslexia debate*. Cambridge: Cambridge University Press.

Evans, J. J., Floyd, R. G., McGrew, K. S., & Leforgee, M. H. (2001). The relations between measures of Cattell-Horn-Carroll (CHC) cognitive abilities and reading achievement during childhood and adolescence. *School Psychology Review, 31*(2), 246-262.

Feifer, S., & De Fina, P. (2000). *The neuropsychology of reading disorders: Diagnosis and intervention*. Middleton, MD: School Neuropsych Press, LLC.

Ferrer, E., Shaywitz, B. A., Holahan, J. M., Marchione, K., & Shaywitz, S. E. (2010). Uncoupling of reading and IQ over time: Empirical evidence for a definition of dyslexia. *Psychological Science, 21*(1), 93-101.

Fiorello, C. A., Hale, J. B., & Snyder, L. E. (2006). Cognitive hypothesis testing and response to intervention for children with reading problems. *Psychology in the Schools, 43*(8), 835-853.

Fiorello, C. A., Hale, J. B., & Wycoff, K. L. (2012). Cognitive hypothesis testing: Linking test results to the real world. In D. P. Flanagan, & P. L. Harrison (Eds.), *Contemporary intellectual assessment* (3rd ed.). New York: Guilford Press.

Flanagan, D. P., & Alfonso, V. C. (2011). *Essentials of specific learning disability identification*. Hoboken, NJ: Wiley.

Flanagan, D. P., & Alfonso, V. C. (2017). *Essentials of WISC-V assessment*. John Wiley & Sons.

Flanagan, D. P., Alfonso, V. C., & Ortiz, S. O. (2012). The cross-battery assessment approach: An overview, historical perspective, and current directions. In D. P. Flanagan, & P. L. Harrison (Eds.), *Contemporary intellectual assessment: Theories, tests, and issues* (3rd ed., pp. 459-483). New York, NY: The Guilford Press.

Flanagan, D. P., Fiorello, C., & Ortiz, S. O. (2010). Enhancing practice through application of Cattell-Horn-Carroll theory and research: A "third method" approach to specific learning disability identification. *Psychology in the Schools, 47*, 739-760.

Flanagan, D. P., & Mascolo, J. T. (2005). Psychoeducational assessment and learning disability diagnosis. In D. P. Flanagan, & P. L. Harrison (Eds.), *Contemporary intellectual assessment: Theories, tests and issues* (2nd ed., pp. 521-544). New York: Guilford Press.

Flanagan, D. P., Ortiz, S. O., Alfonso, V. C., & Mascolo, J. T. (2006). *The achievement test desk reference (ATDR): A guide to learning disability identification* (2nd ed.). Hoboken: Wiley.

Fletcher, J. M. (2005). Predicting math outcomes: Reading predictors and comorbidity. *Journal of Learning Disabilities, 38*, 545-552.

Fletcher, J. M. (2012). Classification and identification of learning disabilities. In B. Wong, & Butler (Eds.), *Learning about learning disabilities* (4th ed., pp. 1-26). New York: Elsevier.

Fletcher, J. M., Coulter, W. A., Reschly, D. J., & Vaughn, S. (2004). Alternative approaches to the definition and identification of learning disabilities: Some questions and answers. *Annals of Dyslexia, 54*(2), 304-331.

Fletcher, J. M., Lyon, G. R., Barnes, M., Stuebing, K. K., Francis, D. J., Olson, R. K., et al. (2002). Classification of learning disabilities: An evidence-based evaluation. *Identification of Learning Disabilities: Research to Practice*, 185-250.

Fletcher, J. M., Lyon, G. R., Fuchs, L. S., & Barnes, M. A. (2007). *Learning disabilities: From identification to intervention*. New York: Guilford.

Fletcher, J. M., Morris, R. D., & Lyon, G. R. (2003). Classification and definition of learning disabilities: An integrative perspective. In H. L. Swanson, K. R. Harris, & S. Graham (Eds.), *Handbook of learning disabilities* (pp. 30-56). New York: Guilford.

Fletcher, J. M., Shaywitz, S. E., Shankweiler, D. P., Katz, L., Liberman, I. Y., Stuebing, K. K., et al. (1994). Cognitive profiles of reading disability: Comparisons of discrepancy and low achievement definitions. *Journal of Educational Psychology, 86*(1), 6.

Floyd, R. G., Evans, J. J., & McGrew, K. S. (2003). Relations between measures of Cattell-HornCarroll (CHC) cognitive abilities and mathematics achievement across the school-age years. *Psychology in the Schools, 40*(2), 155-171.

Floyd, R. G., Keith, T. Z., Taub, G. E., & McGrew, K. S. (2007). Cattell-Horn-Carroll cognitive abilities and their effects on reading decoding skills: g has indirect effects, more specific abilities have direct effects. *School Psychology Quarterly, 22*(2), 200-233.

Francis, D. J., Fletcher, J. M., Stuebing, K. K., Lyon, G. R., Shaywitz, B. A., & Shaywitz, S. E. (2005). Psychometric approaches to the identification of LDs IQ and achievement scores are not sufficient. *Journal of Learning Disabilities, 38*(2), 98-108.

Fuchs, D., Fuchs, L. S., Mathes, P. G., & Lipsey, M. W. (2000). Reading differences between low achieving students with and without learning disabilities: A meta-analysis. *Contemporary special education research: Syntheses of the knowledge base on critical instructional issues*, 81-104.

Fuchs, D., & Young, C. L. (2006). On the irrelevance of intelligence in predicting responsiveness to reading instruction. *Exceptional Children, 73*(1), 8-30.

Fuchs, L. S., Compton, D. L., Fuchs, D., Hollenbeck, K. N., Craddock, C. F., & Hamlett, C. L. (2008). Dynamic assessment of algebraic learning in predicting third graders' development of mathematical problem solving. *Journal of Educational Psychology, 100*(4), 8-29.

Fuchs, L. S., Fuchs, D., Stuebing, K., Fletcher, J. M., Hamlett, C. L., & Lambert, W. (2008). Problem solving and computational skill: Are they shared or distinct aspects of mathematical cognition? *Journal of Educational Psychology, 100*(1), 30-47.

Gang, M., & Siegel, L. S. (2002). Sound-symbol learning in children with dyslexia. *Journal of Learning Disabilities, 35*(2), 137-157.

Gonzaez, J. E. J., & Espinel, A. I. G. (2002). Strategy choice in solving arithmetic word problems: Are there differences between students with learning disabilities, GV poor performance and typical achievement students? *Learning Disability Quarterly, 25*(2), 113-122.

Greenberg, D., Lichtenberger, E. O., & Kaufman, A. S. (2013). The role of theory in psychological assessment. In D. H. Saklofske, V. L. Schwean, & C. R. Reynolds (Eds.), *The Oxford handbook of child psychological assessment* (pp. 329). New York: Oxford University Press.

Gresham, F. M., & Vellutino, F. R. (2010). What is the role of intelligence in the identification of what is the role of intelligence in the identification of specific learning disabilities?: Issues and clarifications. *Learning Disabilities Research & Practice, 25*(4), 194-206.

Grigorenko, E. L. (2001). Developmental dyslexia: An update on genes, brains, and environments. *Journal of Child Psychology and Psychiatry, 42*(1), 91-125.

Hagen, J. W., Kamberelis, G., & Segal, S. (1991). A dimensional approach to cognition and academic performance in children with medical problems or learning difficulties. In L. V. Feagans, J. Short, & L. Meltzer (Eds.), *Subtypes of learning disabilities: Theoretical perspectives and research* (pp. 53-82). Hillsdale, NJ: Erlbaum.

Hale, J., Alfonso, V., Berninger, V., Bracken, B., Christo, C., Clark, E., et al. (2010). Critical issues in response-toIntervention, comprehensive evaluation, and specific learning disabilities identification and intervention: An expert white paper consensus. *Learning Disability Quarterly, 33*(3), 223-236.

Hale, J. B. (2006). Implementing IDEA with a three-tier model that includes response to intervention and cognitive assessment methods. *School Psychology Forum: Research and Practice, 1*, 16-27.

Hale, J. B., & Fiorello, C. A. (2004). *School neuropsychology: Apractitioner's handbook*. New York: Guilford Press.

Hale, J. B., Fiorello, C. A., Kavanagh, J. A., Hoeppner, J. B., & Gaither, R. A. (2001). WISC-III predictors of academic achievement for children with learning disabilities: Are global and factor scores comparable? *School Psychology Quarterly, 16*, 31-55.

Hale, J. B., Hain, L. A., Murphy, R., Cancelliere, G., Bindus, D., & Kubas, H. (2013). The enigma of learning disabilities: Examination via a neuropsychological framework. In C. Noggle, & R. S. Dean (Eds.), *The neuropsychology of psychopathology*. NewYork. NY: Springer Publishing.

Hale, J. B., Kaufman, A., Naglieri, J. A., & Kavale, K. A. (2006). Implementation of IDEA: Integrating response to intervention and cognitive assessment methods. *Psychology in Schools, 43*, 753-770.

Horn, J. L., & Blankson, A. N. (2012). Foundations for better understanding of cognitive abilities. In D. P. Flanagan, & P. L. Harrison (Eds.), *Contemporary intellectual assessment. Theories, tests and issues* (3rd ed.). New York: The Guilford Press.

Hulme, C., Goetz, K., Gooch, D., Adams, J., & Snowling, M. J. (2007). Paired-associate learning, phoneme awareness, and learning to read. *Journal of Experimental Child Psychology, 96*, 150-166.

International Dyslexia Association (2002). Definition of dyslexia. Available from https://dyslexiaida.org

Individuals with Disabilities Education Improvement Act of 2004 (IDEA 2004), Pub. L. No.108-446, 118 Stat 26-47 (2004).

Johnson, D. J., & Myklebust, H. (1967). *Learning disabilities: Educational principles and remedial approaches*. New York, NY: Grune & Stratton.

Kaufman, A. S. (2008). Neuropsychology and specific learning disabilities: Lessons from the past as a guide to present controversies and future clinical practice. In E. Fletcher-Janzen, & C. Reynolds (Eds.), *Neuropsychological perspectives on learning disabilities in an era of RTI: Recommendations for diagnosis and intervention* (pp. 1-13). Hoboken, NJ: Wiley.

Kaufman, A. S., & Kaufman, N. (2014). *Technical manual for the kaufman test of educational achievement* (3rd ed.). Minneapolis, MN: Pearson.

Korkman, M., Barron-Linnankoski, S., & Lahti-Nuuttila, P. (1999). Effects of age and duration of reading instruction on the development of phonological awareness, rapid naming, and verbal memory span. *Developmental Neuropsychology, 16*(3), 415-431.

Korkman, M., Kirk, U., & Kemp, S. (2007). *NEPSYII*. Bloomington, MN: Pearson.

Korkman, M., Stenroos, M., Mickos, A., Westman, M., Ekholm, P., & Byring, R. (2012). Does simultaneous bilingualism aggravate children's specific language problems? *Acta Pædiatrica, 101*, 946-952.

Kozey, M., & Siegel, L. S. (2008). Definitions of learning disabilities in Canadian provinces and territories [Special issue]. *Canadian Psychology/Psychologie Canadienne, 49*, 162-171.

Learning Disabilities Association of Canada (2002). *LDs defined: Official definition of learning disabilities*. Available from http://www.ldac-acta.ca/learn-more/ld-defined/official-definitionof-learning-disabilities.

Lervåg, A., Bråen, I., & Hulme, C. (2009). The cognitive and linguistic foundations of early reading development: A Norwegian latent variable longitudinal study. *Developmental Psychology, 45*(3), 764-781.

Li, H., Shu, H., McBride-Chang, C., Liu, H. Y., & Xue, J. (2009). Paired associate learning in Chinese children with dyslexia. *Journal of Experimental Child Psychology, 103*, 135-151.

Lind, A., Korkman, M., Lehtonen, L., Lapinleimu, H., Parkkola, R., Matomäki, J., et al. (2011). Cognitive and neuropsychological outcomes at 5 years of age in preterm children born in the 2000s. *Developmental Medicine & Child Neurology, 53*(3), 256-262.

Litt, R. A., de Jong, P. F., van Bergen, E., & Nation, K. (2013). Dissociating crossmodal and verbal demands in paired associate learning (PAL): What drives the PALreading relationship? *Journal of Experimental Child Psychology, 115*, 137-149.

Litt, R. A., & Nation, K. (2014). The nature and specificity of paired associate learning deficits in children with dyslexia. *Journal of Memory and Language, 71*, 71-88.

Lovett, B. J., & Sparks, R. L. (2011). The identification and performance of gifted students with learning disability diagnoses: A quantitative synthesis. *Journal of Learning Disabilities* (pp. 1-13).

Lyon, G. R., & Weiser, B. (2013). The state of the science in learning disabilities: Research impact on the field from 2001 to 2011. In H. L. Swanson, K. R. Harris, & S. Graham (Eds.), *Handbook of learning disabilities* (2nd ed., pp. 118-144). New York: Guilford Press.

Maddocks, D. L. S. (2018). The identification of students who are gifted and have a learning disabity: A comparison of different diagnostic criteria. *Gifted Child Quarterly*, 1-18. Available from https://doi.org/10.177/001698621772096.

Maehler, C., & Schuchardt, K. (2011). Working memory in children with learning disabilities: Rethinking the criterion of discrepancy. *International Journal of Disability, Development and Education, 58*(1), 5-17.

McGrew, K. S. (1997). Analysis of the major intelligence batteries according to a proposed comprehensive Gf-Gc framework. In D. P. Flanagan, J. L. Genshaft, & P. L. Harrison (Eds.), *Contemporary intellectual assessment: Theories, tests, and issues* (pp. 151-180). New York: Guilford.

McGrew, K. S., & Flanagan, D. P. (1998). *The intelligence test desk reference (ITDR): Gf-Gc crossbattery assessment*. Boston, MA: Allyn & Bacon.

McGrew, K. S., & Wendling, B. J. (2010). Cattell-Horn-Carroll cognitive-achievement relations: What we have learned from the past 20 years of research. *Psychology in the Schools, 47*(7), 651-675.

Miciak, J., Fletcher, J. M., Vaughn, S., Stuebing, K. K., & Tolar, T. D. (2013). Patterns of cognitive strengths and weaknesses: Identification rates, agreement, and validity for learning disabilities identification. *School Psychology Quarterly, 29*, 21-37.

Myklebust, H., & Boshes, B. (1960). Psycholoneurological learning disorders in children. *Rehabilitation Literature, 77*, 247-278.

Myers, E. M., & Reynolds, M. R. (1997). Scores in space: multidimensional scaling of the WISC-V. *Journal of Psychoeducational Assessment, 1-14*. Available from https://doi.org/10.1177/0734282917696935.

National Joint Committee on Learning Disabilities (NJCLDs) (2011). Learning disabilities: Implications for policy regarding research and practice. Available from www.ldonline.org/njcld.

Ontario Ministry of Education (2005). Education for all, the report of the expert panel on literacy and numeracy instruction for students with special education needs, kindergarten to grade 6. Available from http://www.edu.gov.on.ca.ca/eng/ppm/ppm8.pdf.

Ontario Ministry of Education (2014). Program/Policy Memorandum 8. Available from: http://www.edu.gov.on.ca.ca/eng/ppm/ppm8.pdf.

Pauly, H., Linkersdörfer, J., Lindberg, S., Woerner, W., Hasselhorn, M., & Lonnemann, J. (2011). Domain-specific rapid automatized naming deficits in children at risk for learning disabilities. *Journal of Neurolinguistics, 24*, 602-610.

Pearson. (2009). *Wechlser individual achievement test-III*. San Antonio, TX: Pearson.

Pennington, B. F. (1991). *Diagnosing learning disorders: A neuropsychological framework*. New York: Guilford Press.

Penny, C. G. (2018). Rethinking the concept of learning disability. *Canadian Psychology, 59*(2),197-202.

Pieters, S., Roeyers, H., Rosseel, Y., Van Waelvelde, H., & Desoete, A. (2013). Identifying subtypes among children with developmental coordination disorder and mathematical learning disabilities, using model-based clustering. *Journal of Learning Disabilities*,

0022219413491288.

Piovasana, A. M., Harrison, J. L., & Ducat, J. J. (2017). The development of a motor-free shortform of the Wechsler Intelligence Scale for Children -Fifth Edition. *Assessment,* 1-9. Available from https://doi.org/10.1177/1073191117748741.

Powell, D., Stainthorp, R., Stuart, M., Garwood, H., & Quinlan, P. (2007). An experimental comparison between rival theories of rapid automatized naming performance and its relationship to reading. *Journal of Experimental Child Psychology, 98*(1), 46-68.

Raiford, S. E., Drozdick, L. W., & Zhang, O. (April 2016). Q-interactive special group studies: The WISC-V and children with specific learning disorders in reading or mathematics. Available from: https://www.helloq.com/content/dam/ped/ani/us/helloq/media/Q-i%20 TR13_WISC-V_SLDR_SLDM_FNL.pdf.

Raiford, S. E. (2017). *Essentials of WISC-V Integrated assessment*. Hoboken, NJ: John Wiley & Sons.

Reschly, D. J., & Hosp, J. L. (2004). State SLDs identification policies and practices. *Learning Disabilities Quarterly, 27*(4), 197-213.

Reynolds, C. R., & Shaywitz, S. E. (2009). Response to intervention: Ready or not: Or, from waitto-fail to watch-them-fail. *School Psychology Quarterly, 24*, 130-145.

Reynolds, M. R., Scheiber, C., Hajovsky, D. B., Schwartz, B., & Kaufman, A. S. (In submission). Gender differences in academic achievement: Is writing an exception to the gender similarities hypothesis?

Rourke, B. P. (1989). *Nonverbal learning disabilities the syndrome and the model*. New York: The Guilford Press, S. Res. 576, 114 Cong. (2016).

Schneider, W. J., & McGrew, K. S. (in press). The Cattell-Horn-Carroll theory of cognitive abilities. *Contemporary intellectual assessment: theories, tests, and issues* (4th ed.). New York: Guilford.

Shaywitz, S. E. (2005). Overcoming dyslexia: A new and complete science-based program for reading problems at any level. New York: Alfred A. Knopf.

Siegel, L. S. (1988). Evidence that IQ scores are irrelevant to the definition and analysis of reading disability. *Canadian Journal of Psychologyé Revue Canadienne De Psychologie, 42*, 201-215.

Siegel, L. S. (1992). An evaluation of the discrepancy definition of dyslexia. *Journal of Learning Disabilties, 25*, 618-629.

Silverman, L. K. (2003). Gifted children with learning disabilities. In N. Colangelo, & G. A. Davis (Eds.), *The handbook of gifted education* (3rd ed., pp. 533-543). Boston, MA: Allyn & Bacon.

Sotelo-Dynega, M., Flanagan, D. P., & Alfonso, V. C. (2011). Overview of specific learning disabilities. In D. P. Flanagan, & V. C. Alfonso (Eds.), *Essentials of specific learning disability identification*. Hoboken, NJ: Wiley.

Sternberg, R. J., & Grigorenko, E. L. (2002). Difference scores in the identification of children with learning disabilities: It's time to use a different method. *Journal of School Psychology, 40*(1), 65-83.

Stuebing, K. K., Barth, A. E., Molfese, P. J., Weiss, B., & Fletcher, J. M. (2009). IQ is not strongly related to response to reading instruction: A meta-analytic interpretation. *Exceptional Children, 76*(1), 31-51.

Swanson, H. L. (1999). Instructional components that predict treatment outcomes for students with learning disabilities: Support for a combined strategy and direct instruction model. *Learning Disabilities Research and Practice, 14*(3), 129-140.

Swanson, H. L. (2011). Learning disabilities: Assessment, identification, and treatment. In M. A. Bray, & T. J. Kehle (Eds.), *The Oxford handbook of school psychology*. New York: Oxford University Press.

Swanson, H. L., & Hoskyn, M. (1998). Experimental intervention research on students with learning disabilities: A meta-analysis of treatment outcomes. *Review of Educational Research, 68*(3), 277-321.

Torgesen, J. K. (2002). Empirical and theoretical support for direct diagnosis of learning disabilities by assessment of intrinsic processing weaknesses. In R. Bradley, L. Danielson, & D. P. Hallahan (Eds.), *Identification of learning disabilities: Research to practice* (pp. 565-613). Mahwah, NJ: Lawrence Erlbaum.

van der Sluis, S., de Jong, P. F., & van der Leij, A. (2004). Inhibition and shifting in children with learning deficits in arithmetic and reading. *Journal of Experimental Child Psychology, 87*(3), 239-266.

Vaughn, S., & Fuchs, L. S. (2003). Redefining learning disabilities as inadequate response to instruction: The promise and potential problems. *Learning Disabilities Research & Practice, 18*(3), 137-146.

Wechsler, D. (2014a). *Wechsler intelligence scale for children-V*. San Antonio, TX: Pearson.

Wechsler, D. (2014b). WISC-V technical & interpretive manual supplement: Special group validity studies with other measures, and additional tables. Available from: 〈http://downloads.pearson-clinical.com/images/Assets/WISC-V/WISC-V-TechManual-Supplement.pdf〉.

Wechsler, D., & Kaplan, E. (2015). *Wechsler intelligence scale for children integrated* (5th ed.). Bloomington, MN: Pearson.

Willburger, E., Fussenegger, B., Moll, K., Wood, G., & Landerl, K. (2008). Naming speed in dyslexia and dyscalculia. *Learning and Individual Differences, 18*, 224-236.

Wise, J. C., Pae, H. K., Wolfe, C. B., Sevcik, R. A., Morris, R. D., Lovett, M., et al. (2008). Phonological awareness and rapid naming skills of children with reading disabilities and children with reading disabilities who are at risk for mathematics difficulties. *Learning Disabilities Research & Practice, 23*(3), 125-136.

Wolf, M., & Bowers, P. G. (1999). The double-deficit hypothesis for the developmental dyslexias. *Journal of Educational Psychology, 91*, 415-439.

Wolf, M., Bowers, P. G., & Biddle, K. (2000). Naming-speed processes, timing, and reading: A conceptual review. *Journal of Learning Disabilities, 33*(4), 387-407.

Woodcock, R. (1984). A response to some questions raised about the Woodcock Johnson III: Efficacy of the aptitude clusters. *Schol Psychology Review, 13*, 355-352.

제9장

21세기 과학적 진보를 반영한 난독증의 진단과 개입

1. 서론

난독증(또는 특정 읽기장애)은 학습장애(LD) 중 가장 보편적이며 광범위하게 연구되고 있으며, 학습장애로 진단된 개인의 80%가 난독증의 영향을 받는다(Lerner, 1989). 난독증은 모든 학습장애 중 가장 뚜렷한 특징이 있을 뿐만 아니라 역사적으로도 가장 오래되었다. 실제로 아동 난독증에 대한 첫 기술은 '학습장애'에 대한 언급보다 60년 이상 앞섰다. 난독증은 1896년에 처음 기술되었지만 '학습장애'는 1962년에 처음 사용되었다.

2. 지능으로 예측되지 않는 어려움을 겪는 난독증의 진화

건강한 사람이 읽기 능력을 잃어버릴 수 있다는 보고는 17세기 초부터 있었으며(Shaywitz, 2003 참조), 19세기에는 교육받은 성인이 갑자기 글을 읽을 수 없게 된 사례를 '후천성 실독증(acquired alexia)'으로 이름 붙여 기술한 몇몇의 연구가 있었다. 이러한 사례 중 가장 두드러진 것은 프랑스 신경과 전문의 Jules Dejerine(1891, 1892)가 1890년대 초반에 기술한 것으로, 그는 후천성 실독증을 두정-측두엽(parieto-temporal)과 후두-측두엽(occipito-temporal) 영역 등의 후뇌(posterior brain) 체계와 관련된 뇌졸중의 결과로 설명하였다.

스코틀랜드 글래스고 지역의 안과의사 Hinshelwood(1895)가 발표한 후천성 실독증 성인에 관한 보고에 자극을 받은 W. Pringle Morgan 박사는 14세의 소년, 퍼시(Percy)에 관한 최초의 발달성 난독증 사례를 『영국의학저널(British Medical Journal)』(Morgan, 1896)에 발표하였다. "그는 항상 밝고 똑똑한 소년이었고, 게임에서도 재빨랐으며, 어느 면에서건 자신의 또래보다 열등한 면이 없었다. 그가 가진 가장 큰 문제는 글을 읽을 수 없다는 것이었다." Morgan은 퍼시의 시력과 지능이 양호하다는 것을 강조하면서, Hinshelwood가 단어 문맹(word blindness) 성인을 진단했던 방식에 따라, 이 소년의 상태를 선천성 단어 문맹(congenital word blindness)이라고 이름 붙였으며, "몇 년 동안 그를 가르친 교사는 수업이 모두 구어(oral)로만 이루어질 수 있다면, 이 소년이 학교에서 가장 똑똑한 학생일 것이라고 말한다."라고 하였다.

이 초기 보고서가 발표된 바로 다음 해부터 예측되지 않는 아동의 읽기 곤란 사례가 영국, 유럽, 미국 등에서 계속 발표되었다(Shaywitz, 2003). 실제로 Hinshelwood (1917)는 여러 난독증 아동 사례를 기술하였는데, 예컨대 구어로 된 수업 '조건'에서는 학습을 매우 잘하고, 어머니에게 다른 형제에 비해 여러 면에서 훨씬 똑똑하다는 평가를 받지만 글은 읽지 못하는 한 소년의 사례가 있었다. Hinshelwood 역시 읽기에서 예기치 않는 어려움이 있다는 것을 강조하였다. 이것은 지능의 일반적 문제라기보다는 읽기에 영향을 미치는 특정한 문제가 있는 것으로 보였으며, 이것의 영향을 받은 아동은 읽기에서의 약점뿐만 아니라 다른 강점도 동시에 가질 수 있다고 하였다. 또한 그는 다른 대부분의 생리학적 문제처럼, 이 장애 역시 전부 나타나거나 전혀 나타나는 않는 현상(all-or-none phenomenon)이 아니라 정도의 차이가 있음을 발견하였고, 이것은 비교적 최근 연구를 통해서도 검증되었다(Shaywitz, Escobar, Shaywitz, Fletcher, & Makuch, 1992).

20세기 초 임상가들은 발달성 난독증의 특성, 원인, 잠재적 치료법 등을 정교화하였는데, 그중 내과 의사인 Samuel Torrey Orton의 설명이 가장 설득력 있어 보인다. 1937년 Orton은 저서인『아동의 읽고, 쓰고 말하는 것의 문제(Reading, Writing and Speech Problems in Children)』(1937)를 통해 난독증의 여러 특성을 언급하였고, 우리는 이것을 80년 후에 알게 되었다. 그의 저서에는 일부 난독증을 가진 개인이 읽기를 배울 수도 있지만 그렇더라도 동일 연령의 또래나 지능에 비해서는 읽기 속도가 느리다는 관찰 결과가 포함되었는데, 이것은 지금 우리가 읽기 유창성 부족이라고 부르는 현상을 의미한다. 그는 비록 그들의 읽기 능력이 자신의 나이에 적합한 수준처럼 보일 수는 있지만, 지능에 비해서는 기대되는 것보다 낮은 수준이라는 것도 알고 있었다. Orton은 또한 철자를 정확히 알지 못하고 기능어(function word: 의미보다 문법적 기능이 중요한 단어)를 적게 쓰는 특징이 읽기 문제를 야기한다고 기술하였다. 마지막으로, Orton은 저학년 때 읽기에 어려움을 겪은 아동은 청소년기에 외국어를 배울 때도 어려움을 겪게 된다고 하였다(Orton, 1937, pp. 91-95).

난독증에 대해 기술한 선구자들은 모두 난독증 아동의 읽기 문제가 그들의 지능으로는 예기치 못한 것이라고 말하고 있다. 이후에도 언급하겠지만, 읽기에서 예기치 못한 어려움은 학습장애의 전형적인 특징으로 알려져 있다.

Orton이 난독증을 기술한 지 10~20년 후, 통찰력 있는 임상가들은 뇌손상 아동의 실체를 정교화하기 시작했고(Strauss & Lehtinen, 1947; Strauss & Werner, 1942), 1962년 Clements와 Peters(1962)가 미소뇌기능장애(Minimal Brain Dysfunctions: MBD)를 기술할 만큼 진화하였다. 가장 먼저 언급된 것은 특정 학습에서의 결손이었으며, 가장 먼저 기술된 증상은 읽기에서의 실패와 철자를 익히지 못하여 읽기 오류가 발생하는 것이었다. 같은 해 Kirk와 Bateman(1962)은 '학습장애(learning disability)'라는 용어를 가장 먼저 사용했으며, 읽기장애 진단을 단계화하여 학습장애를 진화시켰다. 학습장애라는 용어를 처음 사용한 이 논문에서는 아동의 능력-성취 간 불일치라는 개념이 특히 강조되었다. 따라서 Kirk와 Bateman(1962)은 아동 학습장애 판별의 첫 단계는 지능지수(IQ)를 근거로 아동의 읽기 능력을 예측하는 것이라고 언급했다. 그다음에 실제 읽기 성취도를 평가하고, "읽기에 필요한 능력과 실제 읽기 성취도 간의 불일치를 평가한다".

Myklebust(1968)는 학습장애의 전형적인 특징으로 잠재 능력과 실제 학습에서의 성취 간 불일치로 인한 현저한 저성취(underachievement)를 강조했다. 학습장애는 양호한 지능에도 불구한 학습 결손으로 계속해서 정의되고 있다.

1970년대에는 미국 수천 명의 학부모들은 학습장애에 대해 "전문적인 교육자나 심리학자, 소아과 의사는 그렇지 않았더라도"(Cruickshank, 1972) 알고 있었다. 그러나 10년 사이 학습장애는 학교 학습에서의 어려움으로 의뢰된 아동에게 가장 빈번하게 진단되는 조건 중 하나가 될 정도로 변화하였다. Kavale과 Forness(1985)는 IQ−성취 간 불일치는 학습장애 진단의 핵심적 요소이며, 신뢰할 만한 결정요인이라고 강조했다. 동시에 그들은 IQ−성취 간 편차에 근거하여 학습장애를 정의하는 많은 방법론적 도전을 검토했다. 이 문제에 대한 보다 자세한 내용은 나중에 언급할 것이다.

20여 년 전 Hammill(1990)은 당시 발표된 학습장애 정의들을 검토한 후 모든 정의에서 저성취 개념이 가장 일관된 요소라는 것을 발견하였다. 저성취는 아동 개인 내적인 것으로, 타고난(inherent) 능력에 비해 낮은 성취를 의미한다. 그러면 저성취는 어떻게 결정되는가? 앞서 논의하였듯이 당연히 대부분의 저성취는 능력−성취 간 불일치, 즉 지적 능력(보통 IQ로 표현되는)과 읽기 성취도 같은 수행 간의 현격한 편차로 정의된다.

이러한 역사적 흐름 속에서 예측되지 않는 저성취는 난독증의 경우 100년 이상, 학습장애의 경우 50년 이상, 난독증(그리고 학습장애) 정의의 가장 핵심적인 요소로 가장 지속적으로 일관성 있게 강조되고 있다. 과학적으로 지지되는 가장 최신의 난독증 정의는 Bill Cassidy 상원의원이 후원하는 미국 상원결의문 680호(US Senate Resolution 680)이며, 이것은 2017년에 만장일치로 통과되었다. "난독증은 ① 읽기를 훨씬 더 잘할 수 있는 지능에도 불구하고 예기치 않는 읽기에서의 어려움으로 정의된다. 그리고 ② 대부분 음운 처리(구어의 개별 소리에 대한 인식) 곤란 때문에 발생하며, 이것은 말하기, 읽기, 철자, 그리고 대개의 경우 외국어 학습에도 영향을 미친다."

처음으로 난독증의 예측하기 어려운 특성을 입증하는 경험적 데이터가 등장하였다. 이 데이터는 1983년 코네티컷주 공립 유치원 입학 아동을 대표하는 표본 표집을 통해 이루어진 코네티컷 종단 연구(Connecticut Longitudinal Study)에서 얻은 것이다. 연구 대상자는 모두 영어가 모국어인 아동이었다. 2단계 확률 표본 조사로 표집된 이 집단은 유치원에서부터 12학년까지 매년 종단적으로 개인용 인지 능력 검사와 성취도 검사를 받았다. 연구 당시 코네티컷에서 수집된 표본의 인종/민족 구성은 국가 전체 인종/민족 구성과 유사했다(Statistical Abstract of the United States: 1986, 1985).

코네티컷 종단 연구를 통해 Ferrer, Shaywitz, Holahan, Marchione과 Shaywitz (2010)는 일반적인 경우 읽기와 IQ가 시간이 지남에 따라 역동적인 상관을 보인다는 것을 입증하였다. 시간이 지나는 동안 읽기와 IQ는 함께 변화할 뿐만 아니라 각각은 서로에게 영향을 미친다. 하지만 난독증 아동의 경우 이러한 상호작용이 나타나지 않았으며, 읽기와 인지 발달이 보다 독립적으로 이루어짐이 시사되었다([그림 9-1] 참조, Ferrer et al., 2010).

또한 난독증의 IQ와 읽기가 연동되지 못함을 보여 주는 이러한 데이터는 예측되지 않는 저성취라는 난독증의 개념적 기초를 뒷받침한다. 역동적 모델에 기초하여, 읽기와 인지 간의 연동성 결여는 난독증을 가진 개인의 지능 수준을 고려할 때 읽기 곤란이 예측되지 않음을 입증하며, 이러한 곤란은 개인 내적 곤란으로 정의된다. 이는 난독증을 가진 개인의 경우 개인의 능력과 읽기 능력 간의 비교가 적합하다는 것을 시사한다. 이러한 발견은 역설적으로 보였던 난독증의 인지 및 읽기에 관한 숙원

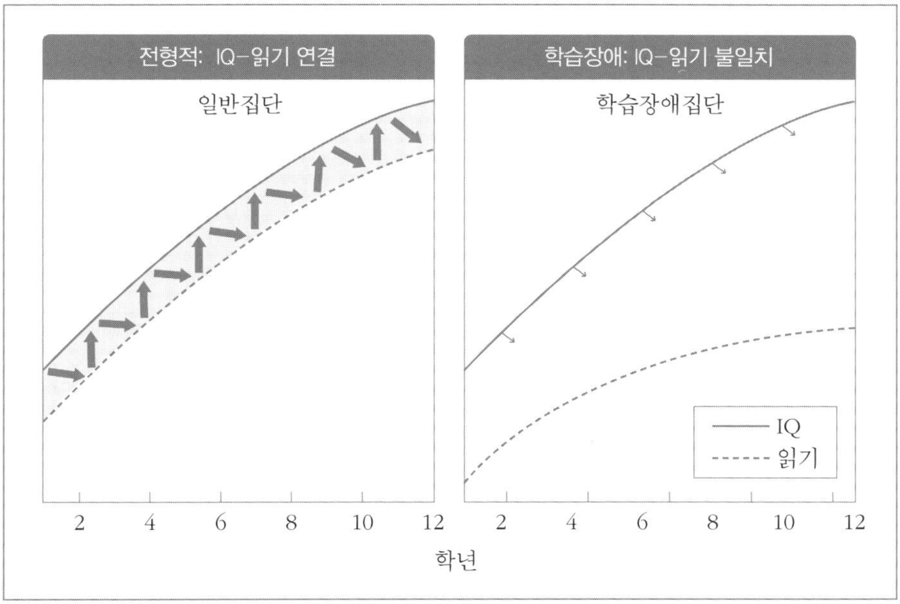

그림 9-1 난독증은 읽기 능력과 인지 발달 간의 상호작용이 나타나지 않음. 즉, 난독증의 경우 읽기와 인지 발달이 보다 독립적인 방식으로 진행되는 것이 시사됨

출처: Ferrer et al.(2010)에 근거하여 Shaywitz(출판 중). *Overcoming Dyslexia* (2nd ed.).

과도 같은 경험적 증거를 제공한다. 결국 고지능 난독증의 경우 평균보다 높은 수준의 읽기 능력을 갖출 수도 있지만, 이 읽기 능력은 자신의 지능이나 교육 수준, 전문성 등에 근거해 예측되는 정도보다 낮은 수준일 수 있다.

많은 사람이 난독증을 아무것도 읽을 수 없는 것과 혼동한다. 그런 경우도 있을 수 있지만, 법적 · 과학적 증거에 의해 가장 일반적으로 뒷받침되는 확실한 정의에는 개인, 학생 또는 성인이 난독증으로 진단받기 위해서는 읽기 점수가 낮아야 한다는 기준이 없다. 오히려 읽기 과정에서 단어를 정확하고 유창하게 해독하기 위해 어떤 노력과 작업을 수행하느냐가 더 중요하다. 운동장애의 경우를 생각해 보자. 그 사람이 단순히 길을 건널 수 있느냐 없느냐가 아니라, 지팡이나 휠체어를 이용해야만 건너갈 수 있다는 것이 더 중요한 문제인 것이다.

3. 난독증을 지지하는 신경외과적 근거

초기 난독증 및 학습장애 논의에서는 '뇌기능장애(brain dysfunction)'의 증거에 대한 관심이 많았다. 초기의 난독증과 학습장애에 대한 많은 보고는 현재의 기준으로 봤을 때는 상대적으로 원시적이지만 그 당시의 가능한 모든 방법을 동원하여, 신경체계와의 관련성을 입증하려는 시도를 했었다. 1980년대에 양전자 방출 단층 촬영(positron emission tomography)을 사용한 기능적 뇌 영상화의 출현과 1990년대에 기능적 자기 공명 영상(functional Magnetic Resonance Imaging: fMRI)은 난독증과 학습장애를 기술했던 선구자들이 기대했던 중요한 증거를 제공했다. fMRI와 같은 기술을 주로 사용한 전 세계 여러 실험실의 증거를 수렴한 결과, 진짜 단어나 가짜 단어를 읽는 동안 후두엽(posterior) 읽기 체계 기능이 비효율적으로 되는 '난독증의 신경학적 특성'을 입증해 내었다([그림 9-2] 참조).

fMRI를 통해 얻은 이 증거를 통해 그 전까지는 숨겨져 있던 장애를 최초로 드러낼 수 있었다. 예를 들어, 난독증에 대한 fMRI의 최초 연구 중 하나인 Shaywitz 등(2002)의 연구에서는 fMRI를 사용하여 약 144명의 아동을 연구했는데, 그중 절반은 난독증 아동이었고 절반은 일반 아동이었다. 연구결과, 음운 분석을 수행하는 동안 난독증 아동에 비해 일반 아동의 후두엽 판독 체계가 훨씬 더 활성화됨이 드러났다.

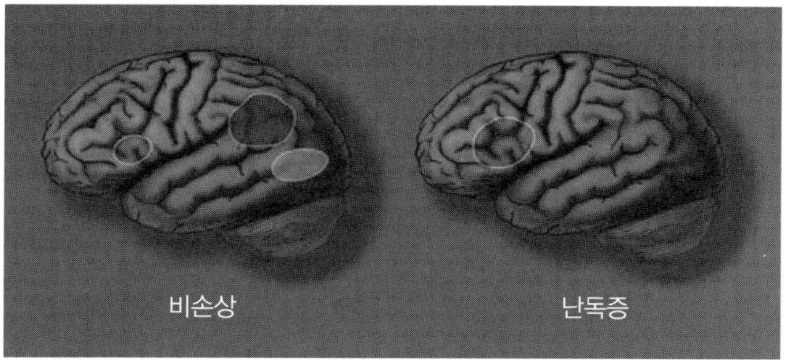

그림 9-2 난독증의 신경학적 특성: 후두엽 읽기 체계 혼란

출처: Shaywitz(출판 중). *Overcoming Dyslexia* (2nd ed.).

이러한 발견은 후천성 읽기장애가 방추상회(fusiform gyrus)의 주변 영역과 두정-측두엽(parieto-temporal) 영역의 좌반구 병변으로 인한 것이라는 Dejerine(1891, 1892)의 고전적인 19세기 보고와 일치한다.

많은 연구자가 난독증 아동의 fMRI에 대해 연구하였으며, 그 결과들에서 읽기 중에 좌반구 뒷부분(posterior)의 뇌 체계, 특히 좌반구의 후두-측두엽(occipito-temporal) 영역 체계가 제대로 작동하지 못한다는 것이 밝혀졌다(Peterson & Pennington, 2012; Price & Mechelli, 2005; Richlan, Kronbichler, & Wimmer, 2009; Richlan, Kronbichler, & Wimmer, 2011; Shaywitz & Shaywitz, 2005 참조). 비슷한 결과가 독일어(Kronbichler et al., 2006)나 이탈리아어(Brambati et al., 2006)를 쓰는 난독증 환자에게서도 보고되었다. 중국인 난독증 환자를 대상으로 한 일부 연구에서도 알파벳 문자권 난독증 환자와 유사하게 좌측의 후두-측두엽 및 전두엽 앞쪽(anterior frontal regions)에서 이상이 보고되었다(Siok, Niu, Jin, Perfetti, & Tan, 2008; Siok, Perfetti, Jin, & Tan, 2004; Siok, Spinks, Jin, & Tan, 2009). 중국인 난독증 환자에 대한 또 다른 연구는 양측 후두-측두엽 영역(bilateral occipito-temporal regions)과 좌측 중간 전두회(left-middle frontal gyrus)의 활성도가 감소함이 보고되었는데(Siok et al., 2004; Siok et al., 2008; Siok et al., 2009), 이것은 알파벳 문화권의 fMRI 난독증 연구에서는 일반적으로 발견되지 않은 영역이었다. 보다 최근의 연구에서는 중국인 난독증 환자의 우측 후두 피질(occipital cortex)에서 활성도가 감소함을 보여 주었는데, 이는 중국어 읽기에서 우측 시각 피질(visual cortex)이 언어와 관련된 역할을 한

다는 것과 일치하며, 중국인 난독증 환자는 전체적인 시각적 철자법의 분석(holistic visuo-orthographic analysis)에서 결손이 있음을 시사한다(Liu et al., 2012).

fMRI 데이터 연결성 분석(connectivity analyses)은 난독증에서 가장 최근 난독증의 뇌 네트워크 특성을 밝히는 진보를 이끌었다. 기능적 연결성의 측정은 유사한 활성화 크기를 가진 뇌 영역의 차이를 감지하지만 그 활동은 연구 대상이나 자극 유형에 따라 다른 뇌 체계와 차별적으로 동기화된다. 가장 최근에 Finn 등(2014)은 일반인에 비해 난독증 환자에게서, 특히 인쇄된 글자를 읽을 때 시각적 단어 구성 영역(visual word-form area)의 연결성이 감소하는데, 이 영역은 왼쪽 방추상회(left-fusiform gyrus)의 일부분이라고 보고하였다.

따라서 뇌 영상을 통해 발견된 이러한 것들은 난독증이 예측되지 않는 저성취로 진단되고, 신경학적 특성을 지니고 있는 뚜렷한 신경생물학적 실체로 인식되는 데 필요한 자원을 제공한다.

4. 21세기 난독증 진단의 필요성과 도전

우리 중 한 명(2014년 9월 국회 과학 · 우주 · 기술 위원회의 난독증 과학 분과 청문회에서 증언한 S. Shaywitz 박사)은 "교육은 반드시 과학과 함께해야 하며, 그렇게 할 수 있다. 과학적 지식이 정책과 실천으로 이어져야 하며, 무지와 불공평이 만연해서는 안 된다. 더 많이 알수록 더 올바르게 행동해야 한다."라고 주장했다. Shaywitz 박사는 "난독증은 다른 학습장애와는 현저히 다르다. 난독증은 매우 명확하며 과학적으로도 검증되어 있다. 우리는 난독증의 유병률, 인지 및 신경생물학적 기저, 증상, 증거에 기반한 효과적인 개입법 등을 알고 있다. 반면, 학습장애는 아직 상세하게 기술되거나 과학적으로 타당화되지 못한 여러 문제를 일컫는 일반적 용어이다. 의학적으로 비유하자면, 학습장애는 '감염성' 질병에 해당한다면, 난독증은 폐혈성 인후염, 즉 발병 원인과 증거기반 치료법이 밝혀졌고 검증된 매우 명확한 질병에 해당하는 것이다."라고 강조했다.

광범위한 과학적 연구에서 난독증은 예측되지 않는 어려움, 즉 읽기와 지능이 서로 연동되지 못해 평균 혹은 매우 우수한 지능에도 불구하고 읽기 능력이 이에 훨씬 못 미치는 장애로 묘사되었다. 오늘날 우리는 난독증 진단에 활용될 수 있는 더 많은 것, 즉 이 장애는 음운 처리의 어려움, 다시 말해 구어의 개별 소리에 접근하는 것의 어려움이 가장 중요한 문제라는 것을 알고 있다. 이 장의 앞부분에서 설명하였듯이, 이 사실은 이 장애의 주요 증상을 정확하게 짚고 있다.

난독증은 학생(및 성인) 인구의 20%에 영향을 미치는 명확한 상태(condition)로 과학적 근거를 갖고 있다. 다른 전문가 집단에서 난독증의 과학적 정의를 무시한 채 다양한 행정적 준거(administrative criteria)로 난독증을 정의하고 진단해서는 안 된다. 난독증이 예측되지 않는다는 점과 음운론적 이유 때문에 생겨난다는 사실은 모든 정의에 반드시 반영되어야 한다. 개별 실무자나 실무자 집단에서 추가적인 측정을 하는 것은 자유이지만, 어떤 난독증 진단이건 예측되지 않는 특성과 음운론적 결손을 입증하는 증거 및 근거는 존중되어야만 한다.

1) '예측되지 않는 특성'의 조작적 정의

난독증의 예측되지 않는 특성을 어떻게 조작적으로 정의할 것인가는 더 큰 도전 과제이다. 이 문제는 사실 예측되지 않은 저성취 개념 때문이 아니라, 학교 상황에서의 시행이 실제 현장에 미치는 영향 때문에 발생한다. 일부에서는 아동의 측정된 IQ와 읽기 성취도 간의 특정 편차를 통해 난독증의 '예측되지 않는' 특성을 포착하려 하였다. 일부 학교는 단순화된 규준을 채택하기도 했다. 예를 들어, 가장 보편적으로는 IQ와 읽기 검사 표준점수 간에 1 혹은 1.5 표준편차, 혹은 더 흔하게는 20점 이상 혹은 22점 이상의 점수 편차 등을 불일치 기준으로 제시하였다.

능력-성취 간의 불일치가 1975년에는 「공법 94-142」로, 1977년에는 규정(regulations)으로 법제화된 직후부터 방법론에 대한 비판이 이어졌다(Kavale & Forness, 1985). 가장 큰 문제 중 하나는 유치원이나 초등 1학년 때 분명한 어려움을 겪고 있는 아동이라 할지라도 이들의 읽기 실패가 불일치 요건을 충족할 정도로 커질 때까지, 적어도 3학년 혹은 그 이후까지 기다려야 한다는 것이었다. 다시 말해, 저학년에서 능력-성취 간 불일치 기준을 사용하면, 아동이 서비스를 받기 위해서는 그 전에 자신의 학년에서 기대되는 읽기 성취도에 못 미쳐야 하기 때문에 읽기와 관련된 조기 개입의 기회가 줄어들 수 있다. 결과적으로는 불일치 기준을 충족할 때까지 난독증 판별이 지연되고 서비스가 거부되어 '실패할 때까지 기다리는' 방식이 되어 버리는 것이다. 이 경우 판별이 되는 시점에는 또래에 비해 읽기 기술이 한참 뒤처져 있을 수밖에 없다. 게다가 요구되는 불일치 정도는 주마다 차이가 있고, 같은 주 내에서도 학군에 따라 다르다. 따라서 같은 아동이 특정 학교에서는 난독증 또는 학습장애로 판별되지만, 다른 학교에서는 그렇지 않을 수도 있게 된다.

불일치를 어떻게 조작적으로 정의할 것인가에 대한 비판에도 불구하고, 보다 중요한 것은 전반적인 임상 평가의 핵심 요소로서 예측되지 않는 저성취 개념을 부정하지 않고, 능력–성취 간 편차를 무시하지 않아야 한다는 것이다. 이제 난독증에 대한 과학적 연구를 통해 얻은 지식, 즉 난독증의 예측되지 않는 특성, 근본적인 어려움, 그리고 구어, 읽기, 철자법, 심지어 제2외국어 학습 등에 미치는 영향 등이 중요하게 간주되고 있다.

2) 유치원 또는 초등 1학년의 난독증 판별: 난독증 조기 선별

현재는 초등학교 3학년 또는 만 9세 이전에는 난독증 진단을 하지 않는다. 최근의 연구는 초등학교 1학년 때 이미 일반 아동과 난독증 아동 간의 읽기 능력 격차가 상당하며, 그 격차가 지속된다는 것을 입증하였다([그림 9–3] 참조). 이러한 결과는 난독증 위험군 아동을 조기에 선별하고 판별하여 개입 역시 조기에 이루어져야 함을 의미한다. 다른 연구자뿐만 아니라 우리도 난독증 선별 방법 중 잠재적으로 매우 강력하고 쉽게 접근할 수 있는 정보 중 하나를 무시해 왔었다. 그것은 학생에게 읽기 및 읽기 관련 기술을 가르치기 위해 교사가 들인 시간 대비 학생의 능력에 대한 교사의 판단이었다. 놀랍게도 우리는 Shaywitz의 학습장애 판별도구(DyslexiaScreen™)의 몇 안 되는 질문(유치원 10개 문항, 1학년 12개 문항, 2학년 10개 문항으로 구성된 증거기반 도구)에 대한 교사의 평정을 통해 난독증 고위험군 아동을 높은 민감도와 구체성으로 매우 정확하게 예측할 수 있다는 것을 알게 되었다. 이 도구는 태블릿 프로그램으로 개발되어 '난독성 가능성이 있는지(at-risk)' 혹은 '없는지(not at-risk)'를 빠르게 판별하는 데 활용되고 있다.

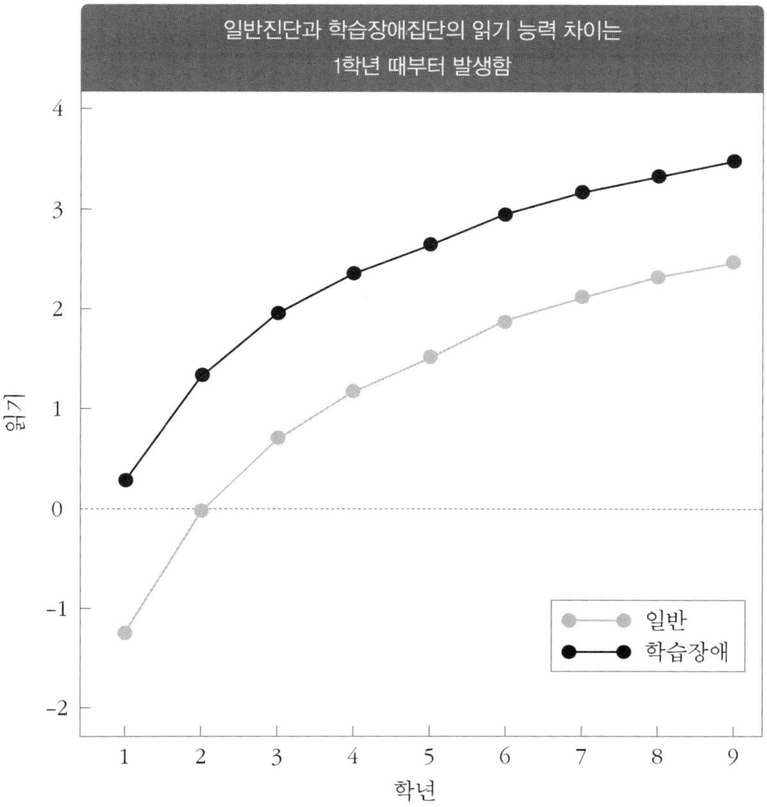

그림 9-3 **일반 및 난독증 아동의 1~9학년 읽기**

일반 아동과 난독증 아동 간의 성취 격차는 1학년부터 뚜렷하며 청소년기까지 지속된다.
출처: Shaywitz(출판 중). *Overcoming Dyslexia* (2nd ed.). Ferrer et al. (2015)에서 발췌하여 수정함

3) 난독증 진단: 어린 아동의 '예측되지 않는 특성'의 조작적 정의

난독증의 임상적 진단은 능력-성취 간 불일치 점수를 기반으로 한다. 그러나 어린 아동의 경우, 이러한 기준을 통한 난독증 판별이 어렵다. 저학년에서는 능력 성취 간의 양적 차이를 입증하는 것이 불가능할 수 있지만, 읽기에서의 예측되지 않는 곤란이라는 기본 개념은 입증 가능하다. Shaywitz(2003)는 그의 저서인 『난독증 극복하기(Overcoming Dyslexia)』에서 난독증을 고차원적 사고라는 강점의 바다에 둘러싸인 음운론(구어의 소리 인식)에서의 약점으로 개념화하였다. 어린 아동의 경우 문제 해결, 비판적 사고, 개념 형성 및 추론과 같은 강점이 음운 해독의 어려움이라

는 약점을 둘러싼다. 나이가 조금 더 많은 아동이나 청소년, 성인의 경우 고차원적 사고라는 강점이 읽기 유창성 부족이라는 약점을 둘러싼다.

난독증이 지능에 비해 낮은 읽기 능력을 갖는 아동과 성인이라는 과학적 증거에 기반한 정의를 받아들인다면, 난독증 아동(만 6~16세)의 종합적인 평가에서 지능 측정도구인 WISC-V(Wechsler, 2014)가 핵심 요소가 되는 것은 당연하다. 지능검사는 종종 추상적 사고와 추론 등의 영역에서 강점을 발견해 내어 부모는 물론 아동 자신을 안심시킬 수 있다. 또한 읽기 곤란은 분리된 문제이며, 전반적인 학습 능력 결여나 지적 장애를 반영하지 않음을 시사한다.

여기서 우리는 성공적인 읽기와 관련된 기술(특히 음운론적)을 깊게 평가하는 것과 관련된 접근법을 Sally Shaywitz 박사의 개정된 『난독증 극복하기(Overcoming Dyslexia)』(2판, 출판 중)에 초점을 맞추어 보다 세부적으로 살펴보고자 한다.

5. 음운 처리 과정의 발달 및 평가

음운 처리의 어려움은 난독증의 핵심이기 때문에 교육자와 평가자는 아동의 음운론적 능력의 발달 과정에 대해 더 잘 알아야 한다. 음운 발달은 4세 무렵부터 시작되어 자연적인 진행을 따르기 때문에 발달 전반을 평가하는 것은 비교적 간단하다(Shaywitz, 2003). 일반적으로 평가자는 구어의 뜻을 아느냐보다는 음운 민감도(phonological sensitivity), 즉 구어의 소리에 초점을 맞추는 능력이 발달하는지에 주목한다. 예를 들어, 아동이 단순히 고양이가 동물의 한 종류인 것을 말할 수 있느냐보다 고양이가 어떤 운율의 단어(word rhymes)인지를 말할 수 있는지가 더 중요하다. 음운 기술은 시간의 흐름에 따라 점진적으로 예측 가능하고 논리적인 순서로 발달한다. 이 순서와 타이밍을 알고 있으면, 아동이 이 과정에서 벗어난 시점을 알 수 있다. 우리는 아동이 음운 기술을 발달시킬 때, 단어 전체를 한 덩어리로 인식하기보다는 단어의 더 작은 단위에 초점 맞추는 기술을 습득하는 것이 일반적이라는 것을 알고 있다. 동시에 아동은 단어의 바깥쪽 또는 끝에서 시작해서 단어의 내부 또는 중간 부분으로 작업한다. 따라서 맨 처음에는 아동이 단어의 첫 소리만을 분리해 내고, 그 다음에는 단어의 마지막 소리, 맨 마지막으로 단어의 중간 소리를 분리해

낸다. 단어의 가운데 소리를 인식하는 것은 양 끝 쪽 소리보다 훨씬 어렵다. 한 단어 내에서 각각의 부분을 인식하고 코딩하는 능력은 성숙한 읽기 척도인 셈이다.

난독증 위험군 아동의 특성

- 언어발달 지연
- 'Jack and Jill' 'Humpty—Dumpty'와 같은 운율(라임)을 익히는 데 도움이 되는 동요 학습의 어려움
- 운율에 대한 인식 부족
- 단어를 잘못 읽음: 계속해서 아기처럼 말함
- 철자나 숫자의 이름을 배우기(기억하기) 어려움
- 자기 이름의 철자를 알지 못함

출처: Shaywitz(출판 중). *Overcoming Dyslexia* (2nd ed.).

이 내용은 『난독증 극복하기』(Shaywitz, 2003)에서 제시한 학교에서 공식적인 읽기가 시작되기 이전부터 관찰 가능한 난독증 고위험군 아동의 특징 및 증상이다.

아동의 음운 기술(phonological skills)을 설명할 때 음운 인식(phonological awareness)과 음소 인식(phonemic awareness)이라는 두 가지 용어가 자주 사용된다. 음운 인식은 단어의 소리 구조에 대한 모든 수준의 인식을 포함하는 보다 일반적이고 포괄적인 용어이다. 또한 단어의 일부분에 대한 인식이 발달하는 초기 단계를 의미하기도 한다. 예를 들어, 음운에 대해 민감하거나 음절과 같은 단어의 큰 부분을 알아차리는 것이다. 음소 인식은 훨씬 더 구체적인 용어로, 단어나 음소를 구성하는 가장 작은 단위인 음소를 알아차리고, 식별하며, 생각하고, 조작하는 보다 높은 차원의 능력을 의미한다. 음소 인식은 이후의 읽기와 가장 강한 상관을 나타내며 대부분의 검사는 음소 인식 수준을 평가한다. 어린 아동에게 가장 유용한 측정법은 다음과 같다. 즉, 소리 비교, 분할(segmentation), 조합(blending)이다. 소리 비교를 위해서는 다음과 같은 질문을 할 수 있다. "dog, sat, boy 중에서 첫소리가 bat와 같은 단어는?" 분할을 위해서는 단어의 개별 부분을 세거나 소리 내어 말해 보도록 할 수 있다. 예를 들어 "pan에 몇 개의 소리가 있는지 세어 보세요." 그리고 조합을 위해서는

"/k/ /a/ /t/를 합하면 어떤 단어가 되나요? (cat)"와 같이 이미 분할된 단어의 부분을 합쳐 보라고 할 수도 있다. 음소 인식이 발달하게 되면 "frog에서 'r' 소리를 없애면 어떤 단어가 될까요?" 같은 질문을 통해, 단어의 일부를 추가하거나 이동시키거나 삭제할 수 있다.

음소 인식 검사 외에도 어린 아동의 읽기 준비 상태에 대해 중요한 정보를 제공해 주는 다른 두 종류의 관련 검사가 있다.

첫째, 언어적 정보를 일시적으로 저장하는 능력을 평가하는 것이다. 일련의 숫자나 단어를 구두로 제시한 후 얼마나 잘 기억하는지를 살펴볼 수 있다(불러 준 숫자와 단어 모두 음소로 저장된다). 이러한 방식의 검사는 "내가 들려주는 숫자를 똑같이 말해 주세요. 5-7-3-1-6."과 같은 방식의 문제를 낸다. 이러한 종류의 기억은 모든 수준의 읽기에서 중요한 역할을 하며, 심지어 1학년이 단어를 소리를 내려고 할 때도 중요하다. 아동이 문장을 읽을 때 여러 단위의 정보를 마음속에 저장할 수 있어야 그 정보들을 종합하여 방금 읽은 문장을 이해할 수 있다. 그 과정을 생각해 보자. 먼저 철자를 소리로 해독한 다음, 이 소리를 마음속에 저장하면서 단어의 나머지 철자를 해독하여야 하고, 그런 후에는 저장된 소리를 모두 취합하여 단어를 구성하는 것이다. 단어는 기본적으로 소리에 기반하여 저장되기 때문에 단어를 일시적으로 파지하는 능력은 실제 음운 기술의 일종인 것이다. 음소가 명확할수록 단어(철자, 숫자)를 더 효율적으로 인출할 수 있다.

둘째, 빠른 자동 이름대기 검사(rapid automatic naming test) 또는 RAN 검사로, 기술적으로는 '음운론적 접근(access)'이라고 불리는 음운 처리 과정을 측정하는 것이다. 빠른 자동 이름대기는 장기기억에 저장된 언어적 정보를 얼마나 쉽고 빠르게 인출할 수 있는지를 알고자 하는 것이다. 이 검사에서는 아동에게 친숙한 여러 사물이 여러 줄로 제시되어 있는 그림카드를 보여 주며, 사물의 명칭을 하나씩 가능한 한 빨리 말하라고 지시한다. 아동의 어휘 능력을 측정하고자 하는 것이 아니기 때문에 매우 친숙한 사물들을 제시하고, 정확도와 속도 모두를 측정한다. 빠른 이름대기 능력은 장기기억 저장소에 이미 저장된 음소를 읽기 과정에서 신속하게 인출해 내는 과정과 연관된다.

1) 난독증 아동 평가에 도움되는 검사들

(1) 음운 처리 과정

음운 처리 과정(phonological processing)이 난독증의 핵심적인 약점이라는 것을 받아들이면, 이제 확신할 만한 측정도구로 각 구성 요소를 평가할 수 있다. 이러한 검사들은 어린 아동에게도 매우 유용하며, 아동이 성장하는 과정 중에도 계속 활용할 수 있다. 예를 들어, WISC-V(Wechsler, 2014)의 특정 핵심 및 기본 소검사 그리고 지표(index)는 난독증 평가에 유용하다. 숫자 바로 따라 말하기는 언어 정보의 여러 조각을 잠깐 동안 저장하는 음운론적 기억 능력을 측정하며, 이 능력은 앞서 설명하였듯이 읽기 과정의 기초 단계에서 필요한 것이다. 거기에 더해 작업기억 영역은 아동이 여러 단위의 언어적 정보를 파지하고 그 정보들을 통합하여 방금 듣거나 읽은 것을 이해하는 능력을 평가한다.

WISC-V는 명명속도 지표(Naming Speed Index: NSI)와 다른 소검사들을 보충 지표 척도로 추가하여 아동의 음운 능력 범위를 측정 가능하게 하였다. 보다 세부적으로, WISC-V는 음운 접근, 빠른 자동 이름대기, 특히 명명속도 지표에 속하는 언어적 명명속도(Naming Speed Literacy: NSL) 소검사를 통해 음운 처리 과정에 대한 통찰을 제공하도록 설계되었다. 이 소검사에서 아동은 색상, 사물, 문자, 숫자 등의 이름을 가능한 한 빠르게 말해야 한다. 언어적 명명속도 소검사에 대한 자세한 내용은 제1장을 참고하길 바란다. 임상가들과 연구자들은 또한 종합적 음운 처리 검사(Comprehensive Test of Phonological Processing, now in its second edition: CTOPP-2)(Wagner, Torgesen, Rashotte, & Pearson, 2013)를 통해 음운 기술의 전체 범위를 측정하고 있다. 구체적으로는 종합적 음운 처리 검사의 3개 소검사, 발음 생략(Elision), 단어 조합(Blending Words), 일치되는 소리 찾기(Sound Matching) 등을 통해 4~6세 아동의 구어에 대한 음운론적 구조 인식(phonological awareness composite) 및 접근 능력을 측정한다. 7~24세의 아동 및 청소년의 음운 체계 역시 음운론적 구조 인식으로 평가되는데, 일치되는 소리 찾기 소검사는 음소 분리(Phoneme Isolation) 소검사로 대체된다. 음소 분리 소검사는 단어 내의 개별 소리를 분리하는 능력을 측정한다. 예를 들어 "cat이라는 단어에서 /t/ 소리는 어느 부분에서 나는 소리입니까? 단어의 시작, 중간, 끝?"과 같은 문항으로 측정하는 것이다. 종합적 음운 처리 검사는 음운 기억과 빠른 자동 이름대기를 측정한다.

(2) 글자 지식

글자 지식(letter knowledge) 검사는 이는 음운 인식 검사만큼 어린 아동의 난독증 위험을 잘 예측하지는 못하지만, 글자의 명칭과 소리에 대한 지식 또한 읽기 준비도를 가늠하는 데 유용하다. 글자 지식 검사는 단순하다. 글자를 하나씩 보여 주며 이름을 말해 보라고 하는 방식으로 간단히 평가할 수 있다. 마찬가지로, "이 글자는 단어 속에서 어떤 소리를 낼까요?"라는 질문으로 글자와 글자의 소리에 대한 지식을 평가한다. 보다 공식적인 검사는 글자 인식 부분을 포함하는 읽기 검사, 예컨대 WIAT−III(Wechsler, 2009)의 글자−단어(letter-word) 소검사, 카우프만 학업성취도 검사 제3판(KTEA−3)(Kaufman & Kaufman, 2014), 우드콕−존슨 성취도 검사 제4판(WJ−IV Achievement)(Schrank, McGrew, Mather, & Woodcock, 2014) 등이 있다.

또한 아동이 인쇄 방식(단어 사이에 여백이 있다거나 책을 위에서 아래로, 왼쪽에서 오른쪽으로 읽는 것 등)에 얼마나 친숙한지를 평가하면, 책이 무엇이고 책이 어떻게 기능하는지에 대해 아동이 아는 정도를 평가할 수 있다.

2) 학업 성취

학령기 아동의 경우 읽기는 대체로 정확성, 유창성, 이해도로 측정된다. 특히 학령기 아동 평가에서 중요한 요소 중 하나는 단어 해독(예: 개별 단어를 읽는 것)의 정확성이다. 이는 실제 단어와 가짜 단어(nonsense word)를 읽히는 표준화된 검사로 측정된다. 가짜 단어는 생소하고 기억 속에 없기 때문에 그런 가짜 단어를 걸러 내야 한다. 가짜 단어 읽기 검사는 '단어 공격(word attack)'이라고도 불린다. 읽기 유창성은 글을 운율에 맞추어 정확하고 빠르게 읽는 능력으로, 읽기의 요소에서 종종 간과되어 왔지만 읽기 과정에서 의식적인 주의를 기울이지 않고 자동적으로 단어를 인식하게 해 주기 때문에 매우 중요하다.

WIAT−III, KTEA−III, WJ−IV는 신뢰할 수 있고, 타당하며, 종합적인 학업 성취 측정도구이다. 각각의 측정도구는 글자 식별, 단어 읽기, 가짜 단어 해독, 읽기 유창성, 이해 등을 측정하는 여러 소검사를 포함한다. WIAT−III와 KTEA−III는

WISC-V와 경험적으로 연결되어 있다. 또한 그레이 구두읽기 검사 제5판(Gray Oral Reading Test-Fifth Edition: GORT-5)(Wiederholt & Bryant, 2012)을 이용하여, 아동에게 소리 내어 읽어 달라고 요청하는 방법으로 유창성을 측정할 수 있다. 이 검사는 점진적으로 어려워지며, 이해 여부를 파악하기 위한 질문들도 포함되어 있다. 또한 정확도, 속도, 유창성, 이해력 점수가 제공된다. 이러한 구두읽기 검사는 난독증 아동을 판별하는 데 특히 도움이 된다. 이러한 구두 검사는 본질적으로 아동에게 각 단어를 발음하도록 요구하기 때문에, 각 단어를 발음하기 어려워하는 아동이 읽기에서 어려움을 겪는 것은 당연하다. 구절을 큰 소리로 읽는 것 외에도 단어 읽기 능률검사 제2판(Test of Word Reading Efficiency-Second Edition: TOWRE-2)(Torgesen, Wagner, & Rashotte, 2013)과 같은 검사를 활용하여 진짜 단어와 가짜 단어를 소리 내어 읽는 속도를 검사하면 개별 단어에 대한 읽기 효율성을 검사할 수 있다. 읽기 곤란 아동은 종종 철자(spelling)에서도 어려움을 겪는다. 철자는 WIAT-III, KTEA-III, WJ-IV 철자 검사 등으로 평가할 수 있다.

6. 청소년 및 청년 난독증 진단

난독증 발달 과정은 다음과 같이 특징지을 수 있다. 첫째, 난독증은 지속적이며 사라지지 않는다. 이것은 개인이 한번 난독증으로 진단되었다면, 고등학교 이후에 그 진단을 확인하기 위해 재평가를 할 필요가 없다는 의미이다. 둘째, 발달 과정에서 읽기 기술을 갖춘 사람은 해독의 정확도와 자동성이 증진된다. 이들은 문맥에 의존해서 단어 식별을 할 필요가 없다. 난독증을 가진 사람 역시 시간이 지남에 따라 읽기에서의 정확도가 향상되지만 자동적으로 읽지는 못한다. 음운론적 결손의 잔재로 인해 어린 시절 가장 똑똑했던 사람조차도 읽기에 많은 노력을 기울어야 하고 속도도 느리다. 청년 난독증 진단에서 가장 흔히 발생하는 문제는 읽기에서의 자동성 결여를 인식하거나 측정하지 못하는 것이다. 대학, 대학원, 전문 학교 등에서 이루어지는 단어를 정확히 아는지를 측정하는 방식의 검사는 청년기 난독증 진단에 적합하지 않으며, 이들의 진단을 위해서는 시간 제한이 있는 읽기 검사 방식이 도입되어야 한다.

난독증 청소년과 청년은 (비록 매우 느리기는 하지만) 단어를 정확히 읽을 수 있기 때문에 난독증을 '극복한(outgrown)' 것으로 오인되기 쉽다(Bruck, 1998; Lefly & Pennington, 1991; Shaywitz, 2003). 그러나 난독증 아동에 대한 연구 자료에 따르면, 난독증은 청소년기까지 지속되며, 임상 장면에서 난독증을 진단할 때, 중 · 고등학교, 대학교는 물론 대학원이나 전문 학교 단계에서는 읽기 유창성이 낮거나 철자 실수가 많은 등의 특징이 난독증 진단에 특히 유용한 것으로 나타났다. 시간제한이 없는 단어 인식 능력 측정검사에서 이들은 일반적인 학생들과 비슷한 수준의 성취를 보일 수 있지만, 여전히 음운론적 결손으로 인해 자동적 읽기가 잘 안되기 때문에 보다 많은 노력을 기울여 느리게 읽는다는 것을 기억해야 한다. 따라서 고성취 청년의 난독증 진단을 위한 가장 일관성 있고 명확한 징후는 읽기와 쓰기에서의 느린 속도와 많은 노력이라고 할 수 있다. 청소년 및 청년의 난독증을 진단하기 위한 필수 요소는 다음과 같다.

1) 자동성 결여

읽기에서의 자동성 결여(lack of automaticity)를 인식하거나 측정하지 못하는 것과 지능 측정을 하지 못하는 것은 아동 후기 및 고성취 청년의 난독증 진단에서 가장 흔히 발생하는 두 가지 오류이다. 고성취 청년의 경우 단어 식별(identification)의 정확성을 측정하는 방식의 검사만으로 난독증을 진단하는 것은 적합하지 않다. 이들은 단어 식별에 거의 혹은 전혀 문제가 없는 것으로 나타난다. 학령기 아동의 읽기 능력을 평가하는 이러한 대부분의 검사는 읽기에서의 정확도만 측정하고 자동성은 측정하지 않기 때문에 명석한 청소년 및 청년의 데이터는 잘못 해석되기 쉽다. 이들을 판별하는 데 가장 중요한 것은 시간제한이다. 시간제한이 있는 검사는 명석한 성인의 음운론적 결손에 가장 민감하다. 하지만 이들을 대상으로 시간제한이 있는 상태와 없는 상태를 구분하여 시행되는 검사는 거의 없는데, 넬슨 데니 읽기 검사(Nelson Denny Reading Test)(Brown, Fishco, & Hanna, 1993)는 예외이다. 검사 점수는 같은 수준의 교육 또는 전문 훈련을 받은 또래 집단과의 비교를 통해 상대적으로 고려되어야 한다. 임상가와 연구자들은 명석한 청년이 과거 음운론적 이유로 인한 읽기에서의 어려움, 시험에서의 추가 시간 요구 등의 이력이 있으면서, 현재 느리게 애

제10장

임상 및 특수집단의 인지기능에 대한 WISC-V 평가와 관련된 이슈

1. 서론

David Wechsler가 내린 지능의 정의는 오랫 동안 사용되었다. Wechsler는 지능을 "의도적으로 행동하고 이성적으로 사고하고, 자신의 환경에 효과적으로 대처할 수 있는 사람의 전반적인 능력"(Wechsler, 1944, p. 3)으로 정의하였다. 최근 WISC-V(Wechsler, 2014)가 발간되면서 Wechsler의 업적은 여전히 개인차를 설명하는 데 없어서는 안 될 중요한 요소로 남아 있다. 지능은 처음에는 사고하고 배우며 행동할 수 있는 능력의 연속체로서, 가장 심각한 지적 장애가 있는 사람부터 가장 극단적인 천재에 이르기까지의 수행 범위에 따라 개인의 능력 차이를 기술하는 것으로 개념화되었다. 시간이 흐르면서 모든 사람이 이 연속선상 어딘가에 위치한다는 것이 밝혀졌고, 진단된 상태가 어떻든 상관없이 웩슬러나 비네 검사와 같은 검사 점수의 패턴을 잘 살펴봄으로써 사람의 인지적 기능에 대해 보다 깊게 이해하게 되었다. 지능에 대한 현대적 관점(Neisser et al., 1996)은 일반적인 정신 능력을 아우르는 개념으로, 핵심적인 수행 요소(key performance factors)를 포함하도록 지능검사의 구성 범위가 확장되었다. 첫 번째 지능검사는 주로 분류, 선택 및 배치에 사용되었지만 지능검사의 역할은 프로파일 분석을 통해 특정 진단을 받은 환자의 특징을 찾아내고, 그리고 대안적으로 이러한 정보를 바탕으로 대상 중재 계획을 통해 개인의 차이를 인식하도록 확대되었다. 지능검사는 오늘날 강점기반 모델(strengths-based models)에서 중요한 역할을 한다.

지능의 연구와 측정은 (제5장에서 논의된) 현재의 문화적·사회적 문제들과 더불어 (제4장에서 논의된) 과학 연구의 진보에 크게 영향을 받았다. 이 사실은 WISC-V의 5요인 모델로 설명된다. WISC-V로 이어지는 연구와 개발은 인지평가의 엄청난 변화와 일치한다. WISC-V는『정신장애 진단 및 통계 편람 제5판(DSM-5)』(American Psychiatric Association, 2013)이 출판된 후 18개월이 채 지나지 않아, 불확실성이 특징인 신경인지장애의 진단과 평가, 측정에 있어 전문적인 영역으로 부상했다. DSM-5에서 세분화된 진단 기준의 변화는 다양한 방식으로 실무자와 연구자에게 영향을 주었다. 어떤 이들에게는 이러한 새로운 진단범주를 어떻게 임상 실무로 전환하여야 하는지가 관건이다. 예를 들어, 보험료 청구 및 지역에 따라 매우 다른 서비스 적격성의 규칙에서 발생하는 변화에 어떻게 발맞추어 가느냐 하는 문제이다. 또 어떤 이들에게 이것은 정신장애의 병인에 대한 이해와 심리학 연구에서 사용되는 방법론의 이론적 기초에 대한 패러다임 변환을 의미한다. 아마도 가장 중요한 것은, 정신장애의 판별·분류·치료에 있어서 이러한 새로운 정의의 신뢰도와 타당도를 검증하는 새로운 연구의 추세가 나타났다는 것이다. 정신장애의 분류에 대한 논쟁은 전혀 새로운 것은 아니다. 이 논쟁은 1952년 DSM이 처음으로 발간되기 전까지 한 세기가 넘게 이어져 왔다. 그러나 최근 DSM의 개정판이 교육과 정신 건강 분야의 전문가 사이에서 논쟁을 불러일으켰다는 것은 흥미로운 일이다. 논란의 여지가 있는 심리장애에 대한 새로운 구성을 다루기 위한 새로운 연구를 추진하는 것은 그 분야에 대해 우리의 이해를 증진하는 데 도움이 될 것이다.

DSM-5의 주요한 변화 중의 하나는 DSM-IV(APA, 2000)에서 개별적인 범주로 분류하였던 자폐증, 아스퍼거장애 그리고 전반적인 발달장애를 보다 넓은 자폐스펙트럼장애(Autism Spectrum Disorder: ASD)로 통합한 것이다. 이전에 자폐증과 아스퍼거장애는 여전히 그 장애의 질병분류학(nosology)에서 언어적 손상의 수준을 확인함으로써 구별할 수 있었다. 그럼에도 불구하고 자폐증과 아스퍼거장애의 분류에 대한 변화는 DSM의 이론적 기반과 정신 건강 장애의 병인론에서 역동적인 변화를 반영한다. 심리학 분야는 점차적으로 정신 건강의 연속체 이론의 방향으로 나아가고 있지만, 대표적인 성격이론가가 성격장애를 개념화하듯이 그와 유사하게 연속성 모델을 반영하여 자폐증과 아스퍼거장애를 통합하여 신경발달장애를 분류한 것은 처음 있는 일이다. 자폐증을 가지고 있는 아동의 유전학 및 가족에 대한 진보된 연구가 이러한 변화에 영향을 주었고, 자폐증과 아스퍼거장애에서 발생하는 공통적이고 핵심적 손상에 대한 개입이 필요하다는 생각이 이러한 변화를 만들어 냈다.

분명히 구별되는 장애에 공통적으로 존재하는 행동적 · 인지적 프로파일에 대한 설명을 찾고 있는 이론가에게 신경인지장애를 기술하는 연속적 접근은 반드시 필요한 것이다. 이는 특히 공병되는 장애가 공통적으로 표현되는 증상 특징(phenotypes)을 공유하는 경우에, 장애 사이에서 발생하는 동반이환(comorbidity)을 이해하는 데 필요하다. 실제로 장애 사이에서 이러한 특수성 부족은 Kraeplin(1913)의 범주적 접근방식을 보게 한다. 이는 정신장애를 범주적 접근으로 연구자와 실무자들이 잘게 쪼개서 보는 것이다(Watson & Clark, 2006; Widiger & Samuel, 2005).

WISC-V와 같은 평가도구가 발달해 감에 따라, 연구자와 임상가는 인지 영역에서 비전형적인 프로파일을 측정하는 데 필요한 검사도구를 갖게 되었고, 이를 통해 연구자가 장애 간에 중복되는 표현형을 이해할 수 있게 되었다. 비전형성을 가진 신경인지적 프로파일이 수십 년에 걸쳐 보고되긴 하였으나, 최근 보고되는 경험적 연구들은 인지신경과학, 뇌영상술, 역학, 유전 연구에서 이루어진 진보가 뒷받침된 것이다. 집행기능의 부전이 관찰되는 군집적 증상, 즉 주의력결핍 과잉행동장애(Attention Deficit Hyperactivity Disorder: ADHD), 적대적 반항장애(Oppositional Defiant Disorder: ODD), 품행장애(Conduct Disorder: CD)나 또는 언어적 결손이 공통적으로 나타나는 자폐스펙트럼장애(ASD)와 특수한 언어적 손상에도 주의력, 언어, 운동기능장애에 공통적으로 존재하는 인지적 손상의 프로파일이 공유되고 있음이 최근의 사례로 보고되었다(Dyck & Piek, 2014; Kjelgaard & Tager-Flusberg, 2001; Lewis, Murdoch, & Woodyatt, 2007; Rapin, Dunn, Allen, Stevens, & Fein, 2009).

일부 연구자에게 이러한 인지결손의 동시 발생은 공통적으로 공유한 병인론적 요소를 나타낸다. 그러나 다른 연구자들은 신경인지 특이성이 결여되어 있다는 것은 인지기능장애가 다른 장애들 사이에서 공통적인 요소가 아니라는 증거이며, 이러한 공통적인 약점은 피상적인 상관관계라고 주장한다(Taylor, Mayberry, Grayndler, & Whitehouse, 2014; Whitehouse, Barry, & Bishop, 2008; Williams, Minshew, & Goldstein, 2008). ADHD와 같은 장애에서 인지적 약점을 개선하기 위한 개입이 장애의 핵심 행동 증상을 설명하거나 줄이는 데 거의 도움이 되지 않는다는 증거는 이 주장을 뒷받침하는 것으로 보인다(Coghill, Hayward, Rhodes, Grimmer, & Matthews, 2014; Klingberg et al., 2005; Sonuga-Barke et al., 2013). 마찬가지로 많은 정신 건강 문제의 행동적 표현형이 전형적으로 발달하는 아동의 인지적 결핍과도 강하게 연관되어 있다는 연구결과는 인과관계의 대체 모델을 제시한다(Dyck & Piek, 2014). 이것은 매우 복잡한 문제이고 현재 그 증거는 충분하지 않다. 인지 결함이 장애 및 증상에 기여하든, 또는 장애의 인과적 기제에 뿌리를 두고 있든, 이 문제를 해결하기 위해서는 과정 분석과 수행에 대한 포괄적인 평가가 가능한 WISC-V와 같은 도구를 사용한 향후 연구가 필요하다. 신경인지장애 간에 중첩된 표현형을 이해하는 데에는 뇌 영상술과 fMRI 연구가 큰 기여를 할 것이다.

2. 인지평가의 의의와 목적

아동의 학습과 행동에 나타나는 개인차를 이해하는 데 있어 지능의 역할은 아무리 강조해도 지나치지 않다. DSM-5와 같은 진단 체계의 관점에서든, 특수교육 대상자를 분류하기 위한 학교의 자격 기준, 또는 ADHD를 가진 아동의 독특한 장점을 발견하기 위해 일하는 교사의 관점에서든, WISC와 같은 지능검사는 보다 효과적인 판별과 개입 계획을 안내하는 정보를 제공하는 데 중요한 역할을 한다. 다음 절에서는 WISC-V의 개발에 포함된 특수집단 연구에서 각 장애의 증상 및 손상과 관련된 신경인지요인에 대하여 논의하고자 한다. 이어서 특수집단의 연구에서 WISC-V의 소검사(subtests) 및 종합점수(compositics)에 대한 결과를 요약하고자 한다. 모든 특수집단 연구의 전체 데이터는 WISC-V 기술 및 해석 매뉴얼과 WISC-V 기술 및 해석 매뉴얼 부록에 제시되어 있다. 특수집단 연구의 결과들은 집단 수준에서 평가의 이정표 역할을 할 수 있으므로 심리학자는 WISC-V 결과를 활용하여 아동의 인지적 강점과 약점을 결정할 뿐만 아니라 일부 임상 집단에도 적용할 수 있다. 이것은 집단 내 및 집단 간의 변동성을 설명하는 데 중요한 정보이다. 다양한 특수집단 연구를 위한 매뉴얼의 표는 모든 임상 집단을 대표하는 것은 아니지만 WISC-V의 다양한 지표와 소검사들의 평균 수행 패턴을 제시하고 있어, 임상가의 진단적 가설을 확인하고 검증하는 데 이를 활용할 수 있다.

특정한 진단 조건과 관련된 집단 연구에서 인지적 강점과 약점을 보이는 특정한 WISC-V 프로파일은 반복적으로 나타나는데, 특히 신경인지적으로 관련된 장애들에서 유사한 패턴이 발생한다. 따라서 임상가가 명심해야 하는 것은 WISC-V를 사용해서 개개의 내담자에게서 특정 인지 능력에서의 손상(또는 강점)이 있는지 신뢰할 만큼 식별할 수는 있지만, 이러한 패턴이 있다고 해서 DSM-5의 특정 진단에 대한 결정적인 지표를 의미하는 것은 아니라는 점이다. 임상가들은 유사한 인지적 프로파일을 보이는 여타 장애와 비교하여 체계적으로 감별진단을 하여야 한다. 최종적인 진단은 단순히 WISC-V의 점수 패턴이나 하나의 단일 검사를 기반으로 할 수 없다. 항상 그렇듯이 임상적 진단은 임상 면접, 부모, 교사, 의료 및 교육 기록에서 얻은 정보와 함께 실시된 모든 관련 검사 결과를 종합하여 내리는 전문적 판단이다.

3. 임상 및 특수집단: 일반적인 기술 및 지적 기능

1) 지적 장애

심리평가의 맥락 안에서 지적 장애(Intellectual Disability: ID)에 대한 평가는 오랫동안 논쟁의 여지가 있었다(Sattler, 2008). Spruill, Oakland와 Harrison(2005)이 지적한 바와 같이, '정신지체(지적 장애)'와 관련된 진단은 사람의 삶에, 특히 아동에게 깊은 영향을 미친다. 그러한 진단은 아동에게 합법적으로 제공되는 서비스 유형과 그들이 받지 못하는 서비스를 결정하는 데 상당한 영향을 미칠 수 있다. 지적 장애 진단은 그 진단이 맞든 틀리든, 아동의 삶에 평생 동안 영향을 준다. 임상가는 지적 장애가 있는 아동을 진단할 때 이러한 부담을 잘 따져 보고 주의를 기울여야 한다. 또한 이러한 진단은 아동이 기능을 발휘하도록 요구되는 다양한 출처에서 얻은 아동의 지적 및 적응 능력에 대한 종합적인 결과(조사)를 토대로 신중하게 평가한 후에 이루어져야 한다. 아동의 능력 및 기능과 관련된 기록 역시 광범위하게 검토해야 한다.

가장 최근에 자주 사용되는 지적 장애(ID)에 대한 정의는 미국 지적 및 발달 장애 협회(American Association on Intellectual and Developmental Disabilities: AAIDD)와 DSM-5에 따른 미국심리학회(APA)의 정의이다(AAIDD, 2010; Schalock et al., 2010). 그들은 지적 장애를 발달 시기 동안 지적 손상과 동시에 발생하는 적응기능에서의 결함으로 정의하며, 이런 장애가 18세 이전에 시작되는 것을 말한다(APA, 2013; Shalock et al., 2010). 이전까지 지적 장애에 대한 정의는 보다 엄격했었는데, 적응상에서의 결함 또는 전반적 적응에서의 결함이 훨씬 더 컸어야 했다. 그러나 현재에는 적응기능의 손상이 개념적 · 사회적 · 실용적 영역 중 하나에서만 나타나도 지적 장애로 진단한다. 미국 지적 및 발달 장애 협회 및 DSM-5 기준에 따른 지적 기능의 결함 또는 손상은 임상적 평가를 통해 확인되는데, 이러한 평가는 지능과 적응기능에 대한 표준화된 검사를 포함한다. WISC-V의 특성과 동일하게 평균이 100이고 15점의 표준편차를 가진 검사의 경우, 70점 이하의 점수는 충분히 손상이 있는 것이며 적응기능 또한 손상되었을 때 지적 장애가 있는 것으로 간주한다. 또한 75점까지의 점수는 검사 측정에서의 오차 범위(일반적으로 +5점)를 포함하므로 이러한 기준을 충족할 수 있다(AAIDD, 2010; APA, 2013).

지적 장애는 같은 연령과 비교할 때 인지, 언어, 운동(motor) 및 자기 관리 기술을 포함한 기타 영역에서 발달 이정표(developmental milestones)를 달성하지 못하는 것이 특징이다. 지적 장애는 학업 문제, 새로운 환경에 적응하거나 조절하는 문제, 사회적인 규칙을 이해하고 따르는 문제, 그리고 사회적 상황과 관련된 다른 더 복잡한 문제로 정의된다. 미국 지적 및 발달 장애 협회(2010년)에 따르면 지적 장애는 미국 인구의 약 1~3%에 영향을 미치며, 이 유병률은 전 세계적으로 비슷하다(Maulik, Mascarenhas, Mathers, Dua, & Saxena, 2011). 지적 장애는 특정 장애나 상태가 아닌 일련의 기준을 근거로 한다는 점에 유의해야 한다. 중추신경계(CNS) 장애와 다른 유형의 감염 등이 지적 장애의 위험요인과 원인일 수 있다. 지적 장애는 다양한 유전적 및 환경적 결과에서 발생할 수 있지만, 가장 일반적으로 환경적 위험 요소와 결합된 다유전자(polygenetic) 발현의 조합에서 발생한다(예: 영양실조)(Sattler, 2008). 위험요인의 수와 노출 정도는 심각도와 관련이 있고, 이는 질병 발생률(morbidity)

증가와 관련이 있다. DSM-5에서 지적 장애 수준은 DSM-IV와 동일한 기준을 사용하여 경도(Mild), 중등도(Moderate), 고도(Sever), 최고도(Profound)로 기술된다(APA, 2000).

인지 능력에 따른 수행에서의 차이는 일반 모집단의 평균 능력 수준 아래로 가면서 감소하는 경향이 있다(Nunes et al., 2013). 즉, 인지 결손은 지적 장애의 기능 수준이 경도에서 중등도, 고도 및 최고도로 바뀔 때 더욱 전반적으로 나타난다. 예를 들어, Schuchardt, Gebhardt와 Mäehler(2010)는 경계선 및 경도의 지적 장애를 가지고 있는 청소년 집단을 통제집단과 비교했을 때, 작업기억에서의 손상이 클수록 지적 장애가 커진다는 것을 발견하였다. 경도의 지적 장애를 가진 청소년에게 가장 많은 손상이 나타났다. 경계선 및 경도의 지적 장애 아동과 청소년의 운동 수행 및 지각 조직화 검사에서도 이와 유사한 결과가 나타났다(Di Blasi, Elia, Buono, Ramakers, Ramakers, 2007; Vuijk, Hartman, Scherder, & Visscher, 2010; Wuang, Wang, Wang, Huang, Huhu, & Su, 2008). 또한 언어적 · 비언어적 수행 사이의 불일치는 능력 수준이 감소함에 따라 감소하였다(Gordon, Duff, Davidson, & Whitaker, 2010). 다시 말하면, 인지 능력의 여러 영역에서 나타나는 수행에서의 차이는 중등도나 고도의 지적 장애를 가진 사람보다 경계선과 경도의 지적 장애를 가진 사람에게서 더 쉽게 관찰된다.

경계선과 경도의 지적 장애에서 손상은 심하지는 않지만, 인지 능력의 측정에 대한 수행은 여전히 통제집단과 유의미하게 구별된다. 예를 들어, Bonifacci와 Snowling(2008)은 정보 처리속도가 전형적으로 잘 발달되고 있는 아동, 난독증을 가지고 있는 아동, 그리고 경계선 지적 장애를 가지고 있는 아동의 세 집단을 비교하였다. 그 결과, 경계선 지적 장애 아동은 다른 두 집단에 비해 더 느리고 실수가 자주 발생하였으며, 이상치(outlier)가 제거된 후에도 과제 내에서의 분산이 더 컸다. Alloway(2010)는 전형적으로 잘 발달된 7~11세의 아동에 비해 경계선 지적 장애 아동은 언어 및 시공간 작업기억(visuo-spatial working memory)에서 결함이 더 크다는 것을 발견했다. Van der Molen, Henry와 Van Luit(2014)는 기억 영역 내에서 경계선 및 경도의 지적 장애 아동은 시각적 작업기억 능력에 비해 청각적 작업기억에서의 능력이 더 낮다고 보고했다. Van der Molen, Van Luit, Jongmans와 Van der Molen(2007)도 경도의 지적 장애를 가진 13~17세의 청소년이 음운적

(phonological) 기능(저장)에서 더 큰 결함을 보이지만, 생활 연령이 일치하는 지적 장애가 없는 아동에 비해 자동 예행연습(automatic rehearsal)에서는 그렇지 않다는 것을 발견했다. Schuchardt와 동료들(2010)은 이와 유사한 결과를 생활 연령과 정신 연령이 일치하는 지적 장애가 없는 아동과 경계선 및 경도의 지적 장애를 가진 청소년들을 발견했다.

인지기능에 대한 전반적인 결함은 중등도 및 고도 수준의 지적 장애를 가진 개인에게 주요한 결정적 요인이다. 이는 경도 수준의 지적 장애 아동에게서도 마찬가지이나 중등도 또는 고도의 지적 장애 아동의 인지적 프로파일에서, 특히 아동 연령에 비해 더 많은 가변성이 관찰된다. WISC-IV와 WPPSI-IV를 사용하여 경도 및 중등도 지적 장애 아동을 연구한 이전의 연구결과에서는 언어, 지각/시각적/공간적 및 유동추론, 작업기억 및 처리속도를 포함한 모든 인지 영역에서 일반 아동과 비교했을 때 수행에서 상당한 차이가 나타났다. 전형적으로 잘 발달된 아동과 비교했을 때, 가장 큰 효과크기는 언어 소검사들에서 나타나며 그 다음으로는 작업기억과 지각추론/시공간적 추론/유동추론에서, 처리속도 소검사들에서는 가장 작은 차이가 나타났다(Wechsler, 2003, 2004, 2012a, 2012b).

2) 영재

영재(Intellectual Giftedness: IG)는 분명 임상적 장애는 아니지만, 지적 스펙트럼에서 지적 장애의 반대쪽 끝에 있으며, WISC-V 평가와 관련된 일반적인 참조 질문(referral question)이기 때문에 이 논의에 포함시켰다.

Francis Galton 경은 최초로 정신 능력의 광범위하고도 다양한 본성에 주목한 사람이다. 『재능에 따른 인간의 분류(Classification of Men According to Their Gifts)』에서, Galton(1869)은 케임브리지 대학에서 '수학적 명예'를 얻은 200명이 넘는 학생들('우수한 성적의 등급')의 기록을 검토한 후 개인의 인지 능력과 유전적 요인에 존재하는 엄청난 분산을 설명하였다. 그러면서 그는 오늘날까지 이르는 논쟁과 논란, 불협화음에 가까운 학문적이고 지적인 대화와 토론을 시작했다.

이 논쟁은 그 정의와 실제적 확인(identification)의 어려움 때문에 영재교육 영역으로 번졌다(Pfeiffer, 2002; Stephens & Karnes, 2000). 예를 들어, 미국영재교육학회

(National Society for Gifted and Talents: NSGT)는 1993년 미국 교육부가 정한 정의를 사용하는데, "영재는 연령, 경험 또는 환경에서 다른 사람들과 비교했을 때, 현저하게 높은 수준의 성취를 해낼 수 있는 잠재력을 보여 주거나 수행하는 뛰어난 재능을 가진 아동 및 청소년"으로 보았다. 미국영재협회(National Association for Gifted Children)는 영재의 정의에 있어 더 구체적인데, "영재는 하나 이상의 영역에서 뛰어난 수준의 적성(사고력 및 학습에 있어 특출한 능력으로 정의됨) 또는 역량(상위 10% 또는 드문 성과 혹은 성취)을 보여 주는 사람들"이라고 하였다. 그 영역들은 자체 기호체계(예: 수학, 음악, 언어) 그리고 감각운동 기술(예: 그림 그리기, 댄스, 스포츠)이 있는 모든 구조화된 활동 영역을 포함한다. 마지막으로, 「공법 103-382 Title XIV」은 영재를 "지적 · 창조적 · 예술적 리더십 능력 또는 특정 학업 분야에서 높은 수행 능력을 보여 주고, 그러한 능력을 완전히 계발하기 위하여 학교가 일반적으로 제공하지 않는 서비스나 활동을 요구하는 아동 및 청소년"으로 정의한다.

영재의 정의에 대한 개념적 불일치는 운영 기준으로 확대되었다. 예를 들어, 교육기관과 학군은 영재를 정의하기 위해 특정한 IQ 점수를 채택한다고 해도 실제 사용하는 구분(cutoff) 점수는 일치하지 않는다. 한 지역은 아동 인구의 상위 2%를 나타내는 IQ 점수를 사용하고, 반면 다른 지역은 아동 인구의 상위 5%를 나타내는 IQ 점수를 사용하며, 또 다른 지역은 여전히 모집단의 규모에 관계없이 평균보다 2 표준편차(SD) 높은 점수를 구분 점수로 설정할 수 있다(Maddocks, 2018; Stephens & Karnes, 2000). 이러한 논쟁에도 불구하고 영재에 대한 대부분의 조작적 정의는 높은 지능을 기본적인 특성으로 보고 있으며, 그 결과 웩슬러 척도가 역사적으로 계속 중요한 역할을 해 온 것이다(Cao, Jung, & Lee, 2017 참조).

영재로 확인된 아동의 지적 프로파일은 일반 인구에 비해 지적 능력 측정에서 평균 이상의 수행을 나타낸다(Wechsler, 2002, 2003, 2004, 2012a, 2012b). 그러나 많은 영재 아동이 모든 영역에서 균일하게 우수한 인지 능력을 보이는 것은 아니다(Lohman, Gambrell, & Lakin, 2008; Sweetland, Reina, & Tatti, 2006). 일부 영재는 또래에 비해 모든 인지 영역에서 더 높은 점수를 받지만, 어떤 영재는 처리속도와 작업기억력의 측정에서 상대적으로 낮은 점수를 보여 준다(Rimm, Gilman, & Silverman, 2008; Rowe, Kingsley, & Thompson, 2010). 이러한 낮은 점수는 여전히 모집단 평균보다 높지만 일반적으로 그들의 언어적 · 지각적 추론 능력에 비해 상대적으로 약하다(Raiford, Weiss, Rolfhus, & Coalson, 2005).

이와 정반대로, 언어 능력은 약하지만 공간 지각력이 뛰어난 학습자(spatial learners) 집단에 대한 연구 또한 주목할 만하다. 이들은 종종 언어 능력에서 상대적으로 약점을 가지고 있기 때문에 언어적으로 유도되어 측정되는 전체 IQ에서는 영재 프로그램 선정의 구분 점수 요건보다 낮은 점수를 얻었다.

학습장애 영재 아동은 매우 특수한 예외적 학습자(twice exceptional learners)로 묘사되어 왔다. 이들은 다른 모든 영역에서 뛰어난 인지 능력에도 불구하고 적어도 하나의 인지 영역에 장애나 기능장애가 있다(Foley Nicpon, Allmon, Sieck, & Stinson, 2011). Mcaddock(2018)에 따르면, 지능검사의 요약 점수는 다양한 인지적 강점과 약점을 가진 매우 특수한 예외적 학습자의 인지 능력을 유효하게 나타내지 못할 수 있으며, 이를 판별하기 위해 처리속도나 작업기억의 영향을 덜 받는 일반능력 지표 또는 언어이해 지표와 같은 다른 종합점수(composite)를 사용할 것을 권고한다. 매우 특수한 예외적 학습자가 있는 상황에서는 다양한 판별 기준 전략이 유용하며 이는 영재 평가에 관한 문헌에서 강하게 지지되어 왔다(Cao et al., 2017). 이러한 접근은 영재학생을 보다 완벽한 이해하기 위해 다양한 평가 방법을 사용한다. Acar, Sen과 Cayirdag(2016)는 정량적 데이터를 제공하는 모든 평가도구의 동시 평가를 권장하며, McBee, Peters와 Waterman(2014)은 사용하는 평가도구들이 최소한 중간 수준의 신뢰성과 상관관계를 갖도록 권장한다. 또한 McBee와 동료들은 판별을 위해 다수의 평가 기준이 어떻게 결합될 수 있는지를 제안했다. 구체적으로 그들은 학생들이 각 평가도구에서 최소한의 점수를 얻도록 요구하는 것은 학생의 특이성을 가장 잘 이끌어 낼 수 있는 반면, 하나의 평가도구에서만 최소 점수를 획득하도록 요구하는 것은 광범위한 능력을 가진 학생을 식별하는 데 가장 높은 민감도를 얻을 수 있다고 지적했다. 대안적으로 McBee 등(2014)은 최선의 절충은 검사도구들의 평균을 사용하는 것이라고 제안한다.

3) 자폐스펙트럼장애

자폐스펙트럼장애(Autism Spectrum Disorder: ASD)의 주요 특성은 사회적 의사소통 및 사회적 상호작용에 지속적인 결함이 있고, 활동 패턴, 행동 레퍼토리, 개인적 관심사에 극도의 제한성과 반복성이 수반되는 것이다(APA, 2013). 자폐스펙트럼장애 아동은 일반적으로 발달한 아동과 비교했을 때 사회적 · 의사소통적 능력에 도달하지 못하거나 퇴보한다. 예를 들어, 자폐스펙트럼장애 아동은 자신의 이름에 반응하는 데 자주 어려움을 보이고, 동작을 만들고 모방 놀이(imitative play)[예: 인형 놀이(makebelieve play)]를 사용하는 능력을 발달시키지 못한다. 또한 반향언어(echolalia)(실제 반복 또는 반향)를 발달시키거나, 3인칭 대명사('he' 또는 'she' 3인칭 전환)를 사용하여 스스로를 언급할 수 있다. 그리고 실용적 언어의 어려움이나 그들 또는 그 가까이에 있는 사람들에게만 이해가 되는 독특한 단어의 사용도 흔하게 나타난다(APA, 2013; Naigles, 2013). 반면, 기능이 좋은 자폐 아동은 특히 사회적 그리고 보다 추상적인 언어적 신호에 반응하는 데 약간의 어려움이 있으나 대부분 적절한 언어적 능력을 가진다. 그들은 자신이 좋아하는 주제를 집요하게 반복(perseverations)하거나 운율적인 결점을 흔히 보인다.

자폐스펙트럼장애 아동은 다른 사람들과 상호작용하는 것과 사회적인 '주고받기' 교환의 맥락에서 다른 사람과 교류하는 데 결함이 있다. 예를 들어, 자폐스펙트럼장애 아동은 다른 사람과 거의 또는 전혀 시선 접촉을 하지 않는 경향이 있으며, 상대적으로 건강한 아동에 비해 다른 시각적 신호에 주의를 기울이는 경향이 있다(APA, 2013). 자폐스펙트럼장애 아동이 다른 사람과 상호작용할 때 보이는 부적절한 얼굴 표정, 찡그린 표정 또는 몸짓, 언어 운율과 같은 비언어적인 사회적 신호는 그들이 표현하는 감정이나 말의 내용과 일치하지 않는다. 결과적으로, 다른 사람은 그들의 사회적 신호와 신체언어를 이해하기 어렵다. 또한 자폐스펙트럼장애 아동도 마찬가지로 다른 사람의 관점을 이해하는 데 어려움이 있다.

자폐스펙트럼장애 아동은 손뼉치기, 독특한 소리(예: '디지, 디지, 디지'), 보행 패턴(예: 과긴장으로 괴로워하지 않으면서 까치발로 걸어 다니기), 또는 다른 독특한 행동과 같은 특이한 행동을 보인다. 자폐스펙트럼장애를 가진 아동은 종종 다른 중요한 부분이나 물체나 사람을 무시하면서 물체나 사람의 특정한 특징에 지나친 관심을 보인다. 마찬가지로, 그들은 의도한 놀이나 기능을 위해 그 물체를 사용하기보다는 일렬로 물체를 정렬하는 경향이 있다. 때때로 강박증으로 오해받기도 하며 도로 표지판, 장난감 또는 날씨의 특정한 측면과 같은 특정한 물체나 물체의 일부에 대해 종종 집요하게 반복된 행동을 보인다.

자폐스펙트럼장애는 아마도 DSM에서 가장 이질적이고 복잡한 신경인지장애 중 하나일 것이다. 자폐스펙트럼장애를 가진 개인 중 상당수는 지적 장애가 있는 IQ 범위(예: 평균보다 2~3 표준편차 이하)(Baird et al., 2000; Kielinen, Linna, & Moilanen, 2000)에 속하지만, 유동추론, 시공간 수행, 작업기억, 언어추론 및 처리속도 영역에서 평균 또는 평균 이상, 심지어 매우 우수한 '최고치' 능력을 보인다는 것이 상당 부분 지지받았다(Dawson, Soulières, Gernsbacher, & Mottron, 2007; Muth, Hönekopp, & Falter, 2014; Scheuffgen, Happeé, Anderson, & Frith, 2000; Shah & Frith, 1983, 1993). 실제로 새로운 DSM-5의 세부 진단(specifiers)에서는 "동반된 지적 손상 있음 또는 없음"(APA, 2013, p. 51)과 자폐스펙트럼장애가 있는 아동인지, 고르지 않은 지적 프로파일을 보이는 성인인지를 고려하도록 하고 있다. 자폐스펙트럼장애에서 인지기능은 증상의 심각도와 반비례한다(Matson & Shoemaker, 2009). 따라서 증상의 심각도가 증가할수록 IQ는 감소한다(Matson, Mahan, Hess, & Fodstad, 2010; Szatmari, White, & Merikangas, 2007). Mayes와 Calhoun(2011)은 IQ가 자폐스펙트럼장애 증상의 심각도에 가장 큰 영향을 미치는 변수라는 것을 발견했다.

인지 영역 전반에 걸쳐 능력 수준은 자폐스펙트럼장애를 가진 개인 사이에서 이례적인 것으로 가장 잘 설명된다. 예를 들어, 시공간적 능력은 일부 연구에서 자폐스펙트럼장애 아동에게서 상대적인 강점으로 나타났지만(Mayes & Calhoun, 2008; Osmon, Smerz, Braun, & Plambeck, 2006; Wechsler, 2003, 2008, 2012a), 다른 연구에서는 그렇지 않았다(Bölte, Holtmann, Poustka, Scheurich, & Schmidt, 2007; White & Saldaña, 2011). 자폐스펙트럼장애 연구에서 사용되는 대표적인 시공간 과제로는 도형 돌출(Figure Disembedding)(Witkin, Oltman, Raskin, & Karp, 1971), 토막짜기(Wechsler, 1974), 정신적 회전(Mental Rotation)(Shepard & Metzler, 1971), 글자로 그림 그리기(Navon Figures)(Navon, 1977)가 있다. 수십 년 전, Shah와 Frith(1983)는 시공간 처리와 관련된 두 가지 요소인 방향정위(orientation)와 시각화로 나누어 자폐스펙트럼장애에서 시공간 과제를 할 때 보이는 다양한 수행에 대해 설명했다. 방향정위는 자극 패턴 내에서 각 요소의 배치를 이해하는 것을 말하며, 이는 토막짜기, 도형 돌출(Figure Disembedding), 물체 조립(Object Assembly) 등의 과제에 필요하다. 시각화는 어떤 형태의 회전이나 반전을 통해 그림으로 된 자극들을 정신적으로 조작할 수 있는 능력을 포함한다. 토막짜기, 물체 조립, 정신적 회전, 퍼즐 등의 작업에도 시각화는 필요하다. Shah와 Frith(1983)는 자폐스펙트럼장애 아동은 방향정위 능력은 좋지만 시각화 능력은 약하다고 하였다. 이 가설을 뒷받침하기 위해 그들은 1983년 자폐스펙트럼장애 아동이 숨은 도형(embedded figures)을 찾아내는 속도와 정확성에 대한 실험을 하였다. 다른 연구들은 정신적 이미지들을 저장하거나 형성하는 능력에 대한 시공간적 약점이 더 크다는 의견을 지지했다(Hammes & Langdell, 1981; Hermelin, 1978; O'Connor & Hermelin, 1975). Shah와 Frith가 그들의 연구를 발표한 이후 수십 년 동안, 다른 연구들은 방향정위와 시각화를 모두 포함하는 과제에서 수행의 정점(peak)을 발견했지만, 엄격한 정신적 회전을 수반하는 과제를 잘한다는 증거가 적다는 것을 발견했다. 최근 자폐스펙트럼장애의 시공간적 수행에 대한 메타분석 결과들은 토막짜기와 도형 돌출 모두에서 수행이 우수하다는 것을 지지하지만, 정신적 회전과 글자로 그림 그리기(Navon Figures)(Muth et al., 2014)에 대해서는 명확한 지지를 얻지 못했다(Muth et al., 2014).

시공간적 수행과 마찬가지로, 작업기억 능력은 자폐스펙트럼장애 아동 사이에서 상당한 분산을 보여 준다. 문헌 연구에서 나타나는 이러한 불일치는 작업기억을 측정하는 데 사용되는 과제의 선택(Vogan et al., 2014)과 기억해야 할 자료의 복잡성으로 인한 것으로 보인다(Wiliams, Goldstein, & Minsew, 2006a). 낮은 수준의 구조를 가진 문제에서 기본적인 작업기억 능력은 손상되지 않은 것처럼 보이지만, 더 복잡한 수준의 구조를 가진 문제의 경우 작업기억은 손상된다(Williams et al., 2006a). 언어적 작업기억의 경우, Fein과 동료들은(1996)은 자폐 아동은 숫자를 상기하는 데는 어려움이 거의 없고, 문장을 상기하는 데는 약간의 어려움이 있으며, 이야기에서 정보를 떠올리는 데 가장 큰 어려움을 가지고 있음을 발견했다. 다른 연구들은 자폐스펙트럼장애를 가진 사람 중 언어적 작업기억은 손상되지 않았지만, 시공간적 작업기억에서는 손상이 있었음을 보고하였다(Ozonoff & Strayer, 2001; Russell, Jarrold, & Henry, 1996; Steele, Minshew, Luna, & Sweeney, 2007). 이는 언어적 작업기억이 자폐스펙트럼장애에서 핵심적인 인지 결함으로 설명될 수 있으나 (Pennington et al., 1997), 일부 시공간적 능력이 자폐스펙트럼장애에서 상대적으로 우수하다는 것을 의미한다(Muth et al., 2014). 다시 말하면, 이런 상충되는 증거는 시각 자극의 복잡성에 따라 조절되는 것처럼 보이는데, 기본적인 시각 변별(visual discrimination)은 자폐스펙트럼장애에서 상대적인 강점인 반면, 인지 부하가 더 큰 순서개념(sequencing)과 시각 변별 과제는 자폐스펙트럼장애의 상대적인 약점이 된다(Wiliams et al., 2006a). 예를 들어, Williams, Goldstein과 Minshew(2006b)는 기억 및 학습의 전반적 평가(WRAML)(Sheslow & Adams, 1990)에서 고기능 자폐 아동 38명을 통제집단 표본과 비교하였다. 이를 통해 그들은 통사적(syntactic) 요소와 담화적(discourse) 요소를 포함하는 시각적 · 언어적 기억의 측정 간에 중요한 차이를 발견했다. 그러나 연상기억이나 즉각적인 기억 범위(memory span) 과제에서는 고기능 자폐증과 통제집단 사이에 차이가 없었다. 이 두 집단에서 비교한 WRAML 소검사들 중, 공간적 작업기억을 측정하는 패턴 재연 검사(Finger Windows test)는 두 집단 간에 가장 유의미한 차이를 보였다. 이러한 연구의 대부분은 연구 집단을 정의하기 위해 DSM-IV 기준을 사용했다. 새로운 DSM-5의 자폐스펙트럼장애 진단에 따른 시공간적 능력에 대한 연구들은 자폐스펙트럼장애에서 언어 손상과 지적 장애의 역할을 설명하기 위해 필요하다.

언어장애의 유무는 자폐스펙트럼장애를 가진 사람들의 수행을 크게 달라지게 한다. 사실, 사회적 의사소통의 결핍은 자폐스펙트럼장애의 특징 중 하나이다. 그러나 언어에 손상이 있는 것이 자폐스펙트럼장애에서 보편적인 것은 아니며, 고기능 자폐증을 가진 사람 중에서는 어느 정도 정상적이기도 하다. 이러한 이유 때문에 DSM-5는 자폐스펙트럼장애의 진단에서 '언어장애 유무'를 명시하도록 하였다. 일반적으로 언어장애가 있는 자폐스펙트럼장애는 대부분의 언어 능력 측정에서 저조한 수행과 낮은 IQ 점수와 관련이 있다. 반대로 언어장애가 없는 자폐스펙트럼장애는 높은 IQ와 관련이 있다(Lindgren, Folstein, Tomblin, & Tager-Flusberg, 2009; Mayes & Calhoun, 2007; Rice, Warren, & Betz, 2005). 그러나 언어장애가 없는 자폐스펙트럼장애 집단에서도 구조적인 언어 발달은 비전형적이고 심지어 가장 높은 수행자 사이에서도 미묘하지만 지속적인 이상이 존재한다(Boucher, 2012). 예를 들어, 언어장애가 없는 자폐스펙트럼장애, 고기능 자폐증, 이전의 분류에서 아스퍼거장애로 분류된 개인은 이해력 검사에서 저조한 성적을 보이고, 범주 구성원 간의 공통점을 적용하는 데 어려움을 겪으며, 일부 연구에서 언어 형태학(morphology), 화용론(pragmatics), 의미론(semantics)에서 결손을 보인다(Boucher, 2012; Howlin, 2003; Mayes & Calhoun, 2007; McGregor et al., 2012; Rice et al., 2005). 이와 반대로 이 동일한 집단들은 기본적인 단어의 의미를 정상적으로 이해하고, 문자로 작성된 단어 유창성 과제에서 온전한 수행을 보이며, 전반적으로 우수한 언어표현 능력[조음(articulation)과 통사론(syntax)]을 가지고 있다(Howlin, 2003; Kjelgaard & Tager-Flusberg, 2001; Koning & Magill-Evans, 2001; Minshew, Goldstein, & Siegel, 1997; Rice et al., 2005; Saalasti et al., 2008; Seung, 2007; Williams et al., 2006b).

자폐스펙트럼장애로 진단된 아동이 보다 일관적으로 결손을 나타내는 인지적 약점의 영역은 운동 처리속도에 있다. 자폐스펙트럼장애 아동은 손의 소근육 운동 능력(graphomotor)과 처리속도 하위 검사들에서 수행이 떨어지는 경향이 있다(Calhoun & Mayes, 2005; Green et al., 2002; Mayes & Calhoun, 2003a, 2003b, 2007; Nydén, Billstedt, Hjelmquist, & Gillberg, 2001). 최근 필기 능력에 대한 연구에서 자폐스펙트럼장애 아동이 통제집단의 참가자보다 낮은 수행을 보인다고 나타났다(Ramnauth, 2018). 이것은 자폐스펙트럼장애 아동에게서 관찰된 운동협응장애(motor incoordination disorders)와 서자장애(dysgraphia)가 동반이환되는 것을 고려하면 그리 놀라운 일은 아니다(Green et al., 2002; Mayes & Calhoun, 2003a, 2003b, 2007; Szatmari, Archer, Fisman, Streiner, & Wilson, 1995; Wechsler, 2003).

자폐스펙트럼장애 아동이 지능검사에서 보이는 수행에서의 차이를 감안할 때, WISC-V에 의해 측정된 모든 영역의 포괄적인 검사가 필요할 수 있다. 전체 IQ 획득에 필요한 소검사들은 지적 장애의 존재를 확인하기 위해서도 중요하지만, 모든 기본 및 보충 소검사는 지능의 강점과 약점 분석에 중요하므로 실시하는 것이 권장된다. 예를 들어, 언어 손상이 의심되는 경우 그림기억과 퍼즐 소검사를 실시하면 좋다. 이를 통해 비언어 지표(Nonverbal Index: NVI)를 산출할 수 있다. 이러한 강점을 기반으로 하는 추정치를 제공하는 것이 전통적인 전체 IQ 또는 일반능력 지표보다 언어 손상이 있는 사람을 더 잘 설명할 수 있다. 언어장애가 주요 특징이 아닌 경우에도 화용론(pragmatics)과 이해에 미묘한 결손이 발생하는 경향이 있다. 그러므로 대상 중재 계획(targeted intervention planning)은 고기능 자폐증에서도 언어적 약점을 식별하기 위해 언어 보충 검사(상식 및 이해)를 실시하는 것이 필요하다.

4) 주의력결핍 과잉행동장애

주의력결핍 과잉행동장애, 즉 ADHD는 역학적 관점에서 '높은 유병률(prevalence)과 낮은 심각도(morbidity)'를 보이는 질환으로 분류된다. ADHD는 가장 흔히 발생하는 소아 질병 중 하나로서, 심각성의 정도와 청소년기 및 성인으로의 발전 양상이 다양하다. ADHD는 지속적인 주의력 유지의 어려움이나 탈억제, 또는 자기 행동이나 충동의 제어 능력 감소를 포함하며, 경우에 따라선 과잉행동(hyperactivity)이라 불리는 행동의 고조와 더불어 몇 가지 증상이 함께 나타나기도 한다(APA, 2013). 그리고 ADHD의 발현 증상이 진단 수준에 이르려면 아동이 학교나 가정에서 다른 학생, 청소년 및 성인과의 사회성 문제와 같은 부정적인 영향이 있어야 한다(APA, 2013). 또한 과거에는 ADHD를 낮은 심각도(morbidity)의 질병으로 개념화하였으나 최근에는 다르게 개념화하고 있다. 이는 환자의 전반적인 기능 정도와 미래의 성과(운전사고, 결혼의 결과, 직업 성취 등)에 해로운 영향을 주기 때문이다(APA, 2013).

높은 유병률(prevalence)을 감안할 때, ADHD는 세계적으로 가장 많이 연구된 질병 중 하나이다(Barkley, 2007). 상대적으로 최근의 연구들이 ADHD의 광범위한 기능적 영향과 중추신경계(CNS) 기능에 대한 정신병리생리학적 영향에 관하여 보다 유용한 정보를 제공한다. 예를 들어, 최근의 신경 촬영법 연구에 따르면 ADHD 환자는 중추신경계의 성숙도는 정상이지만 약 3년의 발달 지체를 보였다(Shaw et al., 2007). 이 연구는 그 지체가 주의, 통제력, 계획 및 고차원 기능을 포함하는 중추신경계 영역에서 가장 두드러진다는 것을 제시했다. 또 최근의 연구는 전반적인 대뇌피질성 성숙(Shaw et al., 2012), 특히 기능의 반구 간 교통에 중요한 뇌 영역에서 성숙의 지연에 주목했다(Gilliam et al., 2011). 신경화학적 관점에서 신경전달물질 수치와 집행기능 간의 관계에 대한 연구도 이루어지고 있다. 한 연구는 시각적으로 일관된 주의 변별력에 대한 반응시간 정도가 ADHD 환자에서 도파민(DA)이 아닌 노르에피네프린(NE) 수준과 크게 관련이 있다는 것을 밝혔는데, 이는 낮은 반응시간 점수가 낮은 노르에피네프린 수준과 연관이 있기 때문이다(Llorente et al., 2006). 이와 유사하게 탐색 행동에서 주의력 변환(alternating attention) 능력과 같은 시각적으로 일관된 주의 변별력도 ADHD 환자 사이에서 도파민뿐만 아니라 노르에피네프린 수준과 관련이 있다(Llorente et al., 2012). 또한 이 과정에서의 낮은 점수는 이런 대사물질의 낮은 수준과 상관관계가 있다. 이 신경화학적인 비정상은 ADHD에서 발견되는 기능적 결함과 증상을 이해하는 데 유용하고, 이 장애가 어떻게 진행되는지, 중추신경계 성숙과 그에 뒤따르는 기능적 문제에 어떠한 영향을 미치는지를 설명하는 데 도움이 된다.

DSM-IV에서 DSM-5까지 ADHD의 특정 진단 기준은 바뀌지 않았다. 즉, DSM-IV의 18개 증상이 DSM-5에도 똑같이 존재하고, 부주의(inattention)와 과잉행동-충동(hyperactivityimpulsivity)이라 명명된 2개의 세부 유형에 걸쳐 계속 정리되고 있다. DSM-IV와 같이 DSM-5에서 ADHD 진단은 최소 6개의 증상이 각 적용 가능한 세부 유형에서 일치해야 한다. 임상적인 세부 유형에 따라 임상적인 특이점이 나타날 수 있다. 왜냐하면 18개의 증상 중 12개라는 진단 기준이 서로 다양하게 나타날 수 있기 때문이다. 이는 질병 분류 관점에서도 문제가 되므로 앞으로 DSM을 개정할 때 다룰 필요가 있다.

임상적 증상은 DSM 개정과 함께 바뀌지 않았으나 몇 가지 진단 기준의 변화가 있었고, 이는 DSM-5 기준에서 ADHD의 신경인지적 프로파일에 영향을 끼쳤다. 첫째, ADHD가 중추신경계의 장애임을 반영하여 DSM-5의 신경발달장애 영역에 속하였다. 둘째, 각 환경에서 발생하는 몇몇 증상의 중요성을 강조하기 위해, 새 체계에서는 교차 상황적 또는 교차 환경적인 요건에 더 초점을 두었다. 또한 장애 발병 나이도 바뀌었다. DSM-IV는 7세 이전에 '손상을 초래하는 증상'을 요구한다. 반면, DSM-5는 '12세 이전에 나타나는 몇 가지 부주의 혹은 과잉행동-충동 증상'을 요구한다. 이러한 변화는 여러 가지 면에서 긍정적이다. 많은 아동, 특히 부주의 증상을 주로 보이는 아동이 학교에 들어가기 전에 진단을 받으러 가지 않기 때문이다. 또 한 가지 DSM-5에서 일어난 중요한 변화는 다양한 임상적 '세부 유형(subtypes)'이 바뀌었고[예: 부주의 우세형(Predominantly Inattentive Type)], 이전의 하위 유형을 설명하기 위해 '명시자(presentation specifier)'로 대체되었다는 것이다. DSM-IV에서 전에 지정했던 '하위 유형'보다 더 많은 유형이 있을 수 있다고 신경심리학 문헌에서 제시하고 있으므로 이는 환영할 만한 변화이다. 더욱이 DSM-IV와는 달리 DSM-5에서는 ADHD와 자폐스펙트럼장애(ASD)의 동반이환 진단이 허용된다.

인지 수행에 관해서 대개 ADHD 아동이 그렇지 않은 아동보다 지적 능력이 낮다고 관찰된다(Carte, Nigg, & Hinshaw, 1996; Clark, Prior, & Kinsella, 2000; Kuntsi et al., 2004; Mariani & Barkley, 1997; Melnick & Hinshaw, 1996; Rucklidge & Tannock, 2001; Schachar & Logan, 1990). 한 대규모 모집단기반의 5세 쌍생아 연구에서는 ADHD 아동과 그렇지 않은 아동 간에 IQ 차이가 9점이 났다고 밝혔다. 이 연구는 IQ 측

정 수단으로 WPPSI-R의 어휘(Vocabulary) 및 토막짜기(Block Design) 소검사를 이용했는데, 그것이 WISC 나이 범위 아래에 있는 아동을 표본으로 했음에도 불구하고, 결과는 그보다 연령이 높은 아동과 청소년을 대상으로 한 이전의 문헌과 일치했다(Fergusson, Horwood, & Lynskey, 1993; Goodman, Simonoff, & Stevenson, 1995; Rapport, Scanlan, & Denney, 1999; Rucklidge & Tannock, 2001). ADHD에서 인지적 손상은 특히 계획을 하고 전략을 수행하는 능력의 부족과 같은 집행기능의 결함과 자주 연관된다(Willcutt, Doyle, Nigg, Faraone, & Pennington, 2005). ADHD의 부주의와 과잉행동 인자를 동시에 갖고 있는 아동은 주의와 집행기능 및 처리속도 측정에서 일관되게 낮은 평가를 받는다(Calhoun & Mayes, 2005; Clark et al. 2000; Clark, Prior, & Kinsella, 2002; Naglieri, Goldstein, Iseman, & Schwebach, 2003; Nydén et al., 2001; Saklofske, Schwean, Yackulic, & Quinn, 1994; Seidman, 2006; Willcutt et al., 2005; Wodka et al., 2008). 많은 아동이 쓰기장애/난필증(dysgraphia)과 운동 협응에 문제를 가지고 있다. 이런 영역과 관련된 WISC-V 소검사들은 청각작업기억을 측정하는 숫자와 처리속도를 측정하는 기호쓰기와 동형찾기가 있다.

언어 유창성과 빨리 이름대기(rapid naming) 검사의 저조한 수행도 정상적인 발달을 보이는 아동과 ADHD 아동의 비교에 자주 보고되는데, 유사한 결손이 두 가지 명시자, 혼합형과 부주의 우세형 모두에서 일어난다(Chhabildas, Pennington, & Willcutt, 2001; Geurts, Verté, Oosterlaan, Roeyers, & Sergeant, 2005; Hinshaw, Carte, Sami, Treuting, & Zupan, 2002; Lockwood, Marcotte, & Stern, 2001; Nigg, Blaskey, Huang-Pollock, & Rappley, 2002; Pasini, Paloscia, Alessandrelli, Porfirio, & Curatolo, 2007; Riccio, Homack, Jarratt, & Wolfe, 2006). 언어 유창성과 작업기억을 결합한 연상학습(Paired-Associate Learning)에서도 통제집단에 비해 ADHD 표본에서 약하게 나타난다(Chang et al., 1999; Douglas & Benezra, 1990).

화용언어의 어려움은 이전의 아스퍼거장애에서 보고된 것과 비슷한 수준으로 ADHD 아동에게서도 자주 발견된다(Bishop & Baird, 2001; Geurts, Verté, Oosterlaan, Roeyers, & Sergeant, 2004). Mulligan(2009)는 ADHD가 자폐증 증상이 더 많은 아동 사이에서 언어장애를 포함한 신경인지적 어려움과 가장 강하게 연관되어 있다는 것을 발견하였고, 두 장애 사이에 표현형의 중첩이 있음을 강조하였다. 이와 유사하게 Geurts와 Embrechts(2008)는 7~14세의 ADHD 아동에게서 자폐스펙트럼장애 아동과 구별할 수 없는 화용론적 결함을 발견했다. 자폐스펙트럼장애와 ADHD가 동반이환될 수 있기 때문에 이런 결함이 자폐스펙트럼장애 혹은 ADHD에 속한 것이라고 판단하기 어렵다. 그러나 이러한 표현형의 중첩은 신경인지장애의 공통된 주제이고, 이 두 장애에 대한 현재의 연구 상황을 정확히 반영하고 있다.

5) 파괴적 행동장애

적대적 반항장애(ODD)와 품행장애(CD)는 DSM-5에서 파괴적 행동장애(Disruptive Behevior Disorder: DBD) 영역에 속한다. 적대적 반항장애는 나이에 걸맞지 않는 지속적인 분노, 반항, 짜증, 적대적 행동이 특성이다. 반면, 품행장애는 타인에게 고통을 가하고 타인의 권리를 부정하고 비행을 저지르는 등 훨씬 더 공격적이고 반사회적인 행동을 포함한다(Hinshaw & Lee, 2003). 적대적 반항장애와 품행장애 모두 ADHD와 빈번하게 동반이환되며, 이러한 동반이환은 파괴적 행동장애의 신경인지적 특성에 중요한 요인이다. 행동장애와 낮은 학업 성적 간의 상관관계를 고려할 때 낮은 지능은 때때로 파괴적 행동장애의 선행 지표로 간주된다(Farrington, 1995; Frick et al., 1991). 게다가 어떤 연구에서는 일반 인구와 비교하여 비행 아동에게서 지속적인 낮은 지능과 집행기능의 결함을 발견했다(Frick & Viding, 2009; Lynam & Henry, 2001; Moffitt, 2006). 그러나 일부 전문가는 집행기능 결함이나 낮은 IQ와 행동장애 간에 중요한 연관성을 보이는 연구들의 경우, 동반이환되는 ADHD를 통제하는 데 실패했다고 주장한다(Burke, Loeber, & Birmaher, 2002; Hogan, 1999). 실제로 연구에서 ADHD를 통제할 때, 적대적 반항장애 및 품행장애와 신경심리적 기능의 관계가 사라지거나 유의하지 않게 되는 경향이 있다(Clark et al., 2000; Klorman et al., 1999; Kuhne, Schachar, & Tannock, 1997; Mayes & Calhoun, 2007; Van Goozen et al., 2004).

아직도 수용 어휘의 지속적인 부족은 반사회적 행동을 보이는 아동에게서 관찰된다(Kaufman & Kaufman, 1990; Lansing et al., 2014; Lynam, Moffitt, & Stouthamer-Loeber, 1993; Moffitt & Caspi, 2001; Rosso, Falasco, & Koller, 1984). 또한 인지 과정의 공간 지각 형태가 반사회적 행동의 조기 발병과 관계가 있어 보인다(Lansing et al., 2014; Raine, Yaralian, Reynolds, Venables, & Mednick, 2002). 그러나 다른 모든 영역에

서 파괴적 행동장애가 있는 사람들이 평균적인 인지기능을 보인다는 증거가 있다. 예를 들어, 파괴적 행동장애 집단은 글을 쓸 때의 근육의 운동(graphomotor)이나 처리속도 측정에서 통제집단과 유의미한 차이를 보이지 않는다(Mayes & Calhoun, 2007). 사실 어떤 연구에서는 오히려 반대의 경향도 나타났는데, 지속적인 반사회적 행동을 보이는 아동이 품행장애 증가와 관련 있는 높은 지능, 최소한 통제집단과 동일한 수준의 지능을 갖고 있었다(Christian, Frick, Hill, Tyler, & Frazer, 1997; Lahey et al., 1995). 따라서 신경인지기능과 파괴적 행동장애에 대한 최근의 검증을 통합해 보면 파괴적 행동장애 아동은 ADHD와 동반이환되지 않는 한 주의력, 집행기능, 학습, 기억력에 심각한 어려움은 예상되지 않는다(Mayes & Calhoun, 2007; Oosterlaan, Scheres, & Sergeant, 2005; Pennington & Ozonoff, 1996; Pickering & Gathercole, 2004).

6) 외상성 뇌손상

외상성 뇌손상(Traumatic Brain Injury: TBI)은 뇌에 손상을 끼치는 갑작스러운 외상으로 인한 후천성 부상이다(Hayden, Jandial, Duenas, Mahajan, & Levy, 2007; McCrea, 2007). 외상성 뇌손상에 대한 몇 가지 질병 분류 체계가 존재하지만[예: ICD-10. 미국신경학회(American Academy of Neurology)], 미국 국방부와 보훈청은 그러한 부상의 분류 목적으로 가장 최신의 포괄적인 기준을 제공하고 있다. 이 분류 체계에 따르면, 외상성 뇌손상은 글래스고 혼수 척도(Glasgow Coma Scale: GCS) 점수, 의식 상실(LOC) 또는 변화의 발현 및 기간, 외상 후 기억상실(posttraumatic amnesia: PTA)의 발현 및 기간에 따라 '경도(mild)' '중등도(moderate)' '고도(sever)'로 분류된다. 외상성 뇌손상은 개방성(침투형) 또는 폐쇄성(비침투형)으로도 구분된다. 일반적으로 폐쇄성 외상성 뇌손상은 머리를 사물에 강하게 부딪치거나 또는 사물이 갑자기 강하게 머리를 때릴 때 두개골 손상 없이 발생한다. 반면, 개방성 외상성 뇌손상은 두개골에 구멍이 생기거나 뇌조직을 손상시키는 총알이 박힐 때 일어난다. 외상성 뇌손상은 가벼운 뇌진탕에서 심각한 외상성 뇌손상까지 다양하고, 그 증상은 뇌손상 정도와 앞서 언급한 다른 변수들에 따라 다르다(Hayden et al., 2007). 가벼운 외상성 뇌손상을 겪은 아동은 의식을 유지하거나 몇 초 혹은 몇 분간 잠깐의 의식 상실을 경험할 수 있다. 스포츠와 관련된 뇌진탕은 예전에는 경도의 외상성 뇌손상으로 간과

되어 왔으나, 지금은 모든 단계의 학교에서 집중적인 관심을 받고 있는 외상성 뇌손상의 가장 흔한 형태다. 경도의 외상성 뇌손상이라도 학생 선수가 충분히 회복되기 전에 운동에 복귀하거나, 다중 뇌진탕을 겪는다면 그 영향이 악화될 수 있다. 더 심각한 외상성 뇌손상의 진단은 다른 지표뿐 아니라 의식 상태의 변화(낮은 GCS 점수, 더 많은 PTA 등)를 필요로 한다(McCrea, 2007).

외상성 뇌손상은 언어 능력, 시각적 인식 및 구성 능력, 주의력 및 기억력, 집행기능, 속도 과제 등에서 신경심리학적인 결함이라는 광범위한 조합과 관련이 있다(Yeates, 2000; Yeates et al., 2002). 사고 장소와 심각성 정도뿐만 아니라 사고 당시의 나이와 관련한 다양성이 존재하지만, 종단 연구는 일부 아동에게 사고 후 1년 안에 미미하거나 부분적으로 회복할 수 있어도 이러한 손상이 경도 내지 중등도의 외상성 뇌손상으로 지속된다는 것을 지지한다(Anderson, Catroppa, Morse, Haritou, & Rosenfeld, 2000; Catroppa, Anderson, Morse, Haritou, & Rosenfeld, 2007; Chadwick, Rutter, Brown, Shaffer, & Traub, 1981; Chadwick, Rutter, Shaffer, & Shrout, 1981; Jaffe, Polisar, Fay, & Liao, 1995; Knights et al., 1991; Yeates et al., 2002). Catroppa 등(2007)에 따르면, 손상 당시 아동의 나이는 손상 후 능력에 중요한 예측변수가 된다. 왜냐하면 결정적인 발달 기간 동안 발생한 인지 능력의 손상으로 인해 사고 후의 인지 능력의 정상적인 발달이 저해될 수 있기 때문이다. 어린 시절에 겪은 외상성 뇌손상은 그 이후의 인지기능에 부정적인 영향을 미친다. 연령이 어릴수록, 고도의 손상을 당할수록 그 영향은 더 치명적이다. 즉, 고도의 손상을 입은 나이 많은 아동보다 고도의 손상을 입은 어린 아동의 예후가 나쁘다고 할 수 있다(Anderson, Brown, Newitt, & Hoile, 2009; Anderson, Brown, Newitt, & Hoile, 2011).

4. WISC-V의 지적 평가를 반영한 진단 및 치료 계획

WISC-V의 일반 구조는 WISC-IV 지표와 소검사 점수를 확장한 것이다. WISC-V는 전체 IQ와 지표 점수뿐만 아니라 전체 IQ 평가에 포함되지 않는 종합 점수들(composite scores)도 제공한다. 이런 부차적인 지표 점수는 WISC-V로 측정된 영역을 확장시킨다. 여기에는 양적추론 지표(QRI), 청각작업기억 지표(AWMI),

비언어 지표(NVI), 일반능력 지표(GAI), 인지효율 지표(CPI)가 포함된다. 이런 지표들의 이론적인 근거는 제4장에 더 상세하게 설명되어 있다. 청각작업기억 지표는 WISC-IV 작업기억 지표와 같은 소검사로 구성되어 있고, 두 판본(edition)에 걸쳐 작업기억 능력의 직접적인 비교를 허용하고 있다. 비언어 지표, 일반능력 지표와 인지효율 지표는 독립적으로 해석할 수 있을 뿐만 아니라 다양한 임상 목적을 위해 전체 IQ와 비교 가능한 종합적인 능력의 측정 지표이다.

WISC-V에서 보다 강화된 것은 보충 지표와 소검사들의 개발이다. 이들은 기본 소검사가 아니며, 주요 지표나 전체 IQ와 직접 관계가 있지도 않다. 대신에 읽기 · 쓰기 · 수학 발달에 관련된 기술과 능력을 측정하여 아동의 학습장애나 다른 임상적 장애를 평가할 수 있다. 그러나 이 검사들이 지적 능력을 측정하도록 설계되지 않았기 때문에 이런 과제의 수행은 전통적인 지적 능력 측정에서의 수행과 다를 수 있다. WISC-V의 기본 지표, 추가 지표, 보충 개발은 WISC-V를 이용하는 임상가에게 검사 활용의 융통성을 증대시킨다. WISC-V의 다양한 지표를 통해 임상가는 아동의 요구(need)와 관련 있는 인지 능력을 평가하는 데 집중할 수 있다. WISC-V의 디지털 버전인 Q-인터렉티브는 추가 및 보충 소검사와 그 지표 외에도 임상 및 비임상적 집단에 대한 새로운 데이터를 제공한다. 디지털화된 WISC-V의 소검사와 지표 점수에 대한 첫 번째 연구는 기존의 종이 형식의 결과와 함께 제시되었다. 특정 집단에서 WISC-V 디지털 버전의 효용과 임상적 타당성을 평가하는 데 쓰인 방법과 절차에 관한 상세 설명은 Pearson의 WISC-V 홈페이지에 게시된 Q-인터렉티브 기술 보고서를 참조할 수 있다.

통제집단과 비교한 특정 집단의 WISC-V 소검사와 집합 데이터는 〈표 10-1〉~〈표 10-9〉에서 볼 수 있다. 이 표들은 WISC-V 종이 버전으로, 표준화된 임상 표본에서 얻은 점수들이다. 또한 선택된 5개 집단의 WISC-V 디지털 버전에서 관찰한 지표의 패턴과 소검사 점수에 대한 개요도 포함되어 있다.

다음에 기술한 특수집단 참여자의 포함 기준은 WISC-V의 종이 버전과 디지털 버전에 상관없이 동일하며 표본은 중첩되지 않음을 유의하여야 할 것이다.

1) 특수집단의 WISC-V 수행

(1) 영재

영재(IG) 집단의 아동은 이전에 표준화된 인지 능력 검사에서 평균보다 최소한 2 표준편차 이상 높은 지능 점수를 받는 아동으로, 영재 표본의 모든 아동은 학교에서 영재교육을 받고 있었다. WISC-V의 전통적인 종이 형식을 실시한 영재집단의 데이터는 〈표 10-1〉에서 볼 수 있다.

WISC-V의 종이 검사에서 영재 집단 아동은 전체 IQ 평균이 127.5점이었다. WISC-IV를 이용한 종전의 연구와 일치하게 영재 아동에게서 가장 높은 점수는 언어이해 지표(VCI)에서, 가장 낮은 점수는 처리속도 지표(PSI)에서 나타났다. 모든 기본 지표 점수는 처리속도 지표를 제외하고 평균보다 1 표준편차 높았다. 이와 비슷한 패턴이 소검사 점수에서도 나타났는데, 가장 높은 점수는 언어이해와 작업기억 영역에서, 가장 낮은 점수는 처리속도 영역에서 관찰되었다. 모든 기본 소검사 점수는 공통그림찾기(Picture Concepts), 그림기억(Picture Span), 처리속도 소검사를 제외하고 평균보다 1 표준편차 높았다.

영재로 판별된 아동의 표본(n=24)을 이용하여 Raiford, Holdnack, Drozdick과 Zhang(2014)은 WISC-V의 디지털 소검사와 그 관련된 종합점수(composites scores)의 결과가 종이 형식 WISC-V의 결과 및 이전 디지털 소검사 연구결과와 일치한다고 하였다. 영재 사이에서 가장 높은 소검사 및 종합점수는 언어 영역에서 나왔고, 통제집단과 비교했을 때 가장 높은 효과크기를 보였다. 종이 형식의 결과와 유사하게 모든 기본 지표와 소검사 점수가 평균보다 1 표준편차 높았다. 나중에 디지털 방식의 처리속도 소검사를 조사하는 연구에서 Raiford 등(2016)은 영재로 판명된 49명의 표본에서 비슷한 결과를 얻었다. 통제집단과 비교했을 때 기호쓰기와 동형찾기에서 가장 작은 효과크기를 보였으며, 이와 마찬가지로 종이와 디지털 연구의 영재 집단에서도 이 검사들은 가장 낮은 점수를 보였다. 효과크기는 디지털 연구의 기본 지표 점수에서 크게 나타나는데, 언어이해 지표가 가장 큰 효과크기를, 처리속도 지표가 가장 작은 효과크기를 보였다(Raiford et al., 2014, 2016).

WISC-V의 종이 버전을 이용해서 얻은 추가 지표 점수를 보면, 일반능력 지표(GAI)와 인지효율 지표(CPI) 사이에 유의미한 차이를 관찰할 수 있는데, 일반능력

표 10-1 영재와 통제집단의 수행 평균

소검사/처리/종합점수	영재		통제집단		집단 평균 비교				
	평균	표준편차	평균	표준편차	표본 수	차이값	*t* 값	유의도	효과크기[a]
공통성(SI)	15.1	2.4	10.9	2.7	95	−4.16	−10.53	<.01	−1.63
어휘(VC)	14.9	2.3	11.2	2.8	95	−3.77	−9.62	<.01	−1.47
상식(IN)	14.6	2.5	11.0	2.8	95	−3.53	−9.93	<.01	−1.33
이해(CO)	14.1	2.5	10.9	2.9	95	−3.19	−7.64	<.01	−1.18
토막짜기(BD)	13.9	2.4	10.9	2.6	95	−3.03	−9.50	<.01	−1.21
퍼즐(VP)	13.5	2.1	11.0	2.4	95	−2.47	−6.97	<.01	−1.10
행렬추리(MR)	13.3	2.8	10.9	2.6	95	−2.38	−6.19	<.01	−0.88
무게비교(FW)	13.8	2.5	10.8	2.4	95	−2.95	−8.55	<.01	−1.20
공통그림찾기(PC)	12.3	2.9	10.5	2.9	95	−1.76	−3.81	<.01	−0.61
산수(AR)	13.9	2.5	10.6	2.4	95	−3.24	−8.67	<.01	−1.32
숫자(DS)	14.0	2.5	11.0	2.6	95	−3.00	−7.69	<.01	−1.18
그림기억(PS)	12.3	2.9	10.4	2.5	95	−1.93	−4.52	<.01	−0.71
순차연결(LN)	14.3	2.5	11.1	2.8	93	−3.20	−7.91	<.01	−1.21
기호쓰기(CD)	12.1	2.7	9.9	2.6	94	−2.19	−5.78	<.01	−0.83
동형찾기(SS)	12.5	2.7	10.2	2.9	91	−2.27	−5.23	<.01	−0.81
선택(CA)	11.8	3.2	9.8	2.9	95	−2.01	−4.68	<.01	−0.66
언어이해(VCI)	127.7	12.3	105.8	12.9	95	−21.97	−11.09	<.01	−1.74
시공간(VSI)	121.2	11.5	105.2	12.2	95	−15.98	−9.55	<.01	−1.35
유동추론(FRI)	120.3	12.0	105.1	12.3	95	−15.26	−8.80	<.01	−1.26
작업기억(WMI)	117.9	11.7	104.0	12.1	95	−13.86	−7.33	<.01	−1.16
처리속도(PSI)	112.9	13.5	100.4	13.5	90	−12.44	−6.05	<.01	−0.92
전체 IQ(FSIQ)	127.5	8.8	105.7	12.2	94	−21.85	−13.19	<.01	−2.05
양적추론(QRI)	122.1	11.8	104.1	11.4	95	−18.04	−10.41	<.01	−1.55
청각작업기억(AWMI)	123.0	12.9	105.9	13.0	93	−17.13	−8.49	<.01	−1.32
비언어(NVI)	122.9	10.5	104.6	11.8	94	−18.28	−10.80	<.01	−1.64
일반능력(GAI)	127.1	9.6	106.3	12.4	95	−20.83	−12.54	<.01	−1.88
인지효율(CPI)	118.8	11.0	102.1	12.4	90	−16.73	−8.71	<.01	−1.43

효과크기는 Cohen의 공식에 따라 두 집단의 평균 차이를 표준 편차로 나눈 값이다.

출처: © Pearson NCS (2014)의 허락하에 게재함

지표의 평균 점수가 인지효율 지표의 평균 점수보다 약 8점 높게 나타난다. 이전 장에서 논의하였듯이, 일반능력 지표는 언어이해, 시공간, 유동추론의 소검사를 포함하는 반면, 인지효율 지표는 작업기억과 처리속도 소검사를 포함한다. 이런 이유로 일부 전문가는 학생의 영재 판별에 전체 IQ 대신 일반능력 지표를 선호한다. 왜냐하면 이 학생들은 처리속도 과제(일반능력 지표에선 제외된)에서 상대적으로 수행이 저조하기 때문이다. 이는 처리속도 지표가 낮은 것이 단지 학생의 꼼꼼한 수행으로 인해 기호쓰기 소검사에서 점수가 낮을 때 적절할 수 있고, 또한 인지 처리속도에 강점이 있다는 다른 증거가 있다면 이 해석은 적절할 것이다. 전체 IQ 대신 일반능력 지표를 이용하면 더 많은 학생에게 영재 자격을 부여할 수 있으나, 처리속도와 작업기억에 임상적으로 유의미한 약점을 지닌 일부 학생을 영재 프로그램에 선정하는 결과가 발생할 수 있다. 제4장에서 논의하였듯이, 각 기본 인지 능력은 지능의 중요한 측면이고 어떤 영역도 지적 능력의 전반적인 평가에 소홀히 해서는 안 된다. 일반능력 지표 해석과 관련된 주제는 제1장에서 더 상세하게 다루고 있다.

WISC-V 디지털 형식을 활용하여 보고된 추가 지표 점수에서도 마찬가지로 일반능력 지표와 인지효율 지표 간에 불일치가 나타났다(Raiford et al., 2016). WISC-V 디지털 검사에서 일반능력 지표의 평균은 인지효율 지표의 평균보다 7점 높았다(Raiford et al., 2016). WISC-V의 처리속도 검사를 제외하고 다른 검사들을 연구한 이전의 디지털 연구(n=24)에서 Raiford 등(2014)은 그림기억 소검사보다 청각작업기억 소검사 점수가 높았기 때문에 전체 작업기억 지표 점수보다 청각작업기억 지표 점수가 높다고 보고했다. 이 패턴은 종이와 디지털 검사 형식 모두에서 나타난다(〈표 10-1〉 참조; Raiford et al., 2014). 종이 버전에서 보충 지표와 소검사들의 점수는 기호변환 소검사와 지표(Symbol Translation subtests and Index)에서 평균 이상이었고, 명명속도 소검사와 지표(Naming Speed subtests and Index)에서 평균 범위였다(표에는 제시하지 않음). 마찬가지로 디지털 버전의 WISC-V 보충 소검사와 지표 점수는 평균이 109.0인 기호변환 재인(Recognition Symbol Translation)을 제외하고 평균 1 표준편차(SD)를 초과한 정도였다. 보충 지표 중 저장 및 인출 지표가 평균이 121.2점으로 가장 높았다(Raiford et al., 2014). 이 결과는 이러한 과제로 측정된 향상된 인지 과정이라기보다는 기본적인 인지 과정, 또는 속도가 있는 과제에 대한 낮은 수행을 의미한다.

(2) 지적 장애: 경도 및 중등도

지적 장애(Intellectual Disability: ID) 집단(지적 장애-경도, 지적 장애-중등도)의 아동은 DSM-5의 지적 장애 기준을 충족하거나 표준화된 인지 능력의 측정에서 전체 IQ 점수가 평균보다 최소 2 표준편차 낮으면 지적 장애-경도 집단에, 3 표준편차 낮으면 지적 장애-중등도 집단에 속한다. WISC-V 종이 버전을 활용한 지적 장애-경도, 지적 장애-중등도 집단의 데이터는 〈표 10-2〉와 〈표 10-3〉에 제시되어 있다.

WISC-V 종이 버전에서 지적 장애-경도 집단은 전체 IQ에서 평균 60.9점을, 지적 장애-중등도 집단은 평균 49.7점을 얻었다. 기본 지표 점수 중에서 인지 영역 전반의 수행은 낮았고, 선택 및 동형찾기를 포함한 처리속도 지표 및 소검사에서 상대적으로 가장 높은 점수가 나타났다. 또한 다른 모든 영역에서의 저조한 수행에 비해 상대적으로 높은 점수는 유동추론 영역과 그림기억에서 관찰되었다. 추가 지표 점수는 기본 지표 점수와 상대적으로 비슷했는데, 지적 장애-경도 집단은 60대 초반 점수, 지적 장애-중등도 집단은 50대 초반 내지 중반 점수를 보였다. 두 지적 장애 집단에서 모두에서 청각작업기억 지표에서의 수행은 전체 작업기억 지표에서보다 낮았다. 보충 지표와 소검사 점수는 통제집단에 비해 낮긴 했으나, 기본 지표 점수와 전체 IQ에서 보인 것보다는 상대적으로 높았는데, 평균 점수가 전체 IQ 평균보다 10~15점 높았다. 전체적으로 지적 장애 집단은 상대적으로 높은 처리속도 지표(PSI)와 보충 지표 점수를 제외하고, 평균 대비 대략 2~3 표준편차 낮다. 지적 장애-경도와 지적 장애-중등도 집단 모두 모든 소검사와 종합 지수에서 통제집단과 유의미한 차이가 나타났고, 효과크기가 모두 컸다.

WISC-V의 디지털 버전에서는 Raiford 등(2016)이 보고한 대로 지적 장애-경도 집단은 전체 IQ에서 평균 60.1(n=63)을 얻었다. 이 연구에는 지적 장애-중등도 집단은 포함되지 않았다(Raiford, Zhang et al., 2016). 기본 지표 점수 중 인지 영역 전반에서 수행이 일반적으로 낮았고, 통제집단과 비교했을 때 상대적 높은 점수는 처리속도 지표에서 나타났다. 토막짜기, 그림기억, 무게비교, 기호쓰기에서 가장 높은 소검사 점수가 나타났다. 추가 지표 점수는 60대 초반으로 기본 지표 점수와 상대적으로 유사했는데, 최고 점수는 일반능력 지표에서 64.2를, 최저 점수는 인지효율 지표에서 61.7이었다. Raiford 등(2014)의 연구결과(n=24)를 살펴보면, WISC-V 디

(4) ADHD

아동이 WISC-V의 종이와 디지털 버전에서 ADHD 표본에 포함되는 경우는 DSM-5의 ADHD 진단 기준을 충족하고, 부모가 평정하는 Brown의 주의력결핍장애 척도(Brown Attention-Deficit Disorder Scales for Children and Adolescents: BADDS)(Brown, 2001)에서 일반적인 인지 능력의 추정치가 최소 평균 범위에 있을 때이다(전체 IQ≥80). 정신자극 약물을 처방받는 아동의 경우, 검사 전 최소 24시간 동안 약물 복용을 하지 말아야 한다. WISC-V 종이 형식 검사를 실시한 ADHD 집단에 대한 데이터는 〈표 10-5〉에 제시되어 있다.

ADHD 집단은 통제집단에 비해 작업기억 지표(WMI), 처리속도 지표(PSI), 전체 IQ에서 평균보다 훨씬 낮은 기본 지표 및 소검사 점수를 보였다. 또한 ADHD 집단은 어휘 소검사와 행렬추리 소검사에서도 유의미하게 점수가 낮았다. 그러나 언어이해 지표, 시공간 지표, 유동추론 지표에서는 통제집단과 유의미한 차이를 보이지 않았다. 가장 낮은 점수는 산수 소검사와 기호쓰기 소검사였다. 모든 추가 지표 점수는 통제집단보다 유의미하게 낮았다. 처리속도와 작업기억 영역이 인지효율 지표와 관련이 있기 때문에 인지효율 지표는 일반능력 지표보다 낮은 점수를 보인다. 청각작업기억 지표는 전체 작업기업 지표와 비슷했는데, 다른 지표 점수보다는 낮았으나 평균 범위 안에 있었다. 기본, 추가 및 보충 지표를 통틀어서 가장 낮은 지표 점수는 명명속도 지표이다. 명명속도 지표 점수는 기호변환 지표 점수보다 8점 낮았다. 전반적으로 처리속도와 작업기억에 대한 측정에서 낮은 점수가 관찰되었다. 이는 ADHD가 집행기능을 다루는 영역에서 가장 큰 약점을 보인다는 문헌 연구결과와 일치한다.

ADHD 참가자를 두 집단으로 나누어 WISC-V 디지털 버전 검사를 실시했다(Raiford, Drozdick, & Zhang, 2015; Raiford et al., 2016). 첫 번째 연구(Raiford et al., 2015; n=21)의 참가자들은 기본 지표와 소검사 점수가 평균 범위에 들었으나, 유동추론 지표, 작업기억 지표, 처리속도 지표, 전체 IQ에서는 통제집단에 비해 유의미하게 낮았다. 언어이해 지표와 시공간 지표에서는 집단 간에 유의미한 차이가 없었다. 가장 낮은 점수는 동형찾기 소검사와 기호쓰기 소검사로 나타났는데 이것은 ADHD 집단이 처리속도 영역에서 어려움이 있다는 것을 감안할 때, 예상 가능한 결과이다. 인지효율 지표와 비언어 지표의 점수는 통제집단보다 유의미하게 낮게 나

표 10-5 ADHD와 통제집단의 수행 평균

소검사/처리/종합점수	ADHD		통제집단		집단 평균 비교				
	평균	표준편차	평균	표준편차	표본 수	차이값	*t* 값	유의도	효과크기[a]
공통성(SI)	9.6	2.2	10.3	3.0	48	0.67	1.27	.21	0.25
어휘(VC)	9.6	2.4	10.7	2.4	48	1.17	2.41	.02	0.49
상식(IN)	9.6	2.7	10.3	2.7	48	0.71	1.34	.19	0.26
이해(CO)	9.5	2.8	10.3	2.7	48	0.79	1.61	.11	0.29
토막짜기(BD)	9.4	3.1	9.8	2.4	48	0.35	0.70	.49	0.13
퍼즐(VP)	9.6	3.3	10.8	2.7	48	1.13	1.94	.06	0.37
행렬추리(MR)	9.4	2.5	10.4	2.4	48	1.02	2.14	.04	0.42
무게비교(FW)	9.8	3.0	10.5	3.0	48	0.73	1.18	.24	0.24
공통그림찾기(PC)	8.9	2.8	10.4	2.9	48	1.42	2.38	.02	0.50
산수(AR)	8.5	2.6	10.6	2.4	48	2.19	4.31	<.01	0.88
숫자(DS)	9.2	2.6	10.5	2.3	47	1.23	2.99	<.01	0.50
그림기억(PS)	8.9	2.8	10.1	2.8	48	1.23	2.08	.04	0.44
순차연결(LN)	9.0	3.0	10.0	2.7	47	1.02	1.64	.11	0.36
기호쓰기(CD)	8.4	2.7	10.0	2.5	48	1.69	3.48	<.01	0.65
동형찾기(SS)	9.5	3.0	9.9	2.7	47	.36	.57	.57	0.13
선택(CA)	9.5	2.6	10.0	2.8	48	.52	.99	.33	0.19
언어이해(VCI)	97.8	11.4	102.7	13.2	48	4.90	1.98	.05	0.40
시공간(VSI)	97.3	16.7	101.5	12.4	48	4.17	1.51	.14	0.28
유동추론(FRI)	97.6	13.4	102.6	13.1	48	5.04	1.94	.06	0.38
작업기억(WMI)	94.8	13.3	101.7	12.3	47	6.91	2.98	<.01	0.54
처리속도(PSI)	94.2	13.9	99.9	12.5	47	5.70	2.19	.03	0.43
전체 IQ(FSIQ)	95.6	11.7	102.2	10.2	47	6.66	3.20	<.01	0.61
양적추론(QRI)	94.8	14.2	103.1	12.7	48	8.33	3.13	<.01	0.62
청각작업기억(AWMI)	95.2	13.3	101.4	11.5	47	6.23	2.73	<.01	0.50
비언어(NVI)	94.4	13.1	101.7	12.3	48	7.29	3.01	<.01	0.57
일반능력(GAI)	97.1	13.3	102.3	11.1	48	5.21	2.23	.03	0.43
인지효율(CPI)	92.8	12.6	100.8	12.2	46	8.00	3.18	<.01	0.65

효과크기는 Cohen의 공식에 따라 두 집단의 평균 차이를 표준 편차로 나눈 값이다.

출처: © Pearson NCS (2014)의 허락하에 게재함

타났다. 마지막으로 처리속도 지표 영역이 인지효율 지표에 영향이 미친다는 점에서 인지효율 지표 점수는 일반능력 지표 점수보다 낮다.

Raiford 등의 두 번째 연구(Raiford et al. 2016; n=25)에서 WISC-V 디지털 버전을 실시한 연구 참가자들은 WISC-V 종이 버전 검사 및 다른 디지털 버전의 연구결과와 같이, 일반적인 범위 내의 기본 지표와 소검사 점수를 얻었다. 그러나 이 연구에서는 행렬추리 소검사와 순차연결 소검사에서만 통제집단과 유의미한 차이를 보였다. 산수 소검사는 8.3점으로 가장 낮은 점수를 보였으나, 통제집단과 비교할 때 통계적으로 유의미하지 않았다. 추가 지표 점수에서는 청각작업기억 지표와 양적추론 지표가 다른 지표 점수보다 낮았으나, 이들은 모두 평균 범위 내이다. 기본, 추가 및 보충 지표를 통틀어서 가장 낮은 지표 점수는 지연적 기호변환(Delayed Symbol Translation) 소검사에서 나타났다. 전반적으로 처리속도와 작업기억에 대한 측정에서 낮은 점수가 관찰되었다. 전체적으로 최저 점수는 양적추론 및 유동추론 영역과 작업기억 영역의 측정에서 나타나며, 이는 ADHD가 집행기능을 다루는 영역에서 가장 큰 약점을 보인다는 문헌과 일치하는 결과이다.

(5) 파괴적 행동장애

파괴적 행동장애(Disruptive Behavior Disorder: DBD) 집단의 아동은 BASC-2에서 높은 수준의 부모와 관련된 품행 문제를 보이면서(예: T 점수≥70) 적대적 반항장애(ODD)나 품행장애(CD)로 진단을 받은 경우, 이에 속할 수 있다. 그러나 ADHD 진단이나 증상이 동반이환된 아동은 제외한다. WISC-V 종이 버전 검사를 실시한 파괴적 행동장애 집단의 데이터는 〈표 10-6〉에 제시되어 있다. 기본, 추가 및 보충 지표와 소검사들의 평균 점수는 지적 기능의 평균 범위에 있으며 상대적으로 서로 비슷했다. 결과를 살펴보면 어떤 WISC-V 소검사나 종합 지표에서 파괴적 행동장애 집단과 통제집단 간에 유의미한 차이가 없었다. 앞에서 설명하였듯이 파괴적 행동장애의 신경인지적 특성은 ADHD가 일단 통제되면 두드러지지 않는다.

표 10-6 파괴적 행동장애와 통제집단의 수행 평균

소검사/처리/종합점수	파괴적 행동장애		통제집단		집단 평균 비교				
	평균	표준편차	평균	표준편차	표본 수	차이값	*t* 값	유의도	효과크기[a]
공통성(SI)	9.4	2.6	10.4	3.5	21	1.00	1.10	.28	0.32
어휘(VC)	8.4	2.3	8.9	2.8	21	0.52	0.89	.38	0.20
상식(IN)	9.0	3.0	9.9	2.5	21	0.90	1.17	.25	0.33
이해(CO)	9.3	3.3	9.5	3.1	21	0.19	0.18	.86	0.06
토막짜기(BD)	9.5	2.7	8.2	2.9	21	−1.24	−1.34	.20	−0.44
퍼즐(VP)	9.5	2.7	9.1	2.6	21	−0.43	−0.57	.58	−0.16
행렬추리(MR)	9.2	3.1	9.4	2.7	21	0.19	0.26	.80	0.07
무게비교(FW)	8.8	2.8	9.2	2.8	21	0.38	.50	.62	0.14
공통그림찾기(PC)	9.4	2.6	9.3	2.1	21	−0.14	−.20	.84	−0.06
산수(AR)	9.0	3.1	9.3	3.3	21	0.29	0.31	.76	0.09
숫자(DS)	9.3	3.4	9.4	3.1	21	0.10	0.09	.93	0.03
그림기억(PS)	9.0	3.0	8.8	2.6	21	−0.24	−0.24	.81	−0.09
순차연결(LN)	8.7	3.8	9.3	2.2	21	0.62	0.55	.59	0.20
기호쓰기(CD)	8.7	3.2	8.2	3.4	21	−0.52	−0.55	.59	−0.16
동형찾기(SS)	8.8	3.2	9.0	3.1	21	0.24	0.24	.81	0.08
선택(CA)	9.6	2.4	9.4	2.4	21	−0.19	−0.24	.82	−0.08
언어이해(VCI)	94.1	11.8	98.2	13.3	21	4.14	1.27	.22	0.33
시공간(VSI)	97.1	13.9	92.6	13.3	21	−4.52	−1.10	.29	−0.33
유동추론(FRI)	94.4	15.2	95.9	13.3	21	1.52	0.44	.66	0.11
작업기억(WMI)	95.3	13.7	95.0	13.2	21	−0.29	−0.06	.95	−0.02
처리속도(PSI)	92.8	17.1	92.1	16.5	21	−0.62	−0.12	.91	−0.04
전체 IQ(FSIQ)	93.3	12.4	93.5	12.8	21	0.19	0.06	.96	0.02
양적추론(QRI)	93.8	13.7	95.5	13.7	21	1.71	0.47	.64	0.12
청각작업기억(AWMI)	94.5	18.0	96.6	13.1	21	2.10	0.39	.70	0.13
비언어(NVI)	93.6	12.5	91.3	12.7	21	−2.29	−0.73	.48	−0.18
일반능력(GAI)	94.1	12.0	95.1	13.2	21	0.95	0.31	.76	0.08
인지효율(CPI)	92.8	14.3	92.6	14.7	21	−0.24	−0.05	.96	−0.02

효과크기는 Cohen의 공식에 따라 두 집단의 평균 차이를 표준 편차로 나눈 값이다.

출처: © Pearson NCS (2014)의 허락하에 게재함

(6) 외상성 뇌손상

아동의 인지장애의 주요 원인 중 하나는 외상성 뇌손상이다. 그러나 다른 임상 집단과는 달리 외상성 뇌손상의 인지적인 후유증은 개인별로 손상당한 부위와 심각도, 손상의 유형, 손상 당시의 기능과 나이, 손상 후의 기간 등 손상-특정적 요인에 따라 다르다. 외상성 뇌손상 집단의 아동은 WISC-V 평가에 앞서 6~18개월 내에 중등도에서 고도로 진단을 받았다. 병전 지능(premorbid intelligence)은 지적 장애 범위(예: 전체 IQ〉70) 이상으로 추정하도록 했다. ADHD, 품행장애, 불안 또는 기분 장애와의 동반이환 진단은 외상성 뇌손상과 연관된 언어장애 치료 서비스 등에서 허용되었다. WISC-V 종이 버전을 실시한 외상성 뇌손상 집단의 데이터는 〈표 10-7〉에 제시되어 있다.

기본, 추가 및 보충 지표와 소검사들의 평균 점수는 지적 기능의 평균 하 범위에 있으며 상대적으로 비슷했다. 종전의 연구와 WISC-IV 결과와 일관되게 처리속도 지표는 WISC-V에서 가장 낮은 지표 점수였다. 산수, 기호쓰기, 동형찾기 소검사에서 가장 낮은 점수가 나왔다. 보충 지표에서 통제집단과 비교했을 때 명명속도 소검사는 유의미한 차이가 없었던 반면, 기호변환 소검사는 유의미하게 낮았다. 전반적으로 이 집단은 처리속도에서 상대적인 약점을 보였는데, 그 결과 인지효율 지표 점수가 일반능력 지표 점수보다 낮게 나타났다.

(7) 자폐스펙트럼장애

자폐스펙트럼장애(ASD) 집단의 아동은 언어장애를 수반하는 경우와 그렇지 않은 경우 두 가지가 있는데, DSM-5의 자폐스펙트럼장애 진단 기준을 충족할 때 WISC-V 임상 표본에 포함된다. 언어장애가 있는 자폐스펙트럼장애 아동(ASD-L)은 인지 능력 점수 평균에서 2.67 표준편차(SD) 이상 낮은 점수(예: 전체 IQ＜60)를 받거나, 검사를 실시할 수 있는 적절한 의사소통기능이 없는 경우는 제외되었다. 언어장애가 없는 자폐스펙트럼 아동(ASD-NL)의 경우 인지 능력 점수 평균보다 2 표준편차(SD) 이상 낮은 점수(예: 전체 IQ＜70)를 받을 경우 제외되었다.

WISC-V 종이 버전을 실시한 언어장애가 있는 자폐스펙트럼장애 아동 집단의 데이터는 〈표 10-8〉에, 언어장애가 없는 자폐스펙트럼장애 아동 집단의 데이터는 〈표 10-9〉에 제시되어 있다. 언어장애가 있는 자폐스펙트럼장애 아동 집단에서 모

표 10-7 외상성 뇌손상과 통제집단의 수행 평균

소검사/처리/종합점수	외상성 뇌손상		통제집단		집단 평균 비교				
	평균	표준편차	평균	표준편차	표본 수	차이값	*t* 값	유의도	효과크기[a]
공통성(SI)	8.5	2.6	9.6	2.0	17	1.18	1.47	.16	0.51
어휘(VC)	8.1	3.1	10.1	2.7	19	2.00	2.76	.01	0.69
상식(IN)	7.9	2.8	10.2	2.6	20	2.25	3.10	<.01	0.83
이해(CO)	8.1	2.4	9.5	3.1	20	1.40	1.71	.10	0.51
토막짜기(BD)	7.7	3.1	11.1	3.6	19	3.37	3.00	<.01	1.00
퍼즐(VP)	7.6	3.4	10.5	2.6	20	2.85	2.72	.01	0.94
행렬추리(MR)	8.2	3.4	11.5	2.7	20	3.35	3.19	<.01	1.09
무게비교(FW)	7.8	3.6	10.9	3.1	20	3.10	2.98	<.01	0.92
공통그림찾기(PC)	7.9	3.8	11.3	2.5	20	3.45	3.13	<.01	1.07
산수(AR)	7.3	3.0	9.8	1.8	20	2.50	2.86	.01	1.01
숫자(DS)	7.7	3.1	10.4	3.0	20	2.65	2.74	.01	0.87
그림기억(PS)	7.6	2.6	9.8	2.6	20	2.25	2.64	.02	0.87
순차연결(LN)	7.9	3.1	9.8	2.0	20	1.90	2.93	<.01	0.73
기호쓰기(CD)	7.2	4.0	9.8	2.0	19	2.58	2.71	.01	0.82
동형찾기(SS)	7.4	3.9	9.1	2.4	19	1.74	1.67	.11	0.54
선택(CA)	8.5	3.8	10.1	3.0	19	1.53	1.08	.29	0.45
언어이해(VCI)	88.9	12.9	98.3	11.7	17	9.41	2.51	.02	0.76
시공간(VSI)	87.5	15.9	104.2	14.6	19	16.68	2.99	<.01	1.09
유동추론(FRI)	88.4	18.0	106.9	13.6	20	18.45	3.56	<.01	1.16
작업기억(WMI)	86.2	15.5	100.2	12.8	20	14.00	2.94	<.01	0.98
처리속도(PSI)	84.1	22.2	97.2	8.2	19	13.05	2.55	.02	0.78
전체 IQ(FSIQ)	83.3	14.1	103.3	13.0	17	20.00	4.10	<.01	1.47
양적추론(QRI)	85.6	17.5	101.7	11.7	20	16.05	3.31	<.01	1.08
청각작업기억(AWMI)	87.7	16.3	100.3	11.9	20	12.65	3.07	<.01	0.89
비언어(NVI)	85.0	17.3	104.3	11.8	19	19.32	3.57	<.01	1.30
일반능력(GAI)	85.4	13.5	103.9	12.1	17	18.53	4.15	<.01	1.45
인지효율(CPI)	83.5	18.1	98.2	10.0	19	14.68	3.13	<.01	1.00

효과크기는 Cohen의 공식에 따라 두 집단의 평균 차이를 표준 편차로 나눈 값이다.

출처: © Pearson NCS (2014)의 허락하에 게재함

든 기본 및 추가 지표 점수는 85점 미만이었고, 통제집단보다 유의미하게 낮았다. 가장 낮은 기본 지표 점수는 처리속도 지표와 작업기억 지표였고, 통제집단과 비교했을 때 가장 큰 효과크기는 언어이해 지표와 작업기억 지표에서 나타났다. 유동추론 지표와 시공간 지표 점수가 비교적 더 높았는데, 이는 시공간 능력이 일부 자폐아동의 상대적인 강점이 될 수 있다고 말한 연구를 지지하는 결과이다. 청각작업기억의 결함은 시각작업기억보다 컸는데, 이는 숫자 및 순차연결 소검사를 비교했을 때, 그림기억 소검사에서 상대적으로 더 높은 점수가 나왔다는 것을 확인할 수 있다. 가장 높은 점수는 무게비교 소검사이고, 가장 낮은 점수는 이해 소검사이다. 자폐스펙트럼장애 집단의 언어장애를 반영하여 비언어 지표와 일반능력 지표 점수가 전체 IQ보다 높았다. 모든 보충 지표는 통제집단보다 유의미하게 낮았고, 명명기능은 기호변환 소검사보다 낮은 점수를 보였다. 보충 소검사의 효과크기는 컸다.

언어장애가 없는 자폐스펙트럼 참가자 표본(n=30)에서 WISC-V 디지털 버전 검사는 종이 버전 검사의 결과와 비슷한 패턴을 보였다. Raiford 등(2015)의 디지털 연구에서는 처리속도 검사가 포함되지 않았음을 유념해야 할 것이다. 모든 기본 및 추가 지표 점수는 90점 이상을 보인 시공간 지표와 유동추론 지표를 제외하고는 86점 이하였고, 모두 통제집단보다 유의미하게 낮았다. 가장 낮은 기본 지표 점수는 작업기억 지표이고, 가장 낮은 추가 지표 점수는 청각작업기억 지표였다. 유동추론 지표와 시공간 지표 점수는 비교적 높았는데, 이는 앞서 설명한 종이 버전의 연구결과와 일치하고, 언어장애가 있는 자폐스펙트럼장애의 시공간 능력의 강점을 지적한 문헌과도 일치한다. 지표 수준에서 청각작업기억의 결함이 시각작업기억보다 더 컸다. 소검사 수준에서 순차연결 소검사와 비교할 때, 그림기억 및 숫자 소검사에서 상대적으로 점수가 높았다. 소검사에서 가장 높은 점수는 토막짜기이고, 가장 낮은 점수는 이해이다. 모든 보충 지표는 통제집단보다 유의미하게 점수가 낮았으며, 명명기능은 기호변환 소검사보다 더 낮은 점수를 보였다. 보충 소검사의 효과크기는 컸다.

WISC-V 디지털 버전을 실시한 언어장애가 있는 자폐스펙트럼장애 참가자 표본(n=30)에서 WISC-V의 종이 버전의 결과와 비슷한 결과가 나타났다. Raiford 등(2015)이 연구한 이 디지털 버전의 연구에는 처리속도 소검사들이 포함되지 않았다. 연구결과, 시공간 지표와 유동추론 지표 점수는 둘 다 90 이상이나, 나머지 기본

표 10-8 언어장애가 있는 자폐스펙트럼장애와 통제집단의 수행 평균

소검사/처리/종합점수	언어장애가 있는 자폐스펙트럼장애		통제집단		집단 평균 비교				
	평균	표준편차	평균	표준편차	표본 수	차이값	t 값	유의도	효과크기[a]
공통성(SI)	6.5	3.3	10.9	2.8	29	4.38	5.22	<.01	1.43
어휘(VC)	6.1	3.6	10.6	2.6	29	4.48	5.64	<.01	1.43
상식(IN)	5.8	3.5	11.2	2.9	29	5.34	6.39	<.01	1.66
이해(CO)	4.8	3.0	11.1	3.0	30	6.23	8.56	<.01	2.08
토막짜기(BD)	7.2	4.1	10.5	2.8	30	3.30	3.67	<.01	0.94
퍼즐(VP)	6.7	4.3	11.1	2.4	29	4.45	4.86	<.01	1.28
행렬추리(MR)	7.1	4.2	10.3	2.2	30	3.13	3.77	<.01	0.93
무게비교(FW)	7.4	3.6	10.3	3.5	30	2.93	3.07	<.01	0.83
공통그림찾기(PC)	6.3	4.4	11.6	2.2	29	5.21	6.60	<.01	1.50
산수(AR)	5.4	3.5	10.6	2.5	30	5.23	6.68	<.01	1.72
숫자(DS)	5.4	3.9	10.8	2.8	30	5.43	6.37	<.01	1.60
그림기억(PS)	6.9	3.8	10.7	3.0	30	3.77	4.07	<.01	1.10
순차연결(LN)	5.0	3.6	10.3	2.3	29	5.24	7.40	<.01	1.73
기호쓰기(CD)	5.2	3.5	9.3	3.2	29	4.07	4.94	<.01	1.21
동형찾기(SS)	6.2	3.7	9.9	2.7	26	3.69	5.30	<.01	1.14
선택(CA)	5.8	3.4	9.7	3.0	29	3.93	4.92	<.01	1.23
언어이해(VCI)	80.4	18.2	104.1	13.6	28	23.68	5.51	<.01	1.47
시공간(VSI)	82.8	22.3	104.4	13.4	29	21.62	4.49	<.01	1.18
유동추론(FRI)	84.3	20.6	101.6	13.9	30	17.30	3.75	<.01	0.98
작업기억(WMI)	77.6	19.4	104.1	13.9	30	26.47	6.05	<.01	1.57
처리속도(PSI)	75.8	19.0	96.9	14.8	26	21.12	5.41	<.01	1.24
전체 IQ(FSIQ)	76.3	19.1	102.1	14.5	28	25.82	5.75	<.01	1.52
양적추론(QRI)	78.9	19.2	102.5	15.8	30	23.67	5.07	<.01	1.35
청각작업기억(AWMI)	72.3	21.6	102.4	12.6	29	30.14	7.14	<.01	1.70
비언어(NVI)	79.9	20.1	102.8	13.8	28	22.86	4.78	<.01	1.33
일반능력(GAI)	81.8	18.6	102.9	14.2	28	21.18	4.82	<.01	1.28
인지효율(CPI)	74.4	18.4	100.0	13.5	26	25.62	6.24	<.01	1.59

효과크기는 Cohen의 공식에 따라 두 집단의 평균 차이를 표준 편차로 나눈 값이다.

출처: © Pearson NCS (2014)의 허락하에 게재함

표 10-9 언어장애가 없는 자폐스펙트럼장애와 통제집단의 수행 평균

소검사/처리/종합점수	언어장애가 없는 자폐스펙트럼장애		통제집단		집단 평균 비교				
	평균	표준편차	평균	표준편차	표본 수	차이값	*t* 값	유의도	효과크기[a]
공통성(SI)	10.8	3.2	10.3	2.4	31	−0.55	−0.98	.34	−0.19
어휘(VC)	9.9	3.0	11.5	2.6	32	1.56	2.13	.04	0.56
상식(IN)	10.5	3.7	10.8	2.5	32	0.31	0.47	.64	0.10
이해(CO)	8.9	2.9	10.1	3.2	32	1.19	1.48	.15	0.39
토막짜기(BD)	9.4	3.6	11.2	2.9	32	1.78	2.34	.03	0.54
퍼즐(VP)	10.8	2.9	10.0	3.2	32	−0.84	−1.22	.23	−0.28
행렬추리(MR)	10.2	3.2	10.6	2.2	32	0.47	0.63	.53	0.17
무게비교(FW)	10.2	3.5	10.5	2.9	32	0.38	0.49	.62	0.12
공통그림찾기(PC)	9.9	3.2	10.9	2.6	32	0.97	1.28	.21	0.33
산수(AR)	10.4	3.8	10.8	2.8	32	0.31	0.38	.71	0.09
숫자(DS)	9.2	3.2	10.4	2.3	32	1.22	1.69	.10	0.44
그림기억(PS)	9.3	3.4	11.0	2.7	32	1.75	2.74	.01	0.57
순차연결(LN)	8.7	3.7	10.9	3.0	32	2.22	2.61	.01	0.66
기호쓰기(CD)	7.8	3.4	10.0	3.0	31	2.23	2.39	.02	0.70
동형찾기(SS)	8.4	3.4	9.3	3.0	32	0.91	1.02	.32	0.28
선택(CA)	9.8	3.4	9.7	2.8	32	−0.09	−0.11	.91	−0.03
언어이해(VCI)	102.5	14.4	104.8	11.6	31	2.26	0.77	.45	0.17
시공간(VSI)	100.7	17.1	103.4	14.5	32	2.72	0.77	.44	0.17
유동추론(FRI)	100.9	17.5	103.5	12.7	32	2.53	0.65	.52	0.17
작업기억(WMI)	95.4	16.8	104.3	12.1	32	8.81	2.52	.02	0.60
처리속도(PSI)	89.4	18.4	98.0	14.7	31	8.58	1.79	.08	0.52
전체 IQ(FSIQ)	98.3	17.4	105.0	11.9	30	6.63	1.75	.09	0.44
양적추론(QRI)	101.7	19.1	103.5	12.4	32	1.78	0.47	.64	0.11
청각작업기억(AWMI)	94.1	17.2	103.8	12.2	32	9.78	2.59	.01	0.66
비언어(NVI)	97.5	17.7	104.4	13.9	31	6.87	1.72	.10	0.43
일반능력(GAI)	101.1	17.0	105.5	11.9	31	4.45	1.31	.20	0.30
인지효율(CPI)	91.0	17.9	101.4	13.0	31	10.32	2.35	.03	0.66

[a] 효과크기는 Cohen의 공식에 따라 두 집단의 평균 차이를 표준 편차로 나눈 값이다.

출처: © Pearson NCS (2014)의 허락하에 게재함

및 추가 지표 점수는 87.5 이하로 통제집단 비해 유의미하게 낮았다. 가장 낮은 기본 지표 점수는 작업기억 지표 점수이고, 가장 낮은 추가 지표 점수는 청각작업기억 지표 점수이다. 유동추론 지표와 시공간 지표 점수는 상대적으로 높게 나타났으며, 이는 WISC-V 종이 버전 연구결과와 일치한다. 또한 언어장애가 있는 자폐스펙트럼장애에서 시공간 능력이 강점이 된다는 문헌들과 일치하는 결과이다. 또한 지표 차원에서 청각작업기억의 결함이 시각작업기억보다 크게 나타나며, 소검사 차원에서는 순차연결 소검사와 비교했을 때 그림기억과 숫자 소검사에서 상대적으로 높은 점수가 나왔다. 가장 높은 소검사 점수는 토막짜기이고 가장 낮은 소검사는 이해이다. 모든 보충 지표 점수는 통제집단과 비교했을 때 유의미하게 낮았고, 명명기능 소검사 점수는 기호변환 소검사 점수보다 낮았다. 보충 지표 소검사의 효과크기는 컸다.

WISC-V 디지털 버전을 실시한 언어장애가 있는 자폐스펙트럼장애 표본(n=26)에서 Raiford 등(2016)은 기본 및 추가 지표 점수가 둘 다 90점 이상인 시공간 지표(95.5점)와 유동추론 지표(91.0점)를 제외한 다른 기본 및 추가 지표들은 87.5점 이하로 통제집단 비해 유의미하게 낮다고 보고했다. 가장 낮은 기본 지표 점수는 처리속도 지표와 작업기억 지표에서 관찰되었고, 이는 통제집단과 비교했을 때 가장 큰 효과크기를 보였다. 통제집단과 비교했을 때, 시공간 지표 점수는 유의미하게 차이가 나진 않으나, 유동추론 지표와 시공간 지표 점수는 비교적 높은 점수를 보였다. 이러한 결과는 시공간 능력이 일부 자폐스펙트럼장애 아동의 상대적 강점이라고 언급한 문헌과 일치한다. 또한 청각작업기억의 결함은 시각작업기억에서보다 컸고, 숫자 소검사와 비교했을 때 그림기억 소검사에서 상대적으로 높은 점수가 나왔다. 가장 높은 소검사 점수는 퍼즐 소검사 점수이고, 가장 낮은 소검사 점수는 숫자와 기호쓰기 소검사 점수이다. 비언어 지표와 일반능력 지표 점수는 이 집단의 언어장애의 특성을 반영하여 전체 IQ보다 높게 나타났다.

언어장애가 없는 자폐스펙트럼 집단에서 기본 지표 점수는 작업기억 지표 점수를 제외하곤 통제집단과 유의미한 차이를 보이지 않았다. 처리속도 지표 점수는 다른 지표 점수보다 낮았으나, 통제집단과 유의미한 차이는 없었다. 가장 낮은 소검사 점수는 기호쓰기, 동형찾기, 순차연결 및 이해 소검사였다. 추가 지표 점수에서는 청각작업기억 지표와 인지효율 지표 점수가 가장 낮았다. 인지효율 지표는 일반능력 지표보다 거의 10점 낮았다. 보충 소검사에서 처리속도 지표에서 관찰된 처리속도 결함 때문인지, 명명속도 지표 점수가 기호변환 지표 점수보다 16점 낮았다. 이는 Williams 등(2006b)의 연구결과와 일치하는 것으로, 연상기억 과제에서의 손상은 통제집단과 비교했을 때 고기능 자폐증 집단(언어장애가 없는 자폐스펙트럼장애)에서 발견되지 않았다.

5. 임상 맥락에서의 WISC-V

WISC-V와 같은 표준화된 지능검사의 결과는 임상적 평가를 제공하고, 적절한 배치를 확인하고, 적절한 자원과 재원의 확보를 목표로 하며, 개입 계획을 안내하는 데 이용된다. 그러나 표준화된 지능검사 결과를 이용하는 방법은 변화하고 있다. 신경인지적 이질성에 대한 인식의 증대는 인지 손상을 확인하고 서비스 자격을 결정하는 절차에 있어 변화를 가져왔다. 즉, 개입이 필요한 아동을 판별할 때 오직 지적 기능을 토대하기보다는 내적 · 외적 기능 영역에서 강점과 약점을 고려하게 판별하게 되었다. WISC-V의 확장된 구성 범위는 이러한 평가를 가능하게 하고, 특히 이례적인 특성을 보이는 아동을 민감하게 평가한다. 현재 임상적 해석의 초점은 5개 요인을 기반으로 하는 주요 인지 능력에 의존하고 있지만, 전반적인 기능 평가(즉, 전체 IQ)는 다른 점수와의 비교에서도 유용하다. 대부분의 전문가는 다른 점수와 함께 전체 IQ를 활용하고, 학교에선 영재를 판별하는 데 전체 IQ를 이용한다. 이처럼 서비스 필요성을 결정하는 기준의 변화에도 불구하고, WISC-V는 그것이 다중기법 평가, 단일 점수 분할 점수, 검사도구 간 교차 프로파일(cross-battery profile) 분석, 능력-성취 간 불일치에 근거한 것인지 개인 내 강점과 약점 패턴 등에 근거한 것인지 등 적격성에 대한 대부분의 정의를 수용하면서 변화해 왔다.

인지 능력의 다양한 영역 간 수행을 비교 · 대조하는 것은 이례적인 임상적 프로파일을 파악하기 위한 진단적 방법이다(McGrew & Flanagan, 1998). 진단적으로 관련이 있는 모든 인지 영역 내 혹은 영역 간 짝비교(pairwise comparisons)는 특정 과제에서의 약점을 해석하는 데 도움을 준다. 예를 들어, 공통성과 어휘 간의 영역 내 불일치를 살펴보면, 언어 능력이 추상적인 추론 혹은 어휘 지식에 의존하는 과제에 더 강력한지 확인하는 것은 물론, 지표 차원의 비교로서 언어이해 지표를 활용하는 것이 적절한지를 알 수 있다. 공통성과 어휘 간에 상당한 불일치가 존재한다면 지표 차원의 짝비교에서 언어이해 지표를 이용하는 데 해석의 어려움이 있을 수 있고, 이는 임상가로 하여금 언어이해 지표로 비교하는 것을 제한한다. 그러나 임상가가 상대적 · 절대적 약점을 평가하는 데 짝비교를 활용할 수 있다. 지표와 소검사의 짝비교는 더욱 목표 지향적인 진단과 개입 계획을 증진시킨다. 점수를 비교할 때, 전문가는 모집단에서 이러한 불일치의 빈도를 잘 해석하기 위해서 검사 매뉴얼에 있는 기저율, 신뢰구간, 통계적으로 유의한 차이 등을 고려해야 한다.

그러나 기본 지표나 전체 IQ 차원에서 소검사 차원의 불일치를 모두 설명할 수는 없다. 따라서 임상가는 전반적인 평가를 위해서 기본 소검사뿐만 아니라 보충 소검사를 실시하는 것이 좋다. 각 WISC-V 지표 점수는 2개의 기본 소검사로 구성되어 있고, 임상적 관찰이나 기존 문헌에 근거하여 가정된 약점을 입증하는 데 부가적인 소검사가 이용될 수 있다. 예를 들면, 자폐스펙트럼장애 아동에게서 언어 손상이 관찰되었을 때, 가장 큰 약점은 공통성이나 어휘보다는 이해 소검사에서 나타날 수 있다. 왜냐하면 이해 소검사는 사회적인 추론과 마음이론(theory of mind)을 포함하는 과제로 구성되어 있고, 이는 자폐스펙트럼장애에서 상대적인 약점이 되기 때문이다(Mayes & Calhoun, 2008; Zayat, Kalb, & Wodka, 2011). 그러나 언어이해 지표는 공통성과 어휘 소검사로 구성되어 있기 때문에 언어이해 지표의 해석은 아동의 상대적인 약점보다는 상대적인 강점을 의미한다. 개입 계획과 장애에 대한 이해의 중요성을 감안할 때, 자폐스펙트럼장애에서 이해 소검사의 선택적인 실시는 WISC-V에서 보충 검사를 포함시키는 것의 유용성에 대한 하나의 예가 된다.

신경인지장애는 전체 IQ로 쉽게 설명할 수 없는, 대개 복합적인 인지적 특성을 초래한다. 따라서 일반능력 지표와 인지효율 지표는 WISC-IV 이후에 덜 동질적인 임상 집단을 설명하기 위해 개발되었다(Weiss, Saklofske, Prifitera, & Holdnack, 2006). 현재 WISC-V가 제공하는 지표 점수에 일반능력 지표와 인지효율 지표가 포함되어 있다. 일반능력 지표는 작업기억과 처리속도 소검사를 포함하지 않기 때문에, 예컨대 개념적 사고와 문제 해결에서는 탁월한 지능을 보이면서 처리속도와 작업기억 과제에서는 저조한 수행을 보이는 영재 아동을 판별하는 인지 능력 점수가 될 수 있다(Assouline & Whiteman, 2011; Baum & Owen, 2004; Brody & Mills, 1997). 일반능력 지표는 재능이 있으면서 학습장애가 있는, 특히 매우 특수한 예외적 아동을 판별하는 데 적절하다. 왜냐하면 작업기억과 처리속도의 약점이 학습 및 주의력 장애의 특성이기 때문이다(Assouline & Whiteman, 2011; Baum & Owen, 2004; Brody & Mills, 1997). 이러한 시나리오에서 일반능력 지표는 전체 IQ보다 높게 나타날 수 있는데, 이것으로 일반능력 지표가 평가를 받는 아동의 잠재력을 최대한 이끌어 낸다고 해석할 수 있다(Rowe et al., 2010). 최대 잠재력은 과제의 요구가 아동의 강점을 강조하는 환경에서 관찰되지만, 전문가는 최대한의 잠재력이 전형적인 성과가 아니라는 점을 염두에 두어야 한다. 일반능력 지표는 처리속도와 작업기억에 약점을 보이는 경향이 있는 외상성 뇌손상 아동의 지능을 평가하기 위해, 지표 차원의 짝비교에서 전체 IQ나 인지효율 지표와 함께 이용될 수 있다. 인지효율 지표는 언어에 영향을 받는 소검사나 유동추론의 측정을 고려하지 않는 인지 능력을 추정한다. 따라서 자폐스펙트럼장애나 경계성 지적 장애가 있는 개인의 강점과 약점을 비교하고 설명하는 데 좋은 지표가 된다.

비언어 지표는 검사 문항에 반응할 때 표현언어를 필요로 하지 않는 전반적인 능력의 복합적인 측정치이다. 제1장에서 설명한 대로 비언어 지표는 6개 소검사로 이루어져 있으며, 그 소검사들은 토막짜기, 퍼즐, 행렬추리, 무게비교, 그림기억과 기호쓰기이다. 이 중 5개는 기본 소검사이다. 따라서 비언어 지표를 산출하려면 보충 소검사(퍼즐)를 실시해야 한다. 비언어 지표는 자폐스펙트럼장애나 지적 장애 아동과 같이 언어 능력이 감소된 아동의 인지 능력을 평가하는 데 유용하다. 표현언어 반응을 최소화하여 인지 능력을 평가하는 것은 신경발달장애 영역의 재구성을 감안할 때 중요하다. DSM-5에서 자폐스펙트럼장애로 진단하려면 임상가는 '지적 장애가 있는지 없는지'는 물론, '언어장애가 있는지 없는지'도 명시해야 한다. 자폐스펙트럼장애에서 지능평가는 전체 IQ 및 언어이해 지표와 비교한 비언어 지표 해석으로 얻을 수 있다.

양적추론 지표와 청각작업기억 지표는 학습장애와 동반이환되는 영재 혹은 ADHD 아동을 평가하는 데 유용하다. 양적추론 지표는 무게비교와 산수로 구성되어 있어서, 한 가지 보충 소검사(예: 산수)를 실시해야 한다. 이 지표는 보완적인 수량적 명명속도 소검사와 함께, 영재 아동에게 동반이환될 수 있는 수학 특정학습장애를 평가할 때 도움이 된다. 청각작업기억 지표는 숫자 및 순차연결 소검사로 구성되어 있어서 한 가지 보충 소검사(예: 순차연결)를 실시해야 한다. 시공간 작업기억과 언어 작업기억 간의 불일치를 민감하게 감지하는 것이 임상적으로 의미가 있는 경우에 임상가는 전체 작업기억 지표를 청각작업기억 지표와 비교하여 영역별 작업기억 손상을 결정할 수 있다.

한 가지 요인(예: 언어이해)에서 유의미한 불일치가 있을 때, 임상가는 개별 아동의 인지 잠재력의 최대치를 측정하기 위해 비언어 지표나 인지효율 지표와 같은 전반적인 능력 측정에서 언어 능력에 대한 요구를 줄이는 한 가지 추가 지표 점수를 선택할 수 있다. 그래서 추가 지표는 특정 능력에 초점을 맞출 때 임상적으로 유용하다. 추가 지표에 근거하여 최대 잠재력을 추정하는 것이 유익하긴 하나, 전체 IQ보다 일반지능을 평가하는 데 이러한 지표가 더 낫다고 생각하는 것은 위험하다. 왜냐하면 기본 지표의 5요인 모두 일반지능의 필수적인 요소이고(제4장 참조), 환경적 요구에서의 전형적인 수행을 나타내는 데 필요하기 때문이다. 그러나 아동의 말하기, 시각 또는 운동 능력이 수행에 간섭이 될 때, 또는 아동이 일부 소검사에 확실히 관심이나 참여가 저조한 경우는 예외이다.

지표 점수 간에 강점과 약점의 패턴 분석은 중요하고, 이는 현대의 임상적 평가의 일부로서 널리 인정되고 있다. 그러나 학생이나 부모 개인에 대한 지표 차원의 프로파일 분석을 수행할 때 몇 가지 주의할 점이 있다. 장애의 공통된 특성을 통해 진단을 하지만 어떤 개인에게 특정한 WISC-V 프로파일이 드러난다고 해서 그 장애로 진단해서는 안 된다. 또한 그 특성이 드러나지 않는다고 해서 장애 가능성을 배제해서도 안 된다. 이는 하나의 진단 집단 안에서도 상당한 이질성이 존재하고, 모든 개인이 동일한 패턴을 보이지 않기 때문이다. 더욱이 신경인지적으로 연관이 있는 다른 진단의 집단에서도 비슷한 특성이 관찰될 수 있다. 예를 들어, 낮은 작업기억 지표 프로파일은 ADHD, 자폐스펙트럼장애, 일부 유형의 학습장애 진단을 받은 내담자 집단에서 발견된다. 작업기억 지표에서 매우 낮은 점수는 그 아동이 작업기억에 약점이 있으므로 보고서에 기록되고 치료 계획에 언급될 필요가 있는 반면, 그것 자체가 특정한 진단을 나타내진 않는다. 대신에 그것은 해당 능력의 결함에 관련하여 진단 가능한 범위를 제시한다. 최종 진단은 다른 검사들, 임상 면담, 행동 관찰, 가족력 및 병력, 기타 관련 정보를 포함한 포괄적인 평가에 근거하며, 모든 DSM-5 기준을 충분히 고려한 후에 훈련되고 경험이 많은 전문가가 내려야 할 임상적 판단이다. WISC-V

는 인지 능력에 대한 5개 요인 모델로서, 기존 이론을 지지하며 WPPSI-IV와 WAIS 등 다른 신경인지적 평가 측정과 긴밀하게 연결되어 있다(Benson, Hulac, & Kranzler, 2010; Keith, Fine, Taub, Reynolds, & Kranzler, 2006; Weiss, Keith, Zhu, & Chen, 2013a; Weiss, Keith, Zhu, & Chen, 2013b). 취학 전, 학령기 및 성인의 지능 측정에서 웩슬러 검사의 소검사와 종합지수와의 비교는 임상적으로 더욱 유용하다. 이 효용성이 가장 가치를 발하는 특정 집단은 외상성 뇌손상 집단이다. 외상성 뇌손상 이후에 많은 단기적인 인지 결손이 약화된다는 점에서 외상성 뇌손상 후에 반복되는 평가가 필요하다. 즉, 외상성 뇌손상이 있는 아동은 인지 손상에 변동성이 있기 때문에 반복적인 평가를 해야 하며 이는 재원 확보 개입과 연결되는 서비스의 지속적인 적격성을 확보하기 위해 필요하다.

과학자 및 실무자 관점에서 WISC-V의 새로운 5요인 모델과 측정의 연속성은 연구 기간에 걸쳐 수집된 데이터의 통합을 가능하게 하기 때문에 이 분야에서 매우 중요한 발전이다. 특히 외상성 뇌손상 집단은 WISC-V의 지속적인 측정을 개선함으로써 이 연구가 가장 많은 혜택을 받는 중요한 사례가 되었으며 종단 연구는 외상성 뇌손상을 입은 아동의 손상 후 결과를 연구하는 데 가장 확실한 방법이다(Fletcher, Ewing-Cobbs, Francis, & Levin, 1995; Yeates et al., 2002). 지속적인 측정은 매우 중요하다. 발달 중인 아동은 청소년기와 그 이후에도 지속적인 평가를 필요로 하기 때문에, WPPSI-IV와 WISC-V에 중첩되는 요인 구성은 임상가와 연구자에게 측정을 계속하게 한다.

6. 요약

이 장은 DSM-5에 따라 특정 임상적 장애와 특수집단의 판별과 관련된 일반적인 주제를, 인지기능의 변동성에 대한 강조와 함께 개괄적으로 살펴보았다. 영재, 경도 및 중등도의 지적 장애, ADHD, 파괴적 행동장애, 언어장애가 있거나 언어장애가 없는 자폐스펙트럼장애, 그리고 외상성 뇌손상 집단이 포함된 WISC-V 데이터는 임상가가 다양한 임상적인 특수집단의 특성을 이해하는 데 도움이 되도록 제시하였다. WISC-V는 전반적인 임상 특성이 현재 문제와 관련이 있기 때문에, 임상가가 아동의 강점과 약점을 평가할 때 이용할 수 있는 도구이다. WISC-V와 같은 검사는 검사도구의 특성과 그 한계에 대해서 잘 알고 있는 전문가가 사용해야 한다. 임상가가 진단과 해석을 위해 사용하는 검사도구는 다양한 출처의 정보와 능력 또는 장애에 대한 해석에 필요한 임상적 판단이 최선의 제안이라는 경계 안에서 적용되어야 한다(Miller et al., 2015 참조). WISC-V는 지능의 해석에 도움이 되는 많은 소검사와 많은 비교 옵션 그리고 지표 점수를 제공한다. WISC-V에 처리 점수, 차이 점수, 오류 점수를 부가하면 임상가가 과제 수행의 맥락을 이해하는 데 도움이 된다. WISC-V 실시로 얻을 수 있는 정보는 IQ 점수 그 이상으로 훨씬 많지만, 항상 그렇듯이 아동의 가족, 의료, 행동, 학업의 기록과 함께 다루어져야 한다. 임상적 환경은 진단 과정의 중대한 요소이다. 왜냐하면 WISC-V로 평가된 광범위한 인지 능력의 결함 패턴은 특정 장애와 동일한 구조가 아니고, 간혹 신경인지적으로 관련이 있는 장애에서 발견될 수 있기 때문이다.

참고문헌

Acar, S., Sen, S., & Cayirdag, N. (2016). Consistency of the performance and non-performance methods in gifted identification: A multilevel meta-analytic review. *Gifted Child Quarterly, 60*, 81-101.

Alloway, T. P. (2010). Working memory and executive function profiles of individuals with borderline intellectual functioning. *Journal of Intellectual Disability Research, 54*, 448-456.

American Association on Intellectual and Developmental Disabilities. (2010). *Intellectual disability: Definition, classification, and systems of supports* (11th ed.). Washington, DC: Author.

American Psychiatric Association. (2000). *Diagnostic and statistical manual of mental disorders* (4th ed., text revision). Washington, DC: Author.

American Psychiatric Association. (2013). *Diagnostic and statistical manual of mental disorders* (5th ed.). Arlington, VA: Author.

Andersen, L. (2014). Visual-spatial ability: Important in STEM, ignored in gifted education. *Roeper Review, 36*, 114-121.

Anderson, V., Brown, S., Newitt, H., & Hoile, H. (2009). Educational, vocational, psychosocial, and quality-of-life outcomes for adult survivors of childhood traumatic brain injury. *The Journal of Head Trauma Rehabilitation, 24*, 303-312.

Anderson, V., Brown, S., Newitt, H., & Hoile, H. (2011). Long-term outcome from childhood traumatic brain injury: Intellectual ability, personality, and quality of life. *Neuropsychology, 25*, 176.

Anderson, V., Catroppa, C., Morse, S., Haritou, F., & Rosenfeld, J. (2000). Recovery of intellectual ability following traumatic brain injury in childhood: Impact of injury severity and age at injury. *Pediatric Neurosurgery, 32*, 282-290.

Assouline, S. G., & Whiteman, C. S. (2011). Twice-exceptionality: Implications for school psychologists in the post-IDEA 2004 era. *Journal of Applied School Psychology, 27*, 380-402.

Baird, G., Charman, T., Baron-Cohen, S., Cox, A., Swettenham, J., Wheelwright, S., & Drew, A. (2000). A screening instrument for autism at 18 months of age: A 6-year follow-up study. *Journal of the American Academy of Child & Adolescent Psychiatry, 39*, 694-702.

Barkley, R. A. (1997). Behavioral inhibition, sustained attention, and executive functions: Constructing a unifying theory of ADHD. *Psychological Bulletin, 121*, 65-94.

Barkley, R. A. (2007). *Attention-deficit hyperactivity disorder: A handbook for diagnosis and treatment* (3rd ed.). New York, NY: The Guilford Press.

Baron-Cohen, S. (1989). The autistic child's theory of mind: A case of specific developmental delay. *Journal of Child Psychology and Psychiatry, 30*, 285-297.

Baum, S., & Owen, S. (2004). *To be gifted and learning disabled: Strategies for helping bright students with LD, ADHD, and more*. Mansfield, CT: Creative Learning Press.

Benson, N., Hulac, D. M., & Kranzler, J. H. (2010). Independent examination of the Wechsler Adult Intelligence Scale-Fourth Edition (WAIS-IV): What does the WAIS-IV measure? *Psychological Assessment, 22*, 121.

Bishop, D. V., & Baird, G. (2001). Parent and teacher report of pragmatic aspects of communication: use of the Children's Communication Checklist in a clinical setting. *Developmental Medicine & Child Neurology, 43*, 809-818.

Bölte, S., Holtmann, M., Poustka, F., Scheurich, A., & Schmidt, L. (2007). Gestalt perception and local-global processing in high-functioning autism. *Journal of Autism and Developmental Disorders, 37*, 1493-1504.

Bonifacci, P., & Snowling, M. J. (2008). Speed of processing and reading disability: A crosslinguistic investigation of dyslexia and borderline intellectual functioning. *Cognition, 107*, 999-1017.

Boucher, J. (2012). Research review: structural language in autistic spectrum disorder-characteristics and causes. *Journal of Child Psychology and Psychiatry, 53*, 219-233.

Brody, L. E., & Mills, C. J. (1997). Gifted children with learning disabilities: A review of the issues. *Journal of Learning Disabilities, 30*, 282-296.

Brown, T. E. (2001). *The brown attention-deficit disorder scales*. San Antonio, TX: Psychological Corporation.

Burke, J. D., Loeber, R., & Birmaher, B. (2002). Oppositional defiant disorder and conduct disorder: A review of the past 10 years, part II. *Journal of the American Academy of Child & Adolescent Psychiatry, 41*, 1275-1293.

Calhoun, S. L., & Mayes, S. D. (2005). Processing speed in children with clinical disorders. *Psychology in the Schools, 42*, 333-343.

Cao, T. H., Jung, J. Y., & Lee, J. (2017). Assessment in gifted education: A review of the literature from 2005 to 2016. *Journal of Advanced Academics, 28*, 163-203.

Carte, E. T., Nigg, J. T., & Hinshaw, S. P. (1996). Neuropsychological functioning, motor speed, and language processing in boys with and without ADHD. *Journal of Abnormal Child Psychology, 24*, 481-498.

Catroppa, C., Anderson, V. A., Morse, S. A., Haritou, F., & Rosenfeld, J. V. (2007). Children's attentional skills 5 years post-TBI. *Journal of Pediatric Psychology, 32*, 354-369.

Chadwick, O., Rutter, M., Brown, G., Shaffer, D., & Traub, M. (1981). A prospective study of children with head injuries: II. Cognitive sequelae. *Psychological Medicine, 11*, 49-61.

Chadwick, O., Rutter, M., Shaffer, D., & Shrout, P. E. (1981). A prospective study of children with head injuries: IV. Specific cognitive deficits. *Journal of Clinical Neuropsychology, 3*, 101-120.

Chang, H. T., Klorman, R., Shaywitz, S. E., Fletcher, J. M., Marchione, K. E., Holahan, J. M., . . .Shaywitz, B. A. (1999). Paired-associate learning in attention-deficit/hyperactivity disorder as a function of hyperactivity-impulsivity and oppositional defiant disorder. *Journal of Abnormal Child Psychology, 27*, 237-245.

Chhabildas, N., Pennington, B. F., & Willcutt, E. G. (2001). A comparison of the neuropsychological profiles of the DSM-IV subtypes of ADHD. *Journal of Abnormal Child Psychology, 29*, 529-540.

Christian, R. E., Frick, P. J., Hill, N. L., Tyler, L., & Frazer, D. R. (1997). Psychopathy and conduct problems in children: II. Implications for subtyping children with conduct problems. *Journal of the American Academy of Child & Adolescent Psychiatry, 36*, 233-241.

Clark, C., Prior, M., & Kinsella, G. (2002). The relationship between executive function abilities, adaptive behaviour, and academic achievement in children with externalising behaviour problems. *Journal of Child Psychology and Psychiatry, 43*, 785-796.

Clark, C., Prior, M., & Kinsella, G. J. (2000). Do executive function deficits differentiate between adolescents with ADHD and oppositional defiant/conduct disorder? A neuropsychological study using the Six Elements Test and Hayling Sentence Completion Test. *Journal of Abnormal Child Psychology, 28*, 403-414.

Coghill, D. R., Hayward, D., Rhodes, S. M., Grimmer, C., & Matthews, K. (2014). A longitudinal examination of neuropsychological and clinical functioning in boys with attention deficit hyperactivity disorder (ADHD): Improvements in executive functioning do not explain clinical improvement. *Psychological Medicine, 44*, 1087-1099.

Dawson, M., Soulie`res, I., Gernsbacher, M. A., & Mottron, L. (2007). The level and nature of autistic intelligence. *Psychological Science, 18*, 657-662.

Department of Defense and Department of Veterans Affairs. (2008). *Traumatic brain injury task force*. http://www.cdc.gov/nchs/data/icd9/Sep08TBI.pdf.

Di Blasi, F. D., Elia, F., Buono, S., Ramakers, G. J., & Di Nuovo, S. F. (2007). Relationships between visual-motor and cognitive abilities in intellectual disabilities. *Perceptual and Motor Skills, 104*, 763-772.

Douglas, V. I., & Benezra, E. (1990). Supraspan verbal memory in attention deficit disorder with hyperactivity normal and reading-disabled boys. *Journal of Abnormal Child Psychology, 18*, 617-638.

Dyck, M. J., & Piek, J. P. (2014). Developmental delays in children with ADHD. *Journal of Attention Disorders, 18*, 466-478.

Farrington, D. P. (1995). The development of offending and antisocial behaviour from childhood: Key findings from the Cambridge Study in Delinquent Development. *Journal of Child Psychology and Psychiatry, 36*, 929-964.

Fein, D., Dunn, M. A., Allen, D. M., Aram, R., Hall, N., Morris, R., et al. (1996). Neuropsychological and language findings. In I. Rapin (Ed.), *Preschool children with inadequate communication: Developmental language disorder, autism, low IQ* (pp. 123-154). London: Mac Keith Press.

Fergusson, L., Horwood, L. J., & Lynskey, M. T. (1993). The effects of conduct disorder and attention deficit in middle childhood on offending and scholastic ability at age 13. *Journal of Child Psychology and Psychiatry, 34*, 899-916.

Fletcher, J. M., Ewing-Cobbs, L., Francis, D. J., & Levin, H. S. (1995). Variability in outcomes after traumatic brain injury in children: A developmental perspective. In S. H. Broman, & M. E. Michel (Eds.), *Traumatic head injury in children* (pp. 3-21). New York: Oxford University Press.

Foley Nicpon, M. F., Allmon, A., Sieck, B., & Stinson, R. D. (2011). Empirical investigation of twiceexceptionality: Where have we been and where are we going? *Gifted Child Quarterly, 55*, 3-17.

Frick, P. J., & Viding, E. (2009). Antisocial behavior from a developmental psychopathology perspective. *Development and psychopathology, 21,* 1111-1131.

Frick, P. J., Kamphaus, R. W., Lahey, B. B., Loeber, R., Christ, M. A. G., Hart, E. L., & Tannenbaum, L. E. (1991). Academic underachievement and the disruptive behavior disorders. *Journal of Consulting and Clinical Psychology, 59,* 289.

Galton, F. (1869). Hereditary genius. London: Macmillan. Geurts, H. M., & Embrechts, M. (2008). Language profiles in ASD, SLI, and ADHD. *Journal of Autism and Developmental Disorders, 38,* 1931-1943.

Geurts, H. M., Verté, S., Oosterlaan, J., Roeyers, H., & Sergeant, J. A. (2004). How specific are executive functioning deficits in attention deficit hyperactivity disorder and autism? *Journal of Child Psychology and Psychiatry, 45,* 836-854.

Geurts, H. M., Verté, S., Oosterlaan, J., Roeyers, H., & Sergeant, J. A. (2005). ADHD subtypes: Do they differ in their executive functioning profile? *Archives of Clinical Neuropsychology, 20,* 457-477.

Gillberg, C., & Kadesjo, B. (2000). Attention deficit hyperactivity disorder and developmental co-ordination disorder. In T. E. Brown (Ed.), *Attention deficit hyperactivity disorder and comorbidities in children, adolescents and adults* (pp. 393-406). Washington, DC: American Psychiatric Press.

Gilliam, M., Stockman, M., Malek, M., Sharp, W., Greenstein, D., Lalonde, F., . . . Shaw, P. (2011). Developmental trajectories of the corpus callosum in attention-deficit/hyperactivity disorder. *Biological Psychiatry, 69,* 839-846.

Goodman, R., Simonoff, E., & Stevenson, E. (1995). The impact of child IQ, parental IQ and sibling IQ on child behavioural deviance scores. *Journal of Child Psychology and Psychiatry, 36,* 409-425.

Gordon, S., Duff, S., Davidson, T., & Whitaker, S. (2010). Comparison of the WAIS-III and WISC-IV in 16-year-old special education students. *Journal of Applied Research in Intellectual Disabilities, 23,* 197-200.

Green, D., Baird, G., Barnett, A. L., Henderson, L., Huber, J., & Henderson, S. E. (2002). The severity and nature of motor impairment in Asperger's syndrome: A comparison with specific developmental disorder of motor function. *Journal of Child Psychology and Psychiatry, 43,* 655-668.

Hammes, J. G. W., & Langdell, T. (1981). Precursors of symbol formation and childhood autism. *Journal of Autism and Developmental Disorders, 11,* 331-346.

Hayden, M. G., Jandial, R., Duenas, H. A., Mahajan, R., & Levy, M. (2007). Pediatric concussions in sports: A simple and rapid assessment tool for concussive injury in children and adults. *Child's Nervous System, 23*, 431-435.

Hermelin, B. (1978). Images and language. In M. Rutter, & E. Schoppler (Eds.), *Autism: A reappraisal of concept and treatment* (pp. 141-154). New York: Plenum.

Hinshaw, S. P., & Lee, S. S. (2003). Conduct and oppositional defiant disorders. *Child Psychopathology, 2*, 144-198.

Hinshaw, S. P., Carte, E. T., Sami, N., Treuting, J. J., & Zupan, B. A. (2002). Preadolescent girls with attention-deficit/hyperactivity disorder: II. Neuropsychological performance in relation to subtypes and individual classification. *Journal of Consulting and Clinical Psychology, 70*, 1099.

Hogan, A. E. (1999). *Cognitive functioning in children with oppositional defiant disorder and conduct disorder. Handbook of disruptive behavior disorders* (pp. 317-335). United States: Springer.

Howlin, P. (2003). Outcome in high-functioning adults with autism with and without early language delays: implications for the differentiation between autism and Asperger syndrome. *Journal of Autism and Developmental Disorders, 33*, 3-13.

Jaffe, K. M., Polisar, N. L., Fay, G. C., & Liao, S. (1995). Recovery trends over three years following pediatric traumatic brain injury. *Archives of Physical Medicine and Rehabilitation, 76*, 17-26.

Karatekin, C., Markiewicz, S. W., & Siegel, M. A. (2003). A preliminary study of motor problems in children with attention-deficit/hyperactivity disorder. *Perceptual and Motor Skills, 97*, 1267-1280.

Kaufman, A. S., & Kaufman, N. L. (1990). *Kaufman brief intelligence test.* John Wiley & Sons, Inc.

Keith, T. Z., Fine, J. G., Taub, G. E., Reynolds, M. R., & Kranzler, J. H. (2006). Higher order, multisample, confirmatory factor analysis of the Wechsler Intelligence Scale for Children-Fourth Edition: What does it measure. *School Psychology Review, 35*, 108-127.

Kielinen, M., Linna, S. L., & Moilanen, I. (2000). Autism in northern Finland. *European Child & Adolescent Psychiatry, 9*, 162-167.

Kjelgaard, M. M., & Tager-Flusberg, H. (2001). An investigation of language impairment in autism: Implications for genetic subgroups. *Language and Cognitive Processes, 16*, 287-308.

Klingberg, T., Fernell, E., Olesen, P. J., Johnson, M., Gustafsson, P., Dahlström, K., . . . Westerberg, H. (2005). Computerized training of working memory in children with ADHD - a randomized, controlled trial. *Journal of the American Academy of Child & Adolescent Psychiatry, 44*, 177-186.

Klorman, R., Hazel-Fernandez, L. A., Shaywitz, S. E., Fletcher, J. M., Marchione, K. E., Holahan, J. M., et al. (1999). Executive functioning deficits in attention-deficit/hyperactivity disorder are independent of oppositional defiant or reading disorder. *Journal of the American Academy of Child & Adolescent Psychiatry, 38*, 1148-1155.

Knights, R. M., Ivan, L. P., Ventureyra, E. C., Bentivoglio, C., Stoddart, C., Winogron, W., & Bawden, H. N. (1991). The effects of head injury in children on neuropsychological and behavioural functioning. *Brain Injury, 5*, 339-351.

Koning, C., & Magill-Evans, J. (2001). Social and language skills in adolescent boys with Asperger syndrome. *Autism, 5*, 23-36.

Kraepelin, E. (1913). *Psychiatrie* (3). Leipzig: Barth.

Kuhne, M., Schachar, R., & Tannock, R. (1997). Impact of comorbid oppositional or conduct problems on attention-deficit hyperactivity disorder. *Journal of the American Academy of Child & Adolescent Psychiatry, 36*, 1715-1725.

Kuntsi, J., Eley, T. C., Taylor, A., Hughes, C., Asherson, P., Caspi, A., & Moffitt, T. E. (2004). Co-occurrence of ADHD and low IQ has genetic origins. American Journal of Medical Genetics Part B: *Neuropsychiatric Genetics, 124*, 41-47.

Lahey, B. B., Loeber, R., Hart, E. L., Frick, P. J., Applegate, B., Zhang, Q., . . . Russo, M. F. (1995). Four-year longitudinal study of conduct disorder in boys: Patterns and predictors of persistence. *Journal of Abnormal Psychology, 104*, 83.

Lansing, A. E., Washburn, J. J., Abram, K. M., Thomas, U. C., Welty, L. J., & Teplin, L. A. (2014). Cognitive and academic functioning of juvenile detainees implications for correctional populations and public health. *Journal of Correctional Health Care, 20*, 18-30.

Lewis, F. M., Murdoch, B. E., & Woodyatt, G. C. (2007). Linguistic abilities in children with autism spectrum disorder. *Research in Autism Spectrum Disorders, 1*, 85-100.

Lindgren, K. A., Folstein, S. E., Tomblin, J. B., & Tager-Flusberg, H. (2009). Language and reading abilities of children with autism spectrum disorders and specific language impairment and their first-degree relatives. *Autism Research, 2*, 22-38.

Llorente, A. M., Voigt, R. G., Jensen, C. L., Berretta, M. C., Fraley, J. K., & Heird, W. C. (2006). Performance on a visual sustained attention and discrimination task is associated with urinary excretion of norepinephrine metabolite in children with attention-deficit/hyperactivity disorder (AD/HD). *Clinical Neuropsychology, 20*, 133-144.

Llorente, A. M., Voigt, R. G., Bhatnagar, P., Jensen, C. L., Heird, W. C., Williams, J., ... Satz, P. (2012). Simultaneous visual sustained attention-discrimination and goal-directed search are associated with excretion of catecholaminergic metabolites in children with attentiondeficit/ hyperactivity disorder. *Journal of Pediatric Biochemistry, 2*, 115-122.

Lockwood, K. A., Marcotte, A. C., & Stern, C. (2001). Differentiation of attention-deficit/ hyperactivity disorder subtypes: Application of a neuropsychological model of attention. *Journal of Clinical and Experimental Neuropsychology, 23*, 317-330.

Lohman, D. F., Gambrell, J., & Lakin, J. (2008). The commonality of extreme discrepancies in the ability profiles of academically gifted students. *Psychology Science, 50*, 269.

Lynam, D., Moffitt, T., & Stouthamer-Loeber, M. (1993). Explaining the relation between IQ and delinquency: Class, race, test motivation, school failure, or self-control? *Journal of Abnormal Psychology, 102*, 187.

Lynam, D. R., & Henry, B. (2001). The role of neuropsychological deficits in conduct disorders. In J. Hill, & B. Maughan (Eds.), Conduct disorders in childhood and adolescence. (pp. 235-263). Cambridge University Press. Maddocks, D. L. S. (2018). The identification of students who are gifted and have a learning disability: A comparison of different diagnostic criteria. *Gifted Child Quarterly, 62*, 175-192.

Mann, R. L. (2005). Gifted students with spatial strengths and sequential weaknesses: An overlooked and underidentified population. *Roeper Review, 27*, 91-97.

Mann, R. L. (2006). Effective teaching strategies for gifted/learning-disabled students with spatial strengths. *Prufrock Journal, 17*, 112-121.

Mariani, M. A., & Barkley, R. A. (1997). Neuropsychological and academic functioning in preschool boys with attention deficit hyperactivity disorder. *Developmental Neuropsychology, 13*, 111-129.

Matson, J. L., & Shoemaker, M. (2009). Intellectual disability and its relationship to autism spectrum disorders. *Research in Developmental Disabilities, 30*, 1107-1114.

Matson, J. L., Mahan, S., Hess, J. A., & Fodstad, J. C. (2010). Effect of developmental quotient on symptoms of inattention and impulsivity among toddlers with autism spectrum disorders. *Research in Developmental Disabilities, 31*, 464-469.

Maulik, P. K., Mascarenhas, M. N., Mathers, C. D., Dua, T., & Saxena, S. (2011). Prevalence of intellectual disability: A meta-analysis of population-based studies. *Research in Developmental Disabilities, 32*, 419-436.

Mayes, S. D., & Calhoun, S. L. (2003a). Analysis of WISC-III, Stanford-Binet IV, and academic achievement test scores in children with autism. *Journal of Autism and Developmental Disorders, 33*, 329-341.

Mayes, S. D., & Calhoun, S. L. (2003b). Ability profiles in children with autism: Influence of age and IQ. *Autism, 7*, 65-80.

Mayes, S. D., & Calhoun, S. L. (2007). Learning, attention, writing, and processing speed in typical children and children with ADHD, autism, anxiety, depression, and oppositional-defiant disorder. *Child Neuropsychology, 13*, 469-493.

Mayes, S. D., & Calhoun, S. L. (2008). WISC-IV and WIAT-II profiles in children with highfunctioning autism. *Journal of Autism and Developmental Disorders, 38,* 428-439.

Mayes, S. D., & Calhoun, S. L. (2011). Impact of IQ, age, SES, gender, and race on autistic symptoms. *Research in Autism Spectrum Disorders, 5*, 749-757.

McBee, M. T., Peters, S. J., & Waterman, C. (2014). Combining scores in multiple criteria assessment systems: The impact of combination rule. *Gifted Child Quarterly, 58*, 69-89. Available from https://doi.org/10.1177/0016986213513794.

McClain, M. C., & Pfeiffer, S. (2012). Identification of gifted students in the United States today: A look at state definitions, policies, and practices. *Journal of Applied School Psychology, 28,* 59-88.

McCrea, M. (2007). Mild traumatic brain injury and post-concussion syndrome: The new evidence base for diagnosis and treatment (*American Academy of Clinical Neuropsychology Workshop Series*). New York: Oxford University Press.

McGregor, K. K., Berns, A. J., Owen, A. J., Michels, S. A., Duff, D., Bahnsen, A. J., et al. (2012). Associations between syntax and the lexicon among children with or without ASD and language impairment. *Journal of Autism and Developmental Disorders, 42,* 35-47.

McGrew, K. S., & Flanagan, D. P. (1998). *The intelligence test desk reference (ITDR): Gf-Gc cross-battery assessment.* Allyn & Bacon.

Melnick, S. M., & Hinshaw, S. P. (1996). What they want and what they get: The social goals of boys with ADHD and comparison boys. *Journal of Abnormal Child Psychology, 24*, 169-185.

Miller, J. L., Weiss, L. G., Beal, A. L., Saklofske, D. H., Zhu, J., & Holdnack, J. A. (2015). Intelligent use of intelligence tests: Empirical and clinical support for Canadian WAIS-IV norms. *Journal of Psychoeducational Assessment, 33,* 312-328.

Minshew, N. J., Goldstein, G., & Siegel, D. J. (1997). Neuropsychologic functioning in autism: Profile of a complex information processing disorder. *Journal of the International Neuropsychological Society, 3,* 303-316.

Moffitt, T. E. (2006). Life course persistent versus adolescence-limited antisocial behavior. In (2nd ed.). D. Cicchetti, & D. J. Cohen (Eds.), *Developmental Psychopathology* (Vol. 3). New York: Wiley.

Moffitt, T. E., & Caspi, A. (2001). Childhood predictors differentiate life-course persistent and adolescence-limited antisocial pathways among males and females. *Development and psychopathology, 13*, 355-375.

Mulligan, A., Anney, R. J., O'Regan, M., Chen, W., Butler, L., Fitzgerald, M., et al. (2009).

Autism symptoms in attention-deficit/hyperactivity disorder: A familial trait which correlates with conduct, oppositional defiant, language and motor disorders. *Journal of Autism and Developmental Disorders, 39*, 197-209.

Muth, A., Hönekopp, J., & Falter, C. M. (2014). Visuo-spatial performance in autism: A metaanalysis. *Journal of Autism and Developmental Disorders, 44*, 3245-3263.

Naglieri, J. A., Goldstein, S., Iseman, J. S., & Schwebach, A. (2003). Performance of children with attention deficit hyperactivity disorder and anxiety/depression on the WISC-III and Cognitive Assessment System (CAS). *Journal of Psychoeducational Assessment, 21*, 32-42.

Naigles, L. R. (2013). Input and language development in children with autism. *Seminars in Speech and Language, 34*, 237-248.

Navon, D. (1977). Forest before trees: The precedence of global features in visual perception. *Cognitive Psychology, 9*, 353-383.

Neisser, U., Boodoo, G., Bouchard, T. J., Jr, Boykin, A. W., Brody, N., Ceci, S. J., et al. (1996). Intelligence: Knowns and unknowns. *American Psychologist, 51*, 77.

Nigg, J. T., Blaskey, L. G., Huang-Pollock, C. L., & Rappley, M. D. (2002). Neuropsychological executive functions and DSM-IV ADHD subtypes. *Journal of the American Academy of Child & Adolescent Psychiatry, 41*, 59-66.

Nunes, M. M., Honjo, R. S., Dutra, R. L., Amaral, V. S., Amaral, V. A. S., Oh, H. K., ... Teixeira, M. C. T. V. (2013). Assessment of intellectual and visuo spatial abilities in children and adults with Williams Syndrome. *Universitas Psychologica, 12*, 581-589.

Nydén, A., Billstedt, E., Hjelmquist, E., & Gillberg, C. (2001). Neurocognitive stability in Asperger syndrome, ADHD, and reading and writing disorder: A pilot study. *Developmental Medicine & Child Neurology, 43*, 165-171.

O'Connor, N., & Hermelin, B. (1975). Modality-specific spatial coordinates. *Perception and Psychophysics, 17*, 213-216.

Oosterlaan, J., Scheres, A., & Sergeant, J. A. (2005). Which executive functioning deficits are associated with AD/HD, ODD/CD and comorbid AD/HD+ODD/CD? *Journal of Abnormal Child Psychology, 33*, 69-85.

Osmon, D. C., Smerz, J. M., Braun, M. M., & Plambeck, E. (2006). Processing abilities associated with math skills in adult learning disability. *Journal of Clinical and Experimental Neuropsychology, 28*, 84-95.

Ozonoff, S., & Strayer, D. L. (2001). Further evidence of intact working memory in autism. *Journal of Autism and Developmental Disorders, 31*, 257-263.

Pasini, A., Paloscia, C., Alessandrelli, R., Porfirio, M. C., & Curatolo, P. (2007). Attention and executive functions profile in drug naive ADHD subtypes. *Brain and Development, 29*,

400-408.

Pennington, B. F., & Ozonoff, S. (1996). Executive functions and developmental psychopathology. *Journal of Child Psychology and Psychiatry, 37,* 51-87.

Pennington, B. F., Rogers, S. J., Bennetto, L., Griffith, E. M., Reed, D. T., & Shyu, V. (1997). Validity tests of the executive dysfunction hypothesis of autism. In J. Russell (Ed.), *Autism as an executive disorder* (pp. 143-178). Oxford, England: Oxford University Press.

Pfeiffer, S. I. (2002). Identifying gifted and talented students: Recurring issues and promising solutions. *Journal of Applied School Psychology, 1,* 31-50.

Pickering, S. J., & Gathercole, S. E. (2004). Distinctive working memory profiles in children with special educational needs. *Educational Psychology, 24,* 393-408.

Pitcher, T. M., Piek, J. P., & Hay, D. A. (2003). Fine and gross motor ability in males with ADHD. *Developmental Medicine & Child Neurology, 45*, 525-535.

Raiford, S. E., Weiss, L. G., Rolfhus, E., & Coalson, D. (2005). *General ability index* [WISC-IV Technical Report No. 4]. Retrieved from http://www.Pearsonassessments.com/ NR/rdonlyres/1439CDFE-6980-435F-93DA-05888C7CC082/0/80720_WISCIV_Hr_r4.pdf.

Raiford, S. E., Drozdick, L., & Zhang, O. (2015). *Q-interactive special group studies: The WISC-V and children with autism spectrum disorder and accompanying language impairment or attention-deficit/hyperactivity disorder* [Q-interactive Technical Report 11]. Retrieved from https://www.pearsonclinical.com/psychology/products/100000773/qinteractive. html#tab-research.

Raiford, S. E., Holdnack, J., Drozdick, L., & Zhang, O. (2014). *Q-interactive special group studies: The WISC-V and children with intellectual giftedness and intellectual disability* [Qinteractive Technical Report 9]. Retrieved from https://www.pearsonclinical.com/psychology/products/100000773/qinteractive.html#tab-research.

Raiford, S. E., Zhang, O., Drozdick, L. W., Getz, K., Wahlstrom, D., Gabel, A., ... & Daniel, M. (2016). *WISC-V Coding and Symbol Search in digital format: Reliability, validity, special group studies, and interpretation.* [Q-interactive Technical Report 12]. Retrieved from https://www.pearsonclinical.com/psychology/products/100000773/qinteractive. html#tab-research.

Raine, A., Yaralian, P. S., Reynolds, C., Venables, P. H., & Mednick, S. A. (2002). Spatial but not verbal cognitive deficits at age 3 years in persistently antisocial individuals. *Development and Psychopathology, 14,* 25-44.

Ramnauth, R. (2018). The relationship between handwriting and reading in children with autism spectrum disorder. *Paper presented at the IEEE Region 1 Conference*, NY, New York, March 23, 2018. Retrieved from http://https://www.researchgate.net/publication/

323779936_Handwriting_Reading_in_Children_with_ASD.

Rapin, I., Dunn, M. A., Allen, D. A., Stevens, M. C., & Fein, D. (2009). Subtypes of language disorders in school-age children with autism. *Developmental Neuropsychology, 34*, 66-84.

Rapport, M. D., Scanlan, S. W., & Denney, C. B. (1999). Attention-deficit/hyperactivity disorder and scholastic achievement: A model of dual developmental pathways. *Journal of Child Psychology and Psychiatry, 40*, 1169-1183.

Riccio, C. A., Homack, S., Jarratt, K. P., & Wolfe, M. E. (2006). Differences in academic and executive function domains among children with ADHD predominantly inattentive and combined types. *Archives of Clinical Neuropsychology, 21,* 657-667

Rice, M. L., Warren, S. F., & Betz, S. K. (2005). Language symptoms of developmental language disorders: An overview of autism, down syndrome, fragile X, specific language impairment, and Williams syndrome. *Applied Psycholinguistics, 26,* 7-27.

Rimm, S., Gilman, B., & Silverman, L. (2008). Alternative assessments with gifted and talented students. In J. L. VanTassel-Baska (Ed.), *Nontraditional applications of traditional testing* (pp. 175-202). Waco, TX: Prufrock Press.

Rosso, M., Falasco, S. L., & Koller, J. R. (1984). Investigations into the relationship of the PPVT-R and the WISC-R with incarcerated delinquents. *Journal of Clinical Psychology, 40,* 588-591.

Rowe, E. W., Kingsley, J. M., & Thompson, D. F. (2010). Predictive ability of the general ability index (GAI) versus the full scale IQ among gifted referrals. *School Psychology Quarterly, 25,* 119-128.

Rucklidge, J. J., & Tannock, R. (2001). Psychiatric, psychosocial, and cognitive functioning of female adolescents with ADHD. *Journal of the American Academy of Child & Adolescent Psychiatry, 40*, 530-540.

Russell, J., Jarrold, C., & Henry, L. (1996). Working memory in children with autism and with moderate learning difficulties. *Journal of Child Psychology and Psychiatry, 37*, 673-686.

Saalasti, S., Lepistö, T., Toppila, E., Kujala, T., Laakso, M., Nieminen-von Wendt, T., . . . Jansson-Verkasalo, E. (2008). Language abilities of children with Asperger syndrome. *Journal of Autism and Developmental Disorders, 38,* 1574-1580.

Saklofske, D. H., Prifitera, A., Weiss, L. G., Rolfhus, E., & Zhu, J. J. (2005). Clinical interpretation of the WISC-IV FSIQ and GAI. In A. Prifitera, & D. Saklofske (Eds.), *WISC-IV clinical use and interpretation*. San Diego, CA: Academic Press.

Saklofske, D. H., Schwean, V. L., Yackulic, R. A., & Quinn, D. (1994). WISC-III and SB: FE performance of children with Attention Deficit Disorder. *Canadian Journal of School Psychology, 10*, 167-171.

Sattler, J. M. (2008). *Assessment of children: Cognitive foundations*. San Diego, CA: Jerome M. Sattler Publications.

Schachar, R., & Logan, G. D. (1990). Impulsivity and inhibitory control in normal development and childhood psychopathology. *Developmental Psychology, 26,* 710.

Schalock, R. L., Borthwick-Duffy, S. A., Bradley, V. J., Buntinx, W. H. E., Coulter, D. L., . . . Yeager, M. H. (2010). *Intellectual disability: Definition, classification, and systems of support* (11th ed.). Annapolis, MD: AAIDD.

Scheuffgen, K., Happeé, F., Anderson, M., & Frith, U. (2000). High "intelligence," low "IQ"? Speed of processing and measured IQ in children with autism. *Development and Psychopathology, 12,* 83-90.

Schuchardt, K., Gebhardt, M., & Mäehler, C. (2010). Working memory functions in children with different degrees of intellectual disability. *Journal of Intellectual Disability Research, 54,* 346-353.

Seidman, L. J. (2006). Neuropsychological functioning in people with ADHD across the lifespan. *Clinical Psychology Review, 26*, 466-485.

Seung, H. K. (2007). Linguistic characteristics of individuals with high functioning autism and Asperger syndrome. *Clinical Linguistics & Phonetics, 21*, 247-259.

Shah, A., & Frith, U. (1983). An islet of ability in autistic children: A research note. *Journal of Child Psychology and Psychiatry, 24*, 613-620.

Shah, A., & Frith, U. (1993). Why do autistic individuals show superior performance on the block design task? *Journal of Child Psychology and Psychiatry, 34,* 1351-1364.

Shaw, P., Eckstrand, K., Sharp, W., Blumenthal, J., Lerch, J. P., Greenstein, D. E. E. A., . . . Rapoport, J. L. (2007). Attention-deficit/hyperactivity disorder is characterized by a delay in cortical maturation. *Proceedings of the National Academy of Sciences, 104*, 19649-19654.

Shaw, P., Malek, M., Watson, B., Sharp, W., Evans, A., & Greenstein, D. (2012). Development of cortical surface area and gyrification in attention-deficit/hyperactivity disorder. *Biological Psychiatry, 72*, 191-197.

Shepard, R. N., & Metzler, J. (1971). Mental rotation of three-dimensional objects. *Science, 171*, 701-703.

Sheslow, D., & Adams, W. (1990). *WRAML: Wide range assessment of memory and learning*. Adams and Sheslow.

Silverman, L. K. (2002). *Upside down brilliance: The visualspatial learner.* Denver, CO: DeLeon Publishing.

Sonuga-Barke, E. J., Brandeis, D., Cortese, S., Daley, D., Ferrin, M., Holtmann, M., . . .

Dittmann, R. W. (2013). Nonpharmacological interventions for ADHD: systematic review and meta-analyses of randomized controlled trials of dietary and psychological treatments. *American Journal of Psychiatry, 170,* 275-289.

Spruill, J., Oakland, T., & Harrison, P. (2005). Assessment of mental retardation. In A. Prifitera, D. H. Saklofske, & L. G. Weiss (Eds.), *WISC-IV clinical use and interpretation: Scientist-practitioner perspectives* (pp. 299-331). San Diego, CA: Elsevier.

Steele, S. D., Minshew, N. J., Luna, B., & Sweeney, J. A. (2007). Spatial working memory deficits in autism. *Journal of Autism and Developmental Disorders, 37,* 605-612.

Stephens, K. R., & Karnes, F. A. (2000). State definitions for the gifted and talented revisited. *Exceptional Children, 66,* 219-238.

Sweetland, J. D., Reina, J. M., & Tatti, A. F. (2006). WISC-III verbal/performance discrepancies among a sample of gifted children. *Gifted Child Quarterly, 50,* 7-10.

Szatmari, P., Archer, L., Fisman, S., Streiner, D. L., & Wilson, F. (1995). Asperger's syndrome and autism: Differences in behavior, cognition, and adaptive functioning. *Journal of the American Academy of Child & Adolescent Psychiatry, 34*, 1662-1671.

Szatmari, P., White, J., & Merikangas, K. R. (2007). The use of genetic epidemiology to guide classification in child and adult psychopathology. *International Review of Psychiatry, 19,* 483-496.

Tannock, R. (2000). Attention deficit disorders with anxiety disorders. In T. E. Brown (Ed.), *Attention-deficit disorders and comorbidities in children, adolescents and adults* (pp. 125-175). New York: American Psychiatric Press.

Taylor, L. J., Mayberry, M. T., Grayndler, L., & Whitehouse, A. J. (2014). Evidence for distinct cognitive profiles in autism spectrum disorders and specific language impairment. *Journal of Autism and Developmental Disorders, 44,* 19-30.

Tseng, M. H., Henderson, A., Chow, S. M., & Yao, G. (2004). Relationship between motor proficiency, attention, impulse, and activity in children with ADHD. *Developmental Medicine & Child Neurology, 46,* 381-388.

Van der Molen, M. J., Henry, L. A., & Van Luit, J. E. H. (2014). Working memory development in children with mild to borderline intellectual disabilities. *Journal of Intellectual Disability Research, 58,* 637-650.

Van der Molen, M. J., Van Luit, J. E. H., Jongmans, M. J., & Van der Molen, M. W. (2007). Verbal working memory in children with mild intellectual disabilities. *Journal of Intellectual Disability Research, 51*, 162-169.

Van Goozen, S. H., Cohen-Kettenis, P. T., Snoek, H., Matthys, W., Swaab-Barneveld, H., & Van Engeland, H. (2004). Executive functioning in children: A comparison of hospitalised

ODD and ODD/ADHD children and normal controls. *Journal of Child Psychology and Psychiatry, 45*, 284-292.

Vogan, V. M., Morgan, B. R., Lee, W., Powell, T. L., Smith, M. L., & Taylor, M. J. (2014). The neural correlates of visuo-spatial working memory in children with autism spectrum disorder: Effects of cognitive load. *Journal of Neurodevelopmental Disorders, 6*, 1-15.

Vuijk, P. J., Hartman, E., Scherder, E., & Visscher, C. (2010). Motor performance of children with mild intellectual disability and borderline intellectual functioning. *Journal of Intellectual Disability Research, 54*, 955-965.

Watson, D., & Clark, L. A. (2006). Clinical diagnosis at the crossroads. *Clinical Psychology: Science and Practice, 13*, 210-215.

Wechsler, D. (1944). *The measurement of adult intelligence* (3rd ed.). Baltimore, MD: Williams &Wilkins.

Wechsler, D. (1974). *Manual for the Wechsler intelligence scale for children-revised.* San Antonio, TX: The Psychological Corporation.

Wechsler, D. (2002). *Wechsler preschool and primary scale of intelligence* (3rd ed.). San Antonio, TX: Pearson.

Wechsler, D. (2003). *Wechsler intelligence scale for children* (4th ed.). San Antonio, TX: Pearson.

Wechsler, D. (2004). *Wechsler intelligence scale for children* (4th ed.). Toronto, ON, Canada: Harcourt Assessment.

Wechsler, D. (2008). *Wechsler adult intelligence scale* (4th ed.). Bloomington, MN: Pearson.

Wechsler, D. (2012a). *Wechsler preschool and primary scale of intelligence* (4th ed.). Bloomington, MN: Pearson.

Wechsler, D. (2012b). *Wechsler preschool and primary scale of intelligence* (4th ed.). Toronto, ON, Canada: Pearson.

Wechsler, D. (2014). *Wechsler intelligence scale for children* (5th ed.). Bloomington, MN: Pearson.

Weiss, L. G., Keith, T. Z., Zhu, J., & Chen, H. (2013a). WAIS-IV clinical validation of the four- and five-factor interpretive approaches [Special edition]. *Journal of Psychoeducational Assessment, 31*, 94-113.

Weiss, L. G., Keith, T. Z., Zhu, J., & Chen, H. (2013b). WISC-IV and clinical validation of the four-and five-factor interpretive approaches [Special edition]. *Journal of Psychoeducational Assessment, 31*, 114-131.

Weiss, L. G., Saklofske, D. H., Prifitera, A., & Holdnack, J. A. (2006). *WISC-IV advanced clinical interpretation*. Academic Press.

White, S. J., & Saldan-a, D. (2011). Performance of children with autism on the Embedded Figures Test: A closer look at a popular task. *Journal of Autism and Developmental Disorders, 41*, 1565-1572.

Whitehouse, A. J. O., Barry, J. G., & Bishop, D. V. M. (2008). Further defining the language impairment of autism spectrum disorders: Is there a specific language impairment subtype? *Journal of Communication Disorders, 41*, 319-336.

Widiger, T. A., & Samuel, D. B. (2005). Diagnostic categories or dimensions? A question for the Diagnostic and statistical manual of mental disorders-fifth edition. *Journal of Abnormal Psychology, 114*, 494.

Willcutt, E. G., Doyle, A. E., Nigg, J. T., Faraone, S. V., & Pennington, B. F. (2005). Validity of the executive function theory of attention-deficit/hyperactivity disorder: A meta-analytic review. *Biological Psychiatry, 57*, 1336-1346.

Williams, D. L., Goldstein, G., & Minshew, N. J. (2006a). The profile of memory function in children with autism. *Neuropsychology, 20*, 21-29.

Williams, D. L., Goldstein, G., & Minshew, N. J. (2006b). Neuropsychologic functioning in children with autism: Further evidence for disordered complex information-processing. *Child Neuropsychology, 12*, 279-298.

Williams, D. L., Minshew, N. J., & Goldstein, G. (2008). *Memory within a complex information processing model of autism*. In J. Boucher, & D. Bowler (Eds.), Memory in autism (pp. 125-142). New York: Cambridge University Press.

Witkin, H. A., Oltman, P. K., Raskin, E., & Karp, S. A. (1971). *A manual for the Embedded Figures Test*. Palo Alto, CA: Consulting Psychologists Press.

Wodka, E. L., Mostofsky, S. H., Prahme, C., Gidley Larson, J. C., Loftis, C., Denckla, M. B., & Mark Mahone, E. (2008). Process examination of executive function in ADHD: Sex and subtype effects. *The Clinical Neuropsychologist, 22*, 826-841.

Wuang, Y. P., Wang, C. C., Huang, M. H., & Su, C. Y. (2008). Profiles and cognitive predictors of motor functions among early school-age children with mild intellectual disabilities. *Journal of Intellectual Disability Research, 52*, 1048-1060.

Yeates, K. O. (2000). Closed-head injury. In K. O. Yeates, M. D. Ris, & H. G. Taylor (Eds.), *Pediatric neuropsychology: Research, theory, and practice* (pp. 92-116). New York: Guilford Press.

Yeates, K. O., Taylor, H. G., Wade, S. L., Drotar, D., Stancin, T., & Minich, N. (2002). A prospective study of short-and long-term neuropsychological outcomes after traumatic brain injury in children. *Neuropsychology, 16*, 514.

Zayat, M., Kalb, L., & Wodka, E. L. (2011). Brief report: Performance pattern differences between children with autism spectrum disorders and attention deficit-hyperactivity disorder on measures of verbal intelligence. *Journal of Autism and Developmental Disorders, 41*, 1743-1747.

제11장

WISC-V와 개별화된 평가 접근

1. 서론

대부분의 심리평가 장면에서 각자의 삶을 헤쳐 나가는 데 어려움을 겪는 아동 · 청소년을 마주하게 된다. 하지만 평가 과정에서 아동 · 청소년을 개별적으로 살펴보기란 쉽지 않다. 이는 대부분의 심리평가가 개개인의 고유함을 이해하기에 앞서 구조모델(construct model) 또는 측정모델(measurement model)을 바탕으로 설계되었기 때문이다. 따라서 평가 과정은 종종 개인에 대한 개별적 이해의 과정이 되기보다 평가 점수 자체를 위한 평가가 되기 쉽다.

심리평가는 심리사회적 환경(제5장과 제7장 참조)과 개인의 문제, 위험요인, 강점 및 약점, 그리고 지지 체계 간의 독특한 상호작용을 이해할 수 있도록 보다 개별화된 방향으로 나아가고 있다(Matarazzo, 1990). 이러한 흐름은 아동 · 청소년의 평가 수행 및 평가 과정에서 보이는 반응에 따라 초기의 평가계획을 조정할 수 있도록 상호작용이 가능하며 유연한 모델을 필요로 한다. 따라서 평가의 목표는 적절한 개입 방법 및 편의제공을 아동의 인지적 · 정서적 · 사회적 · 행동적 측면의 약점과 강점을 포착하는 데 관심을 둔다.

이러한 모델에서는 잠재 가능성(probability), 위험요인 그리고 다중성(multiplicity)에 대한 개념이 중요하다. 그중 잠재 가능성의 개념은 해당 평가도구 및 평가기술을 통해 진단적 접근을 하거나 결과를 도출하는 데 있어서의 한계에 대해 인식할 수 있도록 돕는다. 또한 잠재 가능성은 가장 근접한 증상이 무엇일지, 잠재적인 증상이 단기적·장기적으로 어떻게 나타날지, 또 가장 효과적인 개입이 무엇인지 개념화할 수 있도록 해 준다. 위험요인을 확인하는 것은 진단을 내리거나 잠재되어 있는 인지적 위험 요소 및 장애로 인한 증상의 예측치 못한 영향력에 대처하기 위한 체계를 제공한다(예: 언어장애를 가진 아동은 사회적 고립에 대한 위험성이 높다). 다중성은 여러 가지 발달장애가 다른 증상들과 공병할 확률이 높으며, 장애나 증상의 발현에 영향을 미치는 추가적인 위험요인과 보호요인이 존재할 수 있다는 것을 인식하도록 돕는다. 인지, 행동, 기질, 그리고 심리사회적 환경에서의 개개인이 가지는 강점과 약점은 임상적 상태의 증상 발현 및 결과에 매우 중요하다. 만약, 다양한 영향을 주는 요인들을 종합적으로 고려하지 못한다면 오진을 초래할 수 있으며, 효과적이지 못한 개입이나 부적절한 예후로 직결될 수도 있다.

이 책을 개정하기 전에는 구체적인 인지 및 행동 기능에 대한 가설을 검증할 수 있는 다양한 심리 및 신경심리 검사들에만 초점을 맞추었다. 하지만 이번 개정판에서는 대체 가능한 가설을 세울 수 있도록 WISC-V에 주로 초점을 맞추었다. WISC-V 소검사의 점수가 어떻게 조합될 수 있는지에 대해 가능한 한 모든 기저율(base rates: 발생할 수 있는 확률)을 제공하는 것은 이 장의 범위를 넘어가기 때문에, 여기서는 다양한 인지 검사에 의해 보고된 분석에 기초한 일반적인 체계만을 제안할 것이다. 이 장에서 제시하는 사례연구에서는 시각화한 데이터를 제공하여 이러한 개념을 이해하는 데 도움이 되도록 하였다.

2. 아동의 첫인상에 대한 정보 수집과 다듬기

제대로 체계화되지 않았지만, 대상의 현재 심리사회적 환경에 대한 정보가 평가를 계획하고 있는 임상가에게 미리 제공된다. 이러한 정보는 아동이 사람들에게 어떻게 비춰지는지에 대한 첫인상이 되는데, 대개 다양한 문제로 포착된다. 아동은 어떤 '문제들'로 정의되기 쉬우며, 아동의 성격, 능력 및 잠재력 또한 이러한 '문제들'에 의해 표현된다. 임상가는 아동에게 나타나는 문제에 영향을 미칠 수 있는 환경적 요인을 살펴보고자 하지만, 안타깝게도 아동의 검사 결과를 평가하기 전에 핵심적인 정보를 파악하기 위한 자료나 시간이 부족한 경우가 많다.

여기서는 사전평가계획을 세우는 것의 중요성과 사전평가에서 세운 가설을 다듬어 나가는 것의 중요성에 대해 논의할 것이다. 때때로 아동과 직접 만나기 전에 이런저런 단서들로 편견을 가지지 않는 편이 더 유익하다고 느낄지도 모른다. 하지만 사전평가는 평가 과정에서 아동에게 개별화되고 융통성 있는 평가계획을 수립할 수 있게 해 준다는 점에서 매우 가치가 있다. 선행 가설의 생성은 아동에 대한 섣부른 판단이 아니다. 오히려 이는 검사자가 중요하다고 인식한 문제에 함몰되는 것을 피하고, 핵심적으로 고려해야 될 전반적인 영역(예: 학습 문제에 있어서 사회적 어려움이나 가족 문제의 맥락)에 초점을 맞추는 데 도움이 된다. 사전평가 단계는 다음의 네 가지의 핵심 영역, 즉 의뢰사유, 배경정보 수집, 부모 및 교사 평정(가능하다면 학교에서의 행동 관찰), 평가계획으로 나눌 수 있다.

1) 의뢰사유

의뢰사유와 그 내용의 깊이는 의뢰 기관에 따라 천차만별이다. 여기에는 아동이 임상가와 작업했던 경험, 아동 및 가족의 친밀함 수준과 현재 겪고 있는 어려움, 의뢰되기까지 걸린 시간, 임상가에게 도움이 될 수 있는 정보에 관련된 부분, 그리고 아동이 겪는 특정 어려움에 영향을 주는 요인들에 대한 전반적인 정보가 포함된다. 평가 의뢰에서 "존 스미스(John Smith)의 기능 수준이 어떠한가?" 혹은 "인지적 어려움이나 학습에서의 어려움 혹은 행동적 문제가 있는가?" 등의 모호한 질문은 임상가가 평가를 위한 방향성을 정하는 것을 어렵게 할 수 있다. 또 어떤 경우에는 "존 스미스에게 로르샤흐 잉크 반점 검사와 신경심리검사를 해 달라." "조니(Johnny)에게 도덕적 추론 능력이 있는가?"와 같은 질문으로 의뢰를 해 오는데, 이는 너무 모호하거나 구체적인 문제가 있다. 이렇게 아동을 평가하고자 하는 데 매우 모호한 의뢰사유는 임상가가 효과적으로 평가계획을 세우거나 아동을 평가해야 하는 사회적 맥락을 이해하는 데 난항을 겪게 한다. 평가 의뢰에서 가장 중요한 요소는 평가결과나 위험요인을 확인했을 때 예상되는 결과와 관련이 있다. 종종 의뢰 기관에서는 평가를 통해 다양한 측면의 결과를 얻고자 하기에, 그들이 원하는 결과가 무엇인지 알지 못하면 이들의 요구에 제대로 부응하지 못하는 평가가 되기 쉽다. 그들이 원하는 결과에는 진단 및 분류, 기능 수준, 배치 혹은 개입 등 많은 의뢰사유가 있다. 어떤 평가도구를 사용할지에 대해서는 요구되는 평가결과에 따라 매우 다양하게 선택할 수 있을 것이다.

임상가는 여러 가지 방법을 사용해서 의뢰 기관이 의뢰에 대한 사유를 보다 잘 작성하도록 도울 수 있다. 이를 위한 한 가지 방법은 진단 혹은 분류 문제, 특정 문제 행동 및 배치 문제와 관련 문제들을 포함한 간략한 체크리스트를 제공하는 것이다. 여기에 더해 임상가가 직접 의뢰 기관에 방문하여 의뢰사유에 대한 여러 가지 교육을 할 수도 있다. 특정 행동에 대해서 어떤 것이 그들에게 주요한 관심사이고, 어떤 것이 부차적인 것인지 설명해 달라고 요청하는 것도, 개별 아동에 대해 의뢰 기관이 무엇을 평가하기 원하는지에 초점을 맞추도록 하는 데 도움이 될 것이다.

2) 배경정보와 사전 가설 세우기

효과적인 평가계획 수립을 위한 사전 가설을 설정하기 위해 두 가지 형태의 배경정보가 필요하다. 하나는 아동·청소년 특유의 배경정보이며, 또 하나는 특정 발달적·의학적·정신과적 장애, 행동적 문제 그리고 심리적 증상에 대한 배경정보가 있다. 개별화된 평가를 하는 데 있어서 개인의 수행에 대한 정보를 수집하기보다, 집단 수준의 데이터를 사용한 연구에서 수집된 정보를 적용하는 것은 직관적으로 보기에는 어긋나 보일 수도 있다. 하지만 특정 장애에 대한 정보는 평가에 있어 매우 좋은 시작점을 제공한다. 이는 잠재 가능성이 있는 장애가 한정적이며, 아동이나 청소년이 특정 장애를 가지고 있을 가능성을 알 수 있도록 해 주기 때문이다. 예를 들어, 주의 문제를 가지고 있는 아동은 기타 증상(예: 환청)이 있지 않을 경우 아동기의 발생하는 조현병보다는 주의력결핍 과잉행동장애(Attention Deficit Hyperactivity Disorder: ADHD)로 평가될 가능성이 크다. 보다 가능성이 높은 결과에 집중하는 평가계획과 가능한 한 모든 결과를 아우르는 평가계획을 짜서 초기에 비교해 본다면,

현재 드러난 증상과 관련된 요인들을 보다 세부적으로 평가할 수 있다. 또한 대상에게 개입하거나 편의를 도모하는 데 있어서도 잠재적으로 보다 나은 정보를 제공해 줄 수 있다.

(1) 배경정보에 관한 연구

아동과 청소년이 겪을 수 있는 모든 장애에 대한 통합적 연구를 살펴보는 것은 이 장의 범위를 벗어난다. 여기에서는 평가계획을 수립하는 데 있어 도움이 될 수 있는 정보가 어떤 것이 있는지에 대해서 조명해 보고자 한다. 이러한 정보는 대략적으로 역학적 · 현상학적 · 인지적 프로파일로 나눌 수 있다. 이러한 각 정보는 서로 독립적인 것이 아니라 모두 평가계획을 수립하는 데 중요하며, 가능성 있는 결과에 대한 각기 다른 관점을 제공해 줄 것이다.

역학적인 정보는 장애의 유병률과 유전, 장애의 발현에 영향을 주는 생물 유전, 그리고 환경적인 요인을 의미한다. 이러한 정보는 대개 『정신장애 진단 및 통계 편람 제5판(DSM-5)』에서 찾아볼 수 있다. 일반적인 발달장애 및 정신과적 장애에 대한 유병률 또한 DSM-5에 기재되어 있다. 질병관리 및 예방 본부의 웹사이트인 'CDC.gov'에서도 몇 가지 발달적 상태에 대한 유병률을 제공한다. 해당 장애의 상대적인 기저율에 대해 이해하는 것은 초기의 평가계획 수립에 중요하다. 대부분 아동은 독특한 증상을 보이기보다 일반적인 증상을 보이며, 이는 평가를 통해 확인되거나 혹은 배제될 수 있다.

유전 가능성이나 장애의 유전적 요소에 관한 역학적 데이터를 참고하는 것은 평가의 초기 단계뿐만 아니라 가능성 있는 진단 혹은 어떠한 개입을 할지 결정하는 데 있어서도 도움이 될 것이다. 예를 들어, 읽기장애(reading disorder)에 대한 가족력이 있다면 해당 아동이 읽기장애를 가지고 있을 확률은 34%이다. 하지만 그러한 가족력이 없다면 아동이 읽기장애를 가질 가능성은 대략 6%이다(Pennington & Lefly, 2001). 물론 이것이 위험 요소에 대한 정확한 측정치라고는 할 수는 없다. 하지만 만약 읽기장애의 가족력이 있고 이러한 가족력이 아동이 읽기장애를 겪을 가능성을 상승시킨다면 이는 평가에 있어 매우 강력한 근거가 될 수 있다. 또한 개입과 관련한 관점에서도 아동의 부모가 학습에 어려움을 가지고 있는지를 아는 것이 매우 중요한데, 이는 부모가 학습적 영역에서 아동을 돕는 능력에 대해 이러한 요인이 영향을 미칠 것이기 때문이다.

장애가 공병하는 기저율에 관한 역학적 데이터는 매우 핵심적인 정보이다. 예를 들어, 우울을 겪는 아동 중 많은 비율이 불안의 주요 증상을 경험한다는 것을 알고 있다고 하자. 이때 아동의 우울 증상으로 의뢰를 받았다면 우리는 반드시 불안 증상에 대해서도 평가해 보아야 할 것이다. 이와 유사하게, 학습장애가 있는 아동을 대상으로 한 대규모 연구에서는 이들 중 33%가 ADHD, 28%가 불안장애, 17.8%가 발달성 협응장애, 11%가 언어장애, 9%가 기분장애를 가지고 있는 것으로 나타났다(Margari et al., 2013). 이는 공병률의 실제 비율에 관한 추정치이다. 따라서 읽기, 수학 혹은 쓰기 문제가 언급된 아동의 경우 아동의 기능에 영향을 줄 수 있는 공병 장애에 대한 평가가 필요하며, 이는 어떻게 개입해야 할지의 측면에서도 고려되어야 한다.

장애의 발현이나 손상의 심각도를 살펴보는 것은 매우 복합적인 부분이다. 장애의 발현을 조절 또는 변화시키는 요인에 대해 아는 것은 진단 기준의 민감성과 특수성에 영향을 줄 수 있기 때문에 도움이 된다. 한 연구에서는 자폐스펙트럼장애(Autistic Spectrum Disorder: ASD)의 많은 특징을 지닌 여아는 지적 손상, 혹은 보다 심각한 행동적 어려움이 나타나지 않는 한 남아보다 자폐스펙트럼장애로 진단될 확률이 적었다. 이는 표본의 특수성이 반영된 것일 수도 있지만, 자폐스펙트럼장애 진단에 있어 임상가에게 어떤 편견이나 성차로 인한 조절효과가 있을 수 있음을 경계하게 해 준다. 장애의 발현에 영향을 주는 다른 요소로는 심리사회적 · 의학적 사안이 있다. 예를 들면, 사회경제적 지위, 초기 언어 환경, 학대, 부모를 통한 물질남용에 노출, 저조한 영양 상태, 조산 등이 있을 수 있다. 행동적 · 인지적 결손을 더하거나 심리적 · 행동적 증상을 증가시키는 요인들은 증상의 모습이나 심각도에 있어 특정 장애와 불일치하게 나타나게 하기 때문에, 임상가의 전반적인 진단적 인상을 흐리게 할 수 있다. 또한 보호요인이나 개개인의 탄력성이 증상의 심각도나 장애의 발현을 경감시킬 수도 있다.

장애의 현상학적 측면은 장애와 관련된 특색이나 발현을 뜻한다. 예를 들어, ADHD 징후의 전형적인 예는 다음과 같다. 아동의 나이와 맞지 않는 과도한 운동 활동, 아동이 관심이 없을 때 주의집중의 어려움, 규칙을 이해하지 못해서가 아니라 행동을 잘 통제하지 못해 규칙을 지키지 못함, 혹은 권위에 대한 전반적인 무시, 그리고 빈번하게 좌절을 느끼는 것 등이다. 어떤 사람은 이 아동에 대해 '게으른' '들뜬' '깜빡깜빡하는' '반항적인' '산만한' 등으로 표현하기도 한다. 비록 이러한 느낌들이 ADHD의 핵심적인 특징이라 할지라도 여기에 추가적인 행동적 · 심리사회적 · 정서적 쟁점이 빈번하게 나타난다. 임상가의 어려움은 이 증상들이 다른 관련 임상적 상태에서도 나타날 수 있는 증상일 때, 핵심 증상이 무엇인지 판별하는 것이다. 예를 들어, 자폐스펙트럼장애(ASD)에 나타나는 주의집중에 관한 문제일 경우, 적대적 반항장애(Oppositional Defiant Disorder: ODD)에서 나타나는 규칙을 지키지 않는 증상일 경우, 우울증에서 나타나는 낮은 좌절 감내력의 경우에는 어떻게 판별할 것인가? 다행히도 증상의 발현과 일반적 증상에 대한 기저의 원인을 아는 것이 핵심 증상과 공병 증상을 구분하는 데 도움이 된다. ADHD를 살펴보면, ADHD의 부주의함은 항상 그런 것이 아니라 상황에 따라 다르다. 매우 자극적인 상황이거나 아동이 과제에 흥미나 가치를 느낄 때 ADHD 아동은 주의를 기울일 수 있다. 자폐스펙트럼장애의 부주의는 그들이 흥미를 가지는 개념이나 대상 하나에만 너무 몰두하여 다른 환경에 주의를 기울이지 못하는 것으로 발현되는 것이 일반적이다. 일반적 증상의 발현이 장애마다 상당히 다를 수 있기에 이는 진단을 분별하는 데 도움이 된다. 종합적 증상에 따라 ADHD의 부주의함에 대해 개입할 때는 자폐스펙트럼장애의 부주의함에 개입할 때와 매우 다르다.

역학과 현상학은 장애가 가지는 개인적 · 심리사회적 결과를 이해하는 데 도움이 된다. ADHD로 진단받은 아동 · 청소년은 학업에서 어려움을 겪을 위험이 굉장히 큰데, 이는 효과적이지 못한 학습, 행동 문제, 정신과적 장애의 공병(예: 우울이나 불안), 약물남용, 사고로 인한 손상, 스트레스를 받는 대인관계, 그리고 장기간의 취업 난항을 겪기 때문이다(Barkley, 2002). 언어장애로 진단받은 아동 또한 다양한 어려움을 겪을 가능성이 큰데, 예컨대 사회적 어려움(Snowling, Bishop, Stothard, Chipchase, & Kaplan, 2006), 학업적 문제(Beichtman et al., 1996), 사회공포증(Beichtman et al., 2001), 또래 괴롭힘(Redmond, 2011), 행동 관련 장애(Lindsay, Dockrell, & Strand, 2007), 우울과 불안(Conti-Ramsden & Botting, 2008), 장기간 학업에서의 어려움, 그리고 학업적 성취와 직업적 성공의 하락(Johnson, Beitchman, & Brownlie, 2010) 등의 어려움을 겪을 수 있다. (자폐스펙트럼장애와 연관된 사회적 문제와는 다른) 초기의 언어 문제와 관련 있는 부정적 사회 경험의 위험성에 대해 인식하지 못한다면 이것이 장기적으로 아동의 발달에 영향을 미칠 수도 있다. 각 장애가 가지는 위험요인에 관해 아는 것은 특정 장애를 가진 아동을 위한 평가 및 개입 계획을 개선한다. 정신과적 문제와 사회적 문제가 발달장애를 가진 아동에게 유의미한 위험 요소라는 것은 역학적 연구로 인해 명확해졌다. 이러한 문제들이 존재하기에 주요 진단을 하는 것이 더 어려워진다. 따라서 임상가는 반드시 임상 집단 간 각 문제의 발현이 어떻게 다른가에 대해 잘 알고 있어야 한다.

평가를 계획하기 위해서는 특정 장애와 연관된 인지적 결손을 이해하고, 그러한 특정 인지적 취약성이 어떻게 학업적 · 사회적 · 행동적 어려움과 연결되는지 이해해야 한다. 경우에 따라서 인지적 어려움은 관찰된 문제의 공통적인 원인이 된다. ADHD에 관한 연구들은 집행기능에서의 손상이 인지적 취약성, 즉 충동 억제, 지속적 주의, 공간 작업기억 그리고 계획에 있어 매우 중요한 부분이라고 제안한다(Willcutt, Doyle, Nigg, Faraone, & Pennington, 2005). ADHD는 또한 과제 내 혹은 전체에서의 개인 내 편차(Castellanos, Sonuga-Barke, Milham, & Tannock, 2006), 처리속도의 결손(Shanahan et al., 2006), 반응선택 및 작업기억의 문제(Jacobson et al., 2012) 그리고 언어학습(Cutting, Koth, Mahone, & Denckla, 2003)과 연관이 있다. 특징적이거나 일반적인 인지적 어려움에 더해서, ADHD로 진단된 아동은 수학이나 읽기와 관련된 표준화된 검사에서 더 낮은 점수를 보이며(Frazier, Youngstrom, Glutting, & Watkins, 2007; Loe & Feldman, 2007), 각 영역에서 중간 수준의 효과크기를 보이는 맞춤법에서도 낮은 점수를 보였다(Frazier et al., 2007). 집행기능의 어려움은 학교에서 유급(grade retention)을 장기화시키며(Biederman et al., 2004), 단어 읽기를 감퇴시킨다(Bental & Tirosh, 2007). 또한 작업기억과 통제 및 억제력의 결손이 있다면 수학을 배울 때 어려움을 겪을 것을 예측할 수 있다(Bull & Scerif, 2001).

이에 비해 읽기장애가 있는 아동은 음소 인식(Willcutt et al., 2001), 명명속도, 음운처리 능력(Berninger, Abbott, Thomson, & Raskin, 2001), 형태론(Berninger et al., 2006), 단어 및 비단어 읽기(Castles, Datta, Gayan, & Olson, 1999), 처리속도(Shanahan et al., 2006), 언어적 작업기억(Willcutt et al., 2001) 그리고 언어학습(Kramer, Knee, & Delis, 2000)에 있어 결손을 보인다. 읽기에서의 어려움은 읽기장애의 핵심적인 특징이며, 언어조합과 처리속도, 기억 그리고 작업기억에 관한 문제로 인해 발생한다. 각 임상 집단의 전반에 걸쳐 공통적인 인지적 결손을 보이기 때문에 임상가는 어떻게 특정 인지적 어려움과 그렇지 않은 인지적 어려움이 서로 다른 진단과 결과로 나타나는

지 이해할 필요가 있다. 두 아동 모두 읽기에 대해서 어려움을 겪을지라도, 이러한 문제의 기저에 있는 원인이 매우 다르거나 서로 다른 개입이 필요할 수 있다. 따라서 임상가는 진단과 치료 계획을 용이하게 하기 위해 경도 수준의 읽기 문제와 심각한 읽기 문제에 대한 인지적 위험요인에 대해 파악하고 있어야 한다.

ADHD와 읽기장애를 예로 사용한 이유는 이 두 장애가 상대적으로 높은 공병률을 가지기 때문이다(Willcutt, Pennington, Olson, Chhabildas, & Hulsander, 2005). 각 집단 간에는 특수하거나 중복되는 인지적 어려움이 있으며, 이러한 현상은 발달장애 간에 흔히 나타나는 일이다. 또한 학업적 문제, 사회적 어려움, 행동적 문제 그리고 종종 우울이나 불안을 포함한 발달장애를 가진 아동이 나타내는 증상 간에는 매우 많은 공통점이 있다. 너무 많은 부분이 중복되기 때문에 임상가가 효과적인 평가를 위한 계획을 세우는 데 의뢰사유를 명확하게 하고 학업적·행동적 문제에 대해 사전평가에서 세부사항을 살펴보는 것이 도움이 될 것이다. 부모와 교사가 평정한 척도 또한 발현된 문제의 본질을 어느 정도 명확하게 해 준다. 가능하면 평가 전에 이러한 평정을 수집하는 것이 도움이 된다.

(2) 유전적 평가

점점 더 많은 사람이 '23andme'나 'ancestory.com'과 같은 사설 기관을 통해 자신의 유전적 구성에 대한 평가를 얻을 수 있게 되었다. 누구나 이러한 웹사이트에 접속해서 자신의 DNA 코드를 의뢰하고 알아낼 수 있다. 최근에는 'promethease.com'과 같은 사이트는 특정 DNA와 관련된 장애에 대한 잠재적 위험을 확인하고자 개인이 자신의 DNA 유전형질(genotype)을 검수받도록 허용하고 있다. 특정 DNA와 관련된 장애에는 정신과적·발달적·신경학적 상태가 포함된다. 자녀의 DNA 관련 위험성이 염려되는 부모는 이와 관련된 정보를 알아볼 것이다. 임상가는 이러한 유형의 정보를 어떻게 활용할 수 있고 또 어떤 오해를 불러일으킬 수 있는지에 대하여 인식하고 있어야 한다. 머지않은 미래에 임상가는 자녀의 유전적 검사 결과에 대해서 걱정하는 가족의 의뢰를 받을 수도 있다. 이에 관해서는 형식이 갖춰진 평가를 하는 것이 도움이 될 것이다. 하지만 임상가는 유전형질이 어떻게 발현되는지[예: 표현형(phenotype)], 그리고 어떤 경우에는 유전형질이 발현되지는 않는 것을 알고 있어야 한다(예: ADHD의 유전자가 있더라도 개별적인 유전자가 무선적으로 발현되지 않기 때문에, ADHD와 관련된 각 유전자의 합은 고려해야 할 위험요인은 아니다).

미래에는 유전적 프로파일이 보다 정밀해지고 특정 장애와의 연결성이 보다 긴밀해지겠지만, 이로 인해 실제 능력에 대한 평가가 필요 없어지는 일은 일어나지 않을 것이다. 인간의 뇌는 적응력이 뛰어나며 유전적 위험요인의 발현은 환경적 요인에 의해 촉발될 수도, 그렇지 않을 수도 있다. 이러한 유전적 정보를 고려한 맥락에서는 유전적 위험의 발현을 확인하거나 증명하기 위해 보다 대상에 특화된 검사를 진행할 수 있을 것이다.

(3) 부모 및 교사 평정

Pearson's Q-Global™과 같은 인터넷기반의 평가 플랫폼은 부모 및 교사 평정을 얻기 위한 과정을 간소화했다. 과거에는 평가 전에 이러한 평정을 얻기 위해서는 우편을 각자에게 보내고, 완료 후 다시 이를 회신받아야 했다. 이러한 과정은 효율적이지 않을뿐더러, 형식이 잘못되거나 수집이 늦어질 수 있고, 심지어 개인정보가 담긴 평정을 분실하는 문제가 발생했다. 오히려 부모가 사무실에 방문하여 평정하도록 하는 것이 보다 실용적이었다. 학교에서 근무하는 전문가는 교사 평정을 바로 얻을 수 있지만, 지역사회 및 병원에서 근무하는 임상가에게는 이러한 평정을 얻는 것이 매우 어려운 일이다. 반면, 인터넷기반의 플랫폼은 부모와 교사 모두에게 평정을 얻는 안전한 방법이다. 인터넷을 통한 평정은 즉각적으로 산출된다. 아동 행동에 대해 사전평가를 얻을 수 있기에 이러한 실용적인 개선은 임상가가 평가계획을 구조화하는 데 도움이 될 수 있다.

임상가가 활용할 수 있는 굉장히 많은 수의 평정, 즉 평가도구가 있다. 대부분의 임상가는 자신이 주로 사용하는 척도집을 가지고 있으며, 이를 잘 활용한다. 일반적으로 사전평가계획에 사용되어야 할 특정 척도에 대한 권고 사항이 따로 있지는 않다. 하지만 이 단계에서 평정을 통해 얻을 수 있는 유용한 정보의 유형에 대한 지침은 있다. 검사자는 다양한 유형의 척도에서 얻은 정보를 종합하여, 관찰되는 어려움과 연관될 가능성이 짙은 인지적 영역의 정보를 미리 검토할 수 있다. 이렇게 하는 것이 인지기능의 다른 부분을 소홀하게 평가해도 된다는 뜻은 아니다. 오히려 검사자는 특정 영역에서 심도 있는 양질의 평가계획을 수립하기 위해 이러한 정보를 사용할 수 있다.

(4) 평가계획

평가계획을 통해 검사자는 평가에 필요한 내용들을 조직화할 수 있다. 평가계획을 세우기 위해서는 검사자가 드넓은 인지기능 영역에 대한 다양한 검사 관련 지식을 가지고 있어야 한다. 뿐만 아니라, 검사자는 각 영역 내에서 각기 다른 진단과 치료 계획에 중요한 인지 기술들에 관해 알고 있어야 한다. 어떤 영역이 어떻게 평가되어야 한다는 식의 제한이 있는 것은 아니다. 대신에 평가 영역에 따라 특정 상태와 관련된 연구를 참조하여 진행해야 할 경우도 있으며, 어떤 경우에는 임상가의 경험이나 훈련에 따른 이론적 모델을 적용할 수도 있다. 개별화된 평가 접근에서는 평가계획을 세울 때 주로 연구에 기반한 접근을 할 것을 권한다. 이 접근에서 추천하는 평가영역은 언어, 주의/실행기능, 작업기억, 학업 기술, 사회적 인지/화용 언어(pragmatic language), 기억, 처리속도, 자동적 공간/구성(automaticity spatial/constructional), 추론/문제 해결 그리고 감각운동이다. 물론 각 영역을 서로 독립된 과정으로 평가해서는 안 되며, 인지 과정은 각 영역을 아울러서 통합적으로 평가해야 하는 영역이다. 이에 대해서는 제5장에서 이미 상세히 살펴보았다. 예를 들어 작업기억을 살펴보자. 작업기억은 대부분의 인지 영역에 영향을 미친다. 거의 모든 유형의 문제를 해결하는 데 작업기억이 요구되는 경우가 많기 때문이다. 기억과 같은 영역을 평가할 때는 시공간 혹은 언어와 언어적인 조정이 들어가는 작업, 그리고 정밀한 조작이 요구되는 처리속도 검사를 해야 할 것이다. 각 범주는 구분을 위한 경계로 보기보다는 증상의 발현, 결과, 일상기능, 그리고 감별 진단에 영향을 주는 핵심 영역 및 이차적 영역을 반영하는 것으로 받아들여야 한다. 진단이 가능한 상태의 아동이라면 두 가지 이상의 영역에서 저조한 점수를 받을 것으로 예상되며, 장애의 심각도에 따라 각 영역 내 및 영역 간에 결손이 커질 것이다.

각 범주의 인지기능을 평가하는 것이 어떤 아동에게는 필요하지 않을 수도 있다. 모든 영역을 철저하게 평가하는 것은 평가를 진행하거나 아동의 입장을 고려할 때 실용적이지 않다. 또 어떤 경우에는 모든 영역을 살펴보기보다 특정 영역을 심도 깊게 평가하는 것이 중요할 수도 있다. 이러한 모델에서의 종합적 평가는 평가 가능한 모든 문제의 가능성에 대해 살펴보기보다는 평가나 평가 중에 발견된 문제의 발현에 대해 통합적으로 평가하는 것이다. 신경심리학에서 유연한 심리검사와 표준화된 종합심리검사를 비교하는 것과 유사하다. 평가의 초점은 행동적 · 정서적 측면, 그리고 가족기능의 측면에서 인지에 대해 철저하게 살피는 것이 아니라, 꼭 필요한 부분에 적절한 진단 및 치료계획에 집중하는 것이다. 발생할 수 있는 모든 의뢰나 상태에 대한 평가를 살펴보는 것은 이 장의 범위를 벗어난다. 대신에 우리는 연구결과나 진단 기준에 근거하여 몇 가지 일반적인 기준에 대해 다루어 보고자 한다.

3) 언어

언어기능은 인지적 · 학업적 · 사회적 · 행동적 기능의 다양한 측면에 영향을 미치는 핵심적 영역이다. 학업적 문제(예: 읽기 · 쓰기 · 수학에 대한 발달이 기대되는 수준보다 늦음), 사회적 어려움(예: 고립 · 비정형성), 행동적 문제(예: 공격적 · 반항적 행동), 혹은 적응적 행동의 지체 등으로 의뢰된 모든 아동에 대해서 언어적 어려움이 고려되어야 한다. 언어적 어려움은 언어를 이해하고 사용하는 데 있어 중도 이상의 심각한 수준에서 전반적인 손상일 수도 있고, 구체적 사고(예: 비유적 언어나 구어체를 이해하는 문제)나 사회적 결손(예: 화용 언어의 결함)과 같이 이차적인 언어에 대한 보다 미묘한 어려움일 수도 있다. 또는 주의, 작업기억 혹은 청각적 처리의 어려움(예: 잘 듣지 못하거나 정보를 소통하는 데 있어 기억력이 좋지 못한 것 등)일 수도 있다. 몇 개의 측정도구를 사용할지 결정할 때는 언어지체나 언어장애의 이력이나 관찰된 소통의 어려움, 그리고 검사자에게 보고된 읽기나 쓰기의 문제를 고려해야 한다. 언어장애나 학습장애 혹은 자폐스펙트럼장애(ASD)의 가족사를 살펴보는 것은 초기 계획을 수립하는 데 있어 심도 있는 언어 평가가 필요한지에 대해 알게 해 준다. 언어 능력의 영역은 평가에 중요하기 때문에 모든 평가에 앞서 언어 문제가 검토되어야 한다. 따라서 WISC-V의 언어이해 지표(VCI) 중 최소 두 가지 측정도구는 평가에 항상 포함시키는 것이 좋다. 이러한 측정도구들을 통해 언어 사용을 입체적으로 살펴볼 수 있으며, 아동이 유의미한 언어 결손을 가진 경우 수행에서 높은 점수를 얻을 수 없는 것은 당연하다(Holdnack, Weiss, & Entwistle, 2006). 보다 미묘한 언어 결손을 가진 아동의 경우에는 이를 잘 수행해 내거나 언어 사용을 평가하는 검사의 전반에 있어서 일관적이지 못한 수행을 보일 수도 있다. 만약 아동이 언어지체나 언어장애의 진단에 있어 중요한 이력을 가지고 있다고 하자. 이러한 경우, 언어지체나 언어장애에 대한 이력 없이 읽기나 쓰기 문제만 나타난 아동과는 달리 언어기능에 대한 종합적인 평가를 할 때 음운론과 형태론에 대해서 보다 세심하게 살펴볼 필요가 있다. 주의력 혹은 작업기억의 문제 또는 반항적인 행동으로 의뢰된 아동은 문장 반복(sentence repetition)을 측정하는 검사, 또는 다단계의 절차에 따라야 하는 작업(multistep commands)의 수행을 요하는 검사를 통해 임상가의 언어가 기여하는 영향력을 확인하거나 혹은 이를 배제하는 식으로 살펴볼 수 있다. 만약 아동이 언어이해 지표에서 90점 이하의 점수를 받고, 공통성(SI)과 어휘(VC)에서 8점 이하의 점수를 받았다면, 임상가는 2개 이상의 언어검사를 해 보는 것을 고려해 보아야 한다. 만약 공통성과 어휘 사이에 큰 간극(예: 4~5점)이 있고 척도 점수 중 하나가 7점 이하일 때 임상가는 하나 이상의 추가적인 언어 평가척도를 포함하는 것이 좋다. 만약 표현어휘가 문제일 경우, 이해를 추가하거나 지식이나 기억으로 인해 점수가 낮아지는 것 같이 나타난다면 상식을 추가하라.

언어기능을 위한 평가도구가 많지만, 모든 선택 항목을 제시하는 것은 이 장의 범위를 벗어난다. 이 책을 개정하기 전에 우리는 언어기능에 관하여 상세한 평가를 할 때 고려할 수 있는 측정도구를 많이 제시하였다. 임상가는 자신에게 필요한 다양한 평가도구를 개발할 수 있으며, 감별 진단이나 목표에 대한 개입, 그리고 잠재적인 결과에 관한 정보를 제공하는 언어 영역을 평가하기 위해 어떤 검사도구를 활용할 수 있는지 알아야 한다. 모든 언어 평가도구는 서로 다른 목적을 위해 개발되었기에 각 평가도구의 내용은 서로 상당히 다를 수 있다. 많은 언어 평가도구가 하나 이상의 언어적 · 인지적 과정에 영향을 받는다. 어떤 언어 평가도구를 사용할 것인가를 결정할 때에는 해당 평가도구가 어떤 대상을 의도하여 개발되었는지를(예: 언어장애, 학습장애, 심한 실어증) 고려하여야 할 것이다.

4) 주의 및 집행 기능

주의 및 집행 기능의 기술은 행동과 정서의 통제에 중요하며, 과제를 시작하거나 완료하지 못하거나, 비일관적 · 비조직적이거나 엉성한 학업으로 묘사될 수 있다. 주의라는 개념 안에는 다양한 능력이 포함된다. 이 장에서는 장기간 동안 본질적으로 흥미롭지 않은 작업에 대해 주의를 유지하는 능력으로 지속적인 주의력(sustained attention)에 초점을 맞출 것이다. 집행기능은 개인이 효과적으로 자신의 행동을 관리하고 다른 인지 능력에 대해 수행을 조절하는 넓은 범위의 인지적 능력을 일컫는다. 이러한 기술에는 억제력, 인지적 유연성, 행동적 생산성(behavioral productivity), 인지적 틀(cognitive set)의 유지, 자기점검(self-monitoring), 계획 및 추상적 추론(abstract reasoning)이 포함되지만, 이에 국한되지는 않는다. 억제력은 상황, 문제 혹은 인지 과정에 대해 더 나은(예: 문제에 대해 행동적으로 혹은 정서적으로 적절하거나, 혹은 문제에 대해 옳거나 옳지 못한) 반응을 고려하거나 적용하기 위하여 자동적이거나 우세한 사고 및 감정[예: 과잉학습, 자동적 자극 반응(stimulus bound), 정서적 반응 등]을 멈추는 능력이다. 인지적 유연성은 여러 가지 관점으로 문제에 대하여 사고하는 능력이다. 이는 환경의 변화를 고려하여 행동을 변화시키는 능력(적응력), 또는 단일 자극에서도 여러 가지 서로 다른 정보를 이해할 수 있는 능력(추론력)이다. 행동적 생산성은 개인이 문제 해결 행동을 시작하거나 유지하는 과정을 말한다. 인지적 틀의 유지는 과업이나 처한 상황의 규칙을 이해하고 적용하는 능력이며, 규칙을 위반하지 않도록 행동을 점검하는 능력이다. 계획하기는 개인이 목표에 도달하기 위해 필요한 단계를 파악하고 목표를 향한 행동을 지속하는 과정이다. 추상적 추론은 자극에 대해서 명백하거나 외적인 특징을 넘어서 이해하는 능력이며 직면한 한계 너머의 문제를 바라보는 능력이다. 이러한 인지적 기술들은 문제 해결의 효율성, 개인의 적응성, 자신의 행동을 조절하고 통제하는 능력, 그리고 복잡한 문제를 해결하는 능력과 관련이 있다. 주의 및 집행 기능의 결손은 많은 신경발달장애의 발현에서 중요한 측면이다. ADHD로 진단된 아동은 억제력과 계획(Corbett, Constantine, Hendren, Rocke, & Ozonoff, 2009; Willcutt et al., 2005) 그리고 주의를 유지하는 데 중도 수준 이하의 어려움을 겪는다. 자폐적인 아동은 계획에 어려움을 보이며(Geurts, Verté, Oosterlaan, Roeyers, & Sergeant, 2004), 인지적 유연성에서도 어려움을 보인다(Corbett et al., 2009; Geurts et al., 2004). 이는 주의를 지속하고 억제력을 유지하는 것(Corbett et al., 2009), 그리고 억제하고 조절하는 것에 관련된 수학 학습장애(Geary, 2004)에서도 마찬가지이다. 자폐증과 아스퍼거장애는 모두 집행기능에 있어 몇 가지 결손을 보여 준다(Verté, Geurts, Roeyers, Oosterlaan, & Sergeant, 2006). 적대적 반항장애와 품행장애는 집행기능의 결손과 필수적으로 연관되지는 않는다. 하지만 ADHD와 높은 비율로 공병하며 적대적 반항장애 혹은 품행장애를 가진 아동은 ADHD를 가진 아동과 유사한 집행기능의 결손을 보인다. 인지적 유연성과 억제력의 결손은 자폐 아동의 반복적이고 제한적인 행동이 늘어나는 것과 관련이 있다(Lopez, Lincoln, Ozonoff, & Lai, 2005). 억제력 문제는 수학기능에서 질이 떨어지는 것과 관련이 있으며(Bull & Scerif, 2001), 전반적인 학업수행(Bull, Espy, & Wiebe, 2008)과도 관련이 있다. 억제력 결손은 잠재적인 공격적 행동에도 간접적인 영향을 줄 수 있다(Hoaken, Shaughnessy, & Pihl, 2003). 주의 및 집행 기능 문제들과 관련 있는 행동적 징후는 업무 외 행동, 산만함, 충동성, 낮은 수준의 좌절 감내력, 비조직화, 경직된 행동 혹은 사고, 새로운 환경 및 변화된 일상의 적응이 어려움, 경직된 사고, 공격성, 그리고 학업을 수행하는 데 너무 서두르거나 실수로 인한 잦은 오류 등이다. 이러한 행동은 인지적 제한 때문이라기보다는 성격적 특성 혹은 '고의성'에 의한 것으로 잘못 평가될 수 있다.

사전평가 정보에서 행동 통제 문제 혹은 주의 문제가 있다면(주요한 부분이 아닐지라도) 하나 이상의 집행기능을 평가하는 평가도구가 포함되어야 함을 의미한다. 조잡하거나 조직적이지 못한 수행, 혹은 자동적으로 할 수 있어야 하는 기본 기술의 실패(예: 단어의 부호화 절차와 같은 학문적 개념이나 절차를 배우는 데 어려움이 있는 것과는 반대로 단순한 계산 기술) 때문에 일어나는 학업적 어려움이 있을 때도 하나 이상의 집행기능 평가도구를 포함하는 것이 좋다. 주의력 문제가 나타나는 아동에게는 지속적인 주의를 유지하는 것을 측정하는 평가도구가 고려되어야 한다. 평가척도에서 활동, 충동성, 적응성, 사회적 어려움, 공격성이나 폭발적 행동, 부족한 공부기술, 그리고 반항적이거나 품행 관련 문제에 대한 측정치가 높다면, 이는 집행기능을 측정하는 평가도구를 포함해야 한다는 근거가 된다. 언어기능과 비슷하게 주의 및 집행 기능의 결손은 학업적 성취와 심리사회적 기능에서 문제가 발생하는 주요 원인이다.

WISC-V의 소검사 중 주의 및 집행 기능에 대해 직접적으로 평가하는 도구는 없다. 하지만 순간적으로 집중을 유지하는 능력(brief focused attention)의 결손은 검사수행, 특히 작업기억의 소검사 수행에 영향을 줄 수 있다. 집행기능의 영역에서 관찰할 수 있는 아동의 저조한 추론 기술은 추상화에서도 어려움이 있음을 시사한다. 언어 평가에서 저조한 발화량(verbal productivity)이 나타난다면 이는 행동을 시작하는 데 어려움이 있음을 시사하며, 이해와 공통성에서 낮은 점수를 받는다면 인지적 유연성 관련 문제가 있을 수 있다. 아동이 WISC-V에서 보이는 수행을 통해 이 능력에 대해 보다 세부적인 평가를 할 수 있을 것이다.

5) 작업기억

작업기억은 학업에서의 학습과 수행 그리고 고차원의 문제 해결/추론에 중요한 기술이다. 작업기억은 종종 주의 및 집행 기능의 기술과 연관된다. 주의 및 집행 기능과 같이 작업기억은 인지 효율, 학습 그리고 학업적 수행에 상당한 영향을 미친다. Baddeley의 모델(2009, 2012)에 따르면, 작업기억은 세 가지 주요 기능인 음운고리(phonological loop), 시각 메모장(visual sketchpad), 중앙 관리자(central executive)로 구성된다. 이러한 체계는 과거에 학습한 정보 중 문제 해결에 필요한 정보를 검색하고 새로운 정보를 처리해 오랫동안 기억하기 위한 임시 완충기(episodic buffer)로 장기기억과 상호작용한다. 음운고리는 즉각적인 문제 해결을 위해 청각적 정보를 의식 속에 유지한다. 시각 메모장은 문제 해결을 위해 시각적 이미지와 공간적 정보를 마음속에 유지하도록 해 준다. 중앙 관리자는 인지적 자원을 배분하고 문제 해결을 위해 주의를 집중시키며 인지적 간섭을 통제한다(Baddeley, 2012; Baddeley, Eysenck, & Anderson, 2009). 이러한 하향식의 집행 및 주의는 청각적 · 시각적 영역 전반에서 작동하는 작업기억과 공통되는 중심 기제이다. 작업기억은 학습에서 핵심적인 인지기능으로 확인되어 왔으며, 작업기억에서의 결손은 종종 학습장애의 발달에 기여하는 경우가 많을 뿐만 아니라 다양한 신경발달장애에서도 자주 발견된다.

연구결과를 요약해 보자면 다음과 같다. 작업기억은 학습에 영향을 주며, 작업기억의 결손은 종종 학습장애를 가진 아동에게서 발견된다. 언어적 작업기억은 장기적으로(longitudinally) 언어기능을 예측하는 반면, 공간 작업기억은 학교에서의 수학 및 언어 관련 수행에 영향을 미친다(Gathercole, Pickering, Knight, & Stegmann, 2004; St Clair-Thompson & Gathercole, 2006). 또한 공간 작업기억은 일반적으로 인지기능과 상당히 연관되어 있다. ADHD로 진단받은 아동은 언어적 작업기억보다 작업기억의 공간 및 집행 부분에서 더 큰 결손을 보이며(Martinussen, Hayden, Hogg-Johnson, & Tannock, 2005) 이는 수학에서도 비슷하게 나타난다(McLean & Hitch, 1999). 난독증으로 진단받은 아동은 공간적 작업기억이 아닌 언어적 작업기억의 평정에서 결손을 보인다(Jeffries & Everatt, 2004). 또한 독해에서의 결손은 언어적 작업기억과 관련이 있는데, 특히 주의력을 많이 요구하는 수행에서 그렇다. 자폐스펙트럼장애에서 작업기억의 역할은 명확하게 밝혀지진 않았다. 몇몇 연구에서 자폐스펙트럼장애를 가진 아동은 언어적 작업기억을 제외한 시공간 작업기억의 결손이 있는 것으로 밝혀졌다(Steele, Minshew, Luna, & Sweeney, 2007; Williams, Goldstein, & Minshew, 2006). 작업기억에서의 어려움은 공통적으로 학습에서의 어려움 및 발달장애와 관련이 있다.

임상가는 대부분의 평가에서 WISC-V의 작업기억 평가도구를 하나 이상 사용한다. 아동의 작업기억 지표(WMI)가 90점 이하일 경우, 혹은 두 가지의 소검사에서 점수가 8점 이하일 경우 작업기억에 대한 평가도구를 추가적으로 사용해 보는 것을 고려해야 한다. 추가적인 평가도구를 사용한다면 작업기능 결손의 본질이 무엇인지에 대해 보다 상세한 평가를 할 수 있다. 주의 혹은 학습 문제를 가진 것으로 언급되는 아동에 있어서는 작업기억의 어려움을 의심해 보아야 하며, 반드시 이를 평가해야 한다. 부모 및 교사 평정의 경우, 주의 문제나 학업적 문제에서 높은 점수를 얻는다면, 이 또한 작업기억에 대한 평가를 해야 한다.

6) 학업 기술

학업수행에 관한 문제는 심리학적 평가로 의뢰된 아동이 일반적으로 보이는 문제이다. 행동조절이나 정서적 문제가 주된 관심사인 경우에도, 학업적 문제는 이러한 어려움에 있어 종종 부차적이거나 똑같이 중요한 영역으로 보아야 한다. 아동을 대상으로 한 모든 심리학적 평가는 단어 읽기 혹은 산수 계산과 같이 적어도 2개 이상의 기본적인 학업 평가도구를 포함하는 경우가 많다. 학업수행 의뢰사유의 주요한 관심사일 때 학업기능에 대한 추가적인 평가도구가 평가에 포함된다.

WISC-V의 점수 조합은 발생 가능한 학업적 문제를 예측하는 것으로 확인되었다(Holdnack, 2016). 〈표 11-1〉은 정상적인 발달 과정을 거치고 있는 아동이 웩슬러 성취검사 제3판(WIAT-III)에서 보인 수행에 대한 예측 변인과 이에 관한 R^2 값을 보여 준다. 이러한 분류는 특정 인지적 취약성으로 인한 학업적 어려움의 위험을 측정하는 데 사용할 수 있다. 이러한 인지적 취약성은 교정 및 적응을 위한 개별화교육계획으로 식별될 수 있다. 이 장의 후반부에서 제시하는 사례연구에서 이러한 모델들이 어떻게 적용될 수 있는지 설명하였다.

여기에 제시된 여섯 가지 학업적 영역에서, WISC-V의 측정치는 학업적 수행의

표 11-1 WIAT-III에 대한 WISC-V의 예측 변인

학업적 영역	R^2	WISC-V 주요 예측 변인				
단어 부호화 (Word Decoding)	0.36	숫자 (DS)	상식 (IN)	이해 (CO)	지연적 기호변환 (DST)	명명속도 문자-숫자 (NSln)
독해 (Reading Comprehension)	0.33	공통성 (SI)	이해(CO)	산수 (AR)	지연적 기호변환 (DST)	
읽기 유창성 (Reading Fluency)	0.31	순차연결 (LN)	명명속도 문자-숫자 (NSln)	어휘 (VC)		
숫자계산 (Numerical Operation)	0.31	산수 (AR)	공통성(SI)	기호쓰기 (CD)		
수학 문제풀기 (math problem-solving)	0.43	산수 (AR)	토막짜기 (BD)	지연적 기호변환 (DST)	무게비교 (FW)	숫자 (DS)
수학 유창성 (math fluency)	0.43	산수 (AR)	기호쓰기 (CD)	언어적 명명속도 (NSL)	수량적 명명속도 (NSQ)	

주: 변인의 순서는 높은 예측력부터 낮은 예측력으로 배열함
출처: WIAT-III(Wechsler, 2012).

분산에서 약 30~45%의 설명력을 가진다. 기초 읽기, 산수 계산과 같은 보다 기본적인 학업기능으로 대표되는 인지적 영역은 작업기억, 언어, 처리속도(예: 자동적인 혹은 활성화된 처리속도), 기억기능을 반영한다. 독해와 수학 문제풀기 같은 보다 복잡한 학업적 기술은 추가적인 추론 능력을 필요로 한다. WISC-V에서 평가된 인지적 기술이 학업적 어려움을 완벽하게 예측하는 것은 아니기 때문에, 측정된 점수는 평가된 기능 영역의 검증이나 확장이 필요한 잠재성 혹은 위험성을 판단하는 모델에서 사용되어야 한다.

7) 사회적 인지 및 화용 언어 관련 기술

사회적 인지 및 화용 언어와 관련된 기술은 사회적 관계성에 영향을 미치는 장애와 관련

이 있다. 이 영역에서의 능력이 부족하면 이는 사회적 고립, 동료나 어른과의 의사소통에 손상, 그리고 타인에게 비전형적인 모습(the appearance of atypicality)으로 나타날 수 있다. 사회적 인지는 평가하기에 매우 광범위한 개념이다. 여기에서는 표정이나 목소리의 억양에서 정서적 표현을 이해하고 얼굴을 분별하고 기억하며 얼굴과 이름을 연결하여 기억하고 다른 사람의 관점을 이해하는 능력을 사회적 인지라고 정의하였다. 화용 언어는 몸짓과 신체언어의 적절한 사용, 대화에서 주제를 따라가고 유지하는 능력, 언어에서 메타 언어적 관점과 같이 사회적 의사소통에 필요한 기술을 말한다. 사회적 인지와 화용 언어와 관련된 기술에서 손상이 있다면 대개의 경우가 자폐스펙트럼장애(ASD)와 관련이 있다. 하지만 다른 신경발달적 상태로 진단된 아동의 경우 하나 이상의 사회적 정보 처리의 영역에서 어려움을 경험할 수 있다.

연구에 따르면, 자폐로 진단받은 아동은 어렸을 때부터 안면 인식에 손상을 보이거나(Dawson et al., 2002) 얼굴을 처리할 때 물체를 처리하는 것과 유사한 뇌활성화를 보여 준다(Schultz et al., 2000). 사회적 장면에서 보면, 자폐스펙트럼장애를 가진 아동은 입, 신체, 또는 사회적 능력과 부적으로 관련된 대상에 집중하는 경향이 있다(Klin, Jones, Schultz, Volkmar, & Cohen, 2002). 자폐스펙트럼장애는 정서적인 표정을 이해하는 능력의 저하(Kuusikko et al., 2009)와 얼굴 인식 및 기억의 일반적 결함과 관련이 있다(Weigelt, Koldewyn, & Kanwisher, 2012). 전형적인 발달 과정을 거치는 아동과 비교했을 때, 자폐스펙트럼장애로 진단받은 경우 운율을 인식하는 뇌 영역이 활성화되지 않으며(Wang, Lee, Sigman, & Dapretto, 2007), 화용 언어에 어려움을 겪고(Wilkinson, 1998), 타인의 관점을 이해하지 못한다[예: 마음이론(theory of mind)](Baron-Cohen, 2001). 반사회적 성향이 있는 경우에는 두려움의 표정을 처리하는 데서 결함을 보이며(Marsh & Blair, 2008), 품행장애로 진단된 청소년의 경우 특정 정서를 인식하는 능력이 떨어진다(Fairchild, Van Goozen, Calder, Stollery, & Goodyer, 2009). 발달적 측면에서 사회적 기술, 얼굴 처리, 정서 인식 그리고 화용 언어가 가지는 중요성에도 불구하고 발달장애 영역에서의 연구는 다른 인지적 영역에의 연구에 미치지 못하고 있다. 이러한 영역의 결손은 종종 자폐스펙트럼장애 및 낮은 수준의 품행 관련 문제와 관련이 있다. 이는 WISC-V에 잘 나타나 있지 않기 때문에 적절한 평가를 위해서는 추가적인 평가도구를 활용해야 할 것이다.

8) 기억

얼마나 많은 종류의 기억기능이 있는가. 명시적 처리와 암묵적 처리 모두 여기에 속한다. 학습과 기억, 특히 언어 그리고 연상기억기능은 학업적 학습환경과 일상의 삶에서 매우 중요한 영역이다. 기억기능은 장기 저장 및 접근할 수 있는 정보를 의도적(명시적)으로 혹은 의도치 않은 상태(암묵적)에서 획득하는 것을 말한다. 기억기능은 단기기억에서 집중을 유지하고 정보를 조작하는 작업기억기능과는 다르다. 대부분의 임상적인 기억 평가도구는 아동 · 청소년이 명시적 저장을 하는 능력이나 언어적 · 시각적 정보를 장기기억에서 인출하는 능력을 평가한다. 주요 개념에는 다중 및 단독 시행을 통한 학습, 부호화와 인출, 시각과 언어 그리고 기억 왜곡 등이 있다. 신경발달장애에서 순수한 기억상실은 매우 드문 현상이다. 기억장애는 미묘한 문제를 야기하며, 이는 학업적 어려움에 초래한다. ADHD는 단독 및 다중 학습의 결손과 관련이 있다(Muir-Broaddus, Rosenstein, Medina, & Soderberg, 2002). 읽기장애를 가진 아동은 통제집단과 비교했을 때 학습률이 떨어지며(Kramer et al., 2000), 이는 언어장애 또한 마찬가지이다(Shear, Tallal, & Delis, 1992).

교사나 부모가 보고한 행동기록이나 심리사회적 이력을 통해 기억 평가도구를 추가적으로 사용할지 결정하는 것은 어려운 일이다. 심한 기억장애는 특정 발달장애보다 뇌손상이나 신경학적 상태와 관련이 있으며, 교사나 부모가 보고하는 저조한 기억기능은 종종 작업기억이나 미래 계획 기억(prospective memory)의 문제를 반영한다. 따라서 의뢰된 학업적 · 행동적 사유를 평가하기 위해서 어떠한 평가도구를 써야 하는지 판단하는 것은 어려울 수 있다. 건망증은 종종 순간적인 수행에서 나타나며, 이러한 아동은 대부분 정보를 기억하는 데는 문제가 없다. 미래 계획 기억은 2주 안에 보고서를 제출해야 한다는 것을 기억하는 것과 같이 미래에 해야 할 일을 잊어버리는 것과 관련된 기억기능이다. 미래 계획 기억 또한 기억 기술 중 하나이지만 기억 평가도구의 평가 대상에 포함되지 않는 경우가 많다. 기억의 문제는 종종 언어 및 실행 기능과 같은 다른 인지적 기술 손상의 맥락에서 발생하기도 한다. 때때로 기억 문제는 이렇게 또 다른 인지적 어려움에 의해 가려지거나 다른 인지적 장애 때문에 발생하기도 한다. 그럼에도 다른 인지 처리의 결함과 씨름하느라 기억 문제를 간과하면 안 된다. 기억의 결함이 관찰될 경우, 아동이 일반적인 학업 능력과 지식 기반을 쌓아 나가는 데 어려움을 초래할 가능성이 크다.

아동의 심리사회적 역사가 잘 알려져 있지 않을 때, 교사의 관찰이 도움이 될 수 있다. 구체적으로 새로운 기술을 얻으면 이전에 습득한 지식을 잊어버리는 것처럼 보이는 아동은 단서를 제공하거나 유도할 때만 정보를 기억하는 것처럼 보이거나 혹은 기억기능이 일관되게 나타나지 않을 수도 있다. '건망증'을 관찰할 수 있다면, 이것이 다양한 인지적 문제를 시사할 가능성이 있기 때문에 정보의 재인(recall)에 관하여 보다 직접적인 질문을 하는 것이 중요하다. 교사의 보고는 기억 문제를 감별하기에 불충분한 경우가 많기에, 임상가는 추가적으로 기억에 대한 관찰이나 검사 결과를 포함시키는 것을 고려할 필요가 있을 것이다. WISC-V의 소검사 중 하나인 기호변환(Symbol Translation)[1]은 연상기억의 즉시성, 지연, 그리고 지체된 재인에 관한 평가를 제공한다. 이러한 과제는 명시적으로 제시된 단서와 재인 회상이 필요한 학습 과제와 관련이 있다.

9) 처리속도

처리속도는 개인이 정보를 인식하고 조작하고 반응하는 속도를 지칭하는 용어이다. 처리속도에는 '능동적' 활동과 '자동적' 활동이 포함된다. 처리속도는 인식하고, 변별하며, 통합하고, 정보에 대해 의사결정하며, 시각적 · 언어적 정보에 반응하는 능력이다. 처리속도 검사에서의 응답은 보통 동작성(예: 쓰기나 체크하기)이거나 언어적(예: 대상의 이름을 말하기, 소리 내어 숫자나 문자 읽기)으로 나타난다. 처리속도 검사는 아동이 기본 과제와 반복학습 과제(예: 자동화) 혹은 새로운 정보의 처리(예: 활성화)를 요구하는 과제를 얼마나 효율적으로 수행할 수 있을지 측정치를 제공한다. 이러한 종류의 평가도구들은 보통 높은 수준의 사고를 평가하지는 않는다. 하지만 어느 정도 수준의 단순한 의사결정을 빈번하게 요구한다. 불안을 느끼는 아동은 자신감 부족이나 의사결정의 확신 부족으로 인해 이러한 과제를 수행하는 속도가 느려질 수 있다. 일반적으로 이러한 평가도구들은 아동이 특정 절차(예: 단순 산

1) 역자 주: 한글판에는 포함되지 않음

술 계산, 이름 부르기, 시각적 식별 등)를 얼마나 잘(속도와 정확성에서) 수행할 수 있는가를 반영한다. 또한 이는 해당 절차의 자동성과 해당 정보의 접근성, 정보 처리의 초기 단계 효율성(예: 시각적 · 청각적 감별), 그리고 의사결정 속도를 의미한다.

처리속도의 결손은 자폐(Mayes & Calhoun, 2007), 학습장애(Shanahan et. al., 2006) 그리고 ADHD(Mayes & Calhoun, 2007; Shanahan et al., 2006)와 연관성이 있는 것으로 밝혀진 반면, 불안이나 우울, 적대적 반항장애와는 관련이 없는 것으로 나타났다(Mayes & Calhoun, 2007). 처리속도 점수는 종종 지적 장애를 제외하고는 신경학적 혹은 신경발달장애를 가진 아동이 가장 낮은 수행을 보이는 과제이다(Calhoun & Mayes, 2005; Wechsler, 2003, 2014). 빨리 이름대기 검사(rapid naming takes)[2]는 시각적-언어적 연관성의 측면과 의미 인출이 얼마나 자동적으로 되는지를 평가하며(Denckla & Cutting, 1999), 이러한 과제에서의 저조한 수행은 학습 손상과 관련이 있다(Waber, Wolff, Forbes, & Weiler, 2000). 빠른 자동 이름대기 검사(rapid automatic naming tasks)[2]에서 느린 수행은 종종 읽기와 관련이 있으며(Wolf & Bowers, 1999), 수학 학습장애(math disorder)와는 관련이 없다(Willburger, Fussenegger, Moll, Wood, & Lander, 2008). 읽기장애를 보이지 않는 ADHD로 진단된 아동은 통제집단과 비교하여 색깔 이름대기 검사(color naming tasks)[2]의 수행이 보다 느리며, 이는 읽기장애를 가진 아동과 유사해 보일 것이다(Tannock, Martinussen, & Frijters, 2000). 하지만 읽기장애가 있는 아동은 ADHD 아동보다 더 느리고 철자 및 숫자 이름대기 검사(letter and number naming)[2]에서 보다 많은 오류를 범한다(Semrud-Clikeman, Guy, Griffin, & Hynd, 2000). 시지각/동작 과제로 평가하는 처리속도는 많은 임상적 상태에 민감하겠지만, 빠른 자동 이름대기 검사는 읽기 및 학습의 어려움과 보다 구체적인 연관성을 가진다.

WISC-V의 처리속도 소검사들은 임상 상태에 대해 전반적으로 민감하기 때문에 기본적인 절차에 따라 사용되어야 한다. 이 검사들은 의사의 체온계나 혹은 혈압계처럼 작동한다. 하나의 양성반응으로 장애가 있음을 짐작할 수도 있지만, 문제의 본질을 확인하기 위해서는 추가적인 검사가 필요할 것이다. 빠른 자동 이름대기 검사

2) 역자 주: 한글판에는 포함되지 않음

는 학습 문제와 관련된 의뢰사유가 있을 때, 특히 읽기장애가 의심될 경우 일반적으로 사용된다. 학업적 문제와 관련하여 의뢰되는 집단이 가지는 공통성으로 인해 이러한 평가도구들이 흔하게 사용된다.

10) 시공간 및 유동추론

추론 능력은 보다 높은 수준의 문제 해결에 중요하며, 일부 학업적 영역에서 시공간 정보를 조작하는 능력은 핵심적인 부분이다. 시공간 추론 과제는 다양한 인지적 과정과 측정치들을 다룬다. 시공간 추론이 주요하게 결손된 발달적 장애는 거의 없지만, 다양한 임상 상태에서 이러한 영역에 어려움을 겪는 것은 흔한 일이다. 유동추론을 평가하는 과제는 본질적으로 시각적인 것에 국한되지는 않지만, 전형적으로 복잡한 과제를 해결하기 위해서는 새로운 시각적 정보를 활용하도록 되어 있다. 공간적 과제에는 구성 능력(mental construction), 조작, 작업기억에서의 물체 회전 그리고 다양한 각도를 인식할 수 있는 능력이 포함된다. 구성하는 과제에서는 아동이 모델에 따라 설계하거나(예: 블록쌓기, 구조 그리기) 기억에 따라 설계하는 것을 요구한다. 임상적 연구와 관련된 시각적 절차는 다른 인지적 영역만큼 개발되지는 않았다. 임상적 장애를 가진 아동 · 청소년의 공간적 · 시각적 기능을 평가하는 연구는 보통 추론보다는 작업기억에 집중한다. 연구에 따르면, ADHD로 진단된 아동 중 일부는 빠르지만 부정확한 문제 해결 접근법(Tamm & Juranek, 2012) 혹은 부주의로 인해(Semrud-Clikeman, 2012) 유동추론 과제에 있어 전형적인 발달 과정을 거친 통제집단보다 저조한 수행을 보인다. 유동추론과 마찬가지로, ADHD 아동의 부주의는 시공간 과제 수행에 악영향을 끼친다(Semrud-Clikeman, 2012). 또한 공간적 처리 과정의 결손은 수학 학습장애와도 관련이 있다고 밝혀졌다(Osmon, Smerz, Braun, & Plambeck, 2006). 유동추론 평가도구에서 낮은 점수를 받는 것은 수학추론 검사에서 낮은 점수를 받는 것과 상관관계가 있지만, 수학 학습장애의 연산기술과는 관련이 없다(Proctor, Floyd, & Shaver, 2005). 수학장애와는 대조적으로, 유동추론은 자폐스펙트럼장애로 진단된 일부 아동에게 인지적 강점으로 발견되었다(Hayashi, Kato, Igarashi, & Kashima, 2008; Souliéres et al., 2009). 시지각 및 시공간 처리 과정 또한 일부 자폐스펙트럼장애 아동의 인지적 강점으로 확인되었다(Caron, Mottron, Rainville,

& Chouinard, 2004; Falter, Plaisted, & Davis, 2008). 연구에 따르면, 발달장애를 가진 일부의 아동은 유동적 · 공간적 추론 과제에 대한 능력이 떨어질 수 있으며, 이는 아동에게 수학적 측면에서 어려움을 겪을 위험성을 유발한다. 자폐스펙트럼장애 아동은 이런 유형의 과제에 대해서 상대적으로 완벽하거나 혹은 인지적 강점을 가진다.

11) 감각운동 평가

중도 이하의 감각운동(sensorimotor) 결손은 다양한 발달적 장애에서 나타나며, 보다 심각한 결손일 경우 이는 신경학적 손상의 신호일 수 있다. 이러한 어려움은 많은 학업적 기술의 수행에 영향을 미칠 수 있으며, 일부 사회적 기능의 영역에 있어서도 영향을 줄 수 있다. 감각운동평가는 명백한 소근육 또는 대근육 운동의 결손이 있을 때 이루어질 수 있다. 또한 쓰기에서의 어려움을 겪거나 특정 발달성 협응장애와 관련해서 의뢰되었을 때, 혹은 작업 치료가 가능할지 판단할 때 사용한다.

연구결과에 따르면, ADHD로 진단받은 아동은 소근육 운동 문제를 가지고 있으며(Meyer & Sagvolden, 2006; Pitcher, Piek, & Hay, 2003), ADHD 혼합형으로 진단받은 아동은 대근육 운동 문제가 있다는 것을 확인했다(Piek, Pitcher, & Hay, 1999). 부주의 및 충동성 증상의 심각도는 소근육 및 대근육 운동 결손과 연관이 있다(Tseng, Henderson, Chow, & Yao, 2004). ADHD에 관한 운동 제어 문제는 왼손 대 오른손 문제에서 더욱 두드러진다(Rommelse et al., 2007). 다른 장애와 공병하는 ADHD 아동은 ADHD만 진단받은 아동보다 운동 문제를 보일 가능성이 더 높다(Kooistra, Crawford, Dewey, Cantell, & Kaplan, 2005). ADHD와 마찬가지로 일반적인 아동 표본과 비교하여, 소근육 또는 대근육 운동 문제 등 운동 지체는 언어장애를 가진 아동(Bishop, 2002; Hill, 2001), 그리고 자폐스펙트럼장애 아동(Jansiewicz et al., 2006; Noterdaeme, Wriedt, & Hohne, 2010)에게 더 많이 공병하는 증상이다. 비록 운동 문제가 독립적으로 발생할 수 있음에도, 소근육 및 대근육 운동 결손을 읽기 및 수학장애와 연결한 연구는 거의 이루어지지 않았다. 운동 지체나 운동 결손은 발달적 장애를 가진 아동에게 공통적으로 공병할 수 있다. 이러한 영역의 결함이 WISC-V의 소검사(예: 토막짜기, 기호쓰기)를 효과적으로 수행하는 데 영향을 줄 수 있지만, WISC-V에서 감각운동의 문제가 구체적으로 평가되지는 않는다.

(1) 잠재 가능성 및 위험성 모델

심리학적 평가도구가 개인의 특정 특징과 능력에 대해 내리는 평가는 불완전하다. 심리검사에 대해서 알려진 많은 정보는 특정 임상적 상태의 연구에서 보고된 점수의 합산에서 얻어지는 것들이다. 이러한 정보는 잠재 가능성 및 위험성 모델을 개발하는 데 유용하다. ADHD는 그러한 잠재 가능성 모델의 한 예이다. 과거의 웩슬러 척도에서 ADHD를 진단받은 아동 · 청소년 · 성인의 경우, 소검사 중 작업기억과 처리속도에서 일관적으로 유의미하게 낮은 점수를 받았다. 이러한 차이에 대한 효과크기는 평가도구에 따라 대략적으로 0.4~0.6이며, 척도 점수의 평균은 8~9이다. 따라서 ADHD로 진단받은 아동 중 거의 50%가 이 값 이하의, 그리고 50%가 그 이상의 점수를 취득한다. 척도 점수가 8점이나 9점이었을 때는 인지기능에 결손이 있는 것으로 나타나지 않으며, 이는 평균 범위라고 볼 수 있다. 이 데이터는 ADHD로 진단받은 아동과 진단받지 않은 아동 간의 검사 결과에 유의미한 중복이 있음을 의미한다.

경미한 발달장애나 신경인지장애(neurocognitive disorder)가 있는 아동 · 청소년은 임상적 상태의 발현과 관련된 특정 영역에서 낮은 점수를 보일 수도 있다. 중도 수준의 장애가 있는 아동은 5~8점의 점수를 받으며, 지적 장애와 같이 보다 심각한 장애를 가진 아동은 1~5점의 점수를 받는다. 경미하거나 중간 범위에 속한 낮은 점수 하나로 발달장애가 있을 위험성이 유의미하게 높아지는 건 아니지만, 낮은 점수가 여러 개 있다면 이는 장애의 위험성이 높음을 시사한다.

여기서 말하는 위험성이란 심리사회적 기능(예: 교육적 성취, 사회적 관계 등)의 특정 부분에서 어려움을 겪을 가능성이 커짐을 의미한다. 이는 동시에 발달적 혹은 인지 심리적 상태의 진단을 받을 위험성이 커짐을 의미하기도 한다. 진단을 할 때 검사점수의 프로파일만 보는 것은 아니지만, 프로파일은 부정적인 심리사회적 결과나 잠재 가능성이 전형적일지 아니면 예상보다 클지에 대한 전반적인 추정을 제공해 줄 수 있다. 실제 학업적 결과에 있어서, 평가가 결정적인 요소가 될 수는 없다. 이는 알다시피 평가된 능력 이외의 요인이 성공적인 학업적 수행에 영향을 미치기 때문이다. 표준화된 점수를 사용해 위험성을 평가하는 모델에 대해서는 〈표 11-2〉에 제시하였다. 이를 살펴보면 일반적인 표본의 2% 이내가 받는 점수(척도 점수 1~4점)를 받을 경우, 여기에 속한 개인이 심리사회적 어려움을 경험할 위험성이 높다. 3~9%의 점수(척도 점수 5~6점)는 중간 수준의 위험성을, 10~25%의 점수(척도 점수 7~8점)는 낮은 수준의 위험성을 보여 준다. 〈표 11-2〉의 점수는 단일요인 기저율(univariate base rates)로 제시되었다. 임상가는 잠재적인 위험성을 판단하는 데 있어(특히 6~8점 범위의 점수일 경우) 다중요인 기저율(multivariate base rates) 또한 반드시 고려하여야 할 것이다. 척도 점수가 9~19점이라면 이는 문제가 발생할 위험성을 낮춘다고 생각해 볼 수 있다. 13~19점의 점수는 해당 영역에 인지적 장점이 있음을 의미하며, 해당 영역과 관련된 심리사회적 영역에서 성공적일 확률이 높다는 것을 의미한다.

표 11-2 표준화 점수와 위험성에 대한 기술

척도 점수	*T* 점수	표준화 점수	백분위 점수	*z* 점수	위험성
19	80	145	99.9	3	매우 낮은 위험성
18	77	140	99.6	$2^{2/3}$	매우 낮은 위험성
17	73	135	99	$2^{1/3}$	매우 낮은 위험성
16	70	130	98	2	매우 낮은 위험성
15	67	125	95	$1^{2/3}$	매우 낮은 위험성
14	63	120	91	$1^{1/3}$	매우 낮은 위험성
13	60	115	84	1	매우 낮은 위험성
12	57	110	75	$^{2/3}$	낮은 위험성
11	53	105	63	$^{1/3}$	낮은 위험성
10	50	100	50	0	낮은 위험성
9	47	95	37	$^{-1/3}$	낮은 위험성
8	43	90	25	$^{-2/3}$	경도 수준의 위험성
7	40	85	16	−1	경도 수준의 위험성
6	37	80	9	$-1^{1/3}$	중도 수준의 위험성
5	33	75	5	$-1^{2/3}$	중도 수준의 위험성
4	30	70	2	−2	고도 수준의 위험성
3	27	65	1	$-2^{1/3}$	고도 수준의 위험성
2	23	60	0.4	$-2^{2/3}$	고도 수준의 위험성
1	20	55	0.1	−3	고도 수준의 위험성

(2) 다중요인 기저율

건강한 아동 및 성인이 종합검사에서 종종 하나 이상의 낮은 점수를 받는다는 것이 많은 연구에서 보고된다(Brooks, Iverson, & Holdnack, 2013; Brooks, Holdnack, & Iverson, 2011; Brooks, Iverson, Sherman, Holdnack, & Feldman, 2009). 종합검사에서 5~8점의 척도 점수를 받는다는 것이 백분위 점수에 표시된 비율(5%, 9%, 16%, 25%)로 발생하지는 않는다. 오히려 관측 비율은 각각 44%, 60%, 77%, 89%에 상대적으로 가깝다(Brooks et al., 2011). 개념적으로, 8점 이하의 점수를 받는 것 자체만으로 인지적 결손을 명확하게 나타낸다고 볼 수는 없다. 인지적 결손이 없는 개인에게서도 소검사에서 이따금씩 낮은 점수가 나오기 때문이다. 활용된 평가도구의 개수에 따라 다르겠지만, 그럼에도 일반적인 발달 과정을 거치고 있는 아동이나 건강한 성인이 2~3개 이상의 낮은 점수를 받는 것은 정상적이지 않으며, 정상성의 확률로 인해 어느 한 특정 인지기능에서 얻어진 낮은 점수(예: 이례적 수행)의 의미를 축소시킨다. 이러한 현상은 임상가에게는 이점이 될 수 있다. 4점 이하의 단일 점수가 있다고 해서 경도 수준의 지적 장애를 진단받은 아동을 확인할 수 있는 것은 아니며, 그보다는 모든 척도에 있어 저조한 수행을 보인다. 이는 일반적인 발달 과정을 거치는 아동뿐만 아니라, 덜 심각한 인지적 장애를 가진 아동조차 낮은 점수를 많이 받을 확률을 거의 0이 되게 한다. 특정 영역의 인지적 취약성을 확인하려면, 3개 이상의 평가도구에서 전반적인 검사 프로파일상으로 실제 결손과 무선적으로 나타난 낮은 점수들을 명확하게 확인할 수 있어야 한다.

인지 영역 간의 기저율 차이와 관련이 있는 주요한 요인은 사용된 평가도구의 개수이다. 척도의 급내상관(intercorrelations)이나 신뢰도 같은 추가적인 요인이 기저율에 영향을 주기도 하지만, 이는 굉장히 낮은 수준의 영향이다. WISC-V와 같이 우리는 이미 알려진 다중요인 기저율을 활용하여 산출된 점수가 얼마나 비전형적인지 알 수 있다. 이 장에 제시된 WISC-V의 모든 점수 조합에 따른 기저율을 제시하는 것은 이 장의 범위를 벗어난다. 기저율 중 일부는 다른 곳에 제시되어 있으며(Holdnack, 2016), 이 점수들에 대해서는 사례연구 부분에서 언급한다.

만약 인지적 영역에서 하나의 점수라 할지라도 매우 낮은 점수가 나왔다면, 이에 대해서는 매우 조심스럽게 접근할 필요가 있다. 대개 일반적인 발달 과정을 거치는 아동은 1~4점대의 점수가 나오지 않는다. 단일 점수가 매우 낮을 경우, 이는 특정

부분에 집중된 실제적인 인지적 어려움을 나타낼 수 있으며, 혹은 다른 가외변인으로 인한 영향일 수도 있다. 아주 구체적인 인지적 취약성을 나타내는 능력과 관련된 심리사회적 영역에서 저조한 기능을 보이는 사례나 혹은 관찰된 행동에 대한 확증이 필요할 때는 추가적인 검증을 하는 것이 매우 중요할 것이다.

(3) 인지 편차

다중요인 기저율과 같이, 일반적인 발달 과정을 거치는 아동·성인에게 인지 편차가 나타나는 것은 일반적인 현상이라는 것을 증명하는 문헌은 상당히 많다. 인지 편차만으로 임상적 상태의 존재를 진단할 수는 없다. 실제로 어떤 경우(예: 경미한 수준의 지적 장애와 지적 기능)에는 편차가 특정 진단에 대한 반증이 될 수도 있다. 점수 차이가 크게 나는 일은 대부분의 종합검사에서 나타난다. WISC-IV에서 표준화된 표본을 살펴보면, 여기의 아동이 받은 가장 높은 평균 점수는 13.5점이었으며, 가장 낮은 평균 점수는 6.5점이었다. 결과적으로 WISC-IV의 기본 소검사에서 가장 높은 점수와 낮은 점수의 차이는 2 표준편차가 넘는 7점이었다. 매우 높은 점수를 받는다면 점수의 편차가 극대화된다. 이러한 현상은 지표 점수에도 적용되며 WISC-V에서도 관찰된다(예: 평균 산포도는 7점이다). 편차 자체가 임상적 상태를 진단하는 것은 아니지만, 편차의 측면을 살펴보는 것은 평가 과정에 중요하다. 임상적 상태에서의 편차는 일반적으로 하나의 영역보다는 전반적인 영역의 특정 패턴에서 발생한다. 읽기장애를 가진 아동은 읽기 문제의 본질과 관련된 읽기 평가는 수행이 떨어지지만 수학에 대한 평가에서는 합리적인 수준으로 잘 해낸다. 외상성 뇌손상을 겪고 있는 아동의 경우 언어적 지능의 과업은 잘 수행해 낼 것이지만 기억과 관련된 평가는 수행이 저조할 것이다. 임상가가 특정 상태와 관련된 연구 문헌들을 잘 알고 있다면, 임상가는 해당 상태에 대해 장단점이 되는 영역을 탐색할 수 있을 것이다. 또한 점수의 패턴이 예상되는 것인지, 혹은 일반인에게도 종종 나타나는 인지 편차로 인한 것인지 판단할 수 있을 것이다. 편차가 존재하지 않는다는 것 또한 진단적으로 중요한 의미를 갖는다. 만약 WIAT-III의 단어 읽기(Word Reading)에서 평균 이하의 수행을 보여 단어 읽기에 어려움이 있는 것으로 예상되는 아동이 광범위 성취검사 제5판(Wide Range Achievement Test-Fifth edition: WRAT-V)의 단어 읽기 검사에서 높은 평균의 수행을 했다면, 임상가는 아동에게 실제로 읽기장애가 있는지 아니면 아동의 기능에 영향을 주는 다른 문제가 있는지 의심해 보아야 할 것이다.

12) WISC-V 사례연구

다음의 사례들은 WISC-V의 표준화 과정에서 수집된 실제 임상사례이다. 완벽하게 개별화된 평가 모델을 보여 주지는 못할지라도, 개별화된 평가 접근을 사용하여 정보를 처리하는 모델을 적용한 사례를 살펴볼 수 있을 것이다. 〈표 11-3〉은 여기서 논의하는 4개의 사례에서 사용될 소검사들을 제시하고 있다. 각각의 사례에서 점수에 따라 제시된 그래프는 WISC-V의 데이터를 사용하여 검증할 수 있는 특정 가설을 보여 줄 것이다. 이는 실행 가능한 모든 가설을 보여 준다기보다는 다중요인 기저율에 대한 지식을 적용한 가설을 검증하는 모델이라고 볼 수 있을 것이다.

처음 5개 데이터의 그림은 세 가지 요인에서 산수(Arithmetic)의 교차요인 적재치를 보여 주는 WISC-V의 요인분석 결과를 반영한 것이다. 여기서 추가적으로 제시된 가설들은 특정 소검사에 영향을 주는 부차적인 인지 처리가 중첩되었을 경우 어떻게 볼 수 있는지에 대해 초점이 맞춰져 있다. 예를 들어, 토막짜기(BD)와 기호쓰기(CD) 모두 평가에서 효과적인 수행을 하려면 소운동 조절이 요구된다. 아동이 운동 기술에 영향을 주는 상당한 신경학적 장애를 가지고 있지 않는 한 소운동 문제가 이러한 평가에 손상을 초래하지는 않는다. 하지만 여전히 저조한 소운동 기술들은 평가의 수행속도를 떨어뜨린다. 공통그림찾기(Picture Concepts)는 시각적 이미지에 의해 참조되는 의미 범주를 확인하는 능력이 요구되며, 언어적 어려움이 있는 경우에도 공통그림찾기의 점수가 영향을 받을 수 있다. 특정 임상군을 대상으로 한 연구의 증거에 기반한다면 다른 가설 또한 구체화할 수 있다.

두 번째 그림은 학업적 수행과 유의미한 연관성을 가진 소검사에서의 수행을 보여 준다. 어떻게 정보를 사용할 수 있는지 설명하기 위하여 몇 개 영역만 제시하였다. 특정 학문적 영역과 관련해서 낮은 점수를 많이 받을수록, 각 영역에서의 저조한 수행을 보일 잠재적 위험성이 증가한다.

각 사례에서 모든 소검사는 표준화 과정을 목적으로 선행적으로 시행되었다. 하지만 대부분의 경우에는 모든 소검사를 시행해야 하거나 모든 점수를 해석해야 할 필요는 없다. 검사에서 산출된 점수는 전체적인 평가로 보기보다는 평가의 방향을

표 11-3 각 사례별 WISC-V 소검사 척도 점수

소검사	A 사례	B 사례	C 사례	D 사례
공통성(SI)	6	7	9	13
어휘(VC)	8	8	6	11
상식(IN)	3	8	7	11
이해(CO)	9	6	11	11
토막짜기(BD)	12	4	8	9
퍼즐(VP)	13	6	14	8
행렬추리(MR)	10	5	7	10
무게비교(FW)	11	9	5	4
공통그림찾기(PC)	5	9	4	7
산수(AR)	7	10	10	10
숫자(DS)	6	10	9	13
숫자 순서대로 따라하기(DSs)	5	12		
그림기억(PS)	9	6	7	11
순차연결(LN)	8	4	9	11
기호쓰기(CD)	9	7	8	9
동형찾기(SS)	9	12	12	14
선택	8	15	11	13
언어적 명명속도(NSL)	8	9	9	10
수량적 명명속도(NSQ)	1	7	7	10
명명속도 문자-숫자(NSln)	5	9	7	3
즉각적 기호변환(IST)	4	9	7	8
지연적 기호변환(DST)	5	9	7	8
기호변환 재인(RST)	6	9	7	9

가리킨다고 보아야 한다. 앞으로 나올 몇 가지 사례에서는 검증 증거를 제공하기 위한 목적으로 표에 제시되지 않은 점수를 참조하거나 혹은 추가적으로 시행되면 좋은 검사를 추천할 것이다.

(1) A 사례

존(John) A는 7세 남아로, 학교에서의 행동적 문제 때문에 심리교육적 평가가 의뢰되었다. 이상적으로는 평가 전에 보다 많은 정보를 얻어서 문서로 구체화하는 것이 좋다. 보통 행동 문제의 속성, 빈도, 심각도 및 환경에 의한 편차 등이 포함된다. 존 A의 경우 행동 문제와 관련된 것 외의 학업적 문제는 의뢰사유에 포함되지 않았다. 행동 문제에 관해 의뢰된 사례의 경우 억제력, 인지적 유연성 그리고 지속적 주의력과 같은 주의 및 집행 기능의 평가가 포함되어야 한다.

[그림 11-1]을 살펴보면, 존 A는 언어 능력 관련 평가도구에서 5개의 점수 중 4개가 경미한 수준의 위험성을 보이거나 보다 낮은 범위의 점수를 보인다. 8점 이하의 4개 점수 중 3개 점수에 대한 다중요인 기저율(산수 제외)은 18.8%고, 6점 이하의 2개 점수에 대해서는 10%이다. 이러한 프로파일은 인지적 프로파일에 제시된 언어적 어려움이 중도 이하 수준의 위험성을 가짐을 의미한다. 이와 유사하게, 작업 영역의 4개 점수 중 3개가 위험 범위에 속해 있다. 숫자(DS), 그림기억(PS), 그리고 순차연결(LN)의 실제 기저율은 3개 중 2개 점수가 8점 이하였으며 기저율은 24.8%였다. 공개된 다른 데이터에서는 4개 중 3개가 그러하였으며, 기저율은 15%였다. (결손이나 손상이 없는 정도지만) 낮은 수준의 작업기억 기술은 심리사회적 기능의 영역에 영향을 줄 수 있으며, 경미한 위험성이 있다고 판단할 수 있다. 시공간 혹은 처리속도에 있어서는 어려움이 있을 것으로 보이는 근거가 거의 없다. 핵심적인 유동추론 기술은 이러한 영역에서 문제가 있을 위험성에 대해 제시하지는 않으며, 산수나 공통그림찾기에 관한 추가적인 평가도구들은 (4개 점수 중 2개가 7점 이하일 때) 중도 수준의 위험성을 나타낸다. 이 프로파일에 대한 대안적 가설로 몇몇 영역의 위험성을 확인할 수 있다. 이는 자동성, 의미지식, 유연성 그리고 기억이다. 행동통제에 대한 관심사는 구체적으로 저조한 언어와 인지적 유연성이다. 의사소통 결손이 있고 적응력이 떨어지는 아동은 행동화(acting-out)할 위험성이 있다.

[그림 11-2]에 나타나는 점수도표는 읽기와 쓰기 영역에 있어 부정적인 결과의 가능성에 대한 위험성을 평가한 것이다. 이 프로파일은 읽기 부호화와 이해 문제들에 있어 낮은 수행을 보일 위험성이 중도 수준이라는 것을 보여 준다. 다른 학문적 영역에서도 경도 수준의 위험성이 있다.

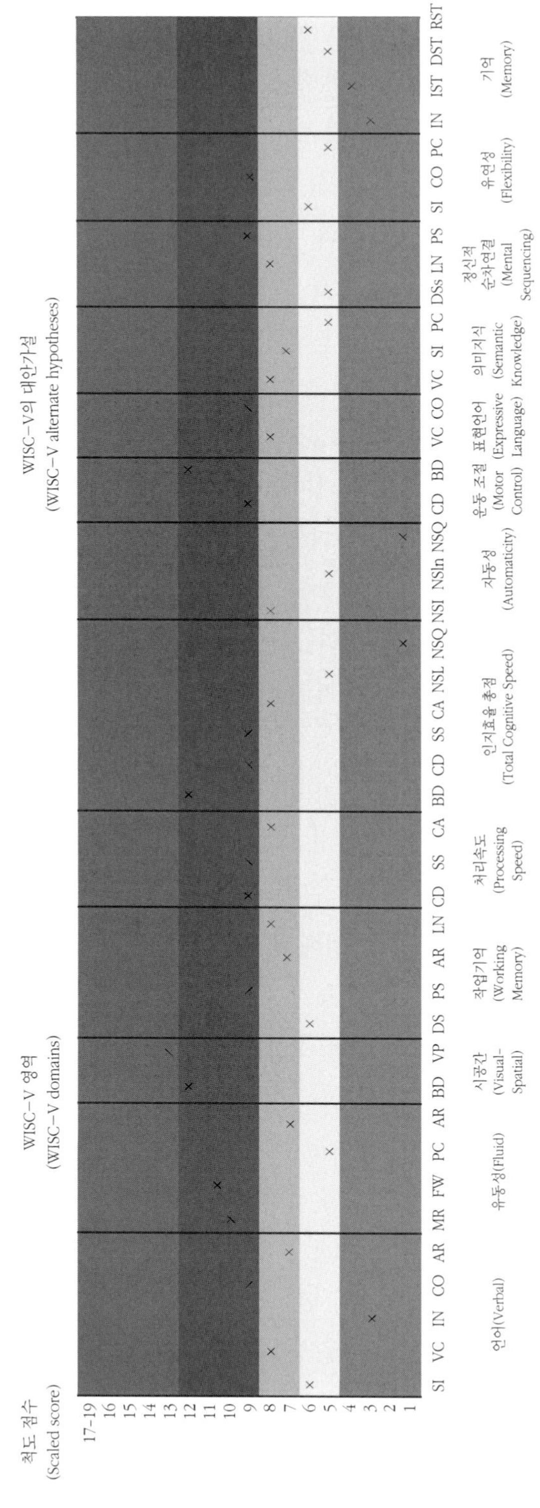

그림 11-1 A 사례의 WISC-V 점수 프로파일

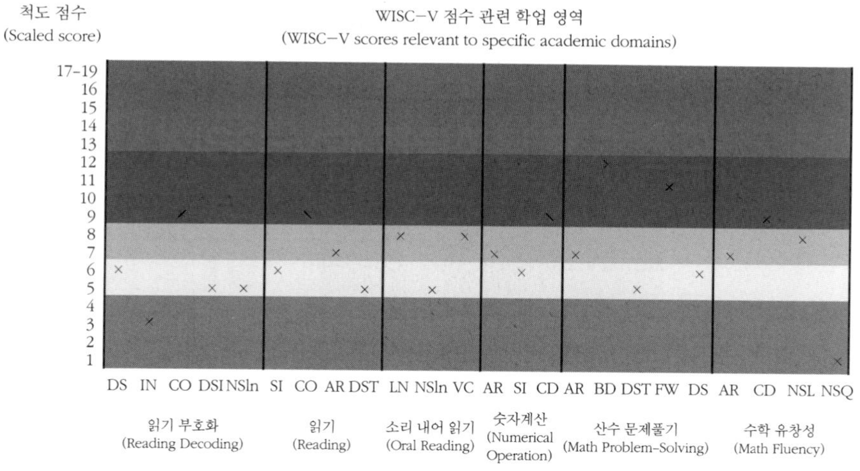

그림 11-2 WISC−V로 예측되는 A 사례의 학업적 취약성 영역

존 A는 행동통제에 관련한 문제로 의뢰되었으며, 정서적 어려움을 가진 아동으로 분류된다. WISC−V의 프로파일은 수용성 언어(receptive language)와 인지적 유연성 그리고 작업기억에서 유의미한 어려움이 있을 수 있음을 나타내며, 자동성과 기억기능에서 중도 수준의 위험성이 있음을 보여 준다. 또한 이러한 프로파일을 통해 저조한 읽기 기술을 가질 중도 수준의 위험성이 있으며, 보다 많은 전반적인 학업 문제가 있을 위험성이 경도 수준이라는 것을 나타낸다. 행동적 그리고 학습의 어려움은 모두 인지적 어려움과 관련이 있다. 평가에서 개별화된 접근방식을 사용하면 이러한 프로파일을 통해 집행기능에 관련한 능력과 언어적 기술, 구체적으로 음운 처리 능력(phonological processing ability)과 수용성 및 화용 언어와 관련된 능력에 대한 추가적인 평가를 해야 함을 알 수 있으며, 이는 학습 및 기억 기능의 평가에서 보다 세부적인 평가를 할 수 있도록 해 줄 것이다.

(2) B 사례

샘(Sam) B는 8세 남아이다. 행동적 통제 문제, 사회적 관계성 결핍, 비전형적인 행동(atypical behaviors) 그리고 학업적 기능에서의 어려움 때문에 심리교육학적 평가에 의뢰되었다. 독특한 행동, 사회적 관계성의 어려움과 같은 의뢰사유라면 집행기능, 전반적인 언어 및 화용 언어 기술, 그리고 사회적 인지의 평가를 고려해야 한

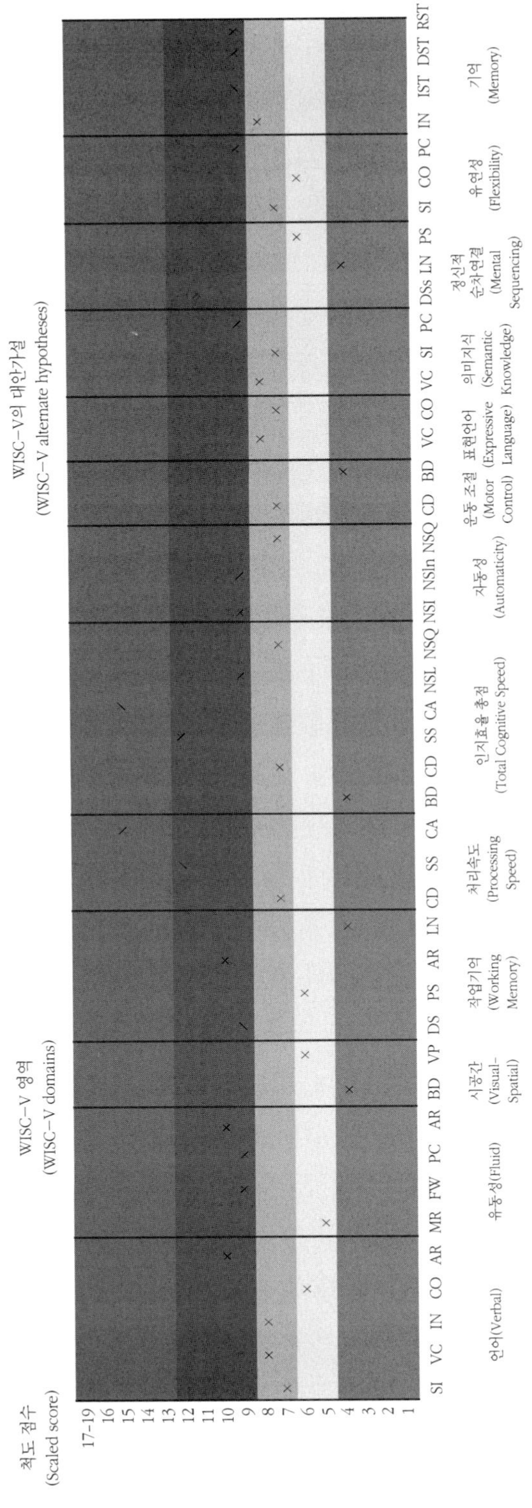

그림 11-3 B 사례의 WISC-V 점수 프로파일

다. 또한 통합적 평가를 위하여 WISC-V와 함께 전반적 인지기능의 평가를 추가적으로 실시하여야 한다.

[그림 11-3]의 WISC-V 프로파일은 시공간(기저율, 10%) 및 언어적 문제 해결(기저율, 10%)에 어려움이 있을 위험성이 중도 수준임을 보여 준다. 이를 보면 행렬추리(MR)와 그림기억(PS)이 포함된 시각적 매개 과제에서 낮은 점수를 추가적으로 관찰할 수 있다. 또한 운동 통제 문제에 있어 중도 수준의 위험성이 있으며, 표현언어(Expressive Language), 정신적 순차연결(Mental Sequencing) 그리고 인지적 유연성 문제에서도 경도 수준의 위험성이 나타난다. [그림 11-3]은 샘 B가 독해, 소리 내어 읽기의 유창성(Oral Reading Fluency), 숫자계산(Numerical Operations) 그리고 수학 유창성(Math Fluency)에 있어서 경도 수준의 위험성을 나타냄을 보여 준다.

WIAT-III의 결과는 샘 B가 평균적인 읽기 부호화(96), 소리 내어 읽기의 유창성(99), 숫자계산(93), 수학 유창성(94)을 가지고 있다는 것을 보여 준다. 주된 학문적 어려움은 낮은 범위의 언어 구술 기술(77)과 관련이 있다. 샘 B는 독해(80)와 수학 문제풀기(85)의 하위 검사에서 평균적으로 낮은 수행을 보였다. 이러한 결과는 학업적 수행에 있어 주요한 관심 영역이 언어 문제라는 것을 보여 준다. 읽기 문제는 전반적인 구어적/언어적 어려움(verbal/language difficulties)과 관련성이 클 것이며, 수학 관련 수행은 시지각 처리와 연관성이 높을 것이다.

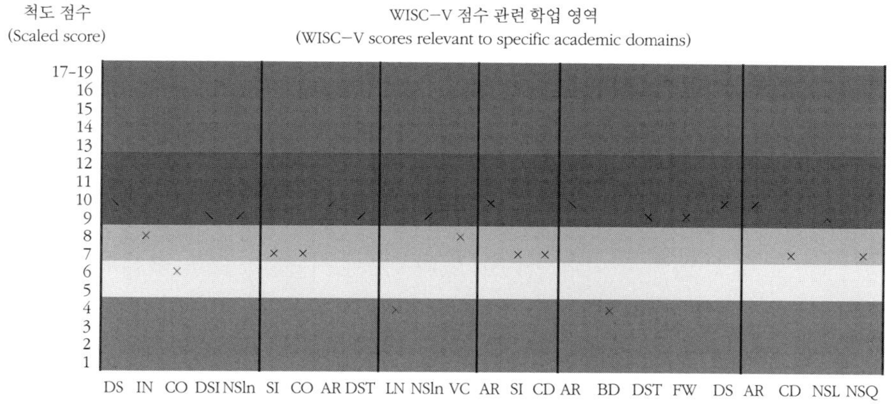

그림 11-4 WISC-V로 예측되는 B 사례의 학업적 취약성 영역

언어기능과 집행기능(예: 인지적 유연성)의 결합이 중첩되면 이는 학교에서 보고되는 학업적 · 행동적 문제 모두에 기여할 가능성이 있다. Sam B는 언어적 어려움을 가진 자폐로 진단되었다. 사회적 그리고 언어/의사소통 문제는 이러한 진단과 일치한다. 소운동 기술과 집행기능에 대해 추가적으로 평가하는 것은 보다 통합적인 개입 계획을 수립하는 데 효과가 있을 것이다([그림 11-4] 참조).

(3) C 사례

마리(Mary) C는 8세 여아이며, 읽기와 쓰기에서 겪는 어려움으로 인해 의뢰되었다. 의뢰된 문제를 살펴보면 언어 영역(예: 음운정보 처리), 자동성, 작업기억 그리고 서술기억(declarative memory)의 영역에 있어 추가적인 인지적 평가가 필요함을 알 수 있으며, 읽기와 쓰기 문제에 대한 통합적 평가를 위해 언어 능력을 측정하는 WISC-V의 표준검사를 포함시키는 것이 고려되어야 한다. 행동적 혹은 사회적 어려움에 대한 부분은 의뢰 기관의 보고에 없었다.

마리 C의 WISC-V 결과는 [그림 11-5]에 제시되었다. 유동추론에서 낮은 점수를 많이 받았기 때문에 이는 학업적 어려움에 있어서 중도 수준의 위험성(기저율, 10%)이 있음을 알 수 있으며, 언어 능력에 있어서는 경도 수준의 위험성(기저율, 25%)이 있음을 보여 준다. WISC-V의 표준 영역에서 기대 이상의 낮은 점수를 받았으며, 이 외에도 자동성, 운동 조절, 의미지식과 연상기억기능에 있어서 중도 이하 수준의 위험성이 있음을 알 수 있다. 마리 C의 WISC-V 결과([그림 11-6] 참조)는 읽기 부호화, 소리 내어 읽기 유창성 그리고 수학 문제풀기의 위험성을 나타낸다.

마리 C의 WIAT-III 결과에서는 수학 문제풀기(98), 숫자계산(96), 그리고 수학 유창성(99)에 평균 수준의 결과를 보였다. 구술 기술(102) 또한 평균 범위였다. 주된 학문적 어려움은 낮은 범위에 있는 단어 읽기(72), 독해(73), 그리고 소리 내어 읽기 유창성(71) 등의 읽기 능력과 관련이 있다. 쓰기 기술(76) 또한 낮은 범위에 있었다. 이는 단어 읽기 및 유창성에서 기대되는 저조한 수행과 일관되는 결과지만, 수학 문제풀기에서는 어려움을 보이지는 않았다. 독해는 회귀분석 결과 잠재적 위험으로 확인되지는 않았다. 하지만 유동추론 영역에서 낮은 점수가 많기 때문에 추론이나 이해를 요구하는 과제에서 약점이 있을 위험성이 시사된다. 따라서 WISC-V의 예측식은 학업적 문제가 예상되지 않을 때 어디에 초점을 맞춰야 하는가에 대해

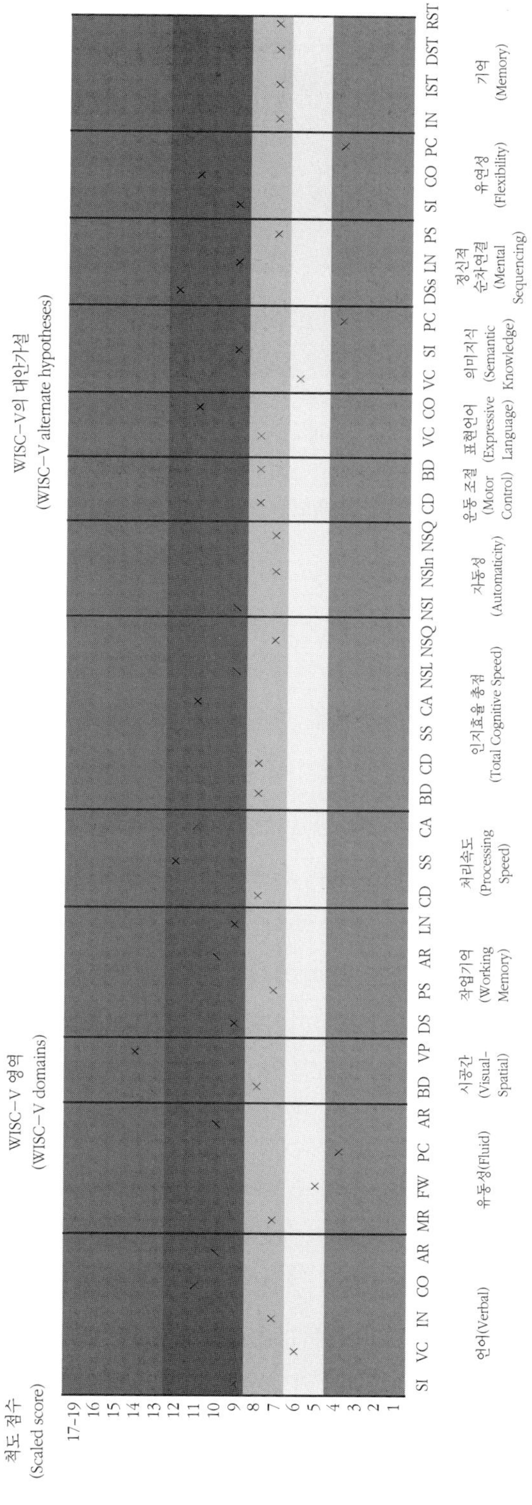

그림 11-5 C 사례의 WISC-V 점수 프로파일

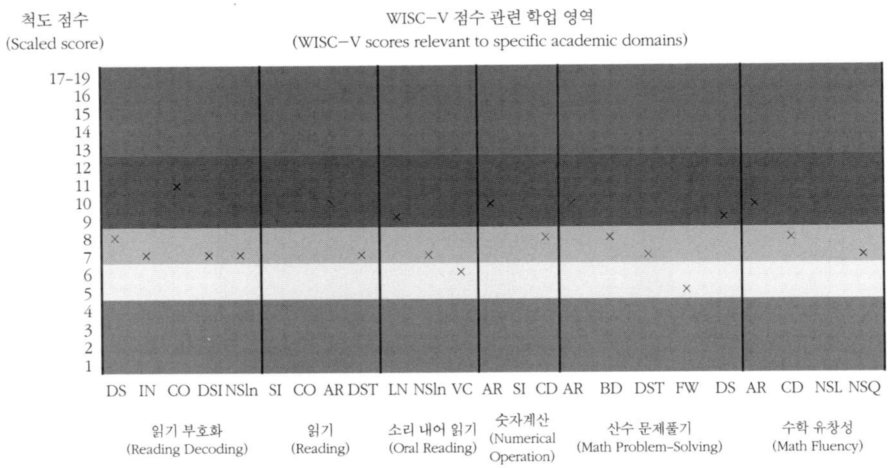

그림 11-6 WISC-V로 예측되는 C 사례의 학업적 취약성 영역

서 알려 주지만, 잠재적인 학업적 어려움을 확인하기 위해 단독으로 사용되어서는 안 된다.

마리 C는 의미지식, 자동성, 서술기억, 연상기억 그리고 유동추론과 관련하여 인지적 취약성을 보여 주었다. 이러한 인지적 어려움은, 특히 학업적 수행과 같은 심리사회적 기능에서 문제가 있을 위험성을 시사한다. 마리 C의 인지적 어려움을 충분히 이해하기 위해서 수용성 언어기능, 음운정보 처리 그리고 서술언어기억 기술에 관한 추가적인 평가를 해 보는 것이 좋다. 흥미롭게도, 마리 C는 상대적으로 양호한 작업기억 기술을 가지고 있었다. 따라서 시험성적 향상을 위한 학업적 개입이 효과적일 것으로 예상된다. 마리 C의 개별화교육계획은 읽기와 관련된 직접적 개입과 같이 언어와 기억기능을 향상시키는 것을 돕는 방향에 초점을 맞추어야 할 것이다.

기대 이하의 자동성 기술(automaticity skills)을 가진 아동은 자동적 언어재인(automatic word recognition)과 관련된 기술을 개발하기 위해 더 많은 정보에 노출시킬 필요가 있다. 또한 읽기에 어려움을 겪는 아동은 학업적 자료를 학습하는 데 있어 경험하는 피로감과 관련된 행동적 어려움(behavioral disturbance)의 에피소드를 경험할 수 있다. 이러한 어려움은 집행기능의 결손으로 인해 나타날 수 있지만, 일반적으로 행동적 어려움이 학업적 과제/개입에 의해 억제되지는 않는다.

(4) D 사례

제인(Jane) D는 16세 여아이며, 수학 과정을 따라가는 데 대한 어려움이 커지고 있어 의뢰되었다. 제인 D는 오랫동안 수학에서 어려움을 겪었는데, 나이가 들어감에 따라 어려움이 더 커지고 있었다. 수학 관련 학습장애를 가진 아동을 평가할 때는 시각적 작업기억, 억제력, 시공간 처리 그리고 양적추론에 대한 추가적인 평가가 반드시 포함되어야 한다. 앞에서 보고하였듯이, WISC-V의 소검사들은 수학 수행과 중간 수준의 연관성을 가지며 개인이 수학 기술을 학습하는 데 어려움을 겪는 이유에 대한 통찰력을 제공해 준다.

[그림 11-7]에서 제시된 WISC-V의 결과는 학습 및 학업 수행에 관련된 영역에 있어 제인 D가 상대적으로 양호한 인지적 능력을 가지고 있음을 나타내 준다. 제인 D는 유동추론과 관련된 학업 관련 어려움에 경도 수준의 위험성을 보여 주며, 순차 연결의 자동화와 관련된 점수에서 매우 낮은 점수를 얻었다. 특히 산수에 있어 제인 D의 평균 수행은 수학 학습장애의 가능성을 가진 개인치고는 매우 놀라운 결과였다. [그림 11-8]은 학업적 어려움이 있을 것으로 예상되는 위험성의 세 가지 영역을 나타낸다. 이는 읽기 부호화, 소리 내어 읽기의 유창성 그리고 수학 문제풀기이다. 이러한 영역에서 낮은 점수를 받는 것이 지배적인 경향을 보이는 것은 아니지만, 매우 저조한 점수가 있다는 것은 해당 학업적 기능 영역에서 잠재적 어려움이 있을 가능성을 시사한다.

WIAT-III의 결과에 따르면, 제인 D는 쓰기(114)와 구술(112)에서 평균적인 능력을 보였다. 읽기 점수 또한 모두 평균 범위에 속하는 것으로 괜찮았다. 수학 문제풀기(74), 숫자계산(89), 그리고 수학 유창성(87) 모두 학업적 취약성이 있을 수 있음을 시사했다. WISC-V를 살펴보면, 양적추론 평가인 산수과 무게비교 사이에 큰 차이가 있음을 알 수 있다. 매우 저조한 무게비교 점수와 낮은 수준의 공통그림찾기 점수는 제인 D가 수학/의미 개념(math/semantic concepts)과 언어적 표상 간의 연합에 어려움을 가지고 있음을 시사한다. 또한 제인 D는 숫자와 문자의 연결에 있어 시각 및 언어 연합의 자동성이 다소 느렸다. 제인 D가 시각 및 언어 연합(예: 작업기억과 연상기억)의 모든 측면에서 어려움이 만연해보이지는 않는다. 하지만 전반적인 추세를 보면 인지의 매우 특정한 측면에서 보다 유의미한 취약성이 있음이 시사된다. 제인 D는 수학 학습장애를 가진 학생으로 진단되었다. 개별화된 평가에서는 억

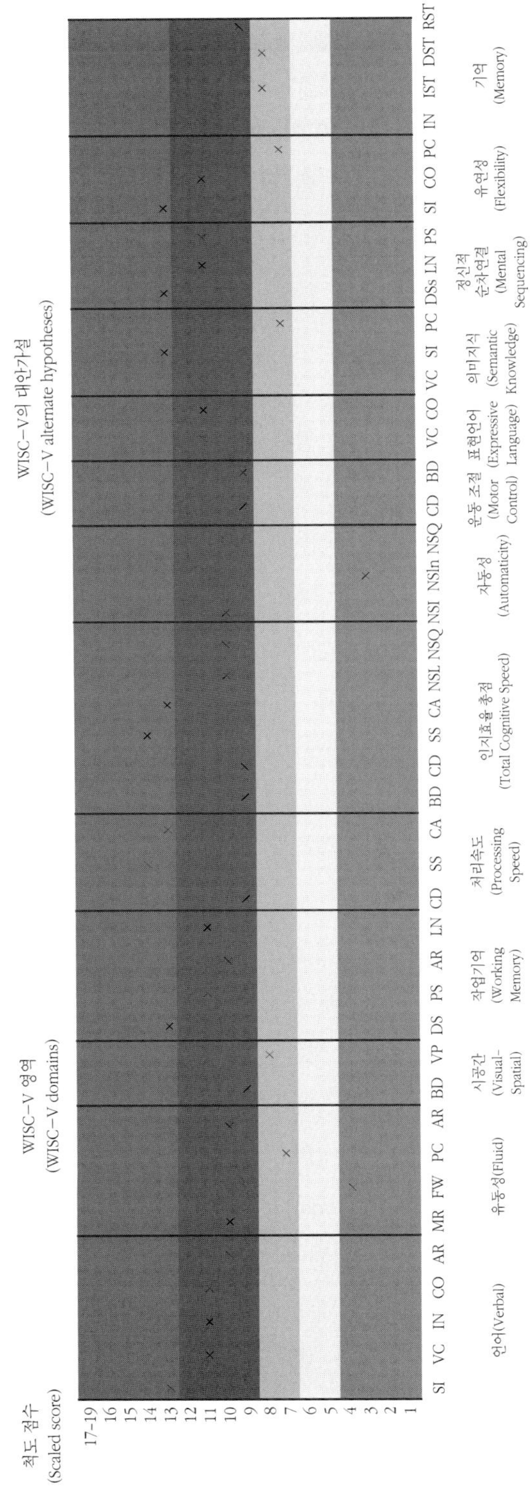

그림 11-7 D 사례의 WISC-V 점수 프로파일

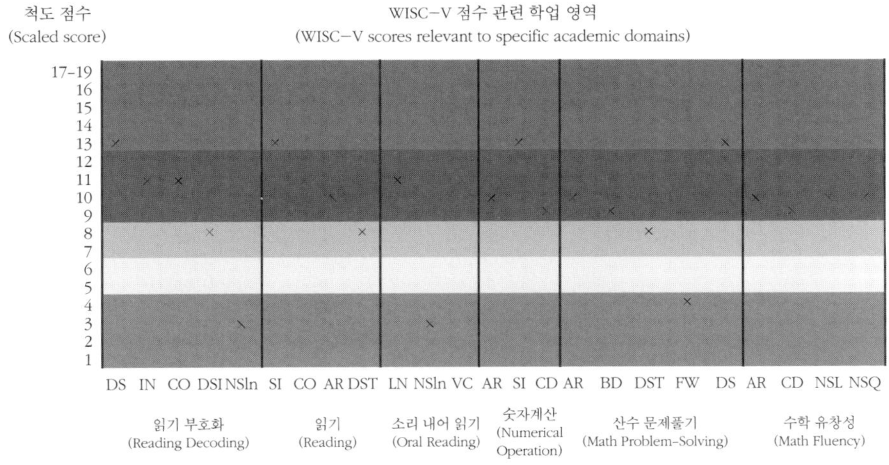

그림 11-8 WISC-V로 예측되는 D 사례의 학업적 취약성 영역

제력과 관련된 평가뿐만 아니라 델리스-카플란 실행기능 카드분류검사(D-KEFS-EFS Card Sorting Test)를 사용하여 시각 및 언어 개념 형성에 대해 보다 상세한 분석을 함으로써, 제인 D가 수학에서 수행하는 것을 방해하는 또 다른 인지적 기술에 관하여 검증할 수 있다. 읽기장애와 비슷하게 수학 학습장애와 같은 학업적 취약성을 가진 개인은 학업적 활동에 대해 피로감, 좌절 그리고 정서적 고통을 경험할 수 있다. 만약 행동적 문제가 보다 전반적이고 집행기능에 있어 전반적인 결손이 나타난다면, 이는 추가적인 평가가 필요함을 시사한다.

3. 요약

평가에 있어 개별화된 접근은 아동의 고유한 심리사회적 이력에 대한 지식과 임상적 장애의 인지적 · 행동적 발현에 관한 지식을 통합하도록 하는 데 초점을 맞춘다. 검사 시간과 자원의 한계를 고려할 때, 모든 아동에게 모든 능력을 평가하는 것은 불가능하며, 일반적으로 권장되지도 않는다. 다중요인 기저율 모델을 적용해 보면, 평가 과정에서 어떤 때에 인지적 영역이 개인에게 영향을 미치지 않는지 알 수 있다. 이는 검사자가 기저율을 예상하지 못한 채 너무 많은 양의 데이터를 통합하려해서 추가적인 오류를 범하게 하는 대신, 다른 인지 관련 영역으로 유연하게 초점을 바꾸게 해 준다. 개별화된 접근방식은 종합적인 평가를 계획하고 해석할 때 배제되어서는 안 되며, 연구 데이터와 예측식을 적극적으로 활용하여야 한다.

참고문헌

Ackerman, P. L., Beier, M. E., & Boyle, M. O. (2005). Working memory and intelligence: The same or different constructs? *Psychological Bulletin, 131*, 30-60.

Baddeley, A. (2012). Working memory: theories, models, and controversies. *Annual Review of Psychology, 63*, 129.

Baddeley, A., Eysenck, M. E., & Anderson, M. C. (2009). *Memory. Florence*, KY: Psychology Press.

Barkley, R. A. (2002). Major life activity and health outcomes associated with attention-deficit hyperactivity disorder. *Journal of Clinical Psychiatry, 63*(Suppl. 12), 10-15.

Baron-Cohen, S. (2001). Theory of mind and autism: A review. *International Review of Research in Mental Retardation, 23*, 169-184.

Beichtman, J. H., Wilson, B., Brownlie, E. B., Walters, H., Inglis, A., & Lancee, W. (1996). Long-term consistency in speech/language profiles: II. Behavioral, emotional, and social outcomes. *Journal of the American Academy of Child & Adolescent Psychiatry, 35*, 815-825.

Beichtman, J. H., Wilson, B., Johnson, C. J., Atkinson, L., Young, A., Adalf, E., et al. (2001). Fourteen-year follow-up of speech/language-impaired and control children: Psychiatric outcome. *Journal of the American Academy of Child & Adolescent Psychiatry, 40*, 75-82.

Bental, B., & Tirosh, E. (2007). The relationship between attention, executive functions and reading domain abilities in attention deficit hyperactivity disorder and reading disorder: A comparative study. *Journal of Child Psychology and Psychiatry, 48*, 455-463.

Berninger, V. W., Abbott, R. D., Thomson, J. B., & Raskin, W. H. (2001). Language phenotype for reading and writing disability: A family approach. *Scientific Studies of Reading, 5*, 59-106.

Berninger, V. W., Abbott, R. D., Thomson, J., Wagner, R., Swanson, H. L., Wijsman, E. M., et al. (2006). Modeling phonological core deficits within a working memory architecture in children and adults with developmental dyslexia. *Scientific Studies of Reading, 10*, 165-198.

Biederman, J., Monuteaux, M. C., Doyle, A. E., Seidman, L. J., Wilens, T. E., Ferrero, F., et al. (2004). Impact of executive function deficits and attention-deficit/hyperactivity disorder(ADHD) on academic outcomes in children. *Journal of Consulting and Clinical Psychology, 72*, 757-766.

Bishop, D. V. M. (2002). Motor immaturity and specific speech and language impairment: Evidence for a common genetic basis. *American Journal of Medical Genetics (Neuropsychiatric Genetics), 114*, 56-63.

Brooks, B., Holdnack, J., & Iverson, G. (2011). Advanced clinical interpretation of the WAIS-IV and WMS-IV: Prevalence of low scores varies by level of intelligence and years of education. *Assessment, 18*, 156-167.

Brooks, B., Iverson, G. L., & Holdnack, J. A. (2013). Understanding multivariate base rates. In J. A. Holdnack, L. W. Drozdick, L. G. Weiss, & G. L. Iverson (Eds.), *WAIS-IV, WMS-IV, and ACS advanced clinical interpretation.* San Diego, CA: Academic Press.

Brooks, B. L., Iverson, G. L., Sherman, E. S., Holdnack, J. A., & Feldman, H. H. (2009). Healthy children and adolescents obtain some low scores across a battery of memory tests. *Journal of the International Neuropsychological Society, 15*, 613-617.

Bull, R., & Scerif, G. (2001). Executive functioning as a predictor of children's mathematics ability: Inhibition, switching, and working memory. *Developmental Neuropsychology, 19*, 273-293.

Bull, R., Espy, K. A., & Wiebe, S. A. (2008). Short-term memory, working memory, and executive functioning in preschoolers: Longitudinal predictors of mathematical achievement at age 7 years. *Developmental Neuropsychology, 33*, 205-228.

Calhoun, S. L., & Mayes, S. D. (2005). Processing speed in children with clinical disorders. *Psychology in the Schools, 42*, 333-343.

Caron, M. J., Mottron, L., Rainville, C., & Chouinard, S. (2004). Do high functioning persons with autism present superior spatial abilities? *Neuropsychologia, 42*, 467-481.

Carretti, B., Borella, E., Cornoldi, C., & De Beni, R. (2009). Role of working memory in explaining the performance of individuals with specific reading comprehension difficulties: A meta-analysis. *Learning and Individual Differences, 19*, 246-251.

Castellanos, F. X., Sonuga-Barke, E. J. S., Milham, M. P., & Tannock, R. (2006). Characterizing cognition in ADHD: Beyond executive dysfunction. *Trends in Cognitive Sciences, 10*, 117-123.

Castles, A., Datta, H., Gayan, J., & Olson, R. K. (1999). Varieties of developmental reading disorder: Genetic and environmental influences. *Journal of Experimental Child Psychology, 72*, 73-94.

Conti-Ramsden, G., & Botting, N. (2008). Emotional health in adolescents with and without a history of specific language impairment (SLI). *Journal of Child Psychology and Psychiatry,*

49, 516-525.

Corbett, B. A., Constantine, L. J., Hendren, R., Rocke, D., & Ozonoff, S. (2009). Examining executive functioning in children with autism spectrum disorder, attention deficit hyperactivity disorder and typical development. *Psychiatry Research, 166*, 210-222.

Cutting, L. E., Koth, C. W., Mahone, E. M., & Denckla, M. B. (2003). Evidence for unexpected weaknesses in learning in children with attention-deficit/hyperactivity disorder without reading disabilities. *Journal of Learning Disabilities, 36*, 259-269.

Dawson, G., Carver, L., Meltzoff, A. N., Panagiotides, H., McPartland, J., & Webb, S. J. (2002). Neural correlates of face and object recognition in young children with autism spectrum disorder, developmental delay, and typical development. *Child Development, 73*, 700-717.

Denckla, M. B., & Cutting, L. E. (1999). History and significance of rapid automatized naming. *Annals of Dyslexia, 49*, 29-42.

Dworzynski, K., Ronald, A., Bolton, P., & Happé, F. (2012). How different are girls and boys above and below the diagnostic threshold for autism spectrum disorders? *Journal of the American Academy of Child and Adolescent Psychiatry, 51*, 788-797.

Fairchild, G., Van Goozen, S. H. M., Calder, A. J., Stollery, S. J., & Goodyer, I. M. (2009). Deficits in facial expression recognition in male adolescents with early-onset or adolescence onset conduct disorder. *Journal of Child Psychology and Psychiatry, 50*, 627-636.

Falter, C. M., Plaisted, K. C., & Davis, G. (2008). Visuo-spatial processing in autism-testing the predictions of extreme male brain theory. *Journal of Autism and Developmental Disorders, 38*, 507-515.

Frazier, T. W., Youngstrom, E. A., Glutting, J. J., & Watkins, M. W. (2007). ADHD and achievement meta-analysis of the child, adolescent, and adult literatures and a concomitant study with college students. *Journal of Learning Disabilities, 40*, 49-65.

Gathercole, S. E., Pickering, S. J., Knight, M., & Stegmann, Z. (2004). Working memory skills and educational attainment: Evidence from national curriculum assessments at 7 and 14 years of age. *Applied Cognitive Psychology, 40*, 1-16.

Geary, D. C. (2004). Mathematics and learning disabilities. *Journal of Learning Disabilities, 37*, 4-15.

Geurts, H. M., Verté, S., Oosterlaan, J., Roeyers, H., & Sergeant, J. A. (2004). How specific are executive functioning deficits in attention deficit hyperactivity disorder and autism? *Journal of Child Psychology and Psychiatry, 45*, 836-854.

Hayashi, M., Kato, M., Igarashi, K., & Kashima, H. (2008). Superior fluid intelligence in children with Asperger's disorder. *Brain and Cognition, 66*, 306-310.

Hill, E. L. (2001). Non-specific nature of specific language impairment: A review of the literature with regard to concomitant motor impairments. *International Journal of Language and Communication Disorders, 36*, 149-171.

Hoaken, P. N. S., Shaughnessy, V. K., & Pihl, R. O. (2003). Executive cognitive functioning and aggression: Is it an issue of impulsivity? *Aggressive Behavior, 29*, 15-30.

Holdnack, J. A., Drozdick, L. W., Weiss, L. G., & Iverson, G. L. (2013). *WAIS-IV/WMS-IV/ACS: Advanced clinical interpretation.* San Diego, CA: Elsevier Science.

Holdnack, J. A., Weiss, L. W., & Entwistle, P. (2006). Using the WISC-IV integrated with other measures. In L. W. Weiss, A. Prifitera, D. H. Saklofske, & J. A. Holdnack (Eds.), *WISC-IV: Advanced clinical interpretation.* San Diego, CA: Elsevier Science, Inc.

Holdnack, J. A. (2016). Advanced neuropsychological analysis of the WISC-V: Clinical interpretation strategies and common cognitive profiles in child neurobehavioral populations. *23rd Butters-Kaplan West Coast neuropsychology conference.* San Diego, CA.

Jacobson, L. A., Ryan, M., Martin, R. B., Ewen, J., Mostofsky, S. H., Denckla, M. B., et al. (2012). Working memory influences processing speed and reading fluency in ADHD. *Child Neuropsychology, 17*, 209-224.

Jansiewicz, E. M., Goldberg, M. C., Newschafler, C. J., Denckla, M. B., Landa, R., & Mostofsky, S. H. (2006). Motor signs distinguish children with high functioning autism and Asperger's syndrome from controls. *Journal of Autism and Developmental Disorders, 36*, 613-621.

Jeffries, S., & Everatt, J. (2004). Working memory: Its role in dyslexia and other specific learning difficulties. *Dyslexia, 10*, 196-214.

Johnson, C. J., Beitchman, J. H., & Brownlie, E. B. (2010). Twenty-year follow-up of children with and without speech-language impairments: Family, educational, occupational, and quality of life outcomes. *American Journal of Speech-Language Pathology, 19*, 51-65.

Klin, A., Jones, W., Schultz, R., Volkmar, F., & Cohen, D. (2002). Visual fixation patterns during viewing of naturalistic social situations as predictors of social competence in individuals with autism. *Archives of General Psychiatry, 59*, 809-816.

Kooistra, L., Crawford, S., Dewey, D., Cantell, M., & Kaplan, B. J. (2005). Motor correlates of ADHD contribution of reading disability and oppositional defiant disorder. *Journal of Learning Disabilities, 38*, 195-206.

Kramer, J. H., Knee, K., & Delis, D. C. (2000). Verbal memory impairments in dyslexia. *Archives of Clinical Neuropsychology, 15*, 83-93.

Kuusikko, S., Haapsamo, H., JanssonVerkasalo, E., Hurtig, T., Mattila, M. L., Ebeling, H., et al. (2009). Emotion recognition in children and adolescents with autism spectrum disorders. *Journal of Autism and Developmental Disorders, 39*, 938-945.

Lindsay, G., Dockrell, J. E., & Strand, S. (2007). Longitudinal patterns of behaviour problems in children with specific speech and language difficulties: Child and contextual factors. *British Journal of Educational Psychology, 77*, 811-828.

Loe, I. M., & Feldman, H. M. (2007). Academic and educational outcomes of children with ADHD. *Journal of Pediatric Psychology, 32*, 643-654.

Lopez, B. R., Lincoln, A. J., Ozonoff, S., & Lai, Z. (2005). Examining the relationship between executive functions and restricted, repetitive symptoms of autistic disorder. *Journal of the American Academy of Child & Adolescent Psychiatry, 44*, 377-384.

Margari, L., Buttiglione, M., Craig, F., Cristella, A., de Giambattista, C., Matera, E., et al. (2013). Neuropsychopathological comorbidities in learning disorders. *BMC Neurology, 13*, 198.

Marsh, A. A., & Blair, R. J. R. (2008). Deficits in facial affect recognition among antisocial populations: *A meta-analysis. Neuroscience and Biobehavioral Review, 32*, 454-465.

Martinussen, R., Hayden, J., Hogg-Johnson, D. C. S., & Tannock, R. (2005). A meta-analysis of working memory impairments in children with attention-deficit/hyperactivity disorder. *Journal of the American Academy of Child & Adolescent Psychiatry, 44*, 377-384.

Matarazzo, J. D. (1990). Psychological assessment versus psychological testing: Validation from Binet to the school, clinic, and courtroom. *American Psychologist, 45*, 999-1017.

Mayes, S. M., & Calhoun, S. L. (2007). Learning, attention, writing, and processing speed in typical children and children with ADHD, autism, anxiety, depression, and oppositional-defiant disorder. *Child Neuropsychology: A Journal on Normal and Abnormal Development in Childhood and Adolescence, 6*, 469-493.

McLean, J. F., & Hitch, G. J. (1999). Working memory impairments in children with specific arithmetic learning difficulties. *Journal of Experimental Child Psychology, 74*, 240-260.

Meyer, A., & Sagvolden, T. (2006). Fine motor skills in South African children with symptoms of ADHD: Influence of subtype, gender, age, and hand dominance. *Behavioral and Brain Functions, 2*(3), 3.

Muir-Broaddus, J. E., Rosenstein, L. D., Medina, D. E., & Soderberg, C. (2002). Neuropsychological test performance of children with ADHD relative to test norms and parent behavioral ratings. *Archives of Clinical Neuropsychology, 17*, 671-689.

Noterdaeme, M., Wriedt, E., & Hohne, C. (2010). Asperger's syndrome and high-functioning autism: Language, motor and cognitive profiles. *European Child and Adolescent Psychiatry, 19*, 475-481.

Osmon, D. C., Smerz, J. M., Braun, M. M., & Plambeck, E. (2006). Processing abilities associated with math skills in adult learning disability. *Journal of Clinical and Experimental Neuropsychology, 28*, 84-95.

Pennington, B. F., & Lefly, D. L. (2001). Early reading development in children at family risk for dyslexia. *Child Development, 72*, 816–833.

Piek, J. P., Pitcher, T. M., & Hay, D. A. (1999). Motor coordination and kinaesthesis in boys with attention defiyperactivity disorder. *Developmental Medicine & Child Neurology, 41*, 159–165.

Pitcher, T. M., Piek, J. P., & Hay, D. A. (2003). Fine and gross motor ability in males with ADHD. *Developmental Medicine & Child Neurology, 45*, 525–535.

Proctor, B. E., Floyd, R. G., & Shaver, R. B. (2005). Cattel–Horn–Carroll broad cognitive ability profiles of low math achievers. *Psychology in the Schools, 42*, 1–12.

Redmond, S. M. (2011). Peer victimization among students with specific language impairment, attention–deficit/hyperactivity disorder, and typical development. *Language, Speech, and Hearing Services in Schools, 42*, 520–535.

Rommelse, N. N. J., Altink, M. E., Oosterlaan, J., Buschgens, C. J. M., Buitelaar, J., De Sonneville, L. M. J., et al. (2007). Motor control in children with ADHD and non–affected siblings: Deficits most pronounced using the left hand. *Journal of Child Psychology and Psychiatry, 48*, 1071–1079.

Schultz, R. T., Gauthier, I., Klin, A., Fulbright, R. K., Anderson, A. W., Volkmar, F., et al. (2000). Abnormal ventral temporal cortical activity during face discrimination among individuals with autism and Asperger syndrome. *Archives of General Psychiatry, 57*, 331–340.

Semrud–Clikeman, M. (2012). The role of inattention on academics, fluid reasoning, and visual–spatial functioning in two subtypes of ADHD. *Applied Neuropsychology: Child, 1*, 18–29.

Semrud–Clikeman, M., Guy, K., Griffin, J. D., & Hynd, G. W. (2000). Rapid naming deficits in children and adolescents with reading disabilities and attention deficit hyperactivity disorder. *Brain and Language, 74*, 70–83.

Shanahan, M. A., Pennington, B. F., Yerys, B. E., Scott, A., Boada, R., Willcutt, E. G., et al. (2006). Processing speed deficits in attention deficit/hyperactivity disorder and reading disability. *Journal of Abnormal Child Psychology, 34*, 585–602.

Shear, P. K., Tallal, P., & Delis, D. C. (1992). Verbal learning and memory in language impaired children. *Neuropsychologia, 30*, 451–458.

Snowling, M. J., Bishop, D. V. M., Stothard, S. E., Chipchase, B., & Kaplan, C. (2006). Psychosocial outcomes at 15 years of children with a preschool history of speech–language impairment. *Journal of Child Psychology and Psychiatry, 47*, 759–765.

Souliéres, I., Dawson, M., Samson, F., Barbeau, E. B., Sahyoun, C., Strangman, G. E., et al. (2009). Enhanced visual processing contributes to matrix reasoning in autism. *Human Brain Mapping, 30*, 4082–4107.

St Clair-Thompson, H. L., & Gathercole, S. E. (2006). Executive functions and achievements in school: Shifting, updating, inhibition, and working memory. *The Quarterly Journal of Experimental Psychology, 59*, 745-759.

Steele, S. D., Minshew, N. J., Luna, B., & Sweeney, J. A. (2007). Spatial working memory deficits in autism. *Journal of Autism and Developmental Disorders, 37*, 605-612.

Tamm, L., & Juranek, J. (2012). Fluid reasoning deficits in children with ADHD: Evidence from fMRI. *Brain Research, 17*(1465), 48-56.

Tannock, R., Martinussen, R., & Frijters, J. (2000). Naming speed performance and stimulant effects indicate effortful, semantic processing deficits in attention-deficit/hyperactivity disorder. *Journal of Abnormal Child Psychology, 28*, 237-252.

Tseng, M. H., Henderson, A., Chow, S. M. K., & Yao, G. (2004). Relationship between motor proficiency, attention, impulse, and activity in children with ADHD. *Developmental Medicine & Child Neurology, 45*, 525-535.

Verté, S., Geurts, H. M., Roeyers, H., Oosterlaan, J., & Sergeant, J. A. (2006). The relationship of working memory, inhibition, and response variability in child psychopathology. *Journal of Neuroscience Methods, 151*, 5-14.

Waber, D. P., Wolff, P. H., Forbes, P. W., & Weiler, M. D. (2000). Rapid automatized naming in children referred for evaluation of heterogeneous learning problems: How specific are naming speed deficits to reading disability? *Child Neuropsychology: A Journal on Normal and Abnormal Development in Childhood and Adolescence, 6*, 251-261.

Wang, A. T., Lee, S. S., Sigman, M., & Dapretto, M. (2007). Reading affect in the face and voice: Neural correlates of interpreting communicative intent in children and adolescents with autism spectrum disorders. *Archives of General Psychiatry, 64*, 698-708.

Wechsler, D. (2003). *The Wechsler intelligence scale for children* (4th ed.). Bloomington, MN: NCS Pearson, Inc.

Wechsler, D. (2012). *Wechsler individual achievement test* (3rd ed.). Bloomington, MN: NCS Pearson, Inc.

Wechsler, D. (2014). *The Wechsler intelligence scale for children* (5th ed.). Bloomington, MN: NCS Pearson, Inc.

Weigelt, S., Koldewyn, K., & Kanwisher, N. (2012). Face identity recognition in autism spectrum disorders: A review of behavioral studies. *Neuroscience and Biobehavioral Reviews, 36*, 1060-1084.

Wilkinson, K. M. (1998). Profiles of language and communication skills in children with autism. *Mental Retardation and Developmental Disabilities, 4*, 73-79.

Willburger, E., Fussenegger, B., Moll, K., Wood, G., & Lander, K. (2008). Naming speed in dyslexia and dyscalculia. *Learning and Individual Differences, 18*, 224-236.

Willcutt, E. G., Doyle, A. E., Nigg, J. T., Faraone, S. V., & Pennington, B. F. (2005). Validity of the executive function theory of attention-deficit/hyperactivity disorder: A meta-analytic review. *Biological Psychiatry, 57*, 1336-1346.

Willcutt, E. G., Pennington, B. F., Boada, R., Ogline, J. S., Tunick, R. A., Chhabildas, N., et al. (2001). A comparison of cognitive deficits in reading disability and attention-deficit/hyperactivity disorder. *Journal of Abnormal Psychology, 130*, 157-172.

Willcutt, E. G., Pennington, B. F., Olson, R. K., Chhabildas, N., & Hulsander, J. (2005). A comparison of cognitive deficits in reading disability and attention-deficit/hyperactivity disorder. *Journal of Abnormal Psychology, 130*, 157-172.

Williams, D. L., Goldstein, G., & Minshew, N. J. (2006). The profile of memory function in children with autism. *Neuropsychology, 20*, 21-29.

Wolf, M., & Bowers, P. G. (1999). The double-deficit hypothesis for the developmental dyslexias. *Journal of Educational Psychology, 91*, 415-438.

찾아보기

인명

내용

저자 소개

Lawrence G. Weiss, PhD

2018년 은퇴 전까지 27년 동안 Pearson Clinical Assessment의 Global Research and Development에서 부소장으로 일하였다. The Psychological Corporation에서 검사 개발 업무를 시작하였고, 이후 Pearson's R & D Department에서 4개 대륙, 13개 국가의 150명 이상의 해외 전문가와 검사 개발을 하였으며, WISC-III, WISC-IV, WISC-V 등의 회사 내 큰 규모의 검사 개발 및 연구를 책임졌다. 또한 100권이 넘는 책, 챕터, 기술 보고서, 2개의 특별 주제에 대해 동료들이 검토하여 그에게 헌정한 학술지 등의 저자이기도 하다.

학술지, 저서, 컨설팅 등의 편집위원으로 전문적 활동을 지속하고 있고, 심리검사 결과가 형사 및 민사 법정에 미치는 영향의 적절성 평가를 돕는 전문 증인으로 서기도 한다. 34년을 함께 산 아내 Judy Ann과 함께 텍사스, 뉴멕시코, 플로리다 등에서 생활하고 있다.

Donald H. Saklofske, PhD

현재는 캐나다 Western Ontario 대학교 심리학과 교수이며, Calgary 대학교 및 Saskatchewan 대학교 겸임교수, 중국 Beijing 사범대학 방문교수, 이탈리아 Florence 대학교의 Laboratory for Research and Intervention in Positive Psychology and Prevention 연구원 등의 경력을 가지고 있다. 다양한 전문가 협회 위원으로 활동하고 있고, Pearson Assessment 등에 컨설팅을 하며 심리학 연구 및 실제에 기여하고 있다.

지능 차이와 정서지능, 회복력, 정신 건강 등의 관계, 심리측정 등에 대한 연구에 주력하고 있다. 많은 회의 및 전문가 단체에 발제자나 초청 연사 자격으로 참여하고 있고, 35권 이상의 책과 300편 이상의 논문을 출판하였다. 『Personality and Individual Differences』『Journal of Psychoeducational Assessment』 등의 편집자이며, Association for Psychological Science, Canadian Psychological Association, Society for Personality and Social Psychology 등의 선출직 회원이기도 하다.

James A. Holdnack, PhD

미국 델라웨어주의 연구 및 통계 컨설턴트이자 공인 심리학자이다. Pearson Clinical Assessment의 선임/최고 과학자로서 미국 및 전 세계 전문가들이 사용하는 심리학, 신경심리학, 성취, 운동, 언어(speech-language) 등의 측정도구 개발에 협력하였다. 신경심리학 팀 책임자로서 D-KEFS, WMS-IV, NEPSY-II, ACS 등의 여러 검사 배터리를 개발하였다. 대형 표본 규준 연구, 임상 타당도, 신뢰도 연구, 검사 해석에 필요한 새로운 통계 모델 개발, 디지털 측정도구 개발 등과 관련된 방대한 연구를 설계하고 실행한 바 있다. 60여 편의 출판물이 있고, 전문가 회의에서 자주 발제를 하며, 여러 편집위원회에 속해 있고, Delaware 대학교의 겸임교수이다.

Aurelio Prifitera, PhD

작년까지 Pearson의 총괄 책임자(Managing Director)로 임상 평가 그룹을 이끌었다. 심리 및 측정 분야에서 컨설팅, 논문 편집위원, 저작, 자원봉사 등으로 일하고 있으며, 심리학뿐만 아니라 MBA 학위도 소지하고 있다. 임상심리사 수련을 마친 후 임상 및 사설 현장에서 일했으며 대학원에서 측정 과목을 가르치기도 하다가, 25년 전부터는 검사 개발 현장에서 일하고 있다. 수년 동안 여러 웩슬러 도구를 포함한 주요 임상 개발 프로젝트를 이끌었으며, 많은 해외 시장에서 사용할 수 있도록 도왔다. 최근에는 Pearson의 디지털 도구 개발에 혁신적인 노력을 가하고 있다. 수많은 동료 검토 연구 논문, 책, 챕터 등을 출판한 바 있다. Saklofske 박사와 함께, 1998년 처음 출판되었던 WISC 임상 서적 시리즈(Academic Press)의 저자이자 주요 편집자를 맡고 있다. 미국 텍사스주 공인 심리학자이자 American Psychological Association 회원이다.

역자 소개

이명경(Lee, Myung Kyung)
서울대학교 교육학과 교육상담 전공 박사
현 한국집중력센터 소장

안성희(An, Sung Hee)
미국 아칸소대학교 재활상담 박사
현 홍익대학교 상담심리/미술치료 전공 교수

엄정호(Uhm, Jeong Ho)
고려대학교 교육학과 상담 전공 박사수료

이채연(Lee, Chae Yeon)
고려대학교 교육학과 상담 전공 박사수료

성현모(Seong, Hyun Mo)
고려대학교 교육학과 상담 전공 박사과정

이민주(Lee, Min Joo)
고려대학교 교육학과 상담 전공 박사
현 고려대학교 영재교육원 상담 및 교육개발팀 수석연구원

양혁(Yaung, Huk)
고려대학교 교육학과 상담 전공 박사수료

이상민(Lee, Sang Min)
미국 플로리다대학교 학교상담 전공 박사
현 고려대학교 교육학과 상담 전공 교수

WISC-V 임상적 활용과 해석 지침서

WISC-V: Clinical Use and Interpretation (2nd ed.)

2020년 8월 20일 1판 1쇄 발행
2024년 8월 20일 1판 4쇄 발행

지은이 • Lawrence G. Weiss · Donald H. Saklofske ·
James A. Holdnack · Aurelio Prifitera
옮긴이 • 이명경 · 안성희 · 엄정호 · 이채연 · 성현모 · 이민주 · 양혁 · 이상민
펴낸이 • 김 진 환

펴낸곳 • (주) 학지사
04031 서울특별시 마포구 양화로 15길 20 마인드월드빌딩 5층
대표전화 • 02) 330-5114 팩스 • 02) 324-2345

등록번호 • 제313-2006-000265호

홈페이지 • http://www.hakjisa.co.kr
인스타그램 • https://www.instagram.com/hakjisabook

ISBN 978-89-997-2153-3 93370

정가 30,000원

역자와의 협약으로 인지는 생략합니다.
파본은 구입처에서 교환하여 드립니다.